법률가들

법률가들
선출되지 않은 권력의 탄생

초판 1쇄 발행 / 2018년 11월 20일
초판 4쇄 발행 / 2020년 12월 9일

지은이 / 김두식
펴낸이 / 강일우
책임편집 / 김효근 배영하 황혜숙
조판 / 신혜원
펴낸곳 / (주)창비
등록 / 1986년 8월 5일 제85호
주소 / 10881 경기도 파주시 회동길 184
전화 / 031-955-3333
팩시밀리 / 영업 031-955-3399 편집 031-955-3400
홈페이지 / www.changbi.com
전자우편 / nonfic@changbi.com

ⓒ 김두식 2018
ISBN 978-89-364-8287-9 03910

선 출 되 지 않 은 권 력 의 탄 생

김두식 지음

법률가들

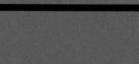

창비

차 례

일러두기

해방공간의 혼선으로 법원과 검찰의 명칭은 여러차례 변화했다. 이 책에서는 가급적 당시의 명칭을 그대로 사용하려고 노력했다. 이름이 계속 바뀌었을 뿐 실질에는 거의 변화가 없다.

1) 법원의 명칭으로 일제시대에는 '법원'이, 해방직후 미군정청의 첫번째 인사발령에서는 잠시 '재판소(공소원)'가, 이후에는 '법원(공소원)'이, 1947년 1월 1일부터는 '심리원'이, 1948년 6월 1일 법원조직법이 시행되면서부터는 다시 '법원'이 사용되었다. 예컨대 서울지방법원은 '경성지방법원' '경성지방재판소' '서울지방법원' '서울지방심리원' '서울지방법원'의 순서로, 서울고등법원은 '경성복심법원' '경성공소원' '서울공소원' '서울고등심리원' '서울고등법원'의 순서로 변화했다. '지원'의 경우에는 1947년 1월 1일을 기준으로 '지청'에서 '지원'으로 변경되었다.
2) 법원이 '심리원'으로 불리던 기간 동안 판사는 '심판관'으로 불렸다. 이 책은 이를 '판사'로 통일했다. 같은 기간 동안 검사는 '검찰관'으로 불렸다. 이 책은 '검사'로 통일해 기술했다. 다만 일제시대 만주지역의 '심판관' 명칭은 그대로 유지했다.
3) '대법관'의 경우 3공화국부터 5공화국까지는 '대법원 판사'로 불렸으나 이 책은 이를 '대법관'으로 통일해 기술했다. 다만 1945년 10월 11일자 미군정의 첫번째 인사발령과 관련해서는 당시의 호칭인 '대법원 재판관'을 그대로 사용했다.
4) 검찰청은 일제시대 법원에 소속되어 있었다. 지금의 서울지방검찰청은 '경성지방법원 검사국'에 해당한다. 해방후에도 법률상으로는 1948년 8월 2일 검찰청법이 시행될 때까지는 이 체계가 그대로 유지되었다. 그러나 현실적으로는 법원이 '심리원' 명칭을 사용한 1947년 1월 1일부터 '서울지방검찰청' 명칭이 사용되었다. 언론도 이 시기부터 대부분 '서울지방검찰청'이라는 명칭을 사용했다. 따라서 이 책은 1946년 12월 31일까지는 '서울지방법원 검사국'으로, 그 이후에는 '서울지방검찰청'으로 표기했다. 다만 미군정의 첫번째 인사는 법원과 마찬가지로 '경성지방재판소' 등의 명칭을 사용했다.
5) '검찰총장'은 해방직후 미군정청 인사발령에서는 '대법원 검사장'으로, 이후에는 '검사총장'으로 불리다가 1946년 12월 16일부터 '검찰총장'으로 명칭이 확정되었다. 검찰청 '차장검사'의 경우 1948년 8월 2일 검찰청법이 시행되기 이전까지는 일제시대처럼 일반적으로 '차석검사'라는 명칭이 통용되었다.
6) 일제시대 법원과 검찰을 함께 관장했던 법무국장 직위는 미군정에도 유지되었다. 미군 법무국장을 보좌하는 보좌관으로 출발한 조선인 최고위직은 '법무국장대리'를 거쳐 1946년 3월 29일자 군정법령 제64호 '조선정부 각부서의 명칭'에 따른 '사법부장'까지 이어졌다.
7) 창씨개명한 조선인의 이름을 어떻게 발음했는지는 명확한 특정이 어렵고 추정이 가능할 뿐이다. 이 책은 일단 일본에서 가장 널리 읽히는 방식으로 통일했다. 창씨만 하고 개명하지 않은 조선인들은 한국식 이름을 그대로 쓰기에 일본식으로 바꾸어 표기하지 않았다.

프롤로그

1

1949년 7월 23일 서울시경찰국 수사관들이 서울지방검찰청에 들이
닥쳤다. 김영재 차장검사를 체포하기 위해서였다. 덕수궁 옆 지금의 서
울시립미술관 건물을 대법원, 서울지방법원, 서울지방검찰청 등이 나눠
쓰던 시절이라 충격적인 소식은 법조계 전체에 빠르게 전파되었다. 대
구고등보통학교와 경성제국대학을 졸업한 김영재는 1937년 고등시험
사법과에 합격해 일제시대 경성과 평양에서 검사로 일한 당대 최고의
엘리트였다. 고등시험 행정과에도 합격한데다가 경북 안동의 손꼽히는
양반가 출신이기도 해서 해방후 정치·사법·행정·교육 어느 분야에 진
출해도 신생국가의 지도자로 미래가 보장된 인물이었다. 차분하고 조심
스러운 수재스타일이라 큰 사고를 칠 성품도 아니었다. 그런 김영재가
남조선노동당(남로당)의 '프락치'라니, 오랜 세월 그와 함께 일해온 동료
들은 혼란에 빠졌다.

해방 4주년, 정부수립 1주년을 눈앞에 둔 시점이었다. 제주 4·3사건,
여순반란사건에 이은 국가보안법의 시행으로 남로당을 비롯한 좌익진

영의 기세는 현저히 약화되었다. 국민보도연맹의 깃발 아래 좌익활동 전력자들의 전향도 줄을 이었다. 1949년 5월 '국회프락치' 사건 수사가 시작된 후 지난 두달 반 동안은 거의 매일처럼 온 나라를 뒤흔드는 대형 사건이 터졌다. 5월 4일과 5일에 최전방 대대장인 표무원 소령과 강태무 소령이 각각 자기 부대원을 이끌고 월북했다. 2명 모두 이른바 숙군(肅軍)대상자들이었다. 강태무 대대장이 월북하던 바로 그날 옹진에서는 '육탄 10용사'가 장렬하게 산화했다. 혹은 그렇게 알려졌다. 삼팔선 주변에서 일상적으로 벌어지던 남북 간 무력충돌의 부산물로 일어난 사건들이었다. 6월 6일에는 반민족행위 특별조사위원회(반민특위)가 경찰에 의해 무력화되었다. 6월 16일에는 국부에 암호문을 숨기고 월북하려던 남로당 여성공작원이 개성에서 체포되었다. 경찰과 검찰의 발표에 따르면 암호문에는 국회 내 프락치들의 암약을 입증할 결정적인 증거가 잔뜩 담겨 있었다. 이로써 경찰과 검찰은 '국회프락치' 사건의 승기를 잡았다. 6월 26일 김구가 육군소위 안두희의 총탄에 목숨을 잃었다. 밀려드는 대형사건의 한복판에서 서울지방검찰청의 2인자이자 실무책임자가 남로당 프락치로 잡혀 들어갔다. 이렇게 1차 '법조프락치' 사건의 막이 올랐다. 1949년 6월의 미군철수 완료를 전후해 남한의 극우세력이 주도권을 장악하고자 진행한 이른바 6월 공세의 일환이었다.[1]

1차 '법조프락치' 사건은 한국전쟁 이전의 어떤 좌익 관련 사건보다도 남아 있는 기록이 적다. 그나마 구체적인 정보를 제공해주는 것은 오제도 검사가 남긴 책, 『사상검사의 수기』와 『추격자의 증언』이다. 이제는 잊힌 인물이지만 '특별수사본부'의 주인공 오제도 검사는 1970년대 책깨나 읽는 어린이들에게 어벤저스 수준의 히어로였다. 86세대가 대학시절 어두운 하숙방에서 『해방전후사의 인식』을 읽으며 새로운 세계관에 눈

뜨는 과정은 반공영웅 오제도로 상징되는 한국전쟁 세대를 극복하는 시간이기도 했다. 일제시대 신의주지방법원에서 서기로 일했던 오제도는 해방후 판검사 특별임용시험을 거쳐 검사로 임용되었다. 이 짧막한 이력의 숨은 의미는 본문에서 상세히 검토한다.

오제도가 남긴 글을 인용할 때는 적지 않은 부담이 따른다. 제목에서 알 수 있듯이 철저하게 '사상검사' 또는 '추격자'의 일방적인 입장에서 썼고, 과장과 자기미화가 심한데다가, 당시 일상적으로 이루어졌던 고문과 조작에 대해서 완전히 함구하기 때문이다. 자신을 스파이소설의 주인공으로 만들고 싶었던 오제도의 강박과 집착은 이 책들에서도 여실히 드러난다. 이분법적으로 선악을 나누고 자신을 정의의 수호자로 자리매김하는 오제도 식의 기독교세계관도 빠지지 않는다. 심지어 1969년 출간된『추격자의 증언』의 추천자는 김형욱이다. 중앙정보부장으로서 온갖 악행을 저지르고 나중에 미국으로 망명했다가 실종되는 그 사람이다. 책의 판권지에는 아예 '중앙정보부 검열필'이 인쇄되어 있다.[2] 중앙정보부가 주도해서 만든 이런 책들은 1970년대 여러 반공드라마·라디오극·실록소설의 원형이 되었다. 그래도 이 책은 최소한 '추격자'들이 무슨 생각을 가지고 어떻게 사건을 '만들었는지' 보여주는 장점이 있다. 조심스럽게 참고하지 않을 도리가 없다. 오제도 검사가 기록한 1차 '법조프락치' 사건의 시작은 이렇다.

"적탄에 쓰러져 지금은 고인이 된 서울시경찰국 김호익 총경으로부터 1949년 7월 11일* 밤 전화가 걸려왔다. 검찰프락치 사건이 적발되었는데 보고차 가도 좋은가 하는 내용이었다. 곧 오라고 하여 사건전말을 청

---

* 당시 2차 '국회프락치' 사건을 수사 중이었다는 오제도의 서술로 미루어볼 때 책에 적힌 "1947년 9월 11일"은 '1949년 7월 11일'의 오기다.

취해보니 문제는 결코 적은 것이 아니었다. 변호사 윤학기로부터 차장 검사 김영재가 남로당에 가입한 사실이 드러난 것이라 한다."[3]

오제도에게 전화를 건 김호익은 '국회프락치'를 비롯한 여러 공안사건에서 발군의 실력을 보여준 유명한 경찰관이다. 반민특위 와해를 주도한 서울시경찰국 사찰과장 최운하의 손발이기도 했다. 보고를 받은 오제도는 윤학기를 외딴 별실로 불러 상세한 상황을 물어보았다. 윤학기는 "차장검사 김영재가 (남로당) 세포회의에 수차 출석했고 변호사 오관, 백석황, 강중인도 함께했다"라고 진술했다.

조선변호사시험 출신인 윤학기는 해방후 민주주의민족전선(민전)과 조선법학자동맹(법맹)에서 활동한 대표적인 좌익법률가였다. 조선정판사 '위조지폐' 사건에도 변호인으로 참여했다. 그런 까닭에 윤학기 변호사는 1947~49년 사이 무슨 일만 터지면 경찰과 검찰에 붙들려가 고생을 많이 했다. 강중인은 김영재와 함께 1937년 고등시험 사법과에 합격한 검사 출신이다. 경성제대를 졸업한 그는 만만치 않은 친일의 오점을 지닌 전관 출신 변호사였다. 해방후에는 사법부 총무국장을 지냈다. 오관은 1943년에 고등시험 사법과에 합격한 비교적 젊은 세대 변호사로서 '국회프락치' 사건에 연루되어 이미 구속된 상태였다. 백석황은 1936년 조선변호사시험 합격자로 해방후 서울공소원 차석검사를 지냈다.

고등시험 사법과에 합격해 일제시대 검사를 지낸 김영재와 강중인이 해방후 한국 법조계의 최상층부를 형성한 제1법률가군(群) 출신이라면, 윤학기·백석황 등은 조선변호사시험을 통과한 변호사 출신으로 그뒤를 이어 제2법률가군을 구성했다. 사소한 차이가 없지는 않았으나 이들 모두는 정국이 조금만 더 안정되면 뭐라도 한자리를 차지할 사람들이었다. 일제시대 서기 경력을 바탕으로 해방후 검사에 임용된 오제도는 이들과 구별되는 제3법률가군 출신이다. 해방 당시를 기준으로 판검사·변호사자격을 갖추지 못했던 제3법률가군은 흔히 '미자격자'로 분류된다. 기득권을 인정받은 '자격자'들과 달리 제3법률가군이 권력의 상층부에 진입하려면 어떤 형태로든 자기 실력을 보여줘야 했다. 미자격자는 판사보다 검사들 중에 더 많았다. 뭔가를 보여줘야 한다는 이들의 강박은 해방공간의 무리한 사건조작을 이해하는 중요한 열쇠이기도 하다.

1차 '법조프락치' 사건이 터지기 전에 윤학기 변호사가 마지막으로 체포된 것은 1949년 2월 28일이다. 죄명은 국가보안법 위반이었다. 이 사건은 3월 15일 곧바로 기소유예 처분을 받았다. 이 경우에는 날짜가 상당히 중요하다. 해방직후 미군정시기에 좌익이나 중도성향의 법률가들은 새로 만들어질 나라의 모습을 함께 고민하며 민전, 법맹, 남로당 등에 가담했다. 당시에는 이들을 처벌할 규정이 존재하지 않았다. 폭력이나 테러행위가 따로 문제되지 않는 이상, 민전이든 법맹이든 남로당이든 그 활동 자체는 모두 합법이었다.

1948년 8월 15일 정부가 수립되고 그해 12월 1일 국가보안법이 시행되었다. 국가보안법은 국가변란 목적의 결사 또는 집단에 참여한 자를 처벌했다. 비로소 남로당활동만으로도 누군가를 처벌할 수 있게 되었다. 다만 그때나 지금이나 죄형법정주의 원칙은 범죄의 소급적 처벌을 금지한다. 따라서 신설된 국가보안법은 1948년 12월 1일 법률 제정 이후의 반국가단체 활동만을 처벌할 수 있었다. 사건을 송치받은 이주영 검사에게 기소유예 처분을 받은 걸 보면, 윤학기의 국가보안법 위반 사건은 1948년 12월 1일 이전의 문제였던 것이 분명하다. 그날 이후의 활동이 적발되었다면 기소를 안 했을 리 만무하기 때문이다. 당시에는 이런 사건이 많았다. 검찰의 처분은 사실상 '무혐의'에 가까운 '기소유예'였다.

1949년 7월을 전후해 윤학기가 다시 구속되었다는 기록은 발견할 수 없다. 어차피 영장 없는 불법체포가 마구잡이로 이루어지던 시대였다. 기소유예는 검찰 내부 결정에 불과하여 일사부재리의 원칙도 적용되지 않는다. 언제든 기록을 꺼내 다시 수사하고 기소할 수 있다. '국회프락치' 사건 수사가 시작되고는 현직 국회의원이라도 영장 없이 쉽게 체포하는 살벌한 분위기가 만들어졌다. 전후사정을 종합해보면 '국회프락치' 사건으로 자신감을 얻은 경찰과 검찰은 윤학기 변호사의 지난 조사 기록을 기초로 그와 함께 법맹 모임에 참석한 법률가들을 한꺼번에 엮어 넣기로 작정했던 것 같다. 윤학기 입장에서는 어차피 소급효금지의 원칙 때문에 별문제가 없으리라 생각하고 고민 없이 김영재 차장검사의 이름을 발설했을 수 있다. 그런데 서울시경찰국 사찰과장이었던 최운하는 1년쯤 전에 독직사건으로 김영재 검사의 조사를 받고 기소된 적이 있었다. 최운하는 그 수모를 잊지 않았다. 그의 입장에서는 반민특위, 국회에 이어 이제는 법조계를 손볼 기회라고 생각했는지도 모른다.

　최운하의 검찰 쪽 파트너였던 오제도 검사는 김영재가 연루된 상황을 서울지방검찰청 최대교 검사장에게 알렸다. 김익진 검찰총장, 권승렬 법무부장관에게도 차례로 보고가 올라갔다. 최대교와 김익진은 올곧은 검사의 상징으로 오늘날까지 추앙받는 인물이다. 심지어 최대교는 김병로 대법원장, 김홍섭 판사와 함께 전북 출신 '법조 3성(聖)'으로 거론되기도 한다. 최대교 검사장은 장재갑 부장검사와 오제도 검사 입회하에 김영재 차장검사를 직접 조사했다. 김영재는 사실무근이라고 부인했다. 장재갑과 오제도는 오관 변호사를 소환했다. 오관은 "백석황, 윤학기, 강중인도 김영재와 함께했음"을 확인했다. 이미 구속된 오관에게 원하는 진술을 받기는 한결 쉬웠을 것이다. 오관 변호사의 진술을 확보한 최대교 검사장은 김영재 차장검사의 구속을 승인했다.

　다음날 오제도 검사는 성동경찰서로 김영재 차장검사를 찾아갔다. 김
영재는 "당신이 아는 바와 같이 양규봉, 백석황 등과 교분이 두터워 일
상 가까이하였던 관계로 그들의 권유에 못 이겨 당에 가입했던 것"이
라고 고백했다. 오제도의 회고에 따르면 1949년 3월 마포경찰서는 이
미 '변호사 당세포' 문건을 압수한 상태였다. 시기로 미루어볼 때 윤학
기 변호사가 한번 기소유예를 받은 바로 그 국가보안법 위반 사건기록
이 틀림없다. 당시 김영재 차장검사는 "신중을 기하라"며 오제도 검사에
게 "몸조심하라"고 조언했다. 김영재는 당시 그런 말을 한 것도 "(남로)
당에서 오검사에 대해 특별한 조치를 취하기 때문에 은근히 암시적으로
한 말이었다"라고 뒤늦게 털어놓았다. 물론 오제도의 일방적인 증언이
다.4 김영재 사건이 터지자 오제도는 김호익에게 지시해 마포문건의 변
호사들을 모조리 체포했다. 오제도는 존경하는 상사 김영재를 체포하는
자신의 감상을 덧붙인다.

　"뜨거워진 나의 눈시울엔 한방울 두방울 눈물이 고였다. 그래서 '영
감! 여태까지 영감을 상사로 모시고 모든 일을 의논하고, 보고하고, 그처
럼 믿었던 영감이 이런 줄은 정말 몰랐소' 하고 분노와 원망이 가득 찬
말을 퍼부었던 것이다. 그러나 때는 이미 늦었고 감정에 언제까지나 빠
져버릴 필자는 아니었다. 아니 그러면 그럴수록 냉정한 이성의 칼날을
날카롭게 하여 나의 맡은 바 임무를 충실히 이행함으로써 믿는 도끼에
발 찍힌 이 사건을 철저히 구명하려고 결심하면서 성동서를 나왔다."

　성동경찰서를 나온 오제도가 사건을 세밀히 조사해보니 김영재가 저
지른 범죄의 핵심은 "1946년* 2월경 입당한 것, 세포회합에 5, 6차 출석
한 것, 그리고 검찰청의 제반 동태와 사정, 그때그때의 사건에 관한 것을

모조리 당에 보고한 것"이었다. "(마포경찰서) 변호사 사건 당시 영장의 발부, 체포의 여부 등을 미리 연락해서 그들의 도피를 방조한 것"도 혐의에 포함되었다. 오제도는 "김영재가 매국도당에 가입"한 이유로 ①"친우인 강중인, 백석황 등의 유인"에다가, ②"(해방전에) 검사를 했던 그가 친일파 처단의 조류가 자자해짐에 당황했을 때 양규봉, 강중인, 백석황이 당에 가입하면 괜찮다고 여러가지로 꼬여"냈고, ③"김의 궁박한 경제를 도와주면서 매수"했다는 근거를 제시한다.[5] 1946년 2월경이라면 남로당이 생기기 전이다. 김영재의 자백으로 확인되는 그의 법맹 가입 시기는 1946년 4월이고, 남로당 가입 시기는 1947년 1월이다.[6] 김영재가 참석했다는 세포회합도 역시 국가보안법 시행 이전의 법맹 모임이었던 것 같다. 모두 그 자체만으로는 처벌이 불가능한 내용이다.

김영재에 이어 조평재 변호사와 백석황 변호사가 1949년 7월 25일 서울시경찰국의 조사를 받았다. 『동아일보』에 따르면 조평재와 백석황은 "적색분자 관계 사건 담당변호사로 유명한" 변호사들이었다. 윤학기와 함께 1946년 조선정판사 '위조지폐' 사건 변호인으로 참여한 경력을 이야기하는 것 같다. 『동아일보』는 대대적인 법조계 "숙청"이 있으리라고 예상했다.[7] 조평재는 김영재·강중인과 같은 경성제대 출신으로 1937년 고등시험 사법과에도 함께 합격했다. 요즘 식으로 표현하면 고시동기다. 대학시절부터 뛰어난 리더십을 발휘해 '호걸풍의 쾌남'으로 유명했던 조평재는 일제시대 평양에서 판사로 일하는 동안 김갑수·이충영 등과 어울리며 여러 일화를 만들어냈다. 해방직후 조평재는 홍순엽 변호사와 손잡고 법맹을 조직했다. 허헌 변호사가 좌익과 중도를 대표하는

---

* 책에서는 "1956년"으로 오기.

법조계 최고의 원로였다면, 조평재는 해방공간에서 태동한 젊은 좌익법률가 그룹의 실질적 지도자였다. 1949년 7월 30일자 『동아일보』는 이미 구속된 변호사들로 윤학기·백석황·강중인·오규석·이경용·김승필·오관 등 7명을 열거한다. 며칠 사이에 조평재 변호사가 빠진 것이 눈에 띈다. 강중인은 1949년 2월 11일에 동생 강중학과 함께 '모종의 좌익사건'으로 구속되었다가 일단 보석으로 풀려난 상태였다. 1차 '법조프락치' 사건으로 보석이 취소되어 강중인은 다시 수감되었다. 이들에게는 "법조 내부의 정보를 북한괴뢰정부에 제공하였다는 혐의"가 적용되었다.[8] 강중인·이경용 변호사도 조선정판사 '위조지폐' 사건의 변호인이었다. 1946년 조선정판사 '위조지폐' 사건에서 변론을 맡았던 변호사들이 3년 만에 고스란히 피고인으로 재회한 셈이었다.

8월 9일에는 백석황·강중인·오규석·이경용·김승필 등 5명의 변호사가 서울지방검찰청에 송치되어 오제도 검사의 취조를 받았다. 『조선일보』 보도에 따르면 이들은 "백석황 변호사를 책임자로 하는 남로당 서울시당부 변호사 세포원들"이었고, 남로당의 지령에 따라서 "피검 또는 공판에 회부된 좌익분자들에게 무죄석방 운동하는 것"을 사명으로 했다. 변호사가 피고인의 무죄석방을 위해 뛰어다니는 것은 당연한 권리이자 의무다. 그게 범죄혐의가 되는 시대였다. 김영재 차장검사는 해방후 법맹에 가입하였으나 남로당에는 그다지 공헌한 일이 없었으며, "단지 최근 국회의원들의 송청사건을 전후하여 남로당의 협박지령에 못 이겨 이들을 유리하게 운영하려" 했다는 혐의를 받았다.[9]

1949년 12월 14일에는 서울지방검찰청 이태희 검사장이 2차 '법조프락치' 사건을 발표했다. 그사이에 서울지방검찰청 검사장은 최대교에서 이태희로 바뀌어 있었다. 이로써 서울지방검찰청의 공안파트는 이태희 검사장, 장재갑 차장검사, 오제도·선우종원 검사 등 핵심라인이 모두 평안도 출신들로 채워졌다. 북한지역에 모든 것을 내려놓고 월남한 일종의 '피해자'들이 '가해자'인 공산주의 혐의자들을 직접 응징하는 구도가 만들어졌다.

이태희 검사장이 발표한 2차 '법조프락치' 사건 관련자에는 서울지방법원 김진홍·김두식·강일구 판사, 서울지방검찰청 이사묵·이정남 검사, 부산지방법원 김영하 판사 등이 포함되었다. 이들은 모두 해방이후에 법률가자격을 갖춘 신참 법조인들이었다. 1차 '법조프락치' 사건으로 걸려든 사람들 대부분이 일제시대 고등시험 사법과나 조선변호사시험에 합격한 기성 법률가들이었던 것과 구별되는 지점이다. 김진홍 판사를 제외한 나머지 관련자는 모두 해방직후 잠시 존속했던 사법요원 양성소 출신이었다. 해방후 법률가자격을 갖춘 이들은 굳이 분류하자면 제4법률가군에 속한다. 지금으로 치면 사법연수원에 해당하는 수습기간 동안 좌익사상에 관심을 가지고 함께 공부했던 것이 정부수립 후 이들의 발목을 잡았다. 법률가자격 취득 근거가 가장 취약했던 제3법률가군 출신인 오제도 검사가 제1, 2, 4법률가군 출신들을 일망타진한 점도 눈에 띈다.

2차 '법조프락치' 사건 이후에도 법조계 내부의 좌익판검사 척결작업은 꾸준히 계속되었다. 그 흐름의 하나로 1950년 3월 26일 구속된 사람이 서울지방검찰청 이홍규 검사다. 일제시대 경성법학전문학교를 졸업한 이홍규는 1930년부터 해주지방법원, 광주지방법원과 그 관할 지청들에서 해방 때까지 서기로 일했다. 1943년 조선변호사시험에 합격했다는 『한국법조인대관』의 기록도 남아 있으나 사실이 아니다. 1943년 합격자 명단에서 이홍규의 이름도, 그의 창씨명으로 추정되는 마루야마 고세이

(丸山晃生)*도 발견할 수 없기 때문이다.[10] 이홍규는 해방 당시 '7년 이상 서기 겸 통역 경력자'로서 검사에 임용되었다. 그도 역시 오제도처럼 제3법률가군 출신이다. 이홍규는 '7년 이상'의 서기 경력 조건을 충족해 바로 검사로 임용되었고, 오제도는 기간에 못 미쳐 '판검사 특별임용시험'을 치른 차이가 있을 뿐이다.

이홍규는 1945년 12월 20일 순천지청에서 검사생활을 시작했다. 1905년생이니 해방후 검사에 임용되었을 때는 이미 40세가 넘은 장년이었다. 순천에서 청주로 임지를 옮긴 이홍규 검사는 이승만 대통령의 측근이었던 윤하영 충북지사를 구속하는 등 파란을 일으키며 의욕적으로 일했다. 검찰 외부에서는 견제를 받았지만 검사들은 이홍규의 행보에 박수를 보냈다. 덕분에 서울지방검찰청으로 발령받은 상태에서 입회서기인 박형종과 함께 졸지에 영어의 몸이 되었다. 최초에는 국가보안법 위반 혐의라고 보도되었다. "1차, 2차 법조프락치 사건 관련이 아닌가 한다"라는 추측도 따라붙었다.[11] 며칠후에는 청주지방검찰청 재직 당시 "불순한 행위"를 했던 이홍규가 서울로 전근한 뒤에도 "자기의 태도를 애매하게 취하며 충북 남로당 도책과 누차에 걸쳐 서신을 교환했다"라는 후속보도가 뒤를 이었다. 자기 아래 일하는 박형종 서기를 1949년 8월 남로당에 가입시켜 각종 정보제공을 도모하며 "악질 공산파괴분자에 대한 동정적인 취조를 감행"했다는 혐의도 받았다. 보도에 따르면 이홍규는 2차 '법조프락치' 사건 관련자인 이정남 서울지방검찰청 검사의 직속 하부조직 책임자였다.[12]

이홍규와 박형종은 구속되고 50여일이 지난 1950년 5월 8일에야 엉뚱

* '晃生'은 '고세이' '아키오' '데루오' '미쓰키' 등 다양하게 읽힌다. 그중 이홍규의 창씨명 발음을 특정하기는 힘들다.

하게도 독직상해, 범인은닉 등의 다른 혐의로 기소되었다. 삼팔선 이남 출신의 검사들과 평안도 출신 검사들 사이의 힘겨루기가 이홍규 사건의 진짜 원인이라는 소문이 돌았다.

1950년 6월 25일 한국전쟁이 터졌다. '국회프락치' 사건과 '법조프락치' 사건은 모두 1심 선고를 마치고 항소심이 진행 중이었다. 인민군이 사흘 만에 서울을 점령하면서 형무소에 갇혀 있던 법률가들은 두번째 해방을 맞았다. 그리고 석달 만에 유엔군과 국군이 서울을 탈환했다. 앞에 거론된 법률가들 중 상당수는 월북하거나 납북되어 우리 법조계 역사에서 완전히 사라졌다. 그러나 법맹을 손수 조직한 조평재와 홍순엽은 의외로 아무 문제없이 남쪽에 살아남았다. 조평재는 서울제일변호사회 회장을 지냈고, 홍순엽은 최장기 대법관을 역임했다. 가입 자체만으로도 범죄자로 몰리는 단체를 조직한 사람들치고는 너무 운이 좋았다. 이홍규도 변호사로서 천수를 누렸다.

1990년대에는 조평재의 조카인 조순, 이홍규의 아들인 이회창, 이충영의 아들인 이수성이 대권후보로 이름을 날렸다. 그런가 하면 이정남 검사의 아들은 1970년대 판사로서 일하며 반공법 위반 사건에 무죄를 선고했다가 뒤늦게 아버지의 월북이 문제되어 판사 재임용에서 탈락했다. 해방공간에서 사라진 사람들과 그들의 이야기는 어두운 심연에 가라앉은 채 1970~80년대까지 우리 법조계에 적지 않은 영향을 끼쳤다.

2

한국현대사에 정통한 독자들이라 하더라도 지금까지 나온 이름의 태반은 금시초문일 것이다. 이들은 해방을 전후한 시절 자타가 공인하는 최고의 인재들이었다. 어쩌면 이렇게 많은 사람들이 그렇듯 철저하게 망각될 수 있을까. 생각해보면 법조계만큼 종사자들의 자서전이 많은 직역도 드물다. 그러나 해방공간에 관한 기록은 놀라울 정도로 적다. 좌익과 중도에 속한 사람들이 거의 사라졌으니 그나마 남아 있는 기록도 일방적일 수밖에 없다. 좌익경력을 가지고도 살아남은 사람은 자기 과거에 대해 철저히 함구했다. 좌우익 모두에게 친일은 숨기고 싶은 약점이었다. 그만큼 감출 것이 많은 세대였다. 그래서일까. 이들이 누린 영광과 좌절에 비해 각자의 삶에 대해서는 알려진 사실이 매우 적다. 사라진 사람, 잊힌 이야기를 생략하다보니 해방직후 초창기의 공식적인 법조계 역사는 마치 이 빠진 퍼즐 같다. 남겨진 기록들도 대부분 별 주목을 받지 못한 채 사람들의 기억에서 사라졌다. 그만큼 모두에게 껄끄러운 주제였다.

이 책은 바로 그 껄끄러운 이야기를 중심으로 해방후 우리나라 법조직역의 형성과정을 복원하려는 시도다. 이 책이 던지는 질문은 매우 간단하다. 김영재·강중인·조평재·윤학기·백석황·이홍규·이정남 같은 사람들에게 도대체 무슨 일이 일어났나? 이들은 누구였고, 일제시대 무엇을 했으며, 해방공간에서 어떤 꿈을 꾸었고, 그 꿈은 왜 좌절되었나? 초창기 혼란 속에서 만들어진 법조계의 기본틀은 우리에게 어떤 유산을 남겼나? 이런 질문에 답하기 위해서 이 책은 다음과 같은 내용을 담았다.

우선 1부는 1937년 합격자들을 중심으로 일본 고등시험 사법과 제도를 탐구했다. 바로 제1법률가군 이야기다. 안동지역 유수의 독립운동가 가문 출신으로 일제시대 검사로 일한 김영재의 이야기는 독립운동가 가문과 친일 가문이 선명하게 구분되지 않는 당시 현실을 잘 보여준다. 다들 빈곤한 시절이었으므로 합격자라면 누구라도 자신을 역경의 승리자로 포장하고 싶었겠지만, 객관적인 자료들은 다른 이야기를 전한다. 고등시험 합격자 중에는 유난히 면장집 아들이 많다. 당시 기준으로는 사회경제적으로 최상층부에 속했다. 부잣집 출신일수록 상급학교에 진학할 확률이 압도적으로 높았던 시대다. 재력은 거의 그대로 학력에 반영되었다. 개천에서 난 용은 허상일 뿐 실체가 아니었다.

일제시대의 모습도 우리 상상과는 거리가 멀다. 특히 일제시대 말기가 그렇다. 만주사변 이후에는 국내에서 누구도 폭탄을 던지지 않았다. 이상(理想)은 어떠했든지 간에 사람들은 먹고살아야 했다. 광주학생항일운동에 직간접적으로 연루되었던 청년지식인들도 이때쯤이면 각자의 교육정도에 따라 순사시험, 보통시험, 고등시험에 응시해 일제의 관료가 되는 경우가 많았다. 천황과 일제에 대한 적극적인 충성을 보여주지 않으면 판검사 임용이 불가능했기 때문에 특히 법률가 직역에서는 친일 여부 확인이 사실상 무의미하다. 정도의 차이가 있었을 뿐이다. 해방후 반성의 의미로 좌익진영에 가담했던 '성찰가' 강중인, 법맹을 결성한 '호걸쾌남' 조평재, 반공판사로 유명했던 '외골수' 양원일, 해방직후 첫번째 '사법파동'의 주인공인 오승근, 법조계의 모든 요직을 두루 거치며 영광을 누린 민복기 등 1937년 고등시험 사법과 합격자들의 일제시대 인생행로도 김영재와 크게 다르지 않았다. 이들의 삶에 드리운 광주학생항일운동, 만주사변, 중일전쟁, 태평양전쟁의 흔적을 통해 우리는 해방직전 조선 최고의 엘리트들 앞에 놓인 제한된 선택 가능성을 확인할 수 있다.

2부는 일제시대 '이류' 법률가로 취급받았으나 해방이후 고등시험 사법과 출신과 함께 법조계의 가장 중요한 뼈대를 형성한 조선변호사시험 출신들의 삶을 다뤘다. 이들을 이해하기 위해서 먼저 허헌 변호사의 인생을 살펴보았다. 판검사를 거치지 않은 순수 변호사의 아버지 격이던 허헌은 해방후 좌익과 중도진영의 지도자로 변신해 북한 최고인민회의 의장과 김일성종합대 총장 등을 지냈다. 그가 왼쪽으로 기울게 된 뿌리를 탐구하는 것은 해방공간 좌익진영의 형성과정을 이해하는 데 큰 도움이 된다. 이념보다는 사람들과의 관계가 중요했음을 보여주기 때문이다. 이 책은 주로 허헌의 함경도 인맥, 이종만의 대동콘체른과 맺은 인연, 해방이후 남한지역의 과도한 '좌익사냥'에서 그 이유를 찾는다. 2015년 평양에서 발간된 허영욱의 전기 『나의 아버지 허헌』도 이러한 추론에 일정부분 힘을 보탰다.

조선변호사시험에 대해서는 1936~40년 사이 합격자를 중심으로 제도적 특징과 한계, 합격자의 진로를 다뤘다. 평생을 조선변호사시험 준비에 바친 강공승, 훗날 나란히 대법관을 지내게 되는 배정현과 홍순엽, 광주학생항일운동으로 인생이 완전히 굴절되었다가 조선변호사시험 합격으로 겨우 궤도를 되찾은 이덕우와 강혁선, 일제경찰 출신으로 조선변호사시험에 합격한 좌익법률가 윤학기, 예비시험의 불리함을 딛고 한번에 모든 시험을 끝낸 조재천과 김홍섭 등의 이야기를 통해 우리는 '독학자의 등용문'이었던 조선변호사시험의 성격을 파악할 수 있다. 일제시대 판검사를 지내지 않은 조선변호사시험 출신들은 친일논란에서 상대적으로 자유롭다. 그러나 태평양전쟁 말기의 각종 강연에 동원된 경우가 많아 완벽한 떳떳함을 자랑하기는 어렵다. 체제순응적일 수밖에 없는 법률가 직역 자체의 특성 때문이다.

3부는 해방으로 조선인 법률가들에게 벼락처럼 찾아온 새로운 기회를 이야기한다. 남한을 점령한 미군정은 일본인 판검사를 재판에서 배제하고 조선인 법률가로 그 자리를 채웠다. 고등시험 사법과 출신들과 조선변호사시험 출신들은 이른바 자격자로서 가장 먼저 유리한 고지를 점했다. 미래가 보장되었던 이들의 임용과정에서 친일경력은 걸림돌이 되지 않았다. 중요한 것은 인맥과 운이었다. 삼팔선 이북지역에서 해방을 맞이한 판검사들은 월남시기에 따라서 엄청난 불이익을 감수했다. 출신지역과 좌우대립에 따른 내부갈등도 적지 않아 임용을 받고도 출근하지 않는 판검사들이 많았다.

미군정과 법조인력정책 담당자들은 빈자리를 채울 특단의 조치를 마련해야 했다. 일제시대 서기 겸 통역생으로 일하며 일본인 판검사들을 보조했던 사람들이 이 기회에 "저절로 굴러 손에 들어온 별"을 잡았다. 바로 제3법률가군이다. 이 미자격자들은 해방공간에서 수적으로는 판검사의 다수를 점했으면서도 실제로는 한번도 주류가 되지 못했다. 오제도와 이홍규도 이런 경우다. 또다른 '사상검사' 선우종원이나 훗날 대법관을 지낸 김치걸처럼 일제시대 고등시험 사법과에 합격했으나 사법관시보를 마치지 못했던 중간지대의 미자격자 문제도 함께 다뤘다.

4부는 해방공간에서 합법적으로 활동하던 조선공산당 등 좌익세력을 일거에 불법화시킨 1946년 5월의 조선정판사 '위조지폐' 사건을 이야기한다. 조선정판사 '위조지폐' 사건은 하늘에서 뚝 떨어진 단일사건이 아니었다. 조선정판사 사건에 앞서 우리 법조계는 '김계조 사건'으로 떠들썩했다. 김용무 대법원장, 이인 대법관 등 한민당 세력이 장악한 법원과 검찰은 첫 판검사 임용 때부터 정치적 중립성을 의심받았다. 오승근 판사, 백석황 검사로 대표되는 좌익 또는 중도성향의 법률가들은 '김계조 사건'을 계기로 이 상황을 바로잡고자 했다. 정치적 성향과 상관없이 재경지역에 근무하던 판검사 80퍼센트가 김용무 대법원장 퇴진운동에 동조했다. 우리 법조역사상 첫번째 사법파동이었다. 일시적으로 성공한 것처럼 보이던 이 시도는 역풍을 불러왔다. 그 역풍으로 저항세력은 퇴출되었고 한민당의 김병로가 사법부장으로 전면에 등장해 법원과 검찰을 장악했다.

바로 이 시기에 조선정판사 '위조지폐' 사건이 터졌다. 조작 여부가 지금까지도 논란이 되는 이 사건에는 조재천과 김홍섭이 검사로, 조평재·윤학기·강중인·김용암·한영욱·이경용·강혁선·오승근·백석황이 변호사로 관여했다. 재판장을 맡은 양원일은 편파적인 공판진행으로 물의를 빚었다. 재판장 개인의 외골수 성격이 그대로 반영된 재판이었다. 이 책은 당시 변호인들이 제출한 상고이유서를 중심으로 사건 전체가 조작 또는 과장되었을 가능성에 무게를 싣는다. 사건수사가 진행된 본정경찰서 소속 경찰관들의 습성화된 고문과 조작행태도 이런 추정을 유력하게 뒷받침한다.

5부는 정부수립을 전후해 법조계에서 벌어진 각종 좌익 관련 사건을 다룬다. 1947년 12월 '사법기관 내의 남로당 프락치'로 구속된 남상문·홍승기·서범석 등 이른바 '적색 사법관' 사건, 1948년 10월 여순반란사건 진압의 한복판에서 군경에 학살된 순천지청 박찬길 검사 사건, 1949년 7월의 서울지방검찰청 김영재 차장검사 사건, 그해 12월의 2차 '법조프락치' 사건, 1950년 3월의 이홍규 검사 사건 등은 좌익을 박멸해야 한다는 극우세력의 편집증적 집착과 권력욕구가 만들어낸 '관제 빨갱이'의 대향연이었다. 이 책은 남쪽 출신과 북쪽 출신의 지역적 갈등도 이 사건들의 조작과 과장에 상당한 영향을 끼쳤다고 추정한다. 이런 추정에 힘을 보태는 것은 흥미롭게도 이회창 전 총리의 아버지인 이홍규 검사다.

6부는 한국전쟁이라는 쓰나미가 법조계에 끼친 영향을 분석한다. 한국전쟁이 터지자 김병로 대법원장, 김갑수 내무부차관 같은 극소수의 고위직 법조인들은 비교적 빨리 피란길에 올랐다. 유병진 판사, 오제도·선우종원 검사 같은 월남민 출신들도 본능적으로 위기를 감지하고 한강을 넘었다. 피란 중에 김갑수, 오제도는 '비상사태하의 범죄처벌에 관한 특별조치령'과 그 '처리요령'을 만들어 부역자 처벌을 준비했다. 서울환도 후의 유병진은 그 명령에 의해 양산되는 억울한 피해자를 막기 위해 피땀을 쏟았다. 같은 피란경험이었지만 결과는 그만큼 달랐다. 서울에 숨어 지낸 김홍섭 판사, 홍진기 법무국장, 민복기 대통령법률비서관, 정희택 검사, 방순원 변호사 등은 각자도생으로 살길을 찾아야 했다.

  김용무 전 대법원장을 비롯한 수많은 법조인들은 북한에 납북되어 역사에서 사라졌다. 전남지역에서는 이덕우·염세열 변호사가 후퇴하는 군경에 학살되었다. 오제도·선우종원 등이 만든 국민보도연맹의 광범위한 희생자 중의 하나였다. 이홍규·이정남 검사처럼 '관제 빨갱이'로 몰렸던 사람들은 막상 인민군에게 과거 남로당활동 내용을 제출하려 해도 적어낼 것이 전혀 없는 황당한 처지에 놓였다. 김영재 차장검사나 홍승기 변호사처럼 인민군치하에서 법맹이나 자치위원회에 참여한 사람들은 인천상륙작전으로 오도 가도 못 하는 처지에 놓였다. 적에게 협력한 사실이 있으면 남쪽에서 살아남지 못할 것이 뻔히 예상되었다. 점령기간 중에 북한체제에 환멸을 느꼈다 하더라도 다를 건 없었다. 이런 두려움 때문에 어디까지가 납북이고 어디부터가 월북인지를 구별하기 어려운 다양한 행방불명자가 줄을 이었다. 그렇게 사라진 이들은 다시 법조계로 돌아오지 못했다. 겨우 살아 돌아온 몇몇은 더 극단적인 반공주의자로 변신했다. 이로써 남한의 법조계는 좌익과 중도라는 한쪽 날개를 완전히 상실한 근본적인 한계를 떠안게 되었다. 우리 정치에서 흔히 진보로 분류되는 민주당 계열도 실상 자유주의자 수준의 보수세력에 불과하다. 좌익과 중도가 사라진 상황이 만들어낸 일종의 착시현상이다. 법조계의 이념적 지형도 다르지 않다. '기울어진 운동장'은 한국전쟁이 낳은 필연적인 결과였다. 한국전쟁 발발 직전에 월남해 뒤늦게 검사로 임용되었던 위청룡이 5·16 군사쿠데타 직후 법무부 검찰국장에 중용되었다가 곧장 간첩으로 몰려 죽음을 맞이한 비극적인 사연도 6부에서 함께 다뤘다.

7부는 이른바 '이법회(以法會)' 또는 '의법회(懿法會)' 문제를 발굴함으로써 초창기 법조계 5년의 역사가 오늘에 끼친 영향을 설명한다. 1945년 해방 당일에 시행 중이었던 조선변호사시험의 응시자들은 일본의 항복으로 시험을 끝마치지 못했다. 4일간 치러질 예정이었던 시험이 2일차 정오의 항복방송과 함께 중단되고 일본인 시험관들이 사라져버린 까닭이었다. 응시자들은 궁지에 몰린 일본인 시험위원회를 압박해 합격증을 받아냈다. 응시사실만 있으면 모두 합격을 인정받은 것이다. 이 과정에서 결성된 이법회 구성원들은 해방후 각종 시험에서 필기시험을 면제받아 초창기 법조계의 가장 중요한 인력풀이 되었다. 그러나 대부분의 이법회 구성원들이 그 경력을 감췄기 때문에 전체적인 규모를 파악하기란 쉽지 않다. 누구나 그 존재를 알고 있었지만 정확한 실체를 파악할 수 없는 조직이었다.

행정부와 입법부는 '선출된 권력'인 반면, 사법부는 '선출되지 않은 권력'이어서 그 정당성이 늘 문제된다. 우리나라에서는 어려운 시험에 합격한 사람들에 대한 시민 일반의 전통적인 존중이 사법부뿐만 아니라 법조계 전체의 정당성 확보에 상당한 도움을 주었다. 최소한 법조인들은 그렇게 믿어왔다. 그런데 우리 법조계의 출발점에 존재한 이법회라는 큰 구멍은 그런 믿음을 뿌리부터 흔들기에 충분하다. '전두환의 대법 원장'이었던 유태흥은 공식적으로는 2회 변호사시험 출신이지만, 실제 로는 이법회 출신으로 필기시험을 면제받고 면접만으로 변호사자격을 취득했다. 두차례의 사법파동에서 한번은 판사들의 맏형으로, 또 한번 은 탄압자로 자리 매김한 그의 독특한 이력을 생각하면 이법회 문제가 단순히 흘러간 옛이야기가 아님을 알 수 있다. 이법회 출신으로 2회 변 호사시험에 합격한 또다른 법률가 홍남순의 경우는 같은 경험을 지녔다 해도 전혀 다른 삶이 펼쳐질 수 있음을 보여주는 생생한 사례다.

대한민국 법률가의 탄생과정을 소개하다보니 1부에서 3부까지는 일 제시대 시험제도, 해방후의 판검사 임용과정 등 전문적인 이야기가 많 이 포함되었다. 생소하고 지루하게 들릴 수 있지만 대부분 오늘의 현실 과 직결되는 이야기다.

예를 들면 현행 변호사법 제4조 제2호는 "판사나 검사의 자격이 있는 자"에게는 "변호사의 자격이 있다"라고 선언한다. 이상한 규정이다. 판 사와 검사는 직업, 직위, 직역이라고는 말할 수 있어도 그 자체가 자격은 아니다. 세계 어디든 변호사자격이 있는 자 중에서 판검사가 선발된다. 판검사의 자격이 있는 자에게 변호사자격을 줄 일이란 없다. 즉 변호사 자격이 먼저고 판검사의 직위 부여는 나중이다. 변호사법 규정은 반대 로 되어 있다. 해방직후 조선인 판검사가 절대적으로 부족한 상황에서 변호사자격이 없는 서기들을 판검사로 대거 임용한 역사를 빼고는 이 해할 수 없는 규정이다. 자격과 상관없이 판검사부터 시켰기 때문에 이 후에 이들이 퇴임할 때 변호사자격을 인정할지가 뒤늦게 문제된 까닭 이다. 초창기에는 고등시험 사법과가 아니라 행정과 출신에게도 변호사 자격을 부여했다. 어차피 임시방편으로 선택된 사람들이었기에 미자격자의 승진에는 한계가 있었다. 해당자 대부분은 법원과 검찰에 오래 남아 있지 못했다. 한시대를 풍미한 오제도도 일선 검사장을 지내지는 못했다. 이홍규도 광주지방검찰청 검사장이 마지막이었다. 이들은 그래도 가장 오래 버틴 축에 속한다. 일찍 옷을 벗은 수많은 판검사 출신 미자격자들이 곧바로 '전관'이 되었다.

'전관예우'나 '떡값' 관행의 뿌리도 비슷하다. 판검사들이 믿을 만한 '전관' 변호사에게 휴가비, 찻값 등의 명목으로 용돈을 얻어 쓰는 관행은 1990년대까지도 법원과 검찰에 남아 있었다. 해방직후 거의 모든 관공서는 돈이 부족했다. 공무원 개인도 월급만으로는 생존이 불가능했다. 부서운영비는 꿈도 꿀 수 없었다. 조직을 운영하려면 돈이 필요했다. 법원이든 검찰이든 경찰이든 조직운영자는 어디선가 돈을 끌어와야 했다. 조평재 변호사 등이 연루된 '기밀비 사건'에서 볼 수 있듯이 피의자에게 돈을 뜯어 검찰청의 관용차를 장만하기도 했다. 그런 상황에서 검찰은 국민보도연맹 같은 대규모 관제조직도 운영했다. 오제도 검사는 그런 돈을 마련하는 쪽이었고, 이홍규·이정남 검사는 그 비리를 추적하는 쪽이었다. 비리로 몰린 쪽은 상대방을 빨갱이로 몰아 역습을 기도했다. 따지고 보면 이것이 '공안'과 '특수' 사이 오랜 경쟁의 뿌리다. 어제와 단절된 오늘은 없다는 이야기다.

이 책은 이처럼 제도와 관련된 전문적인 부분도 가급적 '사람' 이야기로 풀어가려고 노력했다. 그런데 어지간한 역사 '덕후'라도 그 사람들의 이름을 처음 들어보니 문제다. 독자로서는 딱딱하게 느낄 수밖에 없다. 간곡히 말씀드리거니와 그 이름들에는 곧 익숙해지실 거다. 주요인물들을 중심으로 이야기를 끌어갔기 때문이다. 재미있는 이야기부터 읽고 싶은 독자라면 4부부터 먼저 읽는 것도 방법이다. 등장하는 인물들의 과

거행적이 궁금해질 때마다 색인을 확인해 앞부분을 찾아서 읽으면 된다. 이 책의 초고도 원래는 4부에서 6부를 중심으로 만들어졌다. 그런데 등장인물 몇명의 출신배경과 시험을 추적해가다보니 샛길로 나간 이야기가 너무 길어졌다. 『레 미제라블』의 첫부분 100페이지가 미리엘 주교의 행적으로 채워지는 것과 비슷했다. 자료가 쌓이자 놀랍게도 그 샛길들이 서로 연결되었다. 초창기 대한민국 법률가들이 대체로 네가지 유형으로 묶인다는 사실도 그 순간 분명해졌다. 그때부터 책 전체를 재편했다. 원래 그렇게 만들어진 책이니 4부부터 6부까지 먼저 읽어도 당연히 괜찮다는 말씀이다. 7부는 일종의 외전이라 완전히 따로 읽으셔도 좋다.

필자는 앞선 두권의 책 『헌법의 풍경』과 『불멸의 신성가족』에서 우리 법조계의 여러 문제들을 지적했다. 시험 한방으로 인생이 좌우되던 법률가 탄생과정, 판검사 임용에 목숨을 거는 경쟁구조, 법률가집단 특유의 특권의식과 내부서열, 살인적인 업무량, 전관 양산과 평판 형성, 그 사이로 독버섯처럼 자라나는 브로커, 법조계 전체를 지배하는 '원만함' 이데올로기 등이 형편없는 법률서비스를 만들어왔다는 내용이었다. 두권의 책이 나오고 각각 14년과 9년이 흘렀다. 그사이에 로스쿨이 도입되고 사법시험이 폐지되었다. 감시시스템이 강화되고 특권은 줄어들었다. 판검사들의 윤리적인 수준도 나아졌다. 이런저런 사건사고가 끊이지 않았지만 전반적인 청렴도의 향상은 부정할 수 없다. 이런 변화는 어이없는 현실을 관찰하고 비판하며 대안을 제시해온 수많은 시민, 법률가, 학자들이 흘린 피와 땀의 성과물이다.

그러나 우리 법조계가 어떻게 해서 현재와 같은 모습을 갖추게 되었는지에 대한 공부는 상대적으로 빈약했다. 현상과 싸우느라 과거를 궁금해할 여유가 없었다. 이 책은 '불멸의 신성가족'이 어디에서 비롯되었는지 그 뿌리를 탐구한 소박한 시도다. 주인공 대부분이 역사에서 완전히 사라진 사람들이라 빈 구멍을 채우는 것이 쉽지 않았다. 학자라기보다는 탐정에 가까웠던 지난 3년이었다. 그래도 새로운 지식을 쌓아가는 과정은 누구보다도 필자 자신에게 행복이었다. 전작을 꾸준히 읽어온 독자라면 흩어진 구슬을 하나로 꿰는 쾌감에 동참할 수 있으리라 확신한다.

1부

모든 것을

가진 사람들

고 등 시 험 사 법 과 합 격 자 들

1장

독립운동가 집안의 아들,
친일검사가 되다

1937년 고등시험 사법과 합격자들

해방이후 대한민국 법조계에서 제1법률가군을 형성했던 고등시험 사법과시험* 출신들로 이야기를 시작해보자. 일제시대, 미군정, 대한민국을 거치면서 늘 최고로 인정받았던 사람들이다. 김영재(金寧在)가 속한 1937년 합격자들을 예로 들어본다. 그해 11월 4일 일본 고등시험위원회가 발표한 전체 사법과시험 합격자 256명 중에서 조선인은 강신태(姜信泰)·강중인(姜仲仁)·권혁주(權赫周)·김동진(金東鎭)·김영재·김용근(金龍根)·민병창(閔丙昌)·민복기(閔復基)·서재원(徐載元)·손동욱(孫東頊)·양판수(梁判壽)·오승근(吳承根)·유진령(兪鎭靈)·전병식(全丙植)·조평재(趙平載)·최종석(崔宗錫)·한복(韓宓) 등 17명이었다.

1937년 고등시험 사법과 합격자 중 4명은 해방직후인 1946년 좌우익의 운명을 가른 조선정판사(朝鮮精版社) '위조지폐' 사건에서 적과 동지

---

* 흔히 '고등문관시험 사법과' 또는 '고문 사법과'라고 부르지만 1918년 1월 17일 칙령 제7호 '고등시험령'에 따른 공식명칭은 '고등시험 사법과시험'이다. 당시 공문서의 표기도 모두 '고등시험 사법과시험'을 사용한다. 이후로는 주로 '고등시험 사법과'로 약칭한다.

로 마주쳤고, 한번 길을 잘못 접어든 사람들은 그 여파로 1949년 1차 '법조프락치' 사건의 날벼락을 맞아야 했다. 17명 중 한국전쟁 중에 월북한 것으로 추정되는 사람이 2명, 납북된 사람이 2명이다. 조선정판사 사건을 담당했던 '공안'판사를 포함한 3명은 일찍 세상을 떴다. 변호사시보를 거쳐 곧바로 변호사를 개업하거나 학계로 빠진 3명을 제외한 14명은 일제시대 조선과 만주에서 판검사를 지냈다.

고등시험 사법과 응시는 일제하에서 판검사를 해보겠다는 의도를 명백하게 드러낸 행위였다. 순수 변호사 지망생에게는 조선변호사시험이라는 다른 길이 열려 있었다. 판검사가 되려면 단순한 법률지식뿐만 아니라 일제통치에 대한 충성심도 보여줘야 했다. 그 과정을 통과한 사람들의 삶이 해방이후 다양하게 갈린 것도 흥미롭다. 거칠게 평가하자면, 자신의 과거를 반성하고 돌이킨 사람들은 예상한 것 이상의 불행을 맛보았고, 끝까지 개인의 안위만을 추구한 사람들은 기대한 것 이상의 영광을 누렸다. 전반적으로 그런 시대였고 어느 누구도 거대한 역사의 흐름에서 자유로울 수 없었다.

넓어진 문

훗날의 운명은 각기 달랐어도 법조인으로서 1937년 고등시험 사법과 출신들의 첫출발은 그리 나쁘지 않았다. 실력도 좋았고 운도 따랐다. 그해 시험의 조선인 합격자 수는 평년의 두배가 넘는 규모였다. 판검사 임용시험과 변호사시험을 분리 시행하던 일본의 법률가 선발 시스템은 1923년에 이르러서야 고등시험 사법과로 통합되었다. 1925년 조선인으로는 처음으로 조진만(趙鎭萬)이 그렇게 정비된 새로운 관문을 통과했다. 조진만은 경성법학전문학교(경성법전) 출신으로 부산지방법원에서 '서기 겸 통역생'으로 일하던 만 22세의 청년이었다. 물론 그 이전에도 대한제국의 법관양성소를 졸업하거나 조선총독부 산하 재판소의 서기 겸 통역생 노릇을 하다가 판검사로 임용된 앞선 세대 조선인 법률가들이 존재했다. 허헌(許憲) 변호사처럼 국권피탈 이전에 잠깐 시행되었던 광무 변호사시험에 합격하거나, 김병로(金炳魯) 변호사처럼 경성전수학교의 교수 경력으로 조선총독부 판검사에 특채된 경우도 있었다. 김용무(金用茂)·이인(李仁) 변호사 등은 고등시험 시행 이전에 일본으로 건너가 일본변호사시험을 통과했다. 1922년부터는 일본과 별도로 조선변호사시험이 시행되어 매년 서너명의 조선인 변호사들이 배출되었다. 조진만은 이런 선례들과 조금 다르게 일본인과 완전히 대등한 조건의 시험과 사법관시보 과정을 거쳐 판검사로 직행하는 길을 열었다. 조진만 이후에도 해마다 몇몇 조선인들이 고등시험 사법과에 합격했지만, 그 규모는 예컨대 1934년 8명, 1935년 6명, 1936년 5명 등으로 한자리 숫자를 벗어나지 못했다. 1937년의 합격자 수 17명은 그만큼 이례적이었다.

합격자 급증은 이유가 있었다. 1931년 만주를 집어삼킨 일본은 치밀한 준비를 거쳐 1937년 중일전쟁을 일으켰다. 두차례 전쟁에서 승리하고 태평양전쟁을 준비하는 시기에 일본은 군수산업을 중심으로 일시적 활황을 누렸다. 일본경제는 1930~36년까지 50퍼센트, 1937~41년까지 15퍼센트의 놀라운 성장률을 보였다.[1] 대학을 졸업해도 변변한 일자리가 없던 과거에는 우수한 일본인 학생들이 공무원시험으로 몰려들었으나, 중일전쟁 이후에는 고등시험에 합격하고도 박봉의 공무원 대신 은행, 산업개발회사 같은 민간회사를 선택하는 일본인들이 나타났다.[2] 상시적인 취업난에 시달리던 조선의 인텔리 실업자들이 그 빈자리를 채우려고 몰려들었다. 학교교육을 모두 일본어로 받은 세대라서 언어의 장벽도 낮아졌다. 3·1운동 이후 10여년간 불타올랐던 독립의지가 만주사변 이후 급격히 잦아든 것도 조선인의 고시집중 현상에 힘을 보탰다.

당대의 손꼽히는 지식인 인정식(印貞植)이 1938년 발표한 전향서의 표현을 빌리자면 "일본제국을 경제상의 또는 정치상의 유일 절대의 맹주로 하는 동아의 재편성 과정은 실로 놀랄 만한 공전의 대규모와 미증유의 급격한 속도로 진행되어 아세아의 전지도를 변하"게 하고 있었다.[3] 사회주의운동에 투신해 두번의 옥살이를 마치고 나온 혁명가의 눈에도 그렇게 보일 정도였다. 일찍이 선진문명에 눈을 뜬 윤치호(尹致昊)도 1937년 중일전쟁을 계기로 기존의 다소 모호한 중립적 태도를 버리고 본격적인 친일의 길에 들어섰다. 미국 유학 당시 백인우월주의와 인종차별을 목격했던 윤치호는 백인종과 일본인의 대결에서 일본인이 승리하기를 바랐다. 감리교와 YMCA를 대표하던 기독교인으로서 소련보다는 일제의 통치가 낫다고도 생각했다. 1938년 조선인 육군특별지원병제도의 실시, 1940년 창씨개명, 1942년 징병제시행 결정으로 민족차별이 철폐되리라는 믿음도 생겼다.[4] 모두 착시였지만 적지 않은 지식인들이 윤치호의 영향을 받았다. 몇몇 개인의 변화가 아니라 한세대 전체가 그 흐름에 몸을 실었다. 1937년 고등시험 사법과의 조선인 합격자들은 만주사변 이후에 시작된 그런 변화를 상징하는 사람들이었다.

17명의 합격자 중에서 김영재·강중인·조평재·민복기·서재원·전병식·김용근 등 7명은 경성제국대학(경성제대) 출신이었다. 1929년 첫번째 졸업생을 배출한 경성제대는 자타가 공인하는 식민지 최고의 교육기관이었다. 그러나 일본본토의 제국대학들과 완전히 동등한 위상은 아니었

만주사변은 조선인 엘리트의 고시집중에 영향을 미쳤다.
사진은 1931년 중국 선양을 점령하던 일본군의 모습.

다. 1924년에 설립된 경성제대는 첫 졸업생을 배출하는 데 5년이 걸렸다. 신입생들이 2년 동안 '고등학교'에 해당하는 예과과정을 거쳐야 했기 때문이다. 일제시대의 학제는 지금과 완전히 달랐다. 조선에는 '고등보통학교'(고보)가 있었을 뿐 일본본토와 같은 정식 '고등학교'가 존재하지 않았다. 조선에서 제일로 치던 경성제일고보(경기고의 전신)를 졸업해도 중학교 학력만 인정되었다.

일본본토의 구제(舊制)고등학교, 문자 그대로 '하이스쿨'(high school)은 합격이 지극히 어려웠지만 일단 붙기만 하면 출세로 나아가는 지름길이었다. 그중에서도 제일고등학교, 제이고등학교처럼 숫자가 붙은 이른바 '넘버스쿨'을 나오면 교토제대(京都帝大), 도후쿠제대(東北帝大), 규슈제대(九州帝大)의 대부분 학과에 무시험 입학이 가능했다. 고등학교에서 극심한 경쟁이 벌어진 것은 도쿄제대(東京帝大)에 진학하기 위함이었다. 도쿄제대가 아니라면 군이 공부에 목을 매달 이유가 없었다.[5] 도쿄제대를 졸업한 조선인 유학생을 조사해보면 조선에서 학교를 나온 경우가 없고 모두가 일본의 '하이스쿨'을 졸업했다. 그중에서도 '넘버스쿨' 졸업생 비율이 50퍼센트를 넘는다. 교토제대 이하로 내려가야만 경성법전, 연희전문 등 식민지의 공립·사립 전문학교 출신들을 가끔 발견할 수 있다.[6]

경성제대의 다섯번째 총장을 지낸 하야미 히로시(速水滉)는 경성으로 오기 전에 17년 가까이 도쿄 제일고등학교의 교수로 일했다. 그의 영향으로 경성제대 법문학부 법학과 교수진의 상당수는 제일고등학교를 졸업하고 1922~25년 사이에 도쿄제대 법학부를 졸업한 동년배 집단으로 채워졌다. 대부분 하야미의 제자들이었다. 어차피 도쿄제대를 거친 제일고등학교 출신들이 일본의 정·관계와 학계를 장악한 시대였다. 신설 경성제대를 장악하는 일쯤은 식은 죽 먹기였다. 구제고등학교의 힘은 그만큼 강했다.[7]

조선에서 고등학교와 비슷한 특권을 누린 학교는 경성제대 예과가 유일했다. 예과 2년을 마친 경성제대 학생들은 본과로 진학하여 법문학부의 경우에는 3년, 의학부의 경우에는 4년과정을 이수하고 졸업장을 받았다. 경성제대는 일본본토의 제국대학들과 달리 독립적인 경제학부와 정치학과가 존재하지 않았고, 법학과·철학과·문학과를 합친 '법문학부'로 통합 운영되었다. 여러가지 면에서 규모가 축소된 학교였다.

어느 친일검사의 대학시절

1937년 고등시험 사법과의 경성제대 출신 합격자 7명 중에서 가장 선배는 1932년 법문학부를 졸업한 김영재다. 김영재는 1907년 11월 3일 경북 안동군 풍산면 오미동 255번지에서 김규섭(金奎燮)의 큰아들로 태어났다. 『조선총독부 직원록』에 따르면 김규섭은 1912년 경북 영양군을 시작으로 안동군, 영천군 등에서 꾸준히 서기로 일하다가 1931년 영천군 금호면장에 임명된 인물이다. 1931년은 조선총독부가 '자치'를 확대한다는 명분으로 읍면제도를 전국적으로 시행한 해다. 일제시대 면장은 지방관제의 적용을 받는 임명직 관리로서 면 소속 관리들의 임면권과 징계권을 가졌다. 면협의회 의장도 겸했다. 지금과는 비교할 수 없는 막강한 자리였다.[8] 김영재가 고등시험에 합격하던 1937년에도 아버지는 여전히 금호면장이었다.

김영재는 1927년 대구고보를 졸업하고 경성제대 예과에 입학해 1932년 법문학부 법학과를 졸업했다. 경성제대 예과와 법문학부 모두 4회 졸업에 해당한다. 그가 경성제대에 재학 중이던 5년은 국내 독립운동이 마지막 불꽃을 태우던 시기였다. 학교는 바람 잘 날이 없었다. 그가 본과 1학년이던 1929년에는 광주학생항일운동이 일어났다. 광주에서 시작된 학생들의 저항이 전국으로 확산되던 그해 12월 경성제대 예과생이던 신현중(愼弦重)은 경성의 전문학교 이상 학교대표들로 조직된 조선학생과학연구회에서 격문을 얻어 학교로 돌아왔다. 광주학생항일운동의 진원지인 광주고보 출신 조규찬(曺圭贊)이 신현중과 손잡고 그 격문을 경성제대에 배포했다. 신현중이 예과 1학년을, 조규찬이 2학년을 맡았고 배포대상은 조선인 학생들로 한정했다. 그런데 이케 사다요시(池定好)라는 일본학생의 성〔池〕을 조선인 지(池)씨로 착오하는 바람에 사달이 났다. 격문을 발견한 이케 학생은 당장 학생과로 신고했고, 경성제대 시위는 불발로 끝났다.[9] 다행히 격문을 유포한 두사람은 붙잡히지 않았다.

이듬해인 1930년 9월에는 경성제대 총장이 학생동아리인 경제연구회를 해산했다. 경제연구회 회원인 의학부 2학년 이정우(李廷雨)가 조선학생과학연구회에 참여한 것이 해산의 원인이 되었다. 해산을 요구받은 조선인 학생들이 항의하자 총장은 1927년 가을에 경제연구회 창립회원 유진오(兪鎭午)가 학교의 동아리 승인을 받기 위해 제출했던 각서를 학생들에게 들이밀었다. 나중에 고려대 총장을 지낸 바로 그 헌법학자 유진오다. 서약서는 외부단체와 교섭 없이 지도교수 아래에서만 경제학을 연구하겠다는 내용을 담고 있었다. 이정우가 외부단체와 연결되어 활동한 것은 어쨌든 서약 위반이었다. 철 지난 각서 타령은 누가 봐도 학교 측의 억지였지만 학생들은 버틸 힘이 없었다. 결국 경제연구회는 문을 닫았다.

이 사건으로 구속된 이정우는 김영재의 대구고보 동기동창으로 각각 문과와 이과를 대표해 경성제대에 합격한 친구 사이였다. 이정우는 예심에서 무려 3년을 붙잡혀 있었고 그후에야 기소를 면해 겨우 풀려났다. 일제시대에는 기소 여부를 결정하는 예심단계에서 무기한으로 피의자를 구금할 수 있었다. 사회적 이목이 집중된 중범죄인이나 사상범들은 일부러 예심으로 돌려서 3년 정도 재판도 없이 붙잡아두기도 했다.[10] 예심단계의 장기 미결구금은 경찰의 고문 못지않은 인권침해였다.[11] 청년 하나쯤은 그것만으로도 충분히 말려 죽일 수 있었다. 이정우의 의학부 졸업은 결국 남들보다 4년이 늦어졌다.

이정우가 구속되고 경제연구회가 해산된 후에도 조선학생들은 비밀리에 모임을 이어갔다. 당시 동대문경찰서장이 작성한 「성대(城大)*생도의 연구회 조직에 관한 건」이라는 보고서는 의학부의 강남구(姜南九, 3회)·정하택(鄭夏澤)·유염진(劉濂鎭, 4회)·유기춘(柳基春, 4회)·조규찬·이부현(李富鉉, 5회), 법학과의 황순봉(黃舜鳳, 4회)·표문후(表文垕, 6회)·김영재·이중업(李重業, 5회)·신기석(申基碩, 5회), 문학과의 이우관(李愚觀, 5회), 철학과의 고형곤(高亨坤, 5회) 등이 학년별로 연구회 모임을 주도했다고 기록한다.[12]

그러나 이들 전부가 실제로 열심히 활동했던 것 같지는 않다. 경제연구회 해산으로 전체적인 동력은 눈에 띄게 약화되었다. 대신에 일부 학생들이 외부와 연계해 더 적극적인 운동에 뛰어들었다. 신현중, 조규찬은 3차 조선공산당(ML당) 계열인 이종림(李宗林), 강진(姜進)의 지도를 받았다. 황순봉, 이중업은 공산당공작위원회라는 조직에 연결되어 있었다. 신기석과 이부현은 독서회(RS, Reading Society)를 움직였다. 후배들의 이런 적극적인 좌익활동이 시작되면서 기존의 선배들은 설 자리를 잃었다. 본과 1학년인 신현중이 주도하는 모임에 선배로서 얼굴을 내밀기가 껄끄러웠기 때문이다. 경제연구회가 비합법조직으로 전환하는 데 따른 법문학부 쪽 선배들의 부담도 적지 않았을 것이다. 덕분에 선배들은 1931년을 떠들썩하게 한 이른바 '반제동맹(反帝同盟)' 사건에서 대부분 처벌을 피했다.

신현중과 조규찬이 주도한 반제동맹은 독서회 형태의 학생운동이 실천적 반전운동으로 발전한 흔치 않은 조직사건이었다. 두 조선인 수재뿐만 아니라 용산중학교 출신으로 경성제대에서 1등을 놓치지 않았던

---

* 경성제대의 약칭.

일본인 학생 이치카와 아사히코(市川朝彦)도 적극적으로 참여했다. 조직원 중에는 조선총독부 급사, 조선일보사 급사 등 경성제대 외부의 청소년 노동자들도 많았다. 이들을 지도한 이종림과 강진은 1928년 ML당이 붕괴될 때 아슬아슬하게 대량 구속의 광풍을 피한 프로페셔널 운동가들이었다. 두 사람은 이후 3년간 지하를 돌며 당의 재건을 추진했다.

3차 조선공산당을 주도한 인물 중에는 김준연(金俊淵)을 따로 기억할 필요가 있다. 1895년 전남 영암에서 태어나 1920년 도쿄제대 독법과를 졸업한 김준연은 1927년 김철수(金錣洙)와 안광천(安光泉)의 뒤를 이어 3차 조선공산당의 세번째 책임비서가 되었고, 1928년 ML당 사건으로 구속되어 7년형을 살았다. 이 사건에서 김준연을 변호한 것이 나중에 대법원장이 되는 김병로 변호사였다.[13] 1927년 3차 조선공산당 일본지부의 책임비서로 선임되었던 박낙종(朴洛鍾)도 ML당 사건으로 5년을 복역했다. 경남 사천의 부유한 집안에서 태어나 1926년 와세다대(早稲田大) 전문부 정치경제과를 졸업한 박낙종은 해방직후 조선정판사 '위조지폐' 사건의 주범으로 지목되어 김준연 가문과 악연을 맺는다.

거창하게 포장되기는 했지만 경성제대 반제동맹은 일제 고등경찰과 상대가 안 되는 아마추어 조직이었다. 1931년 9월 초순 조규찬을 비롯한 일부 조직원들이 동대문경찰서로 잡혀가 조사를 받았다. 반제동맹, 공산당공작위원회, 독서회 등과 모두 관련이 있었던 조규찬은 도대체 어느 조직 때문에 붙잡혀왔는지조차 알지 못했다. 유치장에서 의학부 선배 강남구를 만나고서야 비로소 '최소한 반제동맹 사건은 아니'라고 깨달았을 정도였다. 강남구는 반제동맹 조직원이 아니었기 때문이다. 그만큼 다들 미숙했다. 실제로 9월 초순의 조사는 황순봉과 이중업의 공산당공작위원회를 목표로 한 것이었다. 황순봉과 이중업이 이미 몸을 피한 상태여서 다른 경성제대 학생들은 열흘쯤 지나 모두 무사히 풀려났다. 앞서 살펴본「성대생도의 연구회 조직에 관한 건」보고서는 이 조사가 끝난 후 작성된 결과물이다. 보고서 작성일자는 1931년 9월 18일이다. 바로 그날 밤 10시에 만주 펑톈(奉天) 북부 교외의 류탸오거우(柳條溝)에서 원인을 알 수 없는 철도 폭발사고가 일어났다. 만주사변의 시작이었다.

만주사변이 발발하자 신현중은 곧장 "저 피로 물든 만주광야를 보라. 우리 동포들이 제국주의 총칼에 도륙이 되고 있는데"로 시작하는 격문을 준비했다. 이 격문은 9월 28일 경성시내에 배포되었고 신현중과 조규찬 등 구성원 전원이 차례로 검거되면서 반제동맹 조직은 와해되었다.[14] 경찰 입장에서 중요한 목표물은 조선공산당의 재건을 시도하던 이종림과 강진이었지 경성제대의 잔챙이들이 아니었다. 강진은 이 사건으로 체포되어 해방까지 무려 14년을 복역했다. 이종림은 무사히 도피했다가 1937년에 가서야 체포되었다.[15]

당시 독립운동 사건이 거의 다 그랬듯이 이 사건의 변론도 김병로·이인 변호사가 주도했다.[16] 재판결과 신현중은 징역 3년을, 조선총독부와 조선일보사 급사였던 안복산과 이형원은 징역 2년을 선고받았다. 나머지 경성제대 학생들은 조규찬과 이치카와를 비롯한 주모자급도 대부분 집행유예를 받았다. 풀려난 학생들은 신현중을 제외하고는 순차적으로 복학이 허용되었다. 사상 관련 사건치고는 관대한 처분이었다. 신현중은 학교를 마치지 못했지만 훗날『조선일보』기자, 진주여고·통영중 교장을 지냈다. 징역 2년에 집행유예 3년을 받은 조규찬은 입학동기들보다 5년 늦게 경성제대 의학부를 졸업해 해방후 전남대 의대학장을 지냈다. 조규찬은 ML당 비서인 김준연의 큰딸 김자옥과 결혼했다. '사도법관(使徒法官)'으로 유명한 김홍섭(金洪燮)은 셋째딸 김자선과 결혼해 조규찬과 동서가 된다.[17] ML당 사건으로 복역한 김준연은 공산주의를 버리고 전향해 『동아일보』 주필이 되었고, 일종의 극우 이데올로그로서 해방후의 반공투쟁을 선도했다.

김영재는 경제연구회의 법학과 학년대표로 이름을 올렸지만, 반제동맹, 공산당공작위원회, 독서회 등에는 적극적으로 가담하지 않았다. 이정우나 황순봉 같은 동급생들과 비교해볼 때 김영재의 삶은 대체로 평탄했다. 최소한 평탄해 보이기는 했다. 굳이 분류하자면 그는 '사회주의 운동에 호감을 가졌지만 중심에 뛰어들지는 못한 신중한 청년지식인'이었다.

고등시험 합격

반제동맹 사건으로 학교가 어수선한 상황에서 일본발 낭보가 날아들었다. 1931년 12월 재학생인 장후영(張厚永)이 고등시험 사법과에 합격했다는 소식이었다. 경성제대 출신으로는 최초의 고등시험 사법과 합격이었다. 개교 후 7년, 학과 개설 후 5년 만의 뒤늦은 경사였다. 김영재의 경성제대 입학동기였던 장후영은 1909년생으로 나이도 한살 어렸다. 고등시험에 합격한 장후영은 당장 판검사가 되는 대신 교토제대 법학부 대학원에 진학했다. 공부를 마치고 돌아와서 1934년에 경성지방법원 사법관시보가 되었고, 1936년 9월 정식으로 광주지방법원 판사에 임명되었다. 동기생의 빠른 입신양명은 김영재에게 적지 않은 스트레스였을 것이다.

만주사변이 터지고 아버지는 면장이 되었으며 후배들이 붙잡혀가고 친구는 고시에 붙은, 그야말로 다사다난한 1931년이 그렇게 지나갔다. 시대적으로나 개인적으로나 유례없는 격변기였다. 국내 독립운동이 혹한기를 맞아 지하로 들어간 대신, 경성을 중심으로 '모던'의 시대가 꽃피기 시작했다. 1932년 4월 경성제대를 졸업한 김영재는 일단 취업부터 해야 했다. 당시 많은 사람들이 그랬듯이 재학시절에 이미 결혼한 김영재에게는 아내와 아들이 딸려 있었다. 화려한 학벌이었지만 대공황 직후의 조선에서는 그럴듯한 일자리를 찾기 힘들었다. 그해 5월 15일 김영재가 찾아 들어간 직장은 경기도청이었다. 월급 65원을 받는 '고원(雇員)'자리였다. 관청에서 임금을 받고 사무를 돕는 고원으로 일하다보면 판임관에 해당하는 '속(屬)'이 될 수 있었고 오래 근무하면 고등관 승진도 가능했다.

실제로 경성제대의 많은 졸업생들이 법원의 서기나 지방관청의 하급관료로 사회생활을 시작했다. 1920년대에는 관립대학을 졸업하면 바로 하급관료인 판임관이 될 수 있었지만, 1930년대에는 학력 인플레이션으로 인해 행정부로 갈 경우에는 고원부터 시작해야 했다. 똑같은 고원이라도 학력에 따라서 초임월급이 달랐기 때문에 경성제대 출신 김영재가 받은 65원은 동일직급에서 최고수준이었다. 중등학교를 졸업한 조선인의 고원초봉은 30원, 전문학교를 졸업한 조선인은 40원, 일본의 사립대를 졸업한 조선인은 45원에 불과했다.[18] 월급 65원의 경기도청 고원은 당시 조선 상황에서 결코 나쁜 자리가 아니었다.

법원의 서기나 조선총독부의 하위관료로 일하면서 고등시험을 준비하는 것은 일제시대 조선인 고학력자들의 중요한 출세경로였다. 해방후 우리 법조계의 초석을 놓은 인물 대부분이 이런 경로로 고등시험에 합격했다. '조선인 관리의 특별임용에 관한 건'(칙령 제396호) 규정에 따라 졸업 후 무시험으로 법원의 서기가 되는 것 자체가 경성제대나 전문학교 출신 고학력자만 누리는 일종의 특권이었다. 학벌이 뒷받침되지 않은 사람들은 그 정도 자리를 얻기 위해서도 판임관견습 시험이나 보통시험 같은 어려운 관문을 통과해야 했다. 그런 의미에서 보면 김영재의 취직은 매우 보편적인 선택이었다. 고등시험 합격까지 걸린 졸업 후 5년의 세월도 당시 기준으로 보면 긴 편이 아니다. 시험을 준비하면서도 가족을 부양하며 먹고살 수 있었다는 사실 자체가 중요했다.

참고적으로 이야기하면 경성제대 1회 졸업생 중에는 고등시험 합격자가 한명도 없다. 대부분이 시험준비를 아예 하지 않았다. 여전히 '민족'이 중요했던 1920년대에는 조선 최고학부 출신의 자존심이 고시공부를 허락하지 않았다. 1회 졸업생 중에서는 홍일룡(洪一龍) 정도가 1930년 전남도청 내무부 농무과 속에 임명된 후 고등시험 응시를 핑계로 1년에 한번씩 도쿄를 오갔다. 시험에는 실패했지만 11년 후 그도 고흥군수가 되었다. 자존심을 내세운 세대는 딱 거기까지였다.

2회부터는 수많은 졸업생들이 고등시험에 몰려들었다. 김영재의 한해 선배인 정창운(鄭暢雲)은 졸업과 동시에 부산지방법원 진주지청 서기 겸 통역생으로 취직했다. 서류접수를 하는 정창운을 보고 답답함을 느낀 일본인 감독서기가 "주판을 가지고 하면 쉬운데 경성제대 졸업생이 그것도 못한다"라며 타박을 주었다. 정창운은 "제국대학에서 주판 가르치는 것 어디서 보았느냐?"라며 주판을 집어들어 상관의 머리를 내리쳤다.[19] 정창운은 곧 서기를 그만두었고 1935년 조선총독부 식산국 광산과 고원으로 자리를 옮겨 1939년 고등시험 사법과에 합격했다. 제국대학의 수준 높은 학문과 현실에서 부딪힌 수준 낮은 업무는 정창운만의 문제가 아니었다. 이 모순을 뛰어넘어 제대로 사람 대접을 받으려면 고등시험에 붙어야 했다. 1942년에 검사로 임용된 정창운은 해방후 서울고등검찰청 검사장과 검찰총장을 지냈다.

아무 기반이 없는 가난한 사람들은 고등시험의 응시 자체가 불가능한 시대였다. 해마다 봄이 오면 식민지 조선의 많은 법학도들이 부산에서 시모노세키로 향하는 관부연락선에 올랐다. 6월 말 도쿄에서 시행되는 고등시험 사법과에 도전하려는 젊은이들이었다. 아예 1년을 잡고 일본에 머물며 시험을 준비한 사람들도 많았다. 일본본토에서는 이보다 훨씬 많은 조선인 유학생들이 시험대열에 합류했다. 가난한 청년들은 꿈도 꿀 수 없는 길이었다. 시험을 치르려면 왕복여비뿐만 아니라 물가가 비싼 도쿄에서 최소한 한달을 버틸 돈부터 마련해야 했다. 그래도 얼마나 많은 조선청년들이 이 경로를 오갔는지, 수험생들 사이에서는 시모노세키에서 도쿄까지 기차를 타고 이동할 때 후지산을 바라보면 시험에 떨어진다는 징크스가 존재할 정도였다. 나중에 법무부장관과 중앙일보사 회장을 지낸 홍진기(洪璡基)는 1939년 도쿄로 가는 길에 후지산을 보고 시험에 떨어졌고 1940년에 후지산을 외면하고 시험에 붙었다는 재미있는 이야기를 남기기도 했다.[20]

예비시험, 필기시험, 구술시험의 3단계로 진행된 고등시험에는 학력 제한이 존재했다. 1단계의 예비시험에라도 응시하려면 중학교를 졸업하거나 그와 동등한 학력을 갖추어야 했다. 예비시험을 면제받으려면 고등학교, 대학예과 또는 문부대신이 이와 동등 이상이라고 인정하는 학교를 졸업해야 했다.[21] 조선의 전문학교 중에서는 관립 경성법전 졸업자만이 고등시험 시행 초창기부터 예비시험을 면제받았다. 보성전문학교 졸업생은 1929년, 연희전문학교 졸업생은 1932년에 이르러서야 예비시험을 면제받았다.[22] 진입장벽이 그만큼 높았다. 예비시험은 논문과 외국어 두과목으로 실시되었고, 한번만 합격하면 이후에 다시 응시할 필요가 없었다.[23] 그나마 뒤에서 살펴볼 조선변호사시험보다는 훨씬 수월한 조건이었다. 1937년 고등시험 사법과의 조선인 합격자 중에는 예비시험을 거친 사람이 아예 없다. 다들 그 정도 조건은 갖추고 있었다는 의미다. 근본적으로 재력이 없으면 학력도 얻을 수 없던 시대였다. 고등시험은 '개천에서 용이 나는' 시험제도가 전혀 아니었다.

1936년부터 경기도 산업부 농무과 속으로 70원의 월급을 받던 김영재는 1937년 고등시험 사법과에 합격했다. 제국대학 출신이니 당연히 예비시험은 면제였다. 고등시험 사법과에 합격해도 판검사가 되려면 먼저 사법관시보에 임용되어야 했다. 김영재도 시험합격 후 남들처럼 곧바로 사법관시보에 지원했지만 임용되지 못했다. 1937년 합격자 중에서 다음해인 1938년 3월 사법관시보에 1차로 임용된 것은 민복기·오승근·전병식·조평재·한복 등 5명뿐이었다. 고등시험 사법과 성적으로 따지면 민복기가 합격자 256명 중에서 82등, 오승근이 99등, 전병식이 104등, 한복이 137등, 조평재가 200등이었고, 김영재는 이들 모두보다 앞선 68등이었다.[24]

성적이 제일 좋았던 김영재가 1차 선발에서 탈락한 이유는 간단하다. 당시 사법관시보는 성적만으로 선발되지 않았다. 1942년의 고등시험 사법과 합격자로 사법관시보 선발에 탈락한 양회경(梁會卿)의 회고에 따르면, 당시 면접관들은 공공연하게 "천황에 대한 충성심만 바로 박혀 있으면 되는 것이지 법률을 알고 모르고는 문제가 아니"라고 이야기했다.[25] 사상이 그만큼 중요했고 엄격한 신원조회는 필수였다. 재학시절 경성제대에서 터진 각종 사건을 모두 비켜났던 김영재에게 어떤 사상

金 寧 在

當三十一才

昭和十三年十二月百撮影

0127

1939년의 사법관시보 채용자 서류에 첨부된 김영재의 사진.

적 문제가 있었을까. 김영재의 사법관시보 진퇴 관련 서류를 살펴보면 1938년 1월과 2월 안동경찰서, 경상북도 경찰부, 대구지방법원 검사정, 경성지방법원 검사정, 조선총독부 법무국장 사이를 숨 가쁘게 오간 신원조회 보고서들을 발견할 수 있다. 문제는 김영재가 아니라 그의 큰아버지였다.

독립운동가 가문의 아들

김영재가 안동의 풍산 김씨 집성촌인 오미동 출신임은 이미 이야기했다. 의성 김씨, 풍산 김씨, 문화 유씨, 안동 권씨 등이 모여 사는 안동의 오래된 집성촌은 밭을 가는 노인들도 새참을 먹으며 심심풀이 삼아 한시를 짓는다는 동네들이다. 그만큼 유교의 뿌리가 깊다. 김응섭(金應燮), 김지섭(金祉燮) 등 빛나는 독립운동가들이 그런 환경에서 나고 자랐다. 김구의 임시정부 계열이 아니었던 까닭에 두사람의 활동은 널리 알려져 있지 않다. 김영재를 이해하기 위해서는 두 독립지사의 삶부터 살펴봐야 한다.

1876년생인 김응섭은 안병찬(安秉瓚)·이준(李儁)·홍진(洪震)·함태영(咸台永) 등과 함께 법률가자격을 가지고 독립운동에 앞장선 인물로 손꼽힌다. 대한제국의 법관양성소 출신인 김응섭은 1908년 함흥지방재판소* 검사, 1910년 조선총독부 산하 영변구재판소 판사, 1911년 평양지방재판소 검사를 지냈고, 1912년 6월 28일 퇴직하여 대구에서 변호사 개업을 했다.[26]

1919년 3·1운동이 일어나자 곽종석(郭鍾錫), 김창숙(金昌淑) 등의 유림세력은 파리평화회의에 보낼 독립청원서인 「파리장서(巴里長書)」를 작성했다. 모두 137명의 유림이 서명한 「파리장서」는 "죽음으로 나아갈지언정 맹세코 일본의 노예는 되지 아니하리라"는 장렬한 내용을 담

---

* 갑오개혁의 결과로 만들어진 1895년 3월 25일자 재판소구성법에 따라 근대식 재판소가 문을 열었으나 초기에는 관찰사, 목사, 감리 등 지방행정관이 지방재판소 판사를 겸임했다. 1907년 새로운 재판소구성법이 공포된 후에는 일본인 판검사들이 재판업무를 담당하기 시작했다. 1909년 재판소의 감독권한이 대한제국의 법부에서 일제 통감부로 넘어갔고, 이때부터 조선인 판사는 원피고가 모두 조선인인 민사사건과 피고인이 조선인인 형사사건만을 재판할 수 있었다. 법원행정처 엮음 『한국법관사』, 육법사 1976, 19~37면.

고 있다.[27] 김응섭은 「파리장서」의 영문 번역본을 상하이로 전달하는 임무를 수행했고, 망명 후에는 대한민국 임시정부 법무차장에 임명되었다. 그의 상하이생활은 길지 않았다. 임시정부의 소극적 태도와 분열에 실망해 곧 만주로 몸을 옮겨 무장투쟁에 참여했기 때문이다. 김응섭은 1921년 이르쿠츠크에서 조직된 고려공산당에서 중앙집행위원을 맡았고 거기서 자유시참변을 목도했다. 1923년 임시정부 개편문제를 논의한 상하이 국민대표회의에서는 기존 임시정부를 없애고 완전히 새로 시작해야 한다는 '창조파'의 입장에 섰다. 1920년대 후반에는 만주에 머물며 정의부 심판원장, 한족노동당 대표, 재만농민동맹 대표를 지냈다. 안창호·김동삼(金東三)·오동진(吳東振) 등과 함께 좌우합작을 위한 민족유일당운동에도 적극적으로 참여했다.[28] 대한민국 임시정부의 간판을 끝까지 지켜냈던 김구의 민족주의 세력과는 이래저래 완전히 다른 독립운동 노선이었다.

김응섭은 1931년 3월 25일 지린에서 창춘으로 이동하던 중 일본경찰에 체포되었다. 두달 동안 혹심한 고문에 시달린 경험은 "한말이 넘는 맑은 냉수를 코로 마시니 온몸이 물고기가 되어 신음하며 눕는다(鼻吸斗餘淸冷水 渾身魚化臥呻吟)"라는 한시로 남아 있다. 같은 해 5월 25일 대구로 압송된 이후 해방까지는 김응섭의 공적인 행적이 거의 알려져 있지 않다.[29] 그해 8월 4일자로 대구지방법원 소속의 변호사자격이 취소되었다는 『조선총독부관보』의 기록이 남아 있을 뿐이다.[30] 해방이후 김응섭은 좌익계열이었던 전국유교연맹의 위원장 자격으로 1948년 김구와 김규식의 남북협상에 참여했다. 1957년 안동에서 별세한 후 50년이 지난 2007년에는 풍산 김씨 문중이 한국국학진흥원에 김응섭의 자서전을 기증하여 화제가 되기도 했다. 1954년 김응섭이 중국 상하이판 『영문법대

전』책자 안에 붓으로 직접 작성한 251장짜리 자서전에는 '77년 회고록'이라는 제목이 붙어 있다.[31]

같은 오미동 출신의 김지섭은 김응섭의 먼 친척이다. 풍산 김씨 족보를 확인해보면 두사람은 13대 조부가 같다. 1884년 태어나 1907년부터 상주보통학교 교사로 일한 김지섭은 독학으로 일본어를 공부해 재판소 번역관보 시험에 합격했다. 해방직후 박태원이 쓴 『약산과 의열단: 김원봉의 항일 투쟁 암살 보고서』에 따르면 김지섭이 일본어를 익히는 데 걸린 기간은 불과 한달이었다.[32] 약간의 과장은 있겠지만 구한말에서 일제시대로 넘어가던 과도기에 한문에 능통한 조선지식인들이 어떤 경로로 식민지체제에 편입되었는지를 보여주는 좋은 사례다. 말은 달랐지만 한자문화를 공유했기 때문에 글로 쓰는 시험에서는 일본인들에게 밀릴 일이 없었다. 김지섭은 1909년 8월 전주구재판소 번역관보를 거쳐 같은 해 11월 금산구재판소 서기로 임명되었고, 이곳에서 당시 금산군수였던 홍범식(洪範植)과 교분을 쌓았다. 충북 괴산의 노론 명문가 출신인 홍범식은 태인군수를 거쳐 1909년 6월 14일 금산군수로 전임해온 상태였다.

대한제국이 멸망한 1910년 8월 29일 당일 저녁 홍범식은 김지섭과 식사를 함께했다. 식사 도중 홍범식은 상자 하나를 건네며 반드시 집에 간 후에 열어보라고 신신당부했다. 김지섭과 헤어진 홍범식은 왕의 전패(殿牌)를 모신 객사로 올라가 임금을 향해 북향사배를 올린 다음 아래채에서 비단으로 목을 매어 자결을 시도했다. 수행하던 사령이 달려들어 만류하자 사령을 밀치며 자리를 떴고, 사령이 계속 따라붙자 모래를 집어 사령의 얼굴에 뿌렸다. 눈을 못 뜨고 헤매던 사령이 아전들을 총동원해 군수를 찾아 나섰으나 홍범식은 이미 후원 소나무에 목을 매어 절명한 후였다. 홍범식이 김지섭에게 건넨 상자에는 8월 27일에 미리 작성해

둔 유서가 들어 있었다. 혹시라도 일본인들이 유서를 발견해 폐기할 경우에 대비한 치밀한 사전조치였다. 유서의 수신인은 자신의 가족들과 김지섭이었다. 김지섭에게 쓴 편지에는 "나라가 망했으니 나는 자결하면 그만이지만 너는 빨리 관직을 떠나 다른 일을 찾아보라"고 적혀 있었다. 가족에게 남긴 유서는 김지섭의 손으로 홍범식의 아들에게 전달되었다. 유서를 받은 홍범식의 아들이 『임꺽정』의 작가로 이름을 날린 홍명희다. 홍범식의 최후에 관한 기막힌 이야기는 홍명희의 친구인 정인보의 시문집 『담원문록(薝園文錄)』을 통해 후대에 전해졌다.[33] 홍명희는 해방후 북한의 초대 부수상을 지냈다.

1911년 영동구재판소 서기로 자리를 옮긴 김지섭은 1913년 퇴직해 동네형님 김응섭의 대구 변호사사무실에 합류했다. 서기자리를 계속 지켰으면 조선총독부 판사 임용도 가능했으나 김지섭에게는 아무 미련이 없었다. 김응섭이 변호사를 폐업하고 상하이로 향하자 김지섭도 그의 뒤를 따라 베이징과 상하이 등지를 오가며 김응섭의 연락원 노릇을 했다. 1921년 김응섭을 따라 고려공산당에 가입한 김지섭은 더 격렬한 투쟁을 위해 1922년경 상하이에서 김원봉의 의열단에 참여했다.

그 무렵인 1921년 김창숙을 중심으로 발간된 잡지 『천고』 1호에는 일본제국주의의 멸망이 다가오고 있다는 논설 한편이 실려 있다. 이 글 「일본제국주의지말운장지(日本帝國主義之末運將至)」를 쓴 익명의 기고자 '아관(我觀)'의 정체가 신채호라는 주장과 김지섭이라는 주장은 오늘날까지도 계속 논쟁 중이다. 흥미롭게도 『천고』 1호에는 '추강(秋岡)'이라는 익명의 기고자가 쓴 「축천고」라는 한시도 실려 있다. 추강은 김지섭의 호다. 이는 김지섭이 『천고』 1호에 어떤 형태로든 관여했다는 유력한 근거가 된다.[34] 김지섭의 양자인 김재휴(金在烋)가 펴낸 『추강일고(秋

岡逸稿)』에는 김지섭의 인생관, 민족관이 담긴 친필원고가 실려 있다. 그 원고의 제목도 '아관'이다.[35] 이 정도면 「일본제국주의지말운장지」 역시 김지섭의 작품으로 볼 수 있을 것 같다. 김지섭은 단순한 행동가가 아니라 안동의 유교기반에서 출발해 법률지식과 사회주의사상을 흡수한 매우 종합적인 지식인이었다.

1922년 12월 김지섭은 윤병구(尹炳球)·유석현(劉錫鉉) 등 의열단원들과 함께 경성에 잠입해 경성지방법원 판사인 백윤화(白允和)를 찾아간다. 백윤화는 1918년부터 해방 때까지 판사를 지낸 대표적인 친일법률가다. 의열단원들은 그에게 독립운동자금 5만원을 요구했다. 백윤화는 일단 돈을 주겠다고 약속하고는 약속장소에 경찰을 보내어 윤병구를 체포한다. 가까스로 체포를 모면한 김지섭은 1923년 2월 김원봉·김시현(金始顯)·유석현 등과 함께 경기도 경찰부 소속의 현직 경찰관을 이용해 다량의 폭탄을 국내로 반입하려고 시도한다. 영화 「밀정」으로 유명해진 '황옥(黃鈺) 경부' 폭탄사건이다. 많이 알려져 있지 않지만 김지섭과 황옥은 재판소 번역관보 시험에 함께 합격한 동기생이다.[36] 항일과 친일로 갈린 시험동기생들이 힘을 합쳐 벌인 이 과감한 시도는 실패로 끝났고 김시현·유석현·황옥은 체포되었다.

구사일생으로 다시 경성을 벗어난 김지섭은 간토(關東)대지진 때 조선인을 학살한 일제의 만행을 응징하겠다며 그해 12월 일본으로 밀항했다. 최초 목표는 제국의회였지만 의회가 휴회 중이어서 포기할 수밖에 없었다. 도쿄 지도를 사든 김지섭은 천황의 궁성을 다음 목표로 선택했다. 1924년 1월 5일 김지섭은 궁성 앞 니주바시(二重橋)에 이르러 검문하던 순사에게 폭탄 한개를, 다리에 폭탄 두개를 던졌다. 안타깝게도 세발 모두 불발이었다. 첫번째 폭탄은 지하에 오래 보관해둔 까닭에 습기를 먹어 뇌관으로 통하는 선이 작동하지 않았다. 당황한 김지섭은 두번째와 세번째 폭탄을 던질 때 안전핀을 뽑지 못했다. 비록 미수에 그쳤지만 그의 의거는 신으로 추앙받던 천황의 왕궁을 직접 공격했다는 역사적 의미를 지녔다.

도쿄에서 열린 재판의 최후진술에서 김지섭은 "법률은 사회질서 유지와 생명재산 보호를 목적으로 한다. 나는 우리 민중의 생명재산을 위하여 그와 같은 행동을 취했다. 법률상 하등의 벌이 있을 까닭이 없다"면서 "법률의 정신이 내 정신과 일치한다"라고 주장했다. 자신의 거조(擧措)가 다 불능하였고 조금도 실제적인 해가 없었으므로 결백하다면서 "사형이나 무죄 두가지 중에 빨리 판단해줄 것"도 요구했다.[37] 결과적으로 터지지 않을 폭탄이었으므로 형법상 불능범 법리가 적용되어야 한다고 주장한 것이다. 일본의 대표적인 인권변호사 후세 다쓰지(布施辰治)와 후세 변호사의 메이지대(明治大) 동창인 야마자키 게사야(山崎今朝彌), 그리고 조선에서 건너온 김완섭(金完燮) 변호사가 변론을 맡아 김지섭의 주장을 뒷받침했다.[38] 그러나 어차피 일본법정에서 먹힐 논리는 아니었다. 1927년 10월 무기징역을 선고받은 김지섭은 1928년 2월 22일 옥중에서 순국했다.[39]

김지섭을 변론한 김완섭 변호사 역시 오미동 출신이다. 메이지대 법과를 졸업하고 1922년 일본변호사시험에 합격한 김완섭은 대구에서 개업한 후 일본을 오가며 김지섭과 박열(朴烈) 등을 변호했다. 당시 일본경찰에 의해 삭제된 김지섭의 『동아일보』 「부고」를 보면 아들 재휴, 동생 희섭, 삼종제 완섭 등이 부고인으로 이름을 올렸다. 변호사 김완섭은 김지섭의 삼종제, 즉 팔촌동생이었다.[40] 김완섭 변호사는 1975년 강도에게 살해될 때까지 50여년을 변호사로 일하며 막대한 부를 쌓았다. 그의 큰

아들은 김병로 대법원장의 손녀사위가 되었다.[41] 막내아들 김재철은 너무 많은 상속재산이 문제되어 1993년 3월 사법연수원장으로 법관생활을 마무리했다.[42]

김응섭과 김지섭은 모두 경북 안동의 전통 양반가에서 유교교육을 받고 성장한 사람들이다. 조선총독부 초기에는 각각 판검사와 서기를 지내며 법률지식을 익혔고, 퇴직 후에는 변호사사무실을 함께 운영하며 풍요와 안정을 보장받았다. 3·1운동을 계기로 이를 박차고 나온 두사람은 이국땅에서 풍찬노숙하며 사회주의자로 독립운동의 길을 걸었다. 일제경찰의 기록을 살펴보면 김응섭은 임시정부 국무령 이상룡(李相龍), 서로군정서 김동삼 등과 밀접한 관계를 유지했다. 의열단원 김지섭의 가장 중요한 동지는 김원봉과 김시현이었다. 경남 밀양 출신인 김원봉을 제외하면 나머지 사람들 모두 경북 안동 출신이다. 김시현은 메이지대 법학부에서 공부한 법률학도이기도 했다. 김응섭과 김지섭은 유교적 전통, 법률 전문직, 일제 초기의 친일경력, 좌익성향, 경북 안동이라는 기반을 공유한 사람들이다. 독립운동 참여도 면에서 이들과 비교할 정도는 아니지만 김완섭 변호사 역시 이 범주에서 크게 벗어나지 않는다.

김응섭과 김지섭의 족적은 이후 경북 안동 출신 독립운동가들에게 심대한 영향을 끼쳤다. 1925년 4월 17일 국내에서 처음 조직된 조선공산당의 첫번째 책임비서였던 김재봉(金在鳳)은 오미동 출신으로 삼종조부인 김병황(金秉璜), 숙부뻘인 김이섭(金履燮)·김응섭 형제에게 어려서 한학을 배웠다.[43] 바로 옆의 안동군 풍서면 가곡리 가일마을 출신의 권오설(權五卨)은 1차 조선공산당의 집행위원을 맡았다. 조선공산당이 결성된 다음날인 4월 18일에는 박헌영의 집에서 고려공산청년회가 조직되었다. 중심인물은 박헌영·임원근(林元根)·김단야(金丹冶, 본명 김태연)·조봉암·권오설·홍증식(洪增植)·주세죽(朱世竹) 등이었다. 고려공산청년회는 모스크바의 동방노력자공산대학에 조선인 유학생을 파견하는 성과를 남겼다. 조봉암이 모스크바까지 가서 유학생 파견 내락을 얻어왔고, 김단야와 권오설이 유학생 선발을 주도했다.[44] 유학생으로 선발된 청년들 중 권오직(權五稷)·안상훈(安相勳)·김응기(金應基) 등도 안동문화권 출신이다.[45] 권오설은 일제경찰의 고문으로 1930년 4월 17일 일찍 세상을 떴다. 권오설과 함께 2차 조선공산당을 주도한 이준태(李準泰) 역시 안동의 풍산들 건너편 우롱골 출신이었다. 권오설과 이준태에게 가해진 모진 고문을 폭로하고 경찰관들을 직접 고소하며 법정투쟁을 벌인 이들은 후세 다쓰지·후루야 사다오(古屋貞雄)·김태영(金泰榮)·허헌·김병로·이인·한국종(韓國鍾) 등의 변호사들이었다.[46] 권오설의 친동생인 권오직은 해방직후 조선공산당 기관지『해방일보』의 사장을 지냈다. 해방일보사는 조선정판사와 같은 건물을 사용했기 때문에 권오직도 조선정판사 '위조지폐' 사건의 수배자로 전락한다.

이와 같은 광범위한 좌익인맥 덕분에 가일마을은 일찍부터 '안동의 모스크바'로 불렸다.[47] 1910년대 가일마을 사람들이 적극적으로 지원한 항일조직 중의 하나가 대한광복회고, 1917년 대한광복회가 처단한 대표적인 친일파가 경북 칠곡의 부호 장승원(張承遠)이다.[48] 해방후 수도경찰청장(수도청장)으로 좌익척결에 앞장선 장택상(張澤相)은 장승원의 아들이다.

김영재는 안동지역이 갖는 이런 독특한 정서 속에서 어린 시절을 보냈다. 김영재의 할아버지 김병황은 1894년 안동에서 의병이 일어났을 때 문중을 대표해서 의병 지원업무를 맡았다. '영감댁'으로 불리던 김병황 가문은 오미동에서 적지 않은 땅을 소유했다. 호남처럼 대지주가 존재하지 않던 경상도 북부지역에서 김병황 일가 정도면 충분히 살 만한 집안이었다. 김병황에게는 김정섭(金鼎燮), 김이섭, 김응섭, 김규섭, 네 아들이 있었다. 김정섭은 을미의병의 움직임을 기록한 『을미병신일록(乙未丙申日錄)』의 저자다.[49] 셋째아들 김응섭이 망명한 직후에는 김정섭·김이섭 형제가 평양경찰서까지 끌려가 고초를 겪었고, 김이섭은 6개월간 투옥된 끝에 징역 1년의 집행유예를 선고받았다.[50] 김정섭, 김이섭, 김응섭은 나란히 김영재의 큰아버지들이다. 김정섭의 사위인 최준(崔浚)은 유명한 경주 최부잣집의 장손으로 대한광복회, 상하이 임시정부 등에 엄청난 재산을 내놓았고, 해방후에는 처숙부 김응섭이 이끄는 전국유교연맹에 적극적으로 참여했다.

김영재의 경우를 보면 흔히 생각하듯 독립운동가, 친일파, 민주, 반민주 가문이 따로 존재하는 게 아니다. 일제시대에는 공부를 시킬 수 있는 가문이 한정되어 있었기 때문이다. 재력이 있는 집안이면 이 다양한 세력들이 공존하는 경우가 많았다. 학문을 최고로 여긴 전통 때문이었을까. 유서 깊은 독립운동가 가문이 일제 고등시험 사법과에 합격한 자손에게 의외로 관대한 태도를 보인 것도 흥미롭다.

김영재의 아버지 김규섭은 1884년생으로 김지섭과 나이가 같다. 한동네에서 친구처럼 성장한 동갑내기 친척이었다는 이야기다. 그러나 김규섭은 독립운동에 가담하지 않았다. 친족들이 이렇듯 빠짐없이 독립운동에 나선 상황에서 누군가는 집안을 지켜야 했을 것이다. 김영재가 대구고보에 재학 중일 때 족숙인 김지섭이 일본궁성에 폭탄을 던졌고, 같은 항렬인 김재봉이 1차 조선공산당 사건으로 구속되었다. 반제동맹 사건으로 학교가 떠들썩했던 1931년에는 큰아버지 김응섭이 만주에서 붙잡혀와 두달 동안 조사를 받으며 거의 폐인이 되었다. 누구라도 평정을 유지하기가 쉽지 않은 세월이었다. 겉보기보다 훨씬 복잡할 수밖에 없었던 김영재의 내면이었다.

1937년 고등시험 사법과 합격동기 중에는 집안의 배경 면에서 김영재와 확연하게 대비되는 인물이 있다. 김영재의 경성제대 5년 후배인 민복기다. 민복기는 당대 최고의 부호 민병석(閔丙奭) 남작의 아들이다. 민씨 척족으로 대한제국의 궁내부대신 등 요직을 역임한 민병석은 '경술국적'으로 손꼽히는 친일파이기도 했다. 나라가 망한 후 민병석은 고려요업주식회사, 조선생명보험주식회사, 조선제사주식회사 등등 여러 회사의 대표를 역임하며 엄청난 재산을 축적했다. 매사에 조심스러운 태도를 취하는 윤치호의 일기는 민병석을 가리켜 "이 비열한 매국노를 정확하게 표현할 수 있는 단어는 '웹스터 사전'에도 나오지 않을 것"이라고 적었다.[51] 윤치호는 심지어 고종 암살의 주범으로도 민병석을 지목한다.[52] 민병석은 그만큼 평판이 좋지 않은 인물이었다.

사법관시보 임용을 위해 민복기 자신이 제출한 서류에는 "부모와 가족의 생계는 아버지의 봉급과 농지 소작료로 유지하고 있고 자산은 시가 30만원 정도"라고 적혀 있다. 그중 민복기의 지분만 10만원에 육박했다. 월급 기준으로 환산하면 민병석 가문의 재산은 지금 돈으로 300억원 정도 되지만, 대부분의 자산이 토지였음을 생각하면 환산 자체가 무의미하다. 뒤에서 살펴보듯 1932년 김성수(金性洙) 일가가 보성전문을 인수하는 데 투입한 돈이 60만원이다. 30만원이면 그 절반에 해당한다. 엄청난 재산이다. 이런 강적 앞에서 김영재는 맥없이 1차 사법관시보 선발에 탈락했다. 1938년 3월의 일이다.

사법관시보에서 탈락한 김영재는 다시 일본으로 건너가 고등시험 행정과에 응시했다. 큰아버지 김응섭이라는 핸디캡을 극복하려면 추가적

00149

1938년 조선총독부 법무부에서 사법관시보 임용을 위해 작성한
신원조사 자료 중 민복기의 인적사항.

인 이력이 필요하다고 생각한 것 같다. 당시 사법과시험 합격자에게 행
정과시험 도전은 그리 어려운 일이 아니었다. 사법과든 행정과든 어느
한쪽 시험에 합격한 사람이 다른 시험에 응시할 경우 중복되는 과목이
면제되었기 때문이다. 김영재는 1938년 10월 고등시험 행정과에 합격했
고, 1939년 1월 경기도 경찰부 경무과 경부 겸 순사교습소 교관으로 발
령받았다.

앞서 설명했듯이 1937년 고등시험 사법과 합격자들은 1938년 3월에 1차
로 사법관시보에 임용되었고, 그다음 그룹은 그해 11월에 2차로 임용되
었다. 김영재는 추가된 경력을 바탕으로 1939년 5월 3차 그룹에 포함되

었다. 1937년 고등시험 사법과 합격자 중에서는 양판수가 김영재와 함께 막차를 탔다. 양판수는 고등시험 사법과 성적이 256명 중 253등으로 '문을 닫고 겨우 합격한' 경우였다. 김영재, 양판수와 함께 사법관시보에 임용된 엄상섭(嚴詳燮)·김장호(金章鎬)·양태원(梁台元)·임한경(林漢璟)은 1938년 고등시험 사법과 선두그룹이었다.

김영재가 1939년 사법관시보에 실제로 임용될 때에도 다시 한번 큰아버지 김응섭에 관한 신원조회가 이루어졌다. 1939년 2월 24일자 신원조회 결과는 김응섭의 자산이 2500원 정도이고, 김응섭의 장남인 김용재(金容在)는 만주국 젠다오성(間島省) 훈춘(琿春)가의 관공서(官公署)에, 차남인 김굉재(金宏在)는 만주국정부 임야국에서 일하며, 김응섭은 본처가 있는 안동보다는 첩이 사는 경성에 머물 때가 많고, 1931년 '귀순(歸順)'한 이후 이제는 나이가 많아 지난날과 같은 활동을 못 하고 있다는 내용을 담고 있다. 김응섭의 '전향(轉向)' 여부에 관한 보고도 특이하다. 담당경찰관은 김응섭이 "진심으로 전향하였다고 인정할 만한 점이 있기는 하나 본인의 성질이나 경력으로 볼 때 쉽게 진심 어린 전향을 할 수 있다고도 인정되지 않는다"라는 식의 지극히 모호한 평가를 전한다.[53] 그뒤에는 "주의(主義) 사상(思想)이 잠재되어 있다고 보는 것이 지당하다고 생각한다"라는 이야기도 붙어 있다.

어쨌든 우리는 김영재의 신원조회 덕분에 과거 잘 알려져 있지 않던 김응섭 일가의 일제시대 후반 삶을 확인할 수 있다. 김응섭의 귀순 여부에 대해서는 논란이 있지만,[54] 적어도 일제당국이 그를 귀순자로 생각했던 것은 분명하다. 김응섭이 독립운동에 참여하는 동안 경제적 고통을 견디지 못해 탈선하는 일이 잦았고 결국 귀순하고 말았다는 동료 독립운동가 김창숙의 회고도 같은 맥락이다.[55] 만주사변이 터진 1931년 이후에는 어떤 이유로든 상당수의 독립운동가들이 '생활'로 돌아왔다. 국내에서는 다른 선택지가 거의 남아 있지 않았다.

김영재는 이런 우여곡절 끝에 경성지방법원에서 실무수습을 마치고, 1941년 1월 경성지방법원 검사국 예비검사로 임명되었다. 정식검사로 발령받은 것은 그해 3월이다. 검사로 임용될 때에는 이미 '도요야마'로 창씨〔豐山寧在〕한 상태였다. 2년 뒤인 1943년 3월 평양지방법원 검사국 검사로 자리를 옮기면서 해주지방법원 검사를 겸직했고, 1944년 9월부터는 겸직을 면해 1년 후 평양지방법원에서 해방을 맞았다. 해주에서 검사로 일할 당시에는 비전향 사상범의 감시와 통제를 담당하는 예방구금위원회 위원도 맡았다. 손꼽히는 독립운동가 가문의 아들은 이렇게 해서 확실한 친일검사로 자리 잡았다. 해방후 그의 삶은 더 복잡한 궤적을 그리게 된다.

2장

친일과 반일 사이에서
1937년의 다른 합격자 강중인·조평재·오승근·양원일

'자기성찰형 낭만검사' 강중인

김영재를 비롯한 의학부와 법학과의 선배들이 무사히 1931년 반제동
맹의 폭풍을 피한 대신 고스란히 피해를 입은 후배들이 있었다. 강중인·
계철순(桂哲淳)·홍필선(洪必善) 등 경성제대 예과 2학년생들이었다.[56]
김영재의 3년 후배인 이들은 여러모로 고생을 많이 한 세대였다. 반제동
맹 사건 때 예과 2학년이었다는 것은 광주학생항일운동 당시인 1929년
에 고보 졸업반이었다는 의미가 된다. 광주학생항일운동 같은 큰 사건
은 당장 다음해 입시에 엄청난 영향을 끼쳤다. 졸업반 학생들이 고보 졸
업시험이든 대학 입학시험이든 어느 하나 제대로 준비할 수 없었기 때
문이다.

조선인 학생들의 1930년 경성제대 예과 입학률은 당연히 역대 최악이
었다. 경성제일고보도 그해에는 김갑수(金甲洙)와 홍필선을 비롯한 6명
만이 겨우 합격해 전년도의 절반 수준이었다. 5대 사립고보 출신 중에
서는 보성고보의 강중인이 유일한 합격자였다. 중앙·휘문·양정·배재는
아예 합격자를 내지 못했다. 광주학생항일운동의 진원지인 광주고보,

전주고보도 합격자가 없었다.[57] 보성고보 출신인 강중인은 재수였을 뿐만 아니라 고보 졸업과정이 특이해서 엄밀히 말하자면 1930년 입시의 '현역' 수험생으로 보기 어렵다. 결국 5대 사립고보에서는 경성제대 현역 합격생이 없었던 셈이다. 광주학생항일운동의 파장은 거기에서 그치지 않았다. 입시뿐만 아니라 그 세대 젊은이들의 삶 전체를 흔들었다.

어렵게 입학한 이들을 기다린 것이 반제동맹 사건이었다. 1912년 평북 선천에서 태어나 신의주고보를 졸업한 계철순은 동기들 중에 가장 어린 축에 속했다. 경찰서에 붙잡혀간 계철순은 앞서 잡혀온 어떤 청년에게서 "사흘 안에 못 나가면 3년은 걸릴 것"이라는 예언 같은 이야기를 들었다. 사흘이 지나도 아무 소식이 없자 계철순은 공부도 꿈도 이제 다 날아갔다고 절망했다. 다행히 11일째 되는 날 간수가 석방소식을 알려왔다. 강중인과 계철순은 사건 초기에 불기소대상으로 분류되어 학업에 큰 지장을 받지는 않았다. 1908년생인 홍필선은 예심에서 면소로 풀려날 때까지 3년 동안 옥살이를 하면서 동기들보다 훨씬 고통스러운 시간을 보냈다. 계철순은 훗날 "'홍군'(홍필선을 지칭)이 독일어 공부를 하자고 제안하여 좌익서적을 교본으로 공부하다가 나중에 영문도 모르고 붙잡혀갔다"라고 회고한다. "반제동맹인가 하는 공산주의 조직의 프락치"였던 홍군에게 자신도 모르게 엮였다는 이야기였다.[58] 강중인은 김영재와 함께 1937년 고등시험 사법과에 합격했고, 계철순은 1940년에 그뒤를 이었다.[59] 졸업시기를 3년이나 손해 본 홍필선도 1940년 고등시험 행정과에 합격해 해방 때까지 함경북도 경원군수로 일했다.

1908년 경북 영덕에서 태어난 강중인이 보성고보 졸업생이 되기까지의 과정도 당시 시대상을 잘 보여준다. 그가 사법관시보 임용을 위해 제출한 이력서에는 1929년의 보성고보 졸업 학력만이 적혀 있다. 그러나 영덕경찰서가 작성한 신원조회 결과를 보면 강중인이 1925년 대구 계성학교에 입학해 1928년에 퇴학했다는 사실이 나온다. 경찰 보고서에는 퇴학한 날짜도, 퇴학사유도 드러나지 않는다. 자퇴인지 강제퇴학인지도 분명치 않다. 그후에 보성고보로 옮겨 1929년 3월에 졸업했으니 실제로 보성고보에 재학한 기간은 최대한으로 잡아봐야 1년 안팎이다. 겨우 1년을 다녔지만 보성고보를 졸업할 때는 수석이었다.[60] 그의 특이한 배경은 따로 검토할 필요가 있다.

강중인이 계성학교를 다닐 당시 대구는 좌익학생운동이 마지막 불꽃을 태우고 있었다. 1927년부터는 신우동맹(新友同盟), 구화회(丘火會), 혁우동맹(革友同盟), 적우동맹(赤友同盟), 일우동맹(一友同盟), 우리동맹 등의 수많은 조직이 계승·분화·통합을 거듭했다. 대구고보가 중심이 되었지만 대구농림, 대구상업, 계성학교 등 인근 학교 학생들도 광범위하게 참여했다.

1928년 신학기 초 대구고보의 일본인 역사교사가 임진왜란 이야기를 하다가 이순신 장군을 '적'이라 지칭했다. 이 작은 해프닝이 학생들의 가슴에 불을 댕겼다. 곧바로 동맹휴학이 벌어졌고 학교 측은 주동자들을 사립학교로 전학시켰다. 그해 가을 대구고보 학생들은 학생자치, 조선역사 신설 등을 요구하며 다시 한번 동맹휴학에 들어갔다. 학교 측은 대규모 퇴학과 무기정학으로 맞섰다. 고등경찰도 적극적인 조사에 나섰고 그해 11월 광범위한 비밀결사조직의 실체가 드러났다. 대구고보, 대구공립중학교, 대구농림, 대구상업, 계성학교 등에서 무려 105명의 학생들이 검거되었다. 서울에서 온 김병로와 이인, 대구의 김완섭 변호사 등이 학생들을 변호했다. 광주학생항일운동보다 1년 앞선 조직사건이었다. 그 때문에 막상 광주학생항일운동이 일어났을 때 대구는 다른 지역에 비해 상대적으로 희생자가 적었다. 조직이 이미 뿌리 뽑힌 탓이었다.

1928년 조직사건의 중심인물 중에 당시 15세의 대구고보 학생 김성칠(金聖七)이 있다. 1913년 경북 영천에서 태어난 김성칠은 훗날『조선역사』라는 베스트셀러를 저술한 역사학자다. 1947년부터 서울대 사학과 조교수를 지낸 그는 1951년 영천에서 총에 맞아 사망할 때까지 일기를 적었다. 그 일기가 뒤늦게 출간된『역사 앞에서: 한 사학자의 6·25일기』(창작과비평사 1993; 개정판, 창비 2009)다.

소년 김성칠은 구화회시절부터 대구지역 학생운동에 활발하게 참여했다. 1928년 조직이 적발된 후 1심에서 실형을 선고받은 그가 2심에서 집행유예로 풀려난 것은 너무 어린 나이 때문이었다고 전한다.[61] 풀려난 김성칠은 이후 4년간 집에서 농사를 지으며 시·농업·역사 관련 책들을 읽었고, 이때 쓴 농촌 구제책(救濟策)으로 1932년 9월 동아일보사의 논문공모에 당선되었다. 다음해 김성칠은 일본 후쿠오카현 호코쿠(豊國) 중학교에 들어가 1934년 졸업했고 곧바로 경성법전에 입학했다. 1937년 경성법전을 졸업하고 전남 대치, 경북 장기 등에서 금융조합 이사로 일하던 그는 1941년 뒤늦게 경성제대 법문학부에 입학해 해방을 맞았다. 중간에 학병문제로 학업을 중단한 까닭에 공식적으로는 경성제대 졸업생이 아니고, 해방후 국립 서울대로 넘어가는 과도기에 잠시 존재한 경성대 출신이 된다. 역사학과 법학을 오간 그의 독특한 이력은 해방공간과 한국전쟁 시기 법조계를 이해하는 데 큰 도움을 준다.

『역사 앞에서』의 해제를 쓴 이화여대 정병준 교수의 평가에 따르면, 동맹휴학의 나쁜 결과를 뼈저리게 경험한 김성칠은 좀더 현실주의적이고 온건한 입장으로 변화했다고 한다. 이상길·김일식·윤장혁·장적우 등 급진적인 노선을 유지한 그의 고보시절 선후배 동지들 대부분은 해방후 이른바 '10월 인민항쟁'에 주도적으로 참여했다.[62] 참고로 김성칠의 아버지 김상한도 수십년간 영천군 청통면장을 지낸 지역유지였다. 김성칠의 놀라운 성취도 따지고 보면 당장 가족을 부양해야 할 정도로 어려운 환경은 아니었기 때문에 가능했다.

강중인이 다닌 계성학교도 1928년의 동맹휴학에 참여했다. 다만 미국인 교장이 있던 기독교계 학교라 동맹휴학 당시 요구조건은 이웃 학교들과 많이 달랐다. 수년째 계성학교 맹휴의 고정메뉴는 첫째 노동시간을 부활시킬 것, 둘째 교무주임의 배척, 셋째 성경과목을 수의과(隨意科), 즉 선택과목으로 전환할 것 등이었다.[63] 노동시간은 계성학교의 독특한 제도였다. 학생들은 개교 당시부터 방과 후 학교 건축공사나 선교사 사택의 심부름을 하고 용돈을 받았다. 용돈은 한시간당 10전이었다. 한달 하숙비가 4원, 쌀밥이 7전 하던 시절이어서 이틀 일하면 하루치 세끼 식사가 보장되는 셈이었다. 가난한 학생들에게는 이 제도가 큰 힘이 됐다. 그런데 노동시간을 관장하던 미국인 선교사 윌리엄 라이언(William B. Lyon, 羅義溫) 선생이 귀국하면서 그 비중이 점점 줄어들었다. 노동시간의 부활은 학생들에게 너무나 절실한 요구였다.[64] 또한 당시 학생들에게는 선교사들의 뜻에 맹종하는 숭실전문 출신의 기독교인 교사보다 일본에서 교육받은 교사를 선호하는 경향이 있었다. 이런 기조 위에서 특정한 교사를 배척하는 운동이 일어나기도 했다. 성경과목을 선택과목으로 하자는 것 역시 미션스쿨의 특성에서 유래한 요구조건이었다.

계성학교는 더 본질적인 문제도 안고 있었다. 이름에서 알 수 있듯이 계성학교는 중학교도 고보도 아닌 문자 그대로 '학교'였다. 개신교 목사를 양성하기 위해 설립된 곳이라 정식으로 학력을 인정받는 교육기관이 아니었다. 학교를 운영하는 선교사들은 일본당국의 간섭이 적은 이런 학교형태에서 굳이 벗어나고 싶어하지 않았다. 개교 초기에는 문제되지 않았으나 1920년경부터 공립중학교와 고보들이 많이 설립되면서 계성학교 학생들도 자연히 전문학교를 비롯한 상급학교 진학을 원하게 되었다. 중간에 자퇴하고 다른 학교로 떠나는 학생들이 늘어났다. 입학할 때 100여명에 가까웠던 학생들이 졸업할 때면 10여명만 남는 해도 있었다. 그래서 1925년부터는 전문학교 진학이 가능한 '지정학교' 승격이 계성학교의 가장 큰 과제가 되었다. 1930년을 전후해서는 지정학교 승격을 요구하는 동맹휴학이 빈번하게 일어났고, 이 숙원은 결국 1932년에 가서야 성취되어 1934년 3월 이후의 졸업생부터는 전문학교 입학이 가능해졌다.[65] 학교이름도 '계성고등보통학교'로 부를 수 있게 되었다. 강중인의 계성학교 한해 후배가 되는 신태식(申泰植)의 전기에 따르면, 1930년 계성학교를 졸업하고 곧장 숭실전문에 진학한 신태식도 1934년 계성학교로 돌아와 1년을 더 공부하고 나서야 지정학교 졸업장을 얻었고, 이때서야 숭실전문의 졸업장을 정식으로 취득해 일본의 도후쿠제대에 진학할 수 있었다고 한다.[66] 신태식은 훗날 계명고 교장, 계명대 총장을 지내면서 이 학교를 사실상 사유화한 인물이다.

강중인이 굳이 계성학교로 진학한 이유는 분명치 않다. 집안이 가난한 것도 아니었다. 강중인이 경성으로 학교를 옮기던 1928년에 아버지가 세상을 떴지만 형 강중묵(姜仲黙)은 일찍이 순사부장을 거쳐 청송군 부동면장까지 지낸 지역유지였다. 강중인이 1938년 사법관시보로 임용될 당시 형 강중묵의 재산이 1만원, 대구공영자동차 주식회사에 근무하던 동생 강중화(姜仲和)의 재산이 5000원 정도였으니 이 집안 역시 중산층은 훌쩍 뛰어넘는 생활수준이었다. 다른 동생 강중학(姜仲鶴)은 1938년

즈음에 『동아일보』 지국장을 하고 있었다.

그런 형편에서 공부도 잘했던 강중인이 굳이 계성학교를 선택한 이유는 무엇일까. 강중인 본인이 기독교인이었기 때문이라고 추정할 수 있다. 전·출입 학생이 너무 많아 학사가 불안정했던 계성학교는 당시 학생들에 대한 정확한 기록을 갖고 있지 못하다. 다만 계성고등학교의 역사를 기록한 『계성 80년사』의 한구석에서 강중인의 이름을 발견할 수는 있다. 1920년대 뜻을 같이하는 학생들이 주일마다 자발적으로 새벽기도회에 모였다는 기록이다. 인원은 10명 안팎이었다. 이들이 학교 내 신앙의 주류가 되어서 "여러가지 학교 일에 좋은 힘이 되었다"라고 한다. 모임은 권태희(權泰羲)·이해동(李海東)·강중인·최운학(崔雲鶴)·이상철(李相澈) 등이 주도했다.[67]

1907년생인 권태희는 계성학교를 졸업하고 평양 숭실전문에 진학해 평양신학교에서 목사안수를 받은 인물이다. 해방후 김천공립중학교 교장과 제헌의원을 지냈고 국회 문교사회분과 위원장으로 농지개혁을 주도했다. 한국전쟁 중 납북되어 생사를 모른다. 이로써 청소년기의 강중인이 기독교 신앙을 가졌던 사실은 일단 확인 가능하다. 무의미한 가정이기는 하지만 만약 강중인이 서울 보성고보로 진로를 틀지 않았다면 아마도 동년배인 권태희 목사 정도의 삶을 살았으리라 짐작할 수 있다. 한국전쟁 발발 직후인 1950년 7월 5일 서울시 임시 인민위원회에 제출된 "기독교민주동맹" 중앙위원 명단에도 강중인의 이름이 올라 있다.[68] 북한 최고인민회의 부의장까지 지낸 김창준(金昌俊) 목사가 이끌던 단체다. 따라서 강중인이 해방후에도 비교적 진보적인 기독교인의 정체성을 유지한 것은 분명하다.

1928년의 동맹휴학 움직임에 강중인이 얼마만큼 열심이었는지는 알

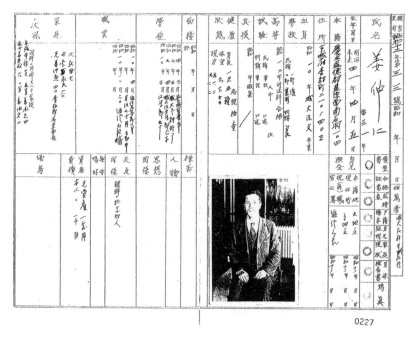

1938년 사법관시보 채용자 서류에 기입된
강중인의 인적사항.

수 없다. 상급학교 진학을 위해서는 어차피 학교를 옮겨야 했으니 동맹
휴학에 가담했다가 적절한 시기에 보성고보로 옮겼을 개연성이 크다.
퇴학이유를 정확히 파악하지 않은 경찰의 신원조회 보고서는 흥미롭게
도 강중인의 육촌동생 강진규(姜軫奎)에 대한 상세한 기록을 담고 있다.
강진규가 민족공산주의사상을 가지고 1930년 배재고보의 동맹휴학에
관여했다가 퇴학당했으며, 이후 교토의 도시샤(同志社)중학교를 다니면
서 같은 지역 유학생인 김일식 등과 어울렸다는 내용이다.[69] 김일식은
김성칠과 함께 1928년의 대구 학생조직에 주도적으로 참여했던 인물이
다. 경찰의 신원조회 보고서가 보여주는 묘한 불균형이다.

강중인은 1935년 경성제대 법문학부를 졸업하고 조선총독부 체신국 사무원으로 취직했다. 월급은 70원이었다. 결혼해 이미 2남 1녀를 둔 가장이라 취업상태에서 고등시험을 준비해야 했다. 모든 조건이 김영재와 비슷하다. 졸업 다음해에는 '법제와 경제' 과목을 가르칠 수 있는 중등학교 교원면허도 취득했다. 1937년 고등시험 사법과에 합격한 후에는 1938년 3월 체신국 보험관리과 체신서기로 승진해 1938년 11월 사법관시보로 임용될 때까지 근무했다. 함께 사법관시보로 임명된 조선인 합격자는 민병창·손동욱·유진령·최종석 등이다. 시보를 마친 후 1940년부터는 경성지방법원에서 검사로 일했다. 김영재보다 1년 앞선 검사 임용이었다.

검사로 일하던 시절 강중인은 눈에 띄는 친일활동을 많이 했다. 경성지방법원 경제검사로 일하던 1942년 1월 28일 강중인은 '필승사상전(必勝思想戰)'이라는 제목으로 방송연설을 했다. 비슷한 시기 잡지 『삼천리』에 '도쿠다'라는 창씨명〔德田仲仁〕으로 「최근의 반도의 경제사범, 국민의 신경제윤리의 파악을 위하여」라는 글도 기고했다. 경제검사로서 경제사범 동향을 분석한 평범한 글이었다. 문제는 결론부분이다.

"물론 특수 사정으로 인하여 어찌할 수 없이 위반케 되는 점은 우리 당국자로서도 고려하겠지만 거국일치(擧國一致), 실로 이 미증유의 국난을 돌파하여 대동아를 건설하는 이 마당에 있어서 아직도 사리사욕에만 침윤되어 전체의 복지를 망각한다면 이는 실로 국민의 일대수치(一大羞恥)로서 우리는 어디까지든지 엄벌주의에 임하려 한다. (…) 끝으로 관민은 일체가 되어 여하한 직장에서든지 피차 일사보국(一死報國)의 성(誠)을 다함이 있어 하루바삐 이 성업(聖業)을 완수해야만 될 것이다."[70]

검사 입장에서는 별로 이상할 것 없는 내용이지만 거듭 강조하는 충성의 대상이 일본제국이라는 게 문제다. 그는 1942년 11월 『매일신보』에도 '전시범죄 처벌의 특례에 관한 건'의 중요성을 강조하는 장문의 글을 실었다.[71] 새벽기도를 주도하던 독실한 기독교 소년이 대학시절 한때 사회주의자로 몰렸다가 고등시험에 합격한 후에는 친일검사로 변신한 것이다. 강중인은 1944년 10월 1일 대전지방법원 검사로 전보되었고 그 상태에서 해방을 맞았다.

반제동맹 사건으로 함께 고생한 경성제대 동기 계철순은 일제시대 강중인에 대한 흥미로운 기록을 남긴다. 계철순은 강중인보다 3년 늦게 고등시험 사법과에 합격해 1941년부터 경성지방법원에서 사법관시보로 일했다. 명월관 같은 기생집에 가고 싶을 때면 계철순은 대학동기인 강중인·정경모(鄭庚謨, 1940년 고등시험 사법과 합격)·홍사성(洪思成) 등을 불러냈다. 돈은 주로 수원 부잣집 아들인 홍사성이 냈다. 그렇게 요정을 다니면서 강중인은 김정숙이라는 기생과, 정경모는 주산홍이라는 기생과 주로 어울렸다. 자기 파트너가 자리를 비우면 계철순이나 정경모는 아무나 불러달라고 했지만, 강중인은 끝까지 김정숙을 고집했다. 김정숙이 국일관이나 식도원 같은 다른 요정에 불려가 있으면 강중인은 전화로 그 위치를 찾아내 김정숙만을 상대했다. 술자리에서 기생이 중간에 빠져나오기가 쉽지 않던 시절이었다. 중간에 나가려면 무슨 돌발사고가 난 것처럼 연기를 해야 하는데 그게 반복되면 인기가 떨어지거나 권번의 징계대상이 되었다. 그런데도 김정숙은 강중인이 부르면 언제든지 달려왔다. 계철순이 볼 때 강중인은 그리 매력적인 남성이 아니었다. "가산(家産)이란 없고 검사의 박봉에 식구는 많으니 먹고살기 바쁠"뿐더러 "성격이 호탕하여 호주머니에 돈만 있으면 써버리는" 성격이었다. 그래서 아예 돈을 안 가지고 다녔다. 행색도 깔끔하지 않았다. 후줄근한 양복에는 때가 끼어 있고 바지는 닳아 반들반들한데 줄이 세워지는 법이라고는 없었다. 세련된 유머도 없고 노래는 음치였다. 어느날 계철순이 김정숙에게 도대체 강군의 어디가 좋으냐고 물었다. 김정숙이 대답했다.

"얼굴이 좋지 않아요? 하기야 전차비도 안 가지고 다니는 양반인데 왜 좋아하는지 저도 모르겠어요. 그러나 전화를 받으면 안절부절 달려가고 싶어 못 견디겠고 옆에 앉아 있으면 흐뭇하고 좋은 것을 어떻게 해요. 누가 알아요. 강검사님이 나중에 변호사가 되어 돈 많이 벌면 살림 차려서 나를 들여앉힐지…"[72]

그러나 이들의 사랑은 안타깝게도 결실을 맺지 못했다. 한국전쟁으로 강중인이 사라졌기 때문이다. 계철순의 기록은 강중인이 어떤 사람인지를 잘 보여준다. 그는 독서회에 참여하는 정도의 의식은 가지고 있었으나, 고등시험 사법과 합격 이후에는 시대의 변화에 따라 개인의 영달을 추구한 평범한 법률가였다. 젊은 검사로서 누릴 것은 다 누렸다. 그 또래의 고등시험 사법과 합격자들과 다를 게 없었다. 이 기록을 남긴 계철순은 해방전 대구지방법원 판사를, 해방후에는 대구고등법원 판사를 지내고 변호사 개업을 했다. 한국전쟁 중에는 군법무관으로 일했고 1954년 학자로 변신해 경북대 법정대학장과 총장을 지냈다. 기생들 이야기까지 상세하게 기록한 계철순의 자서전을 읽다보면 격세지감을 느낀다.

해방후 강중인이 보여준 행보는 더욱 특이하다. 나중에 '법조프락치' 사건으로 피고인석에 선 그는 해방직후 자신의 마음상태를 이렇게 설명했다. "일정 당시에는 내가 내 한몸을 구하기에 여력이 없었습니다. 8·15해방을 맞이하자 피고는 이때야 깨달은 바가 있었습니다. 이는 다름이 아닙니다. 내가 어찌하면 국가와 민족을 위하여 일할 수 있을까 함이었습니다. 해외에서 국가와 민족을 위하여 투쟁하던 위대한 애국자들이 해방된 조국을 찾아 들어옴을 볼 때 무어라고 표현할 수 없는 느낌이 있었습니다. 그후 피고인은 남로당 가입을 작정하였던 것이며 법맹에도 초창기부터 가입하였습니다."[73] 친일경력을 반성하면서 좌익진영에 투신한 사람들의 복잡한 마음을 보여주는 진술이다. 강중인의 경우에는 이런 변화의 구체적인 계기를 이해할 수 있는 외부의 증언이 존재한다. 해방공간에 관한 기록을 많이 남긴 『해방일보』 기자 박갑동(朴甲東)의 이야기다.

"권오직이 해방전 대전형무소에 있을 때 대전검사국에 강중인이라는 검사가 있었다. 그는 독립을 위해 불굴의 투쟁을 하고 있는 권오직의 인품을 존경하게 되어 다른 사람을 시켜 권오직에게 의복과 음식물을 차입시켜주고 있었다. 해방이 되자 강검사는 권오직을 따라 서울에 와서 법맹에 가입했다."[74]

권오직은 앞서 설명했듯이 '안동 모스크바' 출신으로 권오설의 동생이다. 동방노력자공산대학에서 공부를 마치고 귀국해 조선공산당 재건활동에 참여한 권오직은 광주학생항일운동을 계기로 항일 분위기를 전국적으로 확산시키기로 마음먹고, 1930년 3월 1일 '전조선 노력대중의 궐기를 촉구'하는 격문을 인쇄했다가 체포되어 6년형을 살았다.[75] 출옥 후에는 김삼룡(金三龍), 이관술(李觀述) 등과 함께 일제시대 말 마지막 남은 사회주의 세력을 끌어모아 '경성콤그룹'을 결성했다. 이들 소수의 비전향자들은 박헌영을 최고지도자로 삼아 해방까지 대오를 유지했다.[76] 이 사건으로 권오직은 1939년 다시 체포되어 8년형을 선고받았는데 그 수감생활 중에 강중인 검사를 만난 것 같다. 해방직후 권오직이 해방일보사 사장으로 일할 때 박갑동은 그 밑에서 기자를 지냈다. 조선정판사 '위조지폐' 사건으로 『해방일보』가 정간을 당하자 박갑동은 공청 기관지 『청년 해방일보』, 전평 기관지 『전국노동자신문』, 전농 기관지 『전국농민신문』 등 주간지의 편집일을 맡아보았다. 이때 새로 창간한 주간지 중에 『건국』이 있었는데, 이 잡지의 등록 명의자가 강중학이었다. 일제시대 경북에서 『동아일보』 지국장을 지냈던 그 사람, 즉 강중인의 동생이다. 박갑동은 권오직·강중인·강중학 등이 모두 경북 출신임을 강조한다.[77] 훗날 강중인이 조선정판사 변호인단에 참여하게 된 데에는 권오직과의 인연도 일정부분 작용했으리라 짐작할 수 있다.

'호걸풍의 쾌남' 조평재

1937년 고등시험 사법과 합격동기로서 김영재, 강중인 등과 앞서거니 뒤서거니 하며 법조계에서 경쟁한 인물이 조평재다. 조평재는 1909년 강원도 강릉군 구정면 학산리에서 태어났다. 『조선총독부 직원록』에 따르면 조평재의 아버지 조희영(趙熙泳)은 1919년에 구정면장을 지냈다. 김영재나 강중인과 마찬가지로 조평재도 사회경제적으로 일정수준 이상의 집안 출신이었다. 조희영은 큰아들 조정재(趙正載)에게 한학을, 둘째아들 조평재에게 신학문을 공부시켰다. 경성으로 유학 간 조평재는 1927년 배재고보를 졸업하고, 1928년 경성제대 예과에 입학했다. 고보 졸업연도는 김영재와 같지만 경성제대 입학이 1년 늦다. 1927년 당시의 신문기사는 배재고보 문과 우등생인 조평재가 도쿄의 제일고등학교에 응시할 예정이라는 소식을 전한다.[78] 고보 우등 졸업생은 신문에 사진까지 실리던 시절이라 지금도 쉽게 확인 가능한 부분이다. 1년 후 경성제

1927년 3월 4일자 『동아일보』에는
배재고보 우등 졸업생인 조평재의 기사가 실렸다.
다만 사진 오른쪽에는 이름이 '조옥재'로 잘못 쓰였다.

대 예과에 입학한 걸 보면 도쿄 제일고등학교 입시에는 실패한 것 같다.
앞서 이야기한 장후영은 조평재의 배재고보, 경성제대 1년 선배다. 장후
영도 대학입시는 재수를 한 것이다.

경성제대 재학시절부터 조평재는 화제를 몰고 다니는 사람이었다. 이
충우의 책 『경성제국대학』에 소개된 이야기 한토막이다. 1929년 조선인
예과생도들은 생도대표인 '예과학우회 총대'를 조선인으로 뽑아보자
는 계획을 몰래 추진했다. 일본 고등학교의 관례에 따라서 경성제대 예
과생들은 '생도'로 불렸고, 학부에 올라가야 '학생' 대접을 받았다. 그때

까지 예과학우회의 생도대표인 총대는 언제나 일본인 생도의 몫이었다. 숫자가 많았기 때문이다. 다만 일본인 생도들은 본토 출신과 조선 출신 사이에 늘 표가 갈렸다. 조선인들이 몰래 단결할 수만 있다면 결과를 뒤집을 수 있었다. 물론 비밀이 지켜질 때만 가능한 일이었다.

당시 예과의 주축은 조평재·조규찬 등이 속한 5회와 신현중·전병식·정태식(鄭泰植) 등이 속한 6회였다. 조선인 생도들은 2학년이 되는 조평재를 단일후보로 삼았다. 그러나 조선인 생도 2명이 비밀을 누설하면서 계획은 실패로 돌아갔다. 소식을 들은 일본인 생도들이 표를 단일화하면서 생도총회에서 "우리를 따돌릴 수 있느냐"고 조선인 생도들을 비판했기 때문이다. 조선인 생도들은 비밀 누설자를 붙잡아 뭇매를 놓았지만 투표결과를 되돌릴 수는 없었다. 광주학생항일운동에 앞서 일어난 조그만 저항시도였다. 조평재는 이때부터 이미 동료들의 폭넓은 신망을 얻고 있었다.[79]

『경성제국대학』은 어느 여름엔가 조평재가 금강산 비로봉 꼭대기에서 밀짚모자를 눌러쓰고 참외장사를 했다는 이야기도 전한다.[80] 조평재 본인도 1930년 8월 19일부터 22일까지 나흘 동안 『중외일보』 1면에 '참외행상만문(行商漫文)'이라는 제목으로 참외장사 경험을 연재했다.[81] 10년 선배를 보고도 "이놈, 저놈" 할 정도로 넉살이 좋았던 조평재에게는 '호걸풍의 쾌남'이라는 평판이 따라다녔다. 다만 성적은 바닥이었다. 그의 경성제대 시절 성적표를 보면 민법 1부, 형법총론, 헌법, 민법 3부, 형법강독연습, 사회정책, 민소 2부, 국문학개론, 민소 3부, 행정법각론 등 중요 과목에서 최하위인 '가(可)'를 받았다. 대부분 '우(優)'에 가끔 '양(良)'이 있는 김영재·민복기·강중인의 성적표와 확연히 구별된다. 공부에는 별 뜻이 없었던 게 분명하다.

1933년 3월 경성제대 법문학부를 졸업한 조평재는 그해 5월 1일 조선총독부 철도국 서무과 서기로 임명되었다. 1935년에는 대전역으로 자리를 옮겼고, 1937년에는 대전 열차구 차장이 되었다. 월급은 70원으로 김영재, 강중인의 경우와 비슷했다. 당시 후배들은 조평재가 철도국에 취직해 호남선에서 삼등차표나 검사하고 지낸다는 소식을 전해 듣고 "호걸의 심중이 어떠하랴"고 동정했다고 한다.[82] 차장을 지내며 1937년 고등시험 사법과에 합격한 조평재는 1938년 3월 사법관시보에 선발되었고, 1939년 12월 평양지방법원 예비판사를 거쳐 1940년 5월 평양지방법원 판사로 부임했다. 1937년 합격자들 중에서는 1차로 사법관시보가 되었기 때문에 법조경력은 김영재보다 1년이 앞선다. 사법과시험 성적이 200등으로 그리 좋은 편이 아니었는데도 우선적으로 사법관시보에 선발된 걸 보면 그에게는 일본인들의 눈길을 끄는 어떤 매력이 있었던 것 같다.

조평재가 평양에 부임할 때 평양역으로 마중 나온 사람이 경성제대 2년 후배로 1935년에 먼저 고등시험 사법과에 합격해 평양지방법원 판사로 근무 중이던 김갑수다. 김갑수는 아버지 김종근(金鍾根)도 판사 출신 변호사로 전주에 개업 중이었고, 숙부인 김종렬(金鍾烈)도 1935년 조선변호사시험에 합격한 법조인 집안 출신이었다. 숙부 김종렬의 장인인 윤동식(尹同植) 변호사가 평양에 개업 중이어서 이래저래 김갑수는 평양을 거쳐가는 조선인 판검사 인맥의 허브 역할을 했다.[83] 당시 평양에는 1933년 고등시험 사법과 합격자인 이충영(李忠榮)이 1939년 12월부터 복심법원 판사로 근무 중이었다. 김영재의 대구고보 1년 선배인 이충영은 구마모토 제오고등학교를 거쳐 도쿄제대 법학부를 졸업했다. 이충영과 김갑수는 대구에서 사법관시보를 함께하면서 이미 친해진 사이였다.

'넘버스쿨' 출신인 이충영 역시 '호걸'로서 화가 나면 한되짜리 술병으로 미운 사람의 뒤통수를 후려갈기는 성미였다고 전한다.[84]

술과 관련된 제국대학 출신 '호걸쾌남'들의 이야기는 일종의 유행 같기도 하다. 식민지에서 공부 잘한 최고의 지식인으로서 일본인들에게 이런 호기라도 보여야 한다는 심리적 강박이 느껴진다. '노력하는 수재'가 되기보다는 '놀면서도 공부 잘하는 천재'로 보이고 싶은 욕망은 오늘날의 우등생들에게도 종종 나타나는 특이한 행태다. 김갑수의 회고에 따르면 이들은 영하 25도를 오르내리는 엄동에 대동강에서 얼음을 타고, 능라도와 을밀대를 거닐며, 요정에 가서 평양기생과 어울리기도 했다.[85] 그야말로 초엘리트 동년배들의 '원더풀 청춘'이었다.

이충영과 조평재는 법원에서 오래 버티지 못했다. 이충영은 평양복심법원 재직 중에 평안남도 일대를 떠들썩하게 했던 평남도립의원 의사의 업무상과실치사 사건을 담당했다. 이 사건의 무죄판결을 쓰고 나서 이충영은 마치 '이를 기념하듯이' 1941년 3월에 사표를 던지고 법원을 떠났다. 김갑수는 이충영의 넉넉지 못한 집안형편이 사임의 이유였다고 전한다. 그러나 이충영이 울산 갑부집 딸인 강금복과 결혼했고 처남인 강정택(姜鋌澤)이 도쿄 제일고등학교와 도쿄제대를 졸업해 해방후 농림부차관까지 지낸 인물인 걸 생각하면 이충영의 사표이유를 단순한 생활고로 보기는 어렵다. 강금복은 경북고녀와 니혼여대를 나온 흔치 않은 신여성이었다. 55년 후 그 아들의 국무총리 선임을 알리는 신문기사는 이충영이 창씨개명에 저항해 사표를 냈다고 보도한다.[86] 이충영이 창씨개명에 항의해 사직했다는 것도 그대로 받아들이기 힘들다. 창씨개명을 하지 않은 조평재가 별문제 없이 2년 더 판사생활을 지속했던 것과 모순되기 때문이다. 일제시대 말에 적극적인 친일행적을 보인 사람 중에는 창씨개명을 하지 않은 이가 꽤 많다.

이충영이 평양을 떠나던 날 조평재, 김갑수 등은 밤새도록 통음했다. 이후에도 이따금 이들이 경성에 들르면 이충영이 주연을 마련했다. 퇴직한 이충영은 동아특종광업주식회사, 의림광업주식회사 등의 취체역(이사)을 지냈다.[87] 광산회사는 그당시 크게 한탕을 노리는 사람들의 선택이었다. 1년을 조금 넘기고 동아특종광업주식회사에서 손을 뗀 걸 보면 예상만큼 좋은 결과를 얻지는 못했던 것 같다. 조평재는 이충영의 뒤를 이어 1943년 3월 사임해 4월 9일 경성에서 개업했다. 고등관 이상의 직위를 거쳤기 때문에 조평재도 『친일인명사전』에 이름을 올렸지만, 사상범을 담당했다든지 하는 구체적인 잘못이 드러나지는 않는다. 조평재가 떠나자마자 뒤이어 김영재가 검사로 평양에 부임했다. 해방 때까지 이들을 보내고 맞이하는 것은 내내 김갑수의 몫이었다.

그즈음 전주지방법원 판사로 임명된 경성제대 후배 홍진기가 조평재와 가깝게 교유했다는 증언도 남아 있다. 1940년 고등시험 사법과에 합격해 소도시에서 판사생활을 하며 여유를 누리던 홍진기는 엉뚱하게도 소련 유학을 가겠다며 러시아어를 공부했다. 이강국(李康國)과 조평재 등 경성제대 선배들의 영향 때문이었다.[88] 홍진기의 장남 홍석현 전 중앙일보사 회장도 아버지의 러시아어 공부노트를 본 적이 있다고 술회한다.[89] 일제시대부터 후배들에게 쌓아온 이런 영향력이 해방후 조평재의 존재에 무게를 더했다. '호걸풍의 쾌남'은 해방공간 좌익진영에서 누구보다 뚜렷한 발자취를 남긴다.

조평재가 평양에서 판사로 일하는 동안 형 조정재는 자기 아들을 평양중학교로 진학시켜 숙부집에 머물게 했다. 조평재가 판사를 사임하고 평양에서 경성으로 거처를 옮김에 따라서 조카도 경기공립중학교(경성제일고보 후신)로 전학했다. 그 조카가 서울대 경제학과 교수, 한국은행 총재, 경제부총리를 지낸 조순(趙淳)이다.[90] 한국전쟁 때 이충영과 강정택이 모두 납북된 후 강금복은 어려운 형편에서 4남 4녀를 키웠다고 한다. 서울대 법대교수로 일하다가 국무총리가 된 이수성(李壽成), 영남대 정치학과 교수로 일하다가 국회의원을 지낸 이수인(李壽仁) 형제가 그렇게 키운 자식들이다. 평양에서 허브 노릇을 한 김갑수는 훗날 진보당 사건의 주심 대법관으로 조봉암에게 사형선고를 내렸다. 홍진기는 법무부 장관으로 조봉암의 사형을 집행했고, '4·19 원흉'에서 겨우 살아남은 후에는 삼성 이병철 회장의 가장 중요한 파트너가 된다.[91] 경제연구회 이야기에서 잠시 언급된 고형곤 서울대 철학과 교수는 노무현 대통령 탄핵 시에 국무총리를 지낸 고건(高建)의 아버지다. 인연은 좁은 바닥에서 이렇게 돌고 돈다.

제국대학과 경성법전 출신의 다른 합격자들

1937년 고등시험 사법과에 합격한 다른 조선인들의 일제시대 행적도 김영재·민복기·강중인·조평재와 크게 다르지 않다. 이들과 경성제대 동문인 서재원과 전병식은 각각 서광설(徐光卨), 전영택(全永澤) 변호사의 아들이다. 서광설, 전영택 변호사는 모두 1909년 재판소 번역관보 시험에 합격해 일제시대 법원의 서기로 일하다가 판사로 특채된 사람들이다. 아버지들끼리 같은 시험, 아들들끼리 같은 시험에 붙은 특이한 경우다. 앞서 이야기한 김지섭 의사, 황옥 경부도 같은 해 재판소 번역관보 시험에 합격했다. 조선희의 소설 『세 여자』로 이름을 알린 사회주의운동가 고명자(高明子)의 아버지 고의환(高宜煥) 변호사도 같은 번역관보 시험 출신이다.[92] 모스크바의 동방노력자공산대학 출신인 고명자는 1차 조선공산당 사건의 핵심인 김단야의 애인이었다.[93] 김지섭 의사도 항일 운동에 뛰어들지 않았더라면 서광설·전영택·고의환 같은 법률가들과 비슷한 삶을 누렸을 게 분명하다.

서재원은 판검사나 변호사의 길 대신 경성제대에 남아 연구자의 길을 걸었고 보성전문에서 학생들을 가르쳤다. 해방후에는 서울대와 고려대 교수를 지냈고,[94] 교수수입으로 가계를 유지하기 어렵게 되자 대학의 만류를 뿌리치고 아버지와 함께 변호사로 개업했다. 1949년 이들 부자의 변호사사무실에 합류한 것이 훗날 대구고등법원 부장판사, 공화당 의원, 대한변호사협회장을 지낸 김두현(金斗鉉) 변호사다. 김두현은 해방후에 치러진 2회 변호사시험 출신으로 서재원의 고려대 법대 제자였다.[95] 서광설과 서재원 부자는 한국전쟁 중 함께 납북되어 생사를 알 수 없다.

전병식은 조선변호사시험과 고등시험 사법과에 모두 합격해 일제시대와 해방직후에 검사를 지냈다. 1946년 7월 10일 전주지방법원 재직 중 사망해 법조계 역사에 큰 영향을 끼치지는 못했다. 또다른 경성제대 출신인 김용근은 1936년 고등시험 행정과에도 합격해 평북 태천·선천 등에서 군수를 지냈고 평안북도 노무과장으로 해방을 맞았다. 해방후에는 상공부 광무국장을 지내다가 반민족행위 특별조사위원회(반민특위)의 조사를 받았고, 1950년 서울에서 변호사를 개업했다. 교토제대 출신인 강신태는 1939년 변호사시보를 마치고 광주에서 개업했다. 아버지 강운섭(姜雲燮)이 고종의 시종을 거쳐 탁지부 세무관을 지냈으니 강신태 역시 상당한 경제력을 지닌 집안 출신이다.

일본 무사시노(武藏野)고등학교와 도쿄제대를 졸업한 한복은 대학재학 중에 고등시험 사법과에 합격하고 부산지방법원과 경성지방법원의 판사를 지냈다. 1944년에는 특이하게도 평안남도 산업부 산업과장으로 전직했고, 그 자리에서 해방을 맞았다. 해방후에는 변호사로 일했다. 한복의 아버지인 한석명(韓錫命)은 경남 고등경찰 경부·경시를 거쳐 사천·동래·하동군수 등을 지낸 인물이다. 한복은 큰아버지 한길명(韓吉命)의 양자가 되었기 때문에 일부 기록에는 "헤이그에서 이준 열사를 보좌한 한길명의 아들"이라고 나오기도 한다.96 한복의 여동생은 소설가로 유명한 한무숙(韓茂淑)·한말숙(韓末淑) 자매다. 한말숙의 남편은 가야금 명인으로 유명한 황병기다. 한말숙은 자기 집안에 대해서 "나의 친정은 두드러진 갑부도 아니고 권력을 휘두르는 집안도 아닌, 그러나 평화롭고 그늘 없고 좋은 책이 많은 집이었다"라고 회고한다. 아버지에 대해서는 "하동, 사천, 동래에서 30년간 군수로 재직하셨다"라고 적는다. 같은 글에서 다음과 같은 이야기도 나온다.

"어느날 후손이 없는 큰댁과 우리집의 공동 외아들인 오빠(한복)는 그 무렵 민족의 지도자였던 신익희 선생님을 찾아갔었는데 생면부지인 청년을 비서들이 면회를 시켜주지 않았다. 오빠는 혹시나 하고 '그러면 한길명의 아들이라고 해주시오'라고 했더니 그 소리를 듣던 신익희 선생님은 방에 계시다가 버선채로 뛰어나오셔서 오빠의 손을 덥석 잡으시며 첫마디가 '그 천재의 아들이냐!'고 하셨다 한다."97

한말숙은 "백부(한길명)가 항일투쟁을 하다가 일본관헌에 모진 고문을 당하고 러시아로 달아나셨는데 소식이 감감하던 중 일본군에 의해 암살당하셨다는 말을 한참 후에 들었다"라고 기억한다. 한길명의 죽음에 대해서는 안중근 의사가 경찰에 남긴 진술이 있다. 페테르부르크에서 한

말의 풍운아 이용익(李容翊)을 암살하려고 한 김현사(金顯士)라는 인물
이 있었다. 김현사에게는 일본인의 사주를 받은 '친일당'이라는 평이 따
라다녔다. 그와 친했던 한길명도 동포들에게 친일당으로 몰리자 유감이
라며 1908년 자살로 억울함을 호소했다고 한다.[98] 한복이 한길명의 양
자가 됨으로써 자손들은 상황에 따라 적절히 한석명과 한길명 두사람의
경력을 활용할 수 있었다. 1937년 고등시험 사법과 합격자 중 여기까지
가 제국대학 출신들이다.

1937년 고등시험 사법과 합격자 중에서 경성법전 출신은 유진령과 최
종석이 있다. 1909년생으로 충남 부여 출신인 유진령은 공주고보와 경
성법전을 졸업했다. 1933년 졸업과 동시에 판임관견습에 임명되어 광주
지방법원과 장흥지청에서 서기 겸 통역생으로 일하던 중 1936년 조선변
호사시험에 합격했고 다음해 고등시험 사법과에도 합격했다. 부산과 함
흥에서 판사로 일하다가 해방을 맞이했고, 해방후에는 대전지방법원 부
장판사, 민주당 국회의원 등으로 일했다.

1908년생으로 전남 여수 출신인 최종석은 1928년 보성고보를 졸업하
고 경성법전에 입학해 1931년 졸업했다. 1931년부터 경성지방법원에서
서기로 일했고 1934년 사임한 후 도일해 1935년부터 1년 동안 니혼대(日
本大)의 야마오카연구실에서 법학을 공부했다. 고등시험 사법과에 합격
한 후에는 대구지방법원과 진주지청에서 검사로 일하다가 1943년 4월
경성에서 개업했다. 해방후 사법부 형사국장으로 임명된 그는 1946년
8월 조선정판사 '위조지폐' 사건 공판의 한복판에서 벌어진 이른바 '검
사국 기밀비' 사건의 주범으로 조평재와 함께 피고인석에 앉게 된다.

일본의 사립대 본과 출신 합격자들

1937년 고등시험 사법과 합격자 중에서 일본의 사립대 출신으로는 주오대(中央大)를 졸업한 오승근, 메이지대를 졸업한 권혁주, 주오대 '전문부'를 졸업한 민병창·손동욱·양판수, 메이지대 '전문부'를 졸업한 김동진이 있다. 일본의 사립대 학력에 대해서는 설명이 필요하다. 앞서 조선에는 고등학교가 없고 경성제대 예과가 그나마 일본의 고등학교 역할을 하는 유일한 교육기관이었다고 이야기했다. 일본의 사립대 예과들도 비슷한 기능을 했다. 정식 고등학교 대신 사립대 예과를 거쳐서 본과에 올라가는 게 가능했다는 이야기다. 그런데 조선 출신 유학생 중에는 이런 정규과정을 다닌 사람이 많지 않다. 와세다대, 간사이대(關西大), 리쓰메이칸대(立命館大), 메이지대, 주오대, 니혼대 등 당시 일본의 사립대들은 대부분 정규과정에 덧붙여 3년제 '전문부'를 운영했다. 전문부는 입학시험만 합격하면 누구나 진학이 가능했다. 입학시험에서도 까다로운 학력을 요구하지 않았다. 사립대들은 전문부를 따로 운영함으로써 학교재정을 보충했다. 야간인 경우도 많았다.

해마다 일본 유학생들의 졸업소식을 보도하던 조선의 신문들은 본과 출신과 전문부 출신을 엄격히 구분했다. 전문부를 졸업하고 본과에 진학하는 사례도 심심치 않았다. 조선인 법조인들 중에는 주오대와 니혼대 전문부 법과 출신들이 유난히 많다. 입학이 수월한 사립대 전문부에 적을 둔 채로 법률과목을 수강하면서 고등시험에 도전하는 것이 하나의 코스로 자리 잡았기 때문이다. 이력서에 '전문부' 출신임을 분명히 밝히지 않은 경우라 하더라도, 조선에서 고보를 졸업한 사람이 일본에서 대학예과나 고등학교를 따로 거치지 않았다면 대체로 전문부 출신으로 판단할 수 있다. 중학교에 해당하는 고보 졸업자가 한번의 시험으로 들어 갈 수 있는 대학은 전문부뿐이었기 때문이다.

오산고보 졸업생들을 인터뷰한 훗날의 기록을 보면 당시 학생들의 진 학선호도를 짐작할 수 있다. 오산고보에서 1등 한 학생들은 경성제대 예 과나 일본의 고등학교에 진학했다. 일본 고등학교에 진학하면 일본의 제국대학에 갈 수 있었다. 그다음 그룹은 일본의 와세다대, 메이지대, 게 이오대(慶應大)나 고등사범학교에 진학했다. 경성의학전문, 경성법학전 문, 경성공업전문, 경성상업전문 같은 조선의 공립학교는 그다음 순위 학생들의 몫이었다. 여기까지가 대체로 특출난 학생들이었다. 일반적인 학생들은 보성전문, 연희전문, 불교전문, 혜화전문에 진학했다. 일본 유 학을 많이 갔지만 "와세다, 게이오 같은 좋은 학교는 아니고, 주로 주오 대, 메이지대, 니혼대 같은 사립대에 딸린 전문부로 진학했다"라는 것이 그들의 회고다.[99] 현실적으로 존재했던 이와 같은 진학서열은 여러 사람 의 증언으로 확인할 수 있다. 예컨대 작가 한운사는 1942년 청주상업학 교를 졸업하고 무작정 도쿄로 건너가 제일고등학교를 목표로 공부했으 나 낙방했다. 조선에서 온 학생은 시험에 낙방하면 일본에 더 머물 수가 없었고 임시로라도 학적을 둘 학교를 찾아야 했다. 한운사는 주오대와 조치대(上智大) 전문부 두군데에 응시해 모두 합격했고 조치대를 선택 했다.[100]

일본의 사립대 전문부 졸업만 해도 엄청난 성취였던 시절이므로 굳 이 서열을 따지는 것이 웃기기는 하지만, 학제 자체가 일본본토와 식민 지 조선 사이의 차별을 조장하고 있었던 것은 분명하다. 고등시험 사법 과가 중학교 이상 학력자로 응시자격을 제한하고, 고등학교와 대학예과 또는 동등 이상의 학력자에게만 예비시험을 면제한 것도 이런 맥락에서 이해할 수 있다.

주오대 출신 오승근은 1908년 10월 9일 전북 금산에서 태어났다. 일제시대 공식기록으로는 1911년생이다. 유서 깊은 양반가 출신인 아버지 오보영(吳輔泳)은 1938년 당시 자산이 2만원에 이르렀다. 오승근은 배재고보 졸업반이던 1931년 학생회 집행위원장을 맡았고 1932년 졸업할 때는 우등생에 포함되었다.[101] 장후영, 조평재와는 배재고보 선후배 사이다. 졸업 후에는 바로 일본 주오대 1예과 2학년에 편입해 1937년 법학부를 졸업했다. 전문부가 아니라 흔치 않은 사립대 본과 출신이다. 주오대 재학시절 성적표를 보면 영법(英法) 한과목을 제외하고는 전체가 '갑(甲)'이다. 리더십이 강하고 공부도 잘했던 경우다.

고등시험 사법과에 합격한 후 오승근은 1938년 3월 첫번째 그룹으로 사법관시보에 임명되었고, 대구에서 1944년까지 사법관시보, 예비판사, 판사로 일했다. 대구복심법원 판사로 일하던 1943년에는 유언비어를 유포하거나 천황에 대해 불경한 언사를 썼다는 혐의로 체포된 애국지사들의 사건에 관여했다. 구체적인 사건기록이 남아 있다는 점에서 그도 역시 친일파 굴레를 벗기 힘들다. 1944년 경성지방법원 판사로 자리를 옮겨 해방을 맞았다. 해방후 미군정하에서 '김계조(金桂祚) 사건'의 재판장을 맡은 오승근은 김용무 대법원장을 사실상 뇌물수수 혐의자로 판단해 증인으로 소환하는 결기를 보였다. 사법부가 한국민주당(한민당) 출신 중심으로 재편되는 것을 온몸으로 막으려 했던 그는 법원에서 오래 버티지 못했다. 판사직에서 물러난 후에는 조선정판사 '위조지폐' 사건의 변호인으로 참여했다.

1911년 경북 예천에서 태어난 권혁주는 경성제이고보(경복고의 전신) 4학년 재학 중에 광주학생항일운동을 만났다. 권혁주 자신의 회고에 따르면 1929년 12월 4일 주도적으로 시위를 준비하던 중 고향에서 올라온 아버지에게 붙잡혀 현장을 떠나야 했다고 한다.[102] 1931년 무사히 경성제이고보를 졸업해 메이지대 법학부에 입학했고, 중간에 2년간 휴학했기 때문에 졸업은 1938년으로 늦춰졌다. 권혁주 역시 오승근과 마찬가지로 전문부가 아닌 사립대 본과 출신이다.

1937년 고등시험 사법과의 조선인 합격자로서 유일하게 회고록을 남긴 권혁주는 "합격했던 사람 중에 동포학도가 7~8명 있었다"라면서 "전 대법원장 민복기 씨와 이천상 씨(변호사)가 고등문관시험 합격동기다"라고 회고한다. 그러나 이천상(李天祥)은 한해 앞선 1936년 합격자여서 권혁주의 '동기'가 아니다. 합격자 숫자가 그리 많지 않던 시절인데도 동기생을 헷갈릴 정도로 동기의식이 약한 것은 특기할 만하다. 일제시대에는 훗날의 사법대학원이나 사법연수원처럼 한장소에서 함께 공부할 기회가 없었고, 사법관시보에 임용된 후에도 지역별로 따로 실무수습을 받았기 때문에 의식적으로 동기로 묶일 기회가 적었던 결과인 것 같다.

1938년 3월 다른 합격생들이 1차로 조선총독부의 사법관시보가 되는 시점에 권혁주는 만주 신징(新京, 지금의 창춘)지방법원의 학습법관으로 임용되었다. 권혁주 자신은 "아버지의 독립운동 경력"과 "메이지대 학생으로서는 유명했던 공산주의자 박용칠(朴容七)"과의 관계 때문에 사법성 취직이 좌절되었다고 회고한다. 이는 "사법성이 만주에 가지 않겠느냐고 물어왔다"라는 자신의 진술과도 모순되는 이야기다.[103] '출세'를 꿈꾸는 조선인들에게 만주사변 이후의 만주는 '약속의 땅'이었다. 만주에 가면 지배자가 될 수 있다는 욕망이 조선의 일부 젊은이들을 들쑤셨다. 중국인을 타자(他者)로 밀어낸 식민주의자의 욕망이었다. 그 길을 선택한 사람들은 어쨌거나 공직과 전문직 분야에서 흔치 않은 관리경험을 축적했다.[104] 권혁주도 그중 한명이었다.

학습법관은 일본의 사법관시보를 본떠 만든 제도였다. 학습법관으로 근무하는 도중에 권혁주는 만주국의 고급관리 양성을 위해 일본이 만든 대동학원을 10기생으로 졸업했고, 후보심판관을 거쳐 1940년 심판관에 임명되었다. 심판관은 일본의 판사에 해당한다. 진저우(錦州)지방법원에서 심판관으로 일하는 동안 그는 팔로군에 협조하여 일본군에 사보타주를 벌인 중국인들에게 무더기로 사형을 선고했다. 회고록은 이런 부분에 대해서는 단지 "진저우지방법원에서 취급했던 진저우역 폭파미수 사건은 지금도 기억이 새롭다. 사건의 상세한 내용은 지면관계로 쓸 수 없지만 약소민족의 비애가 담긴 슬픈 사건이었다"라고만 적는다.[105] 족보와 온갖 동창회의 임원명단까지 빠짐없이 싣고 있는 회고록치고는 구차한 변명이다.

1943년 심판관직을 사임하고 일본으로 돌아간 후에는 대정익찬회(大政翼贊會), 중앙흥생회(中央興生會) 등 일제의 국가주의 통제기구에서 일했다. 해방을 맞아 창씨명이었던 곤도 요시로(權藤嘉郎)에서 권일(權逸)로 개명한 그는 1945년 9월 재일본조선인연맹(조련) 준비위원회에 참여했다가 친일경력 때문에 제명되었다. 그는 곧 우익계열인 대한민국거류민단(민단) 조직에 앞장섰고 1961년 5월부터 1967년 6월까지 단장을 지냈다. 그가 민단 단장에 선출된 바로 그날 고국에서 군사쿠데타가 일어났다. 박정희를 비롯한 쿠데타의 실세들이 만주군 출신이었기 때문에 권일의 삶은 날개를 달았다.[106]

연세대에 재학 중이던 청년 조용수(趙鏞壽)가 1951년 9월 일본으로 밀항했을 때 그를 변론한 것도 변호사 권일이었다. 4·19혁명 후 한국으로 돌아와 『민족일보』를 창간한 조용수는 5·16 군사쿠데타 후 간첩으로 몰려 처형당했다. 일본에 있는 '간첩' 이영근(李榮根)의 지령과 자금지원을 받았다는 혐의였다. 『통일조선신문』(1973년 이후 『통일일보』) 회장을 지낸 이영근은 해방공간에서 여운형과 조봉암의 측근으로 활약한 재일동포 유력인사다.[107] 당시 재일동포 사회에서는 조용수의 억울함을 모르는 사람이 없었다. 민단의 권일 단장도 직접 탄원서 명부를 들고 한국에 와서 조용수 구명운동을 벌였지만 아무 소용이 없었다. 조용수 건을 제외하면 대부분의 사안에서 박정희 편이었던 권일은 1967년 5월 박정희의 부름을 받고 귀국해 1971년 민주공화당 전국구 의원, 1973년 유신정우회 국회의원을 지냈다. 권일의 친박정희 행보에 격렬하게 반발했던 이영근도 1967년경부터는 박정희에게 사실상 투항했다. 한때 '간첩'이었던 이영근이 1990년 사망하자 노태우 정부는 국민훈장 무궁화장을 추서했다. 1968년 이미 국민훈장 동백장을 받은 바 있는 권일은 2001년 사망했다.

권일의 동생인 권혁조(權赫朝)는 주오대 재학 중 1944년 1월 20일 학도병으로 징집되어 대구 24부대에 배속되었다. 같은 해 8월 8일 권혁조는 조선인 학도병 6명과 함께 무기를 탈취해 일본군을 몰살시킬 계획을 세우고 팔공산에 숨어 들어갔으나 곧 체포되어 군법회의에서 징역 5년형을 받았다. 일본에서 복역 중 해방으로 석방된[108] 권혁조는 2007년 건국포장을 받았다.[109] 권일은 동생의 항일경력을 자세히 설명하면서 "아버지에게 있어서는 나처럼 일본에 협력하는 입장에 있던 장남을 두고 있었기 때문에 동생 일로 세상을 대하는 면목도 섰을 것"이라고 적는다.[110] 일제시대 형제의 길이 극단적으로 나뉜 흔한 경우다.

일본의 사립대 전문부 출신 합격자들

사립대 전문부 출신 합격자들의 이력서는 제국대학, 경성법전, 일본 사립대의 정규과정 출신보다 상대적으로 길고 복잡하다. 합격 전의 힘든 시간이 고스란히 이력에 드러난다. 학력은 단순한 노력과 재능의 결과물이 아니었다. 돈이 뒷받침되어야 했다. 다들 힘들고 가난했던 수험생시절을 회고하지만 힘든 정도는 개인차가 컸다.

1905년 강원도 삼척에서 태어난 민병창은 1925년 삼척군 덕흥공립보통학교를 졸업했다. 스무살에 초등학교를 졸업한 셈이다. 보통학교 졸업 후에는 사범학교 입학을 위해 심상고등소학교 학과과정을 자습했다. 1927년 자습과정을 끝내고는 일본으로 건너가 1928년 나고야의 도카이(東海)상업학교 3학년에 편입했다. 도카이상업학교를 다니는 동안에는 대서인(代書人) 야마모토 조타로(山本長太郞, 또는 야마모토 나가타로) 아래에서 대서업무를 하면서 "식사제공과 별도로" 월 15엔을 받았다. "식사제공과 별도로"는 민병창 스스로 이력서에 적은 표현이다. 여러모로 전형적인 고학생의 삶이었다. 1931년 도카이상업학교를 졸업한 후에는 바로 나고야의 주쿄(中京)법률학교에 입학해 1934년 졸업했고, 주쿄법률학교 재학시절에는 그 학교 사무원으로 일하면서 월급 25엔을 받았다. 주쿄법률학교를 마치고 주오대 전문부 법학과 3학년에 편입한 후에는 변호사사무실, 법률평론사 등에서 필경사무를 맡아보면서 월급 30엔을 받았다. 1935년 주오대 전문부를 졸업해 1937년에 고등시험 사법과에 합격한 것은 이런 피나는 노력의 결과물이었다. 제국대학을 나온 면장집 자제들과는 확연하게 다른 이력이다. 합격 후에는 1938년 11월 사법관시보가 되었고, 1940년 6월 함흥지방법원 예비판사를 거쳐 그해 11월 정식판사로 임명되었다. 안타깝게도 그는 판사생활 1년을 채우지 못한 채 1941년 10월 지병으로 세상을 떠났다.

1909년 함남 북청에서 태어난 손동욱의 이력도 민병창과 비슷하다. 1927년 북청공립농업학교 농잠과를 졸업한 그는 고향에 있는 사립 용연 학교의 교사로 일하면서 와세다대 정치경제학부에 교외생(校外生)으로 등록해 강의록을 받아보며 공부했다. 1931년 용연학교를 그만두고 일본 으로 건너가 주오대 전문부 법학과에 입학한 손동욱은 특이하게도 주오 대 전문부를 2년 만에 자퇴하고 도쿄 메지로(目白)상업학교 본과 4학년 에 편입해 1년 후 졸업했다. 1934년 메지로상업학교를 졸업한 후에는 주 오대 전문부로 돌아왔고 다음해 법학과를 졸업했다. 돈이 많지 않은 상 황에서 이리저리 진로를 고민한 흔적이 엿보인다. 주오대 전문부를 다 닐 당시의 성적은 세과목을 제외하면 모두 '갑'이었다. 다행히 1937년 고등시험 사법과에 합격했고, 1938년 11월 민병창과 함께 사법관시보에 임용되었다. 사법관시보는 대구지방법원의 조진만 부장판사 아래에서 마쳤고, 1940년 11월부터 대구지방법원 판사로 일했다. 조진만 아래에 서 함께 시보를 했던 고재호(高在鎬)와는 "바둑과 마작의 호적수"로 이 웃에 살며 평생 우정을 유지했다.111

손동욱은 해방후 대구공소원 판사와 부장판사로 일하다가 1947년 개 업했고, 1959년 구제도하의 대법원 판사*로 법원에 돌아와 1964~73년 대법관을 지냈다. 그를 대법관에서 물러나게 한 것이 유명한 국가배상 법 위헌결정이다. 1971년 6월 22일 대법원 전원합의체는 군인 또는 군속 의 국가배상 청구를 금지한 국가배상법이 위헌이라고 판단했다. 16명의

---

* '대법관'과 구별되는 제도로 잠시 존속했다. 군사정권 시절에 '대법관'을 '대법원 판사'로 부 른 것과는 다르다.

대법관 중 손동욱·김치걸(金致傑)·사광욱(史光郁)·양회경·방순원(方順元)·나항윤(羅恒潤)·홍남표(洪南杓)·유재방(劉載邦)·한봉세(韓鳳世) 등 9명이 위헌결정에 동참했는데, 이들은 모두 1973년 재임용에 탈락했다. 합헌입장에 섰던 민복기 대법원장과 홍순엽(洪淳曄)·이영섭(李英燮)·주재황(朱宰璜)·김영세(金英世)·민문기(閔文基)·양병호(梁炳皓) 대법관은 살아남았다. 흥미롭게도 합헌입장에 선 홍순엽·이영섭·주재황 대법관은 해방과 한국전쟁 시기에 좌익 또는 그 동조자로 몰린 경험을 지닌 사람들이었다. 위헌입장의 대법관 9명을 쳐낸 사람은 손동욱의 시험동기인 민복기 대법원장이었다. 대법관에서 물러난 손동욱은 1976년 11월 9일 교통사고로 사망했다.[112] 그의 아들 손지열(孫智烈)도 대법관을 지냈다.

1912년 전남 나주에서 태어난 양판수 역시 살 만한 집안의 아들이었다. 아버지 양영일(梁永日)은 무역업에 종사하면서 수리조합과 금융조합의 평의원을 지냈고, 부동산을 포함한 자산이 1939년 기준으로 1만 7000원에 이르렀다. 1928년 광주 송정리에서 신간회 지회가 결성될 때 임시의장을 맡았던 양영일은 그해 4월 송정리지역에 '불온 삐라'를 뿌린 혐의로 체포되어 그다음 달 예심에서 면소결정을 받아 풀려나기도 했다.[113] 교육에 열심이었던 양영일은 아들 양판수가 다니던 송정공립보통학교 증축을 위한 기부금을 내놓기도 했다.[114]

재력을 갖춘 의식 있는 아버지의 뜨거운 교육열 아래에서 양판수는 1928년 송정공립보통학교를 졸업하고 광주고보에 입학한다. 그가 광주고보 2학년이던 1929년 11월 3일 광주학생항일운동이 터졌다. 양판수 역시 자기 세대에 닥친 이 거대한 파도를 피해 갈 수 없었다. 저항의 불길이 전국으로 확산되던 1930년 1월 양판수는 광주고보에서 퇴학당해 4월 교토의 료요(兩洋)중학교 3학년에 편입했다. 아버지의 재력과 자신의 노력이 합쳐진 결과로 별다른 시간적 손해 없이 바로 일본 유학이 가능했던 것이다. 1931년에는 교토의 도지(東寺)중학교 4학년에 편입했고 1933년 이 학교를 졸업해 주오대 전문부 법학과에 입학했다. 당시 성적표를 보면 대부분의 과목에서 을(乙)을 받아서 앞서 살펴본 손동욱과는 많이 다르다.

1937년 피나는 노력 끝에 고등시험에 합격한 양판수는 재미있는 부탁을 받는다. 양판수가 유년시절을 보낸 송정리에는 비슷한 또래의 주임덕이라는 처자가 있었다. 양판수와 주임덕의 본적지 주소가 완전히 일치하는 걸로 보아 상당히 가까운 일가친척이었던 것 같다. 주임덕은 전남 광양 출신의 '엄선생'을 신랑으로 맞아 딸 둘을 낳았다. 호적을 살펴보면 양씨, 주씨, 엄씨 사이에 겹겹으로 이어진 혼맥이 눈에 띈다. 집성촌끼리 결혼이 잦았던 것으로 추측할 수 있다.

1907년 5월 25일(호적상 1908년 5월 23일)생으로 연배가 양판수보다 조금 위였던 엄선생은 1926년 전남공립사범학교를 졸업하고, 1937년 3월 31일까지 전남에 있는 여러 보통학교에서 교사로 일했다. 빈농의 아들로 태어나 아홉살 때 부친을 여의고 뒤늦게 시작한 신학문 공부였음을 생각하면 놀랍도록 빠른 성취였다. 교사생활 중간에는 1년을 휴직하고 도쿄농아학교 사범부 갑종보통과에 유학해 1933년 졸업하기도 했다. 일본 유학에서 돌아와 "자유업을 할 수 있는 방편으로 법률공부"를 선택한 엄선생은 1937년 4월 과감하게 학교를 그만두고 고등시험을 준비하겠다며 도쿄로 건너갔다.[115] 남편이 떠난 후 주임덕은 송정리 친정으로 아이들을 데리고 돌아왔다. 주임덕은 막 시험에 합격한 양판수에게 남편소식을 알아봐달라고 했다. 아마도 편지를 썼던 것 같다.

시험합격 직후라 한창 자신감 넘치던 양판수는 엄선생의 하숙집을 찾아가 자신의 수험경험을 상세히 이야기해주었다. 엄선생은 양판수가 법조문을 줄줄 읊어대는 것을 보고 깜짝 놀랐다. 법조문 암기에 자신없어 하는 엄선생에게 양판수는 자기만의 조문 암기법을 알려주었다. 육법전서 한권을 사서는 매일 한장씩 뜯어 하루 동안 암기한 다음 휴지통에 버리는 방법이었다. 엄청난 노력가라고 엄선생은 다시 한번 감탄했다. 양판수의 공부방법론이 실제로 도움이 되었는지는 의문이다. 고등시험 사법과시험에서는 어차피 법전이 주어졌고 예나 지금이나 법학은 그런 식의 암기과목이 아니기 때문이다. 어쨌든 엄선생은 다음해인 1938년 고등시험 사법과에 합격했다. 정식으로 법학을 배운 적 없이 독학으로 4년 만에 거둔 성과였다.

시험에 합격한 엄선생은 귀국해 처가를 찾았다. 양판수는 그때까지도 사법관시보에 채용되지 못한 상태로 집에 머물고 있었다. 광주학생항일운동 사건으로 퇴학을 받은 사실과 아버지의 신간회 전력이 문제라고 했다. 의기소침한 양판수에게 엄선생은 변호사나 같이 개업하자고 권유했다. 양판수는 "재판하는 공기라든지 내막을 잘 알아야만 변호사로 잘 싸울 수 있지 않겠느냐"라며 오히려 "사법관시보에 지원하라"고 엄선생을 설득했다. 일리 있는 이야기였다. 엄선생은 양판수의 지도를 받아 사법관시보 채용원을 제출했다. 얼마후 엄선생과 양판수 모두 조선총독부 법무국장실로 출두하라는 통지를 받았다.

당연히 아무 끈이 없는 엄선생이었다. 누군가 전남 여수 출신의 김준평(金準枰) 판사를 소개했다. 교토제대를 졸업하고 1927년 고등시험 사법과에 합격한 김준평은 당시 경성복심법원의 판사로 일하고 있었다. 조진만과 함께 딱 2명 존재하던 부장판사급 조선인이었다. 엄선생은 양판수까지 동반해 김준평을 만났다. 김준평은 "면접 전에 법무국의 인사

담당자 이와시마를 소개시켜줄 테니 내일 오전 9시에 법무국장실 앞으로 나오라"고 했다. 그러나 양판수와 엄선생은 그날 밤 선술집에서 술을 너무 많이 마셨고 다음날 약속에 30분이나 늦었다. 기다리던 김준평 판사는 이와시마 하지메(岩島肇) 앞으로 양판수와 엄선생의 이름을 적은 쪽지 한장만 써주고는 사라졌다. 하필 이와시마는 다른 회의에 가서 자리에 없는 상태였다. 두사람은 전날의 과음을 후회하면서 법무국장실에 명함을 내고 예정된 순서를 기다릴 수밖에 없었다. 마침 그때 빈틈없는 몸가짐의 젊은이가 당당한 태도로 법무국장실에서 걸어나왔다. 양판수와 엄선생은 그 젊은이와 비교할 때 시골뜨기 같은 자신들의 모습을 확인하고는 더욱 위축되었다.

면접이 시작되었다. 교사 경력자인 엄선생은 그럭저럭 답을 잘했다. 그러나 양판수는 분위기 파악을 못하는 사람이었다. 면접관이 "왜 검사를 지망하지 않느냐?"라고 질문했다. 양판수는 "검사가 인권을 유린하는 일이 많으므로 판사가 되어 그걸 시정하고 싶다"라고 답했다. 면접이 끝난 그날 밤 김준평 판사가 일부러 두사람이 머물고 있는 여관으로 찾아왔다. 면접상황을 듣더니 "엄선생은 되겠지만 양판수는 말이 좀 지나쳤던 것 같다"라고 걱정했다. 김준평이 다시 힘을 써준 까닭이었을까. 두사람은 그해 모두 사법관시보에 임용되었다. 엄선생은 앞서 잠시 언급했던 엄상섭이다. 합격년도가 다른 양판수와 엄상섭이 함께 사법관시보에 임용된 데에는 이런 배경이 있었다. 지나치게 깔끔한 모습으로 촌사람들을 주눅 들게 했던 젊은이는 경성제일고보와 경성제대 법문학부 출신으로 훗날 서울고등법원장과 대한변호사협회장을 지낸 임한경이었다.

사법관시보를 마친 1941년 3월 양판수는 함흥지방법원에서 판사생활을 시작했다. 엄상섭은 광주지방법원 검사국에 검사로 발령받았다. 1년 후 엄상섭이 함흥지방법원 검사국으로 발령받아 둘은 매일처럼 만나는 사이가 되었다. 1943년 3월 양판수가 함흥지방법원 원산지청으로 옮겨 간 후에도 둘의 우정은 계속 이어졌다. 양판수는 원산에서 와타나베 레이노스케(渡邊禮之助)라는 일본인 검사와 극도로 사이가 나빠져 결국 신의주로 쫓겨갔다. 해방은 신의주에서 맞았다. 일본인들과도 충돌을 불사할 정도로 직선적인 성격이라 양판수는 어디에서나 늘 오해를 받는 편이었다. 엄상섭의 회고에 따르면 양판수는 "의리 굳은 사람"이었다. 믿을 만한 벗, 존경할 만한 선배라는 신념을 가지면 그 벗 또는 선배에 대한 다른 이들의 어떤 비난도 용납하지 않았다. 객관적으로 명백하게 그 벗 또는 선배가 잘못한 경우에도 양판수는 그를 옹호하기 위해 전력을 다했다. 그만큼 외골수였다. 엄상섭은 양판수의 그런 성격이 "교활한 사람들에게 이용당하기 쉬운 계기를 만들었다"라고 적었다. 오해를 자주 받는 고독한 사람 양판수는 자기를 이해해주는 사람이 있으면 생명을 걸고 그를 섬겼다.* 그게 가장 큰 장점이자 단점이었다.

야나가와 겐이치(梁川元一)**로 창씨개명한 양판수는 해방후에 자기 이름을 되찾는 대신 창씨명에 따라 양원일(梁元一)로 개명했다. 조선정판사 '위조지폐' 사건의 재판장을 맡아 강중인·조평재·오승근 등 변호인단과 격렬한 싸움을 벌인 바로 그 양원일이다. 양원일 판사, 엄상섭 검사는 1947년 6월 30일 법전기초위원회 형법분과에 참여했다. 법원에서 양원일·이천상·김찬영(金瓚泳)이, 검찰에서 엄상섭·조재천(曺在千)이,

---

* 이상의 내용은 모두 양원일에 대한 엄상섭의 추도사에 기초한 것이다. 엄상섭 「양원일 군을 보내면서」, 『법정』 4권 4호, 법정사 1949년 4월, 32~33면.
** '元一'은 '겐이치' '모토카즈' '모토이치' '모토히토' 등 다양하게 읽힌다. 그중 양원일의 창씨명 발음을 특정하기는 힘들다.

변호사로는 김광근(金光根)이 대표로 참석한 모임이었다. 여러명이 이름을 올렸지만 실제로는 양원일 판사가 형법총칙 부분을, 엄상섭 검사가 형법각칙 부분을 전담하다시피 했다.[116] 광주 송정리에서 시작해 도쿄, 함흥으로 이어진 인연이 우리 형법전의 기초를 만들어낸 셈이다.

1937년 고등시험 사법과 합격자 중에서 마지막 남은 인물은 1898년 경남 창원에서 태어나 1918년 평북 오산학교, 1926년 메이지대 전문부를 졸업한 김동진이다. 합격 당시 그는 이미 40세였다. 1941년 대구에서 변호사를 개업했고, 1945년 11월 19일 대구공소원 검사국 차석검사에 임명되어 3년간 재직 후 다시 변호사를 개업했다. 서울고등법원 부장판사를 거쳐 감사원장을 지낸 김영준(金永駿) 변호사가 그의 아들이다. 김영준의 장인은 앞서 언급한 임한경이다.[117] 법조계에는 이런 식으로 얽힌 집안이 생각보다 훨씬 많다.

모든 걸 가진 사람들, 그러나 각자의 고민

1937년 고등시험 사법과 합격자들이 보여주는 해방이전의 삶은 큰 차이가 없다. 부모의 직업은 면장, 변호사, 부농, 손꼽히는 친일파 등이어서 대부분 여유 있는 집안 출신들이다. 일본에 가서 고학하며 고생한 사람이 없지는 않지만, 그것도 역시 돌볼 가족이 없어야 가능한 선택이었다. 학벌은 어디에 내놓아도 손색이 없는 당대 최고였다. 어느 학교 출신이냐가 진학 여부, 시험 응시 가능성, 취업, 월급까지 좌우하던 시절이었다. 학교서열은 막연한 심리적 차별이 아니라 현실적이고 즉각적인 차등을 가져왔다. 고등시험 사법과 합격자들은 그 정점에서 누릴 수 있는

1939년의 사법관시보 채용자 서류에 등록된 양판수(왼쪽)와 엄상섭(오른쪽)의 사진.

모든 것을 누렸다. 물론 각자 나름의 고민은 있었다. 가족 중에 독립운동
가가 있거나, 청년기에 사회주의로 경도되었던 사람도 여럿이다. 그러
나 이들 중 누구도 몸을 던져 본격적인 운동에 뛰어들지는 않았다. 잠시
급진적인 사상의 언저리를 맴돌던 이들도 예외없이 미래가 보장된 길로
돌아왔다. 모든 걸 가진 사람들의 개인적 한계이자 1931년 만주사변 이
후 식민지 조선사회의 주류세력이 가졌던 시대적 한계였다. 1945년 벼
락처럼 해방이 찾아왔고 이들은 법조계의 중심을 이루는 첫번째 인재군
을 형성했다. 이들을 뛰어넘어 법조계를 움직일 세력은 어디에도 존재
하지 않았다.

2부

이류에서 일류로

편입된 사람들

변호사시험 출신들

1장

허헌, 순수한 변호사 출신의
뿌리를 찾아서

변호사제도의 난맥상

해방후 우리 법조인력 충원에서 제2법률가군을 형성한 조선변호사시험 출신들 이야기는 한층 복잡하다. 사연들도 넘친다. 일제시대는 일본이 자기들도 완비하지 못한 근대법제도를 조선에 이식하던 시기였다. 시험제도가 자리 잡기까지 일본도 수많은 시행착오를 겪었다. 그 과정에서 나온 특이한 부산물이 조선변호사시험이다.

1935년 2월 9일자로 조선총독부가 파악한 통계에 따르면 당시 조선에서 개업한 변호사는 모두 382명이었다. 이들의 변호사자격 취득 근거를 살펴보면 메이지시대부터 일제시대까지 일본과 조선에 존재한 다양한 변호사제도의 난맥상을 확인할 수 있다.

일본인 변호사는 메이지시대 전반기에 존재했던 대언인(代言人) 면허를 가진 사람 3명, 제국대학 법률학과 출신에게 한때 자동적으로 주어지던 변호사자격 소지자 27명, 일본에서 판검사를 지내고 조선으로 넘어온 경력자 8명, 조선총독부에서 임명한 판검사 경력자 45명, 고등시험 사법과 합격자 4명, 일본변호사시험 합격자 34명, 조선변호사시험 합격자 40명, 다이쇼(大正) 8년의 제령 제13호에 의한 변호사자격자 9명 등 총 170명이다.

조선인 변호사의 출신도 만만치 않게 복잡하다. 조선인 변호사는 제국대학 법률학과 출신 1명, 조선총독부 판검사 경력자 113명, 고등시험 사법과 합격자 5명, 일본변호사시험 합격자 17명, 조선변호사시험 합격자 44명, 통감부시절의 판검사 경력자 7명, 구한국 판사 출신 6명, 구한국 변호사 출신 19명 등 총 212명이다.[1] 조선총독부 판검사 경력을 가진 조선인 변호사들은 대부분 국권피탈 후 일본인 판검사들 밑에서 서기 겸 통역생으로 일하다가 판검사로 임용된 경우다. 고등시험 사법과 합격자들이 다수를 차지하기 전까지는 이 서기 출신들이 조선인 법률가들의 주력이었다. 앞서 등장한 인물 중에서 김용무·이인·김완섭 등이 일본변호사시험 출신이고, 서재원·전병식의 아버지인 서광설·전영택 변호사는 조선총독부 판검사 출신이다. 김응섭은 조선총독부 판사 출신으로 분류되겠지만, 1935년 당시에는 변호사자격이 취소되어 개업상태가 아니었다. 김병로 역시 이러한 분류에 따르면 조선총독부 판사 경력으로 변호사자격을 취득한 경우에 속한다.

변호사가 되는 여러경로 중 조선인에게 가장 의미가 있었던 것은 조선변호사시험이다. 우리 역사에는 모두 네번의 변호사시험이 존재한다. 첫번째는 대한제국시대 잠깐 시행되었던 변호사시험이다. 대표적인 합격자로는 허헌 변호사가 있다. 두번째는 1922~45년까지 조선총독부가 시행한 조선변호사시험이다. 조선변호사시험 출신자는 일제시대에 제도적으로는 판검사가 되는 길이 열려 있었으나 실제로 임용된 예는 없었다.* 판검사가 되지 못했기 때문에 일제시대 때 '이류' 취급을 받았지만 덕분에 고등시험 사법과 출신보다는 친일논란에서 비교적 자유롭다.

세번째는 해방후 1947~49년까지 세차례 시행되었던 조선변호사시험**
이다. 미군정의 영향으로 판검사 임용시험이라기보다는 자격시험의 성
격이 강했다. 이 시험은 1950년 '고등고시 사법과'로 대체되었다. 고등
고시 사법과는 이름에서 알 수 있다시피 우리 법조인력 양성시스템이 일
제시대의 고등시험체제로 사실상 복귀했음을 의미한다. 고등고시 사법
과는 1963년 사법시험으로 명칭을 바꿨다. 사법개혁의 일환으로 2009년
법학전문대학원이 도입된 이후 2012년부터 시행되고 있는 변호사시험
은 역사상 네번째 변호사시험이 된다. 지금의 변호사시험은 판검사 선
발에 방점을 찍지 않은 자격시험이라는 점에서 조선변호사시험의 전통
을 잇는다.

조선변호사시험 출신들 이야기를 하기에 앞서 이들 모두의 '아버지'
뻘인 허헌 변호사부터 살펴볼 필요가 있다. 그의 삶은 가장 주류에서 출
발했으나 어느 시점부터 비주류로 밀려난 특정세력을 상징한다. 조선변
호사시험 출신으로 해방공간에서 자취를 감춘 많은 사람들이 허헌 변호
사와 직간접적인 관련이 있었다. 이 세력은 조선정판사 '위조지폐' 사건
에서도 중요한 비중을 차지한다.

---

* 일본 재판소구성법상 3년 이상 일본국 변호사인 사람은 판검사가 될 수 있었고, 일본변호사
  법에 따르면 변호사시험에 합격하고 1년 6개월의 실무수습을 마치고 실무수습에 합격하면
  변호사가 될 수 있었다. 이와 같은 조건을 갖춘 많은 일본인들이 1910년 10월 1일 제령 제7호
  에 따라서 조선총독부 판검사에 임명되었으나, 조선변호사시험에 합격한 조선인들은 한명도
  임용된 예가 없다. 법원행정처 엮음 『한국법관사』, 육법사 1976, 52면.
** 일제시대 조선변호사시험과 구별하기 위해서 이 책에서는 그냥 '변호사시험'으로 표기한다.

함경도, 이용익 그리고 보성전문

가인(街人) 김병로, 애산(愛山) 이인과 함께 이름이나 호에 '인'이 들어 있어서 흔히 '민족변호사 3인'으로 불리는 긍인(兢人) 허헌은 1885년 음력 6월 11일 함북 명천에서 태어났다. 명천은 칠보산 자락에 자리 잡은 풍광이 아름다운 동네다. 허헌을 키운 어른, 그에게 가르침을 받은 젊은이, 삶을 나눈 가까운 친구 중에는 함경도 출신이 유난히 많다. 변방의 세미한 집안 출신들이었기 때문에 지역적 동질성이 더 강했던 것 같다.

일찍이 부모를 여읜 허헌은 조선시대 말기의 풍운아 이용익의 집에 맡겨져 어린 시절을 보냈다. 함북 명천*의 무반가문 출신인 이용익은 1882년 임오군란 때 고종과 명성황후 사이의 연락을 맡아 왕가의 신임을 얻었다.[2] 왕실소유의 광산을 관리하면서 능력을 인정받아 평안북도 관찰사 지위에 올랐고, 대한제국 출범 이후에는 궁내부 내장원경으로 궁중재정을 장악했다.[3] 아관파천 이후 수립된 광무정권에서는 대표적 친러파로 탁지부협판(대신서리), 궁내부 내장원경, 육군참장, 원수부 검사국 총장 등 네개 요직을 겸임했고, 특설기구인 양지아문과 지계아문에서도 부총재 또는 총재를 지냈으며, 중앙은행 창립도 주도했다.

이용익은 고종황제의 지근거리에서 왕실의 광산 직영, 화폐제도 개선, 중앙은행 설립 등 개혁정책을 추진하며 적절히 자기 이익도 챙길 줄 알았던 근왕파 세력의 핵심이었다.[4] 1905년에는 고려대의 전신인 보성전문도 세웠다. 워낙 명암이 공존하는 인물이다보니 윤치호 같은 이의 극단적인 비판도 존재한다. 김상태 교수가 번역한 1919년 11월 11일자

---

* 이용익의 출신지를 함경도 북청으로 표시한 자료들도 있으나, 그의 양손자인 이종호와 그 일가가 모두 명천 출신인 것을 보면 이용익의 고향 역시 명천으로 보아야 할 것 같다.

고종의 측근이던 이용익은
허헌에게 많은 영향을 끼쳤다.

윤치호의 일기는 반대편 입장에서 바라본 이용익의 어두움을 잘 보여준
다. 좀 길지만 그대로 인용해본다.

"여기에 두명의 조선인이 있다. 한명은 자기 논이나 상점에서 열심히
일하면서 자기 가족을 편안하게 부양하고 주변 사람들을 도와가면서 점
잖게 살아간다. 하지만 그는 만세를 부르고 다니지는 않는다. 다른 한명
은 도박꾼에다 난봉꾼이다. 그는 방탕한 생활로 아버지에게 물려받은
재산을 탕진한다. 하지만 그는 시도 때도 없이 만세를 부른다. 두사람 중
어느 쪽이 진정한 애국자일까? 고종황제의 악정(惡政)이 절정으로 치닫
고 있었을 때 황제 개인의 금고를 위해 가난한 백성의 피와 땀으로 금괴
를 주조했던 이용익은 충신으로 여겨졌다. 그런데 그는 일본인을 증오
했다. 그렇다고 그가 애국자였다고 할 수 있나? 사실인즉 이용익 같은
인간은 조선인 입장에서 일본인보다도 더 위험한 적이었다."[5]

윤치호의 '진정한 애국자'론은 물론 굴절된 친일파의 자기 합리화다.

그러나 완전히 무시하기에는 꺼림칙한 일말의 진실이 담겨 있다. 허헌은 그런 이용익의 자장(磁場) 안에서 성장했다. 이용익의 양손자이자 후계자인 이종호(李鍾浩)와는 어린 시절부터 친형제와 같았다. 방이나 마당에서 둘이 장난치다가 이용익에게 꾸지람을 들은 것도 여러번이었다. 귀여움과 사랑도 한몸에 받았다. 1887년 함북 명천에서 태어난 이종호는 스무살도 되기 전인 1905년부터 실질적으로 보성전문과 보성중학교를 운영했고 명천 보성학교, 서북협성학교, 평양 대성학교 등 전국적으로 설립된 수많은 학교의 재정을 지원한 인물이다.6

한성외국어학교를 졸업하고 규장각 주사로 일하던 허헌은 1907년 4월 15일 보성전문을 1회로 졸업하고 그해 6월 24일에 시행된 첫번째 변호사시험에 합격했다.*7 응시자는 20명이었고 합격자는 허헌과 이종성(李鍾聲)** 등 6명이었다. 합격자는 모두 보성전문 출신이었다.8 이용익이 세운 학교 출신에다가 이용익이 관장하던 궁내부 소속의 규장각 관료였던 허헌은 누가 봐도 이용익의 사람이었다. 어느날 규장각을 드나드는 허헌을 본 법부대신 장박(張博)이 그를 붙잡고 도쿄 유학을 권했다. 함북 경성 출신인 장박은 당시 이완용의 내각에서 일하던 전형적인 친일관료로서 친러파인 이용익과는 정치적 입장이 달랐다. 그래도 동향출신의 젊은 수재에게 나름의 애정을 느꼈던 모양이다. 신문명을 배워야 한다는 장박의 권유에 큰 깨달음을 얻은 허헌은 일본으로 건너가 메이지대 법과에 등록하고 공부를 시작했다.

어렵게 돈을 마련해 도전한 도쿄 유학이었지만 한학기 만에 돈이 다

---

* 허헌의 변호사 합격 시기를 1908년으로 적고 있는 자료들도 많으나 공식적으로는 1907년이 맞다.
** 해방후 대법관 등을 지낸 이종성(李宗聖)과는 다른 인물이다.

떨어졌다. 허헌이 손을 벌릴 곳은 친형제 같은 이종호밖에 없었다. 당시 이용익은 이미 러시아로 망명한 상태였고 이종호도 몸을 숨기고 있어 연락처를 알 방법이 없었다. 허헌은 이갑(李甲)에게 편지를 썼다. 학비가 떨어졌으니 이종호에게 400~500원을 얻어 보내달라는 내용이었다. 1877년 평남 평원 출생으로 일본 육군사관학교를 유학한 이갑은 대한제국의 육군참령으로 1907년의 군대해산을 경험하고 애국계몽운동과 독립운동에 투신한 인물이다. 나이를 떠나 모두 막역한 사이였으므로 이갑에게 연락하면 이종호에게 연결될 수 있었다. 이갑에게서 바로 답장이 왔다. "그 정도 돈을 이종호 군에게까지 말할 게 있느냐. 내게 (돈이) 있어서 보내니 받고, 아무 근심 말고 공부에만 착심(着心)하라." 편지에는 요청한 400원이 들어 있었다.⁹ 이 사연을 소개하는 허헌의 글에는 친구들에 대한 고마움이 뚝뚝 배어나온다.

허헌의 메이지대 법과 유학은 청강이었을 뿐 정식입학은 아니었다. 유학생활 동안 허헌은 김립(金立)과 깊은 우정을 맺었다. 1880년 함북 명천에서 태어난 김립은 보성전문 법과를 3회로 졸업했다. 나이는 김립이 선배지만 학교는 후배가 된다. 김립 역시 이용익의 영향권에서 성장한 사람이다. 김철수의 회고에 따르면 허헌과 김립은 일본 유학시절 의기투합하여 조선을 입헌군주국으로 만들자는 심맹(心盟)을 맺고 '입헌'에서 한글자씩 따서 김립과 허헌으로 이름을 정할 정도로 막역한 사이였다고 한다.¹⁰ 김립의 본명이 김익용(金翼容)이었고, 허헌에게도 허세문(許世文)이라는 다른 이름이 존재했던 걸로 미루어볼 때 김철수의 이야기는 사실인 것 같다. 허헌의 유학기간은 그리 길지 않았다. 1907년(광무 11)에 광무변호사법에 따라 변호사로 등록했던 그가 새로 시행된 융희변호사법에 따라 1908년(융희 2) 6월 8일 변호사로 다시 등록한 사실이 확인되기 때문이다. 대한제국시절에 변호사가 된 허헌의 법조계 경력은 김병로나 이인보다 10여년이 앞선다.

변호사 개업 직후인 1908년에 이미 허헌은 '하미전(下米廛)' 사건으로 전국적인 명성을 얻었다. 쌀매매소송에 관여한 평리원 판사가 법률의 근거도 없이 무리한 압수조치를 취하자 담당변호사 허헌이 당장 달려가 항의하다가 변호사 제명을 당했던 것이다. 조선에 근대법이 도입된 이후 최초의 변호사 징계였다.[11] 허헌의 변호사자격은 1909년 5월 17일에 야 회복되었다. 허헌이 변호사 징계를 받아 고생하던 1908년 이동휘(李東輝)와 안창호 등은 서북학회를 조직했다. 관서(평안도), 관북(함경도), 해서(황해도) 출신들이 합세했고, 이름은 '학회'지만 실질적으로는 독립운동이 목적인 단체였다. 서북학회가 직접 관리한 학교가 이종호가 세운 서북협성학교다. 이갑은 서북학회의 총무를 맡았고, 허헌은 부총무로 일하는 한편 서북협성학교에서 법제경제과를 책임졌다. 서북학회의 인물들이 기호지방 사람들과 손잡고 만든 조직이 신민회(新民會)다.

1909년 10월 26일 안중근 의사가 이토 히로부미를 암살했다. 안창호·유동열(柳東悅)·이갑 등 서북학회의 중심인물들은 거사 관련자로 경찰에 붙잡혀갔다가 겨우 풀려났다. 국내에서의 활동이 갈수록 어려워졌다. 1910년 초반 어느날 석양이 질 무렵 이갑과 이종호가 허헌을 찾아왔다. 변호사를 개업한 허헌은 청진동에 커다란 집을 마련한 상태였다. 방으로 안내하고 맥주와 참외를 내놓자 이갑은 "허군은 남아 있는 것이 옳겠군. 이렇게 집도 새로 큼직하게 장만하였고 또 후사(後事)도 있으니까"라는 알 듯 모를 듯한 말을 남기고 돌아갔다. 이상한 마음이 들어 다음날 여기저기 전화해보니 이갑과 이종호는 물론 유동열과 김립까지 누구에게도 연락이 닿지 않았다. 이들 모두는 이미 조선을 떠난 뒤였다. 황해도 어촌에 숨어 있던 안창호도 그뒤를 따랐다. 모두들 한마디 작별인사도 남기지 않았다.[12] 허헌은 일생동안 이 경험을 잊지 않았다. 자신이 직접 쓴 「교유록」에도, 잡지사와의 인터뷰에도 이 이야기를 거듭 강조했다. 침묵으로 뒷일을 맡기고 떠난 친구들이 남긴 인상은 그만큼 강렬했다.

친구들이 떠나고 나라가 망했다. 얼마후 허헌은 변호사 문패를 떼어버리고 솔가하여 고향 함북 명천으로 향했다. 경원선이 놓이기 전이라 경성에서 명천으로 가려면 부산까지 기차를 타고 가서 배를 타고 원산으로 올라가는 게 가장 빨랐다. 원산에서 허헌은 이동휘를 만났다.* 1873년 함남 단천에서 태어나 강화도 진위대장을 지낸 이동휘는 서북학회와 신민회의 조직에 앞장섰다가 105인 사건으로 체포되어 유배형을 마친 참이었다. 이동휘는 자유와 평등을 가르치는 기독교에 사로잡혀 열렬한 전도자로 변해 있었다. 그는 허헌을 붙잡고 "아우님, 예수 믿으시오"라고 전도했다. 직접 붙잡고 전도할 뿐만 아니라 함께 있는 목사, 전도사, 교사들에게 "이 사람은 이갑·이종호 같은 친구들을 잃고 고향으로 돌아오는 사람이다. 반드시 조선을 떠나려고 할 것이다. 그러나 막상 떠나지도 못하고 의지할 바를 몰라 헤맨다. 예수교로 허헌의 마음을 구제하라"고 지시했다. 이동휘의 전도로 허헌은 기독교에 귀의했다.[13] 무장투쟁을 이끌 지도자를 필요로 하던 당시 독립운동의 흐름은 군인 출신 이동휘를 그냥 놓아두지 않았다. 이동휘는 곧 연해주(沿海州)로 망명하여 이갑·김립·이종호 등에게 합류했다.

오랜 친구들, 고마운 인연이 모두 떠난 뒤 허헌은 일제시대 초기에 일

---

* 허헌이 이동휘를 만나 기독교 전도를 받은 시기는 잡지 『동광』의 회고에도 정확히 드러나지 않는다. 조선이 망한 것과 관련한 표현 자체가 삭제되었기 때문이다. 이동휘는 1911년 105인 사건으로 유배되었다가 1912년 풀려나 곧 조선을 떠났다. 경의선은 1914년에야 용산 – 원산 구간이 개통되었다. 허헌이 이동휘를 만난 시기는 1912년으로 추정할 수 있다.

어난 다양한 독립운동 사건의 변론을 맡으며 자기 몫을 담당했다. 3·1운동 민족대표 사건, 강우규 의사 사건, 김상옥 의사 사건, 조선공산당 사건, 원산총파업 사건 등이 대표적이다. 3·1운동 변론에서는 심급상의 절차적 하자를 지적하여 재판을 공전(空轉)시킴으로써 일본인 판검사들이 혀를 내두르게 만들었다.[14]

김립의 죽음과 백범 김구

연해주로 망명한 이종호는 독립운동 세력의 중요한 자금줄이 되었다. 안창호가 이종호의 지원을 받아 동만주 평미산(蜂蜜山)에 한인촌을 개척하고 무관학교를 설립하려 하자, 김립이 "평미산 대신 연해주지역에서 함경도 출신들과 함께 일하자"라고 이종호를 설득해 평미산 계획을 무산시킨 일이 있을 정도였다. 관서 출신인 안창호와 관북 출신인 김립·이종호 사이에는 미묘한 차이가 존재했다. 안타깝게도 독립운동사에서는 출신지역이 국면마다 큰 변수가 되었다. 망명지인 간도와 연해주에는 함경도 사람들이 많았다. 일단 지리적으로 가깝기 때문이다. 이동휘·김립·이종호에게 출신지역은 곧 정치적 기반이기도 했다.

1912년의 일제경찰 보고서는 김립이 이종호에게 한인사회 구제를 위해 수천 루블의 대여를 요청했으나 거절당한 후, 이종호의 측근인 홍병일이 김립을 총으로 위협하는 사건이 일어나면서 김립과 이종호가 결별했다고 전한다.[15] 그러나 완전한 결별은 아니었다. 이동휘가 연해주로 망명한 뒤에는 이동휘가 얼굴 역할을 하고, 김립이 계획을 짜면 이종호가 돈을 대는 삼각구도가 형성되었다. 이들 3명이 힘을 합쳐 1915년에는 만주에 독립군사학교인 대전학교(大甸學校)를 설립했다. 학교 설립 자본금 1000원은 당연히 이종호가 댔다. 학교 운영이 어려워지면서 이동휘는 이종호에게 추가출자를 요구했고, 이종호가 거절하자 휘하 20여 명을 동원해 그의 집을 습격했다. 이걸로 세 사람의 오랜 협력관계가 막을 내렸다.

이종호는 블라디보스토크를 거쳐 상하이로 갔다가 1917년 일본경찰에 체포되어 국내로 돌아왔다.[16] 귀국 후 1년간 고향인 함북 명천에서 거주제한을 당한 이종호는 제한이 풀리자 경성에 올라와 보성전문의 운영권을 되찾고자 동분서주했다. 이용익이 망명하기 전 제일은행 경성지점에 예치해둔 거액의 예금도 상속자로서 반환받아야 했다. 그러나 독립운동가로 낙인찍히고 자금이 바닥난 이종호에게는 모든 것이 여의치 않았다.

1917년 이갑이 러시아에서 병사했다. 허헌은 그를 다시 만나지 못한 것을 못내 아쉬워했다. 허헌과 김립의 관계는 계속 이어졌다. 1919년 8월 이동휘가 상하이 임시정부 국무총리에 취임하면서 김립은 비서실장을 맡았다. 허헌과 김립은 1921년 국내에서 조직된 사회혁명당과 이동휘 중심의 고려공산당 상하이파가 연결되는 고리 역할도 함께 담당했다.[17] 그러다가 1922년 2월 11일 상하이에서 김립이 한인청년들의 총탄에 목숨을 잃었다. 암살 지시를 내린 것은 김구였다.

『백범일지』는 김립이 모스크바의 자금을 받아 호의호식한 '공금횡령범'이었다고 주장한다. 그러나 문제가 그리 간단치 않다. 이 자금은 원래 러시아혁명 이후 국제 공산주의운동을 지원하려는 레닌에게서 흘러나왔다. 김립은 이동휘의 지시를 받아 코민테른 자금을 관리했다. 미국으로 떠난 이승만이 재미교포들의 후원금을 독점함으로써 중국의 독립운동가들은 중요한 자금원(資金源)을 잃은 상황이었다. 사분오열된 독립운동가들에게 모스크바 자금은 인공호흡기와 같았다. 좌익진영은 코민테른에서 온 그 돈이 당연히 공산주의운동에 사용되어야 한다고 생각했다. 그 돈의 성격을 독립운동 자금으로 규정한 우익진영은 자신들도 지분이 있다고 믿었다. 좌익 내부에서도 고려공산당 이르쿠츠크파와 상하이파의 입장이 갈렸다. 이동휘가 임시정부에서 밀려난 후에는 문제가 더욱 복잡해졌고 여러 세력 사이에는 씻을 수 없는 적대감이 남았다.

새로 들어선 임시정부 집행부는 김립을 "이동휘와 서로 결탁하여 마침내 국금(國金)을 횡령하여 사양(私囊)을 살찌우고 같은 무리들을 소취(嘯聚)하여 공산(共産)의 미명하에 숨어서 간계를 하고 있어 그 죄 극형에 처할 만하다"라고 선언했다.[18] 김구는 대낮에 상하이 한복판에서 김립을 과감하게 응징함으로써 이 선언을 실행에 옮겼다. 밀정이라는 의심만 있으면 분명한 증거가 없어도 즉결처분하던 관행이 독립운동 내부의 반대파 처단으로 확장된 것이다. 김구의 지시를 받아 암살을 실행한 오면직(吳冕稙)과 노종균(盧宗均)은 모두 황해도 출신으로 김구의 직계세력이었다. 두 사람은 1938년과 1939년 각각 옥중에서 순국할 때까지 여러 의열투쟁에 참여했다.

김립을 죽음으로 몰고 간 모스크바 자금의 실제 사용처는 지금까지도 분명치 않다. 온갖 사람이 오해를 받았고 누구도 제대로 해명하지 못했다. 상하이에서 이동휘, 김립과 함께 활동했던 김철수는 바로 자신이 그 돈의 사후청산보고를 담당했다고 주장한다. 그에 따르면 모스크바 자금은 상하이로 오는 과정에서 이미 여러 인물, 단체들이 나누어 쓴 상태였다. 상하이에서도 "그 돈 안 쓴 이가 없을 만치" 각종 회의비, 식사비, 여비 등으로 사용되었다. 이동휘의 여비, 모스크바 주재 외교원 노릇을 한 김규식의 여비, 신채호의 역사편찬비, 김원봉파의 의열단 자금, 김두봉(金枓奉)·이극로(李克魯)의 '중국어·러시아어·한국어 회화' 저작물 지원 등등 다양한 분야로 돈이 흘러 들어갔다.[19] 우익진영에 속해 있던 김홍일(金弘壹)조차도 "이 돈이 상하이에 풀리게 되자 그때 그곳의 젊은 사람으로서 그 돈을 안 써본 사람이 거의 없고, 일부의 인사들은 최대한의 호사를 누리기까지도 했다"라고 기록하여 김철수의 증언을 뒷받침한다.[20] 낭비가 없진 않았으나 김립이 혼자 그 돈을 횡령할 상황은 아니었다.

김립이 암살된 후 김철수는 새로운 임시정부를 만들기 위해 상하이에서 열린 국민대표회의에 참여했다. 김응섭이 참석했던 그 회의다. 국민대표회의에서 독립운동 세력의 분열에 크게 실망한 김철수는 조선으로 귀환해 3차 조선공산당(ML당)의 책임비서가 되었고, 해방직후에는 조선공산당의 근택빌딩 인수에 중요한 역할을 담당했다. 김준연이 3차 조선공산당에서 김철수와 안광천의 뒤를 이어 세번째 책임비서를 맡았음은 이미 언급했다.

1922년 조선에 전해진 김립의 사망소식은 허헌에게 적잖은 충격이었을 것이다. 해방이후 허헌이 김구와 임시정부 세력에게 보인 부정적인 태도는 친구 김립의 억울한 죽음과 무관하지 않다.

이종호의 죽음과 『동아일보』 세력

이종호가 망명하고 학교재정이 엉망이 된 상태에서 천도교 손병희의 손으로 넘어갔던 보성전문은 김성수 일가가 인수하기까지 주인 없이 표류하며 우여곡절을 겪었다. 허헌도 1923년 11월 24일부터 약 1년간 교

1926년 유학을 떠나는 허헌을 위해 마련된 환송연 모습.
사진 가운데 검은 정장을 입은 이가 허헌이다.

장을 맡아 분규로 엉망이 된 학교를 정상화하기 위해 노력했다. 그러나
재정이 가장 큰 문제인 학교에서 허헌 개인이 할 수 있는 일은 많지 않
았다. 보성전문 일을 내려놓고 동아일보사 취체역으로 일하던 허헌은
1926년 5월 31일 그야말로 공사다망한 자신의 삶을 벗어나 미국, 유럽을
향해 장기외유를 시작한다. 동아일보사 김성수 사장과 송진우(宋鎭禹)
편집국장 등은 허헌을 위해 성대한 환송연자리를 마련했다. 『동아일보』
는 허헌이 미국에서 2년, 유럽에서 1년을 머물며 법률·정치·문화 등을
공부할 계획이라고 보도했다.[21] 미국까지는 딸 허정숙(許貞淑)이 유학을
겸해 동행했다.
　여행 도중 허헌은 1927년 2월 10일부터 20일까지 벨기에 브뤼셀에서
열린 국제약소민족대회에 참석했다. 베를린대 경제학과 박사과정에 재

학 중이던 이극로가 동행했다. 성과는 많지 않았다. 국제약소민족대회는 조선문제를 의제에 포함시켜달라는 이들의 요청을 받아들이지 않았다. 독일에서 열린 국제반제동맹창립대회에도 참석했지만 사정은 같았다. 그나마 소득이라면 국제약소민족대회에 참석한 일본의 기독교사회주의자 가타야마 센(片山潛)과의 만남이었다. 가타야마의 조언에 따라 허헌은 모스크바를 방문해 훗날 소련의 내각 부수상 겸 외무상을 지낸 법률가 안드레이 비신스키(Андрей Вышинский)를 만나고 평범한 노동자의 집도 방문했다. 해방후인 1946년 5월 1일 메이데이 연설에서 허헌은 모스크바 방문경험을 회상하며 "그때부터 나는 우리 조선에서도 노동자를 중시하는 나라를 세워야 하겠다고 생각했다"라고 밝힌 적이 있다.[22] 그만큼 인상적인 모스크바 여행이었다. 허헌의 국제약소민족대회 참석 사실은 일본경찰의 내부기록으로도 확인할 수 있다.[23] 1년 만에 귀국한 허헌은 1927년 신간회 중앙집행위원장을 맡았고, 1929년 12월 홍명희·조병옥(趙炳玉) 등과 광주학생항일운동의 진상을 알리기 위한 민중대회를 준비하다가 일본경찰에 체포되었다.

오랜 예심기간이 끝나고 1931년 4월 6일부터 허헌 등 6명에 대한 민중대회 사건 공판이 시작되었다. 전국에서 기라성 같은 변호사들이 몰려들었다. 이인·김용무·최병석(崔秉錫)·양윤식(楊潤植)·강세형(姜世馨)·한국종·한영욱(韓永煜)·이승우(李升雨)·김병우(金秉愚)·조헌식(趙憲植)·이창휘(李昌輝)·유승렬(柳承烈)·신석정(申錫定)·손치은(孫致殷)·진직현(晉直鉉) 변호사와 일본인 마쓰모토 마사히로(松本正寬)가 그들이다.[24] 이 변호사명단을 보면 당시 허헌과 가까웠던 법조계 인맥을 대략 확인할 수 있다. 이인과 김용무는 항일변론에 늘 함께했던 동지들이다. 한국종·유승렬·조헌식 등은 간도공산당사건 등에서 허헌과 보조를 맞췄던 변호사들이다. 일본인 마쓰모토는 허헌과 함께 강우규 의사 사건을 맡아 열혈변론을 펼친 적이 있다. 마쓰모토 변호사는 기독교인으로서 서울 YMCA의 명예이사로도 활동했다.[25] 대구에서 달려온 한영욱, 멀리 함흥에서 달려온 신석정은 경성의 한국종과 함께 허헌의 함경도 인맥에 속한다. 이승우, 김용무는 허헌, 김병로에 이어 차례로 조선변호사협회장을 지낸 사람들이다. 한영욱과 이창휘는 허헌의 보성전문 후배들이다. 이런 촘촘한 관계망 안에서 가장 눈에 띄는 인물은 한영욱이다.

한영욱은 1895년 8월 6일 함남 신흥군에서 태어났다. 보성전문 재학 시절부터 각종 강연회의 연사로 두각을 나타냈고,[26] 1923년에는 보성전문 대표로 조선학생회 창립을 주도했다.[27] 한영욱이 보성전문 학생대표로 활약한 시기는 허헌이 짧게 교장을 지낸 시기와 일치한다. 허헌이 동향의 학교후배이자 제자였던 한영욱에게 각별한 애정을 가진 것은 당연하다. 한영욱은 1924년 보성전문을 우등으로 졸업한 후[28] 1925~29년 대구지방법원 김천지청, 경주지청 등에서 서기로 근무하다가 1929년 조선변호사시험에 합격했다. 1924년부터 꾸준히 조선변호사시험 예비시험에 합격한 걸 보면 짧지 않은 기간을 변호사시험 준비에 투자했음을 알수 있다. 그가 예비시험에 합격한 때는 아직 보성전문 출신에게 예비시험 면제혜택이 주어지기 전이었다.

함경도 출신으로 우리나라에서 변호사 등록을 한 첫번째 인물이 허헌이고, 두번째가 태명식(太明軾)이다. 융희변호사법에 따른 변호사 등록번호도 각각 1호와 2호다.* 국권피탈 후 첫번째 함경도 출신 변호사는 신석정(1913)이다.[29] 채용묵(蔡容黙, 1920)·한국종(1922), 한창달(韓昌達,

---

* 앞서 광무변호사법에 따라서는 홍재기·이면우·정명섭 변호사가 각각 변호사 등록 1, 2, 3호다.

1923)·전영택(1923)[30]·강봉우(姜鳳羽, 1925)·유태설(劉泰卨, 1926)·한격만 (韓格晚, 1929)·한영욱(1930) 등이 뒤를 이었다. 워낙 소수였던 만큼 결속 력이 강했다. 허헌이 옥에 갇히자 신석정·한국종·한영욱이 앞을 다투어 변론에 나선 것이 이런 결속력을 보여주는 실례다.

한영욱은 1930년 3월 22일 대구에서 변호사를 개업했고, 영주격문 사 건, 경주양동농우회 사건, 영주청년동맹 사건, 경북공산당 사건, 대구지 역의 광주학생항일운동 사건 등 지역에서 일어나는 독립운동 관련 사건 들을 주로 변론했다. 1935년 2월 26일 서울의 청진동 11번지로 등록지를 변경한 후에도 한동안은 대구지역 사건에 관여했다. 1935년 3월 예천공 산당 사건에서는 "경찰 취조가 사람으로서는 행치 못할 가혹한 ○○으로 말미암아 살기 위하여 피고들은 거짓말을 했다"라고 무죄를 주장하기도 했다. 검열로 잘린 "○○"은 의심의 여지 없이 '고문'이다.[31] 예천공산당 사건은 김완섭 변호사도 공동으로 변론했다.[32] 한영욱 변호사가 1936년 경성에서 열린 중앙고보 적색독서회 사건에서 김병로·이홍종(李弘鍾) 등과 함께 변론한 기록도 남아 있다.[33]

이인·김용무·한영욱 등의 적극적인 변론에도 불구하고 허헌은 징역 1년 6개월의 실형을 선고받아 1932년 1월까지 2년을 꼬박 복역했다. 미 결구금 일수를 200일만 산입해주었기 때문에 선고받은 형기보다 실제 로 복역한 기간이 훨씬 길다. 1931년 5월 9일자로 변호사 등록이 취소된 상태라 더이상 변호사활동도 할 수 없었다.[34] 허헌의 빛나는 변호사생활 은 이것으로 막을 내렸다. 광주학생항일운동의 여파로 어떤 학생 못지 않은 막대한 희생을 감수해야 했던 허헌이었다.

허헌이 출소하고 얼마 지나지 않은 1932년 3월 29일, 이종호가 경성 의 단칸방에서 쓸쓸히 사망했다.[35] 사인은 뇌출혈이었다. 흥미롭게도 이

종호가 사망한 바로 그 날짜의 『동아일보』 1면은 보성전문이 하루 전날
인 3월 28일 학교법인 중앙학원으로 넘어갔음을 보도한다. 중앙학원의
김기중(金祺中)·김경중(金曔中) 형제는 60만원을 희사해 학교를 인수했
다.[36] 전북 고창의 엄청난 부자였던 김경중은 김성수의 아버지고 김기
중은 큰아버지다. 아들이 없는 김기중은 김성수를 양자로 삼았다. 결국
보성전문의 실질적인 인수자는 동아일보 사주인 김성수였다. 제일은행
을 상대로 한 이종호의 소송이 승리하면 90만원을 되찾을 수 있었다. 그
돈이면 보성전문도 되찾을 수 있다는 이종호의 꿈은 김성수의 보성전
문 인수로 무너졌다. 이종호의 갑작스러운 뇌출혈이 이 일과 완전히 무
관하다고 보기는 어렵다. 제일은행을 상대로 한 소송은 1932년 6월 17일
이종호의 아버지인 이현재가 도쿄지방재판소에서 패소함으로써 막을
내렸다.[37]

일제시대 말 '경성방송국 단파방송 밀청' 사건으로 허헌과 함께 형을
살았던 송남헌(宋南憲)의 증언에 따르면, 허헌이 민중대회 사건으로 수
감되었을 때 동아일보사는 아무런 상의 없이 그를 취체역에서 제외했다
고 한다. 허헌은 '저렇게 신의 없는 사람들과는 일을 절대로 같이할 수
없다'는 생각을 가지게 되었고, 해방이후에도 『동아일보』 세력이 중심
이 된 한민당과는 전혀 교유하지 않았다. 송남헌은, 허헌이 김성수 그룹
에 대한 개인적인 섭섭함과 딸 허정숙 주변에 포진한 젊은 공산주의자
들의 영향 때문에 심정적으로 남조선노동당(남로당)에 가까워진 것은 사
실이지만 "절대로 공산주의자는 아니"라고 단언한다.[38] 『동아일보』 세
력의 '신의 없음'은 단순히 허헌의 취체역 제외만을 의미하는 게 아니었
다. 친구 이종호의 죽음 역시 그 서운함의 한가지 원인이었을 것이다. 김
립의 죽음에 이어 민족주의 우파세력에게 느낀 연이은 서운함이 해방이

후 허헌의 행보에 상당한 영향을 주었으리라 추측할 수 있다.

'금광'이 아니라 '금광왕'의 도움

출소 이후부터 해방까지 약 13년 동안 허헌의 활동에 대해서는 "단파방송 사건에 연루되어 형을 살았고 독서로 소일하며 건강을 회복하기 위해 노력했다"라는 짧은 기록만 남아 있다.[39] 기존기록에서는 함께 활동했던 사람들의 존재도 거의 드러나지 않는다. 당시의 잡지 『삼천리』는 1934년을 전후해 허헌이 함경도에서 금광을 발견해 채굴 중이라는 단신을 전한다. "옛날 이용익 씨가 왕에게 바치던 그 부근의 금광으로 수십년 동안 광맥이 묻혀 있던 것이 최근 허씨 손으로 재발굴되었다"라는 내용이다.[40] 이런 가십성 단신과는 달리 실제로 허헌이 금광을 발견해 큰 돈을 벌지는 못했다. 도움의 손길은 '금광'이 아니라 '금광왕'에게서 왔다. 허헌 인생의 공백기를 채워주는 두사람, 즉 이종만(李鍾萬)과 이준열(李駿烈)의 등장이다.

허헌이 민족변호사이자 교육자로 한창 이름을 날리던 시기에 허헌의 집 사랑채에는 이종만이라는 사업가가 사글세를 살고 있었다. 이종만은 허헌과 동갑으로 울산 태생이다. 스무살 때부터 어물상, 대부망 어업 등 온갖 사업을 벌였지만 모두 실패했고, 1912년 고향에 세운 대흥학교라는 신학문 교육기관도 1년 만에 문을 닫았다. 1915년에는 강원도 양구에서 중석광사업을 벌여 잠시 성공을 맛보았지만 1차 세계대전의 종식으로 중석값이 폭락하면서 다시 나락으로 떨어졌다. 갈 곳 없는 이종만이 무작정 상경해 셋방을 전전하다가 마지막에 정착한 곳이 허헌의 집이었다. 허헌은 이종만의 집세가 대여섯달씩 밀려도 나가라고 하거나 불쾌한 기색을 보이지 않고 이종만을 물심양면으로 후원했다.[41]

허헌의 집에 자리 잡은 이종만은 교육운동가 이준열과 의기투합했다. 1896년 충남 온양에서 태어난 이준열은 경성고보와 경성고등공업학교 (경성고공) 응용화학과를 졸업했다. 이준열이 졸업한 경성고보는 허헌이 졸업한 한성외국어학교와 통합해 경성제일고보가 되었고, 학제개편으로 경기공립중학교로 이름을 바꾸었다가 해방후 경기고등학교가 된다. 이준열은 김준연과 경성고보 동기동창이다. 서울대 공대의 전신인 경성고공은 우리나라 최초의 공업분야 고등교육기관으로 이공계 수재들이 모인 관립전문학교였다. 경성고공 재학 중 서울과 충남에서 3·1운동에 참여한 이준열은 상하이에서 1년을 머물다 귀국한 후 1923년 5월 1일 동대문 밖에 경성고학당(京城苦學堂)을 설립했다. 경성고학당은 가난한 학생들에게 중학교과정을 가르치는 학력 미인정 5년제 학교였다.[42]

이준열의 열정에 감동을 받은 이종만은 경성고학당의 후원회 간사를 맡아 마지막 남은 재산을 고학당에 쏟아부었다. 자식 교육비를 대지 못해 차압을 당할 형편인데도 손수 연탄손수레를 끌면서 고학당의 집세를 마련했을 정도였다.[43] 경성고학당 제빵공장 책임자 노릇을 하다가 물러난 이종만은 1927년부터 함남 정평, 북청, 영흥 등지에서 개간사업과 광산사업을 벌인다. 돈이 다 떨어지자 이준열에게 300원을 빌린 일도 있었다. 이종만은 그 돈으로 함남 영흥으로 이주했다.[44] 이종만의 사업은 이후에도 한동안 실패를 거듭했다.

경성고학당은 광주학생항일운동으로 1930년 6월 2일 조선총독부의 해산명령을 받았고, 그후에도 1년을 더 버티다가 1931년 7월 8일 경성고학당 학우회 전체대회 결의로 해산했다.[45] 문 닫기 직전의 경성고학당 재학생 중에는 훗날 남로당 책임자가 된 김삼룡, 2000년 북으로 돌아간 비전향 장기수 이종 등이 있다. 이종이 1953년 남파될 때 북에 남겨놓고 온 아내 김영도 고학당에서 만난 사이였다.[46]

이준열은 단순한 교육운동가가 아니었다. 1926년 고려공산동맹에 가입하고, 1928년 5월 '춘경원당(春景園黨)'이라 불린 조선공산당의 중앙위원으로 선출되었으며, 1929년 조선공산당 중앙위원회 책임비서를 맡은 사회주의자였다. '춘경원당'은 정통파 조선공산당에서 배제된 이영(李英)과 이운혁(李雲赫) 등이 1927년 12월 21일 서울 무교동의 조선요리점 춘경원에 모여 결성한 공산당그룹이다.[47] 코민테른의 정식승인을 받지 못했기 때문에 1~4차 조선공산당 분류에는 포함되지 못한다. 김사국(金思國)과 이영 등이 민족주의자 장덕수(張德秀)와 손을 잡고 1921년 조직한 '서울청년회'가 그 모태여서 이들 그룹은 이후 늘 '서울파'로 불린다. 서울파는 조선공산당의 수많은 분파들 중에서 특히 비주류에 속하는 그룹이었다. 이준열은 서울파 조선공산당 재건 혐의로 1929년 6월 경찰에 체포되었고, 그해 11월 3일 광주학생항일운동이 터졌다.

광주학생항일운동 당시 서울지역 시위에는 약 1만 2000명의 학생들이 참가해 1400여명이 체포되었다. 시위를 조직하는 데는 서울파가 상당한 영향을 끼쳤다. 기존의 사회주의 학생조직이 1928년 조선공산당의 해체로 대부분 와해된 이후 서울지역에서 활동한 학교단위의 독서회 조직들 중에 서울파 세력이 많았기 때문이다. 조선학생혁명당, 조선학생전위동맹, 고려공산청년회 등등 이름이 자주 바뀌고 이합집산도 많았지만 그 핵심에는 늘 경성고학당 출신들이 있었다.[48] 그만큼 이준열의 영향권에 놓인 학생들이 적지 않았다.

허헌의 딸인 허정숙은 당시 미국 유학에서 돌아와 근우회 중앙집행

위원으로 서무부장을 맡고 있었다. 공식적으로 근우회는 광주학생항일
운동을 관망하는 입장이었다. 허정숙은 개인자격으로 이화고녀를 비롯
한 여학생들의 2차 시위계획을 지도했다. 그 결과 허정숙이 구속된 것이
'근우회 사건'이다.[49] 아버지와 딸은 같은 시기에 다른 사건으로 붙잡혀
동시에 옥살이를 했다. 셋째를 임신 중이었던 허정숙은 형집행정지로
출옥했다가 출산 후 다시 수감되어 1932년 3월 18일 만기 출소했다.[50]

조선공산당 재건위 사건으로 구속된 이준열은 8년을 복역하고 1936년
12월경 출소했다. 서대문형무소와 대전형무소에서 복역하는 동안 그는
허헌·조병옥·안창호·최익한(崔益翰)·박낙종 등과 교유했다. 허헌과는
딸 허정숙의 연결로 이미 신간회시절부터 안면이 있었고, 연희전문 교
수이던 조병옥과도 형무소에 가기 전부터 알고 지내던 사이였다.[51] 조선
공산당 사건, 신간회 사건, 광주학생항일운동 사건 등으로 좌우, 노소를
넘어서 거의 모든 저항세력이 형무소에 있던 시절이었다. 붙잡혀온 경
성고학당 제자들도 한둘이 아니었다.

허헌과 이준열이 감옥살이를 하는 동안 이종만은 금광을 쫓아다녔다.
최창학(崔昌學)과 방응모(方應謨) 같은 금광왕이 탄생하던 '황금광 시대'
였다. 이종만은 1932년 영평금광을 인수해 1934년부터 본격적인 개발
에 나섰는데 이게 진짜 노다지였다. 1936년 한해 동안 영평금광에서만
40여만원 상당의 금이 나왔다. 현재가치로 400억원 정도다. 새로 인수한
장진광산도 호조였다. 장진광산은 60여년 전 이용익이 경영했던 국영광
산이었다. 1937년 5월 11일 이종만은 영평금광을 동조선광업주식회사
에 매각했다. 155만원의 현금이 손에 들어왔다.

다음날 이종만은 대동광업주식회사의 창업을 알리는 기자회견을 열
었다. 이 자리에서 그는 매각대금 중 50만원으로 재단법인 대동농촌사

1937년 『매일신보』에 실린 대동농촌사 창립 임원들.
뒷줄 가운데가 허헌이며, 앞줄 오른쪽에서 두번째 인물이 이종만이다.

를 설립해 농지를 매입하겠다고 밝혔다. 이렇게 구입한 농지를 3·7제로
운영해 자작농들의 생활안정을 보장하겠다는 계획이었다. 농작물의 70퍼
센트를 소작인이, 30퍼센트를 지주가 갖는 3·7제는 훗날 남로당에서도
주된 선전정책으로 활용한 매력적인 개혁방안이었다. 그해 9월에는 재
단법인뿐만 아니라 이종만이 개인적으로 소유한 토지에서도 3·7제를
시행하겠다고 밝히고 그 뜻을 소작인에게 통지했다. 이종만의 파격적
행보는 『동아일보』『조선일보』『매일신보』를 비롯한 중앙언론의 격찬을
받았다.[52] 1937년 6월에는 『동아일보』와 『매일신보』가 앞을 다투어 두면
이상을 광고성 기사에 할애했을 정도였다.[53]

'대동콘체른'의 결성

1937년 6월 6일 설립된 대동광업주식회사에는 사장 이종만, 전무 이준열, 상무 겸 장진광업소장 이영조(李永兆, 이종만의 장남), 상무 겸 경리과장 정현모(鄭顯模), 총무과장 이성환(李晟煥), 광무과장 민정기(閔正基), 상임감사 허헌, 감사역 이훈구(李勳求) 등이 임원으로 자리 잡았다. 처음에 허헌은 "기업에 대해 아는 것이 전혀 없기 때문에 회사에 참여할 수 없다"라며 거절했지만, 이종만은 "회사에 들어와 이름 두자라도 걸어 놓으라. 그래야 노임을 지불할 것 아닌가? 일은 하지 않아도 좋으니 드문드문 사무실에 나와 자리지킴이나 하다가 광산을 돌아본다는 구실을 붙여 호도광산이 있는 호도반도에 가서 요양이나 하면서 병치료를 하라"고 권했다.[54] 결국 허헌은 대동광업에 이름을 올렸고 나중에는 대동출판사의 경영도 맡았다. 1937년 가을 숭실전문이 신사참배 거부로 폐교위기에 몰리자 이종만은 이를 120만원에 인수해 대동공업전문학교(대동공전)를 세웠다. 학교에는 30만원이 추가로 투입되었다. 이종만·이준열·허헌이 이끄는 기업집단은 1938년 대동광업주식회사, 대동농촌사, 대동출판사, 대동공전, 대동합명회사 등 총 다섯개의 사업체로 완성되었다. 이른바 '대동콘체른(Konzern)'의 결성이었다.[55] 이상주의자 그룹으로는 드물게 현실에 착근하는 것처럼 보였다. 허헌은 이 그룹의 정신적 지주였다.

안타깝게도 이종만·이준열·허헌의 실험은 성공하지 못했다. 1940년에 대동광업의 부채는 이미 500만원에 달했다. 대동공전의 교사를 신축하는 과정에서 사채도 끌어다 썼다. 최악의 상황에서 태평양전쟁이 터졌다. 부채는 늘었고 더 버틸 도리가 없었다. 1943년 대동광업주식회사는 총독부의 금광강제처리 사업으로 해체되었고, 대동출판사는 대동공전의 경비마련을 위해 매각되었다. 이종만과 이준열이 마지막까지 붙들고 있던 대동공전도 1944년 공립으로 전환되어 평양공업전문학교가 되었다. 이 학교는 김일성종합대에 편입되었다가 지금의 김책공업종합대가 된다.[56]

결과로는 실패였으나 이종만·이준열·허헌의 실험은 합법적 민족운동의 존립이 불가능했던 전시체제 시기에도 '민족적 자립경제'의 목표를 포기하지 않았다는 역사적 의미를 갖는다.[57] 좌우가 폭넓게 참여한 '대동콘체른'의 통합성도 인상적이다. 허헌·이훈구·이관구(李寬求)·정현모 등이 대체로 진보성향의 민족주의자였다면, 이준열의 영향을 받은 경성고학당, 경성고공 출신 직원들은 사회주의경향이 강했다. 1940년의 대동출판사를 보면 이종만 사장, 이관구 상무 아래에서 이원조(李源朝)가 주간을 맡았고, 이준열·정현모·이성환은 이사로 이름을 올렸다.[58]

교토제대 경제학부 출신의 이관구는 『조선중앙일보』 편집국장으로 일하다가 대동출판사에 참여했고, 해방후에는 『서울신문』 편집국장, 성균관대 교수와 이사장, 5·16장학회 이사장 등을 지냈다. 시인 이육사의 동생인 이원조는 일본 호세이대(法政大)를 졸업하고 『조선일보』 학예부 기자로 일하다가 대동출판사에 들어왔다. 해방후에는 조선문학가동맹 초대 서기장을 지냈고 월북 후 임화(林和)·설정식(薛貞植) 등과 함께 김일성에게 숙청당했다. 이런 사람들이 공존할 만큼 회사의 스펙트럼이 넓었다. "일하는 사람들은 다 같이 잘살자" "경제자립, 직장교장(職場敎場), 노자협조(勞資協調), 농촌이상화(農村理想化)" 등으로 요약되는 이종만의 대동이념이 워낙 뚜렷해서 내부 구성원들의 상호조화에는 큰 문제가 없었다고 한다.[59]

금광왕으로 잘나가던 시절 이종만은 친일에서 자유롭지 못했다. 1937년 중일전쟁이 일어나자 '북지위문품대'로 1000원을 기부했고, 1938년에는 '황군위문금'을 냈다. 1939년에는 전쟁승리를 기원하는 신문광고에도 이름을 올렸다. 각종 간담회에도 출석했고, 1940년 7월에는 『삼천리』에 「지원병과 혈(血), 한(汗), 애(愛)의 인(人)」이라는 격려글도 기고했다. 친일단체인 대화숙(大和塾), 조선임전보국단 등에도 참여했다. 이게 나중에 그의 외증손자인 영화배우 강동원과 관련하여 문제가 된 이종만의 친일논란이다.

일제시대 말에 '대동콘체른'의 처마 아래 깃들어 광풍을 피한 허헌을 비롯한 지식인들에 대해서는 다양한 평가가 가능하다. 생존을 위한 것이었고 그 자체가 친일은 아니었다, 친일을 한 사람들도 있지만 모두는 아니었다, 어차피 그럴듯한 일자리가 많지 않은 시절이었다, 살기 위해서는 뭐라도 해야 했다, '대동콘체른'은 그나마 훌륭한 이상을 공유했던 회사였다, 회사가 망했기 때문에 참여자들이 대단한 이익을 누리지도 못했다 등등. 그러나 마지막까지 일제에 저항했던 사람들 입장에서는 광산업에 참여했던 옛 동료들을 그냥 눈감아줄 수 없었다.

해방직후인 1945년 9월 25일 조선공산당 중앙위원회는 「현정세와 우리의 임무」라는 잠정적 테제를 발표했다. 박헌영이 이미 발표한 '8월 테제'를 구체화함으로써 조선공산당의 정치적 노선을 결정한 글이다. 조선의 현단계를 "부르주아 민주주의혁명"으로 규정한 이 논설은 '조선공산주의운동의 현상과 그 결점' 부분에서 일부 공산주의자들의 일제시대 말기 활동을 강력하게 비판한다.

박헌영의 경성콤그룹을 제외하고는 1937년 이래 전쟁시기에 들어가면서부터 "모든 운동을 청산하고 일본제국주의자 앞에 더욱 온순한 태도를 취하였으며" 그렇게 산출된 변절자 일파(전향자)들이 "일시적 과도기적 암흑시대에서 운동을 포기하고 불안한 살림살이에 힘썼다"라는 내용이었다. 더 구체적으로는 "대다수가 떼를 모아가지고 금광과 투기사업에 종사하는 데 전력한 사실"을 직접 거론한다. "탄압시대에는 주의를 포기하고 투기업자나 금광브로커가 되고, 합법적 시대(8월 15일 후)에 와서는 아무런 하등의 준비도 없이 조선공산당을 조직"한 것은 "과거 파벌주의자들의 전통적 과오를 또 한번 범한 것"이라는 이야기였다.[60]

이는 해방후 박헌영이 등장하기 이전에 서둘러 조선공산당을 결성했던 '장안파'를 겨냥한 비판이었다. 그러나 이준열과 허헌을 비롯한 진보성향의 중도파들도 박헌영의 이런 비판에서 완전히 자유롭지는 못했다. 좌익진영에서 이들만큼 분명하게 '금광업'의 정체성을 지닌 집단은 없었기 때문이다. 박헌영의 직간접적 비판에 노출되었던 것이 단기적으로는 당사자들에게 불리했으나 장기적으로는 월북 후 김일성 체제에서 생명을 부지하는 동아줄이 된다.

마지막 시련, 단파라디오 사건

이종만 덕분에 경제적인 어려움에서 벗어나기는 했지만 일제시대 허헌의 고난이 끝난 것은 아니었다. 1942년 연말부터 수사가 시작된 경성방송국 단파방송 밀청 사건으로 허헌은 다시 영어의 몸이 된다. 태평양전쟁 말기에 일본은 패전소식의 전파를 막기 위해서 단파라디오 청취를 금지했다. 1942년 선교사들을 추방할 때는 그들이 가지고 있던 단파라디오까지 모두 압수했다. 경신학교 재학시절부터 선교사들과 관계를 이어오며 단파라디오로 전황을 청취하던 홍익범(洪翼範)은 새로운 소스를 찾아야 했다. 1897년 함남 정평에서 태어나 1925년 와세다대 정경과를 졸업한 홍익범은 1926년 도미해 오하이오주 데니슨대*를 졸업한 후 콜롬비아대학원에서 석사학위를 취득하고, 『동아일보』 기자로 일한 흔치 않은 국제통이었다. 답답한 상황에서 홍익범은 아동문학가 송남헌을 통해서 와세다대 후배인 경성방송국의 양제현(楊濟賢)에게 선을 댔다. 그결과 경성방송국 직원들을 중심으로 일종의 해외정보 수집 네트워크가 결성되었다.[61]

홍익범은 단파방송으로 「미국의 소리」, 충칭(重慶)의 「조선임시정부 우리말 방송」 등을 청취하여 최신전황과 김구와 이승만의 움직임 등을 파악했다. 이는 그대로 송진우·백관수(白寬洙)·허헌·김병로·이인·윤보선(尹潽善) 등 좌우를 망라한 국내 지도자들에게 전달되었다. 일본이 밀리고 있다는 소문은 바람처럼 빨리 퍼졌고 일제당국은 진원지를 찾아 나섰다. 단파라디오 소지가 금지된 상태였으므로 단파수신기를 관리하던 경성방송국이 1차로 지목되었다. 1942년 12월 27일부터 고등계 형사들은 경성방송국의 직원들을 잡아들이기 시작했고, 허헌은 1943년 3월 6일에,[62] 홍익범은 3월 26일에 각각 체포되었다. 전쟁말기의 광기 속에서 경찰은 전기고문, 물고문을 총동원해 유례없이 가혹한 수사를 펼쳤다.[63]

당시 공판기록에 따르면 허헌은 홍익범에게 들은 내용을 청진동에 있는 한영욱의 변호사사무실에서 한영욱과 문석준(文錫俊)에게 전파했다. 아들 허영욱의 북한쪽 기록은 이 상황을 "(허헌을) 도와 나선 두사람이 있었다. 그들은 서울 청진동에 있던 어느 한 변호사사무실을 드나들면

---

* 홍익범이 유학한 학부는 '오하이오주립대' '떼니슨대' 등 기록에 따라 상이하나 오하이오주에 있는 'Denison University'로 추정된다.

서 아버지와 인연을 맺은 사람들이었다"라고만 적는다.[64] 북한기록에는 홍익범·한영욱·문석준의 이름이 전혀 드러나지 않는다. 관련자들에 관한 서술을 최소화하고 허헌과 김일성의 관계만을 과장하는 북한식 전기 서술 방식 때문이다.

1894년 함남 함주군에서 태어난 문석준은 1928년 도쿄고등사범학교를 졸업한 후 보성고보 교사, 『조선일보』 영업국장을 지낸 인물이다. 함석헌과 도쿄고등사범학교 동기이고 이관술보다는 1년 선배다. 『조선역사』 『조선역사연구』 등을 저술한 경제사학자이기도 했다.[65] 문석준은 1943년 5월 남들보다 늦게 체포되어 조사를 받았다. 공판기록을 확인해보면 허헌의 변론은 김용무·김용암(金龍巖) 변호사가 맡았고, 문석준의 변론은 한영욱 변호사가 맡았다. 재판결과 홍익범은 징역 2년, 문석준은 징역 1년 2개월, 허헌은 징역 1년을 선고받았다.* 문제는 형량이 아니라 고문이었다. 홍익범·문석준 등 무려 6명이 해방을 보지 못하고 고문후유증으로 사망했다. 살아남았다면 해방후 남북한 어디에서든 역량을 발휘했을 아까운 인재들이었다. 문석준의 『매일신보』 「부고」는 한영욱이 호상(護喪)으로 장례식을 주관했음을 알린다.[66] 이 사건의 핵심적인 고리가 된 홍익범·문석준은 한영욱과 마찬가지로 함경도 출신이었다.

경성방송국 단파방송 밀청 사건에서 허헌의 변론을 맡은 김용무 변호사와는 이 사건을 마지막으로 결별하게 된다. 해방이 되면서 모든 것이 달라졌기 때문이다. 또다른 변호인 김용암에 대해서는 알려진 내용이 거의 없다. 『조선총독부관보』의 변호사 등록기록은 1909년 2월 25일 함북

---

* 심지연 교수는 허헌이 1943년 11월 1일 징역 2년형을 선고받아 1945년 4월 말 병보석으로 출감했다고 기록한다. 그러나 1943년 11월 1일자 허헌의 상소권포기 신립서에 따르면 선고는 징역 1년형이 맞는 것 같다.

길주군 동해면 창촌동 345번지에서 태어난 김용암이 1940년 7월 19일 경성에서 변호사로 등록했다는 사실을 알려줄 뿐이다.[67] 한창 창씨가 진행되는 와중이었지만 김용암은 창씨하지 않은 자기 이름으로 변호사 등록을 했다. 그 역시 함경도 출신 변호사 그룹에 속하지만 허헌, 한영욱에 비해서는 한참 후배다. 조선변호사시험은 1938년에 합격했다. 고등시험 사법과와 비교할 때 조선변호사시험 출신 법률가들에 대한 조선총독부 기록은 매우 빈약하다. 1940년 이후 변호사 등록자들에 대해서는 국가기록원에도 개인별 자료가 남아 있지 않다. 그래서 김용암의 학력과 경력에 대해서는 추측이 가능할 뿐이다.* 나이와 출신지를 종합할 때 1930년 2월 함북 경성(鏡城)고보 3학년으로 광주학생항일운동 관련 시위를 주도했다가 겨우 처벌을 면하고,[68] 일본으로 유학해 1934년 와세다대 전문부 법과를,[69] 1937년 같은 학교 정규과정 법학부를 졸업한 김용암이 1938년 조선변호사시험에 합격한 것으로 추정할 수 있다. 김용암은 해방후 허헌의 오른팔로 좌익진영에서 상당한 지위를 점했을 뿐만 아니라 조선정판사 '위조지폐' 사건의 변호인으로도 맹활약한다.

해방전의 구체적인 연결점은 찾을 수 없지만 해방후의 행적에 기초해 허헌의 함경도 그룹으로 분류할 수 있는 가장 젊은 변호사가 이경용(李璟鏞)이다. 이경용의 알려진 이력은 김용암보다도 적다. 변호사 등록기록과 신문기사들을 종합해볼 때 1911년 함남에서 태어나 1935년 주오대 전문부 법과,[70] 1938년 주오대 본과 법과를 각각 졸업하고,[71] 1945년 12월 26일 서울에서 변호사로 등록한 인물로 추정할 수 있을 뿐이다. 변호사

---

* 그 시절에는 김용암이라는 이름이 상당히 흔해서 동명이인과의 구별이 쉽지 않다. 예를 들면 이준열의 경성고공 후배로 대동콘체른의 중요 실무자였던 김용암이 따로 존재한다. 광업전문가였던 그는 1904년 전남 무안 태생이다.

등록 당시의 자격취득 근거가 '정규 변시 합격'이므로, 1940년 이후에 창씨명으로 조선변호사시험에 합격한 것은 분명하다. 비슷한 날짜에 변호사로 등록한 김양(金養)·김은재(金銀哉)·김용겸(金用謙)·오관(吳寬) 등이 1943년도 조선변호사시험이나 고등시험 사법과 출신이므로, 이경용 역시 그 시기를 전후해 창씨한 이름으로 조선변호사시험에 합격한 것으로 추정된다. 현재로는 여기까지만 이경용의 공식경력이다. 해방후 조선정판사 '위조지폐' 사건에 변호인으로 참여한 이경용 변호사는 1차 '법조프락치' 사건의 여파로 구속되었다.

해방이 되고 허헌이 정국의 중심으로 등장하면서 허헌 그룹의 변호사들도 갑자기 수면 위로 떠올랐다. 빨리 떠오른 만큼 침몰도 빨랐다. 한치 앞을 내다볼 수 없는 거친 시대에 소수파의 길은 더 어둡고 험난했다.

2장

독학자의 등용문,
조선변호사시험 출신들

일제시대 조선변호사시험의 특징

일제시대 시행된 조선변호사시험은 이름 그대로 변호사가 되기 위한 시험이었다. 판검사가 될 수 없었던 대신 응시자격에 아무런 제한이 없었다. 독학자라도 이 시험만 붙으면 변호사가 될 수 있었다.[72] 공부에 자신이 있는 청년들은 누구나 한번쯤 조선변호사시험을 꿈꾸었다.

심지어 '경성트로이카'의 한축이었던 전설적인 혁명가 이재유(李載裕)도 한때 조선변호사시험을 준비했다. 1905년 함남 삼수군에서 태어난 이재유는 1926년 개성 송도고보에서 퇴학당한 후 일본으로 건너가 니혼대 전문부 사회과에 진학했다. 1928년 도쿄에서 4차 조선공산당 사건 관련자로 검거되어 조선으로 돌아온 그는 "사실무근이었기 때문에 면소되리라 믿고" 형무소에서 조선변호사시험을 준비했다. 그의 시험준비는 오래가지 못했다. 본인은 사실무근이라 주장했지만 조선공산당 일본총국위원으로 무려 70여회나 검속되었던 처지라 면소나 무죄를 받기란 처음부터 불가능했다. 1930년 11월 5일 경성지방법원은 이재유에게 치안유지법 위반죄로 징역 3년 6개월을 선고했다. 이재유는 감옥생활을 통해 진정한 공산주의자로 거듭났다. 조선변호사시험 공부는 당연히 물 건너갔다.[73] 일제시대 마지막까지 저항을 멈추지 않았던 이재유 같은 투사도 진지하게 고민했을 정도로 그 시대 지식인들은 조선변호사시험을 보편적인 출세의 길로 받아들였다. 허헌·김병로·이인처럼 안정적인 생활을 유지하면서 독립운동을 지원할 수는 있다는 계산도 없지는 않았을 것이다.

수험생들이 조선변호사시험보다 고등시험 사법과를 선호한 것은 분명하다. 수험생뿐만 아니라 사회전반의 분위기가 그랬다. 당시 소설들에도 젊은 주인공이 고등시험에 붙은 이야기는 나와도 조선변호사시험에 합격한 이야기는 거의 나오지 않는다. 학력을 갖추고 집안에 여유가 있는 수험생에게 조선변호사시험은 고등시험 사법과 낙방에 대비한 일종의 안전장치였다. 1932년 조선변호사시험, 1938년 고등시험 사법과, 1939년 고등시험 행정과에 차례로 합격한 강병순(姜柄順)처럼 조선변호사시험에 합격한 후 몇년을 더 노력하여 고등시험 사법과에 합격한 입지전적 인물도 많다. 만주를 통치할 고등관을 뽑기 위한 만주 고등문관 채용고시가 따로 실시되자 고등시험 사법과, 조선변호사시험에 덧붙여 만주 고등문관 채용고시까지 응시하는 수험생도 생겼다. 꼭두각시 정부였던 만주국의 고등문관 채용고시는 아예 만주가 아닌 도쿄에서 치러졌다. 도쿄 유학생 입장에서는 새로운 기회가 하나 더 추가된 셈이었다.

조선변호사시험의 성격을 이해하는 데 큰 도움을 주는 인물이 강공승(姜公承)이다. 강공승은 1891년 평북 박천에서 태어나 1920년 경성전수학교를 졸업하고 조선은행 주사로 20년을 근무했다. 1895년 최초의 국립법학교육기관으로 설립된 법관양성소가 1909년 법학교로 개편되었다가 1910년 국권피탈 이후 개칭한 이름이 경성전수학교다. 1922년에는 경성법전으로 승격했고, 해방후 미군정의 결정에 따라 경성대와 통합하여 서울대학교 법과대학이 되었다. 명칭, 규모, 위상은 조금씩 변했어도 일제식민지, 미군정, 정부수립을 거쳐 최근까지 변함없이 우리나라에서 가장 많은 법률가와 관료를 배출한 학교다.

1938년 12월 26일 강공승은 조선변호사시험 수험생을 대표하여 조선총독부 법무국장을 방문한다. 그의 나이 48세, 1923년부터 조선변호사시험 예비시험에 합격하기 시작했으니 대략 15수생이었다. 긴 세월 동안 최소한 2년에 한번꼴로는 예비시험에도 꾸준히 합격했다.* 자료가 충분치 않아서 그렇지 더 자주 붙었을 수도 있다. 1923년 그가 조선변호사시험에 응시하기 시작할 무렵 초등학교에 입학했던 아들 강동진(姜東鎭)은 1938년에 이미 경성법전 졸업을 눈앞에 두고 있었다. 그해 강공승이 조선총독부에 요구한 것은 1)조선변호사시험 폐지를 1945년까지 연기해줄 것, 2)시험기일을 고등시험 사법과와 동일하게 할 것, 3)육법전서를 사용하게 해줄 것, 4)예비시험은 한번만 합격하면 이후 다시 치지 않도록 기득권을 인정할 것 등이었다.74 강공승의 요구조건은 조선변호사시험의 특성을 그대로 보여준다.

흔히 '독학자들의 등용문'으로 불리던 조선변호사시험은 존치 여부가 늘 논란거리였다. 일본에서 실시되던 고등시험 사법과와 비슷한 성격의 시험을 식민지에 따로 유지할 필요가 없다는 반대의견 때문이었다. 일본에서는 고등시험제도의 시행과 함께 변호사시험이 폐지된 것도 반대의견의 주요논거였다. 1936년에는 조선변호사시험을 1940년까지

---

* 조선변호사시험의 예비시험 합격자명단이 『조선총독부관보』를 통해서 확인되는 것은 1922~27년, 1937~44년이다. 강공승은 1923년, 1925년, 1926년, 1937년, 1938년, 1940년, 1944년에 예비시험에 합격했다.

만 존속시키겠다는 조선변호사령 개정규칙이 통과되기도 했다. 조선변호사시험만 바라보던 수험생들은 공황상태에 빠졌고,[75] 시험 폐지를 최소한 5년간 유예해달라는 조건이 수험생들의 첫번째 요구가 되었다. 수험생들은 그만큼 절박했다.

시험기일을 고등시험 사법과와 동일하게 해달라는 두번째 요구는 두 시험에 모두 응시하는 수험생을 막기 위한 것이었다. 고등시험 사법과에 응시하는 고학력자 중에는 조선변호사시험을 안전장치로 생각하는 사람들이 많았다. 두 시험에 동시에 붙은 고학력자들은 두배의 영예를 누리는 대신, 독학자들은 몇개 안 되는 자리를 빼앗긴 셈이 됐다. 조선변호사시험 수험생들은 이런 이중합격의 길을 조선총독부가 막아주기를 원했다.

시험장에서 법전을 참조하게 해달라는 세번째 요구조건에서 알 수 있다시피 고등시험 사법과에서는 필기시험에 법전 참조를 허용한 반면, 조선변호사시험은 불허했다.* 조선변호사시험 수험생은 법전이 주어지지 않았기 때문에 기본적인 법조문들을 암기하고 있어야 했다. 법률가에게 법전은 보병의 소총과 같다. 법전 없이는 아무것도 할 수 없다. 현재 우리나라에서 치러지는 변호사시험의 사례형이나 기록형 시험도 법전을 참고용으로 제공한다. 법학은 단순 암기과목이 아니기 때문이다. 그런데 이상하게도 조선변호사시험에만 법전이 제공되지 않았다. 수험생들은 조선변호사시험과 고등시험 사법과의 형평성을 원했다.

예비시험의 기득권을 인정해달라는 네번째 요구는 가뜩이나 어려운

---

* "일본 고등문관시험은 육법전서를 보게 하면서 치렀는데, 조선변호사시험은 이런 것을 보지 못하게 하고 기억력을 위주로 하는 엄격한 시험이었는데"라는 발언은 민동식 변호사와의 대담 도중에 김준수 변호사가 질문한 부분이다. 김준수 「민동식 변호사와의 대담」, 『대한변호사협회지』 통권132호, 대한변호사협회 1987년 8월, 66면.

형편에서 공부하는 독학자들이 해마다 예비시험 준비에 시간을 쏟느라 필기시험에서 더욱 불리해지는 문제를 해소해달라는 것이었다. 조선변호사시험의 예비시험과 그 면제조건은 고등시험 사법과와 비슷했다. 다만 조선변호사시험은 독학자 수험생들이 많았던 까닭에 예비시험이 상대적으로 큰 비중을 차지했다. 예비시험은 법률과 상관없이 주어진 논제에 대해서 논설문을 작성하는 형식이었다. 그 합격의 효력은 그해에만 유효했다. 즉 예비시험에 합격한 그해에 바로 필기시험을 합격하지 못하면 다음해에는 처음부터 다시 예비시험을 치러야 했다. 예비시험 문제는 "공덕(公德)을 논하라" "시대가 요구하는 인물상을 논하라" "세계적 불황에 대한 각오를 술(述)하라" 등 추상적 논제를 다루는 경우가 많았다. 범위와 채점기준이 모두 불분명했다. 예비시험에 떨어지면 필기시험장에는 가보지도 못하고 한해 공부가 날아가는 것인데, 시험이 예측 불가능하니 누구라도 불안에 떨 수밖에 없었다. 당연히 예비시험을 면제받는 학교 출신들이 압도적으로 유리했다. 우리 법조역사의 중요인물들을 다수 배출한 1939년도 조선변호사시험의 경우, 14명의 최종 합격자 중에서 경성제대 2명, 경성법전 6명, 일본 사립대 2명 등 10명이 예비시험 면제자였고, 윤학기(尹學起) 등 3명만이 예비시험을 치렀다. 나머지 1명은 일본인이었다. 예비시험과 필기시험을 함께 붙기란 그만큼 어려웠다.

조선변호사시험은 응시자격을 열어놓은 대신에 이처럼 불공평한 장애물이 많았다. 고등시험 사법과보다 쉬운 시험은 결코 아니었다. 강공승을 대표로 한 수험생들의 시험연장요구는 1939년에도 반복되었다.[76] 수험생들의 집단요구는 일종의 연례행사가 될 만큼 절박했다.

조선총독부는 첫번째 요구조건만을 수용했다. 조선변호사시험은 폐

<표1> 고등시험 사법과시험과 조선변호사시험 비교

	고등시험 사법과	조선변호사시험
시행시기	1923~43년	1922~45년
시험장소	도쿄	경성
시험방법	예비시험-필기시험-구술시험	예비시험-필기시험-구술시험
법전 사용 여부	법전 사용 가능	법전 사용 불가능
시험 실시 시기	매년 6월	매년 8월
응시자격	중학교 졸업 또는 동등 이상 학력	없음
진로	사법관시보 임용 후 판검사/나머지는 변호사	변호사
합격자 규모	매해 평균 300명 내외 / 조선인은 매해 평균 14명 내외 (조선인 최대 합격은 1942년의 64명)	매해 평균 7명 내외

지되지 않고 해방 당일까지 계속 시행되었다. 중단된 것은 엉뚱하게도 고등시험 사법과였다. 1941년 진주만 공격으로 태평양전쟁을 시작한 일본은 학생들을 징병과 근로봉사에 내몰았고, 그에 따라 일본인 수험생이 줄어들었다. 빈자리는 한동안 조선인 수험생들이 채웠다. 그 결과 1942년과 1943년의 고등시험에서는 조선인 합격자가 급증했다. 급박한 전시상황에서 이 시험을 더 유지할 이유가 없었던 일본정부는 1943년 '고등시험의 정지에 관한 건'(칙령 제852호)을 공포하여 1944~46년의 3년간 시험을 중단하겠다고 선언했다. 결국 고등시험 사법과는 1943년이 마지막 시험이 되었다.

조선변호사시험이 살아남은 덕분에 강공승은 1944년 '오야마'라는 창씨명(大山公承)으로 마침내 법률가의 꿈을 이루었다. 그의 나이 54세, 예비시험에 처음 합격한 때부터 최소한 21년을 조선변호사시험에 투자

한 결과였다. 아들 강동진은 이미 5년 전에 고등시험 사법과에 합격하여 판사생활을 시작한 후였다. 1915년 평북 박천에서 태어난 강동진은 1935년 경성 중앙고보, 1939년 경성법전을 졸업하고 그해 11월 고등시험 사법과에 합격했다. 1940년 광주지방법원 사법관시보, 1941년 예비판사를 거친 강동진은 1942년 3월 광주지방법원 판사에 임명되어 해방까지 근무했다. 일제시대 최고의 엘리트코스를 밟은 강동진도 아버지처럼 '오야마(大山)'로 성을 바꾸었다. 해방직후에는 전남변호사회에 의해 대표적인 친일판사로 지목되기도 했지만,77 별문제 없이 1945년 12월 20일 미군정청에 의해 대전지방법원 판사로 임명되었다. 한국전쟁 중 납북된 강동진은 탈출시도 끝에 총살된 것으로 추정된다. 아버지 강공승만이 남쪽에 남아 1960년대까지도 변호사로 계속 활동했다.

조선변호사시험에는 1922~44년 모두 164명이 합격했다. 시험진행 도중에 일본이 항복해 결과를 내지 못한 1945년의 경우에는 정확한 통계가 남아 있지 않다. 이른바 이법회(以法會)의 문제로 7부에서 따로 취급할 수밖에 없다. 1944년까지 22년 동안 조선변호사시험은 해마다 적을 때는 3명, 많을 때는 18명의 합격자를 배출했고, 연평균 합격자 숫자는 7명이다. 최종 합격자 중에서 예비시험 출신의 비율이 들쭉날쭉한 것을 보면* 해마다 문제경향에 따라 수험생들의 당락이 나뉘었던 것 같다.

---

* 1938~40년은 조선총독부의 정확한 응시자 통계도 남아 있다. 김용암 변호사가 합격한 1938년에는 총 256명의 지원자 중에 예비시험 면제자가 106명, 예비시험을 치러야 하는 수험생이 150명이었다. 150명 중에서는 82명이 예비시험에 합격했다. 필기시험 응시자는 예비시험 면제자(106명)와 합격자(82명)를 합친 188명이었고, 최종 합격자는 13명이었다. 최종 합격자 중에서는 예비시험을 면제받은 사람이 9명, 예비시험 출신이 4명이었다. 1939년에는 전체 응시생 401명 중에서 예비시험 면제자 171명, 예비시험 합격자 98명, 예비시험 탈락자 132명이어서 필기시험에는 269명이 응시했다. 최종 합격자는 14명이었다. 최종 합격자 중에서 예비시험을 면제받은 사람이 10명, 예비시험 출신이 4명이었다. 1940년에는 전체 응시생 656명 중에서 예비시험 면제자 242명, 예비시험 합격자 171명, 예비시험 탈락자 243명이어서 필기

1938~40년의 3년 동안 응시자 대비 평균 합격률은 3.4퍼센트다. 정말 어려운 시험이었다.

1936년 조선변호사시험 합격자 배정현과 홍순엽

앞서 말한 것처럼 조선변호사시험은 1936년부터 실질적인 존폐위기에 놓였다. 그해의 조선변호사령 개정규칙에 따르면 수험생들은 적어도 1940년까지는 시험에 합격해야 했다. 1936~40년의 불안정한 시기에 조선변호사시험에 합격한 사람들 중에는 1945년 10월 11일 해방후 첫 판검사 임명에 포함된 사람이 많다. 조선변호사시험 출신들은 일제식민지 체제에서 판검사로 일하다가 해방을 맞이한 사람들과 입장이 달랐다. 일제시대에 제대로 대접을 받지 못한 대신 친일의 오점이 적었다. 해방후 바로 판검사로 임용되기에 나이도 적절했다. 1941년 이후의 합격자들 중에는 태평양전쟁 말기 상황에서 변호사시보 과정을 제대로 마치지 못해 해방후에 당장 판검사로 임용될 자격을 갖추지 못한 경우가 많았다. 선배 합격자들은 법원장이나 검사장 이상의 고위직을 받아야 하는 경력자들이라서 기존 판검사들과 자리싸움이 불가피했다. 1936~40년의 조선변호사시험 합격자들은 그런 의미에서 새로운 국가 건설에 법률가로 참여할 최적의 조건을 갖춘 사람들이었다. 그중 적지 않은 변호사들이 우리 역사에서 완전히 사라진 것은 아이러니다.

1936년 조선변호사시험에는 고성언(高性彦)·고은환(高殷煥)·배정현

시험에는 413명이 응시했다. 최종 합격자는 18명이었다. 최종 합격자 중에서는 예비시험을 면제받은 사람이 8명, 예비시험 출신이 10명이었다.

(裴廷鉉)·백석황(白錫滉)·유진령·홍순엽·홍승만(洪承萬) 등 7명이 합격했다. 특이하게도 그해에는 일본인 합격자가 한명도 없었다. 7명의 조선인 합격자들 중 6명은 변호사시보를 마친 후 1938년 8월 변호사시보 고시에 합격해 그해 가을부터 다음해 여름까지 순차적으로 변호사를 개업했다. 경성법전 출신인 유진령은 앞에서 보았듯이 1937년에 김영재·강중인·조평재·민복기 등과 함께 고등시험 사법과에 합격해 판사로 일했다. 나머지 사람들 중에서 배정현은 경성제대 법문학부를, 홍순엽·고은환은 경성법전을, 홍승만은 와세다대 법학부를, 백석황은 니혼대 전문부 법과를 졸업했다. 고성언은 1927년 보통시험에 합격해 광주지방법원 목포지청에서 서기 겸 통역생으로 일하다가 조선변호사시험에 합격했고, 이후 광주에서 개업했다. 변호사 등록 당시의 이력서에도 학력을 적지 않은 걸 보면 순수한 독학자였던 것 같다.

해방후 경성지방재판소 판사로 발령받은 고은환은 부산지방법원 마산지원장으로 일하던 중 1950년 3월 29일 늑막염으로 일찍 세상을 떴다. 홍승만은 1945년 11월 19일 서울지방법원 판사로 임명되었으나 당일자로 취소되었고 이후 변호사로 일했다. 해방직후 초창기 판검사 발령은 당사자의 의사를 제대로 확인하지 않은 경우가 많아 당일자 취소도 아주 이상한 일은 아니었다. 홍승만은 훗날 대한변호사협회장, 공화당 국회의원 등을 지냈다. 배정현·홍순엽·백석황에 대해서는 좀더 자세히 살펴볼 필요가 있다.

1909년 서울에서 태어난 배정현은 양정고보를 거쳐 1932년 경성제대 법문학부를 졸업했다. 앞서 살펴본 김영재나 장후영 등과는 경성제대 4회 동기다. 경성제대 출신으로는 특이하게 고등시험 사법과가 아닌 조선변호사시험에만 합격했다. 거기에는 사연이 있다. 그는 판검사보다는 학자의 길을 원했던 사람이다. 경성제대를 졸업하면 바로 독일로 유학을 떠날 계획이었다. 유학비용은 손꼽히는 부호였던 친족 배석환(裴頙煥)이 대주기로 했다. 당시 자산규모가 50만원을 넘었던 배석환은 대략 윤치호나 조준호(趙俊鎬) 등과 맞먹는 부자였다.[78] 배씨 집안의 자랑인 손자뻘의 배정현에게 그가 약속한 돈은 3년 동안 매년 3000원씩의 체류비에다 여비 1500원을 합한 총 1만 500원이었다. 배정현은 그 약속을 믿고 취직도 포기한 채 유학을 준비했다.

그런데 막상 경성제대를 졸업하고 유학을 떠날 때가 되자 배석환은 돈을 주지 않았다. 한꺼번에 내주기 힘든 거금인데 배정현이 자꾸 돈을 재촉하고 사정을 보아주지 않아 마음이 상했다고 한다. 배석환은 결국 약속을 취소했다. 주변에서 송별연까지 여러번 얻어먹은 마당이라 배정현은 절박했다. 돈보다 명예가 문제였다. 배정현은 배석환을 상대로 소송을 제기했다.[79] 장안의 화제를 모은 이 소송에서 경성지방법원은 대부호 배석환의 손을 들어줬다. 구두계약에 불과했던 약속을 서면으로 적법하게 취소했다는 이유였다. 항소심을 맡은 경성복심법원은 배석환이 배정현에게 1000원을 주도록 하고 쌍방화해로 재판을 종결했다.[80] 배정현의 유학은 좌절되었다.

배정현은 1932년 4월 졸업과 함께 일단 경성제대에 남아 '촉탁'으로 연구생활을 시작했고, 1933년 4월에 '조수'가 되었다. 촉탁으로는 30원의 수당을 받았고, 조수로는 60원의 월급을 받았다. 다행히 나라(奈良)여자고등사범학교 출신인 아내 표경조가 이화여학교에서 가르치며 가계에 힘을 보탰다. 그러나 공부하겠다는 욕심으로 계속 생업을 미뤄두기가 쉽지 않았던 모양이다. 배정현은 1935년 3월 31일부로 경성제대의 조수생활을 그만두고 조선변호사시험 준비를 시작해 다음해 합격했다. 변

호사시보를 마치고 정식으로 등록한 것은 1938년 10월 11일이었고, 변호사 등록번호는 296호였다. 단독개업은 아니고 일본인 와키 데쓰이치 (脇鉄一) 변호사에게 딸린 더부살이였다. 와키 변호사는 1922년 도쿄제대를 졸업하고 1924년부터 경성지방법원 판사로 일하다가 1936년 퇴직해 변호사를 개업한 인물이었다. 판사시절에는 권오설·김철수 등의 적지 않은 조선인 독립운동가들을 감옥으로 보냈다. 배정현 변호사는 1939년 춘천고보 상록회 사건 등을 맡아 매우 논쟁적인 변론을 펼쳤다. 일제시대 말에 쉽지 않은 일이었다. 그만큼 의식 있는 변호사였다.

배정현은 해방직후 한민당 발기인으로 이름을 올렸고, 1947년에는 조선인권옹호연맹 조사부장을 맡았다. 판검사로는 임용되지 않고 계속 변호사로 일하며 경성대 법학과에서 강의도 맡았다. 1954년 9월 20일 이승만 대통령은 대구고등법원장 고재호, 서울고등법원장 허진(許晉)과 함께 배정현 변호사를 대법관으로 임명했다. 판검사 경력이 전혀 없는 순수 변호사 출신으로는 흔치 않은 대법관이었다. 대법관이던 1958년 유병진(柳秉震)과 안윤출(安潤出) 등 소신 있는 판사들이 무더기로 재임용에 탈락했다. 배정현은 동료인 고재호 대법관과 함께 경성제대 후배인 홍진기 법무부장관을 찾아가 "도대체 사법부를 어떻게 몰아가기 위해 그런 일을 할 수 있느냐"라고 강력하게 항의했다. 홍진기 법무부장관은 그저 "탈락된 사람은 법관 부적임자"라고만 말했을 뿐 이유를 밝히지 않았다.[81] 4·19혁명으로 조용순(趙容淳) 대법원장이 물러난 후 배정현은 대법원장 직무대리를 맡았고, 1961년 5월 25일에 치러질 예정이었던 대법원장 선거에는 현직 대법관 중 유일한 후보로 이름을 올렸다. 상당히 유력한 후보였지만 5·16 군사쿠데타로 선거 자체가 치러지지 못했다. 1961년 퇴임한 후에는 1964년과 1971년 두차례에 걸쳐 대한변호사협회장으로 일했다. 대법관 퇴직 이후에도 몇차례 대법원장 후보로 거론되었지만 실제로 지명되지는 못했다. 1978년 배정현 변호사가 사망했을 때, 당시 대한변호사협회장의 추도사는 조선변호사시험 출신들의 일제시대 변호사 경력이 해방후 자동적으로 어떤 평가를 받았는지 잘 보여준다.

"선생은 일생동안 변호사로서 비롯하여 변호사로서 마치신 전형적인 법률가였습니다. 일찍이 경성대에서 법학을 닦으시고 당시 일제의 갖가지 유혹과 직접 간접의 위압을 박차시고 항일대열의 선도적 기능을 맡을 수 있는 변호사 업무를 택하시어 독립투사의 지원과 경제적 사회적 약자인 동포의 권익옹호에 헌신하셨으며…"[82]

홍순엽은 1911년 11월 8일 황해도 연백군에서 태어나 해주고보를 거쳐 1933년 4월 경성법전을 졸업했다. 그해 11월부터 광주지방법원 목포지청에서 서기 겸 통역생으로 일하면서 1936년 조선변호사시험에 합격했다. 지역 명문고보를 졸업하고 경성법전에서 공부한 후 법원의 서기

로 일하다가 시험에 합격하는 전형적인 코스를 밟은 셈이다. 홍순엽은
1938년 10월 11일 등록번호 297호로 변호사 등록을 마치고 서광설 변호
사의 사무실에 고용되어 변호사활동을 시작했다. 변호사 등록번호는 배
정현 바로 다음이다.

홍순엽을 고용한 서광설은 법원의 서기로 일하던 중 일본에 유학해
1918년 니혼대 전문부 법과를 졸업하고 1920년부터 경성지방법원 판사
를 지냈다. 1923년 광주에서 개업한 후에는 암태도 소작쟁의, 광주학생
비밀결사, 전남 노농위원회, 형평청년 전위동맹 등 항일운동 사건을 많
이 변호했다. 1935년 경성으로 개업지를 옮겨 1937년 경성제일변호사회
회장을 맡았고, 일제시대 말기에는 친일단체인 조선유도연합회, 흥아보
국단, 국민동원총진회 등에도 참여했다. 변호사들을 중심으로 한 '전의
앙양 대강연회' 같은 친일강연에 참여한 기록도 남아 있다. 해방직후에
는 여운형의 조선건국준비위원회(건준)에 이름을 올렸고, 1945년 10월
11일 대법원 재판관에 임명되기도 했다. 항일과 친일, 좌익과 우익을 오
간 인물이 워낙 많은 시절이라 서광설의 이력도 그리 특이한 것은 아니
다. 서광설 변호사는 아마도 학계를 선택한 아들 서재원 대신 실무를 담
당해줄 협력자로 홍순엽을 선택한 것 같다.

홍순엽 변호사는 1941년 경성고등법원에서 열린 동우회 사건 최종심
재판에 김병로·이인·이승우·김익진(金翼鎭) 변호사 등과 함께 참여했
다.[83] 1937년에 시작된 동우회 사건은 끔찍한 고문, 전향 강요, 예심의 지
연 때문에 1941년까지도 재판이 계속 중이었다. 결국 1941년 11월 17일
관련자 전원은 무죄판결을 선고받았다.[84] 중일전쟁 발발 이후 투철한 독
립운동가들도 대부분 전향하거나 낙향한 상황에서 젊은 변호사가 이런
사건의 변론에 나선 것은 대단한 용기였다.

홍순엽은 해방후에도 판검사로 임용되지 않고 변호사로 남았다. 그의 이름을 대중에게 알린 것은 엉뚱하게도 「자유부인」 논쟁이었다. 1954년 1월 1일부터 소설가 정비석은 『서울신문』에 「자유부인」을 연재했다. 대학교수 부인인 '오선영'이 다방, 그릴, 댄스홀 등을 드나들며 연하의 대학생과 애정행각을 벌이는 내용은 당시 기준으로 매우 파격적이었다. 오선영의 남편인 국문학 교수 '장태연'이 미군부대 타이피스트인 '박은미'에게 '묘하게' 끌리는 장면도 문제였다. 소설은 초반부터 폭발적인 인기를 끌었다.

마침 서울대 법대에는 훗날 유신헌법을 기초한 한태연(韓泰淵)이 헌법교수로 재직 중이었다. 순전히 우연이었다. 이름이 비슷한 한태연은 주변에서 「자유부인」의 모델이라는 오해와 놀림을 받았다. 동료교수인 황산덕(黃山德)이 격분해 서울대 『대학신문』에 「자유부인」을 비판하는 글을 실었다. "귀하는 지금 도하 일류신문의 연재소설에서 갖은 재롱을 다 부려가면서 대학교수를 양공주 앞에 굴복시키고 대학교수 부인을 대학생의 희생물을 삼으려 하고 있습니다." 소설과 현실을 헷갈린 것 같은 황산덕의 이상한 기고문은 서울대 동료교수들의 부추김을 받아 쓴 글이었다. 황산덕 자신은 「자유부인」을 읽지도 않은 상태였다.[85] 뒤이어 정비석 작가가 황산덕의 문학적 몰이해와 작가에 대한 예의 없음을 비판하는 반박문을 발표했다. 황산덕은 더 격렬한 재비판문을 『서울신문』에 실었다.

"귀하의 「자유부인」은 단연코 문학작품이 아닙니다. 이러한 내용의 「자유부인」이 전쟁하는 한국의 신문지상에 연재됨으로써 철없는 청소년의 정신을 마비시키고 더구나 근거 없이 대학의 위신과 그 대학에 의하여 건설될 민족문화의 위신을 모욕한다는 것은 국가와 민족을 위하여 용서할 수 없는 죄악이 되는 것입니다. 이렇게 함으로써 한국의 진정한 문학을 좀먹고 문학에 대한 일반인식을 악화시키는 귀하야말로 문학을 전연 이해하지도 못하고 야비한 인기욕에만 사로잡혀 저속 유치한 에로 작문을 희롱하는 문화의 적(賊)이요 문학의 파괴자요 중공군 50만명에 해당하는 적(敵)이 아닐 수 없습니다."[86]

황산덕은 경성제대를 졸업하고 1943년 고등시험 사법과와 행정과에 모두 합격한 변호사 출신이다. 우리 형법학계에 한스 벨첼(Hans Welzel)의 '목적적 범죄체계론'을 소개하고 박정희 정권하에서 법무부장관, 문교부장관을 지낸 형법학자이자 법철학자이기도 하다. 그런 사람의 글이라는 게 믿기지 않는 거친 문장이다. 논쟁이랄 것도 없는 인신공격이라 논의가 더 진전될 일도 없었다. 그런데도 여성단체가 나서서 정비석 작가를 고발하고, 대학교수들이 문교부와 공보처를 찾아가 「자유부인」의 연재 중단을 요구하는 해프닝이 이어졌다. 심지어 군정보기관(CIC)까지 나서서 정비석 작가를 들쑤셨다.

이런 상황에서 뜬금없이 정비석 작가를 옹호하는 글을 『서울신문』에 투고한 이가 홍순엽 변호사였다. 홍순엽은 황산덕 교수, 정비석 작가와 일면식도 없었다. 원고 청탁도 받지 않은 자발적 투고였다. "「자유부인」의 그 무엇이 대학에 대한 침략이 되고 대학의 위신과 대학에 의하여 건설될 민족문화의 권위를 모욕하게 되는 것인지 나는 이해하기 곤란합니다." 점잖게 글을 시작한 홍순엽은 "학자의 학문의 자유와 마찬가지로 작자는 상상의 세계에서 양식이 명하는 대로 자유분방하게 붓대를 구사할 수 있다"라며 표현의 자유를 옹호한다.

"작품에도 모럴이 있듯이 평론에도 모럴이 있어야겠습니다. 「자유부인」의 작가에게 문화의 적이니 조국의 적이니 하는 낙인을 찍은 데는 일경

대법관 정년을 1년여 앞둔
1975년 무렵의 홍순엽.

(一驚)을 금치 못했습니다. 반동이라는 용어를 남용하는 자들의 수법 그
대로 적(賊)이니 적(敵)이니 하는 용어를 남용해서는 아니되겠습니다. 작
가를 질책하는 데 있어 중공군 50만에 해당하는 조국의 적이라고 한 데
대하여는 아무리 선의로 해석하여도 수긍할 수 없는 언사라고 봅니다."[87]

지금 기준으로 보면 굳이 승패를 논할 필요조차 없는 수준 낮은 논쟁
이다. 이 논쟁에서 분명하게 드러난 것은 홍순엽 변호사의 리버럴한 성
향이다. 1950년대에는 저런 주장을 펼치는 데도 적지 않은 용기가 필요
했다.

변호사로 일하며 국학대, 연세대 등에서 가르친 홍순엽은 1957년 미
국 서던메소디스트대(Southern Methodist University)에서 법학석사(LL.
M.) 학위를 취득한다. 한국의 대형로펌 변호사가 미국 로스쿨에 유학해
석사학위를 따는 유행은 1970년대 후반에 시작되어 1980년대에 정착되
었다. 홍순엽의 유학은 이보다 20여년이 앞선 선구적인 행동이었다. 귀

국 후 홍순엽은 서울대 법대에서 강사로 학생들을 가르쳤고, 군사쿠데타가 발생한 후인 1961년 9월 1일 대법관에 임명되었다. 방순원과 이영섭이 같은 날 대법관이 됐다. 방순원과 이영섭도 일찍이 법원을 떠나 학계에서 이름을 날리던 변호사들이었다. 홍순엽의 대법관 임기는 1976년 11월 7일, 그가 만 65세로 정년을 맞을 때까지 계속되었다. 15년을 꽉 채운 판사생활 전체가 오직 대법관 경력이다. 법관으로서 흔치 않은 경력에 흔치 않은 정년퇴직이다. 이후 그는 1992년 7월 13일 별세할 때까지 계속 변호사로 일했다. 그냥 겉으로 드러난 사실만 보면 홍순엽만큼 편안한 법률가 인생을 보내기도 쉽지 않다. 그러나 그게 전부는 아니었다. 그에게는 해방공간에서 조평재와 짝을 이뤄 조선법학자동맹(법맹)을 조직한 과거가 있었다. 해방직후의 이야기는 뒤에서 따로 살펴본다.

백석황은 1912년 7월 20일 평남 강동에서 백천규(白天奎)의 서자로 태어났다. 1930년 평양고보를 수료하고, 1931년 평양사범학교 강습과에 합격해 1932년 3월 졸업했고, 4월부터 10월까지 회령공립보통학교에서 교사로 일했다. 퇴직 후 일본으로 건너가 1936년 3월 니혼대 전문부 법과를 졸업하고, 그해 8월에 조선변호사시험에 합격해 1938년 12월 7일 경성에서 변호사를 개업했다. 교사로 일하며 돈을 모은 뒤 법학을 공부해 시험에 합격하는 것이 당시 가난한 법률가 지망생들의 상당히 보편적인 자격취득 경로였음을 알 수 있다. 나름 고단한 준비기간을 거친 백석황도 역시 해방후 첫번째 인사에서 경성공소원 검사국 검사로 임명되었다. 백석황은 1946년 초반 내내 오승근 판사와 손잡고 법원과 검찰의 한민당 세력에 저항하다가 검찰에서 밀려난다. 그뒤에는 조선정판사 '위조지폐' 사건에 변호인으로 참여했고 이후 역사에서 사라질 때까지 쭉 내리막길이었다.

1937년 조선변호사시험 합격자 이덕우와 강혁선

1937년의 조선변호사시험에는 아홉명이 합격했다. 조선인은 강혁선 (姜赫善)·김영천(金永千)·김일석(金一夕)·이덕우(李德宇)·전병식·홍인 도(洪寅道) 6명이었다. 이들 중에서 예비시험을 면제받은 것은 김일석과 전병식뿐이다. 어느 해보다 독학자가 많았다. 전병식은 전영택 변호사 의 아들로 경성제대를 졸업하고 1937년 고등시험 사법과에도 합격했다 고 이미 설명했다. 김일석은 1936년 주오대 전문부 법과를 졸업했기 때 문에 예비시험을 칠 필요가 없었다.

흥미롭게도 이들 6명 중에서 1963년『법조명감』(법률평론사)이 발간될 때까지 남쪽에서 살아남아 활동한 사람은 김영천 한명뿐이다. 1982년에 발행된『한국법조인대관』에 따르면, 1914년 전남 장흥에서 태어난 김영 천은 '1933년' 보통시험에 합격하고, 1936년 와세다대 법학부를 졸업한 후 '1936년' 조선변호사시험에 합격해 해방후 서울지방검찰청 검사, 광 주지방검찰청 검사장, 서울고등검찰청 검사장, 대검찰청 차장검사, 헌 법위원회 상임위원 등을 지냈고, 1980년 변호사를 개업했다. 그러나 그 의 초창기 이력에는 오류가 많다. 우선 그는 '1936년'이 아니라 '1937년' 조선변호사시험 합격자다. 보통시험 합격도 '1932년'이다. 1939년에 변 호사 등록을 위해서 김영천이 직접 적어낸 이력서와 신원조회서 등에는 와세다대 유학이력이 나오지 않는다. 대신에 보통시험 합격 후 1934년 4월 부터 1938년 1월까지 창덕궁경찰서에서 순사로 일한 경력만 나온다. 훗 날 헌법위원을 물러나면서 가진 인터뷰에서 "무학으로 변호사시험에 합 격"했음을 스스로 밝히고 있으므로[88] 와세다대 부분은『한국법조인대 관』발간자의 실수로 볼 수 있다. 물론 김영천도 인터뷰에서 일제순사

경력을 밝히지는 않았다. 우리나라 초창기 법조인들의 학력·경력이 갖는 불확실성을 잘 보여주는 사례다. 제국대학 출신들이 서기나 속 같은 하위관료로 특채되어 시험을 준비했다면, 그보다 어려운 형편의 법률가 지망생들은 사범학교, 순사시험, 보통시험 등을 거쳐 교사, 순사, 서기로 일하며 시험을 준비했다. 산업이랄 게 거의 없던 식민지에서 다른 선택이 뭐가 있었을까 싶은 대목이다.

김일석은 평남 맹산군 출신으로 서울에서 변호사를 개업했다가 1943년을 전후해 평양으로 사무실을 옮겼다. 이후 기록이 없는 것으로 보아 해방된 후에도 북쪽에 남은 것으로 추정할 수 있다. 개성 남본정파출소에서 순사로 일하던 평양 출신의 홍인도는 보통학교 졸업학력만으로 1937년 조선변호사시험에 합격했다.[89] 1940년 1월 10일 경성에서 변호사를 개업한 그는 해방직후인 1945년 10월 11일자 첫 판검사 임명 당시 경성공소원 검사장을 맡았다. 지금으로 치면 서울고등검찰청 검사장이다. 연차에 비해서 상당히 파격적인 임용이었다. 그는 1946년 1월 20일자로 그 자리에서 물러났고 이후 행적은 알 수 없다. 북쪽으로 돌아가지 않았을까 조심스럽게 추측해본다. 남은 인물은 이덕우와 강혁선 2명이다.

이덕우는 1911년 12월 25일 전남 화순에서 태어나 무학으로 조선변호사시험에 합격했다. 완전한 무학은 아니었다. 변호사 등록 당시의 신원조사서는 이덕우가 광주사범학교 3학년 재학 중 광주학생항일운동으로 체포되어 오랜 예심 끝에 1930년 10월 18일 광주지방법원에서 징역 2년 6개월을 선고받은 사실을 알려준다. 단순 가담자가 아니라 조선공산청년회의 지도를 받아 맑스주의를 연구하는 독서회에 참여하고, 제국주의 타도를 기도한 혐의였다.[90] 미결구금 일수는 겨우 50일만을 계산해주었다.[91] 중형을 선고받고도 항소하지 않아 판결은 바로 확정됐다. 대단한 걸기다.

예심이 진행 중이던 1930년 5월 18일 『중외일보』는 이덕우 어머니의 가슴 아픈 사연을 보도한다. 극빈환경의 늙은 과부로 외아들 이덕우만 바라보고 살던 어머니 박성녀는 아들이 붙잡혀간 후 화순에서 광주로 거처를 옮겼다. 돈이 한푼도 없던 박성녀는 다른 과부의 집에 몸을 의탁하고 7개월을 하루같이 자수로 품앗이를 하며 아들에게 사식을 넣어주었다. 유치장에서 주는 밥으로는 목숨을 부지하기 어렵던 시절이라 사식은 수형자들에게 생명선과 같았다. 그 와중에 김 모라는 간수부장이 박성녀의 옷이 너무 남루하다고 조롱하며 새 옷을 입고 오지 않으면 사식을 받아주지 않겠다고 시비를 걸었다. 박성녀는 김 모 간수부장의 집을 찾아가 그의 어머니를 붙들고 애원했다. 어머니에게 이야기를 들은 간수부장은 더 화가 났다. 사식을 들고 온 박성녀에게 밥그릇을 내던지고 뺨을 마구 때렸다. 박성녀는 인사불성이 될 정도로 얻어맞았다. 박성녀를 딱하게 여긴 사람들이 광주형무소장에게 탄원서를 제출했다.[92] 이 억울한 사안이 제대로 처리되었다는 후속기사는 보이지 않는다. 형무소에 갇힌 아들로서는 더이상 할 수 있는 일이 없었다.

형기를 꽉 채우고 출감한 이덕우는 먹고살 길이 막막했다. 전과자인데다가 졸업장도 없었다. 다행히 1934년 2월 11일 은사제령(恩赦諸令)이 선포되었다. 황태자 아키히토(현재의 일본 천황)의 탄생을 축하하는 대규모 사면복권이었다. 은사제령에는 만 18세가 되기 전에 저지른 범죄로 만기 출소한 사람을 복권시킨다는 내용도 포함되었다.* 1929년 11월 3일

---

* 복권령 제2조는 "18세 미만의 시(時) 죄를 범하여 사형 또는 무기형이 아닌 형에 처한 자로서 1934년 2월 11일의 전일까지 그 형의 집행의 종료 또는 집행의 면제를 득(得)한 자는 그 형에 처해진 까닭에 상실하고 또는 정지되었던 자격에 대하여 복권함"이라는 내용이다. 「금조(今朝) 8시 정각에 은사제령 발포, 공포 즉시로 시행」, 『동아일보』 1934년 2월 11일자 호외 1면.

광주학생항일운동이 터질 당시 이덕우는 아슬아슬하게 만 18세를 채우지 못한 상태였다. 은사제령이 나오기 전에 형기도 마쳤다. 복권되지 않았다면 조선변호사시험 응시 자체가 불가능했을 테니 하늘이 준 기회였다. 이덕우는 입주가정교사로 일하며 시험을 준비하기 시작했다. 경찰은 늘 그의 행적을 감시하고 있었다. 신원조사서는 그가 전남 곡성과 진도에서 입주가정교사를 하다가 언제 잠깐씩 자기 집에 들렀는지까지 상세히 기록한다. 여러모로 고된 삶이었다.

1938년 이덕우가 조선변호사시험에 합격하자 『동아일보』는 "무명 독학청년"의 이야기를 "성공미담"으로 소개한다.[93] 『조선일보』는 그가 첫 번째 시험 응시에 곧바로 합격했음을 강조한다. 이덕우는 "내가 평소에 바라던 오늘의 성취는 오직 어머님의 간절하신 지성과 아울러 선배 제씨 및 여러 친우들의 원조로 생각하며 이번 첫 시험에 합격된 것은 뜻밖의 일이올시다"라고 소감을 밝혔다.[94] 어머니에게 이보다 더 큰 선물이 있었을까. "출소 후 개전의 정을 보였다"라는 우호적인 신원조사서 덕분에 이덕우는 광주에서 무사히 개업했다. 공무원인 사법관시보보다는 한결 용이한 변호사 등록과정이었다. 흔히들 굉장히 많았으리라 오해하지만 실제로는 거의 존재하지 않았던 이른바 '개천에서 난 용'이 바로 이덕우였다. 실형전과를 지닌 흔치 않은 변호사이기도 했다.

이덕우는 해방직후인 1945년 8월 17일 조직된 건준 전남위원회의 치안부장을 맡았다. 보수적인 온건파를 몰아낸 뒤 9월 3일에 새로 조직된 위원회에서도 치안부장 자리를 지켰다. 10월 10일 구성된 도인민위원회에도 참여했다. 당시 전남지역에서는 특이하게도 광주청년단, 화랑단 등의 단체가 미군이 진주한 후까지 실권을 쥐고 치안을 유지했다. 인민위원회를 대표해 이 청년단체들과 협력하는 것이 이덕우의 역할이었다.

두 단체는 일제시대 학생들을 상대로 고문을 자행했던 친일경찰들을 붙잡아 린치를 가하기도 했다. 1945년 10월 15일에는 광주청년단과 화랑단의 행동대원들이 대표적인 친일경찰 노주봉(盧周鳳)을 암살했다. 미군정은 이미 노주봉을 전남 경찰부장으로 임명한 상태였다. 초반에 주도권을 잃은 미군정 당국에게는 도인민위원회와 청년단체들을 무력화시키고 지방행정을 장악하는 것이 핵심과제였다. 10월 31일 미군은 무력으로 전남 인민위원회 치안부를 점령했고, 다음날 자진출두한 치안부장 이덕우를 구속했다.[95] 이덕우에게는 익숙한 유치장과 형무소였다. 그해 12월 이덕우는 좌익계열의 『광주민보』에 4회에 걸쳐 자신의 심경을 연재했다.

"내일은 광주학생사건 기념일이다! 16년 전의 11월 3일에 애국의 피 끓는 광주학생은 일본주의(日本主義)의 탄압에 대하여 단연코 항쟁하였다. 물론 무기를 가질 리 없으며 힘으로써 승부는 명확하지만! 정의의 선혈은 희생을 초월하여 전민중의 혈관에서 혈관으로 통하였다. 죽음으로써 항쟁하자는 표어하에 광주 전학생은 한데 뭉쳤으며 전조선민족은 한가지로 사지(死地)를 향하여 돌진하였다. 당시 사범학교에 재학 중인 나도 피 끓는 조선사람인지라 다 같이 제국주의의 타도와 약소민족의 해방을 절규하였으니 악독한 일본경찰이 그대로 간과할 리 없었다. 유치장 신세가 되고 형무소에 넘어간 후 5년 만에야 자유의 몸이 되었다.

신기한 운명! 16년을 지난 오늘! 조선이 해방된 오늘! 다시 유치장에서 11월 3일을 맞이한다는 것을 생각할 때 나는 크나큰 비애를 느끼지 않을 수 없었다. 마음껏 울고 싶었다. 다른 나라의 청년에게도 이런 비애가 있을까. 악독한 일본경찰의 마수(魔手)에 희생당한 동지의 면모가 눈앞에 왕래한다. 나를 달아 패고 혹독하게 뚜드리고 코에다 물을 먹이던 모모 경관이 지금은 나도 애국자라고 거들먹거리고 다니는 모양이 눈앞에 거꾸로 보인다. 잠을 이룰 수가 없었다. (…) 오후 3시경 약속한 시간 동안 미군 관헌의 취조를 받은 후 광주형무소로 호송되었다. 16년 전의 형무소와 다름이 없다. 5년간 기거 침식한 곳인 만큼 고향에 돌아온 감이 없지 않았다."[96]

1945년 11월 23일 열린 이덕우의 선고공판에는 김영린(金永璘) 판사, 김장섭(金長涉)·장재갑(張載甲) 검사, 오필선(吳弼善)·여철현(呂喆鉉)·이규정(李圭正)·신순언(申淳彦)·오평기(吳平基) 변호사가 참석했다. 여철현과 이규정 변호사는 얼마후 차례로 광주지방법원 검사장에 임명되는 중견변호사들이다. 이들의 변론참여는 이덕우가 그동안 광주지역에서 쌓아온 신망을 잘 보여준다. 재판결과 무기소지와 무단점거의 점은 무죄판결을 받았다. 청년대원들이 일본인들을 불법체포한 사실과 관련한 관리감독 책임은 인정되었다. 이덕우에게는 징역 1년의 선고유예가 내려졌다. 이덕우 변호사는 바로 석방되었다.[97] 좌익에 대한 본격적인 사냥이 시작되기 전이라 비교적 관대한 처분이었다.

1948년 제주에서 4·3항쟁이 터졌다. 9월경부터 토벌대의 초토화 작전과 함께 무차별적인 연행이 시작되었다. 의심이 가는 사람은 바로 육지의 형무소로 보냈다. 그 자리에서 학살당하지 않았다는 점에서 육지로 간 사람들은 그나마 운이 좋은 편이었다. 10월 1일 광주지방법원에서는 4·3 관련자들에 대한 첫번째 공판이 열렸다. 재판장은 송화식(宋和植) 판사, 관여 검사는 김영천이었다. 서울에서 오건일(吳健一)·박철(朴哲) 변호사가 달려왔고, 광주에서는 이덕우·김재천(金在千) 변호사 등이 변론에 참여했다.[98]

조정래의 소설 『태백산맥』에는 이 시기 이덕우 변호사에 대한 짧은 언급이 나온다. 허구의 인물인 변호사 출신 국회의원 '안창배'는 거창양민학살과 국민방위군 사건을 추적하다가 부산의 특무대에 연행되어 모진 고문을 받는다. 수사관들은 안창배를 이덕우 변호사와 엮어보려고 시도했다. 안창배는 의식을 잃는 가운데 "이미 세상을 떠나버린" 이덕우 변호사의 모습을 보게 된다. 안창배는 생각한다.

"이덕우 변호사는 좌익도, 공산주의자도, 빨갱이도 아니었다. 그는 양심적인 민족주의자일 뿐이었다. 그는 일제시대부터 농민들의 편에 서서 변호를 했고, 해방이 되자 그 태도는 더욱 확실해졌다. 제주도에서 4·3사건이 일어나자 그는 광주고법으로 넘어오는 사람들의 변호를 도맡다시피 했다. 검찰이 뒤집어씌운 좌익혐의를 벗기기 위한 그의 외로운 싸움은 지칠 줄을 몰랐다. 그는 제주도 사람들을 꽤나 죽음에서 건져내기는 했지만, 그가 얻은 것은 좌익용공 혐의였다. 그는 보도연맹에 강제로 밀려 들어가지 않을 수 없었고, 끝내는 예비검속의 총탄을 맞고 세상을 떠나갔던 것이다."[99]

안창배는 실존하는 인물이 아니지만 이덕우에 관한 회고부분은 사실이다. 실제로 이덕우 변호사는 1949년 12월 13일 전남도청 회의실에서 결성된 전남 국민보도연맹(보도연맹) 주비(籌備)위원회에서 총무국장을 맡았다. 전향한 좌익경력자들을 통제하기 위해 조직된 관변단체 보도연맹에서 지도위원장 등의 관리 역할은 검찰 쪽 사람들이 맡았다. 전남 보도연맹 지도위원장은 광주지방검찰청 김영천 검사장, 부위원장은 기세훈(奇世勳) 차장검사였다.[100] 조선변호사시험 동기인 김영천과는 이런 식으로 계속 조우했다. 보도연맹에 참여한 전향자들은 한국전쟁 후 이 명단이 그대로 즉결처분의 근거로 쓰일 줄은 전혀 예상치 못했다. 이덕우의 최후는 이 책의 6부 '한국전쟁이라는 쓰나미'에서 다시 설명한다.

1937년 조선변호사시험 합격자 중에서 또 한명의 '무학자'는 강혁선이다. 그의 흔적은 거의 남아 있지 않다. 1911년 6월 20일 충남 천안에서 태어난 강혁선은 1937년 조선변호사시험에 합격해 1939년 6월 8일 경성에서 변호사 등록을 마쳤다. 변호사 등록서류에는 강혁선이 1927년 안성공립소학교를 졸업하고, 1933년 6월부터 충북 진천군 이월면, 덕산면에서 면서기로 일하다가 1936년 7월 30일 조선변호사시험 준비를 위해 퇴직한 사실을 기록한다. 퇴직 후에는 서울로 올라와 조선총독부 도서관에서 홀로 법학을 공부했다. 예비시험 합격기록도 그의 독학 사실을 뒷받침한다. 소학교 졸업부터 약 6년간의 공식적인 기록은 남아 있지 않다.

강혁선 인생의 빈 부분은 『청농 80년사: 1911~1991』에서 확인할 수 있다. 광주학생항일운동 당시 청주농업학교와 청주고보 학생들이 궐기한 것은 1930년 1월 21일이었다. 거사 당일 학생들은 "대한독립만세"를 외치며 청주시장을 향해 달렸고, 기마병까지 동원해서 학생들을 기다리던 경찰은 난투극 끝에 수많은 학생들을 체포했다. 경찰은 밤새 주동자를 가려내 청주농업학교 학생 12명과 청주고보 학생 6명을 구속했다. 이들은 2월 14일에 기소유예로 풀려났으나, 학교에서는 모두 퇴학처분을 받았다. 청주농업학교 3학년에 재학 중이던 강혁선도 이들 중 하나였다. 퇴학처분을 받은 학생들은 1956년 11월 1일 청주농업고등학교 개교 45주년 기념일에 가서야 명예졸업장을 받았다.[101] 결국 강혁선도 이덕우처럼 광주학생항일운동 세대다. 조선정판사 '위조지폐' 사건 변론에 참여한 그도 역시 한국전쟁을 마지막으로 우리 역사에서 사라졌다.

1939년 조선변호사시험 합격자 윤학기

1938년 조선변호사시험 합격자 중 '허헌의 사람'이었던 김용암 변호사에 대해서는 이미 소개했다. 그해 조선인 합격자는 김용암을 포함해 모두 10명이었다. 그들 중에서 양태원은 1938년에, 소진섭(蘇鎭燮)은 1939년에, 사광욱은 1940년에 각각 고등시험 사법과에 합격해 일제시대 판검사로 일했다. 윤길중(尹吉重)은 1939년에 고등시험 사법과와 행정과에 모두 합격해 해방 때까지 강진군수, 무안군수, 조선총독부 학무부 사무관 등으로 일했다. 해방후 진보세력의 브레인으로 활약한 윤길중은 전두환 시절 국가보위입법회의와 민주정의당에 참여해 국회의원, 국회 부의장을 지냈다. 형 사경욱(史敬郁)과 함께 고등시험에 합격해 화제를 모았던 사광욱은 훗날 대법관으로 일했다.

고등시험 사법과와의 이중합격자를 빼면 순수 조선변호사시험 출신은 김용암·김석범(金錫範)·김주경(金周卿)·백준환(白俊煥)·원복범(元福範)·황시준(黃時濬)만 남는다. 이들 중 한국전쟁 이후에도 활동을 계속한 사람은 김주경과 원복범 두사람뿐이다. 두사람은 모두 판검사 경력 없이 평생을 변호사로 살았다. 김석범은 평북 출신으로 1942년 평양에서 변호사 등록을 했다가 1945년 6월 11일 사망하면서 변호사 등록이 취소되었다. 백준환은 평북 출신으로 1940년 12월 9일 신의주에 개업했다. 해방후 남쪽으로 내려오지 못했을 개연성이 크다. 1940년 6월 25일 신의주에 개업한 평북 출신 황시준 변호사는 월남해 1945년 12월 5일 서울지방법원 검사국 검사로 임명되었으나 이후 행적을 알 수 없다. 1938년 조선변호사시험 합격자들은 고등시험 합격자들을 제외하고는 별다른 업적을 남기지 못했다.

1939년에는 명문학교 출신들의 고등시험 중복합격 경향이 더욱 심해졌다. 13명의 조선인 합격자 중 경성제대 출신의 고재호·유헌렬(柳憲烈), 니혼대 전문부 출신의 서순영(徐淳永)은 1939년에, 경성법전 출신의 김치걸은 1942년에 각각 고등시험 사법과에 합격했다. 고재호와 유헌렬은 일제시대 판사로 일했고, 서순영은 변호사 등록을 했다. 김치걸에 대해서는 뒤에서 상세히 이야기하겠다. 나머지 순수 조선변호사시험 출신들 중에 강용권(康用權)·이정우(李玎雨)·민동식(閔瞳植)·원두연(元斗淵)·조용욱(趙庸郁) 등 5명이 경성법전 출신이었고, 박진구(朴鎭球)는 와세다대 출신이었다. 예비시험을 치른 합격자는 윤만석(尹萬石)·윤학기·조정하(趙廷夏) 3명뿐이다.

판검사를 지낸 이들을 제외하고 합격자 대부분은 1941년을 전후하여 변호사 등록을 했다. 해방후에는 고재호·김치걸이 대법관을, 서순영은 대구공소원 판사와 제헌의원을, 강용권은 제주지방검찰청 검사장을, 이정우는 대검찰청 검사를, 민동식은 서울지방법원 부장판사를, 윤만석은 부산지방검찰청 검사장을, 박진구는 부산지방법원 판사를 지냈다. 조용욱은 변호사 개업 여부를 확인할 수 없고, 원두연은 1941년 함흥에 개업했다가 1948년 서울에서 다시 개업한 사실만 확인 가능하다. 1939년 조선변호사시험 합격자들 중 좌익진영에 가담한 대표적 인물로 윤학기가 있다.

윤학기 변호사는 한국전쟁 후 남쪽기록에서 완전히 사라졌기 때문에 그의 경력을 확인하기란 쉽지 않다. 조선변호사시험 합격자명단과『한국변호사사』에 따르면, 윤학기는 1908년 1월 22일 강원도에서 태어나 1939년 조선변호사시험에 합격한 다음 1942년 5월 8일 경성에서 변호사로 등록했다.『조선총독부관보』는 그날 경성에서 변호사 등록을 한 것이 '스즈카와〔鈴川學起〕' 변호사임을 알려준다. 관보로 확인되는 윤학기 변호사의 본적은 강원도 양양군 양양면 우암리 105번지다. 그런데『조선경찰 직원록』(조선경찰신문사)에는 1929~30년 강원도 강릉경찰서에서 순사를 지내고, 1932년과 1933년에 강원도 경찰부 고등경찰과 순사부장으로 활동한 윤학기라는 인물이 나온다. 경찰로 활동한 윤학기는 그 이전과 이후 행적을 확인할 수 없다.『친일인명사전』에도 윤학기라는 인물은 앞뒤 맥락 없이 경찰로 짧게 활동한 기록만 나온다.『조선총독부 직원록』에는 1934~39년 황해도 내무부 농무과, 경상남도 서무과 등에서 꾸준히 서기로 근무한 윤학기가 등장한다. 역시 앞뒤 부분은 단절이지만 1932년 보통시험에 합격한 윤학기와 동일인으로 볼 수 있다.102

이런 조각들을 모아보면 강원도 양양 출신의 윤학기는 순사시험, 고등경찰 시험에 합격하여 경찰로 잠시 일하다가 보통시험에 응시해 도청 서기로 전직했고, 주경야독 끝에 조선변호사시험에 합격한 인물임을 추정할 수 있다. 조선변호사시험 예비시험에는 1938년과 1939년 두차례 합격했다. 일제시대 고등경찰의 위세를 생각한다면 그 자리를 버리고 일반 관공서의 서기로 전직한 경력은 상당히 특이하다. 1939년 조선변호사시험에 합격한 민동식 변호사는 해방직후 좌익변호사들의 존재를 거론하며 "저하고 시험동기인 윤학기 변호사가 있었는데, 아주 똑똑했어요."라고 회고한다.* 윤학기도 역시 조선정판사 '위조지폐' 사건에 변호인으로 참여했다. 프롤로그에서 보았듯이 김영재 서울지방검찰청 차장검사의 구속에 결정적 단서를 제공한 인물이기도 하다.

---

* "또 한가지는 저하고 시험동기인 윤학기 변호사가 있었는데, 아주 똑똑했어요. 그런데 포고 제2호 위반으로 구속되어 공판 중에 6·25가 터져 풀려나왔지요. 그후에 월북하고 말았는데, 검사로서는 김영재가 있었고 변호사로서 좌익사건으로 구속된 사람은 윤학기밖에 없습니다." 김준수, 앞의 글, 69면.

1940년 조선변호사시험 합격자 조재천과 김홍섭

마지막이라고 생각해서인지 1940년에는 응시생 숫자가 전년도보다 무려 40퍼센트 가까이 폭증했다. 그해 합격자 발표 때는 신문들이 아예 '최후의 변호사시험'이라고 못 박아 보도했다. 1940년 조선변호사시험에는 18명이 합격했다. 이전의 어느 해보다도 많은 숫자다. 다만 1940년부터는 창씨개명으로 인해 조선인 합격자 숫자나 신원을 파악하기가 쉽지 않다. 일본정부는 1940년 모든 조선인의 법률적인 이름을 일본인의 씨명(氏名)으로 통일하는 '창씨개명' 정책을 시행했다. '창씨개명'으로 통칭되지만 엄밀히 말하면 '창씨'와 '개명'은 다른 개념이다. 일본식으로 두글자짜리 성을 만드는 것이 창씨고, 이에 맞춰 이름까지 바꾸는 것이 개명이다. 강제적인 조치에 가까웠던 창씨는 신고만으로 가능했고, 개명은 법원의 허가가 필요했다.* '조선풍의 이름(名)'을 '일본식 씨(氏)'에 어울리게 하기 위해서 개명을 하려면 따로 수수료도 내야 했다. 당시 일본이 내세운 창씨개명의 이유는 1)조선에서 일본법률을 동일하게 적용하고, 2)일본과 조선의 행정을 일원화하며, 3)조선 가족제도를 일본과 같이 '선진화'한다는 것이었다. 창씨개명 신고 마감일인 1940년 8월 10일까지 6개월 미만의 짧은 신고기간 동안 창씨를 신고한 사람은 전체 조선인의 무려 80.3퍼센트에 달했다.[103]

1940년 조선변호사시험은 창씨개명이 한창 진행 중인 상황에서 합격자를 발표했다. 그래서 여전히 원래의 성과 이름을 유지한 사람이 꽤 많

---

* '창씨개명'이라는 표현은 전혀 다른 제도 두가지를 통칭한 것이어서 양자를 구별하는 것이 옳으나 '창씨개명'이라는 용어가 이미 관용으로 정착되어 이 책에서도 이를 따른다. 최재성 「창씨개명과 친일 조선인의 협력」,『한국독립운동사연구』 37집, 독립기념관 한국독립운동사연구소 2010, 346면.

다. 김인섭(金麟燮)·김병완(金炳玩)·김순일(金舜一)·김홍섭·오평기·옥동형(玉東瀅)·윤방(尹滂)·조재천·최영수(崔瀛秀) 등 9명이 여기 속한다. 김용진(金山容晋)·위청룡(松波靑龍)·이병린(牛峯丙璘)은 창씨만 하고 개명을 하지 않아 곧바로 특정이 가능하다. 최태원(水原源治)은 변호사 등록날짜와 관보를 통해서 창씨개명 이전의 이름을 확인할 수 있다. 요시즈미 게이노스케(吉住慶之助)·고마쓰 후지오(小松不二雄)·모로토미 도모조(諸富伴造)·시바 곤시로(芝權四郎) 등은 해방후 일본에서 법률가로 활동한 기록이 남아 있어 대체로 일본인으로 추정할 수 있다. 마쓰야마 요이치(松山錫一)는 신원을 확인할 수 없었다.*

이들 중 김병완과 조재천은 1940년에, 김순일과 김용진은 1941년에 각각 고등시험 사법과에 합격했다. 김병완과 조재천은 사법관시보에도 임용되었다. 김인섭은 1940년 만주 고등문관 채용고시에도 합격했다. 합격자들 중 김인섭·김순일·김홍섭·오평기·옥동형·최영수·김용진·위청룡·이병린·최태원(崔兌源) 등은 모두 일제시대에 변호사 개업을 했다. 해방후 조재천·김홍섭·김용진·위청룡은 판사 또는 검사에 임용되었다. 흥미롭게도 김홍섭은 검사에서 시작해 판사로 전관했고, 위청룡은 검사로 시작해 판사로 전관했다가 다시 검사로 돌아왔다. 위청룡의 비극적인 죽음에 대해서는 뒤에서 다시 설명하겠다. 김병완은 특별검찰청 특별검사, 서울지방법원 검사국 검사, 서울형무소장, 전남 경찰국장, 치안국장 서리, 서울부시장 등 다양한 공직을 옮겨 다녔고, 한국전쟁 직전의 대표적인 조작사건인 대한정치공작대 사건에 깊이 관여했다. 대한변호사협회장을 지낸 이병린은 인권변호사로 이름을 날렸다. 김섭(金

---

* 다만, '錫一'이 일본에서 거의 쓰지 않는 이름임을 감안한다면, 조선이름 '석일'로 추정해볼 수도 있다.

變)으로 개명한 김인섭은 판검사를 지내지는 않았지만 해방직후 미군정
청에서 법원·검찰의 첫 조직과정에 깊이 관여했고 훗날 이를『한국법관
사』에 정리하여 중요한 기본자료를 남겼다. 앞서 보았듯이 오평기 변호
사는 이덕우를 변론하는 등 전남지역에서 활발하게 활동했다.

　독학으로 조선변호사시험에 합격한 평양고보 출신의 최태원은 소설
가 최인호의 아버지다.[104] 최인호의 회고에 따르면 최태원은 "한때 조만
식 선생의 휘하에 들어가 정치활동도 했지만 월남한 후 단순히 법조인
으로만 처신"했다고 한다. 1953년부터 간경변증으로 2년 동안 투병생활
을 했고 마지막 순간에는 친구인 김홍섭 판사의 권유로 영세를 받았다.
세례받던 그날 밤 혼수상태가 되었고, 다음날인 1955년 3월 19일 새벽
세상을 떴다.[105]

　조재천과 김홍섭은 해방직후 좌우익 진영의 성패를 가른 조선정판사
'위조지폐' 사건의 담당검사를 맡았다. 1912년 전남 광양에서 태어난 조
재천은 1931년 광주서중학교, 1933년 대구사범학교 강습과를 수료하고
1937년까지 보통학교 교사로 일했다. 이후 일본으로 건너가 주오대 전
문부 법과를 다니면서 1940년 조선변호사시험과 고등시험 사법과에 합
격했다. 1941년 광주지방법원 사법관시보를 거쳐 1943년 평양지방법원
판사로 임명되었고, 1945년 6월 검사로 전직한 상태에서 해방을 맞았다.
사법관시보에 임명될 때는 이미 마사야마 가우스케(昌山幸右)로 창씨개
명한 상태였다. 1945년 10월 4일 김갑수·김영재·이만준(李萬濬)·오건
일·한환진(韓桓鎭) 등 평양에서 활동하던 판검사, 변호사들과 함께 삼팔
선을 넘어 월남했고,[106] 11월 19일 미군정청에 의해 특별검찰청 특별검
사로 임명되었다. 1946년 1월 22일 서울지방법원 검사국 검사로 자리를
옮겨 조선정판사 '위조지폐' 사건을 담당했다. 검사생활은 길지 않았다.

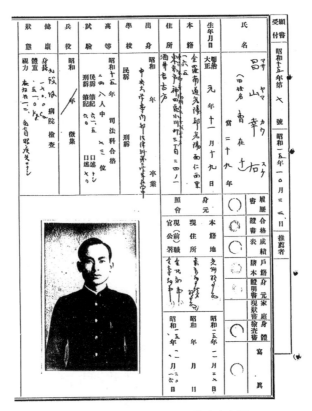

사법관시보 임용 서류에 기입된 조재천의 인적사항.
창씨개명한 이름 옆에 한국식 이름이 쓰여 있다.

경찰로 전직한 그는 1948년 철도관구 경찰청장, 내무부 치안국 경무과
장, 1949년 경북 경찰국장, 1950년 경북도지사로 승승장구했다. 경북도
지사로 재직 중이던 1950년 12월 12일에는 대구사범학교 후배인 현역장
교 결혼식에 청첩인으로 이름을 올렸다. 신랑의 이름은 박정희, 신부의
이름은 육영수였다.[107]

1951년 6월 28일 조재천은 돌연 경북도지사를 사임하고 변호사를 개

업한다. 그의 변호사 개업에는 이유가 있었다. 한국전쟁 발발 직후인 1950년 7월 이승만 대통령은 민심 수습을 위한 개각을 단행하면서 내무 부장관에 조병옥을 임명했다. 서울로 환도한 직후인 11월에는 주미대 사 장면(張勉)을 불러들여 국무총리에 임명했다. 제헌의원 출신인 김준 연은 법무부장관을 맡았다. 세사람은 모두 한민당의 후신인 민주국민 당(민국당) 소속의 정치인들이었다. 일종의 거국 전시내각 구성이었다. 그러나 이승만과 민국당의 동거는 1년을 넘기지 못했다. 1951년 2월 산 청·함양·거창에서 국군 11사단의 대규모 양민학살 사건이 터졌다. 3월 에는 그 일부분인 거창지역의 학살 사실이 국회에서 폭로되었다. 이대 통령은 이를 기화로 조병옥과 김준연을 해임하고 경찰과 공무원조직에 남아 있는 민국당계열 인사들도 대대적으로 축출했다.[108]

축출대상에는 조재천도 포함되었다. 이승만의 눈으로 보면 조재천 역 시 확실한 '한민당(민국당) 사람'이었다. 그해 10월 13일 조재천은 민국당 중앙상무집행위원에 선출되었고 1954년, 1958년, 1960년 대구에서 국회 의원에 당선되었다.[109] 전라도 출신이 경상도에서 국회의원에 당선되어 도 전혀 이상할 게 없던 시절이었다. 1956년 정부통령 선거 때는 민주당 선전부장으로 "못살겠다 갈아보자!"라는 유명한 선전구호를 들고 이승 만에 맞섰다. 1958년 12월 24일의 '2·4정치파동' 때는 자유당의 국가보 안법 개악 시도를 저지하는 데 앞장섰다.

1960년 4·19혁명이 일어나자 조재천은 민주당 신파의 대표격으로 법 무부장관에 임명되었고, 1961년 5월 3일에는 내무부장관으로 자리를 옮 겼다. 그러나 민주투사의 영광은 매우 짧았다. 10여일 후 일어난 5·16 군 사쿠데타로 조재천 역시 민주당 정부의 다른 각료들과 함께 수감되었다. 해방후 '용공'사건에 연루된 적이 있는 임갑인(任甲寅)을 4·19혁명 후 대전지방검찰청 검사장으로 임명했다는 혐의였다. 1949년 '법조프락치' 사건 수사를 지휘했던 서울지방검찰청 이태희(李太熙) 검사장도 4·19혁명 후 민주당 정권에서 검찰총장을 지내다가 같은 혐의로 걸려들었다. 한때 이름을 날린 '사상검사'라 해도 '공산당 낙인찍기'에서 영원히 예외일 수는 없었다.

5개월 후 기소유예로 석방된 조재천은 1963년 11월 26일 선거에서 민주당 비례대표로 당선되어 4선의원이 되었다. 하지만 민정당과 민주당이 합당해서 만든 민중당에서 탈당함으로써 자동적으로 의원직을 상실했다. 1967년 구 민주당 재건을 내세운 민주당을 다시 창당하면서 당대표를 맡았으나, 6월 총선에서 신민당의 김홍일, 공화당의 김갑수에 이어 3등으로 서울 마포에서 낙선했다. 독립운동을 하던 그 김홍일 장군, 북한에서 함께 월남한 그 김갑수 대법관과의 경쟁이었다. 실의에 찬 조재천은 1970년 뇌출혈로 사망했다. 재치있는 입담으로 전국적 인기를 얻었고, 이승만 독재정권에 대항한 투사로 4·19혁명 후 법무부장관·내무부장관의 요직을 차지했지만, 5·16 군사쿠데타 이후에는 거듭되는 야당의 이합집산을 무기력하게 목도해야 했던 영욕의 삶이었다.

1915년 전북 김제에서 태어난 김홍섭은 1930년 원평공립보통학교를 졸업한 후 일본인이 운영하는 약방에서 점원으로 일했다.[110] 링컨의 전기를 읽고 법률가가 되기로 결심한 그는 1935년부터 일본인 변호사 히사나가 린이치(久永麟一) 밑에서 일하며 본격적으로 법학을 공부했고, 1938년 9월 8일 보통시험에 합격했다.[111] 1939년 히사나가 변호사의 주선으로 친구 오평기와 함께 니혼대 전문부 법과에 입학했고, 1940년 조선변호사시험에 합격해 김병로 아래에서 실무수습을 받은 후, 1943년 4월 30일 경성지방법원에 변호사로 등록했다.

『법관 김홍섭 자료집: 사법의 혼, 진리의 구도자』는 김홍섭의 변호사 개업시기를 "1941년 귀국하여 서울 김병로의 변호사사무실에서 변호사 활동을 시작했다"라고 기록하고,[112] 최종고 교수의『사도법관 김홍섭 평전』은 1945년 5월에 변호사 등록을 한 것으로 기록한다.[113] 그러나『한국변호사사』의 기록과『조선총독부관보』를 비교해보면 김홍섭과 본적지(전라북도 임실군 둔남면 오수리 220번지)가 일치하는 우하라 마사토(宇原萬里)라는 인물이 이미 1943년 4월 30일에 변호사 등록을 마친 사실을 확인할 수 있다.[114] 결국 '우하라'는 김홍섭의 창씨명이다.

김홍섭은 1944년 7월 김준연의 셋째딸인 김자선과 결혼했다. 김준연의 친구이자 김홍섭의 지도변호사였던 김병로가 중매를 선 것으로 알려져 있다.[115] 이로써 김홍섭이 경성제대 '반제동맹' 사건의 주역 조규찬과 동서가 되었음은 이미 이야기했다. ML당 사건으로 7년을 복역하고 전향한 김준연은 김성수와 손을 잡았다. 곧장『동아일보』주필이 되었고 1936년의 일장기 말소 사건으로 사임할 때까지 사장인 송진우와 호흡을 맞췄다. 사임 뒤에는 김성수가 마련해준 전곡의 농장에 들어가 관리인으로 일했다.[116]

그때나 지금이나 용산에서 출발한 경원선은 청량리, 창동을 거쳐 동두천, 전곡으로 이어진다. 일제시대 말 창동에는 송진우·김병로·정인보·홍명희 등이 자리 잡았다. 여운형도 1943년 출옥해서는 동두천역 근처 양주군 봉암리로 들어왔다.[117] 조선총독부는 이들을 감시하기 위해서 양주경찰서에 따로 고등계를 신설하고 창동주재소에 고등계 형사를 상주시켰다.[118] 이 시기에 여운형은 "기독교, 천도교 등 종교단을 제외하면 조선 안에 표면적으로 드러난 세력은 김성수 그룹뿐"이라고 평가했다. 그는 김성수 그룹의 영향력과 상당한 능률을 인정하면서도 자본주의로 편향될 가능성을 염려했다.[119] 『동아일보』, 보성전문, 중앙고보, 경성방직을 중심으로 움직인 김성수 그룹은 해방공간에서 그만큼 강력한 세력이었다. 그 핵심에는 송진우·장덕수·김준연이 있었다. 김준연의 사위가 됨으로써 김홍섭도 자연스럽게 이 그룹에 연결되었다.

1945년 5월 8일부터 친일단체인 국민총력조선연맹은 "미영격멸 총진격운동(米英擊滅總進擊運動)"을 전개하기로 하고 '소장층 강사'를 전국에 파견한다. 강사들은 5월 6일 이화고녀 강당에서 조선총독부 조선군 해군 무관부 관계관의 임석과 지도 아래 준비강습을 실시했다. 전북지역을 맡은 강사에는 김준평·정근영(鄭近永)·최종석 등과 함께 '기시하라 마사토(岸原萬里)' 변호사가 포함되었다.[120] 하지만 당시 그런 이름의 다른 변호사는 존재하지 않는다. 강연지역과 출신지역의 상관관계 등을 고려할 때 '기시하라(岸原)'는 '우하라(宇原)'의 오기로 보인다.

김홍섭은 해방후인 1945년 10월 11일 미군정이 임명한 첫번째 조선인 판검사 그룹에 포함되어 경성지방재판소 검사국 검사로 업무를 시작했고,[121] 1946년 5월 조선정판사 '위조지폐' 사건을 수사했다. 조선정판사 사건을 수사하는 과정에서 검사직에 회의를 느낀 김홍섭은 1946년 12월 판사로 전관했다가 '사람이 과연 사람을 재판할 수 있는가'라는 근본적인 의문을 품고 1947년 9월 퇴직해 닭과 돼지를 기르며 뚝섬에서 농사를 지었다.[122] 1948년 12월 서울지방법원 소년부지원장으로 법원에 복귀했고, 1950년 6월 한국전쟁이 발발하자 뚝섬집 토굴에 은신해 겨우 생명을 보존했다.[123] 죽음에 대한 어린 시절의 의문에서 출발해 개신교 신앙을 기초로 불교에 대한 오랜 탐구를 계속한 그는 1953년 9월 27일 명동성당에서 바오로라는 본명으로 영세를 받고 가톨릭에 최종 정착했다. 이후 서울고등법원 부장판사(1956), 전주지방법원장(1959), 대법관 직무대리(1960),

광주고등법원장(1961), 서울고등법원장(1964)으로 승진을 거듭하는 한편, 시간만 나면 형무소를 방문해 사형수들과 이야기를 나누며 가톨릭 신앙을 전파했다. 1965년 3월 간암으로 별세했다.

조재천, 김홍섭은 호남 출신으로 일본에서 대학 전문부를 다니며 조선변호사시험에 합격한 공통점이 있다. 재학 중 치른 시험이어서 예비시험을 면제받을 수 없는 불리한 여건이었지만, 1940년에 예비시험 한번, 필기시험 한번으로 조선변호사시험을 끝낸 것도 동일하다. 두사람 모두 반공 보수주의자로 민주주의에 관한 강한 신념을 지니고 있었다. 장면 총리와의 직간접적인 인연으로 가톨릭에 입문한 것도 비슷하다. 4·19 이후 조재천을 법무부장관과 내무부장관에 임명한 것도, 김홍섭에게 '사도법관'이라는 명예로운 호칭을 선물한 것도 장면이었다.[124] 한사람은 정치인이 되었고, 다른 한사람은 평생 정치와 거리를 두었지만, 두사람 모두 한민당이라는 거대한 흐름에서 자유로울 수 없었다. 두사람의 삶은 오제도(吳制道), 선우종원(鮮于宗源)과 같은 다음 세대 공안검사들과 결이 많이 달랐다. 한사람은 빛나는 민주투사가 되었고, 다른 사람은 '사도법관'이라 불리며 청렴한 판사의 모범이 되었다. 그런 훌륭한 사람들이 사건을 조작했을 리 없다는 믿음은 훗날 조선정판사 '위조지폐' 사건 결과의 정당성을 지탱하는 든든한 방패가 되었다.

해방으로 열린 판검사 임용의 기회

1922년 시작된 조선변호사시험은 판검사 직역 진출이 사실상 봉쇄된 시험이었다. 1923년 일본의 고등시험이 시행된 이후에는 늘 존속 자체

1940년 조선변호사시험 합격자들의 단체사진. 두번째 줄 왼쪽부터 김홍섭, 오평기, 김병완,
옥동형, 최태원, 조재천, 최영수, 윤방, 김인섭, 신원 미상의 일본인이고,
세번째 줄 왼쪽 네번째부터 김용진, 위청룡, 신원 미상, 김순일, 이병린이다.

를 위협받았다. 1936~40년까지는 구체적으로 폐지가 예정된 상태였다.
그러므로 응시생도 양분되었다. 한쪽은 고등시험 사법과를 궁극적 목표
로 삼은 사람들이었다. 이들에게 조선변호사시험은 고등시험 사법과로
가는 징검다리 또는 낙방에 대비한 안전장치였다. 다른 한쪽은 여러가
지 이유로 판검사가 될 수 없거나 아예 될 마음이 없던 사람들이었다.

일제시대 말 고등시험 사법과 합격자가 급증하면서 사법관시보에 임
용되지 못한 사람이 늘어났다. 변호사를 개업하지 않은 채 사법관시보
임용을 기다린 사람도 많았다. 조선변호사시험이나 고등시험 사법과에
합격하고도 서기 겸 통역생 일을 계속한 사람도 있었다. 독학자를 위한
변호사자격 취득의 길이라는 조선변호사시험의 존재이유는 날로 퇴색
되었다.

해방은 모든 사람에게 공평하게 벼락처럼 찾아왔다. 조선변호사시험 합격자들에게는 대규모 판검사 임용이라는 엄청난 기회의 문이 열렸다. 그러나 모두가 그 기회를 잡은 것은 아니었다. 좌익이나 중도성향의 변호사들에게 그 문은 유난히 빨리 닫혔다. 문이 열렸다는 기억을 간직하기도 어려울 만큼 짧은 순간이었다.

3부

벼락처럼 찾아온 해방,

새로운 기회의 시대

1장

한민당과 통역관의 시대
해방과 조선인 '자격자'의 판검사 임용

갑작스러운 해방

"짐은 세계의 대세와 제국의 현상황을 감안하여 비상조치로써 시국을 수습하고자 충량(忠良)한 너희 신민에게 고한다." 1945년 8월 15일 정오 일본 천황 히로히토의 떨리는 목소리가 라디오를 탔다. 천황을 신적 존재로 받아들이던 제국의 신민들에게는 포츠담선언을 받아들인다는 내용보다 오히려 "천황께서 정오에 친히 방송에 나오신다"라는 사실이 더큰 뉴스였다. 국민들을 상대로 직접 연설한다는 아이디어는 히로히토 자신에게서 나왔다. 항복에 반대하는 군장교들의 눈을 피해 연설문 작성과 녹음과정은 철저히 비밀에 붙여졌지만,[1] 조선총독부는 이미 8월 9일경부터 항복 후 일본인들의 생명과 재산을 보장할 조선인 지도자를 찾고 있었다.

송진우에 이어 2차 접촉대상이었던 여운형이 이 제안을 승낙한 것은 8월 15일 당일 아침이었다. 여운형은 정치범 및 경제범의 석방, 비상식량의 확보, 치안유지, 건설사업에 대한 간섭의 배제, 청소년조직의 불간섭, 일본인 노무자의 협력 등 선행조건을 제시했다. 엔도 류사쿠(遠藤柳

作) 정무총감은 여운형의 조건을 모두 받아들였고, 여운형은 안재홍(安在鴻)과 함께 건준의 결성에 나섰다. 그러나 불행히도 건준은 모든 정치세력을 아우른 조직이 아니었다. 그런 조직은 처음부터 불가능했다. 해방의 그날부터 지도자들 사이에서는 주도권을 잡기 위한 치열한 물밑싸움이 시작되었다. 35년 만에 독립을 되찾은 빛나는 순간은 한치 앞도 내다볼 수 없는 어둠의 시간이기도 했다.

8월 16일 건준의 여운형이 나가사키 유조(長崎祐三) 보호관찰소장과 백윤화 경성지방법원 판사를 데리고 서대문형무소로 가서 정치범을 석방했다. 마포형무소의 정치범 석방에도 입회했다. 지방형무소에도 정치범을 석방하라는 명령이 내려졌다. 여운형과 동행한 백윤화는 앞서 의열단 김지섭 등을 일본경찰에 밀고했던 바로 그 판사다. 20여년이 지났지만 그는 여전히 판사로 재직 중이었다.[2] 사상범 석방만으로 사법업무가 정상화될 리는 없었다. 누군가는 범죄자를 잡아들이고 판검사로 재판을 계속 진행해야 했다. 그 일이 일본인의 몫이 아닌 것만은 분명했다.

1945년 10월 11일자 첫번째 판검사 임용

민족해방이나 전쟁 같은 엄청난 감격 또는 충격이 닥쳐오면 일시적으로 범죄가 감소하기 마련이다. 개인 사이의 사적인 분쟁도 잠시 멈추고 호흡을 가다듬게 된다. 그러나 흥분이 가라앉으면 범죄도 분쟁도 지속적으로 증가한다. 경제적 불안정은 범죄증가의 가장 중요한 요인이다. 우리나라의 해방도 예외는 아니었다.

미군은 조선으로 들어오기 전에 이미 점령지역의 치안 확보를 위하여 조선에 있는 기존의 법원을 활용한다는 방침을 정해놓고 있었다. 1945년 9월 7일자 미육군 최고지휘관 더글러스 맥아더(Douglas MacArthur) 장군의 '포고 제1호 제2조'는 정부·공공단체·공익사업·기타 제반 중요직업에 종사하는 자에게 별명(別命)이 있을 때까지 종래의 직무에 종사하고 모든 기록과 재산을 보관하도록 명령했다. 이에 따라 일제시대 판검사들은 당분간 업무를 계속할 수 있었으나 실제로 재판업무가 이루어지지는 않았다. 일본인과 한국인 경찰관들이 모두 도망간 상태라서 범죄자를 붙잡아 재판으로 끌고 올 인력도 없었다. 치안의 구멍은 일단 건준의 치안대가 막았다. 지역에 따라서는 법원과 검찰이 건준 아래 들어가야 한다는 논의도 이루어졌다. 대구의 경우 일반직원들 대부분이 건준으로 들어가야 한다고 주장했지만, 고재호·노용호(盧龍鎬) 판사, 배영호(裵泳鎬) 예비판사 등이 나서서 직원들을 진정시켰다.[3] 북한지역에서는 조만식을 중심으로 한 민족주의자들이 건준에 참여해 실제로 법원을 접수하고 판검사를 임명하기도 했다.

1945년 9월 8일 미군이 조선에 들어왔고, 9월 11일에는 재조선 미군사령부 정보장교인 폴 헤이워드(Paul Hayward) 중령이 법조계 대표인 강병순·소완규(蘇完奎)·이홍종 등을 만나 법조계 사정을 청취했다. 10월 5일에는 "각계의 명망 있는 조선인 지도자" 중에서 김성수(교육가), 전용순(全用淳, 실업가), 김동원(金東元, 실업가), 이용설(李容卨, 의사), 오영수(吳泳秀, 은행가), 송진우(정치가), 김용무(변호사), 강병순(변호사), 윤기익(尹基益, 광업가), 여운형(정치가), 조만식(정치애국가) 등 11명을 아치볼드 아널드(Archibald V. Arnold) 군정장관의 고문관으로 임명했다.[4] 여운형을 제외하면 확연하게 우익진영에 편향된 고문단이었고, 김성수·송진우·김용무·강병순 등은 이미 한민당에 소속된 상태였다.

1915년 보성전문 법과를 8회로 졸업하고 주오대 재학 중에 일본변호사시험에 합격해 1923년 경성에서 개업한 김용무는 민족변호사 3인에 포함될 정도는 아니었으나 오랜 세월 독립운동가들을 변론해온 명망가였다. 강병순은 앞서 살펴보았듯이 조선변호사시험에 이어 고등시험 사법과와 행정과에 모두 합격한 인물이다. 김동원은 평양 대부호 김대윤의 맏아들로 소설가 김동인의 형이다. 105인 사건으로 옥고를 치르고 안창호의 동우회에도 참여한 독립운동가지만, 기업인으로 성공해 일제시대 말에는 황도학회, 조선임전보국단 같은 친일단체에서도 활동했다. 조만식의 최측근에 속했던 그는 평안남도 건준에 주도적으로 참여했고, 월남 후에 바로 미군정 고문으로 자리 잡았다.[5]

고문단 조직만으로는 충분치 않았다. 점령군에게 절실한 것은 영어를 할 줄 아는 실무조력자였다. 사법분야라고 예외일 리 없었다. 미군정청에서 사법업무를 총괄하게 된 에머리 우돌(Emery J. Woodall) 소령의 눈에 이화여자전문학교(이화여전) 교수인 김영희(金永羲) 박사가 들어왔다. 김영희는 1902년 4월 6일 개성에서 태어나 1922년 연희전문 상과를 졸업하고 개성 송도고보 교사로 일하다가 도미해 1929년 미국 예일대에서 철학박사 학위를 취득한 인물이다. 법무국장을 맡은 우돌 소령도 예일대 출신이었다. 1945년 10월 9일 우돌 법무국장은 김영희 박사를 법무국장 보좌관에 임명했다. 조선인으로는 사법분야 최고위직이었다. 김영희 박사는 고등시험 사법과나 조선변호사시험에 합격한 경력이 없어 변호사자격을 갖추지 못했을 뿐만 아니라 아예 법학을 전공한 적이 없었다. 미군 입장에서는 법학을 전공했느냐보다 말이 통하는지가 훨씬 더 중요했다.

그밖에 법전편찬과장 장후영, 민사과장 김영상(金永祥), 형사과장 구자관(具滋觀), 형무과장 최병석, 특별범죄조사위원회 간사 전규홍(全奎弘) 등이 임명되었다. 장후영은 앞서 살펴보았듯이 고등시험 사법과 출신이고, 김영상은 사법과와 행정과에 모두 합격해 일제시대에 주로 행정관료로 일했다. 구자관은 서기 겸 통역생 출신으로 조선총독부 판사를 지낸 원로법조인이다. 최병석은 1930년 조선변호사시험에 합격한 변호사였다. 전규홍은 김영희와 비슷한 영어 능통자였다. 1906년 4월 14일 평양에서 태어난 그는 일본 주오대 전문부 법과와 미국 세인트루이스대 역사학과를 거쳐 로욜라대 법과대학원에서 박사학위를 취득했다.[6] 조선에서 흔치 않은 이력이었다. 전규홍은 변호사자격은 없었어도 법학 전공자이기는 했다. 그가 간사를 맡은 특별범죄조사위원회는 곧 특별검찰청으로 이름을 바꾸었고 그는 청장을 맡았다. 해방후 첫번째로 구성된 사법분야 실무진은 자격별로 안배한 인적 구성에 신생 통역권력인 김영희, 전규홍을 추가한 모양새였다. 다만 김영상은 당일자로 그 자리를 떠났기 때문에 실제로 근무하지는 않았다. 구자관도 10월 21일자로 그 자리를 떠났으므로 일한 기간이 매우 짧다. 워낙 들고 나는 것이 정신없던 시절이라 사임이 크게 눈에 띌 상황도 아니었고 정확한 이유도 알 수 없다. 이들의 사임은 11월 19일자 면직사령 제38호에 반영되었다.

법무업무를 담당할 기본진용을 구성한 군정장관은 법무국장에게 "법무국과 법무국 소관 기관의 업무수행에 필요한 유자격 조선인 직원을 임시 채용하고, 일본인 직원으로서 불필요한 자를 즉시 파면할 것"을 지시했다. 일본인 판검사들을 잘라내고 조선인을 임용하는 작업이 시작되었다. 시간이 절대적으로 부족했다.

『법원사』의 공식기록에 따르면 1945년 10월 11일 미군정청은 전국의 일본인 판검사 전원을 일시에 퇴진시키면서 조선인 판사 39명과 검사 23명을 임명했다.[7] 10월 11일이라면 사법부의 조선인 관료들이 임명되고 불과 이틀이 지난 시점이었다. 일본인들을 재판업무에서 배제하는 것은 그만큼 시급한 과제였다. 일이 급하게 진행되다보니 10월 11일자 면직사령에는 너무나 많은 오류가 있다. 그걸 기초로 하여 만든 법원과 검찰의 공식적인 역사 서술에도 자동으로 오류가 생겼다.*

흥미롭게도 이날 퇴임자였던 장경근(張暻根)·민복기·민병성·신언한(申彦瀚)·이영섭·최윤모(崔潤模)·김장호·박성대(朴成大)·정재환(鄭在煥) 등은 같은 날짜에 조선인 판검사로 임용되었다. 이원배만이 11월 19일에 인사가 났다. 민병성을 제외하면 결국 일본인명으로는 면직사령이 나고, 조선인명으로 다시 임명사령이 난 셈이다. 이를테면 장경근의 경우 같은 날짜에 면직사령의 '나가야마(長山)'로는 퇴임하고, 임명사령의 조선인 '장(張)'씨로는 법원장이 된 셈이다. 민복기는 '이와모토(岩本)'로 퇴임하고, 조선인 '민(閔)'씨로 신임판사가 되었다. 이영섭은 '다케히라(武平)'로 퇴임하고, 조선인 '이(李)'씨로 신임판사가 되었다. 장경근

---

* 우선 이날 퇴진한 사람들은 '전국'의 일본인 판검사가 아니다. 서울, 부산과 그 지청의 판검사들만이 포함되었다. 북한지역은 다 빠졌고 남한에서도 대구, 광주, 대전과 그 지청은 제외되었다. 퇴진한 모든 사람이 '일본인' 판검사도 아니었다. 면직사령의 퇴임자 106명 중에는 적지 않은 조선인 판검사가 포함되어 있다. 장경근(長山暻根)·민복기(岩本復基)·민병성(閔內晟)·신언한(平山靖久)·유창준(前田光治)·백윤화(白川允和)·이영섭(武平憲學)·최윤모(華山潤一)·김장호(金田章夫)·이원배(木川元培)·박성대(朴澤成大)·정재환(松山在煥) 등이 이날 판검사에서 물러났다. 그러나 이날 물러난 이들의 이름에는 오기가 많다. 경근(敬根)·복기(福基)·병성(炳晟)·성구(成久)·고지(高智)·윤화(潤和)·건박(健伯)·헌배(憲培)·성태(聖泰)·재관(載寬) 등으로 한자가 모두 틀렸다. 오히려 맞는 표기를 찾기 힘들 정도다. 일본인인 '아오야기 고로(青柳伍郎)' 검사의 경우 담당자가 한자에 자신이 없었던지 아예 '青야기伍郎'로 대충 적었다. 유창준의 경우 일본어로 '고지'로 발음되는 창씨명 '光治'가 소리 나는 대로 '高智'로 표기되었다. 해임할 판검사의 일본식 이름을 전화로 부르면 그걸 영어로 받아 적은 뒤 한자로 표기하는 과정에서 오류가 생긴 것 같다. 결재권자가 미국인이라 영문표기에만 신경을 쓴 결과일 수도 있다. 그런 오류가 그대로 관보에 실렸다. 창씨명을 일일이 확인한다면 이 명단의 조선인은 더 많아질 수 있다. 어쨌든 이날 퇴임한 사람이 모두 일본인은 아니었다.

은 이승만 정권에서 내무부차관, 국방부차관, 내무부장관 등을 지내며 온갖 반민주 반헌법적 행태에 관여했고, 4·19혁명 후 일본으로 밀항한 인물이다. 민복기와 이영섭은 훗날 대법원장을 지냈다. 일단 확인되는 조선인 퇴임자 중에서 같은 날 바로 임용되지 못한 사람은 앞서 말한 이원배와 백윤화, 유창준이다. 백윤화는 노골적인 친일경력이 고려된 것으로 보인다. 경성제대 법문학부를 졸업하고 1941년 고등시험 사법과에 합격한 유창준은 사법관시보를 거쳐 막 검사로 임용된 상태에서 해방을 맞았다. 그는 검사 대신 미군정청 사법부 사무관으로 발령을 받아 판검사명단에서는 빠졌다.

10월 11일자로 조선인 판사 39명과 검사 23명이 임명되었다는 기록도 역시 오류다. 정확히는 판사 38명과 검사 25명이다. 『한국법관사』는 부산지방재판소 검사장 박성대를 판사로 잘못 정리하고 김병완 검사를 누락했다. 한번 생긴 오류는 수정되지 않은 채 『법원사』를 비롯한 공식기록으로 이어졌다.* 일본의 체제를 그대로 이식한 것이 조선의 식민지체제였다. 그중 대표적인 것이 공적인 정보를 중앙에 모으고 몇번의 검토와 결재과정을 거쳐 문서로 내보내는 관보시스템이었다. 일제시대 총독부관보에서는 오류를 찾기가 쉽지 않다. 자기들이 만든 시스템이니 운용에도 오류가 적을 수밖에 없었다. 해방직후 주체가 미군정으로 바뀌면서 지면에는 수많은 오류가 나타난다. 10월 11일자 판검사 면직과 임명과정에서 나타나는 수많은 오류들은 그런 적응과정을 그대로 보여주

---

* 임명사령에는 Lee Chong Sugn(이종성), Yang Yung Sik(양윤식), Paik Suk Kwang(백석황), Chung Eun Whan(정윤환), Min Don Sik(민동식) 등 이름표기에 수많은 오류가 있다. 민동식(閔瞳植) 판사의 경우 영어로 먼저 'Min Don Sik'을 받아 적고 그걸 한자로 옮기다보니 민돈식(閔敦植)으로 기록되었다. 10월 15일자 임명사령은 이를 민동식으로 바로잡았다. 그러다보니 『한국법관사』에는 민동식과 민돈식 2명의 판사가 따로 존재하는 것처럼 기록이 남아 있다.

는 중요한 자료로 그 자체가 역사다.

영어가 우선이고 한자번역이 부수적이다보니 대법관이 '대법원 재판관'으로, 법원이 '재판소'로, 고등법원이 '공소원'으로 표기되는 변화도 있었다. 이 부분은 미군정이 최초로 구상한 새로운 사법체제라고 볼 수도 있어서 오류라고 이야기하기는 곤란하다. 전반적으로 일본의 식민지에서 미국의 점령지로 바뀌는 과정에서 생긴 해프닝이다. 법원의 명칭은 이후에도 몇차례 오락가락하다가 지금과 같은 '○○지방법원' 형태로 정착되었다. 미군정에서도 일제시대와 마찬가지로 검찰청을 따로 분리하지 않고 검사들을 일단 법원의 검사국에 소속시켰다.

10월 11일자 발령에는 김용무 대법원 재판장(대법원장), 서광설·이종성(李宗聖)·심상직(沈相直)·이인 대법원 재판관(대법관), 이명섭(李明燮) 경성공소원 수석판사(서울고등법원장), 장경근 경성지방재판소 수석판사(서울지방법원장), 김찬영 대법원 검사장(검찰총장), 홍인도 경성공소원 검사장(서울고등검찰청 검사장), 박승유(朴勝維) 경성지방재판소 검사장(서울지방검찰청 검사장) 등이 포함되었다.

원로급뿐만 아니라 소장층도 많이 들어갔다. 우리가 살펴본 1937년 고등시험 사법과 합격자 중에서는 민복기와 오승근이 경성지방재판소 판사에, 최종석이 경성공소원 검사국 검사에 각각 임명되었다. 민복기와 오승근은 해방 당시 판사로 일하고 있었던 사람들이므로 신규임용이라기보다는 그냥 일하던 곳에 남았다는 표현이 옳다. 경성지방재판소 수석판사가 된 장경근보다 불과 2년 늦은 고등시험 사법과 합격자들이었으므로, 이들은 이미 중견판검사라고 부를 만했다. 창씨한 민복기는 퇴임자명단에 포함되고 창씨하지 않은 오승근은 퇴임자명단에서 빠진 것도 재미있다. 최종석은 검사로 짧게 일하다가 해방전에 이미 변호사

로 개업한 상태라 어쨌든 신규임용에 해당한다. 조선변호사시험과 고등
시험 사법과에 모두 합격해 평양지방법원을 거쳐 부산지방법원 진주지
청 검사로 일하던 김병완도 이 날짜 인사에 포함되었다.

조선변호사시험 출신으로는 허헌의 사람으로 이미 거론한 한영욱과 김
용암이 명단에 들어갔고, 해방후 한민당 발기인으로 참여한 윤학기·백
석황, 광주학생항일운동 관련자인 이덕우와 함께 설명했던 김영천·홍
인도, 김준연의 사위인 김홍섭 등이 이날 인사에 이름을 올렸다.

63명 전체를 자격취득 근거로 분류하면 구한국 시절의 재판관이나 법
관양성소 출신 3명, 제국대학 출신으로 사법관시보에 특채된 사람 1명,
서기 겸 통역생으로 일하다가 조선총독부에 판검사로 특채된 사람 10명,
일본변호사시험 출신 2명, 고등시험 사법과 출신 30명, 조선변호사시험
출신 16명, 확인되지 않는 사람 1명이다. 자격을 확인할 수 없는 정수복
(丁守福)과 1943년도 고등시험 사법과 합격자 김찬수(金纘洙)를 제외하
면 이날 판검사로 임명된 사람들은 모두 이른바 '자격자'로서 해방 당시
판검사 경력 또는 변호사자격을 가지고 있었다. 1947년 부산에서 '좌경
검사'로 몰려 서북청년단원에게 암살당한 정수복 검사는 정확한 경력근
거를 확인할 수 없다.[8] 10월 11일 첫번째로 임명된 판검사명단은 〈표2〉
와 같다.

10월 11일의 판검사 임용은 한국법조계 전체의 미래를 결정하는 중
요한 조치였다. 10월 15일 미군정은 "미군 점령지역 내의 재판소 관리
는 점령을 시작한 후 6주간 내에 완전히 조선인의 손으로 돌아오게 되
었다"라면서 "군정청 재판소 내에 전부 조선인으로 하여금 재판을 하는
권리를 허가하였다는 것은 약 반세기 이래 처음 보는 일"이라고 자신있
게 선언했다. 실제로도 법원과 검찰은 다른 어떤 기관보다 빠르게 조선

〈표2〉 1945년 10월 11일자로 임명된 판검사의 출신별 정리

자격	판사	소계	검사	소계	합계
구한국 재판관 및 법관양성소	심상직(대법원 재판관/법관양성소/1908) 최원순(제주도재판소장/구한국 재판관)	2	김찬영(대법원 검사장/법관양성소/1907)	1	3
조선총독부 특별임용	서광설(대법원 재판관/서기) 이명섭(경성공소원 수석판사/서기) 양원용(경성지방재판소 부수석판사/제국대 출신 특별임용) 이정혁(경성소년재판소 수석판사/서기) 김일룡(춘천지방재판소장/서기) 김동현(부산지방재판소 수석판사/서기)	6	민병성(대법원 검사/서기) 박승유(경성지방재판소 검사장/서기) 김용찬(경성지방재판소 검사/서기) 양홍기(제주도지방재판소 검사장/서기) 박종훈(제주도지방재판소 검사/서기)	5	11
일본변호사 시험	김용무(대법원 재판장/21) 이인(대법원 재판관/23)	2			2
고등시험 사법과	김준평(경성공소원 판사/27) 김광근(경성공소원 판사/31) 김판암(경성공소원 판사/34) 유영윤(경성공소원 판사/35) 장경근(경성지방재판소 수석판사/35) 강병순(경성지방재판소 부수석판사/38/조선변호사시험32) 고병국(경성지방재판소 판사/32) 민복기(경성지방재판소 판사/37) 오승근(경성지방재판소 판사/37) 정윤환(경성지방재판소 판사/39) 김태영(경성지방재판소 판사/39) 사광욱(경성지방재판소 판사/40) 오규석(경성지방재판소 판사/41) 김용월(경성소년심판소 판사/41) 이영섭(경성지방재판소 송도지청 판사/42) 김장호(부산지방재판소 판사/38) 장갑윤(부산지방재판소 판사/41) 임수성(부산지방재판소 판사/42)	18	최종석(경성공소원 검사/37) 김병관(경성지방재판소 검사/41) 박경재(경성지방재판소 검사/42) 신언한(경성지방재판소 검사/42) 신굉의(경성지방재판소 검사/42) 최윤모(경성지방재판소 송도지청 검사/41) 최세황(춘천지방재판소검사장/41) 장천수(춘천지방재판소 검사/42) 박성대(부산지방재판소 검사장/35) 김병완(부산지방재판소 검사/40/조선변호사시험40) 정재환(부산지방재판소 검사/40) 김찬수(부산지방재판소 검사/43)	12	30

조선변호사 시험	이종성(대법원 재판관/22) 한영욱(경성공소원 판사/25) 양윤식(경성공소원 수석판사/27) 윤명룡(경성지방재판소 부수석 판사/30) 윤원상(경성지방재판소 부수석 판사/32) 고은환(경성지방재판소 판사/36) 윤학기(경성지방재판소 판사/39) 민동식(경성지방재판소 판사/39) 정근영(경성지방재판소 판사/41) 허만호(부산지방재판소 판사/41)	10	홍인도(경성공소원 검사장/37) 백석황(경성공소원 검사/36) 김영천(경성지방재판소 검사/37) 김용암(경성지방재판소 검사/38) 김홍섭(경성지방재판소 검사/40) 김병화(경성지방재판소 검사/42)	6	16
미확인			정수복	1	1
합계		38		25	63

- 괄호 안에는 1945년 10월 11일 발령 당시의 보직/자격취득의 근거가 되는 시험의 해당연도를 적었다(1900년대이므로 앞의 '19'는 생략함).
- 강병순과 김병완처럼 고등시험 사법과와 조선변호사시험에 모두 합격한 경우에는 고등시험 사법과 출신으로 분류했다.
- 김용무 대법원장의 경우 일본변호사시험 또는 고등시험 사법과 출신으로 기록이 갈리는데, 1923년 고등시험으로 변호사시험이 통합되기 이전의 판사검사등용시험규칙(1891년 5월 15일자 일본 사법성령 제3호)에 따른 합격자로 보인다. 1923년부터 시행된 고등시험 사법과와의 구별을 위해 일단 여기에서는 일본변호사시험 합격자로 분류했다.

인의 손으로 돌아왔다. 당시 미군정은 조선인 변호사회의 간부들로부터 공직에 임명할 법조인명단을 전달받아 이를 기초로 판검사를 임명했다. 경성변호사회*는 법원기구 조직안을 만들어 미군정에 제출하기도 했다.[9] 여러모로 순조로운 출발처럼 보였다. 그러나 여기에는 수많은 난관

---

* 일제시대 조선에서는 조선인과 일본인 변호사들의 모임이 통합과 분리를 거듭했다. 1938년에 통합된 경성변호사회는 일본인 변호사와 조선인 변호사가 교대로 회장을 맡았다. 해방직후에도 서울지역의 변호사들은 경성변호사회 명칭을 사용했다. 미군정은 1945년 11월 19일 법무국령 제4호 '변호사회에 관한 명령'으로 조선변호사회를 창립하고 경성변호사회를 '조선변호사회 서울분회'로 부르도록 했다. 조선변호사회장은 대법원장이 겸임하도록 했다. 변호사들은 이와 같은 조치에 동의하지 않았고 비공식적으로 '서울변호사회' 명칭을 계속 사용했다. 한국변호사사 간행위원회 『한국변호사사』, 대한변호사협회 1979, 55~75면.

이 도사리고 있었다. 친일판검사의 처리, 법률가의 절대적인 부족, 특정 정파의 주도권 장악, 통역권력의 등장, 북한에서 내려오는 법률가들의 처리 등이 대표적인 문제였다. 이 문제들은 보이지 않는 가운데 서로 뒤섞여 카오스를 만들어냈다.

일본인이 재판권을 행사해서는 안 된다는 합의는 쉽게 이루어졌다. 그러면 누가 재판할 것인가? 미군이 모든 재판권을 행사하는 것은 현실적으로 불가능했다. 미군정의 헌병재판소는 조선인 재판소에서 처리하기가 곤란한 사건들만 취급하기로 했다. 미국인이나 연합국 군인들에 대해서는 처음부터 조선인 재판소에 관할이 없었다. 그럼 결국 조선인 관련 사건은 조선인 판검사가 처리해야 했다. 해방이 되었다고 해서 범죄와 분쟁이 사라지는 것은 아니다. 재판은 빨리 재개되어야 했다.

조선에 진주한 미군들은 곧바로 이미 존재하던 소수의 법률가집단을 발견했다. 이들은 일제시대 최고의 교육을 받은 집단이었고, 영어를 단시간에 습득할 수 있는 엘리트들이었다. 미군정에 대해서도 더할 수 없이 협조적이었다. 그대로 돌리면 되는 법원과 검찰의 시스템도 존재했다. 다만 이 법률가집단의 구성원 대부분이 전쟁말기까지 적극적으로 일본에 협력한 사람들이라는 문제만 남았다. 미군정은 이 문제를 그리 심각하게 생각하지 않았다. 10월 11일자 인사를 주도한 사람들이 남긴 글을 보면 의외로 친일파 문제에 관한 고민이 전혀 드러나지 않는다. 오직 법률가의 절대적 부족을 이야기할 뿐이다.

아마도 그들의 머리에는 대체로 다음과 같은 프레임이 존재했던 것 같다. 일본인들은 1910년 이씨 왕가가 지배하던 조선이라는 목선을 빼앗아 이를 기초로 거대한 강철선박을 만들었다. 크게 보면 조선총독부 체제, 작게 보면 법원·검찰체계가 이 강철선박이다. 일본은 이 강철선박을 운용해 조선에서 물고기를 잡아 자신의 잇속을 차렸다. 강철선박의 선장부터 선원까지 중요한 자리는 당연히 일본인으로 채워졌다. 조선인은 순사, 서기 같은 허드렛일만 도왔다. 허드렛일을 하려고 해도 조선에서 가장 좋은 학교를 졸업하거나 시험에 붙어야 했다. 경쟁이 엄청났다. 가끔 가다 한두명의 조선인들이 실력을 인정받아 정식선원이 되었지만 그 수는 매우 적었다. 어느날 일본이 전쟁에 패했다. 배를 움직일 일본인들이 일시에 사라졌다. 새로 선장이 된 미국인들은 조선의 정의나 공평 같은 문제에는 큰 관심이 없었다. 최소한의 노력을 투자해 강철선박이 항해 가능한 상태로만 만들어주고 떠날 마음이었다. 그러나 배를 맡기려 해도 조선인 중에 정식선원 출신은 거의 없었다. 어깨너머로 배의 운용을 구경한 소수의 조선인 허드렛일꾼들이 있을 뿐이었다. 시스템은 남아 있으나 이를 운용할 사람은 적었다. 일본인에게 협력한 정식선원들은 때 묻은 사람들이었다. 허드렛일을 돕던 조선인은 일본인 선원 밑에서 일종의 마름 노릇을 하며 나쁜 짓을 더 많이 저질렀을 수 있다. 그런데 그 사람들 말고 어디에서 이 배를 움직일 기술자를 찾을 것인가? 피의자신문조서 한장, 참고인진술조서 한장을 꾸미려고 해도 전문지식이 필요했다. 그 모든 틀은 일본에서 왔다. 하루아침에 만들어질 수 있는 전문가군이 아니었다.

물론 그들의 프레임과 달리 때 묻지 않은 사람들을 기용하는 방법이 없지는 않았다. 마지막까지 일제에 저항했던 사람들에게 주도권을 넘기고, 그들이 단기간에 젊은 법률가들을 교육시키도록 하면 된다. 실제로 북한이 이런 방법을 취했다. 하지만 미군은 그런 방법을 선택할 수 없었다. 급진적인 변화를 주장하는 그룹은 정신적으로 소련에 가까운 사람들이었기 때문이다. 게다가 미군정에 참여한 조선인들은 더더욱 그럴

1946년 말에 촬영된 미군정청 법률 고문단과 법조계 대표들의 모습.
앞줄 왼쪽 세번째부터 이인 검찰총장, 김용무 대법원장, 김병로 사법부장.
당시 사법부를 움직이던 이들은 친일파 청산을 중요하게 여기지 않았다.

마음이 전혀 없었다. 정파적 성향이 강했던데다 지켜야 할 기득권이 있었기 때문이다. 미군정은 이들과 함께 한결 편한 길을 선택했다. 친일파 청산은 적어도 그당시 사법부를 움직이던 사람들에게는 중요한 과제가 아니었다. 이 상황을 이해하려면 해방공간의 정치주도세력을 살펴보아야 한다.

한민당의 힘

여운형이 엔도 총감의 제안을 받아들여 건준을 조직한 이후 해방공간

의 정국 주도권을 장악한 것은 좌익세력이었다. 1945년 9월 6일 박헌영·
이강국·최용달(崔容達)·정백(鄭栢) 등의 공산주의자들은 여운형의 건준
지도부에서 부위원장인 중도우파 안재홍을 배제하고 건준의 핵심조직
을 장악한 후 조선인민공화국(인공)을 선포했다. 여운형은 임시정부 요
인들 중 김구 등 몇사람을 개인으로 인정할 뿐 임시정부의 정통성은 인
정하지 않았다. 우파민족주의 세력은 인공에 맞서기 위해 9월 8일 한민
당 발기인 선언문을 발표했다. 선언문에는 "임시정부 외에 소위 정권을
참칭하는 일체의 단체 및 그 행동은 그 여하한 종류를 불문하고 이것을
단호히 배격한다"라는 내용이 포함되었다. 건준과 인공을 표적으로 삼
은 표현이었다.[10] 초창기 주도권 싸움에서 밀린 우익세력은 급속히 확대
되는 사회주의 세력에 맞서기 위해 당시로서는 임시정부의 정통성에 의
존할 수밖에 없었다. 이 모든 일이 해방후 한달이 지나기 전에 일어났다.

9월 16일 출범한 한민당은 대체로 다섯분파 민족주의 세력의 결합이
었다. 첫째 송진우·장덕수·김준연·장택상 등 임시정부와 연합군을 환
영하는 '국민대회준비회' 그룹, 둘째 김병로·백관수·이인·김용무·조병
옥 등 조선민족당 그룹, 셋째 원세훈(元世勳)·이병헌(李炳憲)·송남헌 등
고려민주당 그룹, 넷째 백남훈(白南薰)·윤보선·허정(許政)·김도연(金度
演)·윤치영(尹致暎) 등 한국국민당 그룹, 다섯째 홍명희·김약수(金若水)
등의 온건사회주의자 그룹이었다.[11] 당 전체를 실질적으로 주도한 것은
송진우였다. 『동아일보』의 김성수는 일제시대부터 정치·사회운동의 전
면에 나서지 않고 늘 송진우를 지원하는 역할에 머물렀다. 이번에도 마
찬가지였다.

한민당 구성원들은 분파가 달라도 이중삼중의 인연으로 연결되는 사
람들이었다. 일제시대 말 경원선 라인에 밀집해 상호교유했던 민족지도

자들이 좋은 예다. 송진우·김성수·장덕수·김준연 등은 청년기에 유학한 일본·미국·영국·독일의 모습을 점진적으로 해방 조선에 실현하겠다는 이상을 공유했다. 여기에 김병로·이인·이극로·김약수·조병옥·원세훈 등 일제시대 비타협적 민족주의노선을 걸었던 사람들이 힘을 보탰다. 한민당에는 전문학교 이상의 고학력자들이 모여들었다. 사회경제적으로는 지주·자본가계급에 속하는 사람들이었다. 직업을 보면 교사, 변호사, 의사, 언론인, 작가 등 자유업 종사자가 많았다. 일제시대 말에 적극적으로 친일한 사람들도 배제하지 않았다.12 지역적으로는 『동아일보』 계열의 호남세력에, 기독교 색채를 지닌 서북세력이 가담하고, 여기에 동지회·흥업구락부 계열의 기호세력이 추가된 모양새였다.13 한반도 지도를 놓고 보면 전체적으로 서쪽 출신들이다.

해외유학 경험, 서구민주주의에 대한 이해, 보수주의적 성향은 미군정 당국이 찾고 있던 한국인 협력자의 기본조건이었다. 그 조건에 딱 들어맞았던 한민당 구성원들은 자연스럽게 미군정하에서 사실상의 여당 역할을 담당했다. 미군정 초기 한민당 관련자들은 사법부와 경찰을 석권했다.

10월 11일 대법원 재판장에 임명된 김용무는 한민당 문교부장이었다. 김성수가 보성전문을 인수했을 때 김용무 변호사는 교우회장과 이사를 겸직하며 그를 도왔다. 전남 무안 출신이라 지역적으로도 김성수나 김병로 등과 가까웠다. 김성수의 『동아일보』 세력과 김용무는 그만큼 오랜 인연이었다. 결국 보성전문 법과 1회 졸업생으로 법조계에서 강력한 대표성을 지녔던 허헌 변호사를 8회 졸업생인 김용무가 대체한 셈이다. 대법원 재판관 이인은 한민당 당무부장이었다. 그밖에도 강병순·양원용(梁源容)·윤명룡(尹明龍)·윤원상(尹元上) 부수석판사, 김용월(金用鉞) 판

194

사가 한민당 출신이었다.

이미 보았듯이 김용무와 강병순은 군정장관의 고문으로 초창기부터 미군정에 조언하는 위치에 있었다. 군정청 형무과장을 맡은 최병석, 형사과장을 맡았다가 사퇴한 구자관도 한민당 출신이었다. 군정청에서 인사를 담당한 김섭, 잠깐 민사과장을 맡았던 배정현,[14] 나중에 검사로 임명된 권승렬(權承烈)·옥선진(玉璿珍)·기세훈, 훗날 대법관을 지낸 홍순엽 등도 한민당 발기인에 이름을 올렸다.[15] 홍순엽·윤학기는 해방공간에서 주로 좌익법률가들과 함께 활동한 인물들이지만 한민당 발기인으로도 참여했다. 한국종의 이름도 눈에 띈다. 송진우와 일본 유학시절부터 30년 이상 교유해온 김병로는 한민당 감찰부장이었다. 발기인에 그냥 이름만 올린 수준이 아니라 한민당 핵심 중의 핵심이었다. 송진우가 암살된 후 김성수를 설득해 한민당 참여를 이끌어낸 것도 김병로였다.[16] 다만 김병로는 10월 11일자 법원이나 검찰인사에 포함되지 않았다. 당시 김병로는 사법보다는 정치 쪽에 무게중심을 싣고 있었다. 그가 1946년 6월 27일 사법부장에 임명되어 실권을 장악하는 과정은 뒤에서 따로 살펴보겠다.

경찰에서는 경무국장* 조병옥, 수도청장 장택상이 한민당의 핵심인물이었다. 조병옥에게 경무국장을 맡기면서 존 하지(John R. Hodge) 중장은 한민당에서 탈당할 것을 권유했지만, 조병옥은 한민당의 총무만 사임하고 탈당하지는 않았다.[17] 그만큼 한민당 구성원의 정체성이 강했다. 전국적으로 일원화된 경찰조직을 장악한 한민당 세력은 미군정의 적극적인 지원 아래 이승만과 밀착하여 단시일 내에 최대 정치세력으로 자

---

* 조병옥은 1945년 10월 20일자 임명사령 제22호로 경무국 경무과장에, 1946년 1월 1일자 임명사령 제64호로 조선정부 경무국 조선인국장에 임명되었다. 1946년 3월 29일 시행된 군정법령 제64호 '조선정부 각부서의 명칭'은 경무국장을 경무부장으로 개칭했다.

리 잡았다.[18]

한민당 출신의 요직 독점에 대해서는 반발이 적지 않았다. 지금이야 명단을 보면서 그저 될 만한 사람이 되었으려니 받아들이지만, 그당시 법조인들은 이름만 봐도 이미 사법이 누구의 손에 넘어갔는지를 알 수 있었다. 변호사회는 자신들이 우돌 소령에게 제출한 명단이 제대로 반영되지 않은 데 분노했다. 그들이 볼 때 미군정은 이미 한민당 쪽 사람들의 조언에만 귀를 기울이고 있었다.[19] 1937년 고등시험 사법과 합격자와 1936~40년 조선변호사시험 합격자를 대략 살펴봐도 누락된 사람이 매우 많음을 알 수 있다. 해방되고 불과 8주가 지난 후 이루어진 최초의 법원·검찰 인사에서 이미 일정한 배제가 이루어졌다는 의미다. 그 반면에 자신도 모르게 이름이 들어간 사람도 있었다. 그중 일부는 자기 이름을 빼달라고 요구했다. 반발을 무마하기 위해 김용무 대법원 재판장은 등청하는 첫날 기자들을 만나 사법권의 독립을 위하여 한민당에서 탈당하겠다고 선언했다. 지나친 한민당 색깔을 완화하기 위해서인지 한민당 출신 중에도 일부가 당장 옷을 벗었다.[20] 발령을 받은 판검사 중 절반 이상이 출근하지 않았고 후임도 제대로 발령하지 않았다는 당시 『자유신문』의 보도처럼, 초창기 법원과 검찰은 사람들이 끊임없이 들고 나는 어수선한 분위기였다.[21]

이런 정신없는 상황은 11월 19일자 두번째 인사에 반영되었다. 11월 19일자 미군정청의 면직사령 제38호는 주로 대구·광주·대전·원주권역의 일본인 판검사들을 해임하는 명령이었지만, 여기에는 10월 11일자로 임명된 조선인 판검사도 무려 15명이나 포함되었다. 그중 13명은 10월 11일 임명 당일자 사퇴다. 임명을 받고도 전혀 출근하지 않은 사람들을 11월 19일자로 정리했던 것 같다.

대법원 재판관으로 임명되었던 심상직은 1887년생으로 구한국 법관 양성소 출신이다. 그는 10월 11일자로 임명된 조선인 판검사 중에 가장 원로에 속했다. "협잡할 유혹이 많은 변호사업에서 정직을 잃어버리면 개성의 파멸을 의미한다"라는 신념을 지녔다는 심상직이다. 그는 일찍부터 말 대신 증거로 싸운다는 평판을 얻었다. 말이 적고 신중한 사람이었다.[22] 당시 변호사회에서는 심상직을 대법원 재판장으로 추천했는데 미군정은 이를 무시하고 그 자리에 김용무를 앉혔다. 김용무의 임명에 대해서 법조계는 일제히 반대했다. 결국 이인이 총대를 메고 출근하지 않는 다른 대법원 재판관들의 설득에 나섰다. 이종성은 설득에 넘어가 출근했지만, 서광설과 심상직은 끝내 나오지 않았다. 이인이 "우리는 독립만 되면 죽어도 좋다던 사람들이 아니냐?"라고 호소했지만 소용이 없었다. 이인은 대구의 이상기(李相基)에게 전보를 쳐서 급히 올라오게 했다. 미군정 측은 평양에서 내려온 한근조(韓根祖) 변호사를 추천했다. 우여곡절 끝에 겨우 대법원을 구성할 수 있었다.[23] 심상직의 공식적인 사퇴일자는 1945년 11월 19일이고, 서광설은 1946년 1월 20일이다. 이렇게 사퇴한 심상직은 1946년 봄의 사법파동 상황에서 김용무의 대항마로 등장한다. 서울에서는 대법원 재판관을 구하지 못할 정도로 법조계 전체 분위기가 한민당 출신 김용무의 기용에 적대적이었다는 사실은 특기할 만하다.

그밖에 10월 11일 당일자로 사퇴한 강병순·양원용·윤원상 부수석판사는 한민당 소속으로 논란이 되었던 인물들이다. 이로써 한민당 출신의 부수석판사는 윤명룡만이 남게 되었다. 홀로 남은 윤명룡은 뒤에서 살펴볼 '김계조 사건'의 한쪽 당사자가 된다. 고등시험 사법과 출신인 김광근·김준평·고병국(高秉國)·오규석(吳圭錫)도 임명과 동시에 사퇴했

다. 김광근은 교토제대 재학 중 고등시험 사법과에 합격해 전주지방법
원에서 판사로 일하다가 만주로 넘어가 옌지(延吉), 퉁화(通化) 등지에
서 심판관으로 일한 독특한 경력의 소유자다. 동생 김형근(金亨根)도 해
방 당시 대구지방법원 판사로 재직 중이었다. 김준평은 앞서 양원일과
엄상섭의 사법관시보 임용에 도움을 주었던 일제시대 고위법관이다.
1932년 고등시험 합격자인 고병국은 학계로 나가 서울대 법대학장, 경
희대 총장 등을 지냈다. 1941년 고등시험 합격자인 오규석은 나중에 '법
조프락치' 사건에 연루되어 징역 2년에 집행유예 4년을 선고받았다. 조
선변호사시험 출신인 양윤식·윤학기·정근영 판사도 출근하지 않아 면
직처리되었다. 경성소년재판소 수석판사에 임명되었던 이정혁(李晶爀)
은 11월 3일자로 면직처리가 이루어졌다.

검찰에서는 김용암과 김병관(金炳觀)이 10월 11일 당일자로 면직되었
다. 허헌의 사람인 김용암이 검사로 임용된 것은 흥미롭다. 일종의 구색
맞추기가 아니었을까 싶다. 검사로 일하지 않고 당일 퇴직했으니 엄밀
히 말하자면 검사로 임용된 사실이 없다고도 볼 수 있다. 김용암은 떠났
지만 한영욱은 남았다. 최종석은 11월 5일자로 면직되었는데, 그 다음날
법무국 형사과장으로 임명되었다. 구자관이 빠져나간 자리를 그가 채웠
다. 김영상이 빠져나간 민사과장 자리는 11월 7일자로 최병주(崔丙柱)
변호사가 채웠다. 최병주는 전북 부안 태생으로 전주고보와 경성제대를
졸업하고, 1932년 고등시험 사법과에 합격해 평양지방법원 판사를 지낸
인물이다.

해방후 첫번째 판검사로 임용된 63명 중에서 15명이 곧바로 빠져나갔
다. 그렇다고 당시 조선인 판검사가 48명만 존재한 것은 아니다. 1945년
10월 초 대구에서 계철순 판사 담당으로 해방이후 최초의 재판이 열렸

다는 고재호의 회고가 사실이라면,* 해방 당시 일본인들과 함께 판검사로 근무했던 조선인들은 대부분 군정청의 임명과 상관없이 자리를 지켰던 것 같다. 1945년 9월 7일자 포고로 일제시대 판검사들이 일단 자리를 유지한 상태에서 10월 11일자로 일본인 판검사들이 면직되었으므로, 면직대상에서 제외된 조선인 판검사들은 원칙적으로 일제시대의 현직을 그대로 유지했다고 볼 수 있다. 강중인의 친구인 계철순은 해방 당일 대구지방법원에 판사로 재직 중이었다. 그도 11월 19일에야 공식적으로 판사 임명을 받았다. 10월 11일 서울과 부산을 중심으로 먼저 판검사 임명이 이루어지고, 11월 19일에 대구·광주·대전·원주의 판검사 임명이 이루어진 결과다. 그가 공식임명 이전인 10월에 이미 재판을 진행했던 걸 보면, 해방 당일 판검사로 일하던 사람들에게는 군정청의 공식임명이 매우 형식적이었다는 해석이 가능하다. 해방이후의 판검사 임명기록을 따로 찾을 수 없으나 실제로는 일제시대부터 중단 없이 판사로 일한 것이 확실한 인물로는 1935년 고등시험 사법과 출신인 변옥주(卞沃柱), 1937년 고등시험 사법과 출신인 손동욱, 1939년 고등시험 사법과 출신인 김종호(金鍾浩)·고재호·김형근, 1940년 고등시험 사법과 출신인 한봉세 등이 있다.

　11월 19일 이후 진행된 판검사 임명에서는 기존에 자격을 갖춘 법률가의 비율이 급격히 줄어든다. 자격을 갖춘 사람들이 그만큼 적었던 까닭이다. 아무리 자격자가 적었다 해도 그들 사이에는 냉정한 경쟁과 암투가 존재했다. 당시 미군정청 법무국 고문관실 사무관 신분으로 판검

---

* 계철순 판사가 담당했던 절도사건 재판은 우리말로 이루어진 첫 재판이기도 했다(고재호『법조 반백년: 고재호 회고록』, 박영사 1985, 183면).『법원사』는 이와 함께 1945년 11월 이왕직 장관이던 장헌식 피고인 사건을 최초의 재판으로 소개한다(법원행정처 엮음『법원사』, 법원행정처 1995, 174면). 이는 1971년 8월 6일자『조선일보』기사에 기초한 것이다.

사 선임과정에 직접 참여한 김종수(金鍾壽)는 서울·대구·부산 등 각 지방별로 판검사단과 변호사회가 연석회의를 열고 그 자리에서 투표하여 공소원장·지방법원장을 추천하면, 미군정청은 이를 받아 그대로 임명하였다고 회고한다.[24]

그러나 대구지방법원 판사로 근무하던 고재호의 기억은 좀 다르다. 해방 당시 대구복심법원에는 이상기·노용호 판사가, 대구지방법원에는 고재호·김형근·계철순·나항윤·심동구(沈同求) 판사와 배영호 예비판사가, 검사국에는 소진섭 검사가 근무 중이었다. 해방이후 고재호, 대구변호사회장 이호정(李浩呈), 원로변호사 한규용(韓奎鏞) 등이 모여서 대구지역의 인사안을 짰고, 고재호의 강력한 주장에 따라서 이상기 판사를 대구공소원 재판장으로, 노용호 판사를 대구지방법원 검사장으로 추천했다. 11월 19일에 발표된 결과는 이들의 생각과 달랐다. 이상기 판사는 앞서 보았듯이 서울로 불려 올라가 대법원 재판관에 임명되었고, 노용호 판사는 검사장 임명에 탈락했다. 실제로 임명된 것은 대구공소원장 이호정, 대구공소원 검사장 한규용, 대구지방법원장 함승호(咸升鎬), 대구지방법원 검사장 오완수(吳完洙)였다.[25] 지방에서 추천한다고 해서 그대로 받아들인 인사가 아니었다.

김영희·전규홍·박영균의 변호사자격 취득

1945년 10월 11일자 첫번째 조선인 판검사 임명을 끝내고, 11월 19일자로 두번째 임명을 준비하는 과정에서 미군정청 법무국은 특이한 조치를 취한다. 1945년 11월 14일자 미군정청 법무국지령 제1호를 통해 김영

희·전규홍·박영균(朴永均)에게 변호사자격을 부여한 것이다. 브레이너
드 프레스콧(Brainard E. Prescott) 대령, 우돌 소령 등 미군장교 31명과 함
께였다.26 미군장교들에 대해서는 조선의 법정에서도 변호업무를 담당
하도록 한다는 그럴듯한 명분이 있었다. 김영희·전규홍·박영균에 대해
서는 "일본총독부 시대 법무국의 제한과 차별로 인하야 생(生)한 조선
내 유자격한 법률가의 임시부족을 보충하기 위하여" 변호사자격을 부여
한다는 설명이 붙었다. 법률에 종사할 교육과 경험을 갖춘 조선국적의
24세 이상자로 위원회의 시험에 통과해야 한다는 변호사자격 부여조건
도 제시했다. 미군정은 이러한 조건을 제시함으로써 이들의 임명이 일
회적 조치가 아님을 예고했다.

    법무국지령 제1호는 이 세사람이 이러한 자격을 갖추었다고 볼 수 있
는 근거까지 구체적으로 거론했다. 예일대 철학박사로 이화여전에서 가
르친 김영희 박사는 연희전문에서 3년간 법률을 공부했고, 그밖에도 법
률과 정치학을 개인적으로 연구해왔다는 것, 전규홍 박사는 일본 주오
대 법학과를 다녔고 로욜라에서 법학박사 학위를 취득하고 주오대에서
가르쳤다는 것, 박영균은 1922~27년 일본 간사이대 법학과에서 공부하
고 1928~45년 조선토지회사 지배인, 1935~45년 이화여전 보관위원회
위원으로 일했다는 것을 근거로 제시했다.

    박영균의 경우 미국 유학경험은 없으나 이화여전 이사 경력이 미군정
과의 연결고리가 되었으리라 추측할 수 있다. 이화는 미국인 선교사가
세운 학교로 태평양전쟁 이전까지 미국과 강력한 유대관계를 유지했던
대표적인 미션스쿨이었기 때문이다. 박영균은 이에 앞서 10월 18일에
이미 특별재산심판소의 사무부장으로 임명된 상태였다. 특별재산심판
소에서 박영균의 직위는 신문기사나 관보에 따라 감독, 감독관, 소장 등

으로 달리 나타나서 특정하기가 매우 어렵다. 판사가 아니었던 점을 감안한다면 아마도 사무국장에 해당하는 업무를 담당했던 것 같다. 이름도 박용균과 박영균이 혼용되고 있는데 역시 영문표기를 한글로 옮기는 과정에서 생긴 착오다. 해방전의 이화여전 이사명단에 따르면 박영균이 맞다.[27]

세사람에게 변호사자격을 부여한 조치는 사법분야 통역관의 권력을 사후 정당화하는 의미가 컸다. 법무국지령 제1호가 설명하듯, 과거 조선총독부가 조선인에게 변호사자격을 부여할 때 상당한 제한과 차별을 가한 것은 사실이다. 이를 바로잡기 위해 변호사자격을 폭넓게 부여한다면 그것도 이해할 수 있다. 그러나 과연 이들이 최우선권을 가질 만한 인물이었는지는 의심스럽다. 김영희의 경우 연희전문에서 법학을 공부했다고 하지만, 그 시기 연희전문에는 공식적으로 법과가 없었다. 정치학과 법학을 개인적으로 공부했다는 것만으로 변호사자격을 부여하는 건 아무래도 어색하다. 간사이대에서 법학을 공부한 사람은 박영균 말고도 부지기수였다. 결국 이들의 변호사자격 취득은 영어 능통자라는 측면을 빼고는 설명이 불가능하다.

미군정의 조치에 대해 기존 법조인들은 격렬하게 반발했다. 12월 1일에 이인 대법관은 김영희·전규홍·박영균에 대한 변호사자격 부여가 "일본법에 의한 것인지 법무국이 새로운 법령을 만든 것인지 명확히 알 수 없다"면서 "우리(판검사)가 과연 어떤 일을 해야 옳은지 모르겠다"라는 의문을 제기했다. 똑같은 자리를 어떤 때는 수석판사라 부르고, 어떤 때는 소장이라 부르고, 어떤 때는 조사관이라 부르는 혼선도 지적했다.[28] 식민지 사법체제와 별도의 시스템을 만들어보려는 미군정과 통역의 의욕이 만들어낸 혼선이었다. 이인은 그런 세부적 측면에서 기존의 법률가들이 통역관들보다 우위에 있음을 우회적으로 강조하고자 했다. 이런 비판에도 불구하고 미군정은 12월 10일 김영희를 법무국장대리로 임명했다.

12월 13일 경성변호사회가 하지 중장에게 제출한 건의서에는 김영희·전규홍·박영균에 대한 변호사자격 부여를 비판하는 내용이 포함되었다. "상당한 수준에 달한 법적 지식과 풍부한 상식과 원만한 인격의 소유자"라야만 변호사가 될 수 있고, "구미 각국은 물론 조선에서도 변호사자격에 대한 시험이 엄격"한데, 김영희 등에게 변호사자격을 부여한 것은 형식적으로나 실질적으로 비합법적이라는 것이었다.[29] 건의서는 "우리 변호사회가 결코 신임 변호사의 개인적 자격을 비방함은 아니요 더구나 변호사의 증가를 거부함도 아니"라고 강조한다. 자신들은 "자격 있는 변호사의 증가를 충심으로 요망"하지만, 이 세사람이 변호사시험을 통과한 사실이 없으므로 반대할 뿐이라는 이야기였다.[30] 이때도 이미 변호사들의 숫자에 상당히 민감했음을 역설적으로 보여주는 흥미로운 건의문이 아닐 수 없다.

미군정은 흔들리지 않았다. 12월 17일 미군정청은 "법무국장이 국장대리를 통하여 발령한 명령이나 법무국장이 특히 권한을 부여한 경우를 제외하고는 군정청 장교는 법무국이나 그 지휘감독하에 있는 국가기관의 관리에게 명령을 할 수 없다"라는 법무국 규정 제7호를 발표하여 김영희 법무국장대리의 실권을 강화했다.[31] 의사소통의 고리 역할을 하는 통역이 실질적 권력까지 장악하는 현상은 식민지나 피점령국에서 흔히 볼 수 있다. 김영희 법무국장대리가 바로 그런 경우였다.

사다리 걷어차기

해방 당시 북한지역에 있던 법률가들은 대부분 10월 11일자 첫번째 인사에 포함되지 못했다. 11월 19일자 두번째 인사에 겨우 포함되었는데, 그것도 원하는 사람 전부는 아니었다. 이들은 월남 후에도 상당한 불이익을 감수해야 했다. 불이익은 고위직 출신일수록, 월남시기가 늦어질수록 커졌다. 먼저 자리를 차지한 사람들이 사다리를 걷어찼기 때문이다.

해방 당시 평양에는 김갑수·오건일·조일호(趙一浩)·한환진·이만준 등이 판사로, 이병용(李炳瑢)·김영재·조재천 등이 검사로 재직 중이었다. 변호사로는 한근조·노진설(盧鎭卨)·김익진·이광석(李光錫)·박현각(朴鉉珏)·윤무선(尹武璿)·양태원 등이 활동했다.*32 해방직후 평양은 건준이 장악했다. 서울의 건준과는 달리 평양의 건준은 조만식·오윤선(吳胤善) 등 우익기독교인 주도에 이주연(李周淵)·한재덕(韓載德) 등 소수의 좌익이 참여한 형태였다.33 소련군이 진주한 후에는 평남 인민정치위원회로 개편되었다. 여기에서도 조만식이 위원장을, 경성제대 출신의 사회주의자 현준혁(玄俊爀)이 부위원장을 맡았다. 그밖에도 한근조 변호사가 평양시장에, 김익진 변호사가 경찰부장에, 이광석이 경무과장에, 박현각 변호사가 보안과장에, 윤무선 변호사가 대동경찰서장에 임명되었다. 평양경찰서와 선교리경찰서는 좌익이 장악했지만 전반적으로 우익

---

* 김갑수의 회고에 따른 기록이다. 김갑수 변호사는 양태원이 판사로 재직했던 것으로 기억하고 있으나 변호사 등록명부에 따르면 양태원은 1943년 평양지방법원 판사를 사임하고 평양에 변호사로 등록했다. 이광석은 1943년 고등시험 합격자로 당시는 아직 변호사자격을 취득하기 전이었다. 월남한 이광석은 사법요원양성소 입소시험에 다시 합격해 대구고등법원 부장판사를 지냈다.

세력이 강했다.

8월 17일에는 조선인 판검사들이 평양지방법원과 검사국을 접수했다. 당시 조선인 판검사 측 대표가 김갑수 판사였다. 건준에서 아무런 지시가 내려오지 않자 김갑수는 주변의 의견을 모아 서기장, 등기주임, 호적주임도 임명했다. 김갑수는 "제법 원장이 된 기분으로" 일을 했다고 회고한다. 며칠후 노진설 변호사가 법원을 접수하러 왔다.[34] 노진설은 평양고보와 메이지대 전문부 법과를 졸업하고, 1927년 조선변호사시험에 합격해 항일변론에 앞장섰던 인물이다. 1937년 11월 11일 동우회 사건으로 기소유예를 받고, 11월 30일 변호사 등록이 취소된 전력도 있다. 변호사 등록은 1939년 2월 21일 다시 했다. 노진설에게 법원을 넘겨주는 시점에서 김갑수가 느낀 감상은 한번 읽어볼 가치가 있다.

"무론(無論) 특별한 포부가 있어서 사법관이 된 것이 아니고 안이한 생계방도로서 적당한 시기에 변호사 개업이나 해보겠다고 법관이 된 것이고, 그 법관생활을 통해서 내가 한인이라는 것을 잊어본 일이 없었다고는 하더라도 나의 위치가 음양으로 일본에 도움을 준 것만은 움직일 수 없는 일이고 보면, 나라가 해방된 마당에 무슨 염치로 딴꿈을 꿀 수 있겠는가. 다만 이왕지사 관리자가 된 것이니 연필 한자루 종이 한장이라도 잘 보관했다가 인계하자는 것뿐이었다."[35]

일제에 협력한 판검사들이 그 시점에서 느꼈을 만한 전형적인 소회다. 노진설이 법원을 접수한 후에도 조선인 판검사들의 일상은 유지되었다. 그후에 좌익진영의 장시우(張時雨)가 평남 인민정치위원회 사법부장에 임명되었다. 양태원 변호사가 그를 보좌했다. 장시우가 들어오고 난 후 곧 법원이 해산되었다. 이 상황에서도 김갑수는 바로 월남하지 않고 평양에 남아 진로를 고민했다. 변호사 개업을 하든지 출판업을 할 마음이었다. 러시아어를 아는 사람이 거의 없는 상황에서 김갑수는 시험지 위 칸에 우리말을 적고 아래 칸에는 같은 뜻의 러시아어 발음을 적는 조잡한 형태로 『당장 필요한 소련말』이라는 회화책을 만들었다. 소련 출신으로 사슴농장을 하다가 일제시대 김갑수의 재판을 받은 적이 있는 사람에게 발음을 교정받았다. 급조한 책이었지만 일주일도 안 되어 2만 4000부를 팔았다.[36] 대단한 수완이었다.

출판으로 돈은 벌었지만 소련의 변호사제도 이야기를 들으니 미래가 보이지 않았다. 김갑수는 친구들과 월남을 의논했고, 10월 4일을 출발일로 정했다. 김영재·조재천·이만준·오건일·한환진이 동참했다. 김갑수만 아내를 동반했고, 나머지는 모두 단신이었다. 남하 도중에 오건일은 송악산 방향을 고집하고, 김갑수는 소련병사를 피하기 위해 조포 방향을 고집했다. 결국 두 팀으로 나뉘었다. 오건일을 제외한 판검사들은 모두 아내를 동반한 김갑수의 형편을 고려해 김갑수를 따랐다. 김갑수는 그 우정에 감동했다. 그날 밤 무사히 삼팔선을 넘었고 다음날 개성에 도착했다. 개성에서는 오건일 일행과 다시 합류했다.[37] 개성 도착이 10월 5일이니 상대적으로 빠른 월남이었다. 몸은 고단했어도 삼팔선을 넘기 위해 목숨을 걸어야 하는 상황은 아직 아니었다. 이렇게 삼팔선을 넘은 6명의 동료 중 김영재·이만준·오건일 등 3명이 한국전쟁 때 월북 또는 납북되어 다시 삼팔선을 넘게 된 것은 아이러니다.

김갑수 일행이 남쪽으로 넘어오니 법원·검찰에 대한 첫번째 인사는 이미 마무리단계였다. 남쪽에 있던 조선인 판검사들은 인사발령을 위해 따로 할 일이 없었다. 그냥 제자리에 눌러앉아 있으면 충분했다. 다만 얼마나 높은 자리를 얻느냐가 문제였을 뿐이다. 북에서 '현직'을 잃은 김갑수는 '복직'을 해야 했다. 해방 당일 남북 어디에 있었느냐에 따라 인생이 완전히 달라졌다.

김갑수는 복직을 청탁하기 위해 법무국장 고문인 서광설 변호사를 찾아갔다. 김갑수의 경성제일고보와 경성제대 후배인 서재원의 아버지 서광설은 김갑수의 아버지인 김종근 변호사와도 가까워서 부자가 각각 인연이 있었다. 김영희 박사가 보좌관으로 공식임명되기 전이었으니 10월 9일 이전의 어느날이다. 서광설은 김갑수가 김종근의 아들인 것을 금방 알아보기는 했으나 판사 복직에 대해서는 확답을 주지 못했다. 혼잣말 비슷하게 "그만두겠다는 사람도 있고 들어오겠다는 사람도 있고 참 우스운 세상이야"라고 한마디 툭 던졌을 뿐이다. 김갑수는 모멸감을 느끼고 물러나왔다. 사실 서광설은 그당시 남의 인사를 챙겨줄 형편이 아니었다. 자기 자리를 김영희에게 내주어야 하는 상황이었기 때문이다.

한동안 아무 연락이 없다가 신임 김영희 보좌관이 김갑수를 법무국으로 호출했다. 기쁘게 달려가보니 김영희는 "옹진지방법원장으로 가겠느냐?"라고 물었다. 김갑수는 깜짝 놀라 "옹진지방법원이 어디 있느냐?"라고 되물었다. 김영희는 "지금부터 신설할 예정"이라고 답했다. 당장 거절하면 김영희의 눈밖에 날까봐 김갑수는 "좀 생각해보겠다"라고 했다. 김영희는 "그러면 그만두라"고 했다. 삼팔선으로 끊긴 까닭에 졸지에 섬이 되어버린 곳이 옹진반도였다. 육로로 가려면 삼팔선을 두번 넘어야 했다.[38] 실제로 옹진지방법원에 11월 19일자로 4명의 판검사가 발령받았으니 제안 자체가 엉터리는 아니었다. 김갑수는 10월 11일자 인사에서는 배제되었고, 11월 19일자 인사는 스스로 거절한 셈이 된다. 인사와 관련한 두번째 모멸의 순간이었다.

복직을 단념하지 못한 김갑수는 서울지방법원장이 된 장경근을 찾아갔다. 장경근은 평북 용천 태생으로 교토 제삼고등학교를 거쳐 도쿄제

대법관시절의 김갑수.
해방 당시 북한지역에 있던 법률가들은
월남 후 인사에서 불이익을 감수해야 했다.

대 법학부를 졸업한 수재였다. 1935년 함께 고등시험 사법과에 합격해 1936년 5월에 함께 사법관시보 발령을 받은 두 동년배는 한번도 친구가 되지 못한 피곤한 라이벌이었다. 김갑수는 이 라이벌에게 고개를 숙이고 복직을 부탁했다. 장경근은 김갑수에게 복심법원(고등법원) 배석판사를 제안했다. 김갑수만 괜찮다면 당장이라도 발령을 내주겠다고 했다. 갈 만한 자리가 없다면서 우선 복심 배석으로 있으면 자리가 나는 대로 선처하겠노라 했다. "복심법원에 인재를 풀(pool)해둘 필요"가 있다는 이야기도 덧붙였다. 자리를 선점한 자의 '사다리 걷어차기'였다. 김갑수는 당시의 심경을 이렇게 묘사한다.

"자기는 원장으로 있으면서 나를 복심 배석으로 가라는 심사를 나무라는 옹졸한 마음으로 원장실을 나왔다."

원장실을 나온 김갑수는 곧장 조평재 변호사의 당주동 사무실을 찾았다. 이야기를 들은 조평재는 아무 대답도 없이 수없이 혀를 찼다. 조평재 입장에서는 왜 그렇게 공직에 집착하느냐는 생각을 했을 법하다. 혀를 차는 소리가 김갑수에게는 '주책 좀 그만 떨고 다녀라' 하는 것처럼 들렸다. 세번째 모멸감을 느끼면서 김갑수는 법관 복직을 포기했다.[39]

김갑수는 미군정청 사법부 조사국장, 법무부 법무국장, 법무부차관, 내무부차관 등 법원 외곽을 돌다가 1953년에야 대법관으로 법원에 복귀한다.[40] 김갑수의 예에서 볼 수 있듯이 임용을 희망하는 법률가라고 해서 모두 판검사에 임명된 것은 아니었다. 임명과정에는 친소관계와 당파가 작동했다.

특별재산심판소와 특별검찰청 사람들

김갑수와 함께 월남한 동료들은 임용에 큰 문제가 없었다. 김갑수가 옹진지방법원장 자리를 고사한 11월 19일자 임명사령에서 오건일은 서울지방법원 특별재산심판소 판사로, 조재천은 법무국 특별검찰청 특별검사로 임명되었다. 같은 날짜로 임명된 특별재산심판소의 재판장은 김윤근(金潤根)이었고, 판사는 오건일 이외에 강혁선·안윤출·김의준(金意俊)이었다. 김윤근은 경성법전 출신으로 1934년 고등시험 사법과에 합격하고 1939년부터 전주지방법원에서 판사로 일한 경력자였다. 오건일은 간사이대 출신으로 1939년 고등시험 사법과에 합격하고, 1944년부터 평양지방법원 판사를 지냈다. 김의준은 메이지대를 졸업하고 1939년부터 경성지방법원에서 서기로 일한 경력만으로 해방후 판사로 임명됐다. 김의준은『한국법조인대관』에 자신이 1945년 조선변호사시험 출신이라 기록하고 있으나 사실 여부는 분명치 않다. 존속기간이 워낙 짧아서 기록이 거의 남아 있지 않은 특별재산심판소에 대해서는 안윤출 변호사의 회고가 참고할 만하다.

　1911년 경남 함안에서 태어난 안윤출은 도쿄의 사립학교인 가이세이(開成)중학교를 졸업하고 일본 주오대 법학부에서 예과 2년과 본과 3년을 마쳤다. 1942년 고등시험 사법과에 합격했지만 판검사에는 처음부터 뜻이 없었고 굳이 귀국할 마음도 없었다. 그는 도쿄의 아키야마 겐조(秋山賢藏) 변호사 아래에서 시보를 하고 1944년 그곳에서 개업했다. 조선인으로서는 흔치 않은 선택이었다. 변호사로 활동하는 동안에는 고노에 후미마로(近衛文麿) 전 총리 등 일본의 유력인사들과 교유했다. 고노에는 "일본이 패하는 것은 확실하다. 어느 시기에 어떤 방식으로 손을 드느냐 하는 것밖에 안 남았다. 한국은 독립한다"라며 안윤출에게 귀국을 권유했다.[41] 1945년 4월 9일 경성으로 개업지를 옮긴 후 곧 해방을 맞이한 안윤출 변호사는 미군정청 법무국장 우돌 소령의 부름을 받았다. 우돌 소령은 도쿄를 거쳐 한국으로 들어오는 길에 "함께 일할 만한 사람"으로 안윤출을 추천받았다. 안윤출은 공직에 관심이 없다고 몇차례 거절했다. 우돌 법무국장은 얼마후 안윤출에게 "적산 처리를 같이하자"라고 다시 제안했다.[42]

　적산(敵産)은 점령지대 안에 소재하는 적국 소유 또는 적국국민 소유의 재산을 말한다. 승전국인 미국 입장에서는 조선에 있는 일본재산은 모두 미국 것이었다. 승전국에 귀속된다는 의미에서 '귀속재산'이라고 불리기도 한다. 그런데 조선인 입장에서 보면 '적산'은 일제가 식민통치 기간 동안 수탈한 우리 재산이었다. 여기에서 수많은 혼선이 빚어졌다. 1945년 9월 25일의 군정법령 제2호는 조선 내 일본의 국공유 재산, 일본군 소속 재산을 군정당국 또는 미국이 접수할 것을 규정했다. 적산의 매매·취득·양도는 금지되었고, 일본인들은 귀국 시 현금 1000원만을 들고 나갈 수 있었다. 다만 사유재산은 '정당한 수속'을 밟아 매매할 수 있었다. 일본인들은 자기 재산을 조선인에게 헐값으로라도 처분해서 현금화하려고 했다.[43] 한동안 적산은 먼저 차지하는 사람이 임자였다. 적산 처리는 남한에서 부자와 가난한 자가 갈리는 첫 분기점이었다. 정치적 힘이 곧장 경제적 힘으로 연결된 계기이기도 했다.

이런 문제를 해결하려고 만들어진 것이 특별재산심판소였다. 우돌 소령의 제안을 받은 안윤출은 이 자리도 거절했다. 우돌은 "만나는 사람마다 이렇게 비협조적이니 어떻게 일을 하겠느냐"라며 화를 냈다. 통역 역할을 하던 김영희 박사가 안윤출을 밖으로 불렀다. "포고령에 의하면 누구든 군정장관 임의대로 처리할 수 있는데 말을 들어야 하지 않겠느냐"라고 안윤출을 설득했다. 설득이라기보다는 협박에 가까웠다. 썩 내키지 않았지만 안윤출은 할 수 없이 승낙하고 11월 19일자 발령을 받았다. 복잡한 과정을 거쳐 설립된 특별재산심판소의 수명은 길지 않았다. 설립 이후 보름이 지난 후인 1945년 12월 6일 군정법령 제33호가 갑자기 발표되었기 때문이다. 군정법령 제33호는 일본인 개인의 재산을 포함한 모든 적산을 미군정청 소유로 하고, 허가 없는 점유나 거래를 금지했다. 이때부터 '귀속재산'은 군정청 관재처에서 관장하게 되었다. 할 일이 없어진 특별재산심판소는 해체되었고 판사들은 자동으로 해임되었다.[44]

이때 해임된 특별재산심판소의 판사들이 모두 법원을 떠난 것은 아니다. 김윤근은 서울공소원 판사(1946), 서울고등법원 부장판사(1948), 서울고등법원장 서리(1949) 등을 거쳐 1950년 법무부차관으로 임명되었고, 1951년 변호사를 개업해 서울제일변호사회장(1966), 대한변호사협회장(1972)을 지냈다. 특별재산심판소 해체와 함께 일단 법원을 떠났던 안윤출은 1947년 서울고등심리원 판사로 다시 임용되어 부산지방법원, 대구지방법원 등에서 부장판사로 일한 후 1958년 11월 6일 이승만 정권에 의해 재임용 탈락했다. 유병진 등과 함께였다. 이후에는 변호사로 일했다. 김의준은 서울고등법원 판사를 지낸 후 1950년 2월 27일 변호사를 개업해 2·3·4대 국회의원을 지냈다. 특별재산심판소는 해체되었어도 구성원은 별문제 없이 판사로 근무한 셈이다.

그러나 오건일과 강혁선은 달랐다. 광주학생항일운동 관련자로 독학 출신의 조선변호사시험 합격자였던 강혁선은 법원을 떠나 적극적으로 좌익진영에 가담했다. 오건일은 특별재산심판소에서 물러난 후 '국회 프락치' 사건 등에 변호인으로 참여했다가 결국 좌익으로 몰리는 신세가 되었다. 한국전쟁 중 그도 사라졌다. 북쪽에서는 우익으로 몰려 월남했다가 남쪽에서는 좌익으로 몰렸고, 전쟁으로 북쪽에 붙잡혀간 애꿎은 운명이었다.

조재천이 특별검사로 임명된 법무국 특별검찰청은 해방후 미군정이 실시되기 이전의 짧은 혼란기에 일본인 관리들이 벌인 독직행위를 처벌하기 위한 기관이었다. 특별검찰청장은 비법률가인 전규홍이 맡았고, 특별검사로는 조재천 외에 김병완·김점석(金占碩)·이태희가 임명되었다.[45] 이준식(李俊植)·박찬길(朴贊吉)·최돈연(崔燉延)·차용술(車容述) 등 시보도 넷이나 배치했다. 특별검사들은 군정청이 특별검찰청장에 위임한 사건의 피의자들을 무제한으로 구속하는 막강한 권한을 가졌다. 대법원 검사장에서 분리된 기관인데다 취급사건이 한정된 것이어서 엄밀히 말하면 정식 검찰청은 아니었다. 일본인 경성형무소장, 서대문형무소장,* 경기도 경찰부장, 총독부 체신국장, 총독부 회계과장이 업무상횡

---

* 해방전에는 경성형무소와 서대문형무소가 별도로 존재했다. 수사를 받은 일본인의 직위는 해방전을 기준으로 한 것이다.

령죄 등의 혐의로 특별검찰청에서 수사를 받았지만, 곧이어 미군정청이 일본인 관리를 처벌하지 않기로 정책을 전환하면서 이 기관은 존재할 이유가 없어졌다.[46]

1946년 1월 22일 특별검찰청 소속 검사와 사법관시보들은 해임되었고 특별검찰청은 2월 17일 폐지되었다. 특별검찰청에서 해임된 검사와 시보들은 모두 서울지방법원 검사국 검사와 사법관시보로 임명되었다. 비법률가인 전규홍은 법제서장으로 자리를 옮겼다. 특별검찰청 특별검사를 거친 이태희는 1911년 평남 강동에서 태어나 도후쿠제대를 졸업하고 1940년 고등시험 사법과에 합격해 해주지방법원에서 검사로 일하다가 해방을 맞았다. 검찰 내 평안도 인맥의 대표자였던 그는 선우종원과 오제도 등 동향출신 공안검사들의 강력한 후원자가 되었다.

김영재·김갑수·오건일·조재천과 함께 월남한 한환진은 1945년 12월 5일 서울지방법원 판사로 임명받았다. 이들보다 일찍 월남한 이병용은 같은 날 서울공소원 검사가 되었다. 12월 5일자 인사에는 북한에서 내려온 법률가들이 대거 포함되었다. 일단 김갑수에게 평양지방법원을 인수했던 노진설 변호사가 이날 서울공소원 판사에 임명되었다. 해방이후 석달이라는 짧은 기간에 노진설은 평양지방법원을 인수받은 평남 건준의 권력자에서 월남한 실향민으로 전락했다. 판사 임명 두달 후 서울공소원 부장판사로 승진한 것은 그나마 다행이었다. 해방직전 원산에서 신의주로 튕겨났던 1937년 고등시험 사법과 합격자 양원일도 12월 5일 서울지방법원 판사로 임명되었다. 함흥에서 검사로 일하던 엄상섭, 신의주에서 검사로 일하던 박종근(朴宗根), 만주 하얼빈에서 심판관으로 일하던 박근영(朴根榮)은 모두 이날 서울지방법원 검사국 검사가 됐다. 1906년 평북 선천에서 태어나 주오대 전문부 법과를 졸업한 박근영은 만주로 건너가 1939년부터 하얼빈, 신징 등에서 고등관시보, 후보심판관, 심판관으로 일했다. 1941년 고등시험 사법과에 합격한 후에도 계속 만주에서 일하다가 해방후 귀국한 특이한 경우다. 평양에 개업했던 김주경 변호사는 청주지방법원 충주지청 판사, 함흥에 개업했던 박원삼(朴元三) 변호사는 서울지방법원 판사, 신의주에 개업했던 황시준 변호사는 서울지방법원 검사국 검사에 임명되었다.

김갑수와 함께 월남한 사람들 중에서 이만준은 판검사에 임용되지 않았다. 메이지대 법학부를 졸업하고 1940년 고등시험 사법과에 합격해 평양지방법원 판사를 지낸 그는 월남 후 바로 변호사를 개업했다. 조평재가 사무총장을 맡았던 조선인권옹호연맹에 총무차장으로 참여한 걸 보면 그 역시 리버럴한 성향의 법률가였다. 이홍규(李弘圭)와 가까운 사이였던 이만준도 한국전쟁 중에 사라졌다.

월남한 김영재도 처음에는 판검사로 임용되지 않았다. 아마도 친일경력에 대한 반성이었던 것 같다. 김갑수와 비슷한 처지여서 여기저기 청탁을 하고 다니지 않는 이상 임용이 어려웠을 수도 있다. 김영재는 1947년 6월 19일 미소공동위원회에 참가할 경성법조회 대표로 정구영(鄭求瑛)·이종성·최태원·김양 등과 함께 이름을 올렸다.[47] 해방공간에서 지극히 조심스러운 행보였다. 1948년 1월 31일 서울지방검찰청 조재천 정보부장이 철도관구 경찰청장으로 자리를 옮기고, 김윤수(金潤壽) 경제부장이 그뒤를 이었다. 김영재는 변호사를 접고 서울지방검찰청 경제부장에 임용되었다. 남들보다 훨씬 늦은 공직 진출이었다.[48] 김영재 신임 경제부장 아래에는 유태영(兪泰榮)과 강석복(姜錫福) 두 검사가 배치되었다.[49] 유태영은 훗날 대법원장을 지낸 유태흥(兪泰興)의 형이다. 유태영과 강석복은 모두 서기 출신으로 해방직후 판사로 임명되었다가 검사로 전관한 경우다. 엄청난 학력과 경력을 지닌 선임자들이 즐비한 법원보다는 검찰이 서기 출신에게 전망 있는 직장이라고 느꼈을 것이다. 물론 그게 누구에게나 좋은 선택은 아니었다. 김영재 밑에 들어간 덕분에 강석복은 훗날 적지 않은 고초를 겪었다.

1945년에 남으로 내려와 판검사로 자리 잡은 사람들은 그나마 운이 좋은 경우였다. 사다리 걷어차기가 있다 해도 젊은 판검사들에게는 큰 영향이 없었다. 그럴듯한 자리도 잡을 수 있었고 혹시 북쪽체제에 협력했는지 의심받을 일도 적었다. 그보다 뒤에 내려온 사람들에게는 더 큰 시련이 기다리고 있었다.

해방직후인 1945년에 이루어진 판검사 인사에서 친일파 청산은 중요한 쟁점이 아니었다. 미군에 협력하면서 초창기 주도권을 장악한 한민당 세력은 적지 않은 구성원이 친일논란에서 자유롭지 못했다. 그들이 판검사 인사에도 관여했으므로 더더욱 친일파 문제는 전면에 부각되기 어려웠다. 좌익진영도 한민당의 독주를 비판했을 뿐 친일경력을 직접 문제 삼지는 않았다. 좌익진영에 가담한 법률가 중에도 친일경력자들이 많았으니 어쩔 도리가 없었을 것이다. 요즘 상상하는 것과는 사뭇 다른 분위기였다.

법원과 검찰의 실권은 빠른 속도로 조선인의 손으로 돌아왔다. 다른 어느 분야보다도 빨랐다. 문제는 일본인 판검사들이 빠져나간 자리를 채우기에 턱없이 부족한 조선인 법률가의 숫자였다. 이런 공급부족 상황에서도 고위직을 선점하기 위한 경쟁은 치열했다. 경쟁에서 밀려난 법률가들, 정치를 비롯해 다른 진로를 꿈꾸는 법률가들 틈새에서 사회주의에 기반한 아예 다른 세상을 꿈꾸는 법률가들이 자라나기 시작했다. 기존의 일본식 법률가 양성 시스템을 통하지 않은 미국식 통역권력도 등장했다. 북한에서 내려온 법률가들은 '사다리 걷어차기'에 좌절하면서도 조금씩 입지를 넓혀나갔다. 혼돈이지만 아직 서로를 잡아먹는 단계에는 이르지 않은 법조 생태계였다.

2장

저절로 굴러 들어온 별을 잡은 사람들,
그 별을 놓친 사람들

일제시대의 서기 겸 통역생

1945년 11월 19일 이후에 이루어진 판검사 임명에서 가장 중요한 그룹은 일제시대 법원에서 일하면서 해방을 맞은 조선인 서기들이다. 해방 당시 변호사자격을 갖추지 못했던 이들, 이른바 '미자격자'들은 고등시험 사법과와 조선변호사시험 출신 '자격자'들에 이어 해방공간의 제3법률가군을 형성한다.

법률가 공급이 절대적으로 부족한 상황에서 정책 결정자들은 두종류의 미자격자들을 대안으로 고려할 수 있었다. 첫번째는 고등시험 사법과나 조선변호사시험에 합격했지만 시보교육을 마치지 못한 사람들이었다. 지금 식으로 생각하면, 사법시험에는 합격했지만 사법연수원을 마치지 못한 이들이다. 일제시대 말기에는 고등시험에 합격한 조선인이 많았던데다 전쟁 때문에 시보교육이 제대로 이루어지지 않아 이 인원이 적지 않았다. 이 책의 7부에서 살펴볼 1945년 조선변호사시험 '합격자'들이라는 폭탄도 존재했다. 시보를 마치지 못한 합격자들을 바로 기용하는 것은 쉬운 문제가 아니었다. 시험에만 합격한 사람들은 엄밀히 말하자면 미자격자였지만, 주변에서는 모두 자격자로 생각했던 회색지대였다.

두번째 미자격자는 법원에서 일하던 서기들이었다. 예나 지금이나 판검사 아래에서 공판조서, 증인심문조서, 피의자신문조서, 참고인진술조서 등을 작성하고 행정적인 업무를 처리하는 직업이 서기다. 일반인들이라면 아마도 두종류의 미자격자 중에서 고시합격자들 쪽 손을 들어주고 싶을 것이다. 그러나 해방후 사법분야의 정책 결정자들은 서기들을 당장 임용하는 방법을 선택했다. 즉시 현장에 투입할 수 있는 장점이 있었기 때문이다. 미자격자인 고시합격자들에게는 정식으로 사법관시보 교육을 시키기로 했다. 이런 결정의 뿌리는 매우 깊다.

대한제국의 끝머리에 재판소 번역관보 시험을 통과한 김지섭과 그의 동기들 이야기는 이미 적었다. 이들은 대한제국의 사법권이 일본에 넘어가던 시기에 재판소 서기로 채용되었다. 일제시대 법원의 서기들은 그냥 서기가 아니라 '서기 겸 통역생'이었다. 일본인 판검사가 조선인을 재판하는 과정에서 가장 중요한 것이 바로 통역이었다. 식민지시대 내내 서기 겸 통역생은 막강한 권한을 행사했다. 누구나 짐작할 수 있다시피 이들이 어떻게 말을 옮기느냐에 따라 재판결과가 바뀔 수도 있었다. 말이라는 게 '아' 다르고 '어' 다르기 때문이다. 대부분의 조선인들이 일본말에 서툴렀던 초기에는 서기들의 전횡이 더욱 심했다. 서기 겸 통역생은 '판임관'이었고, 판검사는 '고등관'이었다. 서기 겸 통역생 노릇을 잘하면 판임관에서 고등관으로 올라가는 것도 가능했다. 지금처럼 판검사와 서기가 완전 분리된 직종이 아니었고, 둘 사이에 승진경로가 열려 있었다. 김지섭의 동기인 서광설, 전영택, 고의환은 모두 이 과정을 거쳐서 조선총독부의 판검사가 되었다. 조선시대 중인신분이던 법률전문직이 법복귀족으로 전환되는 과정이었다.

서광설·전영택·고의환이 판검사로 임용되던 시절에는 조선인에게 서기 말고는 달리 판검사가 될 길이 없었다. 구한국시절의 판사 경력이 일제시대로 이어진 사람들은 대부분 일찍 옷을 벗었다. 고등시험 사법과나 조선변호사시험은 아직 시작되기 전이었다. 김병로처럼 경성전수학교 교수를 거쳐 조선총독부 판사가 되거나, 교토제대 출신의 양원용처럼 제국대학 학력을 기반으로 바로 판사에 임용된 경우가 없지는 않으나 정말 예외적인 사례였다. 판검사가 되려면 서기 겸 통역생부터 시작해 일본인의 눈에 들 때까지 열심히 일해야 했다.*

일본의 고등시험제도가 자리 잡으면서 이와 같은 서기 출신 임용에도 제동이 걸렸다. 1925년 사법관회의에 참석한 복심법원장과 지방법원장들은 서기들을 판검사로 임용하는 기존제도의 폐지를 건의하였다. 고등시험 사법과 출신들이 사법관시보를 마치고 판검사에 임용된 후에는 서

---

* 서기 겸 통역생을 판검사로 임용하는 제도는 몇차례의 변화를 겪었다. 1910년 10월 1일 제령 제7호는 '제국대학, 관립전문학교 또는 조선총독이 지정한 학교에서 3학년 이상의 법률학과를 수업하고 졸업한 조선인은 조선총독부의 문관 고등시험위원의 전형만을 거쳐서 특별히 조선총독부 판검사에 임용할 수 있다'는 내용을 담고 있었다. 시험이 없는 판검사 특별임용 제도였다. 이우익(李愚益)·양대경(梁大卿)·김병로 등이 이와 같은 제도를 통해 판사가 되었다(법원행정처 엮음 『한국법관사』, 육법사 1976, 53면). 고의환은 이 제령이 선포되기 이전인 1910년 9월 10일에 이미 통감부 군산구재판소의 판사로 임용된 경우다(「서임과 사령」, 『대한매일신보』 1910년 9월 20일자 1면).
1920년 7월 29일자 제령 제11호 '조선총독부 판사의 특별임용에 관한 건'은 5년 이상 사법사무에 종사한 판임관 5급봉 이상자가 조선총독이 정하는 고시를 거치면 특별히 조선총독부 판사로 임용될 수 있도록 했다. 모든 법원은 아니었고 지청단위에 한정된 조치였다(『조선총독부관보』 1920년 7월 29일자). 1920년 8월 13일 조선총독부령 제108호 '총독부 판사 특별임용고시 규칙'은 고사(考査, 총독부 법무국에서 수집한 자료에 기초) 및 시문(試問, 필기 및 구술)으로 임용시험을 진행하도록 규정했다. 필기시험 과목은 민법, 형법, 민사소송법, 형사소송, 민형사 판결 등이었다(『조선총독부관보』 1920년 8월 13일자). 시험을 거치기는 하지만 본질적으로 내부승진 개념이다. 서기 겸 통역생 출신으로 조선총독부 판검사를 지낸 조선인들은 대부분 이 제도로 임용되었다. 서광설, 전영택 등이 1920년에 가서야 판사가 된 것도 이 제도의 혜택을 입은 결과였다.

기 겸 통역생 출신의 판검사 임용이 자연스럽게 축소되었다.[50] 1925년부터 경성지방법원에서 서기로 근무하던 방준경(方俊卿)이 1933년 공주지방법원 판사로 임용된 걸 보면 이 제도는 대체로 그 시기까지 존속했던 것 같다.

1905년 서울에서 태어나 경성제일고보와 경성법전을 졸업한 방준경은 경성지방법원 서기로 근무하던 1926년 조선프롤레타리아 예술가동맹(카프, KAPF)에 가입해 '김화산(金華山)'이라는 필명으로 활발하게 활동한 시인이자 소설가였다. 서기와 작가생활을 병행하던 그는 5년 이상 경력의 판임관 자격으로 1930년 사법관후보 고시에 합격했다. 서기로 딱 5년을 채운 시점에서 시험에 붙어 3년 후 판사가 된 사례다. 일제시대 서기 출신의 판검사 임용으로는 거의 마지막이다. 방준경은 경성지방법원 인천지청 판사로 해방을 맞았고 별다른 인사발령 없이 1947년 변호사를 개업할 때까지 인천에서 판사로 일했다. 1959년 대법원 판사로 법원에 돌아왔고, 광주고등법원장을 거쳐서 1964년 대법관에 임명되었다.

서기 출신 특별임용의 길이 막혔다고 해서 서기 출신들이 아예 판검사가 못 된 것은 아니다. 오히려 더 많은 서기들이 판검사가 되었다. 내부승진이 고등시험이라는 공개적인 채용으로 바뀌었을 뿐이다. 이미 살펴보았듯이 경성제대·경성법전·보성전문 법과 졸업자들은 보통시험을 거치지 않고도 법원의 서기 또는 행정관청의 하위관료로 채용되었고, 그 상태에서 고등시험이나 조선변호사시험을 준비했다. 대부분의 합격자들이 그런 경로를 밟았음은 이미 이야기했다. 그 세대 법률가들 사이에서 서기 경력은 굳이 숨길 일이 아니었다. 다들 아는 사실이었다. 『대한변호사협회지』가 1987~88년에 연재한 '원로법조인과의 대담' 코너를 보면, 법조계 원로들은 일제시대 서기 경력을 스스럼없이 털어놓는다.

자서전 기록을 남긴 법조인들도 비슷하다. 그러나 『한국법조인대관』에 서기 경력을 밝힌 사람은 손으로 꼽을 정도다. 누가 묻지 않으면 굳이 먼저 이야기하지는 않는 경력이었다. 35년이라는 결코 짧지 않은 식민지 시대가 남긴 묘하게 음습한 영역이다.

　만약 일제시대 경성법전을 졸업하고 법원에서 서기로 일하며 고등시험 사법과를 준비한 사람이 있다고 치자. 그는 일제시대 말기에 다행히 시험에 합격했지만, 사법관시보로는 임용되지 못하고 전쟁으로 어수선한 가운데 해방을 맞았다. 그의 신분은 여전히 서기였다. 미군정청 법무국의 인사담당자가 전화를 걸어 "당신의 서기 경력만으로 당장 판검사에 임용시켜주겠다"라고 이야기한다. 그 제안에 응해야 할까? 독자들은 아마도 '어차피 고등시험은 붙었고, 서기 경력만으로도 당장 판검사를 시켜준다니 제안을 받아들여야겠다'고 생각하기 쉬울 것이다. 그러나 그 시대 사람들은 그런 선택을 하지 않았다. 사법관시보로 임용되어 1년 6개월의 실무수습을 받은 뒤에 판검사 임명을 받는 길을 택했다. 장기적으로 보면 그게 나은 길임을 누구나 알고 있었기 때문이다.

　원래 일제시대 서기의 판검사 임용은 일본인들이 가기 싫어하는 지청단위의 오지(奧地)를 관할하기 위한 제도였다. 지청단위 도시는 규모가 작아 생활이 불편할 뿐만 아니라 독립군이나 강도의 출몰로 안전에도 문제가 있었다. 서기 출신 판검사는 법원이나 검찰의 고위직으로 진출할 수도 없었다. 이름만 같았을 뿐 똑같은 판검사가 아니었다. 고등시험 사법과 출신이 '적자(嫡子)'라면 서기 출신은 어디까지나 임시변통을 위한 '서자(庶子)'였다. 그 시대 법률가들에게 이는 공지의 사실이었다.

　일제시대 고등시험 사법과 합격자 대부분이 서기를 비롯한 하위공무원 출신이라고 해서 시험을 준비한 서기들이 모두 합격의 영광을 맛보았을 리는 없다. 계속 떨어진 사람도 있고 조금 준비하다가 포기한 사람도 많다. 시험을 준비하다가 해방을 맞은 사람도 적지 않다. 판검사 공급이 수요를 따라가지 못하는 상황에서 실무경험을 갖춘 서기집단은 매우 소중한 자원이었다. 급하게 사용하기에는 시보교육을 마치지 못한 고등시험 합격자들보다 훨씬 나았다.

서기 출신의 대규모 임용 시작

1945년 11월 19일자 임명사령부터 서기 출신들이 본격적으로 판검사에 임용되기 시작했다.* 다만 모든 서기가 판검사로 임용되었던 것은 아

---

* 11월 19일자 인사에도 적지 않은 오류가 존재하기 때문에 정확한 통계를 내기는 불가능하다. 당일자 관보에도 오류가 있고 『한국법관사』가 이를 정리해는 과정에서 새로운 오류가 추가되었다. 예를 들면 1937년 고등시험 사법과 출신인 전병식(全丙植) 검사의 경우 당일자 임명사령에는 '全炳植'으로 한자가 잘못 적혔고, 이게 『한국법관사』로 옮겨지는 과정에서는 '金炳植'으로 바뀌었다. 그밖에도 관보나 『한국법관사』에는 이종웅(李鍾雄)을 이종원(李鍾源)으로, 최원옥(崔源鈺)을 조원각(趙源角)으로, 이정우(李晶雨)를 이창우(李昌雨)로, 김성호(金聲浩)를 김성복(金性福)으로, 소이의(蘇履義)를 사중이(史重二)로, 최규혁(崔圭赫)을 조규혁(趙圭赫)으로 적은 오류가 있다. 권오병(權伍柄)을 강오병(姜伍柄)으로, 윤기출(尹箕朮)을 윤기영(尹箕永)으로 잘못 적은 정도는 애교에 속한다. 잘못 적힌 사람들은 우리 사법역사에 이중으로 기록되었다. '李元培(木川元培)' '咸晨昱(江原聖九)' '金基瓁(桑村基瓁)' '李泰炯(岩本泰炯)' '李馨圭(牧山馨)' '李斗弘(岩本廣瀨)' '趙圭赫(文山春雄)' '金智鎬(金池智鎬)' '鄭末伊(住谷末印)' 하는 식으로 일부 판검사들은 괄호 안에 창씨명을 병기했다. 주로 부산과 그 지청에 발령난 사람들이다. 창씨개명 6개월 만에 80퍼센트 이상이 참여한 1940년 상황을 생각해보면, 해방직후의 일본식 이름 병기도 그리 이상한 일은 아니다.
오류를 최대한 걷어내고 11월 19일자 인사를 정리해보면 당일 임명된 판사는 61명이고 검사는 53명이다. 판사들을 살펴보면 서기 경력만으로 일제시대 이미 판검사로 임용된 원로급이 12명, 고등시험 사법과에 합격해 일제시대 판사 발령을 받았던 사람이 12명, 고등시험 사법과에 합격하고 변호사자격을 취득했으나 판검사는 지내지 않은 사람이 4명, 일본이나 조선에서 변호사시험에 합격한 사람이 12명, 1942년과 1943년에 시험에 합격해 시보를 마쳤는지가 분명치 않은 사람이 6명이다. 나머지 14명은 해방 당시 7년 이상의 서기 경력으로 판사에 임명되었다. 김홍석(金鴻錫)은 어디에서도 기록을 찾을 수 없는 걸로 보아 누군가의 오기일 텐

니다. 이 부분도 아주 중요하다. 임용은 '전문학교 이상 졸업자로서 해방 당시 7년 이상 법원 또는 검사국의 서기로 근무한 자 중 소속장인 법원장 또는 검사장이 추천한 자'로 한정되었다.[51] 일제시대 판검사 특별임용의 조건에서 시험을 없앤 대신 '5년' 요건이 '7년'으로 강화되었다. 해방직후는 시험을 치를 상황이 아니었다. 하루에 100명씩 영문타자로 찍어서 판검사 발령을 내고 군정장관의 결재를 받으면 그날 즉시 신문에 보도되던 시절이었다. 서기들 입장에서는 해방이 가져다준 놀라운 선물이었다. 앞서 인용한 김종수 사무관의 입을 빌리자면 "오늘에는 판검사가 되려면 사법시험에 합격해야 하고 그것은 하늘의 별따기인데 그때는 별이 저절로 굴러 손에 들어온 셈"이었다.[52] 김종수 자신도 주오대 전문부 법과를 졸업하고, 1943년 고등시험 사법과에 합격한 상태였다. 1943년 고등시험 사법과 합격자들은 일제시대 사법관시보로 선발되었다 해도 해방전에 실무수습을 마칠 수 없었던 세대다. 그런 의미에서 보면 김종수도 미자격자에 속했다. 하지만 이런 미자격자들 중에서도 일부는 1945년에 판검사로 임용되었다. 이들은 일제시대 사법관시보에 임

데 특정하지를 못해 미확인으로 남는다. 이 날짜 발령만 보면 법원은 서기 출신보다 기존의 판검사, 변호사 경력자가 훨씬 많다.

검찰의 경우에는 구한국 법관양성소 출신 1명, 서기 경력을 바탕으로 일제시대 이미 판검사로 임용되었던 원로급 5명, 고등시험 사법과에 합격하고 일제시대 검사 발령을 받았던 사람 5명, 고등시험 사법과에 합격하고 변호사자격을 취득했으나 판검사는 지내지 않은 사람 3명, 조선변호사시험에 합격한 사람 7명, 고등시험 사법 출신이지만 시보를 마쳤는지 불분명한 사람 6명, 1943~45년 사이에 조선변호사시험에 붙었다고 주장하지만 분명치 않은 사람 4명(이 중 3명은 일제시대 서기 경력자)이다. 나머지 21명은 해방 당시 7년 이상의 서기 경력으로 검사에 임명되었다. 양규봉(楊奎鳳) 검사의 경우 1946년 변호사 개업 후 좌익계열에서 활동하다가 한국전쟁 이후 기록을 찾을 수 없어 정확한 출신을 파악하기 어렵다. 특별검찰청 특별검사는 일반적인 검사로 보기 어렵고 다들 나중에 따로 검사로 임명되었기 때문에 이 날짜 통계에서는 제외했다. 이렇게 해서 전체 검사 발령자 53명 중 이른바 미자격 서기 출신은 최소 21명, 최대 26명까지로 추정된다. 서기 출신이 50퍼센트에 육박한 셈이다.

용된 경우로 보인다. 김종수 사무관은 1947년 서울지방검찰청 검사로 임용되어 1961년 서울지검장으로 퇴직했다. "별이 저절로 굴러 손에 들어온 셈"이라는 말은 그가 1978년에 남긴 인상적인 표현이다.

1945년 11월 19일에 시작된 서기 출신들의 판검사 임용은 1946년 12월까지 약 1년 동안 집중적으로 계속되었다. 판검사 공급부족이라는 급한 불을 끄는 응급조치였다. 1947년부터는 사법관시보 출신들이 배출되면서 서기 출신의 임용비율은 많이 줄어들었다. 완전히 중단된 것은 아니어서 정부수립 후 1948년의 간이법원 판사시험, 1949년의 간이검찰청 검사보시험, 1952년과 1956년의 1회, 2회 판검사 특별임용시험 등을 통해 몇차례 더 서기 출신들에게 기회가 주어졌다. 서기 출신들이 마지막으로 판검사로 임용된 것은 1958년 11월이다. 그해 12월부터는 8회 고등고시 사법과 출신들이 판검사에 임용되기 시작했다. 고시 8회는 108명이 합격하여 당시로는 유례를 찾기 어려운 대규모 법률가집단을 형성했다. 임용과 승진 때마다 화제가 되었던 고시 8회의 등장은 서기들의 특별임용제도가 완전히 종결되고 고시제도가 정착했음을 보여주는 명확한 경계선이 된다. 한시대를 끝낸 고시 8회의 대표자가 훗날 대법관, 국무총리, 대통령후보를 지낸 이회창이다.

완벽한 통계는 아니지만 1945~58년 임용된 판사 517명과 검사 420명 중에서 해방 당시 법률가자격이 없었던 서기 출신은 판사 178명, 검사 145명으로 전체의 34.5퍼센트에 해당한다. 초창기 전체 법률가의 3분의 1 정도다. 해방전에 판검사를 지냈거나 변호사 등록을 마친 사람은 390명, 해방후 사법요원양성소 입소시험, 변호사시험, 고등고시 사법과 등에 합격한 신규 자격자가 223명이다. 신규 자격자를 제외하면 전체의 45퍼센트 정도로 서기 출신의 비율이 올라간다. 서기 출신들은 해방직후 법조계

역사에서 그만큼 비중이 크다. 기준시점을 1945~46년 12월 31일로 앞서 잡으면 그때까지 임용된 판사 중 출신 파악이 가능한 사람이 193명이고, 그중 최소한 56명이 해방 당시 서기 출신이다. 전체의 29퍼센트다. 검찰의 경우에는 1946년 12월 31일을 기준으로 할 때 출신 파악이 가능한 검사가 149명이고, 그중 최소한 73명이 해방 당시 서기 출신이다. 전체의 49퍼센트에 달한다. 법원보다는 검찰이 서기 출신의 비율이 훨씬 높다.

사법부장의 사돈을 수사한 이홍규

1945년과 1946년의 서기 출신 판검사 임용자 중에서 눈에 띄는 인물 몇명을 살펴보자. 1945년 12월 20일 광주지방법원 순천지청 검사로 임명받은 이홍규는 학력·경력 등 여러가지 면에서 서기 출신 판검사의 전형이라 할 만하다. 1905년 충남 예산 태생인 이홍규는 경성제일고보를 거쳐 1929년 경성법전을 졸업했다. 그의 경성법전 동기생 중에서는 이병용이 규슈제대를 졸업하고 1934년 고등시험 사법과에 합격해 검사로 일했다. 김갑수·김영재 등과 함께 평양에서 근무하다가 먼저 월남해 검사로 임용된 그 사람이다. 다른 동기 원두연은 1939년에 조선변호사시험에 합격했다. 공식적인 시험 합격자는 그렇게 2명뿐이다.

이홍규는 『대한변호사협회지』 1987년 9월호와 10월호에 장문의 인터뷰를 남겼다. 해방직후부터 한국전쟁에 이르는 시기를 회고한 이홍규의 고백은 솔직하고도 상세하다. 다만 일제시대 경력에 대해서는 질문자도 묻지 않고 답변자도 언급하지 않는다. 그저 "해방후 바로 서울지검 검사로 발령이 났느냐"라는 질문에 "광주지검이었다"라고 답변할 뿐이다.

1930년부터 계산하면 해주지방법원과 광주지방법원 관내에서 보낸 이홍규의 일제시대 서기 경력은 15년에 육박한다. 그 긴 경력을 묻지도 언급하지도 않은 것은 특이한 일이다. 경성법전 1929년 졸업생들은 이홍규 외에도 홍재화(洪載和)·서광한(徐光漢)·이상로(李相魯)·권태원(權泰元) 등이 서기 경력을 기반으로 해방후 판사에 임용되었다. 강근섭(姜根燮)·배일봉(裵日奉)·이순구(李舜九) 등은 같은 경로로 검사에 임용되었다. 모두 1930년을 전후해 법원의 서기생활을 시작해 해방 당시 15년 이상의 경력자들이었다.

이홍규는 서기 경력을 바탕으로 검사가 되었기 때문에 사법관시보 등의 수습과정은 필요치 않았다. 실무에 바로 투입된 이홍규는 '광주세무서 뇌물 사건'으로 세상에 이름을 알린다. 당시 사건보도와 이홍규의 회고를 중심으로 내용을 정리해보면 이렇다.

시기는 대략 1946년 11월경이다. 이홍규의 표현을 빌리자면 당시 광주지방법원 검사국은 "검사장이 지나치게 호인인데다가 해방직후 미군정 때라 질서가 잡히지 않아 경찰에 억눌려 맥을 못 추던" 상황이었다. 검사장은 1930년 조선변호사시험 합격자인 이규정이었다. 그는 1945년 11월 19일 광주지방법원 판사로 임명되었다가 1946년 9월 9일 검사장으로 자리를 옮겼다. 이규정이 갑자기 검사장이 된 것도 사연이 있다.

이규정의 전임자인 여철현 검사장은 포고 제2호 위반으로 1946년 4월 20일 군정재판을 통해 징역 1년에 벌금 2만 5000원을 선고받고 얼마후 자리에서 물러났다. 여철현 사건은 조선인민당 전남지부장 박준규(朴準圭)와 부지부장 국기열(鞠琦烈)이 그해 4월 1일 전남 군정청에 구속되면서 시작되었다. 두사람은 해방직후 우익을 배제하고 새로 결성된 전남건준의 위원장과 부위원장이기도 했다. 이덕우 변호사가 치안부장을 맡앴던 그 건준이다. 박준규와 국기열은 적산을 개인적으로 관리했다는 혐의를 받고 구속되었다.[53] 당시 전남 군정도지사 테릴 프라이스(Terrill E. Price) 대령은 광적인 공산주의 탄압자로 유명했다.[54] 프라이스 대령의 강경한 입장에 발맞추어 좌익사냥에 앞장선 것이 경찰이었다. 전남 경찰은 1945년 10월 노주봉이 암살된 이후 바짝 독이 오른 상태였다. 구속된 박준규와 국기열은 공산주의자라기보다는 중도적인 민족주의자에 가까웠다. 여철현과 박준규는 전남 군정청의 고문 역할도 함께 맡아서 좁은 광주지역에서 뻔히 알고 지내는 사이였다.

여철현 검사장은 박준규와 국기열의 구속이 무리한 조치라고 생각했다. 그는 4월 19일 두사람을 석방했다. 이 소식을 들은 프라이스 대령은 당장 여철현을 구속하고 뒤이어 박준규와 국기열도 다시 잡아들였다. 여철현의 구속부터 유죄판결까지는 하루밖에 걸리지 않았다.[55] 전남 군정청이 검사장을 구속한 사건은 법조계에 큰 충격이었다. 4월 23일 한규용 대구공소원 검사장이 광주를 방문해 유감을 표시했고, 4월 24일에는 목포지청 방순원 판사와 김성호(金聲浩) 검사가 항의의 표시로 사표를 제출했다.[56] 두사람의 사표는 반려되었다. 이 사건은 여철현 검사장이 5월 5일 광주형무소에서 석방되는 것으로 일단락되었다.[57] 프라이스 대령은 판결문을 일부 집행하지 않기로 했다면서 조선인 관공리는 군정의 명령에 복종해야 한다고 강조했다.[58] 여철현 검사장은 검찰에 복귀하지 않았다. 웨스트포인트 출신으로 "불칼 같은" 성격을 지녔던 프라이스 대령은 통위부장을 맡아 국방경비대와 국군 창설의 산파 역할을 했다.[59]

현직 검사장이 미국인 대령의 명에 따르지 않았다는 이유만으로 구속되고 호인으로 소문난 사람이 후임으로 부임했으니, 검찰의 말발이 지역에 먹힐 리가 없었다. 경찰뿐만 아니라 세무서까지도 검찰을 무시했다. 심지어 당시 광주세무서장인 권중형(權重衡)은 술자리에서 이규정 검사장의 뺨을 때리고 욕설을 퍼붓기까지 했다. 이홍규는 "세무서장의 소문도 좋지 않게 나돌고 있었고, 또 검찰의 위신을 회복하기 위해서라도 가만두어서는 안 되겠다고 생각하고 수사에 착수"했다. 지금 기준으로 보면 표적수사다.

조사를 해보니 실제로 세무서장이 호남지역의 부자들에게 돈을 받고 거액의 세금을 면제해준 사실이 밝혀졌다. 뇌물을 준 사람 중에는 당시 전남의 손꼽히는 부자인 K가 포함되어 있었다. 이홍규는 K의 실명을 밝히지 않고 "한민당 전남지부장이면서 당시 사법부장의 사돈"이라고만 설명한다. 사법부장의 실명도 언급하지 않는다. 이 사건으로 조사받은 부호 중 이니셜이 K인 사람은 고광표(高光表)뿐이다. 대지주로서 동아일보사 주주이던 고광표는 해방후 잠시 전남 건준의 재무부장을 맡았다. 좌익이 주도권을 잡기 이전의 건준이다.[60] 이홍규의 수사를 받을 당시 고광표는 한민당 소속으로 입법의원의 전남대표를 지내고 있었다. 고광표의 오촌조카인 고귀현은 김병로 사법부장의 며느리다. 고광표의 사촌인 고광석은 김성수의 부인이다. 김성수와 김병로는 고광석의 아버지인 고정주가 세운 창흥의숙에서 함께 공부했다. 결국 고광표는 김성수와 김병로 두사람 모두와 사돈이다. 이홍규가 지적하는 부호 K는 고광표가 분명하다. 시기로 보아도 당시 사법부장은 의심의 여지 없이 김병로다.

이홍규는 권중형을 구속하려고 밤을 새워가며 조사를 계속했다. 그런데 세무서장에게 얻어맞아 출근도 못 하고 누워 있던 이규정 검사장이 한밤중에 붕대를 감은 채로 이홍규 검사실로 찾아왔다. 검사장은 이홍규에게 "그 사람은 사법부장의 친사돈이니 조사를 그만두라"고 종용했다. 이홍규는 거부했다. 중범죄를 저질렀다는 혐의만으로도 법원의 영장

없이 검사가 쉽게 피의자를 구속하던 시절이었다. 이홍규는 11월 19일 광주세무서장, 직세과장, 간세과장을 구속했다. 돈을 준 대지주 3명과 요리업자 2명, 지방재벌 3명은 불구속으로 조사했다.[61] 고광표는 불구속 상태인 대지주 중의 한명이었다. 이홍규가 세무서장을 구속하자 바로 다음날 서울에서 사법부장 명의로 "즉시 석방"하라는 전보가 왔다. 사법 부가 법원과 검찰 모두를 관장하고 있어서 사법부장이 검사에게도 직접 지시를 내리던 시절이다. 검사장이 다시 검사실로 찾아와서 사법부장에 게 전보가 왔으니 따를 수밖에 없지 않겠느냐고 설득했다. 이홍규는 석 방하지 못하겠다고 버텼다.

12월 11일에는 당시 광주를 관할하던 대구공소원 검사장이 초도순시 를 와 기소를 막으려 했다. 이홍규는 이름을 밝히지 않지만 당시 대구공 소원 검사장은 여전히 한규용이다. 이홍규는 검사장이 나타나기 전에 관련자들을 기소해버렸다. 검사장은 "내가 오기도 전에 기소했느냐?" 라고 화를 냈지만 어쩔 도리가 없었다. 다음날 검사장은 "K씨가 뇌물공 여자가 아니라 사기죄 피해자에 불과하니 세무서 직원만 기소하고 K씨 는 빼자"라는 의견을 제시했다. 전후 정황상 아마도 세무서장이 세무서 운영비로 쓰겠다면서 유지들에게 돈을 걷었던 것 같다. 뒤에서 보는 '검 사국 기밀비' 사건처럼 당시 흔한 관행이었다. 이홍규는 어제 기소한 것 을 오늘 철회할 수는 없다며 거절했다. 검사장은 "편의상 그렇게 하자는 것이지 법률 가지고 그렇게 하자는 것이 아니니까 눈 딱 감고 그렇게 하 자"라고 설득했지만, 이홍규는 듣지 않았다. 검사장은 다른 검사 김희주 (金喜周)를 시켜 광주세무서장, 직세과장, 간세과장을 사기죄로 기소하 고, 고광표에 대한 기소를 철회하려고 했다. 결국 공소장이 두장이 되고 말았다. 이에 광주지방법원 검사국의 검사와 서기들이 항의의 뜻으로 사표를 던졌다.[62] 한규용 검사장은 이 사건이 순전히 법률이론 문제라고 해명했다.

"사실을 조사한 결과 세무서 비용으로 쓴다고 하고 기부를 받은 만큼 기부한 자가 증뢰죄에는 해당하지 않는다. 그러므로 내가 가서 세무서 간부들만을 사기죄로 기소를 고친 것이다. 그리고 검사는 검사장의 승인이 없이 기소할 수 없는 것이며, 또 그네가 지방 유력자나 정당인이라고 하여 불기소하였다는 것은 말이 되지 않는다. 서기들이 이 문제로 사직하였다는 것은 더구나 말이 되지 않는다. 서기는 입회할 뿐 기소 여부에 간섭할 아무런 권리도 의무도 없는 것이다. 그러므로 이유 없이 출근하지 않는 직원은 전부 파면시키도록 지시하였다."[63]

한규용 검사장의 해명은 그대로 여러 신문에 보도되었다. 소식을 들은 미군법무관 밀러 대위는 이홍규에게 기록을 가지고 와서 사건내용을 설명하라고 요구했다. 이홍규 검사와 담당판사인 유재구(劉載九)의 설명을 들은 미군법무관은 이홍규의 손을 들어주었다.* 이홍규의 경성법전 3년 선배인 유재구는 역시 서기 출신으로 해방후 판사에 임용된 인물이다. 유재구 판사는 김희주 검사의 두번째 공소장이 이중기소에 해당한다고 보아 기각하고, 이홍규 검사의 기소부분에 대해서만 판단했다. 나중에 대법원도 같은 결론을 내렸다.[64] 대구공소원 검사장은 이홍규의 공판 관여를 방해하기 위해서 그를 안동지청으로 발령냈지만, 이홍규는 움직이지 않았다. 법원의 판사들, 이인 검찰총장, 미군법무관까지 모두 그의 편

* 「증수뢰로 환원 기소」, 『한성일보』 1947년 1월 1일자 3면. 이홍규 자신은 "전라남도 군정장관이 기록을 가지고 장관실로 와서 설명을 하라고 했고, 설명을 들은 뒤에는 '당신 이야기가 옳다. 앞으로는 당신 상사 말을 듣지 말고 내 말만 들으라'고 했다"라는 취지의 이야기를 남겼다. 그러나 전후 맥락상 『한성일보』 기록처럼 미군법무관이 개입했다고 봄이 타당할 것 같아 일단 이 책에서는 그렇게 정리했다.

을 들어주었으므로, 이홍규로서는 물러날 이유가 없었다. 1947년 3월 20일 수뢰자인 권중형 세무서장이 징역 8개월에 집행유예 2년을 받은 것을 비롯해 관련자들은 모두 유죄를 받았다. 돈을 준 사람들은 벌금형을 받았다.[65] 떠들썩했던 것에 비해서는 다소 싱거운 결말이었다.

흥미로운 것은 이 사건과 관련해 검사들뿐만 아니라 서기들까지 사표를 제출했다는 사실이다. 신문에 따라서는 "서기 등"이 사표를 제출했다고 오히려 서기를 주체로 본 기사도 있다. 한규용 검사장의 담화도 "서기들의 사직"에 방점을 찍고 있다. 아마도 광주지역에서 오래 서기로 일하면서 이홍규가 나름대로 쌓아온 신망의 결과로 서기들이 더 적극적으로 움직였던 것 같다. 서기 출신 검사에 대한 후배들의 응원도 없지는 않았을 것이다. 이홍규의 증언이 사실이라면 광주세무서장 사건은 우리 법조역사에서 그간 거의 무오류의 인간으로 인식되었던 김병로의 어두운 면을 보여주는 흔치 않은 사례가 된다.

이홍규, 충북지사를 구속하다

광주세무서장 사건을 처리하고 청주지방검찰청으로 자리를 옮긴 이홍규는 1948년 연말에 윤하영(尹河英) 충북지사에 대한 수사를 시작했다. 이재민 구호물자를 횡령했다는 혐의였다. 윤하영은 평북 출신으로 미국 프린스턴신학교에서 공부한 목사였다. 해방 후 군정청 공보부 여론조사과장 등을 지내고 정부수립과 함께 충북도지사에 임명되었다. 윤하영은 미국에서부터 이승만 대통령과 가까운 사이였다.

이홍규 검사가 도지사를 구속하려 하자 대통령으로부터 조사하지 말라는 지시가 내려왔다. 이홍규는 이번에도 멈추지 않았다. 청주지방검찰청 검사장인 민병성도 이홍규를 적극적으로 지원했다. 그리고 얼마후 검사장이 교체되었다. 이홍규는 "위에서는 검사장의 지시가 있어서 그렇게 조사하는구나 생각하고 도지사와 같은 고향인 신의주 출신의 P씨를 검사장으로 임명해서 내려보냈다"라고 회고한다. P씨는 박천일(朴天一) 검사장이다. 박천일은 평북 태천 출신으로 평안북도 경찰부의 경부보로 일하던 중 1935년 조선변호사시험에 합격해 신의주에 개업했던 인물이다. 이홍규는 1948년 12월 9일 윤하영 충북지사를 구속했다.[66] 그리고 이번에도 검사장의 결재 없이 먼저 기소부터 했다. 박천일 검사장은 깜짝 놀라서 천장만 보고 있다가는 "하는 수 없지요. 서울에 같이 올라갑시다"라고 이야기했다.

함께 서울고등검찰청에 가니 김달호(金達鎬), 권오병(權五柄) 등의 검사들이 "이검사 만세! 그런 사람을 잡아넣어야지. 이검사 잘했다"라면서 박수를 쳤다. 서울고등검찰청 서상환(徐相懽) 검사장은 "윗사람의 지시를 받지 않고 한 것이 흠이지만 일은 잘했다"라고 칭찬했다. 권승렬 검찰총장은 "이번 일로 법무부장관이 궁지에 몰려서 대통령에게 혼나고 있으니 장관실로 같이 가자"라고 했다. 이인 법무부장관은 "대통령이 사표를 받으라고 하니 사표를 쓰라"고 했다. 이인은 그렇게 말하고도 실제로는 이홍규의 사표를 받지 않고 서울지방검찰청 인천지청으로 전보시켰다. 1949년 6월 21일부 인사였다.[67] 다만 발령은 인천으로 내되 근무는 서울지방검찰청에서 하게 했다. 사실상의 영전이었다. 이홍규의 정식인사가 나기 직전에 이인은 법무부장관에서 밀려났고 권승렬이 그 자리를 이어받았다. 윤하영 충북지사는 1949년 11월 28일 서울고등법원에서 징역 8개월에 집행유예 1년을 선고받았다.[68] 이회창 전 총리가 황해도에서 태어나 광주 서석국민학교와 광주서중학교, 청주중학교를 거쳐 경기중학교로 전학하는 과정은 아버지 이홍규의 인사이동 경로와 정확히 일치한다. 아버지와 아들이니 당연한 일이다.

이로써 이홍규 검사는 해방공간에서 상당한 권력을 누린 두 집단과 담을 쌓게 되었다. 한민당과 평안도 세력이다. 이홍규 자신도 충북지사 사건으로 평안도 출신들의 오해를 샀다고 회고한다. 용감하지만 매우 위험한 행보였다. 덕분에 그는 한국전쟁 직전 '법조프락치' 사건 연루자로 김영재·강중인·윤학기 등과 어깨를 나란히 하게 되었다. '법조프락치'로 몰린 이후 한국전쟁까지 그가 겪은 기이한 경험은 뒤에서 자세히 살펴보겠다.

'미자격자' 오제도와 판검사 특별임용시험

해방후 법원의 서기들에게는 김종수의 표현대로 "별이 저절로 굴러 손에 들어오는" 시대가 열렸다. 1945년과 1946년에는 '시험 없는' 대규모 특별임용이 이루어졌다. 이홍규를 비롯해 많은 서기들이 이 기회에 판검사가 되었다. 단 한차례 실제로 시험이 치러지기도 했다. 1946년 9월 19일에 실시된 판검사 특별임용시험이다. '사상검사' 오제도는 이 시험이야말로 광복이후 첫번째 고시라고 주장한다. 좀 길지만 그의 말을 인용해본다.

"이때 특임고시는 조국이 광복되고 처음 치르는 고시로서, 일제 때 고문 합격자라도 이 특임고시를 거쳐야만 시보 1, 2년을 거치지 않고 정식 판검사로 임용되도록 규제해놓았었다. 그러기에 일제하의 고시 합격자

서너명도 응시했었다. 이 특임고시의 응시자격은 전문, 대학에서 3년 이상 법과를 이수한 뒤 법원이나 검찰에서 판임관(서기) 5년 이상 근무한 자로 응시자격을 규제해놓고 있었다. 이 1회 특임고시엔 전국에서 150여명이 응시, 그중 1차 50명이 합격되고 2차에 28명이 합격되어 발령을 받았는데 동기들로는 대법원에 있던 김치걸 대법관, 최동석 판사 등이 1회 특임 출신들이다. (…)

사실 이제 특임고시에 패스되어 검사직을 맡았으나 그전 미군정 아래서는 여러번 미국인 법무국장으로부터 판검사로 나가라는 권유를 받은 바 있었다. 그때는 대학 및 전문학교 3년을 졸업하고 재판소나 검사국의 판임관을 5년 이상 지낸 사람이면 전형을 거쳐서 판검사로 내보내는 형편이었다. 물론 나는 이 자격에 해당되어 있었다. 하지만 나는 그런 권유를 받을 때마다 그에게 '나는 나이도 어리고 또 정식정부가 곧 수립이 될 게 아닙니까? 만약 내가 시험도 치르지 않고 판검사로 나간다면 그것이 큰 핸디캡이 될 테니 나는 그때까지 기다려서 정식시험을 치러 합격하도록 하겠소' 하면서 사양하곤 했었다."[69]

이 회고록은 1974년 『북한』이라는 월간지에 연재되었다. 당시 월간 『북한』은 중앙정보부 심리전국 산하 북한연구소에서 발간했다. 연재의 첫부분에 실린 오제도에 관한 소개는 특별임용시험에 관한 비슷한 이야기를 반복한다. 그에게는 그만큼 중요한 이야기다. 지루할 수 있으나 오제도의 캐릭터를 이해하기 위해 다시 인용한다.

"오제도! 해방이 되자 법과 3년을 이수했고 또 5년 이상의 법원 경력이 있으니 검사로 특채하겠다는 상부의 강경한 권고조차 물리치고 1946년에 정식으로 시행된 '1회 조선 판검사 시험'에 합격, 임용된 뒤로 지검, 정보부 부장검사로 고검, 대검 검사로 법조생활 12년에 '19호 부장검사'

혹은 '사상검사'로 너무나 유명했던 오제도 검사."[70]

감격이 뚝뚝 묻어나오는 오제도의 회고와 약력에는 안타깝게도 여러 가지 오류가 있다. 우선 약력에 실린 "1회 조선 판검사 시험"이라는 건 아예 존재하지 않는다. 그가 합격한 판검사 특별임용시험은 "조국이 광복되고 처음 치르는 고시"가 아니었다. 이에 앞서 미군정은 1946년 3월 사법요원양성소 입소시험을 실시했다. 일제시대의 사법관시보 대신에 '미국식 법률학교' 제도 개념을 도입해 항구적인 법조인 양성제도를 마련하자는 논의의 결과물이었다. 이 시험에는 예비시험, 필기시험, 구술시험을 거쳐서 모두 62명이 최종 합격했다. 사법요원양성소 입소시험에 합격한 사람들은 사법관시보를 거쳐 대부분 판검사로 임용되었고, 그중 적지 않은 숫자가 오제도에게 몰려 '관제 빨갱이'가 되었다. 사법요원양성소 입소시험과의 관계를 생각할 때 오제도가 합격한 시험은 적어도 '첫번째' 고시는 아니다. 법원의 공식기록은 1회 판검사 특별임용시험이 1952년에, 2회가 1956년에 치러진 것으로 정리한다. 따라서 1946년 9월 19일에 치러진 시험은 엄밀히 말하면 '1회'가 아니라 그냥 '1946년' 특별임용시험이다.

"일제 때 고문 합격자라도 이 특임고시를 거쳐야만 시보 1, 2년을 거치지 않고 정식 판검사로 임용되도록 규제해놓았었다"라는 부분은 묘하게 사실관계를 비튼 설명이다. 일제 때 고등시험 사법과에 합격했지만 사법관시보나 변호사시보를 마치지 못한 사람에게는 해방후 이를 마칠 기회가 주어졌다. 이는 뒤에서 보는 선우종원의 예로 쉽게 확인할 수 있다. 판검사 특별임용시험을 거칠 경우 시보 1, 2년을 거치지 않아도 되었던 것은 사실이다. 이 부분은 응시자격을 "5년 이상"의 서기 경력자로 제한한 것과 밀접한 관계가 있다.

앞서 이야기했듯이 해방후 서기 출신이 판검사에 임용되려면 '7년 이상'의 경력이 필요했다. 이홍규는 이 조건이 충족되어 바로 임용되었다. 그러나 이 조건을 충족하지 못한 서기들도 많았다. 5년이나 6년 경력밖에 채우지 못한 이들은 판검사가 되는 절호의 기회를 눈앞에서 놓쳤다. 오제도가 합격한 판검사 특별임용시험은 기본적으로 이런 사람들을 위한 제도였다. 공개채용 시험이라기보다는 '7년 경력' 조건을 채우지 못한 법원서기들의 내부승진 시험에 가까웠다. 단 하루에 끝난 형식적인 시험이었으므로 예비시험, 필기시험, 구술시험을 거쳐야 하는 고등시험 사법과, 조선변호사시험, 사법요원양성소 입소시험 등과 구분된다. 사법요원양성소 입소시험의 경우 필기시험에 합격하고 구술시험에 탈락한 사람들은 다음해인 1947년 처음으로 실시된 변호사시험에서 필기시험 면제의 기득권을 인정받았다. 특별임용시험은 이런 기득권을 인정받지 못했다. 정책 결정자들도 양자를 명확하게 구분하고 있었다.

해방후 서기 출신이 '시험 없이' 판검사에 임용될 수 있었던 조건을 "5년 이상"이라고 적은 기록은 오제도의 회고가 유일하다. 『한국법관사』의 공식기록도 '7년'이고, 오제도와 함께 특별임용시험에 합격한 김치걸의 회고도 '7년'인데[71] 오제도만 '5년'이다. 오제도의 경력을 살펴보면 그 이유를 금방 알 수 있다.

오제도의 근원적 불안

오제도는 1917년 평남 안주 태생으로 만주 안뚱(安東, 지금의 단둥)에서 성장했다. 만철중학교(滿鐵中學校) 입시에 낙방한 그는 단기 실무교육학교인 삼무학교(三務學校)를 졸업한 후 만주에서 검표원으로 6개월간 일하다가 일본으로 건너가 와세다대 전문부 법과를 졸업했다. 삼무학교는 중학교 졸업 학력도 인정되지 않았기 때문에 오제도는 전문부에 입학하기 위해서 상업학교를 경유해야 했다. 와세다대 전문부를 졸업하고 귀국한 1940년부터는 신의주지방법원에서 서기 겸 통역생으로 일했다. 서기 임용시점이 1940년이기 때문에 1945년 해방 당시에는 7년 이상의 경력을 갖추지 못했다. 1945년 11월 3일을 전후해 월남했으니[72] 남쪽으로 내려온 것도 크게 늦은 편은 아니었다.

본인의 회고에 따르면 1946년에는 사법부의 인사과장으로 일했던 것 같다. 그러나 전후사정을 종합해볼 때 당시 '7년'이라는 형식적 조건을 갖추지 못한 그에게 미국인 법무국장이 판검사로 나가라고 권유했다는 이야기를 그대로 받아들이기는 어렵다. 그걸 거절하면서 "시험도 치르지 않고 판검사로 나간다면 그것이 큰 핸디캡이 될"것이라고 말했다는 부분은 더욱 이상하다. 누가 봐도 '저절로 굴러 손에 들어온 별'을 잡은 사람이 할 소리는 아니다. 특별임용시험 이야기를 하면서 오제도가 '김치걸'의 존재를 강조하는 것도 이유가 있다. 같은 시험에 합격한 것처럼 보이지만 오제도와 김치걸은 상황이 전혀 달랐다. 두사람을 비교해보면 당시 서기 출신의 판검사 특별임용 상황을 훨씬 선명하게 이해할 수 있다.

김치걸은 1909년 9월 2일 대동강 상류의 평남 순천에서 태어나 1932년 경성법전을 졸업하고 그해부터 해주지방법원과 그 산하 여러 지청에서 해방 때까지 서기 겸 통역생으로 일했다. 13년 이상을 일본법원의 서기로 일한 셈인데, 딱 그 중간에 해당하는 1939년에 조선변호사시험에 합격했다. 앞서 살펴보았듯이 고재호·유헌렬·서순영·민동식·윤학기 등 쟁쟁한 인물들과 조선변호사시험 동기다. 그러나 김치걸은 조선변호사시험 합격 이후에도 변호사를 개업하지 않았다. 훗날 김치걸은 그 이유를 이렇게 설명한다.

"인가를 받아야 할 뿐만 아니라 자비로 1년 6개월간 시보를 해야 되었어요. (…) 변호사시험에는 합격했지만 시보를 거쳐야 하는 관계도 있고 해서 이왕 시험 보던 김에 일본 고등문관시험까지 치러보자 해서 계속 시험준비를 했지요."

변호사시보로 수습하는 동안에는 어디에서도 돈이 나오지 않는 게 문제였다. 그 기간을 버틸 수 없다면 변호사가 될 수 없었다. 김치걸은 서기생활을 계속하며 수험준비를 이어갔고 1942년 고등시험 사법과에도 합격한다. 그런데 이번에는 사법관시보로 임용을 받지 못했다. 너무 많은 조선인 합격자가 나온 결과였다. 1937년에 17명으로 기록을 세운 조선인 합격자는 1938년에 7명으로 줄어들었다가 1939년 26명, 1940년 27명, 1941년 38명, 1942년 64명으로 증가세를 보였다. 1943년에는 정확한 통계가 남아 있지 않지만 전병무 교수는 최소한 41명이 합격했다고 추정한다.[73] 조선총독부는 합격자 비율에 따라서 조선인 사법관시보 자리를 늘릴 마음이 없었다. 당연히 경쟁은 심해졌고 탈락자가 많아졌다. 사법관시보에 임용되지 못한 김치걸은 계속 서기로 일했다. 여전히 "변호사 개업할 형편이 못 되었던"데다가, 태평양전쟁의 발발로 모든 것이 불투명해졌기 때문이다. 조선변호사시험과 고등시험에 모두 합격한 김치걸에게 법원이 배려해준 것이라고는 그저 전근을 시키지 않은 것뿐이었다. 덕분에 김치걸은 조선변호사시험 합격 당시의 근무지인 사리원에서 해방되던 그날까지 계속 근무했다. 사리원은 38도선 이북이라 소련군이 점령했다. 기회를 노리던 김치걸은 1946년 6월 일단 단신으로 월남

서기 출신으로 해방후 판검사
특별임용시험에 합격한
김치걸의 대법관시절 모습.

했다. 해방되고 1년 늦게 월남한 대가는 가혹했다. 김치걸은 당시 상황을 이렇게 설명한다.

"남한에 있던 사람들은 전문학교 졸업 후 서기로 법원에 7년 이상 있었으면 그대로 판검사로 다 임명이 되었는데, 나는 1946년 6월에 넘어오니까 일응 자리들이 잡혀지고, 사법요원양성소에서도 사법요원을 양성하여 시보로 각처에 배치하고 또 이법회원이라는 것도 있었어요. 법원에서는 시험은 두가지를 합격했으니까 자격은 인정하지만, 시보를 안 했으니까 시보를 하든지 해야지 그렇지 않으면 임용이 곤란하다고 해요. 그래서 특별임용시험을 쳤어요. 그때 이북에서 넘어온 사람들과 여기서 임관 못 한 사람들 합쳐 120명이 되었어요. 그런데 전에 시험을 두가지나 봤는데 또 어떻게 시험을 보느냐, 만약 떨어지든지 하면 창피하지 않느냐 이렇게도 생각이 되었으나, 그렇다고 해서 사법요원양성소 출신자와 이법회원들이 선순위로 다 갔으니 그 아래 들어갈 수도 없는 일이고 해서 시험을 보자고 마음먹었지요. 그래서 120명이 시험을 봤는데, 요행히 수석 합격되어 최초의 시험합격 후 만 7년 만에 비로소 임관을 한 셈이지요. 그때 29명인가 30명이 합격을 했을 거예요. 일정 시 식민지정책의 탓도 있지만 요는 내가 못났기 때문에 창피할 정도로 세 가지 시험을 치렀던 것이지요."[74]

같은 시험인데 이야기를 전하는 분위기가 오제도와는 전혀 다르다. 조선변호사시험, 고등시험 사법과에 이어 해방후 판검사 특별임용시험까지 합격한 서기 출신 김치걸의 이야기는 서기라는 직업과 각종 시험의 상관관계를 잘 보여준다. 조선변호사시험에 붙어도 변호사시보를 마칠 때까지 버틸 돈이 없으면 차라리 서기를 계속하는 게 나았다는 것, 고등시험 사법과를 붙어도 사법관시보를 마치지 않으면 아무 의미가 없었다는 것, 고등시험에 합격하고도 해방후 서기 경력을 기초로 판검사에 임용받은 예외적인 인물이 존재한다는 것 등이 김치걸의 증언으로 분명해진다.

결국 시보기간을 단축하기 위해서 판검사 특별임용시험에 응시한 것은 고등시험 합격자인 김치걸에게나 해당되는 이야기다. 오제도는 고등시험 사법과나 조선변호사시험에 합격한 일이 없기 때문에 시보로 임용될 자격 자체가 없다. 7년 경력도 채우지 못했으니 서기 경력만으로 임용될 수도 없다. 오제도에게는 판검사 특별임용시험이라는 내부승진제도만이 거의 유일한 기회였다. 일선 검사장을 지내지 못한 오제도와 달리 김치걸은 서울고등법원 부장판사, 대구지방법원장을 거쳐 대법관을 지냈다.

서기 출신으로 해방이후 임용된 판검사들에게 찾아온 신분상 마지막 위기는 1948년 정부수립 직전의 변호사법 제정이었다. 그해 7월 1일 사법부가 발표한 변호사법 제2조 나항은 다음과 같은 사람에게 변호사자격이 있다고 규정했다.

"성년 이상의 조선국민으로서 좌(左)의 1에 해당하는 자는 변호사의 자격이 있음. (1)1945년 8월 15일 당시의 시행 법률에 의하야 변호사의 자격이 유(有)한 자, (2)변호사시보 또[又]는 사법관시보로서 실무수습을 완료한 후 고시에 합격한 자, (3)변호사시보 또는 사법관시보가 될 자격이 있는 자로서 사법부 법무사, 연구사의 직에 2년 이상 재직한 자, (4)전 3호에 해당치 아니한 자로서 본법 시행 이전에 판사, 검찰관 또는 소년심판관의 직에 있던 자, (5)전 4호에 해당치 아니한 자로서 본령 시행 이후 판사 또는 검찰관이 된 자, 법률 전과를 가진 대학의 법률학 전임교수로 7년 이상 재직한 자로서 사법부장의 인가를 얻은 자."[75]

(1)~(3)은 고등시험, 조선변호사시험 등 고시에 합격한 사람들의 자격조항이고, (4)~(5)는 서기 출신들을 위한 조문이다. 이 조문이 발표되자 서기 출신 판검사들은 격분했다. 이 조문의 내용을 "해방 당일 변호사자격이 없는 자로서 해방이후 판검사의 직에 있던 자는 사법부장의 인가를 얻어야만 비로소 변호사가 될 수 있다"라는 취지로 해석한 까닭이다. 그들은 이 규정이 "사법관시보를 거치지 않고 특별임용으로 임명된 자에 한한" 차별적인 규정이라고 생각했다.

해방후 판검사로 임명된 33명은 7월 16일 대법원 회의실에서 긴급총회를 열었다. 이들은 "왜정이 남긴 식민지정책상 쓰던 조문을 이번에 다시 인용하는 것은 실로 유감"이라고 의견을 모았다. 오제도, 이필빈(李弼斌), 강석복, 이원희(李元熙), 박근학(박근영의 오기로 추정), 이해종(이회종의 오기로 추정) 등 6명을 위원으로 뽑아 장문의 건의문도 작성했다. 성과를 얻지 못할 경우에는 사직하기로 했다.[76] 오제도를 비롯한 5명은 서기 출신이고 박근영은 고등시험 사법과 출신이지만 만주국 경력을 바탕으로 사법관시보를 거치지 않고 바로 검사로 임용된 약점이 있었다. 『경향신문』은 남조선 판검사 150명 중에서 약 3분의 2가 이런 경우에 해당한다고 보았다. 재판소 창설 이래 첫번째 판검사의 파업이라는 설명도 곁들였다. 기사의 제목 자체가 아예 "우리도 변호사자격 있다"이다. 서기 출신들의 절박한 요구를 한마디로 요약해 제목에 담은 것이다.[77] 7월 17일에는 김용무 대법원장과 이인 검찰총장 등도 조문의 수정을 요구하는 항의문을 작성했다.[78]

변호사법 제2조 나항을 차근차근 살펴보면 이 조문은 모든 서기 출신 판검사의 변호사 개업을 제한하는 내용이 아니다. 오제도를 비롯한 6인의 위원 모두는 이 법의 시행 당시 이미 판검사였으므로 변호사 개업을 위해 사법부장의 인가를 받을 필요가 없었다. 그런데 왜 법률을 그렇게 해석하고 격렬히 저항했을까. 아마도 (5)호에서 '이 법령 이후' 판검사로 임용된 경우 사법부장의 인가를 얻어야 변호사자격을 얻을 수 있다는 부분이 이들을 자극했던 것 같다. 자신들에게 직접 적용되는 것은 아니지만 앞으로 임용되는 판검사들 중 이른바 미자격자에게 차등을 준다는 이야기에 자존심이 상한 것이다. "해방후 판검사 된 자는 해방전에 만주에서 판검사를 지냈거나 혹은 특임이나 고문에 패스한 자라도 일률적으로 사법부장의 허가제로 규정되어 있음은 해방후에 임명된 판검사에 대하여는 너무나 모욕적이고 차별적인 조치"라는 주장도 이런 해석을 뒷받침한다.[79]

이 문제는 당장 해결되지는 않고 1949년 11월 7일 법률 제63호 변호사법 제정을 통해서 "판사 또는 검사의 자격이 있는 자"에게 모두 똑같이 변호사자격을 인정함으로써 정리되었다. 이 규정은 지금까지도 그대로 이어지고 있다. 프롤로그에서 이야기한 현행 변호사법 제4조 제2호가 바로 그 규정이다. 사법시험과 변호사시험 합격자 외에 다른 판검사를 생각하기 어려운 지금 상황에서는 좀 생소한 규정이라 이런 역사적 맥락을 알아야 이해가 쉽다.

변호사법 제정을 놓고 서기 출신을 비롯한 이른바 미자격자들이 보인 격렬한 반응은 삼류 법률가로 밀릴 수 있다는 그들의 위기의식을 잘 보여준다. '판검사 특별임용시험'에 엄청난 의미를 부여한 오제도의 태도도 결국은 같은 맥락이다. 그들은 불안했다. 일을 통해서 뭔가 보여줘야 한다는 초조함도 강했다. 가만히 있으면 연차에 따라 대체로 승진이 보장되는 자격자들과는 입장이 전혀 달랐다. 나이는 미자격자 쪽이 자격자보다 더 많거나 비슷했다. 초기에는 숫자도 미자격자 쪽이 오히려 더 많았다. 그런데 사법관시보들이 실무수습을 마치고 판검사로 임명되기 시작하면서 서기 출신들의 입지는 계속 좁아졌다. 이런 불안이 어쩌면 오제도를 움직인 근본적인 동력이었는지도 모른다.

오제도 검사의 근원적 열등감에 대해서는 흥미로운 기록이 남아 있다. 김학준 서울대 교수가 쓴『이동화 평전』에 나오는 이야기다. 평남 강동 출신으로 야마구치(山口)고등학교와 도쿄제대 법문학부 정치학과를 졸업한 이동화(李東華)는 여운형의 항일지하조직 건국동맹과 해방후의 건준에 참여한 대표적인 사회민주주의자다.『평양민보』주필, 김일성종합대 교수로 일하며 북한에 남아 있던 그는 1950년 국군이 평양을 점령하자 뒤늦게 월남하면서 공산주의를 완전히 청산했다. 성균관대 정치학과 교수로 일하던 1955년에는 국가보안법 위반 혐의로 구속되어 혹독한 고문 끝에 선고유예로 풀려났고, 1958년에는 진보당 사건으로 구속되었으나 흔치 않게 대법원까지 모두 무죄판결을 받았다.

이동화는 1989년 김학준 교수를 만나 "자유당 정권에서 이른바 공안 사건을 다루던 사람들 가운데 자신에게 열등감을 가진 어떤 사람이 자신을 끈질기게 괴롭혔다"라고 회고한다. 그 사람은 "대학 전문부를 졸업했을 뿐"인데 이동화는 "일본 사람들도 우러러보던 도쿄제대 정치학과를 졸업"했고, 그가 "일제 재판소에서 서기로 일하던 때" 이동화는 "항일독립운동에 종사해 감옥살이를 했기에" 열등감으로 이동화를 "참으로 모질게 다뤘다"라는 것이다. 김학준 교수는 이동화가 말하는 "그 사람"이 오제도일 것으로 추정한다. 이동화를 잡아넣은 검사는 오제도와 조인구(趙寅九)인데 조인구는 경성법전을 졸업하고 사법요원양성소 입소시험에 합격한 경우라 이동화의 묘사와 부합하지 않는다. 오제도가 보여주는 학력과 경력에 대한 집착을 생각할 때 김학준 교수의 추정은 더 힘을 얻는다. 초창기 법조계 역사에서 종횡무진하며 과도한 영향력을 행사했던 오제도 검사의 내면세계를 이해하는 데 상당히 중요한 증언이다.

고등시험 사법과 출신 '미자격자' 선우종원

앞서 보았듯이 일제시대에 고등시험 사법과나 조선변호사시험에 합격했다고 해서 바로 판검사에 임용되거나 변호사가 되는 것은 아니었다. 판검사가 되려고 하는 합격자는 조선총독부 재판소 및 검사국에서 1년 6개월 이상 총독이 정하는 실무수습을 마쳐야 했고,[80] 변호사가 되려는 합격자는 경성지방법원 관내의 변호사회에 수습을 신청하여 1년 6개월 동안 지도변호사 아래에서 실무수습을 마쳐야 했다.[81] 합격자 발표가

난 다음해에 실무수습이 시작되는 것이 보통이었으므로 엄격히 말하자면 1942년까지 고등시험 사법과와 조선변호사시험에 합격한 사람들 중 일부만이 해방 당시 이른바 자격자 범위에 포함되었다. 어떤 이는 해방 전 사법관시보 경력을 기초로 바로 판검사가 되었고, 어떤 이는 해방후에 새로 사법관시보 과정을 거쳤다. 1943년 합격자부터는 해방 당시 자격자가 되는 것이 시간적으로 불가능했다. 변호사자격이 목표가 아니라 판검사가 목표였던 시대였으므로, 사법관시보 임용을 확실하게 하기 위해 사법요원양성소 입소시험이나 판검사 특별임용시험을 다시 치른 사람들도 있었다. 그만큼 개인차가 극심했다.

1943년도 고등시험 사법과의 경우 김찬수·김창욱(金昌旭)·이형규(李馨圭)·박용선(朴容善)·백상기(白翔起)·권오병·주운화(朱雲化) 등 7명이 1945년에 판검사로 임용되었다. 시험동기인 선우종원·박상민(朴商泯)·유재방 등이 비슷한 시기에 사법관시보로 임명된 걸 보면 앞선 판검사 임용자들은 일제시대에 사법관시보 과정을 밟던 중 해방을 맞았고, 뒤늦은 시기의 임용자들은 해방이후에 비로소 사법관시보에 선발되었다고 추정할 수 있다.

오제도와 함께 대표적 '사상검사'로 손꼽히는 선우종원은 1918년 2월 17일 평남 대동에서 태어나 평양고보와 경성제대 법문학부를 졸업하고 미노시마 겐타로(箕島源太郎)라는 창씨명으로 1943년 고등시험 사법과에 합격했다. 해방전 자신의 상황에 대해서 선우종원은 징용에 끌려가지 않기 위해 "고향에서 오랜만에 가족과 시간을 보냈다"라고 기록한다.[82] 일제시대 말 선우종원의 구체적인 행적은 그의 고보동기인 김태청(金泰淸)의 회고록에서 확인할 수 있다. 평남 강서 태생으로 평양고보와 경성법전을 졸업한 김태청은 일본 주오대에 유학 중이던 1942년 히라야마 게이타로(平山桂太郎)라는 창씨명으로 고등시험 사법과에 합격했다. 그는 "판검사 등 고등관이 될 자격은 가졌으나 총독부 발령 전이라 법적으로는 엄연한 무직자" 상태에서 다행히 발이 넓은 장인의 주선으로 검사국 서기로 취업했다. 고교동기인 선우종원도 김태청과 함께 평양지방법원 서기로 일했다.[83] 두사람 모두 고등시험에 합격한 상태에서 사법관시보에 임용되지 못해 일제시대 법원의 서기로 취업한 것이다.

해방후 선우종원은 곧바로 월남하여 1945년 11월 19일 서울지방법원 사법관시보로 임용되었다. 서기 출신들의 판검사 임용이 시작되던 바로 그 날짜의 인사명령이다. 이날 선우종원은 옥황남(玉璜南)·김진수(金鎭壽)·김영세·박래홍(朴來興)·정인상(鄭寅祥)·박용원(朴容元) 등 이른바 이법회 회원들과 함께 사법관시보가 되었다.

같은 날 사법관시보로 임용된 윤태림(尹泰林)의 사연도 흥미롭다. 1908년 서울에서 태어난 윤태림은 경성제일고보와 경성제대 철학과, 법학과를 졸업한 후 황해도 내무부 사회과 지방서기 등으로 근무하다가 1941년 고등시험 행정과에 합격했다. 황해도 금천군수로 일하다가 해방을 맞은 그는 고등시험 사법과에 합격한 적이 없다. 처음 고등시험에 응시할 때 윤태림은 행정과와 사법과에 모두 도전할 계획이었다. 그런데 사법과 시험장에는 지각을 해서 제대로 시험을 치러보지도 못했다. 이후에는 행정과만 두차례 더 응시해 결국 합격했다. 해방 당시 그에게는 고등시험 사법과에 응시했던 수험표가 남아 있었다. 사법부의 법전편찬 과장을 맡은 친구 장후영이 사법관시보에 지원할 것을 권했다. 군수까지 지낸 사람이 사법관시보가 뭐냐 싶었지만 친구의 권유를 못 이기는 척 받아들이고 사법관시보로 임용되었다.[84]

윤태림의 회고가 사실이라면 초창기 사법관시보는 합격사실 증명 없

대표적 '사상검사'로 꼽히는 선우종원(왼쪽)과 오제도(오른쪽). 1950년 『동아일보』에 실린 사진이다.

이 수험표만으로도 임용이 가능했다는 이야기가 된다. 또다른 1941년도 고등시험 행정과 출신인 이사묵(李仕黙)은 일제시대 평안남도 사회과장, 영원군수 등의 경력을 지니고 있음에도 사법요원양성소 입소시험의 필기와 구술시험을 다시 치고 사법관시보에 임용되었다. 일제시대 말 고등시험 합격자들의 진로는 개인별로 그만큼 큰 차이가 났다. 앞서 이야기한 1949년 11월 7일자 변호사법 부칙에는 "본법 시행 전 고등시험에 합격한 자는 본법에 의하여 수습변호사와 대등 이상의 자격이 있는 자로 간주한다"라는 규정이 들어 있었다. 고등시험 사법과와 행정과를 전혀 구별하지 않은 조문이었다. 그 결과 고등시험 행정과 출신도 변호사자격을 가지게 되었다.[85] 바로 윤태림 같은 사람을 위한 규정이었다.

당연히 반발이 있었다. 어느 기자가 권승렬 법무부장관에게 "고문 행정과 합격자에게 판검사 자격을 인정하고 있어 불평이 많다"라는 질문을 던졌다. 권승렬은 "그들의 실력은 해방후 변호사시험 합격자보다 퍽 나을 것이므로 별로 반대할 이유가 없다"라고 답변했다. 그러자 기자는

"우리의 적국인 일본의 고등시험은 인정하면서 만주의 고등시험을 인정하지 않는 이유"를 묻는다. 권승렬은 "일본은 우리의 적국이었으나 국제승인을 받은 국가였고, 만주국은 국제승인을 받지 못한 괴뢰국가였기 때문에 그를 동등하게 대우하지 못할 것"이라고 답했다. "우리가 일본의 고문을 인정한 것은 그 시험이 학리(學理)에 치중한 시험이니까 그 실력을 평가하여 이를 인정하는 것"이라는 설명도 덧붙였다.[86] 각종 시험 사이의 등급을 법무부장관이 한마디로 정리해버린 셈이다. 이렇게 해서 일본 고등시험 합격자들은 사법과와 행정과 구분 없이 모두 변호사자격을 가지게 되었다.

북한지역의 초창기 법원과 검찰

오제도·김치걸·선우종원은 모두 평안도 출신이다. 평안도는 흔히 관서지방이라 불린다. 함경도와 황해도를 함께 묶어 서북지방으로 분류하기도 한다. 이성계는 서북 출신 무장들의 힘을 기반으로 조선을 개국했지만 개국 후에는 서북 출신을 높은 자리에 기용하지 않았다. 성종 때는 서북 출신의 관리 임용 숫자를 다른 지역에 비해 절반 정도로 묶어두기도 했다. 뿌리 깊은 차별에 맞선 생존대책으로 서북지역은 일찍부터 상공업에 주력하면서 외래문물을 활발하게 받아들였다. 이런 개방성 덕분에 개항 이후 서북지역은 애국계몽운동, 자강운동의 중심지로 떠올랐다.[87] 상공업에 종사하는 평안도 사람들에게 근대화(신문명 수입)는 곧 미국화 또는 기독교화를 의미했다. 선진문물을 배우고자 모두들 일본으로 달려갈 때에도 다수의 평안도 출신들은 미국을 유학지로 선택했다.

1925년 당시 미국 유학생 중에서 평안도 출신의 비중은 무려 43퍼센트에 달할 정도였다.[88] 안창호·조만식·이승훈으로 상징되는 이 지역 지도자들의 영향으로 평안도 출신들은 분야를 불문하고 대체로 개신교, 반공, 친미성향을 드러냈다. 또다른 평안도 출신 김일성이 권력을 장악할 때까지는 해방직후에도 이 민족주의자들이 잠시 주도권을 행사했다.

김영재·조재천·김갑수 등 현직 판검사들이 평양을 떠난 이후의 기록은 김태청 변호사의 회고록이 비교적 상세하다. 1945년 10월이 되자 남쪽과 마찬가지로 북쪽에서도 판검사를 임명했다. 북한에서는 원칙적으로 일제시대 판검사 및 변호사 '자격'은 있으나, 판검사 '경력'은 없는 사람들을 원했다. 친일의 때가 묻지 않은 판검사를 기용하겠다는 의지의 표명이었다. 이때 임용된 사람들 중에서 나중에 남한의 판검사가 된 사람도 여럿이다. 김두일(金斗一)·임석무(林碩茂)·김용진·위청룡·김태청·전기일(全蘷一) 등이 여기 해당한다.[89]

김두일은 일제시대 판사를 지낸 원로그룹이었고, 임석무·김용진·김태청·전기일은 모두 고등시험 사법과 출신들이다. 김용진과 위청룡은 김홍섭, 조재천과 1940년 조선변호사시험의 합격동기이기도 하다. 김용진은 1914년 평남 강동에서 태어나 1936년 보성전문을 졸업하고 '가네야마'라는 창씨명(金山容晉)으로 1940년 조선변호사시험에, 1941년 고등시험 사법과에 합격했다. 1942년 7월 28일 평양에서 변호사를 개업했다. 위청룡은 1915년 1월 1일 평남 평원에서 태어나 1936년 경성법전을 우등으로 졸업하고, 평양지방법원에서 서기 겸 통역생으로 근무하다가 조선변호사시험에 합격했다. 앞서 보았듯이 시험합격 당시에 이미 창씨한 상태였다. 1943년 6월 2일 평양에서 변호사로 등록했다. 어쨌든 두사람 모두 일제시대에 판검사 경력이 없었기 때문에 북쪽에서 새로 임용되는

데 아무 문제가 없었다. 선우종원은 발 빠르게 월남하여 북쪽에서 판검사로 임용되지는 않았다. 김태청은 해방후 판검사에 임용된 당시 심경을 이렇게 적었다.

"부끄러운 이야기지만 다른 젊은이들처럼 독립운동 한번 못 해본 나는 국내에 머물면서 일본 고시를 보아 관존민비의 일제치하에서 그놈들의 수모나 면하고자 총독부의 검사 발령 나기만을 기다리다가 일본인에게 밀려나 미처 발령을 못 받은 채 광복을 맞게 된 터였다. 그러니까 솔직히 말해 내가 무슨 대단한 항일투사라고 일제가 주는 벼슬을 마다한 것도 아니고, 단지 결과적으로 친일 오염자가 아니라는 이유 하나만으로 조국의 검사로 발령됐던 것이다. 해방전 일종의 판검사 돼보려다 못된 덕에, 아니 그 죗값으로 받아야 할 벌이 바뀌어 상이 되었으니 부끄럽고도 꿈만 같은 새옹마(塞翁馬)가 아닐 수 없었다."90

사법관시보 임용에서 탈락하고 밀린 덕분에 해방후 북한에서 검사로 임용되는 새옹지마를 경험했다는 김태청의 회고는 정직하다. 북한지역에서는 적어도 이런 뒤집힘이 한번은 있었던 셈이다. 검사가 된 김태청이 일을 시작하고 보니 유치장 안에는 일본인 모토하시 다쓰타로(元橋達太郎) 검사정과 쓰보야(坪谷) 차석검사가 수용되어 있었다. 쓰보야 검사는 일제시대 말 비행장 건설노역에 동원된 김태청 서기에게 쌀보따리를 지고 가라며 의도적으로 모욕을 주던 인물이었다. 김태청은 두사람을 검사실로 불러올렸다. 어느새 그는 "그 원흉들의 지휘감독 아래 인간이하의 대접을 받으며 구타와 고문을 당하고 형장의 이슬로 사라져간 우리 순국선열들의 피맺힌 원한도 한번 갚고 싶은 야차(夜叉)로 변신"했다. '야차'는 잔인무도한 귀신이라는 뜻이다. 김태청은 사법주임이 가져다준 '소좆 몽둥이'로 쓰보야를 심문하면서 그 죄를 물었다. 다소 치

졸하기는 했지만 "광복 조국의 풋내기 검사"는 그렇게 "공분과 사원(私怨)"을 함께 풀었다.[91]

김태청의 신나는 검사생활은 그리 길지 않았다. 조만식과 민족주의 세력은 소련군과 김일성이 들어오면서 점차 중심에서 밀려났다. 사법분야는 경성제대 2회 졸업생으로 보성전문에서 가르쳤던 사회주의자 최용달이 장악했다. 경성제대 시절 유진오·이강국·박문규(朴文圭) 등과 함께 경제연구회에서 활발하게 활동했던 그는 해방직전 여운형의 건국동맹에도 참여했다. 해방후 최용달 사법국장은 신규 판검사 40여명을 이끌고 법원에 들어왔다. 변호사자격 없이 전문학교 법과 졸업의 학력만 갖춘 사람들이었다. 이들은 소련공산당사, 유물변증법, 맑스경제학 등을 한달 정도 배우고 바로 판검사로 임명되었다.[92]

검사총장에는 한낙규(韓洛奎)가 임명되었다. 김태청은 한낙규와 구면이었다. 김태청이 평양고보를 졸업하고 경성법전을 떨어져 재수하던 시절 평양 만수대 인정(仁貞)도서관 앞자리에서 만난 고시생이 한낙규였던 것이다. 한낙규는 1939년 만주 고등문관 채용고시에 합격해 1940년 대동학원을 11기로 졸업했고, 펑톈지방법원에서 판사로 일하다가 귀국했다. 보성전문 출신이라서 스승 최용달을 돕게 된 것으로 보인다.

한낙규의 1935년 보성전문 입학동기들 중에는 강중완(姜仲完)·정원섭(鄭元燮)·최용구(崔容龜)·오용근(吳庸根)·이태진(李泰鎭)·이태형(李泰炯)·김용선(金容善)·최복렬(崔福烈)·정윤모(鄭允謨)·홍순일(洪淳逸)·노성환(魯成煥)·최성인(崔盛仁) 등 해방후 남쪽에서 판검사 임용을 받은 사람이 굉장히 많다. 조선변호사시험 출신인 이태진을 제외하면 대부분 서기 출신으로 판검사에 임용된 경우다. 오용근은 앞으로 이 책의 7부에서 살펴보듯이 1945년 조선변호사시험 '응시자'인 이법회원으로 1947년 1회 변호사시험에 뒤늦게 합격했다. 한낙규의 동기들은 1938년에 보성전문을 졸업했다. 한낙규는 동기들보다 졸업이 1년 늦었다. 햇수를 계산해보면 알 수 있듯이 정상적으로 졸업한 한낙규의 동기들은 7년 경력을 꽉 채움으로써 해방후 남쪽에서 바로 판검사에 임용되었다. 그만큼 운 좋은 세대였다. 그밖에 주오대 법대를 졸업해 1941년 고등시험 사법과에 합격한 후 고려대 법대에서 평생을 가르친 이희봉(李熙鳳)도 한낙규의 보성전문 입학동기다. 한국전쟁 당시 피란길에 고생하는 유진오를 도왔던 정윤모 검사처럼[93] 남쪽의 동기들은 이런저런 기회에 스승 유진오를 지원했다. 동기들이지만 남북으로 나뉘어 그렇게 스승들을 도왔다.

최용달과 한낙규가 사법부를 장악하자 기존의 판검사들은 사표를 내거나 쫓겨난 뒤 대부분 월남했다. 빨리 삼팔선을 넘은 사람들은 그나마 다행이었지만 경비가 강화되면서 후반부의 월남자들은 삼팔선을 넘기 위해 목숨을 걸어야 했다. 김태청은 1948년 4월 삼팔선을 넘다가 붙잡혔다. 어머니의 탄원이 먹혀들어 겨우 풀려난 김태청은 평양에 있는 위청룡을 찾아갔다. 위청룡도 검사를 그만두고 변호사를 개업한 상태였다. 위청룡은 김태청을 자기 집 다락방에 숨겨주었다. 가끔 재판소와 검찰 직원들이 드나드니 조심해야 한다면서 소변보는 요강까지 가져다주었다.[94] 당시 북한 분위기로는 이것도 목숨을 건 모험이었다.

군법무관이라는 새로운 진로

김태청은 결국 그해 7월 월남에 성공한다. 1946년 6월에 월남한 김치걸도 이미 자리가 없어 판검사 특별임용시험을 쳐야 했던 상황이니,

1948년 7월에 월남한 김태청은 두말할 나위가 없었다. 전혀 갈 곳이 없었다. 거기다가 남쪽의 기준에 따르면 김태청은 사법관시보조차 마치지 못한 상태였다. 북한의 검사 경력이야 인정될 리 없었다. 고보동기 선우종원은 이미 '사상검사'로 이름을 날리고 있었다. 스스로를 "월남 지각생"이라 칭한 김태청은 신문에서 군법무관 모집 광고를 발견했다. 한여름에 "베잠방이 하나 입고 넘어와 서린동 처외삼촌댁에서 식객 노릇을 하는 신세"에 "찬밥 더운밥을 가릴 처지"가 아니었다.[95] 해방후 삼팔선을 넘어왔다 해서 상황이 같을 수 없었다. 김갑수·김영재·조재천 같은 초창기 월남자들은 해방전 이북에서 판검사생활을 했지만 원래 남쪽 출신들이다. 삼팔선만 넘으면 집도 있고 친척도 있고 직장도 있었다. 김태청 같은 진짜 이북 출신들은 아무것도 없었다. 이 상황은 김태청의 진로 선택에 큰 영향을 끼쳤다.

"온 국민의 경제적 궁핍은 판검사라고 예외가 아니었던 그당시 쥐꼬리만 한 봉급이라야 민과 군이 크게 다를 바 없었다. 그래도 군대에서는 머리 꼭대기의 모자에서부터 발끝의 구두에 이르기까지 일체 미군복장으로 입혀주었고, 가족 수에 따른 식량배급은 물론, 잘하면 일본군이 쓰던 관사까지 얻어 쓸 수 있었으니, 적수공권으로 월남한 나로서는 해방후 누구에게나 어려웠던 그 의식주의 문제가 동시에 해결되는 사적 실리(實利) 또한 무시할 수 없는 매력이기도 했다."[96]

당시 월남한 법조인이 느꼈던 절박함을 이만큼 잘 표현하기도 어렵다. 물론 김태청의 마음 한편에는 "멸공전선에 뛰어드는 공적인 명분"이 존재했다. 그러나 역시 그보다는 사적인 실리 이야기가 훨씬 가슴에 와 닿는다. 이런 절박성은 월남자들이 해방공간에서 벌였던 무자비한 행적을 이해하는 중요한 열쇠다. 김태청은 홍영기(洪英基)·고원증(高元增)·

태윤기(太倫基) 등과 함께 1948년 12월 21일 법무장교로 선발되어 육군
사관학교에서 훈련을 받고, 법무 2기로 중위계급장을 달았다.[97] 전투병
과로 치면 육사 7기와 동기가 된다. 전북 순창 출신의 홍영기는 도후쿠
제대를 졸업하고 '동아연맹 사건'으로 일본 히로시마교도소에서 2년을
복역하다가 해방으로 출옥한 독립운동가다. 고원증은 만주 통화 태생으
로 신의주상업학교와 경성법전을 졸업하고 만주 고등문관 채용고시에
합격했다. 고원증의 출신지는 만주이지만 크게 보면 평안도 인맥에 포
함된다. 태윤기는 함남 풍산 출신으로 함흥공립상업학교와 메이지대 법
과를 졸업하고 만주 고등문관 채용고시에 합격했다. 학병에 끌려갔다
광복군에 투신한 특이한 경력자이기도 하다. 모두 해방 당시 법률가자
격을 갖추지 못했던 경우다.

김태청은 육사를 졸업하고 석달 만에 대위계급장을 달았다. 초고속
승진이었다. 1949년 6월 25일 누군가 김태청을 찾아왔다. 북한에서 인민
군 군사재판소 판사로 일했던 고석태(高錫泰) 소좌였다. 평남 강서 태생
으로 니혼대 법과에서 공부한 고석태는 평양에서 한낙규 검사총장과 함
께 김태청의 집에 냉면을 먹으러 놀러 오던 사람이었다. 월남 전에 고석
태는 한낙규에게 조심스럽게 남쪽으로 가겠다는 의사를 밝혔다고 한다.
그러자 한낙규는 잡아넣기는커녕 "남조선 가거든 김태청을 만나 내 이
야기를 하면 푸대접은 않을 것"이라고 이야기했다. 사상은 달랐어도 북
에 있던 시절 김태청은 실제로 한낙규의 신세를 많이 졌다. 그런 고마움
때문이었을까. 김태청도 고석태를 후하게 대했다. 고석태는 김태청 소
령이 시험관이 되어 실시한 군법무관 임용시험에 합격해 10여년을 복무
하고 대령으로 예편했다. 한 계급 위인 김태청이 진급할 때마다 자기 계
급장을 떼어 넘겨주면 고석태는 "자기도 운이 좋아 빨리 진급한다"라면

서 좋아했다고 한다.[98] 이렇게 해서 고석태는 남북의 군대 양쪽에서 법무관을 지낸 특이한 경력자가 되었다.

당시 법무병과에는 고등시험 사법과 출신이 적지 않았다. 평남 평원 출신으로 평양고보와 경성제대 법문학부를 졸업한 양정수(楊正秀)는 1940년 고등시험 사법과에 합격하고, 사법관시보를 거쳐 1943년까지 대전에서 검사로 일했다. 해방후 대전지방검찰청 차장검사, 서울고등검찰청 검사를 지낸 후 군대로 몸을 옮겨 법무차감, 육군법무감, 공군법무감, 국방부차관으로 일했다. 1957년에는 검찰로 돌아와 대전·부산·광주지방검찰청 검사장을 지냈다. 일제 검찰, 한국 검찰, 육군, 공군, 국방부, 다시 검찰을 거친 대단한 이력이다. 도쿄제대 법학부 출신으로 1939년 고등시험 사법과에 합격한 이호(李澔)와 강중인의 친구로 잠시 언급되던 계철순 등도 한국전쟁 중에 입대해 군법무병과의 초석을 놓았다. 고원증·태윤기·이용석(李龍錫)처럼 만주 고등문관 채용고시 출신들도 군법무관으로 활동했다. 양정수·김태청·고원증·이용석은 평안도 출신이고 태윤기는 함경도 출신이다. 그만큼 이북 출신이 많았다.

해방후 군법무관으로 법조계에 처음 발을 들여놓은 사람들은 자격자인지가 분명치 않은 경우가 대부분이었다. 아예 어떤 종류의 자격시험도 거치지 않은 사람도 많았다. 군부대가 창설될 때마다 군법회의가 생겼고 한국전쟁까지 터지면서 법무관에 대한 수요는 폭발적으로 늘어났다. 군인뿐만 아니라 민간인도 이런저런 이유로 군법회의에 회부되었다. 여간첩 김수임(金壽任) 사건, 한강인도교 폭파 사건, 거창양민학살 사건, 간첩 정국은(鄭國殷) 사건, 김창룡(金昌龍) 암살사건 등 정국을 뒤흔든 수많은 사건들이 군법무관들의 손으로 처리되었다. 수요가 넘치니 공급은 대충 채웠다. 일단 군법무관으로 임명되면 당장 재판에 투입되었다. 법률이나 제도가 마련되기 전이었지만 누구도 그들의 자격을 묻지 않았다.

한창 사건을 처리하던 군법무관들은 한국전쟁의 한복판인 1952년 자신들에게 법률가자격이 없음을 깨달았다. 군대 안에서는 당장 큰 문제가 아니었어도 막상 제대한 후를 생각하면 막막했다. 당시 육군법무감이던 손성겸(孫聖兼) 준장은 이런 상황을 타개하기 위해 군법무관 임용법을 제정하고, 1953년 한해 동안 네차례에 걸쳐 군법무관 임용시험을 실시했다. 출제와 채점은 양정수와 김태청처럼 고등시험 사법과, 조선변호사시험 등 정규시험 출신 법무관들이 담당했다. 응시자들은 모두 현역 법무관들이었다. 법무관들이 출제하고 법무관들이 응시해 법무관자격을 부여하는 기형적인 시험이었다.[99]

그래도 시험은 시험인지라 빨리 붙은 사람, 늦게 붙은 사람은 있었다. 1953년 1월 19일의 첫 시험에는 초대 법무감인 김완룡(金完龍) 소장, 시험 주관자이자 3대 법무감인 손성겸 준장, 앞서 언급한 홍영기·고원증·태윤기 등 18명이 합격했다. 5월 23일의 2회 시험에는 고석태·이용석·문학송(文鶴松)을 비롯한 38명이 합격했고, 9월 29일의 3회 시험에는 계윤덕(桂允德)을 비롯한 20명이, 12월 20일의 4회 시험에는 신직수(申稙秀)를 비롯한 16명이 합격했다.[100] 5·16 군사쿠데타 후에는 고원증이 법무부장관을 지냈고, 신직수는 1963~71년 검찰총장, 1971~73년 법무부장관, 1973~76년 중앙정보부장을 지냈다. 신직수는 홍석현 중앙일보사 전 회장의 장인으로 홍진기와는 사돈이 된다.

군법무관들은 한국전쟁이 끝난 후 대거 전역하여 변호사를 개업했다. 대한변호사협회나 서울변호사회에도 적극적으로 참여했다. 1960년을 기준으로 할 때 서울지역 변호사는 300여명에 불과했다. 100명에 육박하는 군법무관 출신들은 결코 작은 세력이 아니었다. 1960년 10월 고등시험 사법과, 조선변호사시험 등 이른바 '정통 고시' 출신들은 "서울변호사회가 군법무관 출신 변호사들에게 좌우되고 있으며 이로 인해 변호사들의 질적 저하가 초래되고 있다"라면서 새로운 변호사회를 창립했다. 새로 창립된 서울제일변호사회에는 노진설·조평재·민복기·한복·오승근·유병진·홍순엽·민동식·장재갑·양병호·이천상 등이 참여했다. 해방 공간에서 좌우로 나누어 다투던 사람들이 '정통 고시' 출신의 자부심을 지키겠다고 어깨를 나란히 한 것이 흥미롭다. 서울변호사회는 서울제일변호사회의 인가를 취소하라고 법무부에 요구했다. 당시 서울변호사회의 회장은 역시 고등시험 사법과 출신인 장후영이었다. 서울변호사회, 서울제일변호사회, 서울제2변호사회(1962년), 수도변호사회(1969년) 등으로 분열을 거듭한 수도권지역 변호사모임은 1974년 서울제2변호사회와 수도변호사회가 법정 회원수 부족으로 해산된 뒤 1980년 서울통합변호사회로 단일화되었다. 서울통합변호사회는 1983년 서울지방변호사회로 명칭을 변경했다.

4부

조선정판사

'위조지폐' 사건

1장

김계조 사건과
법조계의 마지막 봄

해방정국을 떠들썩하게 한 김계조 사건

천황의 항복방송이 나간 순간부터 조선에 거주하는 일본인들의 관심은 오직 하나였다. '어떻게 목숨과 재산을 보존하여 본토로 돌아갈 것인가?' 조선에서 권력과 부를 쌓은 일본의 지도층은 재산을 빼돌리기 위해 총력을 기울였다. 심지어 8월 17일 비밀리에 조선총독의 부인을 태우고 일본으로 출항한 배는 과적으로 인해 목도(牧島) 앞바다에 멈춰서야 했다. 조선에서 챙긴 문화재와 귀중품을 빠짐없이 실어 나르려고 무리한 결과였다. 이 배는 애써 실은 짐의 절반 이상을 바다에 버리고서야 부산으로 귀항할 수 있었다. 총독부인은 경성으로 돌아가 다음 기회를 기다려야 했다. 일본인들이 평소 자랑하던 염치 따위는 찾아볼 수 없었다. 지도자들의 행태에 염증을 느낀 일본인 공동체는 급속히 붕괴했다.[1]

조선총독부와 조선은행은 해방직후 조선은행권을 미친 듯이 찍어냈다.[2] 무려 131억원 규모였다. 급작스러운 예금인출로 인한 모라토리엄을 막는다는 명분이었다. 찍어낸 돈 중 40억원은 발행 즉시 일본인들 손으로 들어가 귀국자금 등으로 쓰였다. 91억원은 조선은행 금고에 남아 있다가 미군 측으로 넘어갔다.[3] 갑자기 너무 많은 통화가 풀린 탓에 물가가 폭등하여 인플레이션이 유발되고 경제는 엉망이 되었다. 모든 게 불투명한 마당이라 현물을 가진 사람이 왕 노릇을 했다. 생필품의 가격이 천정부지로 치솟고 매점매석을 통한 폭리행위가 판쳤다. 이런 상황은 '김계조 사건'과 조선정판사 '위조지폐' 사건의 중요한 배경이 된다.

김계조는 일제시대 무일푼으로 일본에 건너가 조선약주회사를 운영하며 일본정계의 유력자들과 친분을 쌓은 입지전적 인물이다. 1934년 귀국해서는 일본에서 쌓은 인맥과 로비력을 바탕으로 동양척식주식회사 등을 총동원해 함북의 여러 탄광을 구입했다. 그렇게 설립한 것이 회문탄광이었다. 중일전쟁이 터지자 일본군국주의 확장에 기대어 동양연료회사와 일본연료회사를 설립하며 기세를 올렸고, 나카무라 가즈오(中村一夫)로 창씨한 후에는 동양연료회사 직원 2000명 모두를 '나카무라'로 창씨하게 하기도 했다. 1944년에는 조양탄광회사를 인수해 종전시점까지 차곡차곡 부를 쌓았다. 김계조는 이종만과는 색깔이 다른 정경유착형 탄광왕이었다.[4]

김계조는 손꼽히는 무용가였던 배귀자(裵龜子)의 두번째 남편이기도 했다. 배귀자는 구한말의 악명 높은 친일파 밀정 배정자(裵貞子)의 조카다. 배귀자에게는 이토 히로부미와 배정자의 숨겨진 딸이라는 소문이 늘 따라다녔다. 소설가 김동인은 배귀자가 원래 일본 기술사(奇術師) 쇼쿄쿠사이 덴카쓰(松旭齋天勝)의 제자였는데 평양 공연 중 첫번째 남편과 "타협이 생겨서" 은신했다고 술회한다. 한동안 몸을 감췄던 배귀자는 무용단을 꾸려 재기를 꿈꾸었지만 성공하지 못했다. 김동인은 배귀자를 당대 최고의 무용가였던 최승희보다 윗길로 쳤다. "외모에서는 최승희에게 뒤졌고 기혼이라는 약점도 있었지만" 배귀자의 창작에는 "관객의 마음에 퍽퍽 들어박히는 힘"이 있다고 본 까닭이었다.[5] 김내성의 1939년 작 『마인(魔人)』에는 '주은몽'이라는 세계적 여성무용수가 주인공으로 등장한다. 주은몽은 자신의 저택에서 열린 가장무도회장에서 어린 시절 연인 해월에게 피습당하고, 뒤이어 약혼자 백영호를 비롯한 주변 사람들이 차례로 목숨을 잃는다. 탐정 유불란은 범인을 추적해 결국 모든 것이 주은몽의 자작극임을 밝혀낸다. 백영호는 주은몽의 부모를 죽인 원수였던 것이다.[6] 주은몽은 최승희와 배귀자를 조합한 가공의 인물이다. 출생부터 화려한 성공까지 모든 과정이 비밀에 부쳐져 스캔들에서 자유로울 수 없었던 배귀자는 추리소설의 모델로 안성맞춤이었다.[7] 갑자기 찾아온 해방으로 김계조 부부는 소설이 아닌 진짜 간첩사건의 주인공이 된다.

해방직후 북조선지역에서는 소련군이 부녀자를 성폭행하며 약탈을 자행한다는 소문이 돌았다. 미군들이 들어오면 또 무슨 사고가 날지 몰랐다. 사업수완이 뛰어난 김계조는 시내의 미쓰코시(三越)백화점에 댄스홀을 개장하고 직업여성을 모아 미군을 접대하자는 아이디어를 내놓았다. 이름은 댄스홀이지만 사실상의 성매매업소였다. 삼팔선 이북에 남아 있는 자신의 석탄을 담보로 일본인들에게 돈을 빌려 댄스홀을 경영해보겠다는 구체적인 방안도 내놓았다. 무용가 아내를 얼굴로 내세울 수 있었기에 댄스홀 계획은 더욱 그럴듯해 보였다.

김계조의 제안에 조선총독부 니시히로 다다오(西廣忠雄) 경무국장이 동조했다. 어차피 일본인들에게는 해방을 전후해 마구 찍어낸 현금이 있었다. 총독과 정무총감의 승인을 얻어 김계조에게 약 310만원의 현금과 위스키 등 500만원 상당의 물자가 넘어갔다. 310만원 중 200만원은 대출형식이었고, 50만원은 니시히로 경무국장에게 받은 일종의 비자금이었으며, 60만원은 일본인들의 본국 귀환을 위해 조직된 일본인세화회(日本人世話會)로 우회해서 들어온 돈이었다. 그렇게 얻은 돈과 물자로 김계조는 국제문화사라는 댄스홀을 차렸다. 백화점 건물에 자리 잡은 거대한 댄스홀과 '국제문화사'라는 묘한 간판에 사람들은 고개를 갸우뚱했다.[8] 김계조는 획득한 자금의 일부를 해방공간에 생긴 귀환병동맹, 조선학병동맹, 정당통일기성회(政黨統一期成會), 대한애국청년당, 해방통신사 등 각종단체에 기부했다.[9] 일단 여기까지는 대체로 팩트다. 문제는 이 댄스홀의 목적이 무엇이냐는 데 있었다.

이화여대 사학과 정병준 교수는 미국립문서보관소에 보관 중인 주한미군 방첩대(Counter Intelligence Corps, CIC)의 김계조 사건 관련자료를 발굴해 이 사건의 전개과정을 충실하게 재현했다. 그에 따르면 김계조 사건의 전말은 다음과 같다.

1945년 9월 22일 윤명룡 변호사는 미군 24군단 사법부장 리머 아고(Reamer W. Argo) 대령을 통해서 224방첩파견대에 김계조의 범죄사실을 신고했다. 윤명룡은 1904년 전남 무안에서 태어나 광주고보와 니혼대 전문부 법과를 졸업하고, 1931년 조선변호사시험에 합격해 광주에서 개업한 인물이다. 해방직후 한민당에 참여한 그는 친구인 김정목(金正睦)으로부터 김계조의 음모를 전해들었다. 고발자인 김정목과 손홍원(孫弘遠, 일명 손빈孫彬)은 김계조의 동업자로서 일제시대에 적극적으로 친일활동을 벌인 인물들이었다. 훗날 반민특위 습격을 주도한 일종의 정치브로커이기도 했다.

이 고발자들의 주장에 따르면, 김계조는 일본인들의 자금으로 댄스홀, 기생집, 매음굴, 호텔 등을 차리고 여기에서 첩보를 수집해 미군을 축출하고 반일인사를 살해하여 친일정권을 수립할 음모를 꾸미고 있었다. 김정목과 손홍원은 김계조에게서 "조직의 목적은 미군으로부터 정보를 획득하고, 한미 간에 불일치를 조장하며, 이를 방해하는 자는 누구라도 죽이는 것"이라고 들었다고 했다. 미군 방첩대는 일본인과 조선인 관련자들을 모두 불러 조사했다. 김계조는 "윤명룡, 김정목, 손홍원이 댄스홀 수익금의 3분의 1을 요구하다가 거절당하자 이런 거짓신고를 한 것"이라고 반박했다.[10] 김계조 측의 주장에 따르면 댄스홀은 미군의 손에서 부녀자들을 보호하기 위해 만들어졌을 뿐이다. 대출을 주도한 니시히로 경무국장의 진술도 이를 뒷받침한다. 문제는 숨겨진 목적인데, 김정목 측은 댄스홀이 정보수집과 친일반미(親日反美) 정권 수립을 위해 만들어졌다고 주장했다. 이 부분에 대해서는 김정목과 손홍원 등의 진술을 제외하고는 물적증거가 없다. 또한 그들의 주장이 사실이라 하더라도 김계조의 조직 자체가 정식으로 활동한 적이 없으므로 잘해야 예비음모에 그친다. 그런 음모가 있었다 한들 점령군에 실질적인 위협이 될 수 있었을지도 의심스럽다.

  댄스홀의 숨겨진 목적을 밝혀내기 위해서 미군 방첩대는 니시히로가 사용한 비자금의 규모와 사용처를 확인했다. 그가 굴린 비자금의 규모는 800만원에 달했다. 일본인세화회 300만원, 여운형 100만원, 박석윤(朴錫胤) 100만원, 한아진(韓雅振) 20만원, 일본인 조직폭력배인 기무라 기요시(木村淸) 70만원, 김계조 50만원, 각도 경찰부 80만원, 기타 80만원 등이었다. 건준의 여운형에게 준 돈은 일본인의 생명과 재산을 보호해달라는 명목으로 건넨 정치자금이었다. 박석윤은 도쿄제대 법학부 출신으로 만주에서 민생단을 조직해 일본을 도왔던 손꼽히는 친일파다. 민생단은 1930년대 초반 그 존재 자체만으로 중국공산당 지도자들에게 위기의식을 불러일으켜 조선인 항일투사 500명 이상을 내부적으로 처형당하게 만든 친일단체다.[11] 최남선의 매제였고, 니시히로와는 교토 제삼고등학교의 선후배 사이였던 박석윤은 해방직후 총독부와 여운형을 잇는 다리 노릇을 했다. 그에게 넘어간 돈도 역시 정치자금이었다. 자백을 받아낸 미군정은 의외로 정치자금에 대한 추가조사 없이 니시히로를 11월 13일 일본으로 추방했다. 처벌은 없었다.[12]

1945년 12월 15일 미군 방첩대와 미군정 법무감실은 김계조 사건을 미군의 군사재판으로 처리하기는 어렵다는 결론에 도달했다. 돈이 오간 것은 분명했지만 간첩예비죄를 입증할 증거가 없었기 때문이다.[13] 결국 미군 측은 1945년 12월 17일 조선인 검찰에 이 사건을 넘겼다. 한달 후인 1946년 1월 17일 검찰이 기소할 때의 죄명은 횡령과 장물수수였다. 검사로서도 입증 불가능한 여러 음모를 죄명에 마구 포함시킬 수는 없었을 것이다. 죄명의 범위를 좁힌 대신 구체적인 공소사실 안에는 간첩예비죄와 관련한 내용을 잔뜩 포함시켰다. 김계조가 조선총독부 최고위 관리들의 손발이 되어, 배일친미(排日親美) 입장을 가진 사람을 암살하고, 조선정부의 비밀정책을 탐지하며, 미국과 조선의 이간질을 책동하고, 소요사태를 일으켜 독립발전을 방해할 비밀단체를 조직했다는 내용이었다. 요즘 기준으로 보면 직접적인 기소내용과 상관없는 내용을 너무 많이 적어 명백하게 '공소장일본주의(公訴狀一本主義)' 위반이다. 자신 있으면 아예 간첩예비죄로 기소를 했어야 한다. 횡령과 장물수수로 기소하면서 그 내용에 간첩예비죄 내용을 포함시킨 것은 반칙이었다.

이로써 댄스홀을 차려 미군의 마음을 사고 돈을 벌어보겠다는 김계조의 계획은 국제간첩단 사건으로 확대되었다. 해방직후의 각종 범죄나 충돌을 "패잔 일본인들이나 친일파의 책동"으로 몰아붙여 반일·반친일파 정서를 충족시키던 당시 사회분위기도 이런 과장된 기소에 일조했다.[14] 기소를 담당한 것은 김홍섭 검사였고, 사건을 배당받은 것은 오승근 판사였다.[15] 1940년 조선변호사시험 합격자로 김준연의 사위가 된 바로 그 김홍섭이고, 주오대 출신으로 공부 잘하고 리더십이 강했던 바로 그 오승근이다.

1946년 1월 17일 개정된 첫 공판은 방청객으로 가득 찼다. 맷 테일러(Matt Taylor) 법무국장, 김영희 법무국장대리 등 미군정청의 고위간부들도 참관했다. 테일러 국장은 우돌 국장의 후임이었다. 이날 공판에서 김계조는 일본인들에게 사업자금을 받은 사실과 여러 단체에 자금을 준 사실은 인정하면서도 정치적 음모 부분은 부인했다. 공판은 진실공방으로 변했고 폭로가 줄을 이었다. 김계조의 돈을 받은 단체 중에는 한민당이 있었다. 좌우를 막론하고 돈을 뿌렸으므로 한민당이 포함된 것은 당연했다. 한민당에 흘러 들어간 돈은 5만원이었다. 전체 사건규모로 볼 때 그리 큰돈은 아니었다. 김정목은 1946년 2월 28일의 5회 공판에서 메가톤급 폭로에 나선다. "한민당의 송진우, 김성수, 백관수, 이순탁, 김준연 등이 국제문화사의 이면에서 참여할 것을 승인했고, 강병순, 김용무 등은 중역으로 표면에 나설 것을 승인했다"라는 내용이었다. 보수지인 『동아일보』는 이런 폭로내용을 아예 보도하지 않았고, 『자유신문』은 송진우·김성수·백관수 등을 익명으로 처리했다. 좌익계열의 『조선인민보』만이 폭로된 사람들의 이름을 실명으로 보도했다. 이날 공판에는 김용무 대법원장도 증인으로 출석했다. 김용무는 이렇게 증언했다.

"나는 처음에 김정목을 송진우 씨 집에서 알게 되었고, 그당시 건국사업으로 김정목이가 김계조와 함께 좋은 사업을 한다 하니 많이 원조해주라는 송씨의 부탁을 받은 일이 있으나 이러한 음모공작을 하는 것은 송씨는 물론 나도 전혀 몰랐으며, 김정목에게 끌려 김계조 집에서 저녁을 먹은 일이 있는데 그때 초대받은 사람들은 누구인지 알 수 없으나 마침 시골에 내려가고 주인 없는 김계조 집에서 나와 이순탁 씨만이 김정목과 함께 저녁을 먹고 온 일이 있을 뿐, 나는 김계조가 어떻게 생긴 사람인지 얼굴도 모른다."[16]

송진우의 소개로 김용무가 김계조의 집에서 김정목을 만났던 것은 사실이지만, 그들의 제안에 응한 적은 없고 김계조를 직접 만나지도 않았다는 이야기였다. 김정목의 주장이 전적으로 허구는 아니었다. 『자유신문』의 보도에 따르면 김용무는 "댄스홀과 영자신문 운영에 대해 생각할 여지는 있다고 했지만 구체적인 교섭은 없었다"라고 증언했다.[17]

김용무에 대한 증인신문 이후에 재판은 빠르게 진행되었다. 1946년 3월 12일 김홍섭 검사는 김계조에게 징역 3년에 추징금 310만원을 구형했다. 죄명은 여전히 횡령과 장물수수였다. 3월 19일 오승근 판사는 검사의 의견과는 달리 김계조에게 간첩예비죄를 적용해 징역 5년에 추징금 310만원을 선고했다. 미군 방첩대와 김홍섭 검사는 김계조의 간첩예비죄 입증이 어렵다고 판단했고, 오승근 판사는 이 정도면 충분히 처벌 가능하다고 결론내린 것이다. 판사가 검사의 구형보다 더 높은 '형'을 선고하는 것이 위법은 아니지만, 공소장 변경 없이 '공소사실'을 확장한 것은 형사소송법상 '불고불리(不告不理)의 원칙' 위반이다. 오승근 판사는 공소사실의 동일성 범위에서 법률해석을 달리한 것이라 판단하고, 검사의 기소내용을 확장하는 죄명적용을 시도한 것 같다. 검사 자신이 죄명과 상관없는 내용을 공소사실에 장황하게 포함시켰으므로, 해방 당시의 법률 이해 수준에서 이를 위법으로 처리하기는 어려웠을 것이다.

오승근 판사는 사건의 배후에 거대한 음모가 존재한다고 믿었던 것 같다. 한민당으로 흘러 들어간 정치자금을 파헤치겠다는 의지도 있었을

김계조 사건은 오승근 판사(왼쪽)와 김홍섭 검사(오른쪽)가 맡았다.
두 사진 모두 나중에 촬영된 것들이다.

것이다. 공범 중 일부에게 판사가 중형을 선고하고, 검사가 "너만 죽게
생겼으니 이제 배후를 다 불고 용서를 받으라"고 설득하면 해당 피고인
이 자백하는 경우가 많기 때문이다. 이 사건은 그렇게 쉽게 해결되지 않
았다. 김홍섭 검사는 고발자였던 김정목도 업무상횡령죄로 기소해 4월
1일 공판에서 징역 1년을 구형했고, 오승근 판사는 4월 4일 김정목에게
징역 6개월의 실형을 선고했다.[18]

첫번째 사법파동

김계조 재판이 진행되는 동안 법원과 검찰 내부에서는 '사법파동'으
로 불릴 만한 거대한 균열이 일어났다. 우리 사법역사에서 이 사건은 대

법원장이 오승근 판사에게 쪽지를 보내 재판에 간섭하려다가 망신을 당한 수준의 '해프닝'으로 취급되어왔다. 그게 전부가 아니다. 이 사건의 파장은 훨씬 넓고 깊었다.

미군 방첩대에서 시작된 김계조 사건이 검찰을 거쳐 공판정에 이르는 기간은 우리 사법부가 형성되는 시기이기도 했다. 1945년 9월 22일 김계조를 방첩대에 고발한 윤명룡 변호사는 20일 후인 10월 11일 경성지방재판소 부수석판사(부장판사)로 임명되었다. 같은 날 김용무는 대법원 재판장에, 강병순은 경성지방재판소 부수석판사에 임명되었다. 다들 한민당 출신이었고, 나중에 김계조 사건 관련자로 거론되는 사람들이다. 김계조에 대한 수사가 시작되자 그의 동생 김흥조는 형을 구하기 위해 김정목과 함께 윤명룡 부장판사를 찾았다. 김정목은 김흥조에게 "너희집 재산만 다 바치면 (형을) 구해낼 수도 있다"라고 조언했다. 그 조언에 따라 김흥조는 토지목록을 들고 윤명룡의 방을 찾았다. 여기까지는 김흥조의 일방적인 주장이다. 김흥조는 이런 내용을 아예 '팸플릿' 형태로 발간해 각 신문사와 유력인사들에게 돌렸다. 윤명룡 판사는 김흥조를 명예훼손으로 고소했고, 김흥조도 피고인으로 재판을 받게 되었다.19

이 상황에서 김용무 대법원장의 증인소환 문제가 터졌다. 김정목은 미군 방첩대에서 조사를 받을 때부터 김용무의 관련성을 거론했던 것 같다. 오승근 판사는 대법원장을 증인으로 소환하기로 마음먹었고, 김용무는 오승근 판사의 공세적 재판진행에 크게 당황했다. 증인소환이 논란이 되던 1946년 2월 20일경 김용무 대법원장은 장경근 서울지방법원장에게 오승근 판사를 형사부에서 민사부로 전임조치하라고 지시했다. 근거는 1945년 11월 20일부터 시행된 군정법률 '판사에 대한 훈령 제1호'였다. 이 훈령은 "대법원 재판관장은 모든 재판소 판사의 사무를

일체 감독관리하고 법무국장에게 소요의(필요한) 보고"를 하며, "지방재
판소의 판사는 재판소 수석판사가 대법원 재판관장의 지령에 의하여 배
정"한다는 내용을 담고 있었다. 지금으로 치면 법원조직법상의 업무분
담에 관한 내용이다. 김용무 대법원장은 이 규정에 따라 자신에게 지방
법원 판사 직무분담에 간섭할 권리가 있다고 주장했다.

그러나 형식적 근거는 어떠하든 인사권을 활용해서 자신과 관련된 재
판에 간섭하려는 의도를 숨기기는 어려웠다. 오승근 판사는 강력히 반
발했고, 그에게 동조한 서울지역의 현직 판검사들은 2월 25일 김용무 대
법원장에 대한 불신임안을 군정청 법무국에 제출했다. 대법원장이 신성
한 사법권을 그르쳤다는 이유였다. 『서울신문』은 불신임안에 연명한 판
검사가 전체의 80퍼센트 이상이라고 보도했다.[20]

막 출범한 법원과 검찰인지라 대법원장의 권한이 어디까지인지 불명
확했고 법원의 사건배당 방식도 정해지지 않았다. 임명받고도 출근하지
않는 판검사들도 적지 않았다. 그래서 정확히 몇명이 서울지역에 근무
하고 있었는지조차 분명치 않다. 관보를 기준으로 1946년 2월까지 서울
지역의 법원과 검찰에 발령받은 사람들을 확인해보면 판사 58명, 검사
29명이다. 그중에서 정규직이 아니었던 것이 분명한 특별재산심판소 판
사, 중간에 퇴임한 판검사, 법원·검찰을 오가면서 중복된 인원을 제외하
면 당시 서울지역 근무 판검사는 판사 38명, 검사 24명으로 추정할 수 있
다. 최대한 62명이고, 그중의 80퍼센트라면 대략 50명 수준이다. 62명 중
에서 그나마 좌익 또는 중도성향으로 분류할 수 있는 사람은 백석황·오
승근·한영욱·유영윤(劉永允) 정도다. 한국전쟁 중 납북된 경우를 제외
하면 나머지 판검사들은 대부분 우리 사법역사에 뚜렷한 발자취를 남긴
인물들이다. 결국 보수적인 판검사들도 김용무 대법원장의 퇴임에는 상

당히 폭넓게 동의하고 있었다는 의미다.

불신임안이 제출되었지만 정확한 불신임사유는 보도되지 않았다. 당시 『한성일보』는 "(1)박흥식 석방문제에 김용무 대법원장과 장택상이 개입했다는 책임, (2)임시정부를 지지하여 사법권 중립을 모독한 것, (3)과거 정당 관계인으로서 사법부문에 들어와 그 행동에 색채가 있는 것, (4)기타 중요문제" 등을 불신임근거로 보도했다.[21] 흥미롭게도 이 신문은 며칠후, (1)박흥식 석방문제와 장택상 관련 보도는 사실이 아니라고 정정했다.[22] 아마도 당시에 함께 진행 중이던 김계조 사건과 박흥식 사건을 혼동한 것으로 보인다. 화신백화점의 박흥식은 1946년 2월 15일 폭리취체와 배임죄로 서울지방법원 검사국에 구속되었다가 미군정청 국방국장 아서 참페니(Arthur S. Champeny) 대령의 지시로 곧바로 석방되어 논란을 빚었다. 박흥식의 혐의는 해방직후 조선총독부 관료들에게 4800만원의 돈과 326만원 상당의 생필품을 받아 마음대로 처분하려 했다는 것이었다. 김계조에게 적용된 혐의와 크게 다를 바 없었다.[23] 검찰은 박흥식을 다시 붙잡아 수감했지만,[24] 법원은 박흥식에게 무죄를 선고했다. 당시 판검사들이 문제 삼은 것은 박흥식 사건이 아니라 김계조 사건이었다. 남아 있는 "(2)임시정부 지지"와 "(3)과거 정당 관계인" 부분은 김용무가 처음부터 안고 있었던 한민당과의 유착문제를 의미한다.

판검사들의 반발 때문에 결국 김용무 대법원장은 김계조 사건의 증언대에 섰다. 내용은 앞서 살펴본 것처럼 관련성의 전면적인 부정이었다. 오승근은 3월 19일 김계조 사건의 1심 판결 선고까지 무사히 마무리했다. 판검사들의 빗발치는 요구에도 대법원장은 물러나지 않았다. 불신임과 관련해서는 대법원장이나 법무국 어느 쪽에서도 아무런 입장표명이 없었다. 3월 22일 서울지역의 판검사 40여명은 회의를 열고 다시 한번 대법원장 불신임안 관철을 결의했다. 한달 가까이 지나도록 이탈자는 거의 없었다. 이 정도면 우리 역사상 '1차 사법파동'이라 부를 만하다. 그래도 아직까지 외부에는 자세한 사정이 알려지지 않은 상태였다.

1946년 3월 27일 오승근 판사는 기자들을 만나 그간의 경위를 털어놓았다. 김용무 대법원장이 2월 20일 자신에 대한 부당한 전임지시를 내렸고, 그에 대한 반발로 판검사들이 불신임 건의를 하게 되었다는 이야기였다. 사건수사 도중에 대법원장이 김정목과 검사국의 세 장관*을 모아 사건내용을 설명했다는 새로운 폭로도 나왔다. 대법원장의 이상한 행동 때문에 그날 장관 중 한명은 그 자리에서 퇴장했다고 한다. 오승근 판사는 대법원장 불신임의 기타 이유를 차차 밝히겠다며 추가폭로도 예고했다. "개인으로는 어차피 민사가 전문이었으므로 민사로 옮기기를 희망하지만, 일반인들의 오해를 풀기 위해서라도 전후사정을 설명할 수밖에 없었다"라는 신상발언도 덧붙였다.[25]

당시 미군정은 전반적인 부서개편을 진행하는 중이었다. 3월 29일 군정법령 제64호는 정부부서 가운데 종래의 '국'을 '부'로 승격시키고, '부'는 '국, 과, 계, 반'의 순서로 세분화했다. 법무국은 사법부로 승격되었다. 4월 2일 공포된 군정법령 제67호에 따르면 사법부장은 조선군정장관의 법률고문으로서 국법제정에 관한 정책, 대법관과 공소원 판사의 임명에 관하여 의견을 제시하고, 사법행정 및 사법기관을 감독하며, 정부에 관한 재판사건에 관하여 정부를 대표하는 막강한 권한을 가졌다.[26] 총무처 법제서(法制署)가 사법부로 이관되었고, 사법부에는 법제차장, 행정차장, 법무차장, 사제(司制)차장, 법원국, 검사국, 변호사국, 행정국,

---

* 아마도 대법원 검사총장, 서울공소원 검사장, 서울지방법원 검사장을 의미하는 것 같다.

감찰국, 법률심의국, 총무국 등이 설치되었다.[27] 사법부장을 4명의 차장이 보좌하고 그 아래에 국장을 두는 형식이었다.

미군정의 인력은 처음부터 턱없이 부족했다. 미국정부는 조선에 진주하기도 전인 1945년 8월 31일에 이미 해외파병 미군들을 1946년 7월 1일까지 철수시키기로 결정한 상태였다. 해리 트루먼(Harry S. Truman) 대통령은 1946년 1월 8일 연두교서에서 연말까지 전시동원체제를 완전히 해제하겠다고 발표했다. 1946년 3월 15일에는 주한미군 세 사단 중에서 경상도지역을 담당하던 40사단이 철수를 시작했다. 1946년 5월부터는 미군의 본격적인 동원해제가 예정되어 있었다. 전시동원은 1947년 6월 30일에 이르러 실제로 해제되었다. 징집병사들에 대한 전시동원을 해제하려면 동원된 군인들을 본토로 복귀시켜야 했다. 주한미군이 한없이 한국에 머물 수는 없었다. 철수는 빠를수록 좋았고, 실질적으로 나라를 넘겨받을 세력을 찾아야 했다. 만성적인 인력부족 속에서 미군정은 조선인들에게 서서히 권한을 이양했다. 김계조 재판과 상관없는 확대개편이었지만, 자리는 채워야 했다. 사법부 내부의 권력다툼이 격화될 수밖에 없었다.

1946년 4월 2일 김용무 대법원장이 사임했다. 사법부장 테일러 소령도 군정재판관으로 자리를 옮겼다. 사법부장에는 우돌 중령이 복귀했다.[28] 4월 4일 오전 11시 서울 소재 세 법원(대법원, 공소원, 지방법원)의 판검사들은 대법원장 후임문제를 놓고 회의를 열었다. 이상기 대법관, 김용월 소년심판소장, 유영윤(기사의 유영구는 유영윤의 오기) 판사, 이천상(기사의 이원상은 이천상의 오기) 판사, 백석황 검사가 전형위원으로 선임되었다. 이들은 심상직, 구자관, 이종성 3명을 후임 대법원장 후보자로 선정했고, 뒤이어 진행된 무기명투표에서 심상직이 압도적 다수표를 얻었다.

심상직은 10월 11일 대법원 재판관에 임명되었다가 11월 19일자로 곧 사퇴한 원로법조인이다. 구자관은 1894년 서울에서 태어나 경성전수학교를 졸업하고 1920년부터 판사로 일하면서 고려공산청년회, 광주학생 항일운동 사건에 관여한 친일경력자다. 이종성은 10월 11일 대법원 재판관에 임명되었다가 1월 20일 검사총장으로 전직한 상태였다. 한민당 출신인 구자관을 후보자에 포함시킨 걸 보면 단순히 좌익판검사들에 의해 촉발된 사건은 아니었다. 김용무는 더이상 법원을 대표할 수 없고 차라리 신중한 원로법조인 심상직이 나서주었으면 하는 폭넓은 합의가 존재했던 것 같다. 투표를 마친 판검사들은 심상직을 대법원장으로 미군정 사법부에 추천했다.[29] 해방후 첫번째 사법파동은 그럭저럭 부드럽게 마무리되는 것처럼 보였다.

좌천인사를 통한 반대파 제거

심상직을 추천받은 미군정은 거의 한달 동안 아무런 반응을 보이지 않았다. 김용무 대법원장의 사표도 수리하지 않았다. 기이한 침묵이었다. 날짜는 분명치 않으나 그사이에 최종석 형사국장, 최병주 민사국장, 박영균 특별재산심판소 사무부장, 장후영 법제국장, 민병성 대법원 차석검사, 오승근·윤명룡 부장판사 등이 사표를 제출했다. 이후에도 이들이 근무를 계속한 것으로 보아 사표가 당장 수리되지는 않은 것 같다. 신문기사가 최종석, 최병주, 장후영 등을 형사국장, 민사국장, 법제국장 등으로 표기한 것은 조선총독부 법무국 체계를 이어받은 미군정에서 형사과장 등으로 일하던 이들이 사법부 체계로 전환한 이후 국장 역할을 담당했기 때문으로 보인다.* 사법부 조직개편을 마무리짓고 지방을 순회하려던 우돌 중령은 일정을 연기했다.

5월 2일에는 이종성 대법원 검사총장과 구자관 서울공소원 검사장이 사표를 냈다. 심상직과 함께 대법원장 후보자로 선정되었던 사람들이었다. 연이은 사표제출은 항의표시가 분명했다. 바로 그날 김용무 대법원장이 다시 등청했다. 사표를 내고 그동안 출근을 안 하던 김용무였다. 그는 "금일 등청은 비공식적인 것이니 알 바 아니다. 차차 알 수 있다"라는 미묘한 말을 남겼다.[30] 뭔가가 진행 중인 것이 분명했다. 재출근한 김용무 대법원장은 이인 대법관 등 일부 구성원들과 밀담을 거듭했다. 불신임을 건의한 판검사들이 며칠전 좌익으로 의심된다는 이유로 조사를 받았다는 소문이 법원 주변에 돌았다. 문건제출에 가담한 판검사 7명에 대한 좌천이 예상된다는 기사도 나왔다.[31] 여러 소문 중에는 '모 정당인'을 요직에 기용하리라는 것도 있었다. '모 정당인'은 한민당의 김병로를 지칭한 것으로 보인다. 그동안 밀리던 한민당 세력의 역습이었다.

5월 6일 사법부 강중인 총무국장은 기자들과 인터뷰를 자청해 "총무국에 인사과가 엄존한 이상 그 기구를 거치지 않는 암흑인사가 있을 리 없다"라고 소문을 부인했다. '모 정당인'이 사법부 요직을 대부분 차지하게 되리라는 풍설에 대해서도 "반동세력의 모략"이라고 선을 그었다. "군국주의 일본의 정당정치 시대에 있어서도 정당세력이 사법부 내에 침투한 사실이 없는데, 삼권분립제도가 확립되고 사법권독립을 존중하는 미군정에서 사법부를 일개 정당에 맡길 리 없지 않느냐"라고 오히려 기자들에게 반문했다. 판검사 예닐곱명이 모 기관에서 조사를 받은 일

---

* 최종석은 1945년 11월 6일부로 법무부 형사과장을, 최병주는 11월 7일부로 민사과장을 맡고 있었다. 1945년 11월 19일자 미국육군사령부 군정청 임명사령 제36호.

에 대해서도 "조사받은 사람들의 불쾌함과 그 영향을 생각할 때 그 책원지(策源地)를 알고 싶다"라면서 "이런 질문을 하기 전에 가증스러운 모략선전을 하는 책원지부터 추궁하라"고 기자들에게 요구했다. 지금 사법인들의 심경은 명경지수(明鏡止水)에 비할 수 있는데 여기 돌을 던지면 '파사(破邪)'의 광풍노도가 일어날 것이라는 경고도 잊지 않았다.[32] 상당히 과격한 언사였지만 누가 봐도 거의 마지막 저항 시도였다.

같은 날 법조회 이홍종·홍순엽 등 변호사들도 "좌우를 막론하고 정당인이 사법부에 들어오는 것을 반대한다"라는 입장을 발표했다. 정당인이 형식적으로 탈당하고 사법부에 들어온다 하더라도 "마치 정든 부부가 법적으로 이혼하고 사실상은 동거하는 것과 동일하다"라는 비유도 곁들였다. 현재 사법부의 문제가 김용무라는 한민당 출신으로 비롯된 것인데, 여기에 다시 김병로가 추가되어서는 곤란하다는 입장표명이었다. 법맹 조평재 위원장도 "사법부문에 모 정당이 요직의 대부분을 점한다는 것은 파시즘의 재현이 될 수 있다"라고 우려를 표명했다. "교양과 지식 수준이 높은 다수의 판검사가 일치하여 구체적 사실을 들어 정당히 배척했다면 민주주의의 원칙에 의하여 용감히 대중 앞에 물러 나와서 민주주의적 모범을 보여야 한다"면서 "배척에 참여한 판검사를 무조건 좌천시키는 것은 독재"라고도 주장했다.[33]

뭔가 거대한 변화가 일어나고 있었다. 강중인 총무국장, 오승근 판사, 법조회와 법맹의 사람들은 모두 이 흐름을 놓쳤다. 물밑에서 진행되던 논의는 마침내 5월 16일 인사발표 형식으로 실체를 드러냈다. 흥미롭게도 조선정판사 '위조지폐' 사건이 공개된 다음날이었다. 인사발표는 5월 16일에 나왔지만 공식적인 발령일자는 5월 24일이었다. 관보는 5월 22일자에 이 내용을 실었다. 인사는 일단 표면적으로는 3월 29일에 발표된 사법부의 직제개편에 따른 빈자리를 채우는 것이었다.

이 날짜 인사로 권승렬(사법요원양성소 부소장)이 사법부 법제차장에, 한근조(대법관)가 사법부 법무차장에, 전규홍(법제서장)이 사법부 행정차장에, 김영희(법무국장대리)가 사법부 사제차장에, 강병순(변호사)이 사법부 변호사국장에, 이종성(대법원 검사총장)이 사법부 법원국장에, 서기홍(마산지청장)이 사법부 검사국장에, 이인(대법관)이 대법원 검사총장에, 정문모(청주지방법원 검사장)가 대법원 차석검사에, 구자관(서울공소원 검사장)이 대법원 3석검사에 임명되었다.[34] 무엇보다 먼저 한민당 출신인 이인이 검사총장으로 실권을 장악한 것이 눈에 띈다. 그에 따라 이종성은 법원국장으로 밀려났다. 그밖에도 김홍언(金鴻彦, 서울지방법원 판사)이 부산지방법원 마산지청장(지원장)에, 백석황(서울공소원 차석검사)이 부산지방법원 마산지청 판사에, 이봉규(李奉圭)가 서울지방법원 판사에, 오승근(서울지방법원 판사)이 광주지방법원 장흥지청 판사에, 민병성(대법원 차석검사)이 청주지방법원 검사장에 임명되었다. 백석황과 오승근에 대한 인사는 누가 봐도 사법파동 주동자들에 대한 보복성 좌천이었다.[35]

5월 16일 발표된 인사를 보고 백석황 차석검사와 오승근 판사는 아처 러치(Archer L. Lerch) 군정장관 사무실로 뛰어 올라갔다. 군정장관은 자리에 없었다. 두사람은 군정장관의 비서를 붙잡고 물었다. "우리로서는 이번 인사를 좌천으로 생각하는데, 김용무 대법원장 불신임안 제출의 책임으로 좌천시킨 것인가, 아니면 현직에 부적합하여 좌천시킨 것인가?" 비서는 두가지 이유가 다 있다고 답변했다. 두사람은 우돌 사법부장도 찾아가 같은 질문을 던졌다. 우돌은 "그런 이유는 전혀 없다. 군정장관 비서의 말은 잘못 생각한 말이다. 그 지방에 꼭 필요해서 보내는 것이니 약 30일 정도로 예정하고 참고 가달라"고 답했다. 백석황과 오승근은 이 상황에서 새 임지로 갈 수는 없다고 밝혔다. 우돌은 "그것은 군정 당국의 명령에 대한 위반이 될 것"이라고 협박했다.[36] '전가의 보도'처럼 마구 휘두르던 포고 제2호 위반 이야기였다. 어차피 너무나 불명확해서 귀에 걸면 귀걸이, 코에 걸면 코걸이인 군정법령이었다.

5월 18일 우돌 중령은 기자들과 간담회를 가졌다. 기자가 "이번 이동된 사람은 1급의 법관이라고 생각하는데 이동의 이유는 어디 있는가?"라고 물었다. 우수한 법관을 좌천시킨 이유를 밝히라는 질문이었다. 우돌은 "(1945년) 10월 이후 사법권을 조선사람에게 일임하였는데 그때는 일본인이 사법부를 거의 다 차지하고 있었으므로 시급히 조선사람으로 하여금 교대케 하여 다소 부적당한 인원배치도 있었으므로 이번에 그의 적정배치를 한 것이다"라고 답변했다. 1급의 법관은커녕 초기에 정신없는 상황에서 임명한 부적당한 사람들을 이번에 쳐냈다고 솔직하게 밝힌 셈이다. 뒤이어 "이동된 사람들은 모두 반갑게 임지로 부임함에 대하여 나는 감사히 생각하고 있다"라고도 덧붙였다.[37] 반갑게 임지로 부임했다는 부분은 아예 사실이 아니었다. 전체적으로 밀려난 판검사들이 모욕감을 느낄 만한 인터뷰 내용이었다.

이날 좌천된 대법원 검사총장 이종성, 서울공소원 검사장 구자관, 서울공소원 차석검사 백석황, 서울지방법원 판사 오승근 등은 줄줄이 옷을 벗었다. 다만 당시 해임인사를 인용할 때는 조심할 필요가 있다. 인사 '이동'의 경우에도 기존의 자리에서 '해임'하고, 새로운 자리에 '임명'하는 형식을 취했기 때문이다. 징계의 일환으로 이해되는 요즘 해임과는 의미가 전혀 다르다. 따라서 해임의 경우 진짜로 그 자리를 떠났는지는 신문기사 등 다른 자료를 종합해서 판단할 수밖에 없다. 그래서 늘 오류의 가능성이 있다. 이날 해임된 사람들 중에서 권승렬·한근조·정문모·김홍언은 이후 법원과 검찰에 계속 근무한 사실을 다른 기록으로 확인할 수 있다. 앞서 이야기했던 이홍규 검사 사례를 통해서 민병성이 청주지방법원 검사장으로 근무한 사실도 확인 가능하다. 강병순과 이봉규는 신임에 해당하기 때문에 해임명령이 따로 필요없었다.

5월 23일 강중인 전 사법부 총무국장이 다수의 사표제출에 대해 인터뷰했다. 강중인은 "말썽 많은 사법부 인사가 여러분의 예측대로 현실화되어 가는 데 대해 나로서는 뭐라 말할 수 없다"라면서도, "유능한 판검사 등 사법인들 다수가 사직한다는 것은 사법부의 장래를 위해 극히 우려할 일"이라고 입장을 밝혔다. 그동안에 강중인 자신의 신분도 '총무국장'에서 '전 총무국장'으로 바뀌었다. 강중인의 설명에 따르면 그의 경우에는 사임이 아니었다. "5월 13일 사법부 우돌 중령으로부터 5월 11일 밤을 기준으로 해임한다는 통보를 받은" 것이었다. 5월 6일자 담화가 이와 같은 해임에 영향을 주었느냐는 질문을 받은 그는 이렇게 답한다.

"내가 사법부에 들어간 것은 당시 사법부장의 권고를 거절하지 못해서였다. 그럼에도 불구하고 한마디의 의논도 없이 아무런 이유설명도 없이 해임통고를 한다는 것은 민주주의를 신봉하는 우리로서는 이해할 수 없다. 그리고 만약 나의 해임이 5월 6일부의 담화와 관련이 있다는 것이 사실이라면 사법부를 포위하고 있는 일부 모략배들의 정체도 알 수 있는 것이다. 그들의 가슴속에 음모가 숨어 있지 않다면 사법의 생명인 공명정대를 살리기 위하여 사법부에서 정당색을 일소하지 않으면 안 된다는 나의 발언이 그렇게도 비위에 거슬릴 리가 없지 않은가. 나는 그 담화발표 후 '사법의 독립 운운은 미친놈들의 소리'라는 모 요인의 폭언을 들은 일도 있다"[38]

강중인이 언급한 '모 요인'은 아마도 김용무 대법원장이었을 것이다.

5월 18일에는 한민당 출신인 김용월이 강중인의 뒤를 이어 사법부 총무국장에 임명되었다. 이종성 법원국장과 구자관 대법원 검사는 1946년 6월 15일자로, 백석황 마산지청 판사는 6월 18일자로, 오승근 장흥지청 판사는 6월 19일자로 공식 해임되었다.[39] 김계조 사건으로 2월부터 진행된 일종의 사법파동은 이렇게 일단 매듭지어졌다.

통역권력의 퇴장

5월 16일의 인사로 퇴진한 사람들은 세 그룹으로 분류할 수 있다. 첫번째는 김계조 사건으로 촉발된 사법파동을 주도한 오승근 판사와 백석황 검사다. 판검사는 아니었지만 사법행정에 참여했던 강중인도 여기에 포함된다. 이들의 좌천은 좌익으로 의심되는 법률가들의 배제를 의미한다. 둘째는 구세대에 속한 법률가들이었다. 이종성은 1889년 경기도 출생으로 보성전문 법과를 졸업하고, 1922년 조선변호사시험에 합격해 변호사로 일했다. 구자관은 김병로와 비슷한 세대다. 원로에 속한 이들은 오승근과 백석황이 주도한 사법파동을 지지 또는 방조했다. 이들의 좌천은 항명에 대한 응징과 함께 세대교체의 의미를 지닌다고 볼 수 있다. 세번째는 미군정 초창기 사법을 주도한 '통역권력'의 2선 후퇴다.

5월 16일의 인사로 김영희 법무국장대리는 사법부 사제차장을 맡아 미군정 사법부의 조선인 최고책임자에서 일개 차장으로 밀려났다. 며칠 뒤인 5월 31일에는 그나마도 면직처리되면서 김영희는 사법부를 떠났다.[40] 그의 퇴장은 일제시대 고등시험 사법과나 조선변호사시험에 합격한 전형적인 법률가들의 복귀를 의미했다. 김영희 법무국장대리가 재임기간 중에 추진한 사법개혁 방안의 핵심은 사법요원양성소 설치였다. 고등시험 사법과와 조선변호사시험을 중심으로 한 일본식 법률가 양성제도를 미국식 교육기관 중심으로 전환하고자 한 시도였다. 지금으로 치면 '로스쿨 설립'에 비견할 만하다. 이런 모든 움직임이 5월 16일의 인사로 막을 내렸다. 다른 두 사람의 운명도 비슷했다. 전규홍이 청장으로 임명되었던 특별검찰청은 화려한 출발과는 달리 별다른 성과를 거두지 못하고 1946년 1월 22일 이미 해체된 상태였다. 이후 총무처 법제서장을 맡았던 전규홍은 사법부 행정차장으로 밀려나자 곧바로 사임했고, 1946년 10월 15일 입법원 사무총장에 임명되면서 법조계를 떠났다. 정부수립 후에는 국회사무총장을 거쳐 서독 주재 대사를 지냈다. 잠시 특별재산심판소 사무부장을 맡았던 박영균은 1946년 4월 30일 의원면직되었다. 이후의 행적은 알 수 없다.

해방공간에서 통역권력과 비슷하게 다소 특이한 경로로 판검사에 임명된 사람으로는 옥선진이 있다. 1897년 1월 16일 전남 순천에서 태어나 중앙고보와 메이지대 법과를 졸업한 옥선진은 1925년 이화학당 교사를 거쳐 1926년부터는 보성전문 교수로 근무했다. 유진오·최용달·현상윤·이상기 등이 보성전문 강사로 위촉된 것이 1932년 4월이니 이들 모두보다 선임자였다. 당시 보성전문에는 교수들이 학교장인 김성수, 그 측근인 김병로·김용무·송진우·백관수 등과 함께 선배고 후배고 따지지 않고 주연에서 양껏 먹고 마시며 격렬한 토론을 벌이는 독특한 문화가 존재했다.[41] 옥선진은 그런 문화의 한복판에서 1932~39년 사이 학과장(지금으로 치면 학장)을 지냈다. 그에게 학과장 자리를 이어받은 것이 유진오였고, 덕분에 유진오는 학교를 대표해 각종 친일강연에 나가야 했다.[42] 해방 후 한민당 발기인으로 참여한 옥선진은 흥미롭게도 1946년 5월 18일 서울지방법원 검사국 검사로 임명되어, 1949년 9월 6일 대검찰청 검사로 퇴임했다. 고등시험이나 조선변호사시험 출신이 아니고 통역권력도 아닌 순수한 교수 출신으로는 전무후무한 사례. 한민당 사람들이 법조권력을 장악한 시기에 검사로 임용되어, 1차 '법조프락치' 사건으로 검찰 내부의 숙청이 일어난 시기에 퇴임한 것이 인상적이다. 옥선진은 한국전쟁 중 납북되어 생사를 알 수 없다.

김병로의 등장과 '빅쓰리' 체제

김계조 사건으로 촉발된 사법부 내분은 5월의 인사로 정리되었다. 물러날 것처럼 보였던 김용무 대법원장은 복귀했고 분란을 만들어낸 반대편 사람들은 모두 퇴진했다. 통역권력들도 함께 밀려났다. 이 공백을 채우며 김병로가 전면에 등장했다. 소작농이 많은 호남지방에서 태어나 변호사시절 소작쟁의 변론을 많이 담당했던 김병로는 한민당시절 체감매상, 무상분배라는 상당히 급진적인 토지개혁 입장을 견지했다. 한민당의 다른 간부들이 "토지개혁은 공산주의에서나 하는 것"이라고 떠들던 시절이었다. 1946년 4월부터는 좌우합작운동에도 참여했다. 한민당 소속이었지만 그만큼 개혁적이었다. 또다른 한민당 사람을 사법부 책임자에 임명하는 것은 미군정에 상당한 부담이었지만 어차피 한민당을 대체할 파트너를 찾기란 불가능했다. 김병로의 등장으로 미군정 초기의 법조계 내부갈등은 일단 봉합된다.[43]

비슷한 시기 사법부에 참여한 김갑수의 회고에 따르면 1946년 6월 27일 김병로 사법부장이 부임하면서 "미국인 사법부장—조선인 고문" 체계는 "조선인 사법부장－미국인 고문" 체계로 변경되었다.[44] 『법원사』는 이를 '한미 양부처장제(兩部處長制)'라고 정리한다. 미국인 고문도 우돌 중령에서 존 코널리(John W. Connelly Jr.) 소령으로 바뀌었다.[45] 김병로 는 조선정판사 '위조지폐' 사건 구형이 있던 1946년 10월 21일 김약수와 함께 한민당을 탈당했다.[46] 그날 이후 김병로는 정치와 일정한 거리를 유지하면서 정부수립의 법률적 기초를 마련하고 사법부의 독립을 지키 는 데 헌신했다. 세부적인 의견차이가 없지 않았으나 그는 기본적으로 한민당 인맥에 속한 사람이었고, 대법원장에서 물러난 후에는 다시 그 위치로 돌아가 적극적으로 정치에 참여했다.

김병로가 전면에 등장함으로써 김용무 대법원장, 이인 검사총장과 함께 미군정시기 남한의 법조계를 이끈 이른바 '빅쓰리'(Big Three) 체 제가 완성되었다. 일제시대 항일변론 활동을 통해 명성을 얻었고, 해 방후 한민당 창당에 참여했으며, 미군정에 적극적으로 협력한 동질 (homogeneous)의 사람들이었다. 일제시대 때 김병로나 이인과 어깨를 나란히 했던 허헌 변호사의 그룹은 완전히 배제되었다. 특정정당 출신 들이 사법분야 전체를 장악하는 것이 옳으냐는 문제는 처음부터 논란이 됐다.[47] 빅쓰리가 정통성과 연륜 면에서 일제시대 판검사직에 몸담았던 사람들을 압도한 것은 사실이나[48] 법원과 검찰이 정치적 보수성향으로 통일된 것은 분명한 한계였다.

'빅쓰리' 체제의 완성으로 한민당의 보수성이 법원과 검찰에 그대로 이식되기 시작했다. 1946년 6월 9일 광주지방법원에서 김용무 대법원장 은 "법원의 정치적 중립성이나 객관성을 언급하는 자는 사법부 관리로 서 자격이 없다. 미군정의 정책에 반대하는 자나 신탁통치와 좌파이데 올로기에 찬성하는 자는 그들의 범법행위를 증명할 만한 충분한 증거가

미군정시기 남한의 법조계를 이끈 김용무(왼쪽), 김병로(가운데), 이인(오른쪽).
이승만 정권에서 김병로와 이인은 각각 초대 대법원장과 법무부장관이 되었으며,
김용무는 1950년 총선에서 민주국민당 소속으로 2대 국회의원이 되었다.

없더라도 엄중히 처벌해야 한다"라고 발언했다. 조선정판사 '위조지폐'
사건 수사가 진행되던 상황에서 터져나온 보도였다. 변호사회는 편당적
이고 반민주주의적인 발언에 대한 진상규명을 요구했다.[49] 김용무 대법
원장은 "조국의 흥망이 목첩(目睫)에 달렸는데 건국을 방해하는 자에게
무편무당(無偏無黨)이라고 말하여 수수방관하게 되면 법의 신성(神聖)이
어디 있겠느냐"라며 "그것을 훈계한 것뿐"이라고 해명했다. 증거에 관
한 부분도 "해방이후 신임 경관들이 조서에 난숙(爛熟)치 못해 범죄조서
의 미비한 점이 많아서 혹시 법망에 소루(疏漏)될 염려가 없지 않으므로
법의 존엄을 철저하게 하라는 훈시였다"라고 변명했다.[50] 하지만 그와
같이 말한 사실 자체를 부인하지는 않았다.

대법관이었던 이인은 검사총장에 취임하면서 "사상, 언론, 출판, 집회
의 자유를 존중하지만 그 한계를 벗어나 건국을 방해하거나 안녕질서를
교란하는 행위는 단호히 배제할 것"이라고 밝혔다. 한쪽 다리가 불편해

'절름뱅이(절름발이) 변호사'로 불렸던 그는 일제시대부터 "마음에 먹은 일이면 그냥 내쏘는 성질이 있다"라는 평을 들었다. 1920~30년대에는 공산당을 변론하면서 "사회운동이 죄가 되지 않는다고 열렬히 주장"한 "좌경변호사"이기도 했다.[51] 조선어학회 사건에는 변호인이 아니라 피고인으로 법정에 섰고, '비행기타기'(거꾸로 매다는 고문), '아사가제'(일종의 주리틀기) 등 극심한 고문을 당한 끝에 2년을 꼬박 복역한 후에야 집행유예로 풀려난 전력도 있다.[52] 그만큼 강골이었다. 훗날 "한민당을 송진우나 김성수가 발기창당한 양으로 한국정당사에 쓰여 있는 것은 잘못"이라면서 실제로는 자신의 발상이었다고 주장할 만큼 한민당에 대한 애착도 강했다.[53] 그가 인정한 한민당의 핵심인물은 자신과 조병옥·원세훈·김병로·백관수·김약수로 딱 6명뿐이었다.[54] 이인의 회고에 따르면 1945년 10월 11일 대법원 재판관으로 발령 난 상태에서 김병로와 한민당의 개편방안을 의논한 끝에 재정적 뒷받침을 위해 송진우와 김성수를 영입한 것도 이인 자신이었다.[55]

검사총장에 취임한 후에는 공산당을 잡는 데도 거침이 없었다. 1946년 9월* 이인 검사총장은 좌익을 일제히 내사하여 검거하도록 검찰에 지시했다. 이인의 지시에 따라서 검찰은 해방이후 좌익계열에서 발행한 신문잡지를 빠짐없이 수집한 다음 치안문란으로 범죄를 구성할 만한 기사를 발췌했다. 이를 기초로 대략 80명 정도의 좌익인사를 선별했다. 반대하는 미군들은 이인이 직접 설득했다. "자유는 민족이나 국가 위에 군림하는 절대가 아니요, 국가민족을 위하여 상당 제약되는 것"이라는 논

---

* 이인의 회고록은 1947년 7월로 기록하고 있으나 이주하와 김광수가 체포된 것은 1946년 9월이다. 헌병이 동원되어 『조선인민보』 『현대일보』 『중앙신문』 『독립신보』 등을 압수수색한 것도 같은 시기다.

리였다. 신언한·이호·이병용·박종근 등 8명의 검사가 앞장서서 좌익인 사들을 검거했고 언론기관도 폐쇄했다. 이때 구속된 주요인물이 이주하 (李舟河)나 김광수(金光洙) 등이었다.[56] 9월의 검사국 실무자 회동에 참석해서는 개전의 정이 현저하고 재범우려가 없으며 '건국정신에 비추어 불온사상을 가진 자가 아니라면' 기소유예 처분하도록 지시했다.[57] 좌익은 엄벌하는 한편, 우익에게는 죄를 지어도 '애국자'로 풀려날 길을 열어놓은 셈이었다.

김병로·김용무·이인으로 대표되는 해방직후 법조계 지도자들은 우파성향이 강한 민족주의자들이었다. 일제시대에 지속적으로 독립운동가들을 변론한 경력 덕분에 도덕적으로도 거리낌이 없었다. 일제시대 말기에도 일본에 적극적으로 협력하지는 않았다. 해방공간에서 도덕성과 실력을 겸비한 흔치 않은 사람들이었다. 경찰수뇌부를 이룬 조병옥이나 장택상 못잖은 자신감이 있었다. 다만 법조계든 경찰이든 이 지도자들 아래에서 공산당과 싸운 실무자들 중에는 압도적으로 친일경력자가 많았다. 친일경력자들을 이끌고 공산당과 싸우면서도 이들은 스스로에 대한 믿음을 잃지 않았다. 거기에서 적지 않은 무리수가 나왔다.

1955년 조봉암은 「내가 본 내외정국」이라는 『한국일보』 기고문에서 미군정시기를 이렇게 회고했다. "한민당의 호령이면 공중에 나는 새도 떨어질 것 같았다. 한민당이 아니면 모든 큰 벼슬자리는 물론이고 촌 경찰관지서의 주임 한자리 얻어 할 길이 없었고, 천하의 모든 이권은 한민당의 장중에 좌우되었으며 모든 선거에서는 한민당원이면 무투표당선이 되었다."[58] 다소 과장되기는 했으나 미군정 당시 한민당이 쥐고 있던 정국 주도권에 대한 뼈아픈 지적이었다.

1946년 봄 사법부의 내부 권력투쟁에서 밀려난 오승근과 백석황이 얼마후 조선정판사 사건의 변호인으로 참여하게 된 것은 어쩌면 자연스러운 귀결일 수 있다. 자신들을 밀어낸 사법부 내부의 흐름과 조선정판사 사건을 조작하거나 과장한 흐름이 일치한다고 판단할 여지가 있었기 때문이다. 이들과 발맞출 법률가집단도 이미 존재했다.

좌익과 중도진영 법률가들

해방공간에서 좌익과 중도진영을 대표한 법률가는 허헌이다. 허헌은 1945년 9월 14일 조선인민공화국(인공)의 국무총리를 맡아 정국의 중심으로 진입했다. 주석 이승만, 부주석 여운형, 내무부장 김구, 외무부장 김규식, 재무부장 조만식, 군사부장 김원봉, 사법부장 김병로 등 쟁쟁한 사람들의 이름을 올린 인공이었다. 그러나 당사자들의 허락을 받지 못한 급조 내각이었다. 인공을 주도한 것은 건준의 여운형, 공산당의 박헌영, 그리고 허헌이었다.[59] 허헌의 측근인 김용암 변호사는 인공에서 법제국장대리를 맡아 이강국·최용달·최익한 등과 함께 정강과 시정방침을 만드는 데 직접 참여했다.[60]

같은 시기 건준에서 활동한 재일동포 이영근은 훗날 "(여운형의) 상하이시절부터의 오랜 동지이며 건준의 총무부장이기도 한 최근우 씨는 후보인민위원밖에 안 시키면서, 허헌의 동향인 이름도 없는 신진변호사 김용암 같은 사람은 인민위원으로 선임했다"라고 비판했다.[61] 최근우(崔謹愚)뿐만 아니라 김준연·최창익(崔昌益)·황태성(黃泰成)·현준혁 등 쟁쟁한 인물들을 후보위원에 올리면서 김용암을 그보다 상급의 인민위원으로 선출한 것은 확실히 어색해 보인다. 그만큼 박헌영과 허헌의 입김이 많이 들어간 구성이었다. 그러나 독립운동가 최근우와 비교할 정도는 못 되어도, 김용암의 경력이 법조계에서 남에게 밀릴 수준은 아니었다. 일본인들이 빠져나가고 인재가 부족한 상황에서 김용암의 조선변호사시험 동기들인 사광욱과 윤길중이나 한기수 뒤의 고재호, 두기수 뒤의 김홍섭과 조재천 등은 그즈음 이미 법조계에서 상당한 위치를 차지하고 있었다. 출근을 하지 않았을 뿐 김용암 자신도 1945년 10월 11일의 첫번째 조선인 판검사 임용에 이름을 올렸다.

이병주의 소설 『산하』에는 건준 부위원장이자 인공의 국무총리를 맡은 허헌이 해방직후 처가인 황해도 신천에서 서울로 올라와 마땅한 거처를 찾지 못한 상태에서 "중학동에 있는 친구 변호사 김용암 집에 기거했다"라는 이야기가 나온다.[62] 소설은 1945년 10월 5일 창신동에서 열린 여운형·송진우·허헌·이현상 등 좌우익 지도자들의 모임도 상세히 묘사한다. 소설의 내용은 이영근의 증언과 상당부분 일치한다. 남재희 전 노동부장관의 회고에 따르면, 『통일조선신문』의 한국지사장이자 통일운동가였던 박진목의 인사동 사무실에 가면 늘 소설가 이병주가 "죽치고 있었다"라고 한다. 박진목은 이병주의 중요한 취재원이었다. 이병주는 박진목의 이야기를 적어두었다가 나중에 소설에 반영했다.[63] 『산하』가 소설이기는 하지만 그 내용은 대부분 취재에 근거한 사실로 볼 수 있다. 다만 연배나 경력으로 볼 때 김용암은 허헌의 친구라기보다는 까마득한 후배였다. 1945년 11월 12일 여운형을 중심으로 하는 조선인민당이 창당되자 김용암은 홍순엽과 함께 법제부를 맡았다.[64]

1945년 12월 말 모스크바 삼상회의 결정이 조선에 전달되었다. 좌우익은 신탁통치 반대와 찬성으로 갈라섰고, 반탁의 우익블록은 '대한국민대표민주의원'(민주의원)으로, 찬탁의 좌익블록은 '민주주의민족전선'(민전)으로 헤쳐 모였다. 1946년 2월 14일 결성된 민주의원은 이승만의 독립촉성중앙협의회(독촉) 계열, 김구·김규식의 임시정부 계열, 백남훈·백관수·김준연 등의 한민당, 안재홍의 국민당, 권동진의 신한민족당 등이 주축이 되었다. 애초 민주의원 논의에도 합류했던 여운형의 조선인민당은 노선차이를 이유로 최종단계에서 탈퇴해 민전에 합류했다. 통일전선전술에 입각하여 우익세력과의 합작을 모색하던 조선공산당은 신탁통치 문제로 모든 협상의 끈을 잃은 후 1946년 1월 19일 일단 좌익계열만의 민전을 만들기로 결론내렸다.[65] 1946년 2월 15일과 16일 양일에 걸쳐 결성식을 가진 민전은 해방후 건준, 인공으로 변신을 거듭해온 좌익진영 연합체의 결정판이었다. 민전 결성대회에는 김원봉·성주식(成周寔)·김성숙(金星淑)·장건상(張建相) 등 임시정부 출신들이 참가함으로써 김구 측의 보수세력에 상당한 타격을 주었다.[66] 천황제 파시즘에 대한 민족해방운동의 노선과 방법 차이가 해방이전의 좌우를 갈랐다면, 이제는 미군정에 대한 지지와 반대가 좌우를 가르게 되었다.[67]

허헌은 여운형·박헌영·김원봉·백남운(白南雲)과 함께 민전의 공동의장에 이름을 올렸다. 김용암 변호사는 민전의 중앙집행위원과 임시헌법 기초위원으로 참여했다. 김규식의 최측근이었던 송남헌은 1946년 7월 24일 덕수궁 석조전의 좌우합작위원회 모임이 결렬된 후 한민당의 입장이 반영된 합작 8원칙을 김용암 변호사의 사무실에서 이강국에게 전달했다고 증언한다. 김용암의 사무실은 현재 일본대사관이 있는 건물 근처 자그마한 2층 건물에 자리 잡고 있었다.[68] 김용암의 집과 사무실이 미군정시기 내내 허헌의 연락사무소 역할을 한 셈이다.

민전의 결성에 앞서서 1946년 2월 12일 좌익과 중도성향의 법률가들은 조선법학자동맹을 결성했다. 법맹은 "전제적이며 강압적인 법률제도를 일소하고 진정한 민주주의에 입각한 법률이념의 창건과 법률문화의 앙양발전을 기하여서 신국가 건설에 있어서 무엇보다도 필요한 법률제도 제정에 이바지한다"라는 목적을 내걸었다. 위원장은 1937년 고등시험 합격자로 일제시대 판사를 지낸 조평재가 맡았다. 1936년 조선변호사시험 합격자인 홍순엽은 부위원장이 되었다.[69]

홍순엽 변호사는 이에 앞서 '남원사건'의 진상조사를 담당했다. '남원사건'은 1945년 11월 15일 남원에서 미군의 발포로 민간인 2명과 경찰관 1명이 사망한 사건이다.[70] 경성변호사회 임시총회는 이 사건을 조사하라고 홍순엽을 현장에 파견했다. 당시 홍순엽의 조사보고서는 경찰, 인민위원회, 미군 방첩대의 주장을 적절히 인용하여 "군정당국은 데모 당시 민중의 폭동화를 우려할 조건이 금반 불상사를 초래하였다고 할 것"이지만 "문제는 너무나 복잡하다"라고 토로한다. 일제시대 만주군 중위로 북지방면군사령부(北支方面軍司令部) 등에서 일했던 김응조(金應祚) 전라북도 경찰부장은 남원 인민위원회를 해산하는 과정에서 "건국을 위하여 이승만 박사와 김구 선생을 지지할 것"이라는 일장 훈시를 늘어놓았다. 홍순엽은 친일경찰의 과도한 정치적 견해표명이 일부 민중의 감정을 격화시켰고 양측의 충돌과정에서 미군이 발포하여 이런 불상사를 낳았다고 판단했다.[71] 이 조사보고서는 한민당 발기인으로 이름을 올렸던 홍순엽의 정치적 성향이 점차 좌측으로 변화하는 작지만 분명한 단서를 제공한다.

당주동에 있는 조평재 변호사의 집에 자주 드나들던 김갑수는 당시 "천하의 풍운이 조변호사의 사무실을 중심으로 일고 있는 듯했다"라고 회고한다.[72] 조평재의 집을 드나들던 인물들 중에는 아무래도 경성제대 동문들이 많았다. 안타깝게도 당시 법맹에 가입한 사람들의 명단을 찾을 수는 없다. 다만 법맹이 민전에도 참여했기 때문에 민전 참여 법률가들을 중심으로 법맹의 규모를 대략 짐작할 수는 있다. 좌익과 중도진영의 대규모 통일체로 출발했던 민전은 결성 직후 조선공산당 계열이 주도권을 장악하면서 점차 조선공산당과 그에 이은 남로당의 외곽단체로 변질되었다.[73] 민전이나 법맹활동 경력은 좌익사냥과 한국전쟁을 거치는 동안 두고두고 참여자들의 발목을 잡는다.

조평재와 홍순엽은 법맹 대표자격으로 민전 대의원이 되었다.[74] 1946년 3월 6일 헌법을 준비하는 민전의 임시헌법기초위원에는 허헌·김용암·김약산·성주식·조평재·정진태(鄭鎭泰)·김응섭·이강국·한길언(韓吉彦)·정경모 등 10명이 이름을 올렸다.[75] 의열단, 조선의용대, 광복군을 이끈 약산 김원봉과 조선의용대 출신 성주식은 일제시대 독립운동에 참여한 명망가들이다. 이강국과 정진태는 경성제대 법문학부 출신의 사회주의 이론가들이다. 경성제일고보 출신인 정진태는 해방후 이강국이 쓴『민주주의 조선의 건설』을 편집하기도 했다. 독립운동가인 김응섭 변호사는 우리가 이미 살펴본 김영재의 큰아버지다. 정경모는 강중인이나 계철순의 친구로서 1940년 고등시험 사법과에 합격한 변호사로 추정되나 확실하지는 않다.

민전은 정부수립을 위한 제반시책을 연구하기 위해서 각 부문별 전문위원회를 구성했다. 1946년 2월 21일 민전 상임위를 통과해 활동을 시작한 교육 및 문화대책 연구위원회(56명)와 경제대책 연구위원회(26명) 명단에는 법률가가 눈에 띄지 않는다. 법률과 크게 관련 없는 분야였기 때문이다. 3월 3일에 설치된 노동문제, 사회정책, 행정기구, 토지문제 연구위원회에는 법률가들이 대거 참여했다.[76]

먼저 노동문제 연구위원에는 총 14명이 임명되었다. 비법률가로는 정백과 허성택(許成澤) 같은 쟁쟁한 공산주의자들이 함께했다.[77] 일제시대 이미 조선공산당 중앙위원 후보로 선임되었던 정백은 해방후 근로인민당 중앙위원을 지냈고, 1948년의 남북연석회의에도 참석했다. 그는 1949년 서울로 잠입했다가 경찰에 체포되어 전향했고, 보도연맹의 명예간사장을 지내다가 한국전쟁 중 북한 정치보위부에 체포되어 총살당했다. 1945년 11월 조선노동조합 전국평의회(전평) 위원장을 맡은 허성택은 1948년 4월 평양에서 열린 남북연석회의에 참석한 다음 1949년 9월 북한 노동상에 임명되었고, 1959년 종파주의자로 숙청되었다.

법률가로는 홍순엽·강혁선·양규봉(楊奎鳳) 등이 이름을 올렸다. 법맹 부위원장인 홍순엽 변호사는 앞서 살펴본 것처럼 훗날 대법관을 역임한 인물이다. 광주학생항일운동에 참여했던 강혁선은 1945년 11월 19일 특별재산심판소 판사로 임명되었지만, 특별재산심판소가 해체된 후 법원에 남지 않았다. 1946년 7월 13일에는 전평 고문변호사단에도 이름을 올렸다.[78] 조선정판사 사건이 끝나고 강혁선 역시 '법조프락치'로 몰려 다른 변호사들과 함께 피고인으로 전락했다. 1945년 11월 19일 상주지청 검사로 임명되었다가 1946년 변호사로 개업한 양규봉도 비슷한 처지에 놓인다.

행정기구 연구위원회에서는 김성숙·한빈(韓斌)·최익한 같은 명망가들의 이름이 눈에 띈다. 의열단 출신으로 임시정부 국무위원도 지낸 김성숙은 해방후 근로인민당, 사회대중당 등에 참여한 혁신계 인사다. 러시아공산당 출신으로 서울파 공산주의 그룹에 참여했던 한빈은 북한으로 올라가 국립도서관장을 지낸 후 종파주의자로 숙청되었다. 일제시대 조선공산당 조직부장, 선전부장을 지낸 최익한은 1948년 남북연석회의 참석차 월북해 김일성종합대에서 가르치면서 『실학파와 정다산』 등의 저술을 남긴 국학자다.

이들과 함께한 법률가는 윤학기·주재황·이경용·이태진·김용겸·김윤수 등이었다. 일제경찰 출신으로 추정되는 "똑똑한" 변호사 윤학기, 훗날 남쪽에서 대법관을 지낸 주재황 등이 함께 이름을 올린 것은 상당히 흥미롭다. 이경용은 앞서 허헌의 삶과 관련해 언급했던 변호사다. 이태진은 경남 진주 출신으로 1938년 보성전문 법과를 졸업하고 1942년 조선변호사시험에 합격한 후 1944년 9월 20일 시게바야시 기요테루(茂林聖照)라는 창씨명으로 부산에서 변호사를 개업했다. 해방후 1945년 11월 19일 마산지청 검사로 임용되었는데 정확한 퇴직일자는 알 수 없다. 앞서 북한 검사총장 한낙규의 보성전문 입학동기로 잠시 언급되었던 인물이기도 하다. 1943년 조선변호사시험에 합격한 김용겸은 한국전쟁을 전후해 좌익 관련 사건으로 고생했지만 남쪽에 남아 계속 변호사로 일했다. 황해도 안악 출신의 김윤수는 경성법전과 주오대 법학부를 졸업하고 1939년 고등시험 사법과에 합격해 함흥에서 검사로 일하다가 해방을 맞은 인물로 추정된다. 1946년 9월 9일 남들보다 비교적 늦게 검사로 임용된 김윤수는 청주지방검찰청, 부산지방검찰청, 춘천지방검찰청 등에서 검사장으로 일하다가 4·19혁명 후 신언한과 오제도와 함께 비위검사로 지목되어 자리에서 물러났다.

토지문제 연구위원 중에서 가장 먼저 눈에 띄는 인물은 박문규다. 1906년 경북 경산에서 태어나 대구고보를 졸업한 박문규는 경성제대 법문학부 2회 출신으로 이강국과 최용달의 동기생이다. 경성제대 재학시절 경제연구회에 열심히 참여하며 공산주의 서적을 탐독했고, 졸업 후에는 미야케 시카노스케(三宅鹿之助) 교수와 함께 경제학을 연구했다. 조직운동보다는 연구에 몰두해 「농촌사회분화의 기점으로서의 토지조사사업에 대하여」 같은 기념비적 논문을 남겼다. 해방후 인공 중앙인민위원·재무부장대리, 민전 중앙상임위원·사무국 선전부장·기획부차장, 남로당 중앙위원 등을 지내다가 월북했다. 북한에서는 초대 내각의 농림상을 지냈고 남로당 출신으로는 흔치 않게 1971년 사망할 때까지 책임 있는 자리를 지켰다.[79] 농업과 토지문제를 대표하는 이론가였기 때문에 그가 민전의 토지문제 연구위원을 맡은 것은 매우 자연스러운 일이었다. 이충영 변호사의 처남인 강정택의 이름도 눈에 띈다. 강정택은 1945년 12월 27일 경성대 법문학부에 농업정책을 담당하는 교수로 임명된 상태였다.

그밖에 법률가로는 강중인·김양·장진호(張軫昊)·이종갑(李鍾甲) 등이 토지문제 연구위원회에 참여했다. 강중인은 사법파동 당시 사법부 총무국장을 맡고 있었다. 정확히 그가 언제 총무국장에 임명되었는지는 분명치 않다. 사법부 아래 총무국이 설치된 것이 3월 29일이었고 강중인이 다시 변호사를 개업한 것이 5월이었음을 생각하면 근무기간이 매우 짧았던 것은 분명하다. 그의 민전 참여시기는 그보다 조금 앞선 것으로 보인다. 김양은 1943년 조선변호사시험 합격자로서 법맹 선전차장을 맡았던 인물이다. 장진호는 함북 경성 출신으로 1931년에 경성법전을, 1936년에 주오대 법과를 졸업했다. 1940년 고등시험 사법과에 합격해 1943년 12월 17일 나가모토 마사히코(長本雅彦)라는 창씨명으로 청진에서 개업했다. 삼팔선 이북에 개업한 변호사였던 것을 생각하면 그도 해방후 월남한 것으로 추정된다. 이종갑은 1912년생으로 대구농림학교와 경성제대 법문학부를 졸업하고 1941년 고등시험 사법과에 합격했다. 해방후 강정택과 같은 날짜에 경성대 법문학부의 상법교수로 임명되었고, 1946년 10월 4일에는 변호사를 개업했다. 이종갑은 한국전쟁 중에 인민군이 서울을 점령하자 경성제대 졸업동기인 민복기에게 자수를 권유하면서 경성제대 상법·사법연구실의 직속후배인 홍진기를 찾으러 다녔다는 기록이 남아 있다.[80]

좌익성향 법률가들의 초기 움직임에 대한 민동식 변호사의 증언도 흥미롭다. 민동식 변호사는 해방되고 미군이 진주할 때까지 약 20일의 공백기에 이미 좌익성향 변호사들이 조직적 활동을 시작했다고 증언한다. 조선인 판검사나 변호사가 몇명 안 되던 시절이라 서울지역에서는 전체 법률가들의 회합도 있었던 것 같다. 모임은 을지로입구의 '지오다 그릴'이라는 음식점에서 열렸다.

"지금 기억하면 그당시의 임시정부를 반대하고 좌익노선을 굉장히 주장하는 변호사가 몇분 있었습니다. 백석황·김양·오관·오건일 등이 좌익노선을 걷고 있었는데, 그때부터 이 사람들은 행동을 통일하고 나오는 것이, 이(승만)박사 노선을 반대하고 이에 궐기하자는 등 이상하게 돌아갔어요. 그런데 그때 저희는 민복기 씨도 같이 있었는데, 기분이 안 맞거든. 그래서 홍순엽 씨, 양병호 씨와 중간에 나와버렸습니다. 그런데 나중에 알고 보니 전부 좌익변호사들로서 조직적으로 움직였어요. 이주하 사건 때도 이 사람들이 단체로 변호를 맡아서 했어요. 이걸 보면 변호사 중에도 좌익사상 가진 사람들이 많이 있었다는 것을 알 수 있어요. 그들은 6·25 때 전부 월북했지요."[81]

민동식 변호사가 증언하는 이 모임이 해방직후 어떤 한시점의 일이었던 것 같지는 않다. 오건일 변호사가 1945년 10월 5일에 월남했기 때문에 모임은 최소한 그 이후여야 한다. 홍순엽 변호사는 1946년 초반까지도 법맹, 민전 등에서 활발하게 활동했다. 이주하가 해방후 처음 체포되어 민동식에게 재판을 받은 것은 조선정판사 사건 이후인 1946년 9월 8일이다. 따라서 이 증언은 어느 한시점의 사건이라기보다는 1946년 후반 법조계의 전반적인 분위기에 관한 기억으로 보는 게 옳다. 어쨌든 초기 법률가들의 모임에는 민복기와 민동식 같은 우익성향의 인물도 곧잘 어울렸던 것 같고, 1946년 가을을 전후해서야 성향이 분명하게 나뉜 것으로 보인다. 민동식은 백석황·김양·오관·오건일까지를 확실한 좌익으로, 홍순엽·양병호는 중간에 거기서 이탈한 축으로 분류했다. 이주하 사건의 변론은 김용암·김양 변호사가 담당했다.

경성법전을 졸업하고 1942년 야나하라 지카히라(梁原睦平)라는 창씨명으로 조선변호사시험에 합격한 양병호는 평생을 변호사로 일하다가 1969년 대법관후보추천위원회의 추천을 받아 대법관에 임명되었다. 당시 대법관후보추천위원회는 민복기 대법원장, 사광욱·홍순엽·양회경 대법관, 이호 법무부장관, 신직수 검찰총장, 경희대 박일경 교수, 전봉덕 대한변호사협회장, 양준모 서울제일변호사회장 등으로 구성되었다. 좌익 중심의 모임에서 함께 탈퇴한 민복기와 홍순엽이 훗날 양병호를 대법관에 추천하는 입장에 서게 된 것도 재미있다. 양병호는 앞서 이야기한 것처럼, 1973년의 국가배상법 사건에서 민복기·홍순엽·이영섭·주재황 등과 함께 합헌입장에 서서 대법관 재임용에서 살아남았다. 그러나 1980년의 김재규 재판에서는 내란 목적을 인정하지 않는 소수의견에 가담했고, 그 결과 국군보안사령부 서빙고분실에 연행되어 죽을 고초를 겪었다.

민전에 참여하지는 않았으나 허헌과 가까웠던 한영욱의 해방후 움직임도 주목할 만하다. 1945년 10월 11일 경성공소원 판사로 임명되어 첫 조선인 판검사 그룹에 동참한 한영욱은 김용암과 달리 법원에 그대로 남았다. 1946년 2월 현직 판검사들이 '토요회'라는 모임을 결성했다.

"새 나라 건설과 법치국가로서의 적확한 노선을 민중에게 주지시키고자 분과적 연구와 민중 지도의 기관지 등을 행하"겠다는 조직이었다. 요즘으로 치면 민사판례연구회나 우리법연구회처럼 일종의 판검사 연구모임인 셈인데 한영욱은 이 모임의 총무부 대표간사를 맡았다. 서무 정윤환(鄭潤煥), 경리 김용월, 회계 유영윤, 연구부 대표간사 김윤근, 법철학 김용식(金溶植), 조직법 신내영(申乃永), 형사법 신언한, 민사법 민동식, 수표법 김태영(金泰瑛), 국제법 김병화(金炳華) 등 세부적인 분과도 구성되었다.[82]

아직까지 법조계가 좌우로 나뉘기 전이라 훗날 우리 법원과 검찰 고위직에 오른 김윤근·신언한·민동식·김태영·김병화, 외무부장관으로 이름을 날린 김용식, 납북된 정윤환·김용월, 월북하여 최고인민회의 대의원을 지낸 유영윤 등이 나란히 이름을 올렸다. '토요회' 모임을 통해서 한영욱이 법원에 정식으로 근무한 사실도 확인 가능하다. 이미 서기 출신들이 상당수 판검사에 임용된 상태였는데도 '토요회' 간부들에는 한 명도 포함되지 않은 것도 흥미롭다.

이충영 변호사가 법맹이나 민전에 가입한 것 같지는 않다. 법조계에서 그가 차지한 비중을 생각할 때 만약 법맹에서 활동했다면 어딘가 반드시 기록이 남아 있을 텐데 어떤 기록도 발견되지 않는다. 기이할 정도로 조용한 행보였다. 다만 그가 이 시기에 어려운 형편의 중도 또는 좌익계열 인물들을 무료변론했다는 증언은 남아 있다.

1949년 봄 북한은 남한의 김구와 김규식에게 민전의 후신이라 할 만한 조국통일민주주의전선(조국전선)의 구성을 제안했다. 이 뜻을 전달하기 위해서 서완석(徐完錫)이 김두봉의 편지를 들고 삼팔선을 넘어왔다. 서완석은 조선공산당 장안파 지도자인 서중석(徐重錫)의 동생이다. 국가보안법이 통과된 상황이라 김규식의 최측근이던 송남헌은 편지 접수를 완강히 거부했다. 이게 나중에 문제되어 송남헌은 '북로당 프락치'로 몰려 재판을 받게 되었다. 송남헌은 무죄를 주장했지만 최소한 불고지죄를 피하기는 어려웠다. "먹고살기도 어려운 형편"이었던 송남헌은 변호사를 댈 "엄두도 내지 못했"다. 그런데 일면식도 없던 이충영 변호사가 구속된 송남헌을 찾아와 무료변론을 자청했다. 송남헌이 대구 수창보통학교에 다니던 시절 은사 중에 이효영 선생이 있었다. 훗날 칠곡교육감을 지낸 이효영은 이충영의 형이다. 이충영의 변론 덕분에 1949년 6월 26일 송남헌은 징역 1년에 집행유예 3년을 선고받고 석방되었다. 김구가 암살당하던 날이었다. 바로 다음날 북한에서는 조국전선이 결성되었다. 1949년 가을에는 홍명희의 아들 홍기무가 비슷한 임무를 띠고 내려오다가 경찰에 붙잡혔는데 이때도 송남헌은 이충영의 도움으로 화를 면했다.[83] 이 사건은 나중에 김영재가 남로당 프락치로 몰리는 한가지 단초가 된다.

김계조 사건이 터지고 사법파동이 일어났으며 법맹과 민전을 비롯한 좌익 또는 중도단체들이 자라나기 시작한 1946년 봄은 백가쟁명(百家爭鳴)의 시대였다. 좌우익 대립에 따른 막연한 불안감이 없지 않았지만, 사람들은 여전히 새로운 국가를 향한 희망에 들떠 있었다. 그러나 1960년에 그랬고, 1980년에 그랬듯이, 1946년의 봄은 그리 길지 않았다.

2장

조선정판사
'위조지폐' 사건의 전개

대전환의 계기

해방직후 조선공산당은 정치활동에 아무런 제약을 받지 않는 합법정당이었다. 요즘 여야 정당지도자들이 그러하듯이 박헌영의 동정이 매일처럼 좌익신문들을 장식했다. 여운형이 주도한 건준도 좌익 색채가 강했다. 새로운 나라 건설을 고민하던 많은 사람들이 공산주의에 매력을 느꼈다.

1946년으로 넘어가면서 좌익과 우익은 신탁통치 문제로 갈라섰다. 5월에 터진 조선정판사 '위조지폐' 사건은 좌우익 사이의 균형을 완전히 무너뜨렸다. 조선공산당과 그 후신인 남로당은 1948년의 정부수립까지 형식적으로 합법이었지만, 실질적으로는 온갖 이유로 탄압받는 이중적 지위를 가졌다. 이 간극에서 불필요한 희생자들이 무더기로 양산되었다. 해방공간의 사건들은 씨줄과 날줄로 첩첩이 연결된다. 조선총독부, 친일파, 독립운동가, 미군, 반공주의자, 공산주의자 사이를 오간 각종 돈, 폭력, 조작, 거래는 대부분 법정의 다툼으로 귀결되었다. 해방공간의 좌우익 투쟁에서 법조계만 청정지대일 수는 없었다.

조선정판사 사건 관련자들을 중심으로 해방공간 3년을 입체적으로 재구성해보면 우리가 발 디딘 현실의 오랜 뿌리를 만날 수 있다. 좌익사냥의 '전범(典範)'이 만들어진 사건이기 때문이다. 사라진 좌익성향 법조인들의 실체도 파악하게 된다. 옛날이야기 같지만 우리 세대와 결코 무관하지 않다. 어제로부터 자유로운 오늘은 없다.

근택빌딩의 조선정판사

조선정판사는 서울 중구 소공동 74번지 근택(近澤, 지카자와)빌딩에 잠시 자리 잡았던 인쇄소 이름이다. 원래는 지카자와 시게히라(近澤茂平)라는 일본인이 인쇄, 제본, 도서출판업을 하던 장소다. 지상 5층 지하 1층에 불과하지만 해방 당시에는 조선의 손꼽히는 고층건물이었다. 조선정판사가 사라진 후 가톨릭이 인수하여 1946년 10월 6일부터 1974년 11월 30일까지 28년 동안 경향신문사 사옥으로 사용했다. 그래서 아직도 옛 경향신문사 건물을 기억하는 이들이 많다. 1945년 8월 25일부터 9월 7일경까지 조선총독부와 조선은행은 이 장소에서 엄청난 양의 조선은행권을 생산했다.[84] 원래 조선은행권 인쇄업무는 조선서적인쇄주식회사의 몫이었지만 속도를 내기 위해 지카자와 인쇄소까지 동원했다. 나중에 나온 경찰의 발표가 사실이라면, 조선은행권을 인쇄하는 데 사용된 징크판 9매가 그 와중에 사라졌다.

비슷한 시기에 건물주인 지카자와 가문은 귀국자금을 마련하기 위해 근택빌딩을 싼값에 내놓았다. 김철수를 중심으로 한 ML파 공산당 세력이 이 건물을 구입했다. 신항공사업사(愼航空事業社) 사장이자 유명한 친일파였던 신용욱이 자금을 댔다.[85] 친일파의 자금제공은 조금도 이상한 일이 아니었다. 친일파 말고는 돈을 가진 사람이 거의 없었기 때문이다. 국내에서 마지막까지 버틴 독립운동가도, 해외에서 막 귀국한 오랜 투사도, 막 정치를 시작하려는 젊은 세대도 잠은 자고 밥은 먹어야 했다. 친일파는 격변기에 자기 생존을 보장해줄 정치적 끈이 필요했다. 좌우를 불문하고 누구든 친일재력가들에게 돈을 받아서 쓸 수밖에 없었다. 해방공간의 수많은 사건들이 결국은 돈문제였다.

장안파, ML파, 재건파 등으로 분리되어 출발한 공산당 세력은 9월 11일 일단 박헌영의 깃발 아래 뭉쳤고, 근택빌딩도 박헌영이 이끄는 조선공산당에 넘어갔다. 9월 19일에는 지카자와 인쇄소를 조선정판사로 개칭하고 박낙종이 사장에 취임했다. 도쿄 유학생 시절이던 1924년부터 박낙종은 도쿄에서 동성사(東聲社)라는 인쇄소를 운영했다. 그 경험을 바탕으로 해방후 ML파의 근택빌딩 인수에 참여했고, 곧바로 조선정판사 사장을 맡았다.[86] 근택빌딩 1층에는 조선정판사, 2층에는 조선공산당 본부, 3층에는 해방일보사, 4층에는 조선산업노동조사소[87]와 동무사가 자리 잡았다.[88] 이름에서 짐작할 수 있듯이 모두 조선공산당 계열 기관이었다.

1946년 5월 15일 미군정청 공보부는 며칠전부터 소문만 무성했던 조선정판사 사건을 공식 발표했다.[89] 서울에서 열린 미소공동위원회가 막 결렬된 시점이었다. 엄청난 인플레이션으로 미군정에 대한 불만은 하늘을 찔렀지만 이미 철수를 시작한 미군은 상황을 통제할 충분한 인력을 갖추지 못했다. 조선인 군과 경찰은 이제 막 걸음마를 시작했다. 법원과 검찰 내부에서는 앞에서 살펴보았듯이 심각한 권력투쟁이 진행 중이었다. 이런 위기상황에서 발표된 혐의사실은 다음과 같았다.

조선정판사에 남아 있던 지폐인쇄용 징크판을 김창선(金昌善)이라는 직공이 판매하려다가 경찰에 적발되었다. 경찰이 조사해보니 그는 이미 뚝섬과 조선정판사에서 위조지폐를 인쇄한 상태였다. 조선정판사에서만 1945년 10월 20일부터 여섯차례에 걸쳐 범행이 이루어졌다고 했다. 김창선의 자백에 기초해서 박낙종을 비롯한 조선정판사 직원 14명이 구속되었고, 조선공산당 총무부장 겸 재정부장 이관술과 해방일보사 사장 권오직이 수배되었다.

　5월 18일에는 미군과 헌병이 근택빌딩을 포위해 건물 안의 모든 인원을 쫓아내고 증서, 인장, 문서 등을 압수한 다음 건물 자체를 폐쇄했다. 5월 19일에는 『해방일보』가 정간되었다. 5월 23일부터는 서울지방법원 검사국 조재천·김홍섭 검사가 경찰에 내려와 직접 수사를 지휘했다. 7월 6일에는 이관술이 체포되었다. 1902년 경남 울산에서 태어나 1929년 당시 최고의 명문이던 도쿄고등사범학교를 졸업한 이관술은 동덕여고 교사로 일하다가 1933년 '반제동맹 사건'으로 구속된 이래 투옥·탈출·지하조직 운영을 반복하면서 해방 당일까지 싸움을 멈추지 않았던 투사 중의 투사였다.[90] 그에게는 '고문왕'으로 불린 친일경찰 노덕술(盧德述)의 손에 세번 걸려 세번 죽었다가 네번 살아났는데도 전향하지 않았다는 전설이 따라다녔다.[91] 이관술과 노덕술은 동향출신이었다. 이관술이 붙잡혔다는 소식은 공산당 전체에 큰 충격이었다. 권오직은 붙잡히지 않고 삼팔선을 넘어갔다. 7월 9일 이관술을 제외한 나머지 관련자들이 검찰로 이송되었고, 7월 19일 검사국은 조선정판사 위폐사범 9명과, 뚝섬 위폐사범 4명을 기소했다. 이관술은 다른 피고인들보다 한달 늦은 8월 21일에 추가적으로 기소되었다.

기울어진 재판

1946년 7월 29일부터 시작된 공판의 재판장은 양원일, 배석은 김정렬 (金正烈)·최영환(崔榮煥) 판사였다.[92] 신의주에서 월남한 양원일 부장판사는 1945년 12월 5일 서울지방법원 판사로 임명된 상태였다. 배석인 김정렬 판사는 1907년 10월 29일 경기 출생으로 1933년 보성전문 법과를 졸업하고, 1934년부터 서기 겸 통역생으로 일하다가 1945년 11월 19일 판사로 임용되었다. 『한국법관사』『한국법조인대관』에는 1935년 조선 변호사시험 합격자로 기록되어 있으나 그해의 합격자명단에는 김정렬이 없다. 앞서 살펴본 이홍규의 경우처럼 빈발하는 오류다. 최영환 판사는 1909년 강원 출생으로 일본 주오대를 졸업하고 1942년 고등시험 사법과에 합격해 1946년 2월 2일 서울지방법원 판사로 임용되었다. 두사람 모두 양원일 재판장보다 나이가 많았지만 판사 경력은 훨씬 짧았다.

재판 당일 서울지방법원 앞은 새벽부터 공판의 방청권을 얻으려는 사람들로 인산인해를 이루었다. 조직 동원에서 좌익이 확실히 우세였던 시절이었다. 오전 8시부터는 수천명의 군중이 "모략 공판을 분쇄하라" "인민재판을 하라" 등의 구호를 외치며 「해방의 노래」와 「혁명가」를 불렀다. 9시에는 법원의 정문과 후문이 뚫리면서 군중들이 법원 안으로 밀려들었고, 9시 30분 무장경찰이 발포를 시작해 약 두시간 동안 총성이 이어졌다. 이 난리판에 경동중학교 3학년 전해련(全海鍊) 학생이 피를 흘리며 쓰러졌다. 주변의 청년들이 전해련을 병원으로 옮기려고 했지만, 경찰은 자신들이 응급처치를 하겠다며 권총을 꺼내들고 청년들을 제지했다. 40~50분을 허비한 후에 병원으로 옮겨진 전해련은 오후 2시 30분경 사망했다.[93] 다른 부상자도 줄을 이었다. 이날 소요사태로 50명이 구금되

조선정판사 '위조지폐' 사건의 비공개 재판을 반대하는 민청원들이 재판소 문을 넘으려 하고 있다. 1950년 10월 26일 미군이 평양에서 획득한 사진이다.

고, 무려 38명이 징역 3년에서 5년의 중형을 선고받았다. 경찰은 아무도 처벌받지 않았다. 시작부터 좌우익의 전쟁터였던 재판이었다.

　밖에서 난리가 벌어지는 중에도 법원 안에서는 공판이 진행되었다. 조선정판사 사건의 변호인으로는 조평재·윤학기·강중인·김용암·한영욱·이경용·강혁선·오승근·백석황 등 9명이 참여했다.[94] 일제시대 판검사를 지낸 중견법조인이 조평재·강중인·오승근 등 3명이었고, 공교롭게도 이들은 모두 재판장의 고등시험 동기들이었다. 동기지만 사법관시보 임용은 재판장이 가장 늦었다. 김용암·한영욱·강혁선·백석황 등은 해방후에 판검사로 임명된 적이 있는 사람들이었다. 이래저래 재판장에게는 부담스러운 변호인단 구성이었다. 공판이 시작되자마자 변호인단은 재판장 기피신청부터 했다. 양원일 재판장이 충분한 변론준비 시간을 주지 않았다는 이유에서였다. 수사가 비밀리에 진행되어 변호인단은 기소 이전에 사건내용을 제대로 파악하지 못한 상태였다. 기소 다음 날 곧바로 1회 공판기일을 지정하고, 10일 만에 실제 공판을 여는 것은 당시 실정에서 너무 촉박한 일정이었다.[95] 기피사건을 맡은 이천상 재판장, 민동식·방순원 배석판사는 신청을 바로 기각했다.[96] 항고를 담당한 유영(柳暎) 재판장, 김우열(金又說)·김윤근 판사의 결론도 같았다.[97]

8월 22일 오전에 열린 2회 공판에서 피고인들은 인정신문부터 모든 절차를 거부했다. 이때부터 양원일 재판장의 외골수 성격이 재판에 그대로 반영되었다. 그는 우선 핵심피고인 김창선만 남기고 나머지 피고인들을 퇴정시켰다. 변호인들이 항의했으나 통하지 않았다. 김창선은 오후부터 다른 피고인들과 분리되어 단독으로 재판을 받았다.[98] 사실심리가 시작되자 김창선은 겉옷을 벗어 흰색 와이셔츠에 자신이 미리 써둔 혈서를 보여주었다. 거기에는 "일제잔재" "악질경관 고문" "천무심(天無心, 하늘도 무심하다)"이라는 글자가 적혀 있었다. 양원일 재판장이 이런 상황을 그냥 놓아둘 리 없었다. 그는 법원 정리(廷吏)를 시켜 혈서가 적힌 김창선의 와이셔츠를 벗긴 후 "신성한 법정에 나오는 피고가 그런 몰상식한 짓을 함이 옳다고 생각하느냐?"라고 질책했다.[99]

김창선은 징크판을 훔친 사실은 인정하면서도 조선정판사의 다른 동료들과의 공모는 완강히 부인했다. 징크판도 1조 3매만 훔쳤을 뿐인데, 경찰의 구타와 물고문에 못 이겨 2조 6매를 훔쳤다고 자백했다고 했다. 징크판을 훔친 것도 사실, 뚝섬에서 위조지폐를 인쇄하려다 실패한 것도 사실이지만, 조선정판사 관련 부분은 고문에 의한 허위자백이라는 이야기였다. 우익단체인 독촉 뚝섬지부장 이원재(李元在)가 개입된 뚝섬

사건은 물적증거도 있고 자백도 있었지만, 좌익단체인 조선정판사 사건은 물적증거가 없었다. 김창선의 진술이 빠지면 박낙종과 이관술 등 조선공산당 간부들이 줄줄이 무죄를 받게 생긴 판이었다.

재판부가 김창선만을 따로 떼어내 피고인심문을 진행하자 다른 피고인들과 변호인단은 함께 재판을 받게 해달라고 요구했다. 이와 같은 요구는 2회, 3회, 4회 공판 내내 계속되었지만, 양원일 판사는 들은 척도 하지 않았다.[100] 김창선의 진술은 다른 피고인들의 유죄를 증명하기 위한 필수불가결한 증거였다. 다른 피고인들은 김창선을 반대신문하여 모순을 찾아낼 기회를 가져야 한다. '반대신문권의 보장'은 형사소송의 기본 중의 기본이기 때문이다. 이게 지켜지지 않으면 김창선의 진술은 증거능력이 없다. 양원일 판사는 김창선을 다른 피고인들과 분리함으로써 이런 기회를 원천적으로 차단했다. 8월 31일 7회 공판에 이르러서야 피고인들은 전원이 함께 재판을 받을 수 있게 되었다. 이미 김창선에 대한 법정의 조사를 마친 뒤였다. 그사이에 재판부의 일방적인 재판진행에 항의하고자 허헌 변호사가 특별변호인을 신청하는 해프닝이 있었지만, 주변환경의 변화로 그의 변론은 실현되지 못했다.

공산당들이 위조지폐를 만들었다는 공소사실을 입증할 유력한 증인은 조선정판사 공장장이었던 안순규(安舜奎)였다. 최초 수사발표 당시에는 안순규도 피의자로 구속되었다. 다른 피의자들도 처음에는 안순규를 공범으로 지목했다. 그런데 이상하게도 그는 곧 참고인으로 변경되었다. 수사과정에서 안순규가 남긴 진술을 정리하면 이렇다.

"1946년 2월 10일 일요일에 본정(충무로와 명동 일대) 방면으로 놀러 갔다가 돌아오게 되었다. 조선정판사를 지나는 길에 후문이 열려 있어서 이상하게 생각하고 들어가 보았다. 평판실 쪽에 박상근, 신광범, 김창선,

정명환 등이 있었고 거기에는 아직 자르지 않은 지폐가 놓여 있었다."

그의 진술은 단계마다 조금씩 달라졌다. 목격했다는 시간부터 오락가락했다. 명치좌(明治座)를 구경하고 밤늦게였다고 했다가, 일요일 정오라고 진술을 변경했다. 100원권 지폐를 인쇄하는 걸 보았다는 구체적인 정황도 매번 달랐다. 9월 18일 15회 공판에서 안순규는 자신의 과거 진술을 완전히 뒤집었다. 모두 고문에 의한 허위진술이었다는 새로운 주장이었다. 검찰은 그날 재판이 끝나자마자 안순규를 구속하고 위증죄로 기소했다. 안순규를 피고인으로 한 별도의 재판이 시작되었다.

별도로 진행된 위증죄 사건의 재판장은 박원삼, 검사는 정시윤(鄭蓍允)이었다. 박원삼 판사는 함남 출신으로 일제시대 함흥에서 변호사로 일하다가 해방후 삼팔선을 넘어 월남한 인물이다. 아무래도 반공성향이 강할 수밖에 없었다. 이 재판에서 피고인 안순규의 주장을 요약하면 다음과 같다.

"5월 9일 본정경찰서에 검거되어 팔을 묶어놓고 물을 먹이고 때리는 등 고문을 당해서 결국 지폐 인쇄를 목격했다고 허위로 진술했다. 진술을 번복하려 하자 검사가 따귀를 때리고 구류장을 내보이며 군정재판에 회부한다고 협박했다. 결국 검사에게도 범행현장을 목격했다고 허위진술을 하고서야 풀려났다. 풀려난 뒤에는 양심의 가책을 느껴 자신의 가족들에게 거짓진술 사실을 알리고, 피고인 신광범의 집에도 찾아가 모친과 부인에게 사과했다. 경찰·검찰에서 한 진술은 모두 고문의 결과로 거짓이었고, 법정에서는 사실대로 진술했다."

그때나 지금이나 수사단계에서 참고인의 거짓진술은 위증죄가 성립하지 않는다. 오직 법정에서 선서하고 거짓진술을 한 것만 위증죄에 해당한다. 신광범의 어머니도 안순규의 주장이 사실이라고 확인했다. 이

조선정판사 '위조지폐' 사건의 피고인인 조선공산당 간부들을 호송하는 광경.
1950년 10월 26일 미군이 평양에서 획득한 사진이다.

주장과 관련해 변호인단은 10여명을 증인으로 신청했지만, 재판부는 받아들이지 않았다. 안순규는 검찰의 구형대로 10월 19일 징역 1년을 선고받았다. 본래 사건인 조선정판사 사건의 판결이 나오기 전에 파생된 사건인 위증죄 사건의 판결이 먼저 나온 것이다. 이례적인 일이었고, 이때이미 조선정판사 피고인들의 운명은 결정된 거나 다름없었다. 조선정판사 사건 변호인단은 "이런 상황에서 변론을 한다는 것은 재판부가 이미정해놓은 방침에 힘을 보태는[添花] 의미밖에 없다"면서 "변론 거부를 고려한다"라는 성명서를 발표했다.[101] 안순규의 상고도 바로 기각되었다.

안순규가 위증죄로 유죄판결을 받은 후에도 조선정판사 사건 공판은40일 이상 계속되었다. 회차는 30회까지 이어졌다. 흔치 않은 마라톤재판이었다. 11월 28일 양원일 재판장은 피고인 모두의 유죄를 인정하고 이관술·박낙종·김창선·송언필 등에게 무기징역, 신광범·박상근 등에게 징역 15년을 선고했다.[102] 검찰의 구형과 동일한 형이었다. 피고인들은 대법원에 상고했다. 당시에는 대법원이 2심이자 최종심이었다. 상고심 은 김용무 대법원장, 이상기·노진설·김찬영·양대경 대법관으로 구성되 었다. 변호인단은 재판부 기피신청을 냈다. 김용무 대법원장은 우익진 영을 대표하는 한민당의 간부로서 대법원장 취임 이래 지속적으로 좌익 진영을 탄압해왔고, 이상기 대법관은 안순규에 대한 위증사건의 상고를 기각한 당사자라는 이유였다. 1947년 4월 11일 대법원은 기피신청과 상 고 모두를 기각했고, 원심이 확정되었다.

변호인단의 주장

조선정판사 사건 재판이 진행되는 동안 박헌영과 이강국 등 공산당 지 도부에 대한 미군정과 경찰의 본격적인 수배와 탄압이 시작되었다. 해방 후 1년 만에 이들은 합법공간을 떠나 지하로 돌아갔다. 1946년 9월 6일 좌 익계 신문 『조선인민보』 『현대일보』 『중앙신문』이 정간되었고, 9월 7일 박헌영·이강국·이주하 등에 대한 체포령이 내려졌다. 좌익세력의 중추 였던 전평은 '9월 총파업'에 나섰다가 미군정, 경찰, 대한노동총연맹, 우 익청년단체들에 의해 무자비하게 진압되었다. 대구를 중심으로 봉기한 이른바 '10월 인민항쟁'도 실패로 돌아갔다. 조선공산당은 조선인민당, 남조선신민당 등과 합당하여 11월 23일 남로당을 창당했다. 조선정판사 사건은 이 모든 변화의 출발점이었다. 재판이 끝난 후 남쪽에서는 주로 검찰이나 경찰 관계자들의 일방적인 회고담이 반복적으로 인용되면서 '공산당의 위조지폐 인쇄'가 흔들림 없는 역사적 사실로 자리 잡았다. 그런데 의외로 남아 있는 자료는 많지 않다. 공판청구서, 논고요지, 판결문 등은 서울지방심리원에서 1947년 발간한 『위폐사건 공판기록』에 실려 있으나, 2279장의 수사기록, 4959장의 공판기록은 찾아볼 수 없다. 공판기간 내내 판검사와 변호사들이 유무죄를 다투며 격론을 벌인 기록이 파편처럼 신문기사에 남아 있어 그나마 피고인 측 입장을 파악하는 데 약간의 도움을 줄 뿐이다.

당시 변호인들의 주장은 우회적인 경로로 확인할 수 있다. 1968년 서울대학교판례연구회가 발간한 『주석 한국판례집: 형사법 1』은 피고인들의 이름을 가리고 사건명을 밝히지 않은 채로 조선정판사 사건의 대법원 판결문을 그대로 수록하고 있다. 이 판결의 주문과 이유에는 별 내용이 담겨 있지 않다. 김용암·한영욱·이경용·강혁선·백석황 등 다섯 변호인이 작성한 상고이유서를 그대로 소개한 다음 형식적인 문장으로 그 모든 주장을 기각할 뿐이다.

"(변호인들의) 논지는 독자(獨自)의 견해로서 원판결을 비난함에 불과하고 원판결에는 하등 중대사실의 오인을 진의(眞疑)할 현저한 사유 없고, 또 이유불비 또는 심리부진의 불법이 없으므로 도저히 채용할 수 없다."[103]

너무 무성의하고 형식적인 내용이라 대법원 판결 자체는 형법의 이론적 연구대상으로 아무 의미가 없다. 그런데도 『주석 한국판례집』은 이 무의미한 판결문에 무려 56쪽을 할애한다. 실제로는 대법원의 결론이 아니라 변호인단의 주장을 보여주기 위한 것이다. 조선정판사 사건 변호인단의 주장이 지닌 역사적 가치에 대해 이 책 편집위원들의 암묵적

합의가 있지 않았나 싶다. 덕분에 우리는 조선정판사 변호인들의 구체적 주장을 알 수 있게 되었다.

한국외국어대에서 『미군정기 조선정판사 '위조지폐' 사건 연구』로 2015년 박사학위를 취득한 임성욱은 당시 자료들을 치밀하게 분석해 조선정판사 사건을 복원해냈다. 임성욱 박사를 비롯한 역사학분야의 선행연구들은 주로 1947년 6월 18일에 발행된 『소위 '정판사 위폐사건'의 해부: 반동과 모략의 진상을 폭로함』이라는 소책자를 근거로 변호인단의 주장을 소개해왔다.[104] 이 소책자는 한국전쟁 중 미군이 획득하여 미국 국립문서기록관리청에서 보관해오다가 2006년에 영인되어 이제는 국립중앙도서관 웹사이트에서 누구나 볼 수 있는 자료다. 본문 49면의 이 소책자는 변호인단이 1947년 6월 영문으로 번역해 주한미군사령관 하지 장군에게 보낸 '상고이유서'(explanatory statement for appeal to the superior court)와 거의 같은 내용이다.[105] 결국 이 소책자는 조선정판사 사건 당시 변호인단이 대법원에 제출한 상고이유서를 일반인의 눈높이에 맞춰 편집한 것으로 볼 수 있다. 학문 간 교류가 없다보니 일찍이 공식적으로 간행된 판례집에 실린 상고이유서가 미군 노획문서라는 복잡한 경로를 거쳐서 역사학자들의 손에 들어온 셈이다. 1946년에 발행된 좌익계 시사주간지 『조선주보』에도 유사한 기사가 실리고 그 내용이 각종 유인물에 활용된 것으로 보아, 변호인단의 상고이유서는 당시 좌익진영 전체에 폭넓게 공유된 학습자료였던 것 같다.[106]

상고이유서에 담긴 변호인단 입장의 사건진실을 요약하자면 이렇다. 해방직후 일본인들이 근택빌딩에서 조선은행권을 인쇄할 때 김창선은 직공으로 일했다. 인쇄가 끝난 후 김창선은 징크판을 빼돌려 뚝섬에 사는 배재룡에게 판매했다. 이들은 뚝섬에서 위조지폐를 인쇄하려다 실패했다. 1946년 5월 3일 본정경찰서 팀이 김창선과 배재룡을 검거하고 김창선의 집을 수색하면서 김창선의 조선공산당 당증을 발견했다. 경찰은 근택빌딩, 조선공산당, 징크판을 연결하면 조선공산당을 공격할 수 있다고 생각했다. 경찰은 김창선을 고문했고, 고문에 굴복한 김창선이 아무렇게나 자백하면 이를 기초로 다른 직공들을 고문해서 또 자백을 받아냈다. 공장장 안순규를 고문하여 목격자도 만들어냈다. 직공들의 석방을 교섭하려고 자진하여 경찰서에 간 박낙종 등 공산당 간부들도 줄줄이 구속되었다.[107] 이런 사실관계를 기초로 변호인단은 조선정판사 사건 유죄판결의 문제점을 하나씩 지적한다.

첫째, 피고인들은 경찰에 검거되어 60일간 집단구타, 물고문 등을 당하면서 자백을 강요받았다. 결국 이관술과 송언필을 제외하고 전원이 범행을 자백했다. 그런데 피고인들의 자백은 범죄일시, 장소, 횟수, 금액, 위조에 참가한 인원 등의 핵심문제에서 거의 아무것도 일치하지 않는다. 경찰관 또는 검사가 개별적으로 그때그때 유도하는 대로 피고인들이 억지로 진술한 결과다. 심지어 동일한 피고인이 김홍섭 검사에게 조사받을 때는 부인을 하다가 똑같은 날에 경찰에게 조사받을 때는 자백을 하는 이상한 현상도 일어난다.[108]

둘째, 위조지폐를 인쇄했다는 날짜 중에는 직공 20여명이 다른 일로 철야작업 중이었던 날도 있다. 그렇지 않은 날에도 조선정판사에는 늘 숙직과 경비가 있었다. 조선공산당 간부들과 일부 직공들이 이들의 눈을 피해 위조지폐를 인쇄하는 것은 불가능하다.[109]

셋째, 박낙종과 이관술 등을 제외한 대부분의 피고인들은 지카자와 인쇄소의 기존 직원들이다. 이들은 공산당이 인쇄소를 인수하고도 5개월 이상이 지난 1946년 2월 이후에야 조선공산당에 가입했다. 위조지폐를 인쇄했다는 시기에 이들 대부분은 공산당원이 아니었다는 이야기다. 일제시대부터 경찰과 밀정의 포위 속에서 악전고투해온 공산당 간부들은 같은 당원이라 하더라도 일단 의심부터 하는 것이 일종의 생활신조다. 경찰 주장에 따르면, 박낙종이 조선정판사를 인수한 때부터 첫번째 위조지폐 인쇄날짜까지는 20일도 되지 않는다. 박낙종·이관술 같은 핵심당원들이 개인적으로 잘 알지도 못하는 김창선 등의 비당원들과 함께 위조지폐 인쇄라는 엄청난 일을 꾸몄다는 것은 상상할 수 없다.110

넷째, 위조지폐를 인쇄하려면 ①지폐의 여러 색깔을 그리는 화공(畵工)기술, ②이를 아연판에 전사하고 전사한 징크판을 수리 보관하는 제판(製版)기술, ③징크판을 옵셋인쇄기에 걸어서 인쇄하는 평판(平版)기술, ④인쇄한 것을 마름질하는 재단(裁斷)기술이 필요하다. 정판사 피고인들 중에서 이관술·박낙종·송언필·신광범은 사무직이어서 이런 기술이 전혀 없고, 나머지 사람들은 ③의 평판과 ④의 재단 기술자들뿐이었다. 근본적으로 징크판을 제대로 사용하려면 '모리카에'라는 특별한 작업이 필요하다. ①의 화공기술과 ②의 제판기술 없이는 이런 작업 자체가 불가능하다. 법원과 검찰은 이런 기술적인 문제의 제기에 전혀 귀를 기울이지 않았다.111

다섯째, 조선정판사 사건과 짝을 이루는 뚝섬 위조지폐 사건은 김창선과 배재룡 등이 범행을 완전히 자백한 부분이다. 뚝섬 위조지폐 사건은 물증도 있었다. 조선정판사 공판에서 물증으로 제시된 '징크판을 불태운 잔재' 등은 모두 뚝섬사건과 관련된 것일 뿐 조선정판사와는 아무관련이 없다. 김창선과 배재룡 등은 뚝섬에서 위조지폐를 인쇄할 때 각색판(各色版) 20면 중 단 1면도 제대로 인쇄하지 못했다. 예비용으로 감춰두었다는 조선정판사의 징크판으로 인쇄했더니 각색판 20면이 모두

제대로 나왔다는 것은 기적이다. 이런 일은 있을 수 없다.[112]

여섯째, 조선정판사가 재정난 때문에 위조지폐를 인쇄했다는 범죄동기 부분도 믿기 어렵다. 1946년 3월 미군정청 감찰과에서 적산관계로 회계감사를 한 결과에 따르면, 조선정판사가 당시 적자이기는 했으나 그건 조선공산당 관련기관으로부터 수금하지 못한 돈 때문이었다. 만약 조선공산당이 위조지폐를 인쇄했다면 우선 조선정판사에 진 빚부터 갚았을 것이다. 그런 일은 없었다.[113] 재정난 때문에 위조지폐를 인쇄했다는 이야기는 김창선의 자백에 기초한 것이다. 김창선은 1945년 10월 중순경에 송언필과 이런 이야기를 나누었다고 한다. 사실상 이 자백이 모든 사건의 출발점이 됐다. 그러나 조선공산당의 재정관계는 당원에게도 비밀이다. 중앙위원이라 하더라도 재정업무와 관계없다면 절대로 알 수 없는 내용이다. 김창선이나 송언필 수준에서 알 수 있는 내용이 아니다.[114] 변호인단은 이상의 논증에다가 박낙종의 알리바이와 안순규의 증언 번복 사실을 덧붙였다. 지금 읽어봐도 상당히 탄탄한 논리다.

엇갈리는 평가

변호인들의 주장만 가지고 조선정판사 피고인들이 무죄였다고 단정할 수는 없다. 사건 당시에는 심지어 북한쪽 인사들도 조선정판사의 위조지폐 인쇄가 사실일 수 있다고 생각했다. 이 부분에 대해서는 북한현대사 연구에서 빼놓을 수 없는 인물인 박병엽(朴炳燁)의 증언이 남아 있다. 박병엽에 대해서는 약간의 설명이 필요하다. 1979년의 10·26사건 이후 해외에서 대사로 근무 중인 남측의 전직 장성을 포섭하려고 북한에서 2명의 고위공작원을 투입한 일이 있었다. 역공작의 성공으로 그 2명은 남측에 체포되어 한국으로 송환되었다. 그중 한명인 '도원 1호'는 전향하여 엄청난 고급정보들을 제공했다. 그가 박병엽이다. 해방후 평양에서 노동당 대남연락부 지도원, 책임지도원, 과장을 지낸 박병엽은 한동안 조선노동당 3호청사 자료실에서 일했다. 비상한 기억력을 지닌 그는 한번 본 것을 잊어버리는 법이 없었다. 1993년 『중앙일보』가 연재한 「비록 조선민주주의 인민공화국」 시리즈의 가장 중요한 출처였던 '서용규'도 박병엽의 가명이다. '송씨일가 간첩단' 사건처럼 그의 제보가 결정적 단서가 되었으나 훗날 고문에 의한 조작사건으로 판명된 경우도 있다.[115]

박병엽의 증언에 따르면, 조선정판사 사건이 터진 다음 달인 6월 27일 경 박헌영은 평양으로 넘어가 김일성 등 북한지도자들을 만났다. 함께 모스크바로 출발하기 전 며칠 동안 박헌영은 김일성·김책·허가이·주영하 등에게 남쪽 정세를 설명했다. 특히 심각하게 거론된 것은 조선정판사 사건이었다. 김책·허가이·주영하는 조선공산당이 미군정에 정판사 사건을 조작할 만한 빌미를 제공한 것 아니냐는 의문을 제기했다. 일제 때 일본인들이 근택빌딩과 그 인쇄소에서 지폐를 인쇄했다는 것을 쉽게 알 수 있었다면, 건물 인수 후 만약의 사태에 대비해서 기계를 다 치웠어야 했다는 지적이었다. 허가이는 아예 박헌영 측이 미군정의 경제를 혼란시키기 위해서 정말로 지폐를 위조한 것 아니냐는 의심도 품었다.[116] 그해 7월 16일 박헌영과 김일성의 5차 회동에 가서야, 남북 공산당은 조선정판사 사건을 미군정과 친일파의 조작으로 정리하고 이를 대중에게 알리기 위해 공판투쟁을 벌이기로 결정했다.[117]

당시 『해방일보』 기자였던 박갑동은 서울시내에 위조지폐가 나돈다는 소문을 듣고도 전혀 관심을 쏟지 않았다고 한다. "공산당은 숱한 적산을 관리하고 있었고, 당원의 헌금으로 풍족한 자금을 쓰고 있었으며, 또 위조지폐 이야기가 상당히 퍼졌을 때에도 조직 내부에서는 이렇다 할 기미를 보이지 않았기 때문"이었다. 조선정판사 사건이 터지고 나서야 박갑동은 어느 간부당원으로부터 공산당이 위폐사건을 꾸몄다는 소문을 들었다.[118] 정확히 누가 한 이야기인지는 밝히지 않는다. 대신에 그는 본정경찰서 순사부장이었던 현을성(玄乙成)에게 개인적으로 들은 이야기를 전한다. 아마도 훗날 박갑동이 일본으로 망명한 후 한국을 오가면서 현을성에게 들은 이야기일 것이다. 현을성은 징크판을 팔려는 자가 있다는 제보를 받아 김창선을 처음 붙잡은 당사자였다. 조성기(趙成基) 형사가 담당한 1차 신문에서 김창선은 "조선정판사 사장인 박낙종, 서무과장 송언필의 지시로 돈을 찍어냈는데 자신에게는 아무런 보상도 해주지 않아 생활비를 얻어 쓰려고 징크판을 유출하려 했다"라고 자백했다. 최초 자백이 있은 후에는 본정경찰서장인 이구범(李九範)이 김창선을 직접 신문했다.[119]

1973년 『중앙일보』 연재를 통해 박갑동이 남긴 회고는 검찰과 경찰 관계자들이 기존에 밝힌 '무용담'에서 크게 벗어나지 않는다. 이와 같은 무용담은 1970년대에 유행했던 '특별수사본부' 유의 라디오연속극에서 그대로 반복되었다. '특별수사본부' 유의 이른바 '실록'들은 해방공간의 좌우대립을 박진감 넘치는 고도의 '스파이전'으로 포장하는 경향이 있었다.[120] 실록들의 '감수자' 노릇을 한 오제도 검사도 그걸 원했다. 여기에서 생기는 오해가 적지 않다. 미군정시절은 그럴듯한 스파이전이 벌어질 상황이 아니었다. 남쪽의 공산당은 생존을 위해서 비밀리에 움직였을 뿐 적극적으로 스파이활동을 할 여력이 없었다. 스파이활동을 통해서 캐낼 만한 대단한 정보도 따로 존재하지 않았다. 공산당의 활동방식은 일제시대의 연장선상에 있었다. 쫓는 사람도 쫓기는 사람도 일제시대와 똑같았다. 일제시대의 좌익투쟁을 스파이전으로 볼 수 없다면, 해방후의 공산당활동도 마찬가지다.

그런데 1973년의 『중앙일보』 연재를 바탕으로 1983년 출간된 박갑동의 책 『박헌영』은 묘하게도 조선정판사와 관련한 내용이 모두 생략되었다. 이유는 알 수 없다. 1987년 발간된 이병주의 소설 『남로당』에서 박갑동은 기존 입장과 큰 차이를 보인다. 『남로당』은 박갑동의 증언에 약간의 허구를 가미한 일종의 팩션이다. 박갑동은 경남 산청, 이병주는 경남 하동 출신으로, 경남 사천 출신인 조선정판사 박낙종 사장과 함께 서부경남 출신으로 묶인다. 소설 『남로당』의 주인공 박갑동은 위조범죄는 "김창선의 선"에서 이루어졌고, 좀더 확대해봐야 "송언필(소설에서는 계속 송필언으로 오기)의 선까지 갈 수 있을까" 의심한다. 박갑동은 한국전쟁 중에 월북하여 문화선전성 부장을 지내다가 남로당계가 숙청당할 때 함께 밀려나 수용소생활을 한 후 1957년 중국·홍콩을 통해 탈북해 도쿄에 정착했다. 그뒤로는 강연과 저서를 통해서 북한정권을 끊임없이 비판한 반북인사다. 그의 말을 옮긴 이병주는 학병세대를 대표하는 언론인이자 소설가로서 『산하』 『지리산』 등의 작품을 남겼다. 박갑동도 이병주도 굳이 조선정판사 사건 피고인들을 옹호할 이유가 없는 사람들이다. 소설 속의 박갑동은 이렇게 말한다.

"만일 위조지폐를 근택빌딩에서 찍은 것이 확실하다면 송언필, 박낙종에게까지 공모의 범위가 넓혀질지 모른다. 그것을 이관술, 권오직에게까지 확대한 건 고의에 의한 조작이라고 아니할 수 없다. 송언필, 박낙종, 이관술이 관련되었다는 사실은 김창선의 자백에 의해 밝혀졌을 뿐이다. 김창선이 체포되자 사리(私利)를 노린 자기의 야심을 당을 위한 명분으로 바꾸는 게 유리하다고 판단하여 정판사 서무과장 송언필을 끌어대고 송언필과 박낙종을 결부시켰다. 박낙종이 등장하면 당재정부장 이관술, 해방일보 사장 권오직과 연결시킬 수가 있었다. 혹은 김창선이 공산당원이란 사실을 안 경찰 또는 검찰이 그것을 미끼로 박낙종과 이관술이 걸려들도록 김창선을 유도했을지도 모를 일이었다. 아무튼 이관술과 박낙종의 관련 사실은 김창선의 자백에 의한 것일 뿐 다른 아무 증거도 없다. 그런데 김창선 자신이 경찰에서의 자백을 번복했고 박낙종, 이관술 양인은 위폐에 관련된 적이 없다고 극구 부인했는데도 제반 상황으로써 짐작한 심증만으로 유죄판결을 내렸다. 과연 그것이 정당한 판결인가?"**121**

박갑동이 1991년 발간한 자서전 『통곡의 언덕에서』 역시 『남로당』에서 나타나는 박갑동의 입장을 뒷받침한다. 이 책도 조선정판사 사건을 정면으로 다루지는 않는다. 다만 김창선에 대한 설명이 추가되었다. 해방직후 근택빌딩의 해방일보사에 출근하던 박갑동은 저녁식사가 끝나면 1층 조선정판사로 내려가 공장 노동자들에게 맑스주의를 강의했다. 교육대상이었던 노동자들은 12월까지 공산당에 입당했다.* 박갑동은 잘못된 입당방식이었다고 후회한다. "노동자라고 다 순박하며 정직하고 혁명적인 것은 아니었"고, 개별적 검토 없이 공산당 기관지와 문서를 인쇄한다는 이유만으로 "무조건 믿고 입당시킨 것이 실수"였다. 거기 있는 노동자들은 원래 "우연히 모인 것이지 사상적으로 모인 사람들이 아니

---

* 박갑동의 기억과는 다르게 당시 변호인들의 상고이유서와 민전의 자료들은 김창선의 입당시기를 1946년 2월 20일로 기록한다. 민주주의민족전선 엮음 『해방조선 1: 자주적 통일민족국가 수립 투쟁사』, 과학과 사상 1988, 308면.

었기"때문이다. 박갑동은 그들 가운데 "품행이 좋지 못한 사람, 손버릇이 좋지 못한 사람"이 있었다면서 김창선을 거론한다. 김창선이 징크판을 숨겨두었다가 팔아먹은 것이 조선정판사 위조지폐 사건의 원인이 되었다는 것이다.[122] 박갑동이 조선정판사 사건에 대해서 보여주는 신중한 태도는 여러모로 특기할 만하다.

한정된 자료를 가지고 조선정판사 사건의 완전한 진실을 복구하기란 불가능하다. 지금 시점에서는 아마도 박갑동과 이병주 작가가 내린 평가 정도가 그나마 합리적인 결론이 될 수 있을 것이다. 조선정판사 사건의 진실 못지않게 중요한 것이 수사와 재판의 다양한 관여자들이다. 이들의 삶은 초기 법조계 역사를 이해하는 유용한 열쇠가 된다.

3장

조선정판사 '위조지폐' 사건에
관여한 판검사들

검사들의 역할

조선정판사 '위조지폐' 사건을 담당했던 조재천·김홍섭 검사는 당시
어떤 정당에도 소속되지 않았다. 따라서 이들을 '한민당 사람'이라고 말
하기는 어렵다. 급진적 토지개혁 입장을 지녔던 김병로의 예에서 볼 수
있듯이, 한민당 구성원이 모든 사안에 대해 합의를 이룬 것도 아니었다.
그러나 조선정판사 수사와 재판이 진행되는 동안 미군정, 한민당, 법원,
검찰, 경찰 등은 일정한 정서를 공유했다. 공산당을 배제하고 민족주의
진영 중심으로 새로운 나라를 건설해야 한다는 폭넓은 합의가 존재했던
것이다. 이 큰 흐름에서 조재천이나 김홍섭 같은 개인만 예외였다고 보
기는 어렵다.

조선정판사 '위조지폐' 사건의 주범이었던 박낙종과 수사검사였던
김홍섭은 김준연을 고리로 한 개인적인 인연이 있었다. 앞서 적었듯이
김준연은 일제시대 말 전곡에서 김성수의 농장을 관리했다. 덕분에 그
의 딸 김자선은 전곡에서 서울로 통학을 해야 했다. 그런데 어느날 열차
안에서 중년의 신사가 "아가, 아가" 하며 김자선을 불렀다. 신사는 금강

산 선물인 만물상(萬物相) 그림엽서와 사과를 주면서 "나는 너의 아버님과 친구다"라고 소개했다. 이후에도 신사는 김자선을 친자식처럼 아끼고 사랑했다. 그 신사가 바로 박낙종이었다. 이 일화는 조선정판사 '위조지폐' 사건 당시 "눈물 섞인 인생 애화(哀話)의 한 토막"으로 기사화된다.[123] 대인관계가 좋았던 박낙종은 공산당원이면서도 다른 사람을 만나면 사상문제를 거의 이야기하지 않았다고 한다. 우익인사들과도 곧잘 어울렸는데 그중 가까웠던 사람이 같은 ML당 출신의 김준연이었다. 박낙종의 아들 박우승(朴雨升)은 경성제대를 졸업한 인텔리로서 국문학자 조윤제의 사위가 되었다. 박우승의 결혼 때는 당시 동성학교 교장이던 장면이 주례를 섰다. 신랑의 친구대표는 박갑동이었다.[124]

김홍섭이 해방직후 검사로 짧게 활동한 시기는 김준연이 한민당에 참여해 우익진영의 최전선에 섰던 시기와 일치한다. 1945년 후반에 김준연은 아예 송진우의 집에서 숙식을 같이했다. 송진우가 암살되던 날에만 복통 때문에 송진우와 떨어져 셋째딸의 집에 묵었다. 김준연의 친구였던 장택상도 하필 그날은 아이들이 열이 나서 송진우의 집까지 동행하지 못했다. 덕분에 둘 다 목숨을 건졌다. 1945년 12월 30일 아침 일찍 송진우의 사망소식을 김준연에게 전한 것도 셋째사위 김홍섭 검사였다.[125] 1946년 1월 18일 밤에는 김준연이 익선동에 있는 강병순 변호사의 집에서 잠을 자는데 장택상이 전화를 했다. "삼청동에 있는 (좌익조직) 학병동맹을 타도하는 중인데 검찰청에 연락할 필요가 있으니 낭산(김준연)의 사위 거처를 알려달라"는 전화였다.[126] 장인과 사위가 정치적으로 무관할 수 없었음을 보여주는 일화다.

전향한 공산주의자였던 김준연은 당대 어느 정치인보다 공산주의자들에 대해 가혹한 태도를 취했다. 제헌국회의 '헌법 및 정부조직법 기초위원회'에 한민당 몫 대표로 참여해서는 "영장제도, 변호인의 조력을 받을 권리, 구속적부심사도 내우외환 또는 이에 준한 비상상태의 경우에는 법률로써 그 적용을 정지할 수 있어야 한다"라고 주장할 정도였다. 다행히 김준연의 극단적 주장은 조봉암의 반대에 부딪혀 실현되지 않았다.[127] 1958년 국가보안법 개악에 맞서 민주당이 자유당에 맞서 싸울 때 김준연은 민주당의 엄상섭, 조재천 의원까지 빨갱이로 몰아붙였다. 엄상섭은 월북한 친척이 있고, 조재천은 어느 해인가 조봉암에게 제일 먼저 세배를 간 적이 있다는 이유에서였다.[128] 이런 극단적인 장인의 영향 아래에서 김홍섭의 정치적 선택은 상당히 제한적일 수밖에 없었다.

9·28수복 전후에 남긴 김홍섭의 시를 보면 "이제 후로 조국의 순결을 짓밟는 소행이며 / 인민의 이름에서 죄과를 범하는 자 / 그런 자는 씨를 남기지 말도록 하여야 한다"라든지, "호마(胡魔)와 적구(赤寇)가 넘보랴 한들 / 파사(破邪)의 이(利)한 검(劍) 번쩍거리고 / 하물며 목석도 호응하리니 / 싸우자 수도의 방위 전선에" 같은 과격한 표현이 눈에 띈다.[129] 한국전쟁 전후의 반공성향 면에서 김홍섭도 장인에게 뒤지지 않았던 것 같다.

전체 생애를 살펴보면 조재천, 김홍섭이 피의자를 직접 고문할 사람들로 보이지는 않는다. 『해방일기』를 쓴 역사학자 김기협*은 조선정판사 사건에 대해 "뭔가 꼬투리를 잡고 매달리다보니까 무리한 강압수사를 통해 사건규모를 부풀리게 되었을 것"이라고 평가하면서도 김홍섭의 존재가 마음에 걸려 최종적 판단을 유보한다.[130] 조재천과 김홍섭의 존재는 조선정판사 사건 수사의 공정성에 그만큼 무게를 더한다. 두사람

---

* 계명대 사학과 교수를 지낸 김기협 박사는 이 책에 자주 등장하는 역사학자 김성칠의 아들이다.

이 법정에서 남긴 논고에는 여러모로 깊은 고뇌가 담겨 있다. 조선정판사 '위조지폐' 사건 공판을 마무리할 당시 『자유신문』이 전한 김홍섭의 논고는 특히 흥미롭다.

"소감을 간단히 말하면 유감스럽다고 하겠다. 내가 취조한 중 특히 박낙종은 오십평생 중 30년의 투쟁사를 가진 혁명투사였으므로 만강(滿腔)의 감사를 드리는 한편 많은 감회를 느꼈으며, 사회여론은 이번 사건으로 말미암아 좌우익이 일층 소원(疏遠)하여지는 감상을 주는데, 이는 시민의 한사람으로 민족구성의 일인으로 매우 유감스럽게 생각한다. 이 사건은 법률가 입장으로는 형사사건이나 돌이켜 시민의 한사람으로 볼 때에는 조선의 기근(饑饉)이요 민족적 비극으로 본다. 나는 김창선이 공판정에서 죽고 싶다 말할 적에 2000년 전에 일어난 예수를 은(銀) 30량에 잡아준 가롯 유다의 비극을 상기했다. 그와 마찬가지로 이것은 어느 한사람의 죄가 아니라 운명의 소치요 공산당 자체가 이에 가담하였다는 것이 아니라 어린애 장난을 잘못 감독한 것이라고 본다."[131]

이는 김홍섭 검사가 공판정에서 구두로 토로한 심경을 신문기자가 정리한 내용이다. 검사의 논고치고는 퍽 이례적이다. 피고인 박낙종의 30년 혁명투쟁을 인정한 것, 좌우익이 소원해지는 상황에 대한 유감, 거기다가 김창선을 가롯 유다에 비유한 것까지 모든 문장이 그렇다. 김창선이 가롯 유다라면 그에게 팔림을 당한 사람은 누구인가. 심지어 "공산당 자체가 이에 가담하였다는 것이 아니라 어린애 장난을 잘못 감독한 것"이라는 평가는 사실상 박낙종과 이관술 등의 형사책임을 부정하는 것처럼 보인다. 앞서 인용한 박갑동의 관점과 거의 비슷하다.

김홍섭 검사의 서론에 이어서 조재천 검사가 본론에 해당하는 논고를 읽었다. 조재천 검사의 논고는 기록이 남아 있다. 조재천은 "경찰에서 초기에 어느정도의 고문은 하였다고 추측된다"라고 솔직하게 인정한다. 다만 피고인들이 주장하는 것처럼 '전체' 수사과정에서 '가혹한' 고문이 있었던 것은 아니라고 변명한다. 김창선이 하루 만에 자백한 걸 보면 "가사 어느정도의 고문이 있었다 하더라도 그 용맹한 투쟁성을 자타가 공인하는 공산당원이, 더구나 세포책임자이고 출판노동조합 서울지부 청년부장인 35세의 장년이 하루 만에 없는 사실을 허위자백하였다고 생각할 사람은 없다"라는 것이다. 고문으로 왼쪽 눈에 타박상을 입어 시력을 잃어가는 중이라는 피고인 송언필의 주장에 대해서는 당시 최고권위의 안과의사인 공병우 박사에게 감정을 맡겼다. 공박사는 외상이 아니라 노인성 백내장이라고 진단했다.* 다른 피고인들이 고문에 의한 상처라고 주장한 부분도 최고권위의 외과의사인 백인제 박사가 외상이 아니라고 확인했다. 피고인들이 조사를 받고 나서 목검에 "물을 먹이고 목검으로 때리더라"는 이야기를 하기는 했지만, 같은 감방동료들이 보니 옷도 젖지 않고 외상도 없었다고 했다.

조재천 검사는 "없는 범죄사실을 고문에 의하여 허위자백하게 되는 경우도 있겠지만, 있는 범죄사실을 쉽게 자백하지 않아서 고문의 방편으로 진실을 자백시키는 경우가 보통일 것"이라면서, "증거에 의하여 범죄사실이 엄존하는 사건이므로 완고한 범인을 자백시키기 위하여 경찰이 초기에 어느정도의 고문을 하였다 하더라도, 고문행위 자체가 별개의 형사문제가 될 뿐이지, 엄존한 범죄사실이 없어지는 것은 아니"라고

---

* 그 덕분에 공병우는 한국전쟁 때 인민군에 체포되어 고초를 겪었다. 인민군 연사들은 거의 매일처럼 "조선정판사 사건이 조작되었고 관련된 애국동무들은 대전에서 학살되었다"라는 내용의 강연을 했다. 위기의 순간 남조선지역 육군군의감으로 서울에 부임한 사람이 "공병우는 일제 때부터 돈이 없는 환자를 무료로 치료해준 사람"이라고 유리한 증언을 해주어 겨우 목숨을 건졌다. 공병우 『나는 내 식대로 살아왔다』, 대원사 1989, 98~108면.

고문문제를 정리한다.[132] 검사의 논고문에서 이렇게 노골적으로 경찰의 고문사실을 인정하기도 쉽지 않다.*

조재천 검사가 지켜내고자 노력한 최후의 보루는 '적어도 사건이 검찰로 넘어간 후에는 고문이 없었다'는 사실이었다. 김창선은 "검사가 경찰서에 출장 와서 조사할 때에 취조실 근처에 항상 형사들이 있었으므로 혹시 범행사실을 부인하면 검사가 돌아간 후에 형사들이 다시 고문할까 두려워서 그대로 거짓진술을 했다"라고 주장했다. 검찰에 송치된 후에도 본정경찰서 형사들이 수시로 검사국에 드나들었기 때문에 사실대로 말할 수가 없었다고 했다. 조재천 검사는 "송국(검찰 송치) 후 도로 경찰서로 보내서 고문하는 예는 절무(絶無)한 것"이라고 일축했다. 양원일 재판장이 "검사 앞에서도 자백하지 않았느냐"라고 피고인들을 추궁한 것도 같은 맥락이었다.

조재천 검사가 피고인들의 과거투쟁에 관한 경의를 표한 것도 흥미롭다. 조재천은 "피고인 중에 과거 조선해방을 위하여 다년간 투쟁하여온 분도 있다"면서 "투사로서의 그분들에 대하여 본직은 심심한 존경과 사

---

* 『자유신문』기사는 조재천의 논고를 이렇게 요약한다. "이 사건에 있어서는 피고는 고문을 당했다 하고 경찰에서는 안 했다 하니 재판관이 신이 아닌 이상 반대되는 양론(兩論)을 판단할 수 없다. 다소 고통은 주었다고 생각하나 동시에 피고들이 말하는 정도의 고문은 아니었다고 생각한다. 이 사건에는 피고 재판관을 합쳐서 80여명이 관련되어 있으며 또한 피고들이 수십 종의 반증을 내놓았으나 조사한 결과 그 대부분이 피고에게 불리하였고 기타 증인 증거품 등으로 미루어볼 때 나로서는 본사건 범죄사실을 인정하기에 충분하다고 생각하므로 사적으로는 해방투사에게 경의를 표하나 공적 입장에서 구형을 한다." 「무기 등 중형을 구형」, 『자유신문』 1946년 10월 23일자 2면.
『동아일보』는 이렇게 보도한다. "피고인 김창선은 체포된 다음날에 그 범행 일체를 체계적으로 또 상세하게 그리고 구체적으로 자백하였다. 설혹 어느정도의 고문이 있었다고 가정하더라도 적어도 그 과감성을 자타가 공인하는 정당(공산당을 지칭)의 당원으로 상당한 의식과 투쟁성을 가진 35세의 장년이 그 단시간의 고문에 못 이겨 없는 사실을 허위자백했다고는 믿어지지 않을 것이다." 「공산당 위폐사건 논고 전문」, 『동아일보』 1946년 10월 22일자 3면.

의를 표하며 인간으로서의 그분들에 대하여도 큰 호감을 느끼고 있다"
라고 밝힌다. 박낙종과 이관술의 과거 투쟁경력은 조재천이든 김홍섭이
든 어느 누구도 부인할 수 없었다. 그러나 조재천은 곧 "과거의 투쟁과
금일의 위조와는 별개의 문제이며, 본직은 사정(私情)을 떠나 공적 입장
에 돌아서지 않으면 안 된다"라고 선을 긋는다.

　고문에 대한 조재천 검사의 변명은 우리나라 검찰이 민주화 이전까지
거의 모든 고문논란에서 보여준 태도와 동일하다. 경찰이 고문했을 리
는 없다, 경찰이 설사 고문했다 하더라도 검찰은 하지 않았다, 검찰수사
중에 경찰이 와서 고문을 한다는 건 말도 안 된다, 따라서 검찰에서의 자
백은 증거능력이 있다. 늘 이런 식이었다. 그러나 이건 이미 깨진 논리
다. 1970~80년대까지 동일한 논리로 증거능력을 인정받았던 자백들은
민주화 이후 대부분 임의성 없는 자백으로 증거능력을 잃었다. 그런 자
백에 기초한 수많은 유죄판결들은 재심을 통해 무죄판결로 뒤집혔다.

　물론 이런 상황에 대해 검사들은 할 말이 있다. 경찰은 피의자에게 자
백을 받은 대부분의 사건을 유죄취지로 검찰에 송치한다. 검사가 이렇
게 송치받은 사건의 기본 사실관계를 뒤집고 무혐의 결정을 하기란 현
실적으로 매우 어렵다. 정권의 운명이 걸린 공안사건에서는 더욱 그러
하다. 경찰에서 고문이 있었으리라는 어느정도 심증이 있다 하더라도
대부분의 검사는 경찰의 송치내용과 동일한 내용의 피의자신문조서를
다시 작성해 피의자들을 기소하게 된다. 그 과정에서 최대한 따뜻한 태
도를 보이는 것 정도가 '그나마 괜찮은 검사'들이 선택하는 길이었다.
1980년대 후반까지도 이런 기조는 변하지 않았다. 이 점에서 조재천·김
홍섭 검사도 다른 검사들과 다르지 않았다.

　조선정판사 사건이 끝나고 김홍섭은 판사로 자리를 옮겼다가 1년 후

에는 아예 법조계를 떠났다. 뚝섬에서 농사를 지으며 닭과 돼지를 키웠던 일화는 김홍섭의 순수함을 보여주는 아름다운 사례다. 그후 다시 법원으로 복귀한 것은 법원·검찰에서 유례를 찾기 어려운 이력이다. 다만 이런 방황과 복귀가 과연 김병로 없이 가능했을지는 의문이다. 고민 많은 사람이 살아남기 힘든 시대였다. 해방에서 한국전쟁을 거쳐 이승만 독재로 이어지는 험난한 시기에 김준연과 김병로는 김홍섭의 든든한 후원자였다. 모든 법률가가 김홍섭 같은 행운을 누리지는 못했다.

검사국 기밀비 사건과 조평재 변호사

조선정판사 사건의 변호인들은 김홍섭만큼 운이 좋지 못했다. 앞서 살펴본 것처럼 조선정판사 사건에는 조평재·윤학기·강중인·김용암·한영욱·이경용·강혁선·오승근·백석황 등 9명의 변호사가 참여했다. 해방공간에서 꾸려진 어떤 시국사건 변호인단보다 대규모였고 색깔이 분명했다. 이들 중에서 전쟁이후의 행적이 확인되는 것은 오승근과 조평재 변호사뿐이다. 나머지 7명의 변호사들은 역사에서 사라짐으로써 조선정판사 '위조지폐' 사건 변론참여의 값을 치렀다. 인간에게 생길 수 있는 가장 나쁜 일은 죽음이다. 그러나 '기억에서 지워짐', 즉 사회적 죽음도 육체적 죽음 못지않은 형벌이다. 조선정판사 변호인들의 해방전후 행적은 초창기 법조계 진보진영의 복잡한 구성을 선명하게 드러낸다. 이들의 다양성은 '친일파'와 '사회주의자'를 가르는 어설픈 일반화를 당장 무너뜨린다.

일단 변론에 끝까지 참여하지 못하고 중도 탈락한 변호사들의 삶부터 살펴보자. 변호인단 중 조평재·윤학기·강중인 변호사는 각자 다른 이유로 공판에서 배제되어 1심 공판의 마지막까지 동참하지는 못했다. 이들이 사라지는 과정은 초창기 법조계의 우편향성을 보여주는 살아 있는 증거다.

해방직후 좌익과 중도에 속한 변호사들의 지도자였던 조평재 변호사는 조선정판사 '위조지폐' 사건 재판이 시작되고 열흘도 지나기 전인 1946년 8월 8일 서울지방법원 검사국에 구속되었다. 이른바 '검사국 기밀비' 사건 관련이었다. 1946년 2월 강원도 강릉 출신의 사업가 이종민(李鍾旼)이 폭리혐의로 조사를 받았다. 물건이 부족하고 인플레이션이 심각했던 해방직후에는 폭리행위가 가장 심각한 경제범죄였다. 1945년 10월 30일에 공포된 미군정법령 제19호 제3조는 "민중생활의 필수품을 민중재력의 한도 내의 가격으로 공평한 분배를 보증하기 위하여 민중을 희생하고 폭리를 취하는 결과로 되는 필수품의 축적 및〔及〕과도한 가격의 판매는 이〔玆〕에 불법으로 선언함"이라 규정하고, 제6조는 위반자를 군정재판소의 결정에 의해 처벌한다고 명시했다. 물건을 사재기해서 비싸게 팔면 처벌하겠다는 의지의 표명이었다. 지금 기준으로 보면 구성요건과 처벌이 너무나 추상적이고 불명확해서 위헌이 분명하지만 당시에는 아무도 이를 문제 삼지 못했다.

일제시대부터 일본군에 조달사업을 하던 이종민은 해방후에도 과거 인연을 기반으로 일본해군복 등을 구해서 비싼 값으로 팔다가 붙잡혔다. 폭리사건의 담당검사는 김영천, 변호사는 이충영이었다. 김영천은 이미 살펴보았던 것처럼 일제순사 출신의 독학자로 조선변호사시험에 합격한 인물이다. 이종민은 자신을 석방시켜주면 250만원을 사회에 환원하겠다고 밝혔다. 이충영 변호사가 그 뜻을 최종석 형사국장에게 전했고, 최종석은 최병주 민사국장을 통해 김영천 검사에게 이야기를 건넸다. 김영천은 서울지방법원의 박승유 검사장, 김용찬(金溶瓚) 차석검사 등과 의논하고 사법부장대리 김영희 박사, 김용무 대법원장의 승낙까지 얻어 이종민을 석방했다. 이종민은 석방되자마자 부산으로 도주했다. 250만원을 못 내겠다는 의사도 이충영 변호사를 통해 검찰에 전달했다.

그런데 다음 달에 이종민이 상해죄로 구속되어 김영천 검사에게 다시 잡혀왔다. 이번에는 조평재 변호사가 변론을 맡았다. 액수를 좀 줄여 50만원을 출연하겠다는 타협책을 김영천 검사에게 제시했다. 검찰은 다시 이를 받아들여 이종민을 석방했다. 이종민은 매형 박찬영을 통해서 58만원을 기부했다. 검사국은 그중 20만원으로 수사용 차량 한대를 구입했다. 남은 돈 38만원은 이른바 '기밀비'로 쓰기로 했다. 각 검사장이 경찰서장 및 수사주임과 회동할 때의 비용 또는 경찰관 격려비 등으로 쓴다는 이야기였다. 재단법인 치안협회의 창립계획도 세웠다. 요즘으로 치면 일종의 '떡값'인데, 이름을 뭐라 부르든 결국은 뇌물이었다.

이걸 잡아낸 사람이 미군정청 경무부 최능진(崔能鎭) 수사국장이었다. 나중에 이승만에 맞서 국회의원 선거에 나섰다가 억울하게 목숨을 잃은 바로 그 최능진이다. 박근혜 전 대통령의 측근으로 정수장학회를 관리했던 최필립의 아버지이기도 하다. 이 사건을 파헤친 최능진 국장은 현직 검사가 관련되었으므로 사법부 이태희 감찰국장과 협의하여 검사국으로 사건을 넘겼다. 이인 검사총장은 최초에 신언한 검사에게 배당되었던 사건을 별다른 설명 없이 원택연(元澤淵) 검사에게 재배당했다. 최능진 수사국장은 "검사국에서 공정하게 취급하고 있는 줄은 알지만, 만약 불순한 처사를 할 경우에 나는 이 사건을 잘 알고 있는 만큼 끝까지 추궁할 용의가 있다"라고 경고했다.[133]

이런 경고에 아랑곳하지 않고 원택연 검사는 뒷부분 상해사건에 관련된 최종석·조평재·이종민·박찬영 네사람만을 기소했다. 10월 30일 이천상 판사는 최종석에게 징역 1년을, 조평재에게 벌금 1000원을, 이종민에게 징역 6개월에 집행유예 2년을, 박찬영에게는 무죄를 선고했다.[134] 최종석에게는 뇌물죄가 아니라 사기죄만 적용되었다. 사법부 수뇌부의 합의내용은 기밀비로 30만원을 받는 것이었는데, 최종석이 20여만원을 더 받은 것이 사기죄에 해당한다는 논리였다. 덕분에 30만원을 받기로 합의한 사람들은 모두 법망을 빠져나갔다. 뇌물을 받아 공익을 위해 쓰면 무죄라는 이상한 결론이었다. 이종민의 경우도 사법부에 기부하는 의사로 50여만원을 제공한 것이므로 증뢰죄에 해당하지 않는다고 판단했다. 최종석과 이종민에게 뇌물죄가 인정되지 않으니 조평재와 박찬영의 뇌물방조 부분도 무죄가 되었다. 조평재가 벌금을 받은 것은 포고 제2호 위반에 따른 것이었다. 이미 몇차례 등장한 '태평양미국육군 총사령부 포고 제2호'의 정확한 내용은 다음과 같다.

"항복문서의 조항 또는 태평양미국육군 최고지휘관의 권한하에 발한 포고·명령·지시를 범한 자, 미국인과 기타 연합국인의 인명 또는 소유물 또는 보안을 해한 자, 공중치안·질서를 교란한 자, 정당한 행정을 방해하는 자 또는 연합군에 대하여 고의로 적대행위를 하는 자는 점령군 군율회의에서 유죄로 결정한 후, 동 회의의 결정으로 사형 또는 타 형벌에 처함."

1945년 9월 7일 맥아더 장군 명의로 발표된 포고 제2호도 폭리죄만큼이나 범죄 구성요건과 처벌이 모두 불명확하다. 수많은 사람들이 포고 제2호 위반으로 처벌받았지만, 정확한 범죄사실은 판결문을 보지 않는 이상 알 도리가 없다. 조평재의 경우도 마찬가지다. 아마도 질서를 교란하거나 정당한 행정을 방해한 혐의 정도를 적용한 것으로 보인다.

최종석은 1947년 4월 22일 대법원에서 징역 1년에 집행유예 2년이 확정되었다.[135] "(최종석이) 해방직후 복잡다난한 사법부요직에 있어 직무상 열의가 있었고, 그 직무책임에 대한 공적이 현저하며 경성법조회 간사로 사법의 향상 개선에 진력하여 사법부를 위한다는 일편단심의 의도가 있었다"라는 변호인들의 주장이 그대로 받아들여진 결과였다.[136] 죄질에 비해 관대한 처분이었다. 얼마전 사법파동으로 옷을 벗고 나와 조선정판사 사건 변호인단에도 참여한 오승근 변호사가 최종석의 변론을 담당했다.

조선정판사 사건 중간에 검사국 기밀비 사건이 끼어든 것은 아마도 우연일 것이다. 강릉 출신의 부호 이종민이 강릉의 자랑 조평재를 변호사로 선임한 것은 매우 자연스럽다. 첫번째 폭리사건에서 변호인 이충영을 연결시켜준 것도 아마 조평재였을 것이다. 최종석 형사국장은 조평재와 고등시험 사법과 동기이고, 최병주 민사국장은 조평재의 경성제대 선배였다. 최종석·박승유·김용찬 등의 검찰수뇌부 라인은 모두 경성법전 선후배로 연결되었다. 보통시험을 거쳐 조선변호사시험에 합격한 담당검사 김영천만 조평재와 별다른 끈이 없었다. 그래서 조평재가 여러 단계를 거쳐 부탁을 전달해야 했던 것 같다. 한마디로 전형적인 법조비리 사건이었다. 조평재 변호사에게 벌금을 선고한 이천상 판사는 조평재의 경성제대 후배로 고등시험 사법과 시험은 한 기수 앞선다. 이천상 판사도 평양에서 시보를 했기 때문에 김갑수 등과 인간관계가 겹쳤다.[137] 검사국 기밀비 사건에서 볼 수 있다시피 조평재 변호사는 해방후 좌파성향 법조인들의 구심점이면서, 동시에 기존 시스템의 최대 수혜자이기도 했다. 훗날 그를 살린 것도 이런 관계들이었다.

조평재의 계속된 수난

엉뚱하게 끼어든 기밀비 사건 때문에 조선정판사 사건에서는 빠졌지만 그걸로 조평재의 수난이 끝난 것은 아니었다. 민전과 전평 등의 조직에 법조계 대표로 참여한 조평재는 사건이 터질 때마다 걸려들었다. 1947년 3월 1일 해방후 두번째 맞는 삼일절 행사장에서 좌익과 우익이 충돌해 전국적으로 수많은 사상자가 발생했다. 3월 22일에는 전평이 24시간 총파업을 벌였다. 이른바 3월 총파업이다. 경찰은 이 기회를 놓치지 않고 다음날부터 남로당, 전평, 전국농민조합총연맹(전농), 민전 등의 간부들을 총파업 배후로 몰아 검거했다. 우익청년단까지 총동원한 대규모 검거였다. 의열단으로 유명한 김원봉 민전 공동의장 등과 함께 조평재도 체포되었지만[138] 증거가 없어 열흘 후 석방되었다.[139] 이때 김원봉을 체포한 것이 친일경찰 노덕술이었다. 풀려난 김원봉이 수모를 한탄하며 사흘 밤낮을 울었다는 바로 그 사건이었다.[140] 1947년 8월 12일에도 조평재는 근로인민당의 장건상·이여성·백남운, 전평의 박봉우(朴琫愚), 전농의 최한철, 남조선민주여성동맹(여맹)의 유영준 등과 함께 다시 구속되었다. 남로당의 허헌 위원장과 인민공화당의 김원봉 등은 겨우 체포를 면해 수배자가 되었고, 이들은 결국 삼팔선을 넘어 북으로 갔다.[141] 조평재에게는 수배범을 은닉했다는 혐의가 적용되었다. 이번에도 결론은 증거불충분이었다.[142]

동네북 신세로 경찰서를 오가는 와중에도 조평재 변호사는 1947년 6월 14일 조선인권옹호연맹 사무총장에 선출되었다. 조선인권옹호연맹의 설립 경위도 재미있다. 그해 맥아더 장군은 미국시민자유연맹(American Civil Liberties Union, ACLU)의 로저 볼드윈(Roger N. Baldwin) 대표를 일본으로 초청했다. 하버드대 출신의 볼드윈 변호사는 1차 세계대전 당시 양심에 따른 병역거부로 1년을 복역한 사회주의운동가 출신이었다. 출옥 후에는 ACLU를 대표해 사코와 반제티(Sacco and Vanzetti) 사건, 존 스콥스(John T. Scopes) 사건, 스코츠보로 소년들(Scottsboro Boys) 사건의 변론을 주도했다. 미국 인권운동의 산증인이던 볼드윈은 1930년대 스탈린 독재를 목도한 후에는 서서히 좌파에서 우파로 선회했고, ACLU에서 공산주의자들을 몰아내는 데 앞장섰다. 자연스럽게 맥아더 같은 보수적 인물과도 접점이 마련되었다. 점령군 사령관으로 일본에 부임한 맥아더는 서구식 자유와 민주주의를 일본에 이식하길 원했다. 볼드윈은 일본에 머물며 ACLU의 쌍둥이 조직이라 할 만한 일본인권옹호연맹을 창설했다. 1947년 5월에는 하지 장군의 초청으로 조선도 방문해 2주간 머물렀다. '롸자 뽈드윈' 씨의 방문은 신문보도를 통해 조선전역에 큰 화제가 되었고, 이는 곧바로 조선인권옹호연맹의 설립으로 이어졌다.[143]

5월 22일 조선인권옹호연맹 결성식에는 김병로 사법부장, 김용무 대법원장, 이인 검찰총장*을 비롯해 300여명의 판검사, 변호사들이 참석했고, 이홍종·정구영·조평재·이범승(李範昇)·김동성(金東成) 등이 위원에 선임되었다. 위원들은 5월 23일 조선호텔에 머물고 있는 볼드윈을 만나 의견을 교환했다.[144] 볼드윈은 조선을 떠나기에 앞서 "남조선 내 경찰이 폭력행위를 하고 미군정은 편파적 대우를 한다"라고 비판하는 한편, "좌익에 대한 차별은 공산주의의 위협을 받는 나라에서는 다 볼 수 있는 현상"이라는 아리송한 말을 남겼다.[145] 미국에 있는 비정부조직의 대표에 불과했지만 조선에서는 국제기구의 대표로 인식된 볼드윈의 말은 천금

---

* 1946년 12월 16일자로 '검사총장'에서 '검찰총장'으로 명칭이 변경되었다. 대검찰청 엮음 『한국검찰사』, 대검찰청 1976, 231면.

의 무게로 받아들여졌다.

　조선인권옹호연맹은 해방공간에서 변호사집단의 얼굴이었던 이홍종 변호사가 대표를 맡고, 좌우를 망라한 비중 있는 인사들이 참여했다. 법원, 검찰, 미군정의 지지도 받았다.[146] 그러나 그 활동은 2년을 넘기지 못했다. 1949년 '법조프락치' 사건이 터져 사무총장 조평재가 잡혀가고 뒤이어 한국전쟁이 터지면서 진보적 법조인들 상당수가 사라져버렸기 때문이다. 전쟁이 끝나고 새로운 회원들로 대한인권옹호연맹이 꾸려지고 국제인권옹호연맹 한국지부로 맥락을 이어갔지만, 이전의 명성을 되찾지는 못했다.

재판모독으로 징계를 받은 윤학기

　조평재에 이어 조선정판사 '위조지폐' 사건 변호인단에서 사라진 이는 윤학기 변호사였다. 1946년 8월 28일 5회 공판에서 윤학기 변호사는 "재판을 원만하게 진행하려는 성의와 아량이 없다"며 양원일 재판장을 격렬히 비판했다. "피고인의 진술이 없는 채 일방적으로 조서를 낭독하고 증거품을 제시한다는 것을 볼 때 이 재판은 죽은 재판이며 마치 활동사진이나 연극에서 보는 재판과 같은 감을 주고 있다"라는 것이었다. 양원일 재판장은 윤학기 변호사가 법정을 모독했다며 징계를 요청했다.[147] 재판 초기부터 재판장 기피 등으로 이미 충분히 악화된 재판장과 변호인의 관계는 이제 돌이킬 수 없는 지경에 이르렀다. 윤학기 변호사는 명예훼손, 재판모독, 포고 제2호 위반의 혐의로 원택연 검사의 조사를 받았고, 이상기·노진설·양대경 대법관, 이명섭 서울공소원장, 김우열 판사로 구성된 징계위원회에서 정직 8개월의 처분을 받았다.[148] 윤학기는 더이상 조선정판사 사건의 변호를 맡을 수 없었고, 다음해 5월 14일까지 변호사로 활동하지 못했다.[149] 그사이에 재판은 끝나버렸다.

조선정판사 '위조지폐' 사건으로 변호사 정직의 징계를 받은 상태에서도 윤학기의 활동은 계속되었다. 1947년 삼일절 기념식날 제주도에서는 오후 2시쯤 가두시위가 시작되었고, 한 어린이가 경비활동을 벌이던 기마경찰대의 말에 차여 부상을 입었다. 기마경관이 사과 없이 자리를 떠나려고 하자 일부 시위군중들이 돌멩이를 던졌다. 그 순간 무장경찰들이 갑자기 발포를 시작했고 그 결과 6명의 시민이 사망했다. 피해자들은 대부분 시위를 구경하던 사람들로 등 뒤에 총을 맞았다.[150] 3월 19일 민전은 제주도사건 조사를 위해 조사단을 파견했다. 항일운동가 출신으로 이미 예순 안팎의 고령이던 오영(吳英)이 단장을 맡았고, 윤학기가 조사위원으로 동참했다.[151] 이들은 5일 후인 3월 24일 제주도에 도착해 목격자들로부터 발포 당일의 상황을 청취했다. 3월 28일 경찰은 갑작스럽게 오영 단장을 체포했다. 김원봉, 조평재 등이 체포되었던 1947년 3월의 전국적인 검거선풍이 제주도까지 영향을 끼친 것이었다. 다른 사람들처럼 오영도 곧 풀려났지만, 조사단이 정상적인 활동을 계속하기는 어려웠다.[152]

변호사 정직이 끝난 후인 1947년 6월 8일 윤학기는 민전 테러 조사단의 일원으로 전북지방을 순회한다. 이 조사단도 단장은 오영이 맡았고 전평 대표 박봉우와 함께 윤학기·오규석 변호사 등이 포함되었다. 나중에 '법조프락치' 사건까지 함께 엮이는 오규석이다. 이날 전평 대표 박봉우는 곤봉을 든 테러단의 습격을 받아 얼굴에 상처를 입었다. 그때부터 경찰관 3명이 민전 조사단을 보호한다고 따라붙었지만 별 도움이 되지 않았다. 6월 10일에는 군산의 숙소에 약 60명이 난입하여 취침 중이던 박봉우와 윤학기 등을 곤봉과 돌멩이로 두들겨 팼다. 윤학기 변호사는 중상을 입었다. 범인은 붙잡히지 않았다.[153]

1947년 8월 12일 윤학기 변호사는 서울지방심리원에서 변론순서를 기다리다가 서대문경찰서로 붙잡혀갔다. 앞서 설명한 것처럼 이인 검찰총장의 주도 아래 좌익계열 요인들을 경찰이 한꺼번에 체포한 사건이다.[154] 포고 제2호 위반죄가 적용되었지만[155] 조사를 담당한 박근영 검사는 9월 6일 무혐의로 윤학기를 석방했다.[156] 1947년 10월 16일 윤학기는 엉뚱하게도 5만원의 사기혐의로 구속되었고,[157] 1심에서 징역 8개월의 실형을, 2심에서 징역 6개월에 집행유예 1년을 선고받았다.[158] 판사 교제비로 쓰겠다고 의뢰인에게 돈을 받았다는 혐의였다.[159] 수임료를 많이 받기 위해 판검사 교제비를 언급하는 것은 최근까지도 변호사업계에 남아 있는 좋지 못한 관행이다. 정식 수임료를 아까워하는 의뢰인도 판검사 교제비 명목이라면 쉽게 돈을 내놓기 때문에 생긴 문제다. 해방공간에서 이런 문제로 처벌받은 변호사는 윤학기가 거의 유일하다. 수사기관이 좌익계열 변호사들을 붙잡기 위해서 사건의뢰인 주변을 들쑤신 것이 아닌가 하는 의문이 생기는 대목이다.

1948년 5·10총선거 후에는 포고 제2호와 제19호 위반으로 벌금 1만원과 29일의 구류처분을 받고 정식재판을 청구했다.[160] "지하선거 혐의"였는데 아마도 북한 최고인민회의 선거를 남한 지하에서 진행한 혐의였던 것 같다.[161] 동일한 사건으로 7월 26일에는 정직 10개월의 변호사 징계까지 추가되었다.[162] 8월 31일에 열린 공판에서 윤학기의 변호인인 김양·백석황 변호사는 구속된 윤학기를 접견했을 때 고문받은 흔적이 상반신에 뚜렷했다고 주장하며 증거를 신청했다. 이상로 판사는 받아들이지 않았다.[163] 1948년 11월 4일 새벽에는 폭동을 일으키려 했다는 혐의로 한국독립당 엄항섭, 사회민주당 여운홍, 남로당 김창수 등이 검거되었는데, 여기 윤학기 변호사도 함께 걸려들었다.[164] 1949년 2월 28일에도 국가보안법 위반으로 검거되어 이주영(李柱泳) 검사의 조사를 받은 후 3월 15일 기소유예로 석방되었다.[165] 이 건은 그대로 1차 '법조프락치' 사건으로 연결된다. 1947~49년 윤학기는 이렇게 얻어맞고 저렇게 불려 다니며 망가져갔다. 중도좌파로서 한때 한민당 발기인이기도 했던 그는 이런 과정을 겪으면서 아마도 점점 더 남한체제를 불신하게 됐을 것이다.

재판에서 배제된 강중인의 고난

조선정판사 사건에서 마지막으로 배제된 것은 강중인 변호사였다. 1946년 10월 21일 공판에서 양원일 재판장은 "변호사 강중인은 대전에서의 실언으로 그간 문제가 되던바, 징계처분을 받아 6개월간 정직처분을 받고 변호치 못하게 되었다"라고 설명한다.[166] 강중인은 자신이 징계를 받게 된 경위를 『독립신보』에 3회에 걸쳐 상세히 연재했다. 당시 강중인은 대전지방법원에서 벌어진 다른 좌익사건의 변호도 맡고 있었다. 충남 천안의 인민위원회와 청년동맹 간부들이 3·7제 소작제도와 공산주의이론을 선전하면서 미군정에 순응할 필요가 없다고 말하고, 좌익단체인 국군준비대에 쌀 50가마니를 기부했다는 이유로 구속 기소된 사건이었다. 쌀을 허가 없이 도외(道外)로 반출하면 처벌하던 일제시대 법령이 해방후에도 효력을 발휘하던 시절이었다.

강중인은 ①미군정도 사실상 3·7제를 인정했고, ②민주국가에서 공산주의 선전은 보장되며,[167] ③미군정에 순응할 필요가 없다는 말은 한 적이 없고, ④쌀 기부가 결과적으로 무허가 도외반출이 된 것은 사실이지만, 피고인들이 쌀을 건네면서 반출수속을 밟으라고 여러차례 다짐을 받았으므로 위법성이 인정되지 않는다고 주장했다.

강중인은 무죄변론에 덧붙여 "민주주의를 지향하는 조선의 사법에서 이런 사실이 어찌하여 기소되었는지" 근본적인 의문을 제기했다. "사법부가 편당적 경향"을 가졌다는 이야기였다. 자신이 사법부에 재직할 때부터 이미 여러차례 공명정대를 강조해왔음도 밝힌다.[168] "8·15해방 직시(直時)로 우리 땅에 우리가 염원하던 자주정부가 수립되어 인민재판이 실시되었다고 하면 피고인들의 이러한 애국적 행동에 대하여 그 가슴에다 훈장을 채워주지는 못할망정 3, 4개월이나 경찰에 구금하였다가 또 기타 공판정까지 끌어내지는 않았을 것"이라고도 덧붙였다. 강중인이 생각할 때 "경찰이나 검찰에는 일단 사건에 착수한 이상 어떤 무리를 하여서라도 사건을 성립시켜야만 경찰 또는 검찰의 체면이 선다는 관념이 아직도 뿌리 깊이 남아 있"었다. 그게 바로 "일제시대 관료근성"이었다.[169] 재판부도 강중인 변호사의 변론에 귀를 기울였다. 피고인들은 그날 집행유예로 모두 석방되었다. 그런데 조선정판사 사건이 진행되면서 서울지방법원의 양원일 재판부는 강중인의 대전 변론 중 '자주정부, 인민재판, 애국적 행동' 등의 표현을 뒤늦게 문제 삼았다. 변호사 품위를 훼손했다는 취지였다. 결국 강중인은 조선정판사 '위조지폐' 사건의 검찰구형을 눈앞에 두고 변호인단에서 하차했다. 그는 1947년 5월 30일에야 다시 변호사를 개업할 수 있었다.

조선정판사 사건의 변호에서 배제된 후에도 강중인의 고난은 계속된다. 1949년 2월 11일 강중인은 동생 강중학과 함께 서울시경찰국 사찰과에 구속되어 2월 25일에 검찰로 송치되었다.[170] 범죄혐의는 그냥 '모종의 좌익사건'이라고만 나온다. 강중학은 일제시대『동아일보』영덕지국장으로 일했고, 해방후『건국』이라는 언론매체의 사장을 지냈다.『건국』은 1946년 7월 9일 창간된 주간지였다. 조선정판사 사건으로 조선공산당 기관지였던『해방일보』가 폐간되자『건국』이 주간신문으로 그 역할을 이어받았다.『건국』의 주간은 김광수가 맡았다. 김광수는 앞서 조선정판사 인수에 관여했던 ML파의 대표 김철수의 동생이다. 엄격한 공산주의자가 아니었던 김광수는 형과는 달리 친박헌영 계열에 속했다. 융통성 있는 사람이라서 조병옥이나 장택상 등과도 요정에서 자주 어울렸다고 전해진다.[171] 조선정판사 사건 1차 공판이 열린 7월 29일『건국』은 "공산당 관계자들을 석방하고, 공개재판의 탈을 쓴 음모를 분쇄하라"는 내용이 담긴 호외를 발간한 바 있었다. 검찰은 이 호외가 미군정을 비난하고 재판관을 모욕했다는 이유로 김광수를 구속 기소했다. 11월 11일 민동식 재판부는 김광수에게 징역 8개월에 집행유예 2년을 선고했다.[172]

1949년 2월의 강중학 사건에 대해서는 더 자세한 내용을 알 수 없다. 다만 강중학이 1949년 10월 24일 미결수 신분으로 최능진 사건에 증인으로 불려간 기록이 남아 있을 뿐이다. 강중인은 보석으로 풀려난 상태에서 1차 '법조프락치' 사건에 연루되었다. 윤학기와 비슷한 경우였다.

마지막까지 조선정판사 변론을 이끈 사람들
: 김용암·한영욱·오승근·이경용·강혁선·백석황

조평재·윤학기·강중인 등이 이런저런 사정으로 변호인단에서 사라진 뒤 조선정판사 사건 변호인단에는 김용암·한영욱·오승근·이경용·강혁선·백석황이 남았다. 전체적으로 변론을 주도한 것은 김용암 변호사였다. 앞서 살펴본 상고이유서도 김용암 변호사가 작성했다.[173]

해방이후 김용암 변호사는 늘 허헌과 함께 움직였다. 그래서일까. 허헌은 1946년 8월 19일에 조선정판사 사건의 특별변호에 나서겠다고 선언했다. 양원일 재판장이 김창선에 대한 피고인심문을 진행하면서 다른 피고인들을 배제하자 변호인단이 격렬하게 항의하던 시점이었다. 기자와 만난 허헌은 "내가 소위 위폐사건의 특별변론을 신청하게 된 것은 법정투쟁을 하려는 것도 아니요, 다만 조선 사법 건설의 장래를 위하여 법정에 나서려는 것"이라고 밝혔다.[174] 그러나 막상 8월 27일로 잡힌 특별변론기일에는 출석하지 않았다.[175] 8월 31일부터 피고인 전원이 함께 재판받게 되면서 절차상의 큰 문제는 일단 봉합되었다. 9월 13일 공판에서 양원일 재판장은 "허헌 변호인은 다른 회합에는 출석하는 모양인데 변호에 나올 의사가 없다면 취소하겠다"라고 변호인단에 통고했고,[176] 10월 5일을 전후해 실제로 특별변호인 자격을 취소했다.[177]

중도와 좌익을 넘어 전체 법률가를 대표할 만한 거물변호사 허헌이 조선정판사 변론에 직접 등판하려다가 포기한 이유는 무엇일까. 그사이에 해방공간은 격변을 맞고 있었다. 앞서 살펴본 대로 9월 7일 새벽에는 박헌영, 이강국, 이주하 등에 대한 체포령이 내려지고 곧 허헌의 집에까지 압수수색이 이루어졌다. 전국적으로는 '9월 총파업'과 대구 '10월 인민항쟁'이 이어졌다. 남한을 탈출한 박헌영은 10월 11일 평양에 도착했다. 11월 23일 조선공산당, 조선인민당, 남조선신민당을 합친 남로당이 출범하고 허헌은 위원장을, 김용암은 중앙위원을 맡았다.[178] 이런 급박한 상황에서 허헌이 변론에 직접 참여하기란 현실적으로 불가능했을 것이다. 결국 조선정판사 사건 변론은 오롯이 김용암의 몫으로 남겨졌다.

1946년 10월 24일 조선정판사 사건의 27회 공판은 이런 정신없는 분위기 속에서 진행되었다. 오전에는 이관술·박낙종의 최후진술과 김용암 변호사의 변론이 있었다. 이관술은 "이미 안순규의 위증죄에 대해 유죄판결이 내려진 것만 봐도 이 사건이 어떻게 될지 알 수 있다"면서 "알리바이 증명에 관한 증인을 모두 각하한 상황에서 형식적인 재판을 더 받을 필요가 없다"라고 말했다. 박낙종도 "화석화(化石化)된 제도 밑에서 재판이 불필요하니 변론과 피고인 진술을 모두 짧게 끝내달라"고 요청했다.[179]

김용암 변호사는 두시간에 걸쳐 피고인들의 무죄를 주장했다. 오후에는 한영욱·오승근 변호사의 변론이 이어졌다. 한영욱 변호사는 "일부 정당에서 사건발단과 동시에 벌써 사건전도에 관하여 결말을 내리고 매국노니 매국정당이니 하고 선전을 하였으니 사건취조를 경찰이 한 것인지 다른 정당에서 한 것인지 알 수 없다"면서 "경찰에서는 자기들이 지지하는 정당에서 그렇게까지 하니 이에 충성을 바치기 위해 고문을 하였다고 생각한다"라고 주장했다. 한민당과 경찰의 유착에 관한 비판이었다. 오승근 변호사도 "우익의 일부는 정권 획득을 위하여 좌익에 대하여 격심한 증오를 하고 있다"라고 주장했다. 다음날인 25일에도 강혁선·이경용 변호사의 변론이 이어졌고, 10월 31일에는 백석황 변호사가 피고인들의 자백이 모두 고문에 의한 것임을 강조하면서 긴 변론을 마무리했다.[180]

앞서 살펴본 것처럼 11월 28일에 유죄판결이 선고되었고, 오승근 변호사는 이즈음 변호인단에서 몸을 뺐다. 중도입장으로 사건을 객관적으로 바라보고자 했던 오승근 변호사로서는 갈수록 살벌해지는 분위기 속에서 변론을 이어가기가 쉽지 않았을 것이다. 상고이유서에는 그의 이름이 빠졌다.

조선정판사 사건을 변론한 이후 김용암 변호사도 경찰의 집요한 추적 대상이 됐다. 1947년 10월 13일 장택상 수도청장은 그해 8월 15일 남로당이 대규모 폭동을 계획했다면서 그 배후자로 이주하·허헌·이기석·김삼룡·이승엽·김용암·구재수 등 이른바 남로당 '중앙정치위원회'를 지목한다. 이들이 우익정당을 말살하여 좌익천하를 만들고, 미소공동위원회에서 미국 측을 굴복시키고 소련 측의 우위를 기도했다는 것이다. 떠들썩한 발표에 비해서 혐의는 매우 불명확했다. 1947년 8월 12일 조평재·윤학기 변호사가 경찰에 붙잡힐 때 허헌과 김용암은 체포를 면했다. 10월 13일 건은 아마도 그때 함께 붙잡히지 않았던 사람들을 한꺼번에 묶어 처리하려는 경찰의 기획이었던 것 같다. 검찰이 8·15사건 관련자들을 비교적 관대하게 처분했다는 점도 나중에 1차 '법조프락치' 사건의 논란거리가 되었다.

1948년 3월 25일 북한의 김일성과 김두봉은 남한의 김구와 김규식 등을 북한으로 초청했다. 4월 14일에는 남한의 문화인 108인이 남북회담 지지성명을 발표했다. 이 지지성명에는 이극로(한글학자)·이병기(국문학자)·손진태(역사학자)·유진오(법학자)·김기림(시인)·정지용(시인)·박용구(음악평론가) 등 좌우를 망라한 쟁쟁한 인물들이 참여했다. 변호사 중에서는 이홍종·정구영·오승근·오건일·양윤식·백석황·고병국·이만준 등의 이름이 눈에 띈다. 이 성명에는 이준열과 김용암도 참여했다.[181] 그리고 며칠후인 4월 19일 김구가, 4월 21일 김규식이 삼팔선을 넘었다.

허헌도 김구·김규식과 함께 남북연석회의에 참석했다. 북한쪽 자료에 따르면 허헌은 이에 앞서 1947년 12월에 이미 월북해 평양에 정착한 상태였다.[182] 이런 선택에는 이미 김일성의 최측근이 된 딸 허정숙의 도움이 있었을 것이다. 허헌이 북한을 선택한 시점을 전후해 김용암도 삼팔선을 넘은 것 같다. 남쪽에서 흔적도 없이 사라져서 이후에 벌어진 '법조프락치' 사건 등에 연루되지 않았기 때문이다. 북으로 간 허헌은 최고인민회의 의장, 김일성종합대 총장 등의 요직을 역임했고, 1951년 8월 16일 전시 김일성종합대의 재건을 위해 평양으로 돌아가던 중 청천강의 지류인 대령강에서 뗏목이 다리기둥에 부딪혀 파괴되는 사고로 사망했다.[183] 광산왕 이종만은 1949년 6월 조국전선 결성대회에 조선산업건설협회 위원장 자격으로 참석했다가 북한에 눌러앉았다. 이종만은 김일성의 환대 속에서 북한의 자원개발에 헌신했고, 1977년 사망해서 애국열사릉에 안장되었다. 김용암의 행적은 알 수 없다. 이준열은 남쪽에 남았지만 공안당국의 끊임없는 감시 때문에 제대로 된 사회활동을 하지는 못했다. 서울대 총장을 거쳐 교육부총리 재직 중 불명예 퇴진한 이기준(李基俊)은 이준열의 막내아들이다.

  판검사들이 모인 '토요회'의 총무부 대표간사를 맡았던 한영욱은 1946년 7월 24일 변호사 등록을 마쳤고, 5일 후인 7월 29일 조선정판사사건의 첫번째 공판에 변호인으로 참여했다. 7월 13일자 신문은 이미 그가 조평재·김양·남병수(南炳樹)·강혁선과 함께 전평 고문변호사단에 합류한 사실을 보도한다.[184] 1946년 11월 23일 남로당이 결성되자 중앙감찰위원도 맡았다. 남로당 중앙감찰위원회에는 위원장 최원택(崔元澤), 부위원장 김형선(金炯善), 위원 오영 등 일제 때부터 손꼽히는 사회주의자들이 다수 포함되어 한영욱의 위상을 짐작케 한다.[185] '10월 인민항쟁' 이후의 영남권 민심 수습을 위해서 1946년 12월 민전이 파견한 조사단에서도 한영욱은 부단장을 맡았다. 단장 김원봉, 사무국장 박갑동 등

영남 출신을 중심으로 한 조사단이었다. 한영욱은 일제시대 대구에서 개업했던 경력이 고려되었을 것이다. 박갑동은 조병옥 경무부장을 직접 찾아가 이 조사단의 신변안전을 보장받았다.[186] 한영욱의 남한에서의 활동은 여기까지다. 그 역시 김용암과 마찬가지로 1948년 이후의 행적이 확인되지 않는다. '법조프락치' 사건에 연루되지도 않았다. 허헌·김용암·한영욱이 함께 사라졌고 이들이 모두 함경도 출신임을 고려한다면, 아무래도 북쪽의 출신 기반이 1948년 이후 본격적 탄압 국면에서 남한을 떠날 적극적인 동기를 제공했으리라 추정할 수 있다.

중간에 손을 털고 나간 오승근 변호사와 남쪽을 떠난 것으로 보이는 김용암·한영욱 변호사를 제외하고, 마지막 남은 이경용·강혁선·백석황 변호사는 예외없이 1949년 '법조프락치' 사건에 연루되었다.

외곬수 양원일의 허무한 죽음

양원일 판사의 삶은 길지 않았다. 서울고등법원 부장판사로 재직 중이던 양원일은 1949년 3월 3일 저녁 김익진 대법관의 집에 초대받아 저녁식사를 함께했다. 김두일 춘천지방검찰청 검사장, 임석무 판사, 원종억 (元鍾億) 변호사 등이 동석한 자리였다. 출신지는 달라도 한때 평양과 신의주에서 근무한 적이 있는 평안도 인맥이었다. 그날 밤 양원일 판사는 식사를 마치고 원종억 변호사와 함께 회현동에 있는 국방부 근무중대를 지나게 되었다. 두사람 모두 인사불성의 만취상태였던 것 같다. 초병이 불심검문을 하자 양원일은 "이 자식, 사람을 몰라보나"라면서 시비를 걸었다. 길에서 소변을 보느라 뒤처졌던 원종억이 달려가니 양원일은 이미 권총을 빼어 들고 있었다. 곧바로 총성이 들렸고 양원일이 복부에 피를 흘리며 쓰러졌다. 당황한 원종억은 이 사실을 알리려 김익진과 임석무의 집을 찾아 헤맸지만 술에 취해 그마저 여의치 않았다.

서울지방검찰청에서는 최대교(崔大敎) 검사장, 김영재 차장검사, 정창운 검사가 달려와 헌병과 함께 현장을 수습했다. 적십자병원으로 옮겨진 양원일은 다음날 새벽 4시 30분 사망했다. 국방부는 그 근방에서 수일전 좌익계열의 '삐라' 사건이 두차례나 발생했고, 삼일절 비상경계 기간이기도 했다면서 초병의 정당방위를 인정했다. 군법회의(군사재판)의 결과도 같았다.『동아일보』는 통행금지 시간도 아니고 계엄도 아닌데 군경의 무기 사용으로 귀중한 인명을 잃었다고 개탄했다.[187] 공산당을 잡던 판사가 신변 보호를 위해 권총을 가지고 다니다가 공산당을 잡겠다는 초병과 시비가 붙어 초병의 총에 쓰러진 허무한 죽음이었다.

4장

본정경찰서의 고문기술자들과
극우청년단체

"우리 모두 한짝인데 그럴 수가 있느냐?"
: 본정경찰서 이야기

조선정판사 '위조지폐' 사건을 입체적으로 이해하려면 수사를 담당한 본정경찰서 이야기를 빠뜨릴 수 없다. 기본적으로 해방공간은 법정을 중심으로 사건이 진행되던 시대가 아니었다. 일을 해치우는 것은 경찰과 극우청년단체들이었다. 재판이 벌어지는 주변에서는 상상도 못 할 거친 일들이 벌어지고 있었다. 예나 지금이나 법정에서 보이는 것이 전부가 아니다. 법정 밖을 빼고는 법정 안을 제대로 알 수 없다.

본정경찰서는 박낙종·김창선·송언필 등 조선정판사 관련자들이 고문을 당했다고 주장하는 장소다. 충정로와 명동 일대를 관할한 본정경찰서는 종로경찰서와 함께 일제시대부터 사상범을 전문적으로 취급하는 고등경찰의 본거지였다. 미군정 초기에 경찰은 좌익세력에 맞설 힘을 갖춘 거의 유일한 국가기관이었다. 아직 미완성이었던 군대는 경찰에 쫓긴 좌익청년들이 몸을 숨길 정도로 허술한 조직이었다. 경찰력을 뒷받침한 것도 군대가 아니라 극우청년단체들이었다. 당시 좌익에 대항하기 위해 만들어진 극우청년단체들 중 서북청년단과 어깨를 나란히 한 것이 대한민주청년동맹(대한민청)이다. 대한민청은 유진산이 회장, 김두한이 감찰부장을 맡았다. 이승만·김구·김규식은 명예회장으로 추대되었다. 김구는 실제로 1946년 4월 9일의 대한민청 결성식에 직접 내빈으로 참석하기도 했다. 김두한이 이끄는 대한민청 감찰부는 남산에 자리 잡았다. 본정경찰서라는 장소가 갖는 의미를 가장 적나라하게 보여준 사건도 여기서 일어났다. 남산이 본정경찰서 관할이었기 때문이다.

1963년에 출간된 『피로 물들인 건국전야』라는 책이 있다. '피로 물든'이 아니라 '피로 물들인'이라는 제목이 암시하듯이, 처음부터 끝까지 적극적으로 건국전야를 피로 '물들인' 극우청년단체의 폭력성을 자랑스럽게 고백한 책이다. 저자는 김두한 자신이다. 이 책의 첫 페이지는 김옥균과 김좌진의 사진으로 시작한다. 김두한의 양할아버지와 친아버지라는 설명이 붙어 있다. 김좌진 장군이 김두한의 아버지라는 주장은 확인이 불가능하다. 현재로는 이 주장을 뒤집을 명백한 증거도 없다. 다만 김옥균이 김두한의 양할아버지가 아닌 것은 분명하다. 첫 페이지부터 거짓이 나오기 때문에 이 책의 내용을 전적으로 신뢰하기는 어렵다. 그러나 경찰과 극우청년단체가 '한짝'으로 움직인 당시 상황을 당사자의 목소리로 이만큼 생생하게 전하는 책도 없기에 그냥 버릴 수도 없다.

용산역에서 파업 중인 전평 노조원들을 습격해 무력화시킨 무용담은 이 책의 핵심이다. 조선정판사 사건 공판이 막바지를 달리던 1946년 9월 전평의 주도하에 총파업이 벌어졌고, 10월에는 '대구폭동' 또는 '10월 인민항쟁'으로 불리는 전국적인 소요사태가 벌어졌다. 김두한의 주장에 따르면, 당시 전평 파업을 수습하겠다고 무기를 요구한 김두한에게 연습용 총 300여정과 수류탄을 넘겨준 것은 장택상 수도청장이었다. 1946년

9월 30일 새벽 김두한은 3000명의 대원들에게 술부터 먹인 후 용산의 파업본부로 진입해 노조원들을 제압했다. 붙잡힌 전평 노조원들은 2000명에 달했다. 붙잡힌 노조원들을 향해 김두한은 "간부들을 내주지 않으면 가솔린으로 불을 질러 모두 죽이겠다"라고 협박했다. 그러고는 실제로 창고 주변에 가솔린을 부었다. 당시 상황을 김두한의 목소리로 직접 들어보자.

"'자, 5분의 시간을 준다. 내가 가솔린에 실탄만 쏘면 그만이다. 튀어나오는 놈은 모조리 쏴 죽인다.' 나는 기관총 두대를 그들의 앞에 정조준시켰다. 시계를 내어놓고 시간을 쟀다. 4분이 경과하니 그들 중에서 '나가겠습니다'라는 말이 튀어나왔다. 전평 간부 8명이 내 앞에 튀어나왔다. 나는 부하들로 하여금 이 8명을 생매장시키라고 지시했다. 그러고서는 화부와 기관사들을 뽑아내고 기관차를 수리시켰다. 모든 철도종업원들에게 즉시 취업을 하라고 지시했다. 만일 직장에 복귀 안 하면 그들의 가족까지도 몰살해버리겠다고 말한 후 서약을 시켰다. (…)

그런데 후일 내가 미군사법정에서 사형선고를 받을 때 드러난 일이지만 내 부하들은 8명의 전평 간부를 대창으로 사살하고 역 구내의 하수도에 매몰한 후 시멘트로 복개했다. 물론 나의 명령에서다. 이때 우리는 시멘트 한 트럭을 준비해놓고 있었으니 말이다. 부산행 열차가 운행 중에 추풍령에서 공비들과 일대접전도 전개했지만 철도는 정상화되었다. 전부파업을 완전히 수습하고 난 나에게 당시의 수도청장 장택상 씨가 찾아와 눈물을 글썽거리며 '김두한 동지! 당신이 나라를 구했소'라고 말하면서 내 손을 꼭 쥐었다. (…) 그런데 철도파업 진압 때 나의 부하가 8명의 전평 간부를 생매장했는데 너무 급히 서둘렀기 때문에 콘크리트가 마르지 않았고 미CIC에서는 즉시 매장현장을 발견하고 시체는 끌어내었으나 우리의 작업현장을 못 보았기 때문에 나를 정식으로 못 잡았던 것이다."[188]

전평의 총파업을 김두한 혼자 진압한 것은 아니다. 김두한의 오른팔이던 신영균의 회고에 따르면 경찰 3000명, 극우청년단원 2000명이 참여한 대규모 진압작전이었고, 그중에서 대한민청 행동대는 대략 700명 규모였다. 공식기록에 따르면 이날 좌익노조원 3명이 사망했고 200여명이 중경상을 입었다. 체포된 사람은 1300여명이었다. 훗날 김두한의 측근들은 "적색노조원 여러명을 죽창으로 잔인하게 학살했다는 일부기록은 잘못된" 것이라면서 "무용담을 흥미있게 묘사하는 것과 공연히 잔인성을 과장하는 것은 분별해야 한다"라고 주장했다.[189] 그러나 김두한의 자기중심적인 과장을 걷어내더라도, 과격하고 잔인한 진압사실 자체를 부정할 수는 없다.

전평의 파업 진압은 경찰 주도하에 이루어졌으므로 김두한 일당은 아무런 처벌도 받지 않았다. 자신감을 얻은 김두한은 전평 철도노조의 간부급을 납치해 처치하라고 지시했다. 그의 부하 임수일은 하나 둘씩 간부들을 납치해 미군 화물차의 화물로 가장해 금강다리를 비롯한 경부선의 철교들 밑에 투하했다. 김두한의 표현을 빌리자면 "상당한 기간을 두고 신중하고 조심성 있게 진행된" 작업이었다.[190] 전평도 철도노조도 모두 불법단체가 아니던 시절에 김두한이 저지른 사건이었다.

파업 진압 당시의 잔혹행위가 다시 살아나와 김두한의 뒷덜미를 잡은 것은 7개월 후의 일이다. 1947년 4월 20일 장택상 수도청장은 대한민청 감찰부에 "내일 귀국하는 이승만 박사에게 위해를 가할 음모를 꾸밀지 모르므로 정진용 일당을 붙잡아 손을 좀 본 다음 주모자급을 가려서 경찰에 넘겨달라"고 부탁했다. 예비검속의 사전지원이라지만 사실은 경찰이 상대 조직원에 대한 린치를 깡패에게 사주한 것이다. 좌익계열의 조선청년전위대를 이끌던 정진용은 우미관시절부터 김두한의 친구였고, 일제시대 말에는 반도의용정신대(半島義勇挺身隊)에서 한솥밥을 먹은 사이였다. 지시를 받은 대한민청 특수공작과장 조희창은 시공관에서 극장경비를 서던 정진용의 옆구리에 권총을 들이대고 남산의 대한민청 감찰부로 납치했다. 같은 방법으로 김천호 등 20여 명이 붙잡혀왔다. 이승만 박사의 경호를 위해 트럭을 확보하러 나갔다가 돌아온 신영균 조사부장이 남산에 들어섰을 때 정진용 등은 이미 매질을 당해 엉망인 상태였다. 김두한은 신영균에게 "정진용의 팔다리 동맥을 끊어 더 활동하지 못하도록 하라"고 지시했다. 신영균은 철봉대로 정진용과 김천호 등을 마구 때렸다. 정진용은 즉사했고 김천호는 병원으로 옮겨져 사망했다. 린치를 당한 피랍자 중 김수복 등은 좌익에서 이탈할 것을 다짐하고 풀려났다. 이들은 곧바로 미군 방첩대로 달려가 신고했고 헌병대가 현장으로 출동해 김두한 등을 체포했다.[191]

미군 방첩대로부터 조사를 받는 동안 김두한은 "나는 깡패두목이 아니다. 파업과 폭동을 일삼고 미군정에 반대하는 공산 파괴분자들을 우리가 쳐부쉈을 뿐이다. 무엇이 잘못이란 말인가. 도대체 미군정은 친공인가 반공인가?"라고 큰소리를 쳤다. 나흘 뒤 미군으로부터 김두한 일당을 넘겨받은 것은 중부경찰서(1947년 2월 4일 본정경찰서에서 중부경찰서로 명칭 변경) 이구범 서장이었다. 조선정판사 사건을 수사했던 바로 그 사람이다. 이날 중부경찰서에서 김두한의 소지품을 검사하던 순경 하나가 담배 한갑을 발견하고 이를 압수했다. 김두한은 주먹을 들어 바로 그 순경의 얼굴을 후려갈기면서 소리쳤다. "우리 모두 한짝인데 그럴 수 있느냐!" 불의의 일격을 당한 순경은 사찰주임에게 달려가 이 사실을 알렸다. 사찰실의 차석주임이던 김호익(金昊翊)은 껄껄 웃으며 "이봐, 김두한이 누군지도 모르고 어떻게 경찰을 해먹겠다는 거지? 아무 소리 말고 입 다무는 게 좋을 거야"라고 핀잔을 주었다. 훗날 오제도나 최운하(崔運霞) 등과 손잡고 '국회프락치' 사건을 만들어낸 그 김호익이다. 미군이 개입해 재수없게 걸리기는 했지만 경찰과 극우청년단체는 기본적으로 '한 짝'이었던 것이다.

이날 검거된 사람들 중 19명은 중부경찰서에서 바로 풀려났고, 김두한·신영균 등 14명만 상해치사죄로 구속 기소되었다. 수사를 담당한 신언한 검사는 논고에서 "이 같은 사건이 만약 북한에서 발생했더라면 어떻게 될 것인가? 피고인들은 처벌을 받기는커녕 오히려 훈장을 받아야 할 것이다. 그렇지만 이곳 남한은 법치사회이기 때문에 처벌하지 않을 수 없어 안타깝다"라는 심경을 눈물로 토로했다고 한다. 평북 의주 출신으로 교토제대를 졸업하고 1942년 고등시험 사법과에 합격한 신언한은 1944년 경성지방법원 사법관시보로 임명되었고, 1945년 10월 11일 해방 후 첫 판검사 임용에 포함되었다. 논고가 아니라 변론에 가까운 그의 심경 토로는 평북 출신 월남자라는 그의 출신배경과 잘 어울린다. 이렇게 보면 검찰도 김두한과 한편이었다. 여기까지가 가해자들이 40년 후에 자랑스럽게 털어놓은 대한민청 사건의 진상이다.[192]

1947년 7월 3일 서울지방심리원 이필빈 부장판사는 대한민청 동원부장 김영태에게 징역 7년, 신영균에게 징역 5년, 3감찰대장 홍만길에게 징역 2년을 선고했다. 전체 범행을 주도한 김두한은 벌금 2만원을 선고받았다. 다른 한명은 무죄판결을 받았다. 미소공동위원회에 참석 중이던 소련 측 수석대표 테렌티 스티코프(Терентий Штыков) 중장은 격렬하게 항의했다. 러치 미군정장관은 서울지방검찰청에 피고인 전원을 석방하지 말고 서울고등심리원에 즉각 항소할 것을 지시했다. 서울 고등심리원 판사들에게는 증거가 확보될 때까지 심리에 착수하지 말 것을 요구했다. 김용무 대법원장은 고등심리원을 믿고 사건을 맡길 것이 아니라면 차라리 군정재판에 회부해달라고 요청했고, 11월 22일 러치 장관은 이 사건을 미군 군사재판소에 회부했다. 항소심에 가도 1심과 비슷한 '봐주기' 판결이 나올 것이라 우려한 미군정 측의 결정이었다. 항소심을 담당할 예정이었던 김우열·김윤근·정윤환 판사는 11월 25일 외래세력의 견제를 비판하며 항의성 사표를 제출했다. 물론 사표는 수리되지 않았다. 대검찰청, 서울고등검찰청, 서울지방검찰청 검사들은 외부 간섭 배제를 요구하기로 의견을 모았다. 대법원, 서울고등심리원, 서울지방심리원의 판사들은 외세간섭을 규탄하는 결의문을 채택했다. 11월 29일 한민당은 "사법권 이양과 민주건국정신에 배치되는 처사"라는 비난성명을 발표했다.

미육군 24군단 군사법원은 김두한 등 14명에 대해서 사형을, 나머지 2명에 대해서 무기징역형을 선고했다. 김두한의 회고가 사실이라면 정진용 상해치사 사건뿐만 아니라 전평 진압과정의 살인까지도 함께 고려한 판결로 보인다. 맥아더 장군은 김두한 등을 무기징역으로 감형했다.[193] 정부수립 후 첫번째 법무부장관이 된 이인은 대한민청 관련자의 특사를 건의했고, 이승만의 결정으로 관련자 전원이 석방되었다.[194]

사건이 터진 직후인 1947년 4월 25일 유진산 회장은 대한민청을 자발적으로 해산했다. 가만히 있어도 어차피 미군정에 의해 해산당할 처지였으므로 다른 선택의 여지도 없었다. 1심 판결이 나오고 이틀 후인 7월 5일 유진산은 청년조선총동맹이라는 새로운 우익청년단체를 조직했다. 사실상 대한민청이 간판만 바꾼 단체였다.[195] 1948년 11월 유진산은 우

대한민청의 핵심인물들이었던 김두한(왼쪽)과 유진산(오른쪽)의 국회의원 시절 모습.

익청년단체들을 통합하기 위해 만들어진 전국청년단체 통합준비위원회 위원장을 맡았다. 이승만 대통령의 직접 지시로 만들어진 단체였고, 이는 곧 '대한청년단'의 조직으로 이어졌다. 대한청년단은 신성모(申性模) 내무부장관이 단장을 맡은 아예 노골적인 관변단체가 되었다.196 1951년 한민당의 후신인 민주국민당 총무부장으로 정치에 입문한 유진산은 무려 일곱차례나 국회의원에 당선되며 신민당 총재 등을 지냈다. 김두한은 무소속과 한국독립당 소속으로 두차례 국회의원에 당선되었다.

스스로를 '백색 테러리스트'로 지칭한 김두한의 자서전은 납치, 폭행, 협박, 고문, 저격, 살인을 집대성한 범죄기록이다. 김두한의 고백이 그려내는 풍경은 오제도 검사 등이 설파한 '스파이전'과는 상당한 거리가 있다. 훨씬 거칠고 일방적이다. 어쩌면 김두한의 고백 자체보다 더 큰 문제는 이런 이야기를 17년 후에도 부끄러움 없이 털어놓을 수 있었던 우리 사회분위기인지도 모른다. 반대편이 모두 죽거나 사라진 후라서 아무 소리나 뱉어도 그만인 세상이었다. 그게 우리 역사가 되었다.

장택상 저격사건

김두한의 고백이 경찰과 극우청년단체들의 밀착을 보여준다면, 비슷한 시기에 발생한 장택상 저격사건은 본정경찰서의 실상을 더 구체적으로 알려주는 흥미로운 사례다. 조선정판사 사건이 사실상 종결된 후인 1947년 초반에 장택상 수도청장의 집에 수류탄이 날아들어 장독이 깨지는 사건이 터졌다. 경찰총수가 공격을 받았으니 관할서인 중부경찰서는 난리가 났다. 형사들이 달려가 보니 수류탄이 아니라 돌멩이에 장독이 깨진 걸로 보였다. 마음만 먹으면 수류탄 정도는 쉽게 구할 수 있던 시절이었다. 공산당들이 수류탄 대신 돌멩이를 던졌다는 건 누가 봐도 이상했다. 상부에서는 무조건 불발수류탄을 찾아내라고 불호령을 내렸다. 현을성은 주변을 탐문해 동네소년들이 범인인 걸 알게 되었다. 소년들이 고양이를 향해 던진 돌이 장택상의 집에 날아든 해프닝이었다. 장택상의 최측근인 이구범 서장에게 보고하니 이구범은 고개를 저었다. "장택상이 온갖 암살음모 속에서 꿋꿋이 애국한다고 다들 입을 모으고 있는데 기껏 고양이와 애들이 범인이라고 밝힐 수는 없다"라는 이야기였다. 그래서 모두들 모른 척 수사를 계속해야 했다.[197] 진실을 밝히기보다는 그냥 공산당의 준동으로 남겨놓는 편이 모두에게 좋았다.

1948년 1월 24일에는 출근 중인 장택상의 승용차에 진짜로 수류탄이

날아들었다. 첫번째는 불발이었고, 두번째 수류탄이 터졌을 때는 장택상이 이미 차에서 벗어난 후였다. 경찰은 현장에서 조선민주애국청년동맹(민애청) 조직원 2명을 붙잡았다. 장택상의 자서전은 이 사건이 조선학병동맹 해체에 대한 남로당의 보복이었다며 범인 체포 경위를 상세히 묘사하면서도 그후에 일어난 일에 대해서는 완전히 침묵한다.[198]

이 사건의 배후로 지목된 민애청 중앙지국 자위대책임자 임화(林和)*는 나흘 뒤에 체포되었다. 체포 소식이 알려지자 수도청의 노덕술 수사과장을 비롯한 장택상의 측근들이 중부경찰서로 몰려들었다. 당시 중부경찰서에는 일제시대의 고문도구들이 그대로 남아 있었다. 노덕술이 다짜고짜 곤봉을 휘두르고 다른 경찰관들도 한대씩 거들었다. 뒤이어 나선 사찰형사들이 코에다 물수건을 덮어씌우고 주전자 물을 붓는 물고문을 시작했다. 그 과정에서 임화가 사망했다.[199] 곤봉을 휘두르고 수도청으로 돌아간 노덕술은 보고를 받고 바로 대책을 수립했다. 일단 임화의 시체부터 구급차로 빼돌려 한강에 버렸다. 뒤이어 수도청과 중부경찰서의 사찰형사들이 중부경찰서를 뛰어다니며 "저놈 잡으라"고 난리를 쳤다. 비상이 걸리고 수도청 전체 경찰관들이 '도망친 임화'의 검거에 나섰다. 장택상은 "임화가 취조를 받던 중 달아났다"라고 발표했다. 한달 후 저격사건 범인 체포에 공이 있는 14명의 형사들에게 5000원부터 2만원까지의 두둑한 포상금이 돌아갔다. 모두 임화 고문치사 사건의 축소와 은폐에 관여한 경찰들이었다.[200]

『경향신문』에 연재된 「비화 한 세대: 군정경찰」 편에서 현을성은 임화 고문치사 현장에 뒤늦게 나타난 관찰자로 등장한다. 앞뒤 맥락을 살

---

* 본명 박성근(朴聖根, 당시 나이 25세)으로, 1947년에 월북한 임화(林和)와는 다른 인물이다.

펴볼 때 전체적인 이야기의 출처는 명백하게 현을성 자신이다. 일제시대의 고문도구들이 그대로 남아 있었다는 이야기도 현을성의 증언이 틀림없다. 김두한의 예에서 볼 수 있듯이, 해방공간에서 벌어진 인권유린 사건들의 출처는 대부분 피해자가 아니라 가해자들이다. 별다른 죄책감 없이 본인들 스스로 좌익을 때려잡은 무용담을 털어놓았기 때문이다. 가해 당사자의 입으로 임화 고문치사 사건 당시까지 중부경찰서(본정경찰서)에 고문도구들이 있었고, 일상적으로 고문이 자행되었다는 사실을 밝혔으니 이 부분은 이론의 여지가 없다. 공산당을 잡기 위해서라면 무슨 짓이든 정당화될 수 있는 야만의 시대였다. 같은 장소에서 앞서 진행된 조선정판사 수사만 예외였을까. 그럴 리 없다.

고문과 조작의 기술자들: 이구범과 최란수

본정경찰서에서 일한 사람들이 누구였는지도 중요하다. 조선정판사 사건이 상고심으로 넘어간 시점인 1947년 1월 25일 피고인들은 최란수(崔蘭洙)·조성기·이희남(李熙南)·김원기(金元起)·현을성·김성환(金成煥) 등 본정경찰서 소속 경찰관 6명을 고문, 폭행, 직권남용 혐의로 고소했다.[201] 조성기·이희남·김원기·김성환 등은 경사, 순경 등 하급실무자들이었고, 수사를 주도한 것은 이구범 본정경찰서장과 최란수 사찰주임이었다.

본정경찰서장 이구범은 손꼽히는 친일경찰이었다. 1902년 경북 달성에서 태어난 그는 1922년 중동학교를 졸업하고 1928년 경성 본정경찰서에서 순사생활을 시작했다. 한창때 그는 '경성트로이카'로 유명한 독립운동가 이재유를 잡으러 다녔다. 덕분에 고등경찰, 순사부장으로 승진도 순조로웠다. 박갑동의 우호적인 표현을 빌리자면 이구범은 "일제 때부터 이름을 날리던 취조형사"였다.[202] 일제시대 말에는 경찰을 그만두고 개성에서 송도항공회사를 설립해 일제의 태평양전쟁 수행에도 적극적으로 협력했다. 미군이 진주한 후에는 경찰에 복귀해 본정경찰서 경무주임을 거쳐 1945년 11월에는 개성경찰서장에 임명됐다. 그런데 이게 탈이 났다. 그의 친일경력을 뻔히 아는 개성시민들이 격렬하게 반대했기 때문이다. 이구범은 한달 만에 본정경찰서로 복귀해야 했다.

그때 마침 서울시내의 8개 경찰서장 자리가 비었다. 여기에는 사연이 있다. 1945년 12월 29일 신탁통치 소식을 전해들은 서울시내 경찰서장들은 이에 항의하는 의미로 사표를 제출했다. 항명의 중심에는 김정제(金正濟) 동대문경찰서장이 있었다. 1913년 4월 9일 전남에서 태어난 김정제는 경성제대 법문학부를 졸업하고, 1940년 고등시험 행정과에 합격해 해방 때까지 충청북도 경찰부 경부, 파주군수, 양주군수 등을 지낸 엘리트 관료였다. 김정제가 기초한 8개 경찰서장의 공동담화에는 "국가 없는 곳에 경찰이 있을 리 없고 민중을 떠난 치안은 허깨비의 파수병일 것이다. 자주국가로서 완전독립이 올 때까지는 군정보조기관인 경찰관의 신분을 떠나 순수하게 민중을 위한 치안대로서 치안확보에 전력을 다하겠다"라는 격렬한 내용이 담겼다. 보기에 따라서는 미군정청의 통제에서 벗어나 독자적인 경찰력을 유지하겠다는 위험한 선언이었다.[203] 당시 우익진영 인사로는 드물게 찬탁입장을 가졌던 조병옥 경무국장으로서는 미군정에 항의하는 경찰서장들을 데리고 일할 도리가 없었다. 조병옥은 1월 4일 서장 8명의 사표를 수리했다. 김정제는 훗날 '거물간첩'으로 몰려 기구한 삶을 마무리한다.

서울시내 8개 경찰서의 장들이 물러나고 이틀 뒤인 1월 6일 장택상이 수도청장에 취임했다. 바로 그날 이구범은 수표동의 장택상 집을 찾아갔다. 비어 있는 본정경찰서장 자리로 밀어달라는 부탁을 하기 위해서였다. 장택상은 "뭐야? 자네는 일제 때 우리 애국지사들을 '비행기'까지 태운 사람인데 본정경찰서장을 시켜달란 말인가?"라고 호통을 쳤다. 장택상의 친구로 미군정에서 경기도지사를 지낸 구자옥(具慈玉)은 1938년 청구회 사건 당시 이구범에게 직접 고문을 당한 당사자였다. 똑같은 사건을 수사하던 이구범이 장택상의 아내에게는 편의를 제공했다. 이때 장택상과 이구범의 인연이 맺어졌다. 장택상의 수도청장 임명은 관계를 역전시켰다. 인사청탁을 하러 찾아온 이구범에게 호통은 쳤지만 장택상은 그를 본정경찰서장으로 미군정에 추천했다. 청구회 사건 당시 장택상을 직접 고문한 가창현(賈昶鉉)도 기용했다.204 흔히 장택상의 대범함을 보여주는 일화로 회자되지만, 그저 대범하게 악과 손을 잡았을 뿐이다. 친일경찰의 습관과 체질은 조금도 변하지 않았다.

해방 당일 북한지역에서 일하던 조선인 경찰관들은 소련군과 공산주의자들에게 친일파로 지목되어 죽을 고생을 했다. 노덕술을 비롯한 경시급 이상은 1945년 9월 말 평양근교 일본군 사단에 소집되어 곧바로 구금되었다. 노덕술은 12월에 풀려나자마자 바로 월남했지만 진남포경찰서 사법주임으로 일하던 김종수(金鍾洙)처럼 강제노동수용소에서 3년을 보낸 사람도 있었다. 노덕술 외에도 이익흥(李益興)·이하영(李夏榮)·윤우경(尹宇景)·홍병희(洪炳熙)·김태일(金泰日)·문석제(文錫濟)·김원일(金元一)·장영복(張永福)·홍택희(洪宅熹)·박사일(朴士一) 등이 북한에서 내려와 미군정 경찰에 자리 잡았다. 경무부차장 최경진(崔慶進)과 수도청 고문 최연(崔燕)이 이들의 발탁에 힘을 썼다. 이로써 친일경력에다가 월남경험까지 보탠 강력한 반공경찰 인맥이 형성되었다.[205] 노덕술과 박사일은 '임화 고문치사 사건'의 공범이고, 김태일은 그 사건으로 구속된 노덕술을 빼돌리는 역할을 했다. 홍택희는 노덕술과 함께 제헌의원들에 대한 살인을 교사했다. 공산주의자들을 잡기 위해서라면 무슨 일이라도 저지를 사람들이었다.

최란수 역시 일제 때부터 유명한 고등계형사였다. 그는 1909년 충북 영동에서 태어나 도쿄의 호세이대 전문부를 졸업하고 경찰이 되었다. 제주 4·3사건은 그가 어떤 사람이었는지를 보여준다. 1948년 정부수립을 위한 선거를 앞두고 제주도에서는 좌우 간에 심각한 충돌이 벌어졌다. 제주도 출신 경찰들이 '폭도'들과 내통한다는 소문 때문에 경찰은 서울에서 별도로 특별수사대를 조직해 제주도로 파견했다. 최란수는 그 책임자였다. 훗날 서귀포경찰서장을 지낸 김호겸의 증언이다.

"최경감은 왜정 때 고등계형사 출신으로 그때 버릇이 남아 고문을 일삼았기 때문에 나와 마찰이 잦았습니다. 하루는 내가 제주경찰서에서 숙직을 하는데 여자의 비명소리가 나서 도저히 잠을 잘 수가 없었어요. 취조실로 가보니 여자를 나체로 만들어 거꾸로 매달아놓고는 고문하는 게 아니겠습니까. 내가 일본도를 들고 가 화를 냈더니 수사대원이 도망쳤어요. 나는 이튿날 홍순봉 청장에게 '최란수가 너무한다. 이런 식으로 하면 제주사람들이 점점 더 육지사람들에게 등을 돌리게 된다. 그러면 사태 진압이 어려워진다'고 따졌습니다. 그래도 최란수는 막무가내였어요."[206]

제주에서 최란수는 스스로 공산당 삐라를 만들어 마을에 뿌려놓고선 그 마을 주민을 잡아다 고문하기도 했다. 그러다보면 돈도 나오고 정보도 나왔다.[207] 임무를 끝낸 최란수는 수도청 사찰과장대리로 영전했다.

앞서 설명한 것처럼 1946년 초에 이미 미군의 일부 사단이 철수를 시작했다. 1946년 1월부터 미군정은 친일세력을 수용함으로써 행정적인 기본틀을 마련하려 했다.[208] 친일경찰의 활용에 대해서는 조병옥도 장택상과 같은 입장이었다. 조선정판사 사건 공판이 진행 중이던 1946년 이른바 '10월 인민항쟁'이 터졌고, "친일경찰 기용이 민심의 반발을 불러일으켰다"라는 혹독한 비판이 쏟아졌다. 조병옥은 이렇게 반박했다.

"일제통치하에서의 친일은 두가지로 구별할 수 있습니다. 하나는 직업적인 친일파였고 또 하나는 자기의 가족과 생명을 보호하기 위한 연명책으로 경찰을 직업적으로 했다는 것입니다. 그러므로 많은 동포들은 Pro JAP(일본 우선, 즉 친일)이 아니라 Pro JOB(일자리 우선, 즉 생계형)이라고 할 수 있는 것입니다. 그 많은 동포들 중에는 가족을 살리고 자기의 생명을 보호하기 위하여 경찰관을 지낸 사람도 있으며 조선총독부 관리 또는 고등관 등을 지낸 사람도 있습니다. 그러나 친일파는 정말로 극소수에 불과합니다."

이날 연설에서 조병옥은 여운형과 안재홍의 일제시대 말 협력사실을 언급한다. 자신의 숭실학교 시절 은사인 김규식 선생의 자제가 일본해군 스파이 노릇을 했다는 혐의도 거론한다. 경찰의 친일문제를 거론하는 사람들에게 역공을 가한 것이다.

"애국자요 영도자로 자처하고 계시는 (김규식) 선생님이 이런 모순된 생활태도를 가지고 있었거늘. 하물며 나와 다른 많은 한국 범부(凡夫)들이 어찌 태평양전쟁이 미리 일어날 줄로 알고 일제 협력을 용감히 거부할 수가 있었을 것이며 또 나 자신은 항일투쟁을 한 일원이지만 역시 범부인지라 내 자식의 운명을 내 운명과 같이할 수가 없어서 일본 도쿄에 있는 게이오대에 유학시킨 일도 있습니다. 그러나 학병에는 단연코 거부하는 태도를 취하였던 것입니다. 이러한 나이면서도 경무부의 인사방침은 고의로 자기의 영달을 위하여 민족운동을 방해하였거나 민족운동자를 살해한 자 이외에는 일반경찰에 전직경험이 있는 경찰관 출신자를 Pro JOB으로 인정하고 국립경찰관으로 등용하였던 것입니다."[209]

조병옥이나 장택상은 일제시대에 큰 과오를 저지른 적이 없다. 두 사람 모두 창씨개명을 하지 않았다. 조병옥은 일제시대 말에 극심한 경제적 어려움을 겪으면서도 일제에 협력하지 않았다. 그가 이 연설에서 아들의 유학과 학병거부를 거론한 것도 사실은 자랑이지 반성이 아니다. 조병옥과 장택상의 이런 자신감 위에 '공산당을 때려잡을 수만 있다면 친일경력은 상관없다'는 경찰인사의 기조가 세워졌다.

권력투쟁 과정에서 드러난 비리들

1948년 여름부터 1949년 봄까지 약 1년 동안 잠시나마 이 '고문과 조작의 기술자들'의 정체가 드러날 기회가 찾아왔다. 1948년 7월 경무부장 조병옥은 하위기관인 수도청의 비리를 집중적으로 감찰했다. 정부수립을 눈앞에 둔 시기였다. 조병옥과 장택상은 모두 외무부장관을 꿈꾸고 있었다.[210] 조병옥은 경쟁자인 장택상을 견제하고 싶었다. 원래 장택상은 경찰에 올 사람이 아니었다. 영어에 능통한 장택상은 해방직후 연합군 환영식에서 하지 장군의 통역을 맡았다. 송진우를 중심으로 추진된 국민대회준비회에서도 외교부장을 맡았다. 1945년 10월 미군정은 장택상에게 수도청장 자리를 제안했다. 조병옥 밑으로 들어간다는 것이 찜찜했지만 장택상은 그래도 솔깃했다. 서울의 10개 경찰서와 경기도의 21개 경찰서를 총괄하는 막강한 자리였기 때문이다. 한민당 그룹의 실질적 리더였던 송진우는 이를 반대했다. 같은 한민당계인 조병옥이 경무국장을 맡았으면 됐지, 독립 후 외교분야를 맡아야 할 장택상까지 굳이 경찰에 들어갈 이유가 없다는 논리였다.[211]

우여곡절 끝에 장택상은 1946년으로 넘어가서야 수도청장에 임명됐다. 미국 콜롬비아대에서 학사·석사·박사학위를 취득한 조병옥과 영국 에든버러대에서 공부한 장택상은 오랜 친구였다.[212] 공산당을 때려잡는 데 뜻을 같이했지만, 우연히 상하관계에 놓인 '동급'의 사람들이라 국면마다 갈등을 피할 수 없었다. 경찰 전체가 경무부파와 수도청파로 갈렸다. 장택상이 수도청에서 해임한 간부를 조병옥이 1계급 특진시켜 경무부에 데려다 쓸 정도였다. 정부수립을 앞둔 경무부의 집중감찰도 이런 갈등의 연장이었다.

감찰은 경무부 수사부국장 이만종(李萬鍾)이 주도했다. 이만종은 니혼대 상경학부 경제과 재학시절부터 유도선수로 이름을 날렸다. 운동경기에서 일본인을 이기면 민족의 영웅이 되던 시절이었다. 그가 일본 전국을 순회하며 승리를 거둘 때마다 조선인들은 열광했다. 해방후에는 경찰에 투신해 경무부 특무과장이 되었고, 미군정청 관리 정명채(鄭明采)를 탐관오리로 잡아들이면서 이름을 날렸다. 이 책의 7부에서 이법회 관련자로 다시 설명하게 되는 바로 그 정명채다. 이만종은 스스로를 '염라대왕'이라 칭할 만큼 자기과시가 심한 인물이었지만, 친일경찰들과는 출신이 달라 내부감찰을 강행할 돌파력이 있었다.

1948년 7월 이만종은 중부경찰서장 이구범을 수사선상에 올렸다. 압수품을 처분해 횡령하고 이에 항의하는 피해자들을 위협했을 뿐만 아니라 거액을 받고 살인용의자를 은닉했다는 혐의였다. 압수한 생고무 2톤 분량을 직접 처분한 것은 현을성 형사주임이었다. 당시 삼팔선 일대에서 벌어지던 남북교역의 뒤를 봐주고 이익금을 횡령했다는 증거도 나왔다.[213] 감찰의 시작은 떠들썩했지만 경찰 내부의 저항이 심했다. 다른 경찰들도 그렇게 먹고살던 시절이라 적발된 사람들만 비난하기도 어려웠다. 횡령한 돈을 사적으로 유용하지 않고 경찰서 운영비로 썼다는 주장이 받아들여져 결국 이구범과 현을성 등은 불구속으로 검찰에 송치되었고 8월 9일에 모두 불기소처분을 받았다.[214] 정부수립 직후 이루어진 인사에서 이구범은 수도청 부청장으로 영전했다. 장택상은 외무부장관에 임명되었다.

1948년 7월 21일 이만종은 수도청 수사과장 노덕술 등을 붙잡아 임화 고문치사 혐의로 수사를 시작했다. 이만종의 지시를 받고 노덕술의 취조를 담당한 것은 김종삼 경위였다. 평남 출신인 김종삼은 일제시대부터 노덕술의 부하였다. 1946년 1월 월남한 후에도 노덕술의 도움으로 경찰에 채용되었다. 세월이 한참 지난 후에도 노덕술을 '은인'으로 부를 정도였다.[215] 조사가 제대로 될 리 없었다. 7월 24일 노덕술에게 면회를 간 김태일 수도청 부청장이 신원보증을 서고 노덕술을 빼돌렸다. 사실상 친일경찰 모두가 공모한 노덕술 구하기였다. 김태일 부청장은 임화가 고문치사 당했다는 이야기는 천만부당하다며 "남한의 경찰을 파괴하고자 하는 악질분자의 책동모략의 수단"이라고 펄쩍 뛰었다.[216] 노덕술은 수배된 상태에서도 경찰지프를 타고 서울시내를 활보하며 외무부장관 장택상의 집에 무상출입했다.[217] 김두한의 표현을 빌리자면 어차피 "우리 모두 한짝인데" 두려울 게 없었다. 노덕술의 공범인 수도청 소속의 김재곤·김유하·박사일만이 8월 2일 상해치사와 사체유기 혐의로 구속 기소되었다. 정부가 수립되자 이승만 대통령의 개입으로 감찰 자체가 흐지부지되었다.[218]

정의를 실현할 기회는 전혀 다른 방향에서 찾아왔다. 이즈음 김약수·노일환(盧鎰煥)·이문원(李文源) 등 제헌국회 소장파의원들은 친일파 척결에 시동을 걸었다. 이들의 주도로 1948년 9월 22일 제정된 '반민족행위처벌법'은 12월 7일 '반민족행위 특별조사기관 조직법'으로 현실화되었다. 대부분의 경찰관들에게 반민족행위 처벌은 생사가 걸린 문제였다. 1948년 10월 하순 수도청의 최란수·홍택희·박경림(朴京林)은 노덕술과 의논해 전문 테러리스트 백민태(白民泰)를 고용했다. 백민태는 1947년 3월 17일 여운형의 계동 자택에 폭탄을 설치했다고 자수한 전력이 있었다. 본명은 정창화(丁昌和)였다.[219] 묘하게도 그때는 진술을 번복하고 조재천 검사에 의해 증거불충분으로 불기소처분을 받았다.[220]

이번에는 반민족행위처벌법 제정에 앞장 선 노일환·김장렬·김웅진 등의 국회의원을 납치해 의원직 사퇴서를 작성하도록 하고 삼팔선 부근으로 끌고 가 살해할 계획이었다. 상부에는 '조국을 배신하고 월북하는 것을 발견해 즉결처형했다'고 보고하기로 했다. 암살대상자에는 김병로 대법원장, 권승렬 검찰총장, 신익희 국회의장, 유진산 대한민청 회장, 서순영·김상덕·김상돈 의원 등이 포함되었다. 최란수는 백민태에게 "박흥식이 지원하고 있으니 자금은 염려 말고 요구하라"고 이야기했다. 화신백화점의 박흥식은 대표적인 친일기업인이었다. 반민특위가 활동 개시를 준비하던 12월 30일 이구범 수도청 부청장이 사라졌다. 일본으로 도피했다는 소문이 돌았다. 경찰은 이구범도 붙잡지 않았다.

1949년 1월 8일 반민특위는 박흥식을 구속하며 본격적인 활동을 개시했다. 같은 날 최란수는 암살에 쓸 권총, 실탄, 수류탄 등을 백민태에게 건넸다. 그러나 백민태는 최란수가 생각했던 것보다 훨씬 복잡한 인물이었다. 직업적인 테러리스트이기는 했어도 맹목적인 사람은 아니었다. 일제시대부터 항일운동에 참여하면서 독립운동가들과의 인연도 깊었다. 노일환·김장렬·김웅진 등을 못마땅하게 생각해 암살음모에 가담했지만, 나중에 보니 계획의 규모가 너무 크고 위험해 보였다. 총을 받을 당시 백민태는 이미 김준연과 조헌영 등 평소 알고 지내던 국회의원들에게 최란수의 음모를 털어놓은 상태였다.[221] 결국 그는 서울지방검찰청에 자수했다. 1월 25일 새벽 반민특위가 노덕술을 체포했다. 같은 날 검찰이 수도청의 최란수·홍택희 경감을 체포했다. 밀항을 준비 중이던 이구범도 1월 28일 부산에서 체포되어 서울로 압송되었다.[222] 임화 고문치사 사건, 국회의원 등 암살음모 사건, 친일행위 등에 대한 수사가 동시에 진행되었다. 노덕술과 최란수 등은 수사와 공판에서 모든 혐의를 전면 부인했다. 권총, 실탄, 수류탄 등의 명백한 증거가 있음에도 최란수는 "이북 요인을 암살하라고 준 것"이라고 둘러댔다. 암살대상자 명단은 장난으로 적어본 거라고 했다. 증인 백민태는 조리 있는 진술로 이들의 거짓을 입증했다.[223] 곧 정의가 구현될 것처럼 보였다.[224]

1949년 3월경부터 서울지방검찰청의 장재갑 부장검사, 오제도 검사팀은 서울시경찰국 최운하 사찰과장과 손발을 맞춰 이른바 '국회프락치' 사건 수사를 시작했다. 친일경찰의 반격이었다. 5월 18일에 이문원·이구수(李龜洙)·최태규(崔泰奎) 의원이 남로당과 연계됐다는 혐의로 구속되었다. 모두 다 반민특위에 적극적인 소장파의원들이었다. 5월 24일 세 의원에 대한 국회의 석방요구안이 찬성 88표, 반대 95표로 부결되었다. 석방동의안에 찬성한 88명의 '빨갱이' 국회의원을 잡아내야 한다는 데모가 뒤를 이었다. 5월 31일과 6월 3일 국민계몽협회는 반민특위 해체를 요구하며 시위를 벌였다. 국민계몽협회는 김정목이 회장이었고 시위대를 이끈 것은 손홍원이었다. 앞에서 살펴보았듯이 두사람은 '김계조

사건'에도 연루된 인물들이다. 시위에 동원된 인원은 600여명이었다.[225] 6월 3일 시위는 반민특위 사무실까지 밀고 들어오는 과격한 형태였지만, 경찰은 진압하지 않고 구경만 했다. 시위대 일부를 연행한 반민특위는 최운하 사찰과장이 시위의 배후라는 놀라운 사실을 알게 된다. 반민특위는 최운하를 즉각 구속했다. 김상덕 반민특위 위원장은 김정목과 손홍원도 원래 반민족행위자로서 조사대상자였다며 두사람에 대한 구속영장을 신청했다.

6월 6일 서울시경찰국장 김태선은 중부경찰서장 윤기병(尹箕炳)에게 반민특위 습격을 지시한다. 윤기병은 이구범의 후임자였다. 일제시대 경기도 용인과 연천 등지에서 경부보로 일한 그는 특이하게도 1948년 현직 중부경찰서장 신분으로 2회 변호사시험에 합격한 상태였다. 경찰관생활을 하던 1937년과 1940년에 조선변호사시험 예비시험에도 합격한 전력이 있다. 그만큼 오랫동안 시험을 준비해왔다. 경찰에 계속 근무한 이력을 생각할 때 윤기병이 1940년 와세다대 법과를 졸업했다는 『한국법조인대관』의 기록은 사실일 수가 없다. 그는 아마도 교외생(校外生)으로 강의록을 받아보았던 것 같다.[226] 20년의 경찰생활 동안 변호사시험 공부시간을 확보하기 위해 윤기병은 점심식사를 늘 "벤또(도시락)로 일관"했다. 술을 마시면 2~3일간 독서를 할 수 없으므로 술도 마시지 않았다. 그의 합격 인터뷰를 게재한 잡지 『법정』은 그를 "독학도의 수범(垂範)"이라 부른다. 본보기가 될 사람이라는 의미다. 윤기병의 "근기와 노력에 감탄하지 않을 수 없다"라는 인터뷰어는 "모든 경찰관이 공부하는 경찰관이 되었으면 얼마나 인권옹호에도 효과적일까? 또 경찰에 대한 비난도 자연히 없어지지 않을까?" 자문한다.[227]

윤기병의 지휘를 받은 중부경찰서 경찰관들은 출근하는 반민특위 직원을 연행하고 특별검찰부차장 노일환, 검찰관 서용길(徐容吉) 등 국회의원들을 무장해제했다. 소식을 듣고 달려온 검찰총장 겸 특별검찰부장 권승렬도 몸수색을 당하고 권총을 빼앗겼다. 마포형무소의 최운하도 석방되었다. 반민특위가 무력화된 이른바 '6·6사건'이었다.[228] 이날 이후 모든 것이 원점으로 돌아왔다. 권력의 저울이 누구에게 기울었는지도 분명해졌다.

1949년 6월 20일 열린 암살음모 1심 선고공판에서 임석무 판사는 노덕술과 박경림에게 증거불충분으로 무죄를, 최란수와 홍택희에게는 살인예비죄로 징역 2년을 선고했다.[229] 한달 후인 7월 26일 최란수와 홍택희는 보석으로 석방되었다. 12월 27일에는 이들에게 불리한 진술을 한 테러리스트 백민태를 서울지방검찰청 이주영 검사가 별도의 뇌물혐의로 구속했다.[230] 이주영 검사도 오제도 검사와 팀을 이룬 인물이었다. 12월 31일의 2심에서는 노덕술과 박경림이 증거불충분으로 다시 무죄를, 최란수와 홍택희는 살인예비죄 부분 무죄와 함께 폭발물취체 부분에 대해서만 벌금 20만원을 선고받았다.[231] 2심의 김준원 판사는 최란수와 홍택희의 행위는 살인예비가 아니라 살인교사에 해당하는데, 피교사자인 백민태가 실행에 착수하지 않았으므로 무죄라고 판단했다. 양대경 대법관이 주심을 맡은 대법원의 결론은 달랐다. 1950년 4월 18일 대법원은 노덕술·박경림·최란수·홍택희 4명 모두에 대해 유죄취지로 원심판결을 뒤집어 서울고등법원에 돌려보냈다. 백민태의 증언에 기초해볼 때 노덕술과 박경림의 유죄를 인정할 증거가 충분하고, 최란수와 홍택희는 살인예비죄의 공동정범에 해당하므로 처벌이 가능하다는 논리였다.[232]

파기환송으로 사건을 돌려받은 서울고등법원은 대법원의 유죄취지에 따라 재판을 새로 해야 했다. 그런데 한국전쟁이 터졌고, 기록이 모두 사

암살음모 사건 등을 주도했던 노덕술(앞줄 왼쪽에서 첫번째)과 최란수(앞줄 왼쪽에서 세번째).
한국전쟁 뒤 노덕술이 헌병대에서 근무할 때 촬영한 사진이다.

라져버렸다. 기록이 없으니 재판을 이어갈 도리가 없었다. '법원 재난에
기인한 민형사사건 임시조치법' 제2조와 제3조는 기록이 사라진 경우를
공소가 취소된 것으로 처리했다. 결국 서울고등법원은 1951년 12월 31일
이 사건에 대한 공소기각을 결정했다.[233] 이로써 노덕술·박경림·최란
수·홍택희는 공식적으로 완벽한 면죄부를 얻었다. 정의 실현의 마지막
기회를 한국전쟁이 앗아갔다.

임화 고문치사 부분에 대해서는 1949년 4월 29일의 1심과 11월 26일
의 2심에서 노덕술 등 고문경찰관 4명 모두가 무죄판결을 받았다.[234] 이
번에도 항소심의 주심은 김준원 판사였다. 이 사건에 대한 대법원 판결
은 찾아볼 수 없다. 암살음모 사건과 마찬가지로 한국전쟁으로 인해 더이

상 재판이 진행되지 않았을 개연성이 크다. 이구범은 조사나 재판을 받았다는 기록 자체가 없다. 이들 전부는 아무 문제없이 경찰에 복귀했다. 이구범은 강원도 경찰국장을 지냈다. 최란수는 충남 사찰과장, 전남 수사과장, 전북 수사과장, 춘천 경찰서장을 지냈고, 4·19 후에도 치안국 정보과 중앙분실장으로 일했다. 노덕술은 재판 이후 헌병으로 전직해 육군본부 1사단 헌병대장, 부산 2범죄수사단 대장 등으로 일하다가 1955년 뇌물수뢰 혐의로 징역 6개월을 선고받으면서 파면되었다. 1960년 7월 5대 민의원선거에 무소속으로 출마했다가 낙선한 것이 마지막 공적 활동이었다.

조선정판사 사건 수사는 본정경찰서가 주도했다. 일제시대부터 고문이 벌어지던 장소였고, 수사담당자들은 일제시대부터 고문으로 먹고살던 사람들이었다. 임화 고문치사 사건에서 볼 수 있듯이 1947년에도 여전히 고문은 본정경찰서(중부경찰서)의 일상이었다. 조선정판사 사건에서만 고문을 안 했을 리 없다. 이게 합리적 추론이다. 조심스러운 추측을 덧붙이자면, 조선정판사 사건의 경우 김창선을 비롯한 피고인들 중 일부가 생각보다 쉽게 자백해서 경찰의 고문 정도가 다른 좌익사건들보다 약했을 수는 있다. 변호인들도 고문 주장을 하면서 "고문"과 "고문위협"을 구분했다. 제대로 된 공산당원이 아니었던 일부 피고인들에게는 굳이 고문할 필요조차 없었던 것 같다. 물론 고문위협만으로도 증거를 무력화하기에 충분하다. 질이 나쁜 경찰관들이 조선정판사 사건을 수사한 것도 분명하다. 조선정판사 '위조지폐' 사건 덕분에 공산당을 몰아내고 우익이 집권할 수 있었다 하더라도 나쁜 경찰관들의 고문행각까지 정당화되지는 않는다. 법원과 검찰도 나쁜 경찰들과 손잡은 책임에서 결코 자유로울 수 없다.

5부

'법조프락치'

사건

1장

'법조프락치' 사건의 서막

여순반란, 국회프락치 그리고 적색 사법관

여순반란사건과 박찬길 검사

1948년 8월 15일 대한민국 정부가 수립되었다. 한민당이 사실상 집권당으로 권력을 행사하던 미군정시대가 막을 내리고, 힘의 무게는 이승만 대통령으로 옮겨갔다. 정부수립 전까지는 이승만도 한민당의 손을 빌릴 수밖에 없었지만, 내각을 만드는 단계부터는 관계가 완전히 역전되었다. 나눌 수 없고 나누고 싶지 않은 권력의 속성 때문이었다. 한민당 사람들은 이승만 직계세력으로 대체되었다. 미국의 감시와 통제에서 벗어나면서 우익세력은 훨씬 노골적으로 반대세력의 손발을 쳐내기 시작했다. 필요하면 목도 쳤다.

1948년 10월 19일 제주 4·3사건의 진압을 위해 출동을 준비 중이던 여수의 국군 14연대에서 반란이 일어났다. 여수와 순천을 장악한 반란세력은 경찰을 비롯한 우익인사 수백명을 살해했다. 반란은 10월 27일 진압되었고, 뒤이은 군경의 학살로 민간인 수천명이 목숨을 잃었다. 공식적인 재판을 통해서 사형을 선고받은 사람만 민간인 662명, 군인 313명이었다. 이 중 최소한 민간인 134명, 군인 78명에 대해 실제로 사형이 집행되었다.[1] 이 과정에서 광주지방검찰청 순천지청 박찬길 검사가 군경의 즉결처분으로 목숨을 잃었다. 즉결처분의 원인은 박찬길과 경찰의 오랜 갈등이었다.

여순반란사건 직후 순천에는 박찬길 검사가 인민재판장을 하고 순천 출신 국회의원 황두연(黃斗淵)이 배석판사 노릇을 했다는 소문이 돌았다.[2] 황두연 의원에게는 윤치영 내무부장관이 체포령을 내렸다. 기독교 장로로서 일제시대 말 신사참배에 반대해 오랜 옥살이를 했던 황두연 의원은 경찰 및 극우청년단체와 사이가 좋지 않았다. 훗날 권승렬 법무부장관이 밝힌 대로 "조만식의 제자"이자 "예수교를 많이 믿고 믿던" 박찬길 검사도 마찬가지였다. 박찬길은 숭실전문을 거쳐 주오대 법학부를 졸업하고 해방후인 1945년 11월 19일 특별검찰청 시보로 임명된 인물이다. 가정형편이 어려워서 주오대를 다닐 때는 장로교총회에서 장학금을 대주었다고 한다.[3]

그의 변호사자격 취득 근거는 정확히 알 수 없다. 시보 임명을 함께 받은 김영세, 박용원, 정인상 등이 모두 1945년 조선변호사시험 '응시자' 인 것으로 보아 비슷한 경우로 추측할 수 있을 뿐이다. 반란 전에는 황두연 의원이 내무부장관에게 박찬길을 경찰요직에 발탁해달라고 부탁한 일도 있었다.[4] 지역경찰로서는 여러모로 위기감을 느낄 상황에서 여순반란사건이 터졌다. 여순반란 직후 순천의 우익청년단체들이 황두연 의원을 고발한 내용을 보면 이들이 평소 황두연과 박찬길을 어떻게 생각하고 있었는지가 분명히 드러난다. 당시에 돌던 소문의 생산자도 짐작할 수 있다.

"(황두연은) 기독교 장로로 감언이설과 교언영색을 잘하는 기회주의자로 5·10선거에 입후보 시 농촌지대에서 좌익분자들의 호감을 사기에 열중하였고, 좌익을 옹호하는 현직 검사 박찬길과 의숙질(義叔姪) 관계를 이용하여 우익단체원이나 경찰의 좌익사건 수사에 방해활동을 하였으며, 금번 반란이 돌발하자 솔선하여 ①반란군에 자진하여 식사를 제공, ②살상 주모자의 1인인 순천부녀동맹위원장 안미희급 살인범 정상기를 북국민학교 교정의 포로 중에서 국회의원 자격으로 신원보증을 하여 석방하고, ③황두연 사택에다가 좌익 측 살상분자 10여명을 은닉하여두고 있다가 안전지대로 도피케 하였음. ④자택에 인공기를 2일간 게양하였음. ⑤박찬길 검사와 같이 인민재판 시 배석판사 격으로 진언하였기 때문에 황두연 반대파의 선거활동분자들에 대한 살상을 공공연하게 표시하게 되었음."[5]

박찬길 검사와 황두연 의원이 인민재판에 관여했다는 소문은 사실이 아니었다. 황두연 의원은 반란기간 내내 선교사의 집에 몸을 피했다. 반란군이 선교사의 집을 찾아와 황두연을 내놓으라고 요구하자 선교사는 한국말을 못 하는 것처럼 행세하며 영어로 시간을 끌었다. 덕분에 황두연은 목숨을 건졌다. 황두연과 몇몇 기독교인들은 반란기간 내내 선교사의 집을 떠나지 않았다. 해당 선교사가 이 사실을 분명하게 증언했다. 내무부장관의 체포령이 내려졌을 때도 황두연 의원은 현지에서 국군과 함께 사태를 수습 중이었다. 박찬길도 반란기간 내내 장작더미와 관사에 숨어 있다가 국군이 들어온 이후에야 안심하고 밖에 나왔다.

순천에 진입한 경찰전투사령관 최천(崔天)은 북국민학교 운동장에 사람들을 모아 좌익을 색출했다. "좌익을 뽑아내는 사람"들이 누군가를 지목하면 바로 교사 뒤에 파놓은 구덩이 앞으로 끌고 가 총살하는 방식이었다. "좌익을 뽑아내는 사람"은 주로 생존 경찰관, 우익진영 요인, 진압군 병사들로 구성되었다. 이들은 일착으로 박찬길을 지목했다. 5여단장

김백일 대령의 만류에도 불구하고 최천은 박찬길 검사에 대한 처형을 강행했다.[6]

1년 뒤 국회에서는 박찬길의 죽음에 대한 논란이 벌어졌다. 윤치영 내무부장관은 "교전상태"에서 "결사대가 박찬길을 쏴 죽였다"라고 시인하면서도 책임은 인정하지 않았다. 권승렬 법무부장관은 박찬길 검사가 해방전에 경찰의 박해를 받았고 그래서 검사가 된 후 경찰에 가혹하게 한 것은 사실이지만, "좌익사상에 불공평한 일을 했다고 단정할 수는 없"고 "다소 경하게 했다는 것은 인정할 수 있다"라고 답변했다.[7] 기세훈 광주지방검찰청 차장검사는 박찬길의 총살이 "하등 근거 없는 조치였다"라고 확언했다. 박찬길의 억울함을 증언하는 증인도 넘쳐났다.[8] 그러나 이 억울한 죽음에 대해 정부는 더이상 아무런 조치도 취하지 않았다.[9] 한민당 발기인 출신인 최천은 아무런 처벌 없이 제주·경남 경찰국장을 거쳐서, 3·4·5대 국회의원을 지냈다.

1949년 국회에서의 논쟁 당시 한민당 조영규 의원은 즉결처분이 "전쟁상태에 있어서의 어떠한 부득이한 조치"였고, 박찬길에 대한 총살은 "검찰진영에 대한 캄플주사*"였다고 주장했다. "과거에 좌익을 도와주고 될 수 있으면 좌익을 석방시키는 그런 사람을 훈계하는 위대한 한 방법"이었다는 것이다.[10] 좌익을 석방시키는 판검사는 그냥 죽여도 그만이라는 식의 논리는 1949년 당시 한창 진행 중이던 '법조프락치' 사건을 지배하던 중요한 정서였다. 법률가가 누군가의 억울함을 벗겨주거나 살려내려면 자기 목숨도 걸어야 했다.

여순반란사건 이후 군에서는 공산주의자들을 척결한다는 명분으로

---

* 캄플은 영양제 링거의 주요성분인 콤비플렉스(combiflex)의 일본식 표현으로 보인다. '일시적인 효과를 거둔다'는 의미로 과거에 자주 쓰인 표현이다.

이른바 숙군이 시작되었다. 숙군과정에서는 최소한 장교 326명, 사병 1170명 등 1496명이 숙청되었다.[11] 당시 좌익계열 군인들은 포섭대상을 확보하기 위해 부대인사계를 자원하는 경우가 많았다. 이들은 종종 자기 실적을 과장하고자 허구의 계보표를 만들었다. 허구라 해도 일단 숙군을 주도하던 김창룡에게 넘어가면 무더기 연행·고문·처형으로 이어졌다. 국방부가 발간한 공식자료인 『6·25 전쟁사』도 "사상적인 문제라 증거를 보전하기가 힘들었기 때문에 자백만이 유일한 증거확보의 방법이 되는 경우도 있어 일부 고문행위가 이루어지기도 했다. 심지어 동기생으로서 또는 친구로서 숙군대상자와 술자리를 함께했다는 이유만으로 조사대상이 되는 경우도 있었다"라고 기록한다.[12]

미군 고문으로 여순반란사건 진압에 직접 참여했던 제임스 하우스만(James H. Hausman) 대위는 숙군 때 자신이 "정말 좋아하고 믿고 지내던 상당수의 (한국군) 장교들"이 걸려들었다고 회고한다. 김종석이나 최남근 등이 대표적인 경우였다. 일본육사 출신으로 오키나와전투에서 살아남은 역전의 용사 김종석에 대해서 하우스만 대위는 '아마도 정치 싸움에서 희생됐는지 모른다'고 생각했다. 김종석의 재판과정을 지켜보고 그의 사형집행 장면을 동영상으로 촬영한 하우스만은 "적어도 김종석의 표정으로 봐서는 죄가 있어 사형당한다는 느낌을 받지 못했다"라고 적었다.[13] 환한 표정으로 웃으면서 사형장에 들어서는 김종석의 모습은 지금 봐도 특이하기는 하다. 이런 살벌한 과정에서 가까스로 목숨을 건진 사람이 훗날 대통령이 되는 박정희다.

국가보안법 제정

 여순반란사건을 전후한 시기 국회에서는 국가보안법 제정을 추진하는 우익세력과 반민족행위처벌법 제정을 추진하는 소장파의원들이 대립 중이었다. 국가보안법은 '공산당 척결'이라는, 친일세력의 생존논리를 뒷받침하는 법률이었다. 반민족행위처벌법은 친일세력의 생존기반을 허물어뜨리는 법률이었다. 제헌국회는 단독정부수립에 찬성한 세력만 참여한 5·10총선거의 결과물이었다. 어쩔 수 없는 태생적 한계였다. 그래도 친일세력 척결이라는 시대적 소명에 완전히 눈을 감지는 못했다. 1948년 9월 22일 반민족행위처벌법이 먼저 입법 시행되었다. 반민족행위처벌법은 친일행위의 정도에 따라서 해당자들을 사형, 무기, 5년 이상 또는 10년 이하의 징역에 처하도록 규정했다. 이 법 제5조는 "일제치하에서 고등관 3등급 이상, 훈 5등 이상을 받은 관공리 또는 헌병, 헌병보, 고등경찰의 직에 있던 자는 본법의 공소시효 경과 전에는 공무원에 임명될 수 없다"라는 내용을 담았다. 제대로 시행되면 친일행위자들, 특히 일제경찰 출신이 당장 정부에서 쫓겨나야 하는 강력한 규정이었다. 윤치영 내무부장관은 "지금 형편에서 간혹 그들의 기술이 필요한 점도 있어 일시에 그만두게 하면 (업무에) 지장이 있다"라는 애매한 입장으로 이 규정의 적용을 보류했다.

 반민족행위처벌법 시행 하루 뒤인 9월 23일 서울운동장에서는 '반공구국 총궐기 (및) 정부이양 대축하 국민대회'가 열렸다. 이 뜬금없는 대회에는 이승만 대통령, 이범석 국무총리, 김병로 대법원장이 직접 참석해 치사를 했다. 이시영 부통령과 신익희 국회의장의 치사도 대독형식으로 낭독되었다. 국민대회에서는 "북한 공산괴뢰 정권을 찬양 지지하는 남한의 반역적 정당단체와 언론기관을 해체, 봉쇄"하고 "동족간의 화기(和氣)를 손상케 하는 광범위의 반민법(반민족행위처벌법)을 시정"하며 "이승만 대통령의 '단결하라'는 주장에 귀일(歸一)하여 국론을 통일하고 우리의 주권을 반석 위에 확립하자"라는 결의문이 채택되었다.[14] 정부요인들이 두루 참석한 국민대회는 한국반공단과 대한일보사가 앞장서고 경찰이 시민을 강제 동원하여 반민족행위처벌법 반대를 선동한 관제집회였다.[15]

한국반공단의 단장이자 대한일보사 명예사장으로 국민대회를 주관한 이종형(李種瑩)은 얼마뒤인 1949년 1월 10일 반민족행위처벌법 위반으로 기소되는 사람이다. 친일자본가 박흥식에 이은 두번째 기소였다. 이종형에게는 독립운동가나 그 가족을 악의로 살상 박해하고 밀정행위로 독립운동을 방해했다는 죄목이 적용되었다. 유죄가 인정되면 사형, 무기, 5년 이상의 징역에 처해지는 중죄였다. 영화 「암살」에서 '안옥윤'의 모델이 된 독립운동가 남자현(南慈賢)을 밀고해 사망에 이르게 한 것이 바로 이종형이다. 그는 한때 의열단에 몸담았던 독립운동가 출신 밀정이었다. 해방후 이종형은 김구와 이승만에게 접근해 신임을 얻었다. 노덕술·최란수·홍택희 등이 주도한 암살음모의 실행범 백민태와도 가까운 사이였다. 이종형은 2대 국회의원을 지냈다.[16]

반민족행위처벌법과 대칭을 이룬 국가보안법은 1948년 9월 20일 내란행위특별처벌법이라는 이름으로 처음 발의되었다. 발의자 대표인 김인식(金仁湜) 의원은 독립운동가 이청천이 주도한 대동청년단 출신이었다. 총선에서 12명이 당선된 대동청년단은 제헌국회에서 무소속(85명), 대한독립촉성국민회(55명), 한민당(29명)에 이은 네번째 정치세력이었다. 보수적인 국회였지만 국가보안법 논의 초기에는 적지 않은 의원들이 이법의 제정에 반대했다. "포악무도한 일제 침략주의의 흉검이라고 할 수 있는 치안유지법과 똑같은 비민주적 제국주의의 잔재의 하나"로서 "헌법정신을 몰각하고 인민을 극도로 속박하는 법률"이라는 이유에서였다. 호수처럼 밀려오는 좌익을 막으려면 오히려 "좌익에 지지 않는 민주주의적 입법을 해가지고 민족적 정기를 살려야" 한다는 주장도 힘을 얻었다. 김옥주(金沃周), 신성균(申性均), 노일환 같은 소장파의원들의 목소리였다.[17]

그러나 여순반란사건에 따른 위기의식은 좌익의 준동을 제어할 특별법을 제정해야 한다는 공감대를 급속히 확산시켰다. 이승만 정부에 등을 돌린 한민당 의원들은 이미 암살협박을 받을 정도로 어려운 여건이었지만, 국가보안법 제정에는 대부분 적극적인 태도를 취했다. 일부 의원들은 국가보안법의 시행일자라도 반민족행위처벌법 제5조의 완전시행과 연계시키려 했다.[18] 친일파만 공직에서 배제하면 국가보안법을 제정하더라도 악용 가능성을 줄일 수 있으리라 기대했던 것 같다. 이런 연계시도는 성공하지 못했다. 국가보안법은 12월 1일 국회를 통과했고, 당장 그날부터 대규모 구속이 시작되었다.[19]

외국군 철퇴, 반민특위, 남로당 7원칙, 육탄 10용사의 혼합

무소속이 중심이 된 제헌국회에서는 주도권 싸움이 치열했다. 이승만은 초당적 입장을 표방했지만 실제로는 강력한 집권여당을 만들고 싶어했다. 과반의석을 확보하고자 노력하던 한민당은 여당과 야당의 정체성 사이를 오락가락하며 시간을 흘려보냈다. 결국 누구도 과반이 되지는 못했다. 무소속의원들은 이합집산을 거듭했다. 그 빈 공간에서 이승만 세력도 한민당 세력도 아닌 제3의 원내세력을 만들었다. 이게 바로 '소장파'다. 제헌국회 소장파의원들을 연구한 백운선 교수에 따르면 소장 파는 최대 규모일 때 86명에 달했고, 그중 비교적 지속적인 입장을 지킨 적극적 구성원이 50여명, 시종일관 행동통일에 참여한 핵심세력이 30여 명 선이었다고 한다. 200명 정원의 제헌국회에서 결코 무시할 수 없는 세력이었다.

소장파 중 상당수는 단독정부수립에 반대한 김구와 김규식 및 중도세 력과 직간접적 연계를 가지고 있었다. 공식적으로는 5·10총선에 참여하 지 않았지만, 실제로는 개인자격으로 선거에 나서 승리한 결과였다. 정 부수립 당시의 조각에서 밀려난 후 이승만과 각을 세우기 시작한 한민 당은 농지개혁이나 국가보안법 등 현안에서는 매우 보수적인 입장을 유 지했다. 소장파는 외군철퇴, 남북협상을 통한 평화적 통일, 반민특위를 통한 친일파 척결, 기업경영권과 이익배분의 균점을 주장했다. 당연히 이승만과 한민당 세력 모두에게 껄끄러운 상대가 될 수밖에 없었다.[20] 소장파의원들이 그대로 반민특위의 주축이 되었기 때문에 친일경찰을 비롯한 기득권층에게 이들은 시급한 제거대상이었다.

1949년 3월 18일 김약수 국회부의장을 대표로 한 소장파의원 62명은 유엔한국위원단(United Nations Commission on Korea, UNCOK)에 외국 군 철수를 촉구하는 청원서를 전달했다. 이를 전달받은 유엔한국위원단 사무국장 에곤 란스호펜베르트하이머(Egon Ranshofen-Wertheimer) 박 사는 김약수 부의장과 소장파 국회의원들의 이야기에 귀를 기울였다. 그 는 남북협상과 외군철퇴 제안에 공감하며 남북의 통일을 위해서 중개자 역할을 자임했다. 이승만 정권은 불편한 눈으로 그를 주시했다.[21] 이승만 정권 입장에서는 더이상 밀릴 수 없는 상황이었다. 앞서 반민특위에 대한 친일경찰의 반격 부분에서 1949년 3월 서울지방검찰청의 장재갑 부장검사, 오제도 검사와 서울시경찰국 최운하 사찰과장이 '국회프락치' 사건 내사를 시작했다고 이야기했다. 소장파의원들의 유엔한국위원단 방문은 내사를 본격화하기에 딱 알맞은 소재였다.

5월 9일 『동아일보』에 한민당 김준연 의원의 칼럼이 실렸다. 1948년 5·10선거 이후 1년을 회고하는 내용이었다. 김준연은 김구와 김규식 양 씨가 "유엔위원단에게 5·10선거를 부인하는 진언을 하고" 북한에 가서 "김일성의 산하에 참집하여 남북협상 운운하여 5·10선거를 방해하려고 백방으로 노력"했지만, 국민들은 "그런 사이비 지도자들을 내버리고 나가서" 정부를 조직했다고 지적한다. 뒤이어 그는 국회 의정단상에 5·10선거를 부인하는 일파가 계속 나타나 "남북협상에 추종"하면서 "김일성을 따르"고 있다고 한탄한다. 이들은 "남로당의 선전방침에 추종하는 사람들"인데, 남로당의 선전방침은 평화적 자주적 남북통일, 미군철퇴, 입국한 유엔위원단 구축(驅逐), 인공 개혁의 급속 실시, 반민족행위자 처단, 정부의 부패 폭로 등으로 요약된다는 글이었다.[22]

소장파의원들을 남로당의 선전방침에 따라 움직이는 김일성의 주구라 규정한 직격탄이었다. 앞으로 무슨 일이 전개될지를 충분히 예상케 하는 칼럼이기도 했다. 김준연은 당시 허정 교통부장관, 윤보선 상공부장관, 신성모 국방부장관, 채병덕 육군참모총장, 장은산 포병사령관, 김태선 서울시경찰국장, 김창룡 특무부대장, 김성주 서북청년단장, 정치브로커 김지웅, 경찰의 노덕술·최운하 등이 모인 이른바 '88구락부'의 구성원이었다.[23] '88구락부'는 김구 암살의 배후로 거론되는 조직이다.[24]

김준연의 칼럼이 실린 날짜의 『동아일보』 2면은 서울지방검찰청 조병진 검사가 남로당원 서홍옥(徐弘鈺), 전우진, 정해근(鄭海根) 등을 국가보안법 위반으로 5월 6일 기소했다는 보도를 싣고 있다. 서홍옥은 유교청년단체인 대동회 기획부장이었다. 명륜전문학교 출신 청년들이 해방후 조직한 대동회는 회장인 김성규가 1948년 김구와 김규식의 남북협상에 참가했다가 북쪽에 남고, 나머지 핵심인물들이 각종 공안사건으로 구속되면서 결국 문을 닫은 좌익단체다.[25] 서홍옥 등은 국회의원 최태규, 이구수, 황윤호(黃潤鎬), 이문원 등을 만나 "만약 국회에 외군철퇴에 관한 문제가 상정되면 이를 의결하도록 적극 발언할 것"을 약속받는 등 "국회의원을 적당히 조종"하는 한편 정당 내의 "프락치 활동을 강화함으로써 남로당 세력의 확충을 꾀했다"라는 혐의를 받았다.[26] 중국대륙의 공산화와 남한의 미군철수가 동시에 마무리를 앞둔 시점이었다.[27] 외군철퇴를 모의한 남로당원들에 대한 기소는 이들에게 '조종당한' 국회의원들도 사냥하겠다는 사전통고와 같았다.

5월 18일 검찰은 위에서 거론된 네 국회의원에 대한 구속영장을 법원에서 발부받았다. 이문원, 최태규, 이구수는 구속되었지만 황윤호 의원은 일단 피신했다. 신문들은 정확히 구속된 의원이 누구인지조차 파악하지 못해 우왕좌왕했다. 혐의도 불분명했다. 이문원 의원의 경우 "4월 말일경 남로당 국회프락치 공작책 하사복(河四福)으로부터 30만원을 돈암동 삼선교 위에서 받기로 약속되어 있었지만 내가 체포되어 받지 못했다"라는 자백이 남아 있다. 이게 사실이라면 그의 실제 구속일자는 4월 말 이전이어서 구속영장 발부보다 훨씬 빨라진다.[28] 앞서 서홍옥 등이 기소되기 이전에 이미 이문원 의원이 불법체포되어 있었을 개연성도 커진다.

5월 24일에는 세 국회의원들에 대한 석방동의안 표결이 국회에서 이루어졌다. 피신해 있던 황윤호 의원은 회의장에 나타나 "(남로당원 혐의자를) 만난 적은 있지만, 소위 7원칙을 내밀며 남북통일의 진정한 방책이라 권고하기에 이를 일소에 부치고 거절한 일이 있을 뿐"이라고 해명했다. 김준연 의원은 "대한민국을 전적으로 부인하고 이를 파괴하려는 것이 사실이라면 이는 대역무도한 행동이고 이런 도배를 석방한다는 것은 언어도단"이라고 석방안 부결을 주장했다. 투표결과 재석 184명 중 찬성 88명, 반대 95명으로 석방안이 부결되었다.[29] 5월 31일과 6월 3일에는 앞서 설명한 것처럼 국민계몽협회가 구속의원 석방에 찬성한 의원 88명을 공산당으로 모는 군중집회를 개최했다. 이 집회와 관련해 최운하 총경이 구속된 데 이어 6월 6일 반민특위가 무력화되었다.

'국회프락치' 사건이 만들어지던 시점에 삼팔선에서는 남북 간의 무력충돌이 계속 중이었다. 5월 4일에는 숙군대상자로 몰린 표무원(表武源) 소령이, 5월 5일에는 강태무(姜太武) 소령이 각각 자기 대대를 이끌고 월북했다. 강태무 소령이 월북하던 바로 그날 개성 근교 송악산에서는 국군 1사단 임진부대 소속의 서부덕 상사 등 10명이 북한 토치카에 육탄으로 돌진하다 장렬히 전사했다. 이른바 '육탄 10용사' 신화의 탄생이었다.[30] 개성의 육탄 10용사는 이후에 양산되는 '옹진 6용사' '청룡부대 육탄 7용사' 등 육탄시리즈의 한국판 최초 모델이 되었다. 그 뿌리는 상하이침략 당시 일제가 날조한 '육탄 3용사'였다.

1사단 13연대장이었던 김익렬 대령은 훗날 '육탄 10용사'에 대한 조금 다른 증언을 남겼다. 송악산전투 당시 공병소대장인 박 모 소위의 지휘를 받은 10명의 사병들은 박격포탄을 지고 송악산으로 이동 중 길을 잃었다. 그 상태에서 불시에 적과 조우한 박소위는 부하들을 버려둔 채 혼자 탈출했다. 결국 부하들 일부는 전사하고 나머지는 포로가 되었다.

다혈질의 김석원 사단장이 박소위를 당장 총살하라고 지시하자 11연대 장 최경록 중령이 기지를 발휘해 사실은 대원 전원이 육탄돌격으로 산화했다고 둘러댔다. 이것이 '육탄 10용사' 신화로 굳어졌다는 이야기였다.[31]

이문원 의원 등이 구속되던 5월 18일에는 '육탄 10용사'의 '민족적 거사'를 표창하고 후대에 알려야 한다는 국방부장관의 기자회견이 진행되었다. 의원들의 석방동의안이 부결되던 5월 24일의 바로 그 국회 본회의에서는 "송악산 10용사의 충혼과 유가족을 위문하기 위하여 감사문을 보내자"라는 제안이 만장일치로 통과되었다. 남북이 무력으로 맞서는, 사실상 전쟁 상황에서 남로당의 지시를 받아 외군철퇴를 주장하는 국회의원 따위는 처단해 마땅하다는 프레임이 만들어지기 딱 좋은 환경이었다. '국회프락치', 반민특위 무산, 남북 간의 충돌은 각각 분리된 사건이 아니었다.

6월 16일에는 개성역에서 '남로당 중앙당부 월북문건 연락원'이라는 정재한(鄭載漢)이 붙잡혔다. 나중에 국방부가 발표한 내용에 따르면, 서울역에서 기차를 탄 정 여인을 미행한 서울시경찰국 형사대 김호익 경위 등 경찰관 5명은 개성역에서 그를 체포해 신체를 수색한 결과 국부에 휴대한 '남로당 국회프락치부의 국회 내 투쟁보고서인 3월분 국회공작보고'라는 문건을 압수했고, 이를 통해 비로소 전체 사건을 파악하게 되었다고 했다. 정 여인을 체포한 것은 경찰이었지만 사건의 수사는 검찰총장의 지휘를 받은 헌병이 진행했다.[32]

정 여인의 체포와 문건압수 경위에 대해서는 오제도 검사 등의 증언에 기초한 훨씬 상세한 기록이 남아 있다. 정 여인을 붙잡아 몸수색을 해도 아무 증거가 나오지 않아 용변을 강요했더니 "광우리장사 여인의 얼굴빛이 달라지기 시작"했고, 변소에 들어간 여인이 "왼손으로 자기의 음부를 주무르는 동시에 잠시 반쯤 앉은 엉거주춤한 자세를 취"하기에 형사들이 뛰어 들어가 왼쪽 손목을 잡아당기자 "조그만 아이스캔디 모양의 무엇인가"가 변소바닥에 떨어지더라는 기막힌 무용담이었다. 그 아이스캔디 모양의 종이 속에서 나온 것이 '국회프락치' 사건의 유일한 물증이 되는 암호문서였다.[33] 훗날 박원순 변호사는 국부에 보고서가 들어 있는 것을 미리 알고 있는 것처럼 행동하는 형사들의 움직임이 너무 코믹하고 드라마틱해서 믿기 어렵다고 지적한다. 신문만 보아도 알 수 있는 국회의 외군철퇴안 상정 동향을 굳이 암호문서로 만들어 국부에 숨긴 행태도 기이했다.[34]

한국외국어대 김정기 교수는 '국회프락치' 사건의 한복판에 출간된 『한국에서 최초로 발생한 국제간첩사건』(일명 『김호익 수사일기』)에서 더 흥미로운 부분을 찾아냈다. 정재한을 체포하기 전날 밤 경찰은 이미 그의 소재지 건너편 집에서 그를 감시하고 있었는데, 마침 정전되었던 불이 돌아와 방 안 동정을 살피니 정재한이 벌떡 일어나 "조그마한 종이뭉치를 치마를 뚫고 즈로-스(드로어즈) 속으로 넣더라"는 내용이다. 김호익은 "말할 수 없이 흥분되어 못을 박은 듯이 꼼짝 못 하고 정재한의 거동을 바라보"았다. "아마 그 문건은 월경대 같은 데다 넣은 것같이 보였"다.[35]

단순히 국부에서 출발한 암호문서는 '아이스캔디 모양'을 거쳐 '분필만 한 크기의 똘똘 만 종이쪽지'가 됐다가 '모래알보다 더 작은 글씨로 한칸에 두줄씩 양면괘지에 수록한 것'으로 갈수록 구체화된다. '투쟁보고서'뿐만 아니라 '암호해표'도 포함되어 전체 분량이 40~50면에 이르렀다면서 그걸 어떻게 국부에 숨길 수 있었는지 도무지 믿을 수 없는 이야기였다.[36] 『김호익 수사일기』도 이런 의심을 의식했던 것 같다. 그래서 이 문제를 결국 "그 문건은 국부에서 나온 셈이다. 정(鄭)의 국부에다 월경대 비슷한 것을 만들어가지고 거기에다 문서를 다 넣었던 고로 결과로 보아서는 국부에서 나왔다 아니할 수 없다"라고 최종 정리한다.[37]

『김호익 수사일기』는 김호익 개인의 유고(遺稿)를 기초로 삼았지만 내무부차관 장경근을 비롯한 정부관계자와 선전선동 전문가들의 지혜가 집적된 공식 프로파간다 책자였다.[38] 수사를 마친 개인의 소회를 단순히 정리한 책이 아니었다. 책자를 만든 사람들은 어떻게 해서라도 이 사건을 '국제간첩사건'으로 만들고 싶어했다.

스파이소설 형식을 취한 과장보도는 시대적 강박이어서 『동아일보』는 일찌감치 정재한을 "(조)선판 마타하리, 삼팔선상의 마돈나는 꽃같이 아리따운 요부가 아니고 나이조차 마흔두살 꼭두머리가 더러 빠지고 차림차림이 허수룩한 이북 '야미'장사로 꾸민 특징 없는 하나의 중년부인"이라 묘사한다. 마타하리라는 건지 아니라는 건지 도대체 뭘 말하려는 것인지 알 수 없는 이상한 설명이다. 이 기사에는 한복을 입은 중년여인의 앞모습과 그를 바라보는 김호익 경위의 옆모습을 담은 사진이 커다랗게 첨부되어 있다. 김호익은 파이프를 입에 물고 있는 정장차림 신사의 모습이다.[39] 슬픈 사진이다. 초반의 엄청난 과장과는 달리 사건의 가장 중요한 증인인 정재한은 변호인들의 거듭된 요구에도 불구하고 끝까지 법정에 나오지 않았다. 그는 1949년 9월 3일 별건으로 사형선고를 받은 후 '국회프락치' 사건이 한창 진행 중이던 12월 6일 서둘러 처형되었다.[40] 변호인이 직접 반대신문을 해보겠다고 계속 요구하는 증인을 재판 도중에 검찰이 죽여버린 비상식적인 경우였다.

6월 21일에는 노일환·강욱중(姜旭中)·김옥주·김병회(金秉會)·박윤원

1949년 7월 23일 『동아일보』에 실린 김호익
과 정재한의 사진(위)과 '국회프락치' 사건의
물증이라는 암호문서(아래).

(朴允源)·황윤호 의원이, 6월 25일에는 김약수 국회부의장이 구속되었
다. 6월 26일 김구가 암살당했다. 6월 29일에는 미군이 철수를 완료했다.
8월 10일에는 배중혁(裵重赫)·차경모(車庚模) 의원이, 8월 14일에는 서용
길·신성균·김봉두(金奉斗) 의원이 차례로 구속되었다. 앞서 구속된 3명
을 합치면 연루된 국회의원은 총 15명이었다. 오제도 검사는 그중 차경
모, 김봉두를 제외한 13명을 기소했다. 이문원 의원의 사무장인 최기표
(崔基杓)와 변호사 오관도 함께 기소되었다. 오관 변호사에게는 이문원

의원을 남로당 특수조직 책임자 이삼혁(李三赫, 일명 하사복 또는 김사복)에게 연결시켜주었다는 혐의가 적용되었다. 1914년 전북 익산에서 태어난 오관은 일제시대 본정경찰서에서 순경으로 일하다가 니혼대 전문부 법과에 유학했고, 1943년 고등시험 사법과에 합격한 후 1946년 4월 2일 변호사시보를 마치면서 개업한 인물이다. 1948년 개성에서 발생한 민완식 대동청년단 개성지단장 살인사건에서는 피고인들을 변론하러 달려갔다가 증거인멸의 우려가 있다는 검찰의 무리한 법적용에 걸려 이경용 변호사와 함께 구금된 기록도 남아 있다.[41] 오제도의 증언을 기초로 한 소설 '특별수사본부' 시리즈 『국회프락치 사건』편은 오관 변호사가 국회의원들보다 앞서 5월 14일에 이미 구속되었다고 기록한다.[42] 이문원 의원과 오관 변호사는 소학교 동창으로 어려서부터 친구였다. 이들에 대한 긴 공소사실은 "외군철퇴와 평화통일 주장 등 그동안 소장파의원들이 펼쳐온 주요 의정활동이 모두 남로당의 지령에 따른 것이었다"로 요약할 수 있다.

'국회프락치' 사건 공판

'국회프락치' 사건의 공판은 피고인들이 구속된 후 개인별로 무려 4~6개월이 경과된 1949년 11월 17일에 처음 열렸다. 재판장은 사광욱, 배심은 박용원·정인상 판사가 맡았다. 사광욱은 평북 철산 출신으로 신의주고보와 경성법전을 졸업하고 1938년 조선변호사시험, 1940년 고등시험 사법과에 각각 합격해 경성지방법원 판사로 해방을 맞은 인물이다. 박용원·정인상 배석판사는 앞에서 언급했듯이 우리 사법역사상 변호사자격 취득의 근거가 가장 취약한 1945년 조선변호사시험 '응시자' 출신으로 이른바 이법회 구성원이다. 검찰에서는 장재갑, 오제도, 선우 종원 검사가 공판에 관여했다. 공교롭게도 사광욱, 장재갑, 오제도, 선우 종원 모두가 평안도 출신들이다.

변호인으로는 오건일(노일환), 신순언(노일환, 이문원, 신성균, 최기표, 김병회), 강병순(김약수), 최경진(김약수, 서용길, 황윤호, 오관), 박병균(김약수), 김섭(서용길), 소완규(김약수, 이문원, 오관), 김병관(강욱중), 이범승(강욱중), 임헌평(황윤호), 박원삼(최태규), 신태악(신성균, 이구수), 채용묵(신성균, 배중혁), 최대용(김병회, 오관) 등이 참여했다.[43] 한국전쟁 이전의 다른 사건들과 비슷하게 '국회프락치' 사건도 한국전쟁 중에 기록이 모두 사라져 공소장과 판결문 정도만 남아 있다. '국회프락치' 사건은 신문기사도 많지 않다. 강력한 변호인단이 조직되지 않았고, 재판진행을 집요하게 추적할 좌익계열 신문도 모두 폐간되었으며, 우익계열 신문들은 무죄를 다투는 국회의원들에게 관심이 없었기 때문이다. 그러다보니 보도를 통해 공판추이를 관찰하기가 쉽지 않다. 심지어 변호인들의 명단조차 확정이 불가능하다.

그 공백을 채워주는 사람이 당시 주한미국대사관의 삼등서기관으로 국회연락관을 맡았던 하버드대 출신의 젊은 외교관 그레고리 헨더슨(Gregory Henderson)이다. 헨더슨은 '국회프락치' 사건에 깊은 관심을 가지고 공판 전체를 거의 완벽하게 기록해 본국에 보고했다. 헨더슨의 생전에 그와 개인적으로 교유한 김정기 교수는 헨더슨의 기록과 연구결과를 종합적으로 분석한 『국회프락치 사건의 재발견』이라는 두권짜리 저작을 2008년 발간했다. 이 책에 부록으로 붙은 소책자에는 '국회프락치' 사건 공판의 회차별 전체 또는 요약기록이 영문으로 담겨 있다. 덕분에 우리는 공판정의 판검사와 피고인 사이에 오간 구체적인 심문과 공방내용을 머리에 그려볼 수 있다.

헨더슨이 '국회프락치' 사건에 관심을 갖게 된 데에는 이유가 있었다. 헨더슨은 한국에 부임하자마자 젊은 국회의원들과 친교를 맺었고, 이승만 정권과 대립각을 세운 이들의 활동에서 한국 의회주의와 민주주의의 희망을 발견했다. '국회프락치' 사건이 터지고는 한때 경찰에 쫓기던 김약수 국회부의장이 헨더슨의 집에 은신 중이라는 소문이 돌기도 했다. 훗날 헨더슨은 "이따금 그가 내 집에 왔었다면 오죽 좋았을까 생각하기도" 했다고 술회한다. 헨더슨의 집에 있던 커다란 금고라면 한사람쯤 안전하게 숨기는 데 문제가 없었기 때문이었다. 그는 그만큼 소장파의원들에게 강한 애정을 가지고 있었다.[44] 직접 공판에 참관하기 곤란했던 헨더슨은 미대사관의 한국인 직원 신정균(申珽均)과 김우식(金禹植)을 보내 공판을 기록하게 했다.[45]

피고인은 많았지만 공판정의 공방은 주로 노일환·이문원 의원을 중심으로 진행되었다. 검찰의 기소내용이 두사람을 남로당과 연결되는 중심축으로 설정했기 때문이다. 노일환은 일제시대 보성전문 상과를 졸업하고 『동아일보』 기자로 일했던 한민당 소속의 국회의원이었다. 그는 스스로를 민족주의자이자 자유주의자로 규정했다. 남로당원인 이삼혁과 만난 적은 있지만 남로당 가입을 권유받거나 프락치를 구성하라는 지시를 받은 적은 결코 없다고 자신에게 적용된 혐의를 전면 부인했다. 헌병대에서의 자백은 "건강이 고문을 이기지 못했기 때문"이며, 미군철수 주장은 순전히 자발적인 것이고, 정재한 여인이 소지했다는 문서는 본 적도 없다고 주장했다. 전주사범 출신의 이문원은 교사로 오래 일하다가 대동청년단 소속으로 제헌국회에 입성했다. 그도 이삼혁을 만난 적은 있지만 남로당원인지 몰랐다고 혐의를 부인했다. 이문원도 수사기관의 고문 때문에 어쩔 수 없이 자백했을 뿐이라고 주장했다.

재판을 진행한 사광욱 판사는 이런 이야기에 귀를 기울이지 않았다. 대신 피고인들의 외군철수 주장 자체를 문제시했다. 엄밀히 말하자면 소장파 국회의원들이 주장한 것은 '미군'철수가 아니라 소련군을 포함한 '외군'철수였다. 그러나 공판 내내 사광욱은 "피고인들은 항상 외군철수를 요구하지만 사실은 미군철수를 바라지 않았나?"라고 물으며, "외군철수 요구는 국민의 뜻에 거역하는 것이요, 국민의 이익에 역행하는 것이요, 남로당에 이용되는 것"임을 알아야 한다고 훈계했다.[46] 김정기 교수가 적절히 지적하고 있듯이 이 공판의 핵심쟁점은 국회의원들이 남로당의 지령을 받았느냐는 것인데 재판장은 계속 외군철수 주장 자체만을 문제 삼았다. 남로당의 지령 부분에 대해서는 정재한 여인의 국부에서 발견되었다는 암호문서와 고문에 의한 상호자백 빼고는 분명한 증거가 없었기 때문이다. 그만큼 실체가 약한 사건이었다.

피고인 수가 워낙 많다보니 논고와 최후변론도 2월 10~13일 나흘 동안 세차례에 걸쳐 진행되었다. 변호인들은 모두 비슷한 변론을 펼쳤다. 암호문서를 증거로 믿을 수 없고, 자백은 고문에 의한 것이어서 임의성이 없으며, 외군철수 주장 자체는 표현의 자유가 보장되는 민주국가에서 위법이 아니라는 주장이었다. 일부 변호인은 암호문서를 포함한 이 사건 자체가 남로당의 계략이라면서 그걸 그대로 믿는 순간 그들의 계략에 넘어가는 셈이라는 논리를 폈다.

국회부의장 김약수의 변호를 맡은 강병순 변호사는 "김약수가 박헌영보다 선배이고 해방후 남로당에 가입할 숱한 기회가 있었음에도 그러지 않고 한민당에 가입했는데 그가 국회의원에 선출된 후 남로당에 가입했을 리 없다"라고 주장했다. 김원봉과 함께 중국에서 활발한 독립운동을 펼치면서 각각 '약산(若山)'과 '약수(若水)'로 이름을 바꿨고, 1차 조선공산당 사건으로 구속되기도 했던 역전의 투사 김약수는 해방후 중도좌파를 대표해 한민당에 참여했다가 김병로와 함께 탈당했다. 김규식과 함께 좌우합작운동에 참여했지만 단독정부수립에 찬성하면서 5·10선거에도 참여했고, 소장파의 리더로 신망을 얻었다. 대표적인 전향자였던 김약수와 조봉암이 대한민국에서 맛본 참담한 몰락은 우리 사회 전체로 보아서도 안타까운 손실이었다.

강욱중 의원을 담당한 김병관·이범승 변호사는 개인적인 인연으로 변론을 맡았다. 1946년 11월 16일 조직된 '조선법학회'*에서 이범승은 회장을, 강욱중은 상무이사를, 김병관은 총무부 담당이사를 맡았다.[47] 강욱중은 박용원·정인상 판사와 마찬가지로 1945년 조선변호사시험 '응시자', 즉 이법회 출신이었다.[48] 해방후 곧바로 사법관시보에 임용된 두 판사와 달리 강욱중은 1948년 시행된 2회 변호사시험에도 다시 응시해 합격했다. 뒤에서 자세히 살펴보듯이 이법회 출신이었기 때문에 2회 변호사시험의 필기시험은 면제받았다. 구술시험이 1948년 10월 10일에 시행되었으므로, 강욱중은 국회의원 신분으로 구술시험에 도전한 셈이 된다. 조선법학회 상무이사에다가 현직 국회의원이었으니 좁은 법조계 바닥에서 그를 떨어뜨리기는 쉽지 않았으리라 추측할 수 있다.

공판정에서 김병관 변호사는 "강욱중과 나는 공산주의자들에 의해 조직된 법학자동맹** 가입을 거부했다"라고 술회했고, 이범승 변호사는 "강욱중이 결코 남로당원이 아니"라고 변론했다. 변호인들이 조평재와

---

* 헨더슨의 기록은 이를 'the Jurisprudence Society'로 번역했다.
** 헨더슨의 기록은 이를 'the Jurist Society'로 번역했다.

홍순엽이 주도한 법맹과 명확한 선을 그은 것도 흥미롭다. 1948년 2월에 이미 조선법학회 소속 변호사들은 "해방후 조선변호사회를 대행해오던 법조회"를 탈퇴하고, "신법령에 의해 창설된 조선변호사회*"에 참가한 다는 성명서를 발표한 적이 있었다. 이범승·신태익·강거복·이봉구·김병관 등 탈퇴 변호사들을 신문이 "민족진영 변호사"들로 지칭한 걸 보면 조선법학회 구성원들은 대체로 우익 색채였던 것 같다.[49] 당시 법조회가 전체적으로 좌익성향을 띠고 있었던 것도 알 수 있다. 강욱중은 '국회프락치' 사건 초기인 1949년 6월에는 먼저 구속된 이문원·이구수·최태규 의원의 변호를 맡겠다고 나서기도 했다. 자기도 구속될 줄 모르고 벌인 일이었다.[50]

김약수, 서용길, 황윤호, 오관을 맡은 최경진 변호사의 변론도 따로 언급할 만하다. 함남 함흥 출신인 최경진은 규슈제대 법문학부에 재학 중이던 1934년 고등시험 행정과와 사법과에 모두 합격해 함경도와 평안도에서 행정관료와 경찰로 일한 인물이다. 해방 당시 직위는 조선총독부 경방부 경무계 형사행정경찰반장이었다. 노덕술을 비롯해서 월남한 경찰관들의 기용에 힘을 썼던 바로 그 사람이다. 미군정에서 경무국장대리와 경무부차장을 지낸 최경진은 1947년 12월 26일 모든 공직에서 물러나 서울에서 변호사를 개업했다. 친일경찰의 대부였던 그의 전력을 생각하면 무려 4명의 피고인이 변론을 부탁한 것도 쉽게 이해할 수 있다. 최경진 정도라면 자신의 억울함을 풀어줄 수 있으리라 기대했을 것이다.

---

* 시기로 보면 1946년 3월 9일 군정법률 제11호 '조선변호사회 창설에 관한 건'에 따른 조선변호사회를 의미한다. 조선변호사회는 1948년 7월 1일 군정법령 제207호로 제정된 변호사법에 따라 조선변호사협회가 되었고 1949년 11월 7일 법률 제63호로 제정된 변호사법에 따라 대한변호사협회로 이름을 바꾸었다.

함남 정평 출신인 김호익은 최경진의 직계후배였다. '국회프락치' 사건을 처리하고 뒤이어 '법조프락치' 사건을 수사 중이던 김호익은 1949년 8월 12일 사무실에서 이용운이라는 청년에게 암살당했다. 처음에 경찰은 소련영사관이 관련 있다고 발표했지만 아무 근거 없는 이야기였다.[51] 나중에는 이용운이 '남로당 특수별동대원'이라고 발표했지만 이용운은 "프락치 사건이라는 이유로 애국자라고 생각했던 국회의원을 체포한 것을 보았고, 이러다가는 애국자 전부를 잡을 것으로 생각돼 격분 끝에 김호익을 살해한 것이며, 이적 간첩행위를 한 적이 없고 누구에게도 지령을 받은 일도 없다"라고 주장했다.[52] 가해자와 피해자가 모두 군인신분이 아닌데도 "간첩을 많이 잡던 김호익이 순직함으로써 군에도 영향을 주었다"라는 식의 터무니없는 논리로, 재판은 군법회의로 진행되었다. 재판장은 원용덕 준장, 주심은 손성겸 대령이었다. 1949년 9월 30일 이용운은 지리산 문화공작대 사건의 유진오 시인, 14연대 반란사건의 주범인 김지회의 아내 조경순, 남로당 이론가이자 국문학자 김태준(金台俊) 등과 함께 총살형을 선고받았다.[53] 군사재판이라 단심으로 재판이 마무리된 후 이승만 대통령은 이용운과 김태준에 대한 사형을 확인했다.[54] 최경진 변호사는 이렇게 세상을 떠난 김호익과 자신의 인연을 중심으로 변론을 펼쳤다.

"고 김호익 경위가 개인적으로 이 사건을 수사했고, 저는 그가 얼마나 열심히 수사했는지 잘 알고 있습니다. 절친한 동료인 그는 제가 경무부 차장이던 시절 저의 지휘를 받아 일하던 부하이기도 합니다. 처음에 저는 본건이 내란죄 사건이라고 생각했고 이 사건을 맡아도 되는지 고민했습니다. 그러나 이 사건을 맡고 나서 그게 잘못된 생각임을 깨달았습니다. 다른 변호사들이 이미 논한 세부적인 이야기를 반복하고 싶지는 않습니다. (이 사건에는) 피고인들이 죄를 범했음을 입증할 충분한 증거가 존재하지 않습니다. 판사님께서 올바른 판단을 내려주시기를 희망합니다."[55]

경찰 최고위직 출신인 최경진마저도 회의를 품었던 '국회프락치' 사건 1심 공판은 1950년 3월 14일 피고인 전원에게 유죄를 선고하면서 막을 내렸다. 형량은 노일환·이문원 의원 징역 10년, 김약수·박윤원 의원 징역 8년, 김옥주·강욱중·김병회·황윤호 의원 징역 6년, 최태규·이구수·서용길·배중혁·신성균 의원 징역 3년, 오관 변호사 징역 4년, 최기표 사무장 징역 1년 6개월에 집행유예 3년이었다. 피고인들은 항소했지만 항소심이 마무리되기 전에 한국전쟁이 터졌다. 서용길을 제외한 모든 피고인들은 감옥에서 풀려나 월북하거나 납북되었다. 기록이 모두 사라졌기 때문에 홀로 남은 서용길 의원에 대해서는 법원 재난에 기인한 민형사사건 임시조치법 제2조와 제3조에 따라 공소가 취소되었다. 암살음모 사건 피고인인 노덕술·박경림·최란수·홍택희에게 적용된 바로 그 조문이었다. 서용길은 평생 자신의 억울함을 호소했지만 어차피 지난 사건에 아무도 관심을 갖지 않았다.

'국회프락치' 사건이 어디까지 진실이고 어디부터가 조작인지를 지금 와서 증명할 방법은 없다. 다만 재판 자체가 충분한 증거에 기초하지 않았기 때문에 만약 상급심이 정상적으로 진행되었다면 상당부분이 무죄로 뒤집혔으리라는 추측은 가능하다. 지금 기준으로 보면 공소사실 대부분이 공소장일본주의 위반으로 아예 삭제되어야 한다는 문제도 있다. 공소사실과 관련 없는 불필요한 내용이 너무 많은 대신 본질적인 기소내용이 분명치 않은 이상한 사건이었다.

당시 미대사관에 근무하던 에른스트 프랭켈(Ernst Fraenkel) 박사가 내놓은 상세한 법리검토 보고서도 피고인들의 무죄를 강력하게 뒷받침한다. 독일 출신의 노동법 전문 변호사였던 프랭켈 박사는 히틀러가 집권하자 1939년 미국으로 망명해 종전 후 미군정에서 점령정책과 법무행정을 담당했던 독특한 인물이다.[56] 그의 보고서는 법원의 판결 직전에 작성되어 1950년 3월 22일자로 외교공문에 동봉되었다. 프랭켈 보고서에 따르면 '국회프락치' 사건 피고인들의 자백은 강압에 의해 작성되어 증거능력이 의심스럽고, 암호문서는 진정성립이 인정되지 않아서 증거능력이 없으며, 공개재판에서의 피고인 진술은 수사단계의 자백과 상당부분 불일치하고, 증인들의 증언은 오히려 피고인의 진술을 뒷받침하는 경우가 많아 유죄를 인정하기 어려운 상황이었다. 변호인들이 요구한 증거조사와 증인신문을 법원이 모두 기각한 것도 절차상 심각한 하자였다. 헌법과 국제법에 의해 인정되는 표현의 자유를 비롯한 각종 기본권이 침해된 것도 문제였다. 순전히 피고인들의 수사단계 자백과 암호문서에만 의존한 기소에 대해 법원이 유죄를 인정할지는 지켜봐야 한다는 것이 프랭켈 박사의 결론이었다.[57]

『한국변호사사』에 따르면 프랭켈 박사는 1946년 4월 11일 군정청지령 제12호에 의해서 조선에서의 변호사자격을 인정받았다. 그를 제외한 변호사자격 취득자는 대부분 미군법무관들이었다.[58] 변호사로서 프랭켈은 한국인을 직접 도울 수 있었고, 실제로도 그런 역할을 담당했다. 역시 김정기 교수가 발굴한 극적인 이야기다. 헨더슨의 '국회프락치' 사건 기록작업을 도왔던 김우식은 1950년 5월 23일 '성시백 프락치' 사건으로 경찰에 체포되었다. 성시백(成始伯)은 북로당계 간첩으로 남파되었다가 1950년 5월 15일 체포되어 처형당한 인물이다. 성시백 사건은 남로당원에서 전향한 홍민표(洪民杓, 본명 양한모梁漢模)의 역공작으로 조직이 와해된 경우라서 다른 간첩사건에 비해서는 그나마 실체를 갖추었다는 평가를 받는다. 미대사관 '프락치' 김우식이 1949년 8월에 열린 이승만과 장제스 회담을 녹음해 북한으로 올려 보냈다는 전직 노동당간부 S씨의 증언도 남아 있다.[59] S씨는 앞서 언급한 박병엽이 틀림없다.

김정기 교수는 2007년 도쿄에서 김우식을 만나 당시 상황을 청취했다. 김우식은 "오해받을 만한 일이 있기는 하다"라고 입을 연다. 경복중학교와 연희전문을 졸업한 김우식은 홍민표와 중학교 동창이었다. 경찰에 체포된 김우식은 다짜고짜 전기고문부터 받았고, 서울시경찰국에 끌려가서야 일제시대 교도소에서부터 알고 지낸 사회주의자 송태경이 성시백의 조직원이었다는 사실을 듣게 된다. 송태경은 손목과 갈비뼈가 부러진 상태로 서울시경찰국의 CIA사무실 구석에 귀신처럼 서 있었다. 얼굴은 멍으로 부어올라 알아볼 수도 없었다. 송태경은 "김우식에게 『중국백서』를 받았다"라고 불리한 진술을 했다. 진술내용 자체는 사실이었지만 『중국백서』는 미국무부가 공식적으로 공개한 문서였다. 송태경이 공산당원인 것을 전혀 몰랐다는 김우식의 범행 부인은 경찰에 통하지 않았다. 동창인 홍민표가 구해주기를 기대했지만 그런 일은 일어나지 않았다.

다행히 김우식이 체포되던 날 그와 함께 살던 여동생이 경찰의 거친 태도를 보고 납치라고 오인해 이를 즉시 미대사관의 노동담당관 스탠리 얼(Stanley Earl)에게 알렸다. 얼은 김우식을 체포한 것이 경찰임을 바로 알아냈다. 덕분에 프랭켈 박사가 김우식을 접견하러 달려갈 수 있었다. 김우식은 한국전쟁이 발발하기 직전인 6월 22일 밤 9시에 석방되었다. 프랭켈이 법률적으로 조언하고 헨더슨과 얼을 비롯한 동료들이 사표까지 제출하며 김우식을 옹호한 덕분이었다. 김정기 교수는 김우식이 겪은 일이 '작은 프락치' 사건이었다고 명명한다.[60] '진짜' 공작원인 송태경과 만나 자료를 건네준 사실이 존재하는 이상 김우식이 빠져나갈 가능성은 거의 없었다. 그가 살아남은 것은 순전히 미국 친구들 때문이었다. 그런 천운을 누린 사람은 그리 많지 않다. 김우식은 1953년 한국을 떠나 일본에 정착했다. 사실상 망명이었다. 공판과정을 기록하며 '국회프락치' 사건 관련 국회의원들을 돕고자 했던 김우식은 이렇게 해서 자기 자신도 프락치 관련자가 되었다.

제헌국회의 몇몇 의원들은 '국회프락치' 사건에 대해 훗날 매우 흥미로운 평가를 남겼다. 윤치영은 정재한 여인의 암호문서를 언급하며 "그 증거로 몇사람이 구속되었는데 내용은 오래된 것"이었고 "우리가 보기에는 정치적 탄압으로 볼 수 있다"라고 말했다. 윤치영은 윤치호의 사촌동생이자 윤보선의 숙부다. 중앙학교에서 이승만에게 영어를 배운 그는 일평생 이승만의 최측근이었다. 해방후에는 이승만의 비서로 정국을 좌지우지했고 제헌의원, 초대 내무부장관으로 여순반란사건을 진압하는 데 앞장섰다. 장택상과 이기붕에게 밀려나 이승만에게서 멀어진 후에도 마음만은 이승만을 떠나지 않았다. 그런 그가 보기에도 '국회프락치' 사건은 '정치적 탄압'이었다.

이재형(李載瀅)은 제헌국회에서 시작해 12대까지 무려 일곱번이나 국회의원을 지낸 인물이다. 전두환이 민주정의당을 만들 때는 창당준비위원장을 맡았고, 11대와 12대 국회의원 선거에서는 전국구 1번으로 얼굴마담 노릇도 했다. 이재형은 '국회프락치' 관련 의원들이 한국전쟁 때 북한으로 넘어가기는 했지만 "남로당에 가입코자 간 것인지, 정 때문에 간 것인지"는 모르겠다고 말한다. '국회프락치' 사건 수사 당시의 상황에 대해서는 이렇게 회고한다.

"관련된 사람들 중에는 접선된 국회의원과의 이야기 도중 국회의원 이야기니까 일리가 있다고 그대로 따라간다든지 하여 연루된 사람들도 많이 있어, 여러가지 농도의 차이가 있을 것입니다. 나중에 내각책임제 개헌논의 때에는 이 사건을 정치적으로 이용했습니다. 당시에 보면 밤에는 요릿집, 낮에는 치안국 수사계로 끌고 다니는 거예요. 요릿집에서는 우리 세력에 가담하면 모든 혐의를 풀어준다고 하고, 낮에는 경찰한테 끌려가서 '당신 시인하시오' 이렇게 되었어요. 그러니까 이렇게 당한 분들은 지금도 생각하기를, 프락치에 관련된 많은 사람들은 정치적으로 정부에 반대했기 때문에 당했다는 생각을 많이 가지고 있어요. 6·25동란이 아니었으면 이 문제가 정확하게 밝혀졌을 텐데 6·25동란으로 자료가 불살라져버려 그것을 규명할 길이 없지요."[61]

당대의 동료 국회의원들 사이에서는 '국회프락치' 사건의 조작에 대해 거의 이견이 없었다.

'적색 사법관' 사건

'국회프락치' 사건이 터진 후 남로당 관련자 색출 분위기는 남한 전체로 확산되었다. '중앙청 프락치' '경찰청 프락치' '관공서 프락치' '대한청년단 프락치' '한국독립당 프락치' '조선신화당 프락치' '사회민주당 프락치' '민족자주연맹 프락치' '보도연맹 프락치' 등등 아무 데나 '프락치'만 붙이면 그럴듯한 사건이 되었다. 남한에서 세력을 회복하려는 남로당의 끊임없는 도발도 문제였지만, 그에 맞서는 사람들의 집단편집증도 심각했다. '법조프락치'도 그런 시대의 산물이다. 1차 '법조프락치' 사건은 '국회프락치' 사건 수사가 한창 진행 중이던 1949년 7월 23일 서울지방검찰청 김영재 차장검사가 남로당 프락치 혐의로 경찰에 체포 됨으로써 막이 올랐다.[62] 제목은 '1차'지만 법조계 사람들이 '프락치' 사 건에 연루된 것이 김영재 검사가 처음은 아니었다.

1947년 12월 15일 서울지방심리원에서 사법관시보로 일하던 남상문 (南相文)이 '사법기관 내의 남로당 프락치' 혐의로 중부경찰서에 구속되 었다.[63] "모종의 정치단체에 가입하여 재판소에 세포조직을 하려" 했다 는 혐의였다.[64] 보도에 따라 구체적 내용이 조금씩 다르기는 하지만, 서 울지방검찰청에서 수도청 사찰과를 수사 지휘해 남상문을 중부경찰서 에 인치한 걸로 보인다. 12월 18일 한밤중에는 누군가가 서울지방검찰 청 강석복 검사실의 잠긴 문을 열고 침입해 서류를 들춰본 흔적이 다음 날 아침 발견되었다. 중요한 서류는 모두 금고 속에 넣어두었기 때문에 강검사가 배급 타놓은 물품만 일부 사라졌다. 보도가치가 매우 의심스 러운 사소한 사건이었지만 신문보도는 "이 범행은 절대로 보통 절도행 위가 아니라 딴 관계인 것 같으며 특별열쇠로 잠근 책상을 연 것으로 보 아 그 범행동기가 극히 주목된다"라고 덧붙였다.[65] 남상문 시보 구속과 함께 뭔가 엄청난 음모가 진행 중이라는 뉘앙스였다. 그 사실을 흘린 검 찰관계자도 그대로 보도한 신문도 이제 막 불붙기 시작한 집단편집증의 전형적인 양상을 보여준다.

12월 27일 남상문 사건이 검찰에 송치될 때에는 체포된 사람들의 구 체적인 규모가 드러났다. 그사이 남상문 말고도 홍승기(洪承琪) 시보와 7명의 서기들이 더 구속되었다. 이들을 송치받은 것은 조재천 부장검사 였다. 주범인 서울지방검찰청 남병수('남병주南炳澍'로 표기된 자료도 있다) 검사는 도주하여 체포하지 못했다.[66] 1948년 1월에는 서울지방심리원 홍현욱(洪顯旭) 민사과장과 홍일유(洪日裕) 등기과장이 구속되었고, 남상문과 관련되어 이미 수배 중이던 서범석(徐範錫) 시보도 뒤늦게 붙잡혔다.[67] 이 세사람도 1월 13일에 조재천 부장검사에게 송치되었다. 송치받은 것은 조재천이었지만 나중에 공판정에서 오제도 검사가 구형한 것을 고려하면 실제로 사건을 수사한 주임검사는 오제도였던 것 같다. 당시 "조재천 검사와 오제도 검사가 자기들은 사상검사로서 모든 사상사건을 맡아서 하겠다고 했다"라는 강석복 검사의 증언도 남아 있다. 그래서 강석복은 사상사건 대신 부정부패 사건을 주로 취급했다고 한다. 그만큼 오제도 검사는 처음부터 공안사건에 대한 강한 의지를 가지고 있었다.[68]

남상문·홍승기·서범석 시보를 기소하는 데 쓰인 법조문은 포고 제2호였다. 해방직후 조평재나 윤학기 등 선배 변호사들에게 마구잡이로 적용되었던 바로 그 규정이다. 아직까지 남로당이 불법화되기 전이라 남로당원이라는 사실만으로 누군가를 처벌할 방법은 없었다. 남로당원과 접촉해도 그 자체가 범죄는 아니었다. 거창하게 포장된 사건이었지만 최종적으로는 기껏 무허가집회를 열었다는 죄목으로 기소할 수밖에 없었다. 남상문·홍승기·서범석은 "서울지검 검사였던 남병수의 권유를 받아 좌익을 알기 위한 학술연구의 목적으로 남로당에 가입했으며, 별다른 활동 없이 신문 등을 읽고 정담(政談)을 하기 위해 모였던 것인 만큼 무허가집회에도 이르지 않았다"라고 변명했다. 1심 법원은 이들의 변명을 받아들이지 않았다.[69] 2월 12일 오제도 검사는 남상문·홍승기·서범석에게 징역 1년을 구형했고, 2월 20일 서울지방심리원 이천상 판사는 이들에게 징역 10개월을 선고했다. 피고인들은 1심의 실형선고에 불복하여 항소했는데, 최종적인 재판결과는 신문보도를 통해 확인할 수 없다.

'적색 사법관' 사건은 남로당이 불법화되기 이전에 남로당에 가입하거나 독서회 모임에 참가한 사람들을 문제 삼았다는 점에서 이후에 벌어진 '법조프락치' 사건의 원형이 된다. 함께 구속되었던 홍현욱 민사과장은 기소되지 않았다. 일제시대 선린상고를 졸업하고 보통시험에 합격해 경성지방법원 서기로 일하던 중 1947년 1회 변호사시험에 합격한 홍현욱은 한국전쟁시기 해군법무관으로 일했고, 1979년에는 서울제일변호사회장을 지냈다. 걸려든 사람 중에 어떤 이는 살아남은 것이다.

이 사건에 등장하는 인물들 대부분이 한국전쟁을 전후해 사라진 까닭에 그들의 출신배경을 파악하기란 쉽지 않다. 일단 남상문·홍승기·서범석을 지도했다는 남병수 검사는 1910년 8월 20일 강원도에서 태어나 해방직후인 1946년 1월 6일 변호사시험 구두시험을 마치고 2월 28일 변호사로 등록했음을 확인할 수 있다.[70] 같은 날에 함께 구두시험을 마친 강공승·손두환·조건묵 등이 1943년 또는 1944년 정식으로 조선변호사시험에 합격한 사람들임을 고려하면, 남병수 역시 일제시대 말에 창씨명으로 조선변호사시험에 합격했으리라 추측할 수 있다. 남병수는 1946년 7월 한영욱·조평재·강혁선·김양과 함께 전평 고문변호사단에 이름을 올렸다. 조선정판사 '위조지폐' 사건 공판이 열리기 직전이었다. 전평 고문변호사단에까지 참여한 변호사치고는 흔치 않게 남병수가 1946년 9월 9일 서울지방법원 검사국 검사에 임명되었다. 1947년 10월의 서울지방검찰청 배치를 보면 남병수는 옥선진 부장검사 아래에서 김영천·박근영·선우종원·윤태림 등과 함께 일했다. 조재천 정보부장 아래에는 강석복·유태영·오제도 검사가 근무 중이었다. 남병수에 대한 기록은 딱 여기까지다. 적색 사법관 사건의 배후로 지목된 그는 우리 역사에서 완전히 사라졌다. 남쪽에 발을 붙이기 어려운 상황에서 일찍이 월북한 것으로 조심스럽게 추측해본다.

사법요원양성소 출신의 법률가들

'적색 사법관' 사건으로 걸려든 남상문·홍승기·서범석 시보는 모두 사법요원양성소 출신이었다. 사법요원양성소는 단 한번의 입소시험만이 치러졌고 제대로 운영되지도 못했으며 사람들의 기억에서 곧 사라진 기관이지만, '적색 사법관' 사건뿐만 아니라 그 이후 전개되는 2차 '법조프락치' 사건에서 매우 중요한 비중을 차지한다. 해방이후 첫번째 법조인 임용시험이었다는 점에서도 큰 의미를 갖는다. 친일경력이 없는, 아니 최소한 없어 보이기는 하는 첫번째 세대 법률가들이었다.

해방공간에서 잠시 '통역권력' 노릇을 했던 미군정청 법무국장대리 김영희 박사는 1946년 1월 30일 모집인원 100명, 교육기간 1개년*의 사법관 및 변호사자격자 양성기관인 사법요원양성소 개설 계획을 발표했다. 일제시대의 사법관시보 대신에 '미국식 법률학교' 개념을 도입한 항구적인 법조인 양성제도를 마련하자는 논의의 결과물이었다. 아직 김영희 박사의 힘이 남아 있던 시절이었다.

사법요원양성소 입소자격은 ①고등시험 사법과 합격자, ②조선변호사시험 합격자, ③학무국장이 인정한 대학 혹은 전문학교에서 3년간 법률학과를 수료한 자, ④중등학교를 졸업한 자로서 본 양성소 예비시험

---

* 뒤에서 살펴보는 양성소 학생들의 요구와 전후상황을 종합해볼 때 김영희가 최초에 구상했던 사법요원양성소는 1년간 사법요원양성소에서 강의를 듣고 2년차에 사법관시보로 임명되는 모습이었던 것 같다. 이는 1971년에 문을 연 사법연수원과 동일한 형태다.

에 합격된 자였다.[71] ① ②의 요건을 갖춘 사람은 필기시험이 면제되었고, ③의 요건을 갖춘 사람은 예비시험이 면제되었기 때문에 2월 20일 옛 중추원 자리에 있는 사법요원양성소에서 치러진 예비시험에 응시한 사람은 45명에 불과했다.[72]

1945년에 중단된 조선변호사시험의 필기시험 응시자 200여명 중 북한 거주 등의 이유로 연락이 두절된 사람을 제외한 106명(이른바 이법회 구성원)은 일본인 시험위원회로부터 합격증을 발부받아 ②번 범주에 포함되었으므로* 굳이 예비시험에 응시할 필요가 없었다. 필기시험도 면제받았다. 1942년과 1943년 고등시험 사법과 합격자, 1943년과 1944년 조선변호사시험 합격자 중에서 실무수습을 마치지 못한 사람들도 사법요원양성소를 통해 판검사로 진출할 기회를 얻었다. 이들도 당연히 예비시험과 필기시험을 면제받았다. 3월 1일부터 사흘간 치러진 민법, 상법, 형법, 민사소송법, 형사소송법, 국제법의 필기시험에는 71명이 합격했고,** 3월 30일부터 이틀 동안 치러진 민법, 형법 구술시험을 거쳐 최종 합격한 사람은 62명이었다.[73] ① ②의 요건을 갖추어 필기시험을 면제받은 사람들이 많았던 까닭에 71명의 필기시험 합격자와 62명의 최종합격자의 교집합은 43명에 불과했다. 필기시험을 거치지 않은 최종 합격자가 그만큼 많았고, 필기시험 합격자 중에는 최종 탈락자가 적지 않았다는 의미다.

당시 일본에서 변호사로 일하다 해방직전 귀국한 안윤출 변호사는 해

---

* 조선변호사시험 예비시험 합격자들이 사법요원양성소 입소시험의 예비시험 면제를 청원한 기사도 발견되는데, 이는 아마도 1944년 이전의 조선변호사시험 예비시험 합격자들로 추정된다. 「사법요원양성소 예시 면제를 진정」, 『자유신문』 1946년 2월 2일자 2면.

** 1946년 2월 28일 구자관, 유영윤, 김윤근, 오승근, 장후영, 홍진기, 이호 등이 사법요원양성소 시험위원으로 임명되었다. 『미군정청관보』 1946년 3월 22일자 법무국 임명사령 제14호.

방과 함께 광화문 근처에 후진양성을 위한 '법조연구회'라는 모임을 만들었다.[74] 이곳은 짧게나마 사법요원양성소 입소시험을 준비하기 위한 일종의 학원 역할을 수행했다. 이화여전 출신으로 법률가를 꿈꾸던 이태영(李兌榮)은 1946년 1월 광화문통 도염동 골목에서 '법우회'라는 간판을 보고 무작정 들어갔다. 그곳 또한 사법요원양성소 입소를 준비하는 일종의 학원이었다. 이태영이 치른 '법우회' 입학시험 문제는 '사기, 강박에 의한 의사표시'였고, "상식적으로 몇줄 쓰고 나온" 결과는 35점이었다. "귀하는 소망이 없으니 단념하는 것이 가하다"라는 강평을 해준 사람이 안윤출 변호사였다. 안윤출은 특별재산심판소 판사로 잠시 이름을 올렸다가 물러난 상태였다. 이태영은 그후 서울대 법대를 졸업하고 2회 고등고시 사법과에 합격하여 한국 최초의 여성변호사가 된다.[75]

사법요원양성소 부속으로 3년제 야간과정인 '경성법학원' 설립을 추진한 기록도 남아 있다. 중학교 졸업 이상 학력, 재판소 서기 4년 이상 경력자를 대상으로 경성법학원 신입생을 모집하기도 했다. 경성법학원 졸업자들에게는 사법요원양성소 입소시험의 예비시험을 면제할 예정이었다.[76] 사법요원양성소는 1946년 4월 15일 오후 2시 미군정청 유억겸 교무부장, 이종성 대법원 검사총장, 이홍종 법조단* 간사장 등의 축사와 함께 입소식을 개최했고,[77] 권승렬 부소장**을 비롯해 계창업(桂昌業), 홍진기, 이호 등의 교수진이 임명되었다.[78] 이와 같은 진행과정으로 미루

---

* 앞서 설명한 것처럼 미군정 법무국령 제4호에도 불구하고 변호사들은 계속 서울변호사회 명칭을 사용했다. 이홍종은 경성변호사회장에 이어 서울변호사회장(조선변호사회 서울분회장)을 맡았다. '법조단'도 서울변호사회를 의미하는 것으로 보인다.

** 『법원사』(법원행정처 엮음, 1995, 200면)는 권승렬이 사법요원양성소의 초대 소장에 임명되었다고 기록한다. 그러나 『미군정청관보』 1946년 5월 24일자 사법부 해임명령 제2호는 권승렬을 사법요원양성소 부소장에서 해임한다고 기록한다. 『한국사데이터베이스』가 수록하고 있는 『대한민국인사록』(1950, 189면)도 이를 뒷받침한다.

어볼 때 최소한 1946년 4월까지는 우리 사법의 초창기 설계자들이 사법요원양성소를 실제로 창설하여 운영하겠다는 의지를 가졌던 것 같다.

야심찬 출발과는 달리 사법요원양성소의 수명은 두달을 넘기지 못했다.* 공식기록에 속하는 『한국법관사』와 『법원사』는 예산부족으로 인한 미군정청의 설치 거부에서 사법요원양성소 설치 무산의 이유를 찾는다.** 그러나 그 이유만이 전부였다고 보기는 어렵다. 미군정청 법무국 사무관으로서 사법요원양성소 창설업무에도 관여한 김종수 변호사는 "양성소 학생이 2년 수업은 길다고 반대하여 1년으로 단축을 요망하였고, 또 학교 모양으로 강의 듣는 것을 거절하고 실지 법원·검찰에서 실무를 수습하겠다고 들고나와, 개소 1~2개월 만에 그들의 희망을 들어 수업기간 1년으로 단축하고 즉시 법원, 검찰청으로 배치시켜버렸다"라고 증언한다.[79]

이법회의 일부는 1945년 11월 19일자로 이미 사법관시보로 임명되었는데, 사법관시보 지원시기를 놓치거나 선발에 탈락한 다른 이법회 회원의 일부는 사법요원양성소 입소시험의 필기시험을 면제받고 구술시험에 합격하여 사법요원양성소에 들어온 상태였다. 사법요원양성소 구성원 중에는 고등시험 사법과와 조선변호사시험 출신들도 포함되어 있었다. 이미 임명된 사법관시보들과 비슷한 조건을 갖추고 사법요원양성소 입소시험이라는 별도의 관문까지 통과한 이들로서는 2년간의 '미국

---

* 「사법요원양성소는 불과 2개월에 폐쇄」, 『자유신문』 1946년 6월 25일자 2면. 이 기사에 따르면 1차로 18명이 사법관시보로 지방청에 배치되었고, 나머지 44명은 발령조차 나지 않은 상태에서 대기해야 했다. 기사는 사법부의 처사가 경솔하다는 세평을 전하고 있다.
** 공식기록들(『법원사』, 200면; 법원행정처 엮음 『한국법관사』, 육법사 1976, 86면)의 '설치 무산' 표현과는 달리, 사법요원양성소는 '설치되었으나 곧 폐쇄되었다'고 보는 것이 타당하다. 입소시험이 사법요원양성소에서 치러진 것으로 미루어볼 때 공간이 이미 확보된 상태였고, 개소식을 마치고 교수진이 임명되었으며, 두달 가까이 실제로 교육이 이루어졌기 때문이다.

식 법률학교 교육'이 불공평하게 느껴졌을 것이다. 미래를 예측할 수 없는 '사법요원양성소' 타이틀보다는 기성 법조인들이 거친 사법관시보 과정이 유리하다는 생각을 했을 수도 있다. 이법회라는 이해관계 공통 집단을 만들어 "추가시험 없는 조선변호사시험 합격증 취득"이라는 목표를 성취한 경험도 이들이 자신의 요구를 관철하는 데 일정부분 기여 했으리라 추측할 수 있다. 1946년 봄 반짝했던 사법부의 백가쟁명 속에서 사법요원양성소의 젊은 법률가들도 나름대로 자기 목소리를 반영할 기회를 가졌던 셈이다. 어쩌면 이 경험 때문에 다수의 사법요원양성소 출신들이 나중에 좌익으로 몰리게 되었는지도 모른다.

사법요원양성소라는 새로운 법률교육시스템을 정착시킬 주도세력이 부재했던 것도 사법요원양성소가 중도 해체된 주요원인이다. 사법요원양성소가 기획·설치·폐쇄된 기간은 미국식 교육을 받은 김영희 법무국장대리가 미군정에서 실권을 행사했던 시기와 정확히 일치한다. 그가 자리에서 물러난 1946년 5월 24일에 권승렬도 부소장 자리에서 물러나 검찰로 돌아갔고, 며칠후 6월 6일부터는 '사법요원양성소 양성원들'이 사법관시보로 임명되기 시작한다. 미국식 법률학교를 모토로 내세웠던 사법요원양성소였지만, 이를 운영할 예산도 없었고, 교육대상들은 대부분 일제시대부터 기존 시스템에 따른 법률가 준비를 해온 사람들이라 미국식 교육을 원하지 않았으며, 상대적으로 기반이 취약했던 주도세력은 권력투쟁에 밀려 사라짐으로써 해방후 첫번째 법률가 양성기관은 두 달을 넘기지 못한 채 문을 닫을 수밖에 없었다.

남상문, 홍승기 그리고 김성칠

'적색 사법관' 사건에 연루된 남상문·홍승기·서범석은 사법요원양성소 시험에 합격해 1946년 4월 25일 미군정청 사법부지령 제1호로 사법요원양성소 1회 양성원에 임명되었다. 사법요원양성소가 문을 닫으면서 서범석과 홍승기는 6월 6일자로 감찰국 시보에, 남상문은 6월 10일자로 법률심사국 시보에 임명되었다. 흥미롭게도 세사람은 모두 사법요원양성소 필기시험 합격자가 아니다. 예비시험과 필기시험을 면제받고 바로 구술시험으로 직행한 경우다. 남상문은 1947년 체포될 당시 나이가 28세인 것으로 보아 대략 1920년을 전후해 출생한 것 같다. 이 책의 등장인물들 중 가장 젊은 축에 속한다. 연배로 보아 1934년 대구사범학교 합격자명단에 나타난 남상문과 동일인으로 보인다. 1942년 고등시험 사법과 합격자명단에도 이름이 있다. '적색 사법관' 사건 이후 남상문의 행적은 확인할 수 없다.

남상문 이외에도 이광석, 정태섭(鄭泰燮), 주홍점(周洪點, 창씨명 周本洪點)이 고등시험 사법과 합격자 신분으로 사법요원양성소에 입소했다. 대구고등법원 부장판사를 지낸 이광석이나 서울시경찰국장을 지낸 정태섭은 자신의 약력에 1943년 고등시험 사법과만을 적어놓았을 뿐 사법요원양성소 경력은 굳이 밝히지 않는다. 잠깐 존재했다가 사라진 사법요원양성소보다는 일제시대의 고등시험 사법과 합격이 훨씬 의미있는 경력이라고 판단한 것 같다. 서울고등법원 부장판사를 지낸 주홍점은 두 시험에 모두 합격한 경력을 밝히고 있다.

'적색 사법관' 사건 관련자 중 경성법전 졸업생인 홍승기의 삶은 그의 동기생인 역사학자 김성칠의 일기 『역사 앞에서』를 통해 비교적 세밀하게 파악할 수 있다. 1934년에 입학해 1937년 졸업한 경성법전 동기생 중에서 김성칠이 가장 친하게 지낸 인물은 홍승기와 이철(李哲)이었다. 두 사람은 김성칠의 일기에 각각 '홍'과 '철'로 등장한다.

김성칠은 가장 친한 친구였던 홍승기를 "이즈음 사회에서 드물게 보는 이지적이요 양심적인 법학도"라고 평가한다. 그는 "해방후에도 재간과 역량에 비기어 비교적 불운한 처지에 놓여 있었으나 냉철성과 정의감은 조금도 마모되지 않았"던 사람이었다. 김성칠은 그런 친구를 좋아했다. 김성칠을 찾아와 한민당을 욕하면서 공산당에 대한 불만도 늘어놓던 홍승기는 얼마 안 되어 법원 내 당세포 사건으로 구금되었고, 집행유예로 나온 후에는 직업도 없이 지냈다. 김성칠의 기록이 사실이라면 홍승기는 '적색 사법관' 사건 항소심에서 집행유예로 풀려난 걸로 보인다. 김성칠은 홍승기가 "집행유예로 나와서 직업도 잃고 집도 없이 떠돌아다니는 것이 보기에 딱해서 마침 비어 있는 밭엣집에 들게" 했다. 얼마 후 홍승기는 변호사 개업을 했고 충무로 어귀에 조촐한 사무실까지 가지게 되었다.[80] 『한국변호사사』의 변호사명부는 홍승기와 서범석이 1949년 5월 26일 나란히 변호사로 등록했다고 기록한다.[81] 한집에 살다 보니 김성칠과 홍승기는 아침저녁으로 만나면서 이야기를 나눌 기회가 많았다. 김성칠이 볼 때 홍승기는 여전히 "정의파"였고, "어느 정치세력에 가담하여 옳고 그름을 헤아리지 아니하고 덤빌 그러한 열혈한"이 아니었다. "조금도 변함없는 홍승기의 인간됨" 때문에 김성칠은 군이 친구에게 '적색 사법관' 사건이 진짜였는지 물어볼 필요가 없었다.

'적색 사법관' 사건의 항소심 재판장은 임한경 판사였다. 양원일과 엄상섭을 기죽게 했던 그 임한경이다. 당시 사람들 사이에서는 홍승기가 임한경 판사에게 "피차에 자리를 바꾸어 서는 날이 있을 것"이라고 호통

쳤다는 소문이 돌았다. 우리나라의 좌익 관련 사건에서 이상할 정도로 자주 나오는 표현이다. 김성칠은 그런 이야기를 믿지 않았다. 홍승기는 김성칠에게 오히려 자신이 재판정에서 임한경에게 들은 말을 전하곤 했다. 임한경은 "양심적인 인텔리라면 아예 지하운동에 발을 들여놓지 마라. 결국은 스스로 자기 자신을 배반하고 서로 믿고 지내던 친구들을 배반하기에 이를 것이다. 현실은 그처럼 가열(苛烈)한 것"이라고 이야기했다. 김성칠은 그 이야기를 전하는 홍승기의 모습이 "자못 감명 깊"어 하는 태도였다고 기억한다. 홍승기는 그후에도 종로경찰서에 몇번 불려들어가서 문초를 받았고 부득이하게 보도연맹에 가입했다.[82]

경성법전 시절 김성칠의 또다른 "가장 가까이 지내던 친구"인 이철 역시 해방후 좌익계열에 가담했다. 그는 한민당 중진으로 대법관, 검찰총장, 법무부장관을 지내며 공산주의자 색출에 앞장섰던 이인의 친동생이다.[83] 김성칠의 1950년 7월 20일자 일기는 이철과의 절절한 우정을 기록한다. 해방이후 이철이 "보수적인 가정을 박차고 나와서 좌익운동을 한다고 다니면서" 둘의 길이 어긋나기는 했지만, 두사람은 서로에게 "정치광(政治狂) 노릇 그만하고 불문학 공부나 계속하려무나" "네놈들처럼 민족과 국가의 운명이야 어느 지경으로 가든 이를 남의 일처럼 좁은 연구실 창구멍으로 내다보고만 있을 수 있느냐"라고 막말할 수 있는 진짜 친구였다. 이철이 김성칠에게 "미꾸라지에 기름 바른 놈"이라 욕하면, 김성칠이 이철에게 "허파에 바람구멍이 난 미친놈"이라고 받아칠 정도였다.[84]

이인은 좌익운동에 뛰어든 동생 이철과 일찌감치 의절했다. 그는 이철이 조카들(이인의 아들딸)까지 붉게 물들인다고 노발대발하며 기자들에게 "철 같은 놈은 잡아 죽일 수밖에 없다"라고 말하기도 했다. 김성칠은 이인을 찾아가 "단념하여지지 않는 것이 혈연이고 우정"이라면서 "온건한 사상에 틀이 잡힌 배필을 얻어주자"라고 설득했다. 김성칠이 소개한 배필은 이화여전을 졸업하고 경성제대 선과(選科, 예과를 거치지 않고 따로 선발)에 진학한 고옥남이었다. 경성제대 시절 김성칠은 대구고보 은사인 박종홍(朴鍾鴻)의 소개로 반려자가 될 이남덕을 만났다. 훗날 국민교육헌장을 기초한 바로 그 철학자 박종홍이다. 경성제대 법문학부 철학과를 졸업한 박종홍은 그 자신이 선과 출신이었다. 그는 자기 경험을 바탕으로 이화여전 제자인 이남덕과 고옥남을 1942년 경성제대 선과로 진학시켰다. 당시 경성제대 예과는 여학생을 뽑지 않았으므로 여자는 선과를 통해서만 입학이 가능했다. 박종홍은 두 제자가 경성제대 선과 시험을 치는 동안 시험장 밖에서 기다릴 정도로 그들에게 공을 들였다. 그렇게 공들인 두 제자 중 한명은 김성칠의 아내가 되고, 다른 한명은 이철의 아내가 되었다.[85]

1950년 봄 이철이 서울형무소에 수감되자 가족들은 『서울신문』에 탈당성명서를 냈다. 전향자들의 탈당성명서가 신문광고란을 가득 채우던 시절이었다. 이철이 그 내용을 시인하기만 하면 풀어주기로 이인이 주선해놓은 상태에서 이철이 검사실로 불려갔다. 이철은 서슴지 않고 "이 성명은 내 본의에 어긋난 것"이라고 해서 입회한 이인을 난처하게 했다. 당시 이인은 임영신 사건으로 법무부장관에서 물러나 국회의원 신분이었다. 김성칠은 "(그 이야기를) 듣는 이 중에 더러는 '그 맹추, 형 덕에 아직도 고문 맛을 몰라서 철부지로군' 하는 사람도 있고, 더러는 '역시 철이 철답다' 하여 그 사상에는 공명하지 못하여도 그 인간됨에는 감탄했다"라고 회고한다.[86] 이철의 탈당성명서에 대해서는 박갑동의 상반된 증언도 남아 있다. "유치장에서 피를 토하게 되어 마음이 약해 살아서 나와 병치료를 하려고 그랬다"는 이야기를 박갑동이 이철 본인으로부터 들었다는 증언이다.[87] 조선정판사 '위조지폐' 사건이 발표되던 바로 다음날 검사총장에 임명되어 좌익소탕에 앞장선 이인에게도 이런 가슴 아픈 가족사가 존재했다.

선우종원 검사의 동생인 선우석원(鮮于碩源)도 서울대 재학 중이던 1950년 초반 북한 정치보위국 대남 정보공작대 사건에 연루되었다. 당시 빈발하던 여러 대남 정치공작대 사건 중의 하나였다. 선우석원은 간부급에 속해 빠져나가기가 쉽지 않았다.[88] 선우종원은 담당 경찰관에게 동생을 일주일쯤 굶기라고 지시했다. 동생은 ①전향했고 ②다른 조직원들의 신원을 모두 털어놓았으며 ③정보원으로서 수사에 적극적으로 협조했다. 퇴로를 차단하는 전향의 3단계를 밟은 것이다. 선우석원은 한국전쟁이 터지자 미군 통역관으로 일하다가 도일해 도쿄대를 졸업했다.[89] 장택상 수도청장의 딸인 장병민과 사위 채항석도 남로당의 심정적 동조자로 유명했다. 도쿄제대를 졸업하고 산업은행에서 일하던 채항석은 청주고보 동창인 남로당 이론가 정태식에게 자기 집을 아지트로 제공했다. 늘 친구들이 '문제'였다. 정태식과 채항석 부부는 모두 한국전쟁 중 월북했다.[90] 비슷한 경우가 그만큼 많았다.

2장

1차 '법조프락치' 사건과 김영재

김영재의 뒤늦은 검사생활 시작

'적색 사법관' 사건 공판이 한창 진행 중이던 1948년 1월 31일 김영재가 서울지방검찰청 경제부장으로 검찰에 복귀했다. 해방후 무려 2년 반 동안 변호사로 조용히 지내던 그가 다시 공직에 나선 정확한 이유는 알수 없다. 나중에 김영재가 검찰총장에게 제출했다는 '상신서'에 "소생을 추천하여 검사로 취직케 하온 전 사법부장관께 미안함"을 표시한 걸 보면, 당시 사법부장인 김병로 또는 검찰총장 이인의 추천이 있었던 것 같다. 미군정에서는 '사법부장관'이라는 직위도, 법무부장관도 존재하지 않았으므로 둘 중 정확히 누구를 지칭하는지 특정하기는 어렵다. 김영재가 경제부장이 되면서 조재천 정보부장 아래 일하던 유태영과 강석복 검사가 김영재 아래로 자리를 옮겨와 함께 일했다.

김영재는 1949년 2월 3일 서울지방검찰청 차장검사로 승진했다. 김영재의 선임 차장검사 이호는 경북 영천에서 대지주의 아들로 태어나 도쿄제대 재학 중 1939년 고등시험 사법과에 합격해 1940년 4월 사법관시보에 임명된 일제시대 검사 출신이다. 이호의 전임자인 김윤수도 황해도 안악 출신으로 경성법전과 주오대 법학부를 졸업하고, 1939년 고등시험 사법과에 합격해 1941년 사법관시보에 임명된 일제시대 검사 출신이다. 김영재의 후임 차장검사인 장재갑은 평북 용천 출신으로 평안북도의 여러 소학교에서 교사로 일하다가 1941년 고등시험 사법과에 합격하고 1943년 대구지방법원 사법관시보에 임명되어 역시 일제시대 검사로 일했다. 전임자 2명과 후임자가 모두 김영재보다 일제시대 경력이 뒤진다. 뒤늦은 검사 임용으로 김영재도 나름의 손해를 감수한 셈이다.

해방후 김영재의 백부 김응섭은 1946년 2월 임시헌법기초위원으로 민전에 참여했고, 1947년 3월 24일 전국유교연맹을 결성해 위원장을 맡았다. 전국유교연맹은 사회주의 국문학자인 김태준의 유교계 기반과 김응섭을 중심으로 한 영남유림 독립운동세력이 결합하여 만들어낸 좌익계열 조직이었다. 김영재의 사촌자형이자 경주 최부잣집 장손인 최준도 전국유교연맹에 참여해 처숙부인 김응섭에게 힘을 보탰고, 유교계 학교인 대구대의 설립에도 크게 기여했다.[91] 김응섭은 1948년 4월 김구와 함께 남북협상에 참여했다. 서울지방검찰청 경제부장으로 갓 취직한 김영재에게는 적지 않은 부담이었을 것이다. 남북협상에서 돌아온 김응섭은 점차 좌익운동에서 손을 떼었고, 전국유교연맹은 1949년 정부의 유령단체 해산령에 의해 간판을 내렸다.[92]

부장검사와 차장검사로서 김영재는 대단한 업적을 남기지 못했다. 그에 관한 기사도 거의 없다. 학생 때부터 몸에 밴 신중한 성품 때문으로 보인다. 그나마 눈에 띄는 것은 수도청 최운하 사찰과장과 박주식 동대문경찰서장의 독직사건이다. 1948년 6월 20일 서울지방법원 민동식 판사는 최운하 과장과 박주식 서장이 무려 36회의 요정향응과 함께 각각 30만원과 25만원의 뇌물을 받고 무고한 사람을 구속해주었다는 혐의로 구속영장을 발부했다. 수사를 주도한 것은 경무부 수사국의 이만종이었다. 앞서 설명한 수도청 비리 수사의 일환이었다. 그러나 법원의 영장발부에도 불구하고 최운하와 박주식은 구속되지 않았고 수사는 불구속으로 진행되었다. 엉뚱하게도 돈을 준 강태섭만이 구속되었다.[93] 6월 30일 최운하·박주식·강태섭을 송치받아 7월 3일 불구속 기소한 것이 바로 김영재 부장검사였다.[94] 수사는 강석복 검사가 진행했다. 민동식 판사는 재판에 나온 최운하와 박주식을 7월 23일 구속했다가 9월 9일 보석으로 석방했다.[95] 당시 공산당을 잡는다며 천하를 흔들던 최운하에게는 무척 모욕적인 경험이었다. 9월 22일 민판사는 최운하에게 무죄를, 박주식에게 징역 1년에 집행유예 3년을 선고했다. 돈을 건넸다는 강태섭만 1년 6개월의 실형을 받았다.[96] 뇌물을 준 사람보다 받은 사람을 중하게 처벌하는 일반적 관행에 비추어볼 때 상당히 특이한 판결이었다. 최운하는 11월 8일 복직해 수도청 감찰과장을 맡았고, 1949년 6월 3일 반민특위에 다시 구속되었지만 곧바로 반민특위를 무력화시켰다. 반민특위의 중심에 섰던 국회의원 대부분은 '국회프락치'로 몰렸다. 보기에 따라서는 이보다 만족스러운 복수가 없었다.

　1948년 8월 15일 정부가 수립되고 제헌국회에서 반민족행위처벌법의 입법이 논의되었다. 법률이 통과되기 한달 전인 8월 23일 현직 검사 8명이 성명서와 함께 사표를 제출했다. 대검찰청의 엄상섭·이호·김달호, 서울고등검찰청의 이병용·박종근, 서울지방검찰청 김윤수 차장검사, 김영재·신언한 부장검사가 참여한 성명서의 내용은 이랬다.

　"우리는 일제하의 검사로서 해방후도 다시 미군정에 협조하였음은 오로지 이것만이 역사적인 건국성업에 이바지할 것으로 확신함으로써였었는데, 오늘날 독립정부가 수립되고 검사진영의 우수한 인재가 배출된 이 마당에 있어서 민족정기가 고창되고 있는 현하 정세에 비추어 떳떳치 못하다고 생각할뿐더러 민족정기 앙양에 협조할 필요가 있다는 것을 통감하여 이에 우리 일동은 사의를 표하는 바다."[97]

좋은 이야기였지만 이인 법무부장관은 "시기가 시기인 만큼 그 영향이 클 것으로 보아 사표를 철회할 것"을 권고했고, 이들은 모두 검찰에 남았다. 가장 화려한 일제시대 경력을 지닌 검사들이 보여준 최소한의 예의표명이었다. '법조프락치' 사건에 연루된 김영재, 혁신계에 가담했다가 고초를 겪은 김달호, 일본으로 건너가 변호사를 개업한 박종근을 제외한 서명 참여자들은 법무부장관·차관, 검사장, 국회의원 등을 지내며 승승장구했다.

김영재의 구속

1949년 7월 23일 김영재 서울지방검찰청 차장검사가 구속되었다. 오제도는 『추격자의 증언』 중간에 1949년 8월 28일자로 김영재가 작성했다는 '상신서' 내용을 그대로 옮겨놓았다. 편지의 수신인은 김익진 검찰총장이다. 상신서에서 김영재는 "검찰청에 취직할 시 구두로 당 관계와는 절연하겠다고 선언은 하고 들어온 상태"였다고 고백한다. 이 고백이 사실이라면 김영재가 남로당과 완전히 무관하지는 않았다는 의미가 된다. 그는 "수사당국으로 보아 법원 내 세포의 책임자라는 의심을 받은 것은 또한 당연한 일이라 사세(事勢) 이 지경에 이르매 무엇을 은비(隱秘)하겠"느냐고도 적었다. 아마도 자신의 오랜 법률가 경험에 비추어 이 정도 상황이면 법정에 가서 다투어야지 수사단계에서는 아무것도 할 수 없다고 자포자기한 것 같다. 국가보안법 시행 이전의 남로당 가입 사실만으로는 결국 법원에서 무죄를 받으리라 확신했을 수도 있다. "사세 이 지경에 이르매"라는 표현이 눈에 밟힌다. 고문으로 억지로 사건을 만들어내는 마당에 변명해도 소용없다는 의미다. 다만 죄를 모두 자백하는 것 같은 상신서 곳곳에 김영재는 나름대로 변명의 장치를 마련했다.

"사실은 소생은 재판소 내에 세포 존재를 전연 알지 못하오며 영어생활(囹圄生活) 월여(月餘)에 평소에 이런 사람들이 혹 좌익이 아닌가 추측되는 것을 평소에 친구라는 것을 떠나 수사에 협력하는 의미로 올리나이다."[98]

반성의 내용처럼 적었지만 사실 자기는 법원 내 남로당 세포조직에 대해 전혀 알지 못한다는 게 상신서의 핵심이다. 한달 이상 붙잡혀 있다보니 평소 이런 사람들이 남로당이 아닌가 뒤늦게 의심이 들어 그 이야기를 적어보겠다는 것도 명백한 무죄주장이다. 자신의 무죄를 주장하기 위해 남을 끌고 들어온 셈이다. 이 상신서는 감옥생활에 지친 김영재가 억울한 상황에서 벗어나기 위해 짜낸 고육지책일 수도 있고, 오제도 검사가 권유해 억지로 쓴 고백일 수도 있다. 전체적으로 볼 때 약간의 변형은 있을 수 있으나 적어도 오제도의 순수 창작물은 아닌 것 같다. 이 상신서는 당시 어떤 식으로 공안사건들이 무한 확대될 수 있는지를 잘 보여주는 생생한 표본이다. 좀 길지만 남을 끌고 들어오는 해당부분을 인용해본다.

"경찰 취조 시에 K검사를 법원, 검사국 책임자라고 말한 것은 동 검사가 검사 취직 후 인민당 사건 관계자 전부를 검사장과 상의 없이 석방하였다는 점으로 보아 좌익적 색채가 있지 아니한가 추측하였사오며 또는 U검사가 비록 최(대교)검사장 결재는 있었으나 교육자협회 사건 피의자를 기소유예로 하였다는 점, U검사가 ○○○박사 비서 등 사건을 그중에는 소생의 의구촌(義九寸) 되는 자도 있어 동 사건이 집행유예되었을 시 확정 여부는 검사장과 상의하여 하라는 것을 임의로 확정시켰다는 점, K검사가 소생이 재야 시 8·15사건 관계자를 취급하였는데 T검사가 취급한 것은 대부분이 기소되고 K검사가 취급한 것은 대부분 불기소되었다는 것을 누구인지 이름은 기억 못 하오나 좌익 모 변호사로부터 들어 이상 검사가 당원인지는 모르나 좌익에 동정적 태도로 나가는 검사가 아닌가 추측되오니, 1차 조사하여주시와 하루바삐 만약 검사국 내에 세포가 있었다면 속히 폭로시켜 소생과 무슨 관계가 있는가를 추궁하시면 소생의 관계도 명백할 줄 알고 평소의 동료, 주의(主義)를 떠나 오로지 수사에 협력하는 길만이 소생의 속죄의 일단이 되며 또는 평소에 애호하여주시던 총장관하의 보은의 일단이 될까하와 감히 수자(數字) 상신하나이다."[99]

지푸라기라도 잡고 싶었던 김영재는 진짜 남로당 프락치를 잡아 자신과 대질하면 무죄를 받을 수 있다고 생각한 것 같다. 그래서 "당원인지는 모르나 좌익에 동정적 태도로 나가는 검사"로 의심되는 K와 U를 걸고 들어간다. 자기에게 적용된 혐의라면 K도 걸려야 하는 것 아니냐는 하소연일 수도 있다. 무용담을 이야기할 때면 늘 주저없이 실명을 거론하던 오제도 검사도 여기서는 갑자기 영문이니셜 K, U, T를 사용한다. 그가 영문이니셜을 사용할 때는 대개 주인공이 처벌받지 않고 남쪽에 살아남아 있는 경우 또는 사건 자체에 자신이 없는 경우다. 일단 오제도가 전하는 김영재의 상신서가 지목하는 K검사는 강석복 검사가 틀림없다.

강석복의 경우

1904년 함남 이원에서 태어난 강석복은 1928년 경성법전을 졸업하고, 1929년부터 주로 경성지방법원 관내에서 서기 겸 통역생으로 일하다가 해방을 맞았다. 이홍규의 경성법전 1년 선배인 그의 궤적은 이홍규와 크게 다르지 않다. 해방 당시 서기 경력이 충분했기에 1945년 12월 5일 광주지방법원 판사로 임명되었고, 1946년 5월 3일 검사로 전관해 서울로 올라왔다. 앞에서 살펴보았듯이 법원과 검찰이 사법파동으로 한창 시끄러운 시기에 서울로 영전한 셈이다. 실권을 잃어가고 있었지만 아직은 강중인이 총무국장이었고 오승근·백석황 등도 현직을 유지하던 때였다. 1941년의 『조선총독부 직원록』을 보면 경성지방법원 검사국에는 도요야마[豊山寧在]와 도쿠다[德田仲仁]가 검사로, 다카야마[高山錫福]는 서기로 근무 중이었다. 김영재·강중인·강석복은 그만큼 오랜 인연이었다. 강석복의 오랜 검사국 서기 경력을 잘 아는 강중인이 그를 검사로 전관케 해 서울로 불러올렸다는 추정도 가능하다.

조재천과 오제도 검사가 공안을 전담하겠다고 해서 강석복은 주로 부패사건을 처리했다는 이야기는 이미 했다. 강석복 검사는 1947년 '8·15폭동사건'을 조재천 부장검사와 함께 수사했고, 11월 20일 홍증식·유영준·오영을 비롯한 관련자 전원을 불기소처분했다. 김원봉·김웅섭·성주식·김명시 등 아직 체포되지 않은 사람들도 기소중지로 종결했다.[100] 매우 관대한 처분이었다. 이 부분을 보면 "8·15사건 관계자"들을 처리한 K검사는 강석복이 맞다. 강석복은 1987년 『대한변호사협회지』 인터뷰에서 1949년 상황에 대한 여러가지 증언을 남겼다.

강석복은 검찰에 복귀한 김영재 부장검사와 함께 일했다. 1949년 2월

3일 김영재가 차장검사로 승진하자 따로 축하연을 마련한 것도 강석복이었다. 그런데 막상 축하연에 가서 보니 "좌익분자들이 와서 우글거"렸다. 강석복은 기분이 나빠 그냥 자리를 떴다고 한다. 김영재와 평소 어울리던 강중인·백석황·양규봉 등이 우르르 축하연에 참석한 것 아닌가 싶다. 그 이후 강석복이 보니 김영재의 사건처리에 이상한 점이 한둘이 아니었다. 하루는 장재갑 검사가 "김영재 검사가 보통 빨갱이가 아니니 강 검사가 어떻게 해야겠다"라고 해서 장재갑과 함께 최대교 검사장을 찾아가 의논을 했다. 강석복의 기억에 따르면 김영재는 1947년에 벌써 남로당에 입당을 했고, 국회프락치와 각계 프락치가 있는데 김영재는 "검찰청 프락치의 책임자로서 지명되어" 있었다. "나보고 자꾸 수사를 하라고 하는데, 여태까지 함께 있었는데 어떻게 그럴 수가 있느냐 해서, 구속하고 조사하는 것은 다른 사람이 했다"라고 한다. 우리가 알다시피 그 "다른 사람"은 오제도 검사다. 강석복은 "공판 입회도 서로 안 하려고 해서 내가 공판 입회하여 구형을 했는데 참 곤란했다"라는 이야기를 남겼다.* 강석복이 기억하는 김영재의 혐의는 정부수립 이전의 남로당 가입과 좌익분자와의 어울림이 전부다. 법리상 이것만으로는 범죄가 될 수 없다.

'국회프락치' 사건이 터지던 바로 그즈음에 강석복 검사는 다른 사건에 매달려 있었다. 이승만 대통령의 최측근인 임영신 상공부장관의 독직사건이었다. 경찰이나 검찰에서 시작한 사건이 아니었다. 정인보가 위원장으로 있던 감찰위원회는 1949년 3월 31일 임영신 장관을 비위혐

---

* 김준수 「강석복 변호사와의 대담」, 『대한변호사협회지』 1987년 7월호, 84면. 신문보도에 따르면 1차 '법조프락치' 사건의 구형은 선우종원이 담당했다(「김영재에 3년, 어제 법조푸락치 구형」, 『동아일보』 1950년 2월 28일자 2면). 강석복의 기억이 오류일 수도 있고 하급자인 선우종원과 함께 참여했을 가능성도 있다.

의로 파면하면서 관련자들을 검찰에 고발했다. 사건을 넘겨받은 검찰에는 어마어마한 외압이 쏟아졌다. 직접적으로 외압의 통로 역할을 한 것은 이인 법무부장관이었다. 이인은 "상공부장관이 사임하도록 내가 건의해볼 터이니 5월 27일까지만 기소를 하지 말고 기다려달라"고 검찰에 요청했다.

최대교 검사장이 지금껏 대쪽검사의 상징처럼 거론되는 것은 바로 이 외압을 이겨냈기 때문이다. 혼자서 해낸 일은 아니었다. 이인과 약속한 날이 되자 최대교 검사장은 김영재 차장검사에게 미리 "조금 있으면 누군가가 올 거요. 그때 내가 그 사람들 앞에서 기소 여부를 물으면 이미 기소했다고 대답하시오"라고 지시했다. 잠시 후 백한성 법무부차관과 김갑수 법무국장이 최대교 검사장을 찾아왔다. 김영재는 "약속일자가 지났기 때문에 검사장님 지시대로 기소했습니다"라고 대답했다. 깜짝 놀란 백한성과 김갑수는 서둘러 자리를 떴다. 최대교는 김영재 차장검사에게 기소를 부탁했고 실무적으로는 강석복 검사가 공소장을 작성해 1949년 5월 28일 임영신 장관 등을 업무상횡령, 배임, 증수뢰 등의 혐의로 기소했다.[101]

적어도 이 시점까지는 최대교·김영재·강석복이 일심동체로 움직였던 셈이다. 그러나 최대교의 회고에는 김영재의 이름이 등장하지 않는다. 김영재는 그저 "차장검사"로만 등장한다. 이 사건으로 대통령의 눈밖에 난 이인 법무부장관이 5월 31일 사임했고, 6월 6일 권승렬 검찰총장이 법무부장관에 임명되었다. 권승렬의 후임 검찰총장이 김익진이었다. 그래서 김영재가 보낸 상신서의 수신인은 김익진 검찰총장으로 특정된다.

임영신 사건이 진행되는 동안에는 강석복도 좌익분자로 몰렸다. 1947년

정부수립 후 첫번째 검찰총장 권승렬(왼쪽)은 임영신 상공부장관의 독직사건 후에
법무부장관에 임명되었고, 김익진(오른쪽)이 2대 검찰총장이 되었다.

서울에서 미소공동위원회가 열리던 때의 일이 문제되었다.* 당시 강석복이 대한문 앞을 퇴근해서 지나가는데 앞에 지프가 섰다. 지프에서는 강석복의 함흥고보 동창인 최용달이 내렸다. 그는 미소공동위원회의 북한 측 대표였다. 최용달은 "오랜만에 만났으니 저녁이나 먹자"라고 권했고, 두사람은 상공부청사 아래층 식당에서 같이 저녁을 먹었다. 강석복이 나중에 CIA 앨범을 보니 자기가 최용달과 함께 식사하는 사진이 찍혀 있었다. 조사를 받던 강석복은 "친한 사람이 같이 저녁 먹자 하는데 같이 안 먹을 수 있냐"라고 방어했다. 강중인과의 친분도 문제가 되어 "강중인의 부탁으로 서울에 온 것이 아니냐?"라는 추궁을 받았다. 과거 인연이 탈탈 털리는 순간이었다. 자칫하면 강석복도 김영재 꼴이 될 수 있었다. 강석복은 모르는 일이라고 버텼다.

---

* 강석복은 미소공동위원회가 1949년 임영신 사건을 전후해서 일어난 것처럼 기억하지만 사실과 다르다.

1949년 8월 서울지방검찰청은 혼돈의 도가니였다. 오제도 검사는 '국회프락치' 사건을 만들어내고 있었고, 그 와중에 차장검사는 '남로당 프락치'로 구속되었다. 오제도의 기록이 사실이라면 8월 28일경에는 김영재의 '상신서'가 김익진 검찰총장에게 전달되었다. 강석복에 대한 좌익 혐의 수사도 이때를 전후한 일이다. 이 정신없는 상황에서 검찰총장의 권유로 적지 않은 검사들이 사표를 제출했다. 대검찰청의 옥선진·엄상섭 검사, 서울고등검찰청의 김윤수·김달호 검사, 서울지방검찰청의 최대교 검사장, 강석복·박경재 검사, 법무부의 김병화 법무과장, 차영조 정보과장 등으로 대개가 과장, 부장, 차장으로 일하던 중견간부들이었다.[102] 당시 『동아일보』 보도에 따르면 최대교는 "후진에게 길을 열어주기 위한 용퇴"였고, 옥선진·엄상섭·김윤수는 "순전히 일신상의 이유"로 사표를 냈다. 강석복·박경재·김달호·김병화·차영조 등 5명은 "직무태만 또는 남로당 프락치 혐의로 이미 기소된 김영재 사건과의 관련성이 농후"한 "권고사직"으로 해석되었다.[103] 당시 검찰 전체의 인력규모를 생각하면 어마어마한 세대교체였다. 다만 이들 모두의 사표가 당장 수리된 것은 아니었다. 청와대나 법무부도 여론의 동향을 살폈다.

1949년 9월 17일 서울지방법원은 임영신 장관 등 관련자 9명에게 무죄를 선고했다. 한격만 서울지방법원장이 직접 재판장을 맡고, 부장판사들인 사광욱·민동식이 배석을 맡은 흔치 않은 재판이었다. 최대교의 회고에 따르면 선고가 끝나자마자 한격만 법원장이 "한복을 입고 대님도 매지 않은 채 슬리퍼를 신고" 최대교 검사장의 관사로 찾아왔다. 그는 "장관에 대해서는 무죄가 났습니다. 실은 나는 유죄로 인정했으나 우배석이 자꾸만 무죄라고 우겨대는 바람에 그렇게 된 거요"라고 변명했다. 무죄판결이 내려지고 일주일 후 최대교 검사장의 사표가 수리되었다.[104] 강석복은 1949년 10월 8일 변호사를 개업했다는 기록이 남아 있다. 개업을 알린 신문기사도 있다. 그러나 그의 회고에 따르면 "2년을 계속 버티다가 경무대에서 그만두라는 말을 듣고 물러났"다고 한다. 어느 쪽이 사실인지는 불투명하다. 한격만은 뒤이어 대법관, 검찰총장, 서울지방변호사회장, 대한변호사협회장, 법률신문사 회장 등을 지냈다.

어쨌든 강석복은 프락치로 몰리지도 않고 구속되지도 않았다. 최용달·강중인과의 친분, 김영재의 의심, 임영신 장관 기소 등으로 찍힌 험악한 상황을 뚫고 그는 무사했다. 서로를 향한 편집증적 의심에 누구라도 걸려들 수 있는 구조였다. 강석복이 살아남은 이유는 알 수 없다. 다만 그는 함경도 출신이었고, 법맹이나 남로당에 가입한 적이 없으며, 기본적으로 반공정신이 투철한 사람이었다. 해방후 어느 시점에서 분위기에 휩쓸려 잠깐이라도 법맹이나 남로당에 가입했다면 강직한 그도 무사하기는 어려웠다. 강석복은 1962년에 이미 검찰총장 임기제 도입을 주장하는 글을 썼다. 검찰총장에게 검사인사권을 주어야 한다는 주장도 했다. 1987년 6월 5일자 인터뷰에서 80대 노령의 그가 남긴 이야기는 인상적이다. 박종철 군이 고문으로 죽고 6·10항쟁을 눈앞에 둔 어려운 시기의 발언이었다. 그의 기개는 여전했다.

"박종철 군 사건에 대해서는 검찰이 수사지휘권을 가지고 있고 사법경찰관은 수사보조자에 불과합니다. 더구나 당사자 격으로 되어 있는 경찰이 저지른 일을 경찰에게 수사를 맡기는 법이 어디 있습니까? 이것은 적어도 검찰총장이 양해하지 않고서는 안 되는 일로서 여기에도 반드시 외풍이 있었다고 봅니다. 이것은 나만의 생각이 아니라 일반국민의 감정도 같을 것이라고 생각합니다."[105]

1949년 9월 23일 최대교 검사장의 후임으로 이태희 법무부 검찰국장

정부수립 후 첫번째 서울지방검찰청 검사장인 최대교(왼쪽)와 그의 후임인 이태희(오른쪽).
김영재 사건은 검찰 지도부의 교체로 이어졌다.

이 부임했다. 1911년 평남 강동에서 태어난 이태희는 평양고보와 일본 규슈의 사가(佐賀)고등학교를 거쳐 1937년 도후쿠제대 법문학부를 졸업했다. 1940년에는 고등시험 사법과에 합격해 경성지방법원에서 사법관시보를 마쳤고, 1943년 해주지방법원 검사로 임명되어 거기서 해방을 맞았다. 전임자인 최대교 검사장이 1932년 고등시험 합격자이고, 김영재 차장검사가 1937년 고등시험 합격자였던 것을 고려하면 이태희의 임명은 파격적이었다. 김영재 사건으로 검찰 지도부가 줄줄이 사표를 내면서 생긴 구멍을 그가 채운 셈이다. 세대교체보다 더 중요한 것은 지역교체였다. 서울지방검찰청 차장검사 자리는 9월 6일자로 이미 장재갑에게 넘어간 상태였다. 이로써 서울지방검찰청의 공안라인은 이태희 검사장, 장재갑 차장검사, 오제도·선우종원 검사 등 평안도 출신으로 채워졌다.

이들의 상급자인 김익진 검찰총장은 충남 부여 출신으로 경성전수학교를 졸업하고 서기 겸 통역생으로 일하다가 1920년 평양지방법원 판사로 임명된 일제시대 판사 출신이다. 그는 1927년 평양복심법원 판사를 끝으로 법원을 나오면서 평양에 변호사를 개업했고 해방 때까지 거기서 일했다. 해방후에는 조만식 주도의 건준에 참여했다. 북한에서 신탁통치에 반대하던 그는 간첩혐의로 인민교화소에 잡혀가 7개월 형을 살고 나서야 뒤늦게 월남해 1948년 1월 1일 대법관에 임용되었다. 1949년 6월 6일 이승만 대통령이 그를 검찰총장으로 발탁한 것도 이런 반공투쟁 경력을 인정한 결과였다.[106] 평남 출신은 아니지만 거의 30년 가까운 세월을 평양에서 보냈다는 점에서 그도 역시 평안도 인맥으로 분류할 수 있다. 발언권이 센 중견검사들이 대부분 사표를 낸 후여서 평안도 세력을 견제할 사람들은 더이상 검찰에 남아 있지 않았다.

조선법학자동맹 변호사들의 연이은 구속

프롤로그에서 이미 적은 것처럼 김영재 차장검사가 구속된 후에는 백석황·강중인·오규석·이경용·김승필(金承弼) 변호사 등이 줄줄이 검거되었다. '국회프락치' 사건으로 자신감을 얻은 경찰과 검찰은 몇달 전 기소유예로 불기소처분했던 윤학기 변호사의 국가보안법 위반 피의사건 기록을 다시 들춰내 변호사들을 줄줄이 잡아넣었다. 구속된 변호사들의 이름은 법맹에 잔류한 변호사들의 명단과 거의 일치한다. 그 명단은 한국전쟁이 발발하고 인민군이 서울을 점령한 후 서울시 임시 인민위원회가 각종 정당사회단체의 등록서류를 받아 작성한『정당사회단체 등록철』에서 확인할 수 있다. 서류를 제출한 시기는 1950년 7월 4일이다. 서울이 점령되고 일주일 만이다. 시간의 촉박함을 생각하면 한국전쟁 이후 새로 정비된 조직의 명단은 아니다. 대체로 1948년 후반부의 조직원이 아닌가 싶다. 등록서류상의 단체명칭은 "남조선법학자동맹"이고 대표자는 "유영윤"이다. '조선법학자동맹'을 어느 시점부터 "남조선법학자동맹"으로 이름을 바꾸었던 것 같다.

1936년 3월 19일 경성에서 변호사로 등록하면서 제출한 서류에 따르면, 유영윤은 1909년 8월 9일 한성 마포에서 태어나 1927년 경기사범학교를 졸업했다. 보통학교 교사로 일하던 그는 1931년 일본으로 건너가 1935년 주오대 전문부 법과를 졸업했고, 그해 고등시험 사법과에 합격해 다음해 바로 개업했다. 손동욱·김달호·박원삼·이경용 등과 대학 졸업동기이고, 고등시험 사법과는 김갑수·장경근·김달호 등과 함께 붙었다. 교사 경력까지 고려하면 시험합격이 상당히 빠른 편이다. 일제시대 말에는 유영윤도 특별지원병 지원을 독려하기 위해 조직된 '학도선배단'의 일원으로 전국에 강연을 돌았다. 같은 주오대 출신 변호사인 신태악과 그는 충청남도를 담당했다.[107] 해방후인 1945년 10월 11일 경성공소원 판사로 임용되었고, 한영욱과 토요회 활동도 같이했다. 1946년 3월 민전 토지문제 연구위원이 되었고 1946년 10월 18일 다시 변호사를 개업했다.

변호사 개업과 동시에 유영윤은 법맹의 대표를 맡은 것 같다. 1946년 10월 30일 조선문화단체총연맹(문련) 산하 예술·과학·언론·법학 등 각 단체 대표자들은 러치 군정장관과 함께 당시 현안이던 국립대학 문제, 영화법령 폐지, 문화인 탄압 문제를 논의했다.[108] 문련 산하 법학 관련 단체는 법맹뿐이다. 이날 대표명단에 유영윤이 포함된 걸 보면 조평재가 기밀비 사건으로 구속된 상태에서 유영윤이 법맹의 대표를 맡았다고 추정할 수 있다. 1947년 6월에는 미소공동위원회에 참가할 단체들이 정해졌다. 법률가단체 대표명단을 보면 법조회에서 정구영·이종성·최태원·김양·김순재가, 변호사회 서울분회에서 이홍종·이범승·이봉구·한영욱·백석황이, 법맹에서 유영윤이 참여했다.[109] 앞서 '국회프락치' 사건을 설명하면서 강욱중 의원을 변론한 이범승 변호사가 법맹에 대항해 조선법학회를 조직했다고 적었다. 법맹 소속인 백석황과 조선법학회 소속인 이범승이 함께 변호사회 서울분회에 이름을 올린 걸 보면 변호사회 서울분회 자체가 이념적으로 분리된 상태는 아니었던 것 같다. 이런 상황을 종합하면 1946년 가을부터는 법맹의 실질적 주도권이 조평재에게서 유영윤에게로 넘어갔다고 봐도 크게 무리가 없다.

유영윤은 1948년 8월 25일 북한 최고인민회의 1기 대의원선거에서 남한을 대표한 대의원으로 선출되었다. 최고인민위원회의 법제위원회는 허헌이 위원장을 맡고 유영윤과 오영 등이 위원을 맡았다.[110] 이 시기를 전후해 유영윤은 북에서 활동을 시작한 것 같다. 유영윤·이종갑 변호사가 남북협상에 참가했다가 북에 남았다는 오제도의 증언도 이에 부합한다.[111] 1950년 7월 4일자의 『정당사회단체등록철』에 여전히 유영윤 변호사가 대표자로 남아 있는 걸 보면 유영윤이 월북한 이후에는 법맹에 특별한 활동이나 변화가 없었다는 이야기가 된다. 정당사회단체 등록서류에 남아 있는 남조선법학자동맹의 '위원'명단도 이런 추정을 뒷받침한다. 단순히 '위원'이라고 적혀 있지만 대체로 전국단위를 대표하는 중앙위원회 위원으로 볼 수 있는데, 여기 적힌 이름들은 거의 그대로 1차 '법조프락치' 사건의 피의자명단이 된다. 이 명단에 기초해 변호사들이 체포되었고 그 상태 그대로 한국전쟁을 맞아 정당사회단체 등록이 이루어진 셈이다. 번호가 매겨진 위원의 명단은 다음과 같다.

"①양규봉 ②이경용 ③오규석 ④조노현(曺魯鉉) ⑤백석황 ⑥장진호

⑦홍승만 ⑧강중인 ⑨윤학기 ⑩김승필 ⑪오관 ⑫김상권(金相權) ⑬오평기 ⑭김영린 ⑮조정하 ⑯은성룡(殷成龍) ⑰김중정(金中正)."*

사회주의정당이나 단체에서는 명단의 서열도 상당히 중요하다. 제1서열이 양규봉인 것은 좀 의외다. 1945년 11월 19일자로 상주지청 검사로 임명되었다가 1946년 7월 15일 서울에서 개업한 양규봉은 1946년 3월 3일 홍순엽·강혁선과 함께 민전 노동문제 연구위원회에 참여한 인물이다. 양규봉은 변호사로 활동한 내력이 크게 드러나지 않고 이전 경력에 대해서도 밝혀진 것이 거의 없다. 양규봉은 김영재가 구속되고 최초로 붙잡혀 들어간 변호사들에 포함되지 않았다. 미체포자로도 이름이 올라 있지 않다. 정황상 경찰이 그를 주범으로 보고 일부러 비공개로 추적을 계속한 것 같다.

김영재와 함께 처음 구속된 윤학기·백석황·강중인·오규석·이경용·김승필 등은 모두 명단에 포함되어 있다. 이 중에서 우리에게 덜 익숙한 이름은 오규석과 김승필이다. 1914년 1월 28일 경성 안암정에서 태어난 오규석은 다카스키 마사요시(高杉昌良)라는 창씨명으로 1941년 고등시험 사법과에 합격해 1944년 1월 6일 경성에서 변호사를 개업한 인물이다. 해방직전인 1945년 5월 8일부터 시작된 '미영격멸 총진격운동'에는 오규석도 강사를 맡아 충청북도를 돌았다. 농민문학의 선구자로 불리는 소설가 이무영, 변호사 민동식·강영철(康永喆)·최순문(崔淳文) 등

---

* 1950년 9월 서울시임시인민위원회 문화선전부 『정당사회단체등록철』, 사단법인 한국안보교육협회 1990, 500면; 『정당사회단체등록철』에는 "기독교민주동맹" 중앙위원의 이름도 실려 있다. 기독교인이었던 유영윤, 강중인은 이 단체의 중앙위원이기도 했다. 기독교민주동맹의 경우 "현재 남반부에 거주하고 있는 중앙위원 명부"를 따로 정리하고 있는데, 강중인은 여기 포함되었지만 유영윤은 빠져 있다. 월북해 북한에 잔류한 유영윤이 서울시 임시 인민위원회의 정당사회단체 등록기한인 1950년 7월 5일까지는 아직 남한에 내려오지 않은 상태였음을 알 수 있다. 같은 책, 440면.

과 함께였다. 김홍섭 변호사가 참여했던 바로 그 강연회다.[112] 앞에서 살펴보았듯이 오규석은 1945년 10월 11일 첫번째 조선인 판검사 임용 때 서울에서 판사로 임용되었지만 임명과 동시에 사퇴했고, 윤학기와 함께 1947년 6월 민전의 테러조사단에 참여했다. 이외에는 개인신상에 대해 알려진 것이 없다. 1916년 1월 14일 함남에서 태어난 김승필은 고등시험 사법과 출신으로 1946년 6월 18일 서울에서 변호사를 개업했다. 자세한 신상에 대해서는 그 역시 알려진 것이 없다.

그밖에 명단에 포함된 조노현·장진호·홍승만·오평기·김중정 등도 어떤 형태로든 1차 '법조프락치' 사건에 연루되었다. 운 좋게 구속을 피했다 해도 언젠가는 좌익 관련 사건으로 다시 걸려들었다. 이렇게 보면 1949년 3월 윤학기가 기소유예로 풀려난 사건에서 마포경찰서가 확보했던 '변호사 당세포' 문건의 명단은 법맹의 위원명단이 거의 틀림없다. 결국 대표인 유영윤이 월북하기 이전에 작성된 명단이 뒤늦게 경찰에 적발되고, '국회프락치' 사건으로 이들을 일거에 엮어 넣을 분위기가 성숙되면서 대규모 조직사건이 만들어졌다는 추정이 가능하다.

이 명단의 인물 중에서 '법조프락치' 사건에 연루되지 않은 것은 김상권·김영린·조정하·은성룡 변호사다. 김상권은 1908년 8월 10일 평남 개천에서 태어나 1934년 보성전문 법과를 졸업했다. 1946년 4월 2일의 변호사 등록 근거로 '변시보시(험)'가 적혀 있는 걸 보면 일제시대 말에 창씨명으로 조선변호사시험에 합격한 듯 보인다. 1929년부터 1931년까지는 고향인 개천에서 집중적으로 야학활동을 벌였다는 신문기사들도 많다. 1936년 평양에서 개최된 학생모의재판에서 주오대 재학생으로 재판장역을 맡은 김상권도 동일인물일 개연성이 크다.[113] 한국전쟁 이후 김상권 변호사에 관한 기록은 찾아볼 수 없다. 납북 또는 월북한 것으로 추정할 수 있다.

김영린은 앞서 광주에서 열린 이덕우 사건의 재판장을 맡았던 인물이다. 1916년 3월 15일 평남 맹산에서 태어나 니혼대 전문부 법과를 졸업하고, 1940년 고등시험 사법과에 합격해 1943년부터 광주지방법원 판사로 일했다. 1946년 7월 30일 법원에서 물러나 12월 31일 광주에서 개업했다. 김영린 변호사는 '국회프락치' 사건에서 불기소처분을 받은 차경모 의원을 변호했다.[114] 한국전쟁 후 납북자명단에서 그 이름을 발견할 수 있다.[115]

1907년 10월 7일 경성에서 태어난 조정하는 1934년 주오대 전문부 법과를 졸업하고 윤학기·민동식과 함께 1939년 조선변호사시험에 합격해 1943년 9월 13일 가가와 다이스케(嘉川泰輔)라는 창씨명으로 변호사 등록을 마친 인물이다. 조정하도 윤학기와 비슷하게 1948년 7월 9일 사기 혐의로 검찰에 의해 기소당한 기사가 나온다. 솜부스러기〔落綿〕를 사주겠다고 속이고 돈을 편취했다는 내용이었다.[116] 한국전쟁 이후 조정하 변호사에 관한 기록은 찾아볼 수 없다.

은성룡의 경우를 생각해보면 김상권·김영린·조정하도 아무 문제없이 넘어갔다기보다는 겨우 체포를 피했거나 자수를 통해서 기소를 피한 것 같다. 1914년 8월 13일 전북 고창에서 태어난 은성룡은 1935년 와세다대 전문부 법과를 졸업하고 1942년 고등시험 사법과에 합격해 1945년 11월 28일 전주에서 개업했다. 은성룡 변호사는 '법조프락치' 사건으로 기소되지 않았고 처벌도 받지 않았다. 아마도 붙잡히지 않고 도피생활을 하다가 한국전쟁을 맞았던 것 같다. 그는 1957년 9월에야 검찰에 의해 국가보안법 위반죄 등으로 기소되었다. 당시 『경향신문』이 보도한 공소사실은 다음과 같다.

"서울시내에서 버젓이 변호사를 개업해온 은성룡은 해방직후 조선노

농당(朝鮮勞農黨)을 창설하여 좌익운동에 투신한 이래 조선공산당원으로 남조선 민전 상임위원, 조선법학자동맹 중앙위원 등 10여가지에 걸쳐 괴뢰집단 산하단체의 감투를 쓰고 암약타가 1951년 3월 12일 월북하려 하였으나 실패하고 동년 6월 부산으로 남하해 왔다. 부산에서 사태가 위급해지자 자수를 가장하였으나 1957년 5월 9일 괴뢰로부터 밀파된 대남공작원 홍종옥과 접선한 후 6월 18일 'ス7120호'로 다시 노동당원으로 복구되었다. 이는 홍으로부터 (1) 정간(精幹)은폐하고 역량을 축적보유하여 결정적 시기에 대비할 것, (2) 서클이나 조직을 갖지 말고 좌익적 경향을 보이지 말 것이며 인격적으로 대중으로부터 지지를 받도록 하여 이들을 포섭할 것, (3) 홍종옥의 안착신호를 중앙당연락부에 보내야 되겠으니 『조선일보』와 『경향신문』 광고란에 1일격(隔)으로 변호사 개업을 공고할 것, (4) 매월 수입의 3퍼센트를 당비로 납부할 것, (5) 이북과의 연락을 위하여 단파식 '제니스라디오'를 구입할 것 등의 교양과 지령을 받고 이를 실천에 옮기고 암약타 피체된 것이다."[117]

이 사건으로 은성룡은 1심에서 징역 5년을 선고받아 항소했으나 항소심을 담당한 김용진 서울고등법원 부장판사는 항소를 기각했다.[118] 1963년 발간된 『법조명감』에 은성룡의 이름이 누락된 걸 보면 실제로 징역 5년을 살았던 것 같다. 출소 후에는 다시 변호사를 개업한 걸로 보인다. 1981년에는 브로커를 고용한 혐의로 서울지방검찰청 특수2부에 구속된 기록이 남아 있기 때문이다. 나이가 이미 70세에 가까웠던 은성룡 변호사가 브로커에게 이름을 빌려주고 매달 20만원을 받은 게 문제된 사건이었다. 수사기관과 평생에 걸친 악연이었다.[119]

1차 '법조프락치' 사건의 공판

1949년 11월 24일 김영재·윤학기·백석황·강중인·이경용·오규석 등에 대한 1회 공판이 열렸다. 주심판사는 이봉규, 입회검사는 선우종원이었다. 이날 선우종원 검사는 김영재가 1948년 9월 초순 종로4가 동양맥주회사 서울지점 사무소에서 동향인인 이필(李弼 또는 李鉍)의 권유로 북로당에 입당원서를 제출했다는 내용을 공소사실에 추가했다. 희미하고 나약한 태도로 해방공간을 관망하던 김영재가 정부수립을 전후한 시기에 뒤늦게 북로당에까지 가입했다는 추가 기소내용은 너무 특이해서 그대로 수긍하기 어렵다. 당시 남로당과 북로당은 모두 남한 내에서 자파세력을 구축하려고 발버둥치고 있었다. 숙군과정에서 보았듯이 이들의 포섭대상으로 이름이 오르면 누구라도 바로 프락치로 몰릴 수 있었다. 과거에 알고 지내던 누군가가 북에서 내려와 만남을 청했고, 김영재가 이를 거절하지 못해 공산당이라는 굴레를 뒤집어쓴 것이 아닌가 조심스럽게 추측해본다.

이 부분과 관련해 다시 살펴보아야 하는 것이 김영재의 상신서에 남아 있는 "○○○박사 비서 등 사건"이다. 당시 '박사'로 지칭되었던 지도자는 이승만·김규식·조병옥 정도이고 그중에 비서가 문제된 경우는 김규식뿐이다. 결국 이 건은 앞서 이충영 변호사가 변론을 맡아 집행유예를 이끌어낸 민족자주연맹 송남헌 비서의 국가보안법 위반 사건이다.[120] 김영재는 이 사건에 자신의 "의구촌 되는 자"도 관련되었다고 적었다. 당시 경찰이 발표한 송남헌 사건 관련자는 북로당 직계의 대남 정보공작대 소속인 농원지도원 박은삼(朴銀三), 군사부 행동대원 김한제(金韓濟), 사회정당단체 공작대원 유중렬(柳重烈), 박문서관 지배인 이응규(李

應奎), 중앙대 교수 이본녕(李本寧), 총책임자 서완석 등이었다. 당시 유행에 따라 별 근거 없이 "국제스파이"로 명명된 피의자들은 남한의 군사시설과 파출소의 소재지까지 명확히 기입한 경찰시설과 군대 간부후보생의 명부, 기타 남한의 정치동향을 상세히 조사하여 북한에 제공하고 남한의 파괴를 획책한 혐의를 받았다.

언급된 피의자들 중 서완석은 강원도 횡성 출신으로 형 서중석과 함께 일제시대 공산당공작위원회 사건으로 복역한 인물이다. 김영재의 경성제대 동기인 황순봉 등이 걸려들었던 그 사건이다. 서중석이 해방후 반박헌영파의 일원으로 북로당에 참여한 까닭에 서씨 형제는 성시백과 함께 "대남간첩소의 총지휘소"로 지목되곤 했다.[121] 경찰은 서완석을 북한 내무성 정보처 직계 대남 정보공작대 총책으로 파악하고 있었다. 유중렬은 『조선인민보』를 거쳐 『조선통신』과 그 후신인 『고려통신』의 사회부장으로 일하던 좌파성향의 기자다. 1948년에는 설의식(薛義植)이 회장을 맡은 조선언론협회에도 선전부차장으로 참여했다. 유중렬은 북한 내무성 정치보위국 대남 정보공작대원 변기학(邊奇學) 사건으로 1948년 12월부터 이미 수배된 상태였다. 『고려통신』 정치부장 최명소 등 기자들이 많이 연루되었던 변기학 사건은 배후로 지목된 서완석이 체포되지 않아 더이상 확대되지는 않았다.[122] 북한의 지령을 받아 정치·군사·경제 관련 정보를 수집했다는 엄청난 혐의사실이 무색하게도 붙잡힌 변기학 등은 모두 징역 10개월에 집행유예 2년을 선고받았다.[123] 이 정도면 사실상 무죄에 가까운 사건이다. 조작과 과장을 거친 사건이 신문지상을 떠들썩하게 장식한 후 별 증거도 없어 무죄성 집행유예로 조용히 마무리되는 일이 비일비재한 시대였다.

그런 판에 서완석이 김규식에게 전달할 김두봉의 편지를 들고 나타났다. 송남헌은 서완석의 편지를 거부했다. 서완석은 이번에도 붙잡히지 않았지만 경찰은 이 기회를 놓치지 않았다. 송남헌과 관련된 여러 사람이 함께 붙잡혔다. 서울 출신인 이응규는 경성제이고보를 졸업하고 1933년 경성제대 예과에 입학해 1938년 법학과를 졸업했다. 해방후에는 당시 손꼽히던 출판사 박문서관의 세번째 사장을 맡았다. 경북 경산 출신인 이본녕은 1931년 독서회 사건으로 대구사범학교에서 퇴학당한 후 계성학교를 거쳐 경성제대 선과에 합격해 1938년 철학과를 졸업했다. 송남헌과는 대구사범학교 1기 동기생이었다. 해방후에는 1945년 12월 24일 경성대 심리학과 조교수로 임용되었다. 이응규와 이본녕은 경성제대 동기동창으로 모두 김영재의 후배. 이본녕은 인공치하 서울에서 단국대 책임자로 일했다. 인민군이 서울대 문리대 교원심사에서 김성칠을 탈락시키자 "앞으로 교원도 재배치하게 될 것이니 단국이고 어디고 간에 붙어두면 결국은 마찬가지"라면서 김성칠에게 단국대로 오라고 권유하기도 했다.[124] 이본녕은 9·28수복 후 월북했다. 이응규는 남쪽에 남아 출판업에 계속 종사했다.

변기학 사건을 피해 갔던 유중렬도 송남헌 사건 때는 붙잡혀서 피고인석에 섰다. 행동대원에 속하는 박은삼과 김한제는 일제시대 각각 징병과 징용에 끌려갔다 돌아와 좌익단체인 국군준비대에 참여했던 인물들이다. 미체포자 명단에는 이혁기(李赫基)가 군사부 책임자로 이름을 올렸다. 이혁기는 1941년 경기중학교 4학년 재학 중 경성제대 예과에 합격해 일제시대 말 학병거부운동을 주도했다. 학병에 끌려간 뒤에는 남태평양을 향해 출항하는 수송선에서 물로 뛰어들어 탈출한 전설적 일화를 남겼다.[125] 해방후 국군준비대를 조직해 대장을 맡았지만 1946년 1월 4일 군정포고령 위반으로 체포되어 1월 25일 군정재판에서 징역 3년을 선고

받았다. 꼬박 1년 반을 복역하고 1947년 6월 16일 군정포고령 위반자 석
방특령에 의해 석방되었는데,[126] 그의 석방은 미소공동위원회의 건의에
따른 것이었다.

이혁기는 1948년 5·10총선을 앞두고 폭력적 군사행동을 계획했다는
이른바 북로당계 '인민혁명군' 사건으로 2월 22일 검거되어 검찰에 의
해 징역 1년 6개월을 구형받았다. 이상하게도 그 이후 행적은 알 수 없
다.[127] 검거되어 구형까지 받은 사람인데도 남로당 '특수군사부' 사건
등 다른 사건의 수괴로 계속 거론되는 것도 특이하다. 대검찰청이 발행
한 『좌익사건실록』조차 검찰구형까지 받은 자가 "불과 수개월 후 어떻
게 다시 특수군사부를 조직하게 되었는가에 대해서는 이혁기가 재검거
되지 않아 현재까지 수수께끼로 남아 있다"라는 이상한 이야기를 할 정
도다.[128] 1949년 월북했다는 설도 있으나[129] 이혁기의 경기중학교 동기
인 정경모(鄭敬模)*는 "몰래 지시를 받은 누군가에게" 이혁기가 총살되
었다고 회고한다.[130] 송남헌 사건을 수사한 경찰이 이혁기를 굳이 미체
포자 명단에 넣은 걸 보면 좌익단체인 국군준비대 출신 박은삼·김한제
를 송남헌 쪽 사람들과 함께 엮어 대형 '국제스파이' 사건을 만들어보려
다가 용두사미가 된 것 같다.

경찰에서 송남헌 사건을 송치받아 기소 여부를 결정한 검사는 서울지
방검찰청 유재희(劉載喜)였다.[131] 이로써 김영재의 상신서에 나오는 U검
사는 유재희로 특정된다.** 1905년 9월 8일 충남에서 태어나 간사이대 전

---

* 경기중학교와 에모리대를 졸업하고 일본에 거주하며 민주화운동에 헌신한 인물이다. 1989년
문익환 목사의 방북에 동행했다. 강중인의 친구인 정경모와는 동명이인이다.
** 오제도의 증언을 토대로 만들어져 1970년대 선풍적인 인기를 끌었던 '특별수사본부' 시리즈의
『국회 푸락치 사건』편은 교육자협회 사건을 기소유예한 사람을 '위검사'라고 기록하는데 한국
전쟁 이전에 활동한 검사 중 위씨는 없다. 위청룡이 검사로 임용된 것은 1950년 12월 28일이어서
시기가 맞지 않는다. 오재호『국회 푸락치 사건: 실록소설 특별수사본부 3』, 창원사 1972, 337면.

문부를 졸업한 유재희는 일제시대 서기 경력으로 해방후 검사에 임용된 인물이다. 김영재의 상신서가 사실이라면 유재희는 "교육자협회 사건 피의자를 기소유예로 하"고 송남헌 사건이 집행유예 판결을 받았을 때 "검사장과 상의하여 하라는 것을 임의로 확정시"킨 문제로 김영재의 의심을 받았다. 그러나 강석복과 마찬가지로 유재희도 별다른 제재를 받지는 않았다. 유재희는 청주지방검찰청 차장검사를 끝으로 1955년 판사로 전직해 서울지방법원 부장판사 등으로 일하다가 1961년 5·16 군사쿠데타 후 퇴직했다. U검사가 유재희로 특정되면 T검사는 유태영 검사가 된다. 앞서 설명한 것처럼 유태영도 일제시대 서기 출신으로 강석복처럼 해방후 판사로 임용되었다가 검사로 전관한 인물이다. 피의자 중에서 누가 김영재의 상신서에 등장하는 '의구촌'인지는 분명치 않다. '의형제'는 비교적 자주 쓰이는 단어이고 '의숙질'까지는 앞서 살펴본 순천의 박찬길 검사와 황두연 의원의 예처럼 가끔 쓰일 수 있으나 '의구촌'은 매우 낯설다. 아마도 그리 가깝지 않은 후배 정도를 지칭하는 표현 같다. '의구촌'은 같은 경북 출신으로 경성제대 후배인 이본녕일 개연성이 크다.

검찰은 피고인들 전원에게 징역 2년을 구형했다. 그러나 송남헌이 서완석의 편지 수수를 거부한 상황에서 관련자들에게 국가보안법을 적용해 실형을 선고하기란 아무래도 무리였다. 1949년 6월 27일 법원은 국군준비대 출신인 박은삼·김한제, 고려통신사의 유중렬에게 징역 2년의 실형을 선고하고, 송남헌·이응규·이본녕에게는 징역 2년에 집행유예 3년을 선고했다. 최초의 과장된 사건보도와 비교해보면 이 경우도 거의 무죄에 가까운 집행유예로 볼 수 있다. 이충영 변호사의 변론도 힘을 보탠 것 같다. 그런데 당시에는 일본 형사소송법을 그대로 사용하던 시절이라 1심 법원의 집행유예 판결이 나온다고 해서 무조건 석방되는 게 아니었다. 집행유예의 확정 여부는 검찰에 달려 있었다. 김영재는 이 사건의 집행유예 확정 여부를 검사장과 상의하라고 지시했다. 유재희는 이런 절차를 거치지 않고 송남헌 등을 석방했던 것 같다. 김영재의 참소에도 불구하고 별문제 없이 살아남은 유재희는 한국전쟁 중에 오제도 검사에게 결정타를 날리게 된다.

백석황·강중인·윤학기 등 다른 피고인의 경우

1949년 11월 24일 1회 공판에서 백석황은 자신이 1945년 12월경 조선공산당에 입당하고, 1946년 4월 법맹에 가입하였으며. 1948년 12월 법맹의 책임자가 되었다고 시인했다. 이로써 한국전쟁 후 서울시 임시 인민위원회에 제출된 법맹의 위원명부는 1948년 12월 이전에 작성된 것임이 분명해진다. 백석황이 아니라 유영윤을 대표로 삼고 있기 때문이다. 백석황은 법맹의 책임자로서 회비를 모아 남로당 서울시당부에 전달한 것도 인정했다. 백석황은 법맹의 역할에 대해서 "남로당원 및 기타 민전 산하 단체원이 체포되었을 때 사건의 원인과 경과를 조사하고 변호를 담당하는 것"이라고 답변했다. 법맹원들이 매주 일정한 야회(夜會)를 가진 사실도 시인했다. 백석황이 법맹에 가입할 당시의 구성원은 서울에 있는 법률가들 중심으로 전체 숫자는 약 200명이었다. 백석황은 자신이 남로당에 가입할 당시는 남로당이 비합법정당이 아니었다면서 남로당 전체가 대한민국을 전복하려고 했던 게 아니라 일부에서 그런 행동을 했을 뿐이라고 강조했다.[132]

11월 25일의 2회 공판에서 백석황은 "(1949년) 3월 이후로는 합법적 활동을 할 수 없게 되어 할 수 없이 그때부터 피신해왔으므로 월북하고 싶다는 말을 양주봉(양규봉의 오기로 보임)에게 한 일은 있다"라고 이야기했다. 오규석 변호사는 자신이 남로당 평당원이자 법맹원이었음을 인정하면서도 "남로당의 정강정책을 지지했을 뿐 폭동이나 음모 등에 있어서는 그게 진짜 남로당 지령인지 의심했고 주로 북한과 남한을 평화적으로 가까이하자고 애썼을 뿐"이라고 변명했다. 오규석도 월북 권고를 받은 적은 있으나 다시 잘 생각해보자고 말한 것이 전부라고 했다.

이날 김영재는 자신의 북로당 가입에 대해서 매우 상세한 진술을 했다. 1946년 4월에 법맹에, 1947년 1월에 남로당에 가입하고, 1948년 2월 이필로부터 북로당 가입권고를 받아 그의 집에서 북로당 가입원서를 준 것은 사실이지만 입당되었는지는 모른다는 이야기였다. 한때 이필에게 그 가입원서를 취소하자고 말한 적도 있으나 이필이 "취소한다는 것은 위험성을 초래할 우려가 있으니 그만두라"고 해서 그대로 두었다가 오늘 일을 겪게 되었다고도 진술했다. 김영재는 "남로당이나 법학자동맹이나 북로당이나 책임을 가지고 일한 일은 전혀 없"고 "다만 남로당원의 구속을 인정상으로 돌보아준 사실은 있다"면서 "피고의 잘못이었다고 지금 깊이 깨닫고 있다"라며 눈물을 흘렸다.[133]

11월 26일 3회 공판은 김영재와 강중인에 대한 피고인심문이 이어졌다. 경북 출신, 경성제대 졸업, 고등시험 사법과 합격, 일제시대 검사라는 대부분의 경력을 공유한 두사람이지만 재판에 임하는 태도는 많이 달랐다. 김영재 차장검사는 매우 연약한 태도로 "(1949년) 1월에 남로당 탈당원서를 제출하는 동시에 이를 명백히 하기 위하여 김양 변호사에게 탈당 결의를 말하였"고 "법학자동맹은 정식으로 탈당하지 않았으나 다른 예로 미루어보아 야회에 출석하지 않으면 자연 탈당되는 것으로 믿었기 때문에 야회 출석을 중지함으로써 탈당될 것을 믿고 있었다"라고 진술했다. 남로당이든 법맹이든 불법이 아니던 시절에 가입했고, 이후에도 활동하지 않았으므로 국가보안법 위반이 된다 할지라도 소급효금지의 원칙 때문에 처벌이 불가능하다는 주장이었다. 상신서에 이미 밝힌 대로 그는 기본적으로 "사세 이 지경에 이르매" 어쩔 수 없다는 태도였다. 빨리 유죄를 인정하고 반성하는 태도를 보이되 법리상 죄가 안 된다는 것을 은근히 강조하여 집행유예로 풀려나자는 전술이었다. 여론재판과 마녀사냥이 일상화된 상황에서 상식적이고 현명한 처신이었다.

이날 공판에서 강중인 변호사는 당당한 태도를 지키려고 노력했다. 그는 남로당과 법맹 가입을 인정하면서도 가입 당시에는 신법률학회 건설, 선진 민주주의국가로부터 법률학 수입, 신법률학의 사상적인 계몽운동이라는 3대 목표에 동의해서 활동을 시작했을 뿐이라고 주장했다. 남로당은 국가보안법 제1조가 규정하는 정부 파괴를 기도하는 결사와 다르다면서, "법률인의 생명은 법과 질서유지에 있는데 법률인의 양심으로 생각할 때 국가보안법의 대상은 정치투쟁을 법률로써 막으려는 것"이라고도 이야기했다. 정치라는 공론의 장에서 이루어져야 하는 건전한 토론을 국가보안법으로 막아서는 안 된다는 취지였다. 신문은 강중인의 이런 태도에 대해 "궤변을 농(弄)하는" 행위로 폄하했다.[134] "일정 당시에는 내가 내 한몸을 구하기에 여력이 없었"고 해방후에는 "어찌하면 국가와 민족을 위하여 일할 수 있을까" 고민하다가 "남로당 가입을 작정"했다는 회고도 바로 이 공판정에서 나왔다.[135] 현저히 기울어진 공판정에서도 명예를 지키려는 헛된 노력이었다. 일제시대 검사가 됨으로써 한번 타협한 과오를 또다시 반복할 수 없다는 오기였는지도 모른다.

김영재와 강중인이 공판정에서 상반된 태도를 보이던 11월 26일, 권승렬 법무부장관은 기자회견을 열어 보도연맹에 관한 입장을 발표했다. 내무부, 국방부, 법무부에서 합의하여 운영방침을 정하고 검찰은 이를 집행한다는 내용이었다. 전향자들의 조직인 보도연맹은 각 도별로 운영하기로 했다. 자수하면 국가보안법 위반만으로는 구속하지 않겠다는 방침도 밝혔다. 허위 양심서를 쓰거나 자수 후에도 여전히 과거와 같은 행동을 하는 자는 예외였다.[136] 똑같이 남로당이나 그 주변단체에 가입했어도 전향하면 봐주고, 버티거나 속이면 구속하겠다는 방침이었다. 일제시대 사회주의자에게 적용하던 것과 동일한 기준이었다.

12월 2일의 4회 공판에서 윤학기 변호사는 남로당 입당 사실은 시인하면서도 실제로 행동한 일은 없다고 부인했다. 법맹에 가입하여 중앙위원으로 일했으나 1948년 12월에 국가보안법이 제정되고 나서 탈퇴했다고 했다.[137] "남로당은 폭동에 가담한 적이 없고, 소련을 조국으로 한 일이 없으며, 대한민국을 외국에 예속시키려 한 일도 없다"라는 논리도 폈다. 『경향신문』은 이를 '뻔뻔스러운 답변'이었다고 보도했다.[138]

12월 9일의 5회 공판에는 뒤늦게 붙잡힌 조노현 변호사가 등장했다. 조노현은 1949년 8월 22일에 발표된 미체포자 명단에 장진호 변호사와 함께 이름을 올린 적이 있었다.[139] 장진호는 앞서 설명한 것처럼 경성법전을 졸업한 고등시험 사법과 출신 변호사로, 해방후 민전의 토지문제 연구위원으로 참여했다. 1911년 6월 30일 전남 화순에서 태어난 조노현은 1942년 고등시험 사법과에 합격하고 1945년 7월 30일 경성에서 개업했다. 날짜를 보면 짐작할 수 있듯이 해방전 조선의 마지막 등록 변호사다. 조노현은 1931년 동아일보사가 주도한 브나로드운동에 참여해 고향인 화순 일대에서 활발한 교육활동을 펼친 기록이 남아 있다. 출신학교는 확인할 수 없다. 해방후에는 조선학병동맹사건에 연루된 숙명여고 교사 민기주(閔岐周)의 변론을 담당했다.

조선학병동맹은 1946년 1월 18일 장택상 수도청장이 지휘하는 경찰에 의해 무력으로 해산당한 좌익단체다. 박갑동의 사촌동생으로 경성법전 학생이던 박진동이 그 과정에서 사망했다.[140] 당시 현장에서 붙잡힌 조선학병동맹원들은 폭발물 소지, 불법체포감금, 주거침입 등의 혐의로 기소되었다. 좌우익 충돌의 와중에서 경찰과 검찰이 노골적으로 우익청년단체의 편을 들어주기 시작한 사건이었다. 조선학병동맹 해산에 나서기 전에 장택상이 김홍섭을 찾기 위해 김준연에게 연락을 취한 이야기는 이미 앞에서 적었다. 민기주는 불법체포감금 부분 관련자였다. 조선학병동맹 진압 이전이던 1월 1일 우익청년단체인 조선건국청년회 회원들이 시내 숙명여고에 진입한 일이 있었다. 그때 민기주는 조선학병동맹에 구원을 요청했다. 몰려온 조선학병동맹원들은 조선건국청년회 회원들을 체포감금했다.

조선학병동맹사건은 박근영 검사가 기소하고 박원삼 판사가 재판을 맡았다. 변론은 조노현 외에도 조진만·홍순엽·배정현·김양·조평재 등이 참여했다. 조노현은 이 사건 공판 중의 과격한 발언이 문제되어 포고 제2호 위반으로 검거되었고, 변호사로서 정직 3개월 처분을 받았다. 윤학기, 강중인 등이 조선정판사 '위조지폐' 사건의 변론과정에서 겪었던 징계와 비슷한 사례. 1946년 8월 29일 서울지방법원 이필빈 판사는 민기주에게 징역 10개월에 집행유예 3년을 선고했다.[141]

1차 '법조프락치' 사건으로 구속된 조노현은 "남로당 및 법맹 가입은 사실이지만 당시는 합법적 정당이었다"라고 주장했다. 이날 변론을 담당한 이충영·배정현 변호사도 "피고인들이 추호도 불순한 정당이라고

생각하지 않고 남로당이나 법맹에 가입했음"을 강조하며 선처를 호소했다.[142]

12월 21일의 8회 공판에는 홍승만 변호사가 증인으로 불려나왔다.[143] 홍승만 변호사는 앞에서 살펴본 『정당사회단체등록철』의 법맹 위원에 일곱번째로 이름을 올렸던 인물이다. 당연히 붙잡혀 기소되었어야 하는 사람이 증인으로 법정에 나타났다.

1913년 1월 25일 경북 안동에서 태어난 홍승만은 1932년 대구고보를 졸업하고 1936년 조선변호사시험에 합격한 다음 1937년 와세다대 법학부를 졸업했다. 배정현·백석황·홍순엽 등과 시험동기다. 1939년 6월 23일 경성에서 변호사를 개업했고, 1945년 11월 19일 서울지방법원 판사로 임명받았으나 당일자로 취소되어 실제로는 근무한 일이 없다. 1963년 민주공화당 법률고문, 1965년 서울제일변호사회장, 1970년 대한변호사협회장, 1971년 민주공화당 소속으로 전국구 국회의원, 1981년 국정자문위원을 지냈다. 그의 경력을 생각하면 법맹의 위원 경력은 매우 이례적이다. 1949년 6월 '국회프락치' 사건으로 구속된 최태규 의원을 변호하려 했다는 기록이 남아 있는 걸 보면 해방공간에서 좌익진영과 아예 무관했던 인물은 아닌 것 같다.[144] 1961년에는 북에서 내려온 황태성 사건의 변호인을 맡아 "황태성은 남북평화통일협상을 위한 밀사이지 간첩이 아니며 역사상으로도 밀사는 처형하지 않는 것"이라고 변론한 기록이 남아 있다.[145] 그런 그가 '법조프락치' 사건의 증인으로 불려나왔다. 가담 정도가 제일 약한 인물을 불기소하는 대신 증인으로 활용하는 기본적인 수사기법을 검찰이 사용한 것으로 보인다.

조평재와 홍순엽의 생환

눈썰미 있는 독자들은 이미 눈치챘겠지만 흥미롭게도 7월 30일의 『동아일보』 보도부터는 이미 조평재 변호사의 이름이 빠져 있다. 법맹을 자기 손으로 만들고 위원장을 맡았던 그다. 민전에도 참여했고 전평의 고문변호사도 맡았다. 기밀비 사건 때문에 중간에 물러나기는 했지만 조선정판사 '위조지폐' 사건 변호인단에도 참여했고, 조선인권옹호연맹 결성에도 주도적 역할을 했다. 당시 법맹은 가입한 사실만으로도 나중에 '법조프락치'로 몰리는 조직이었다. 하물며 그걸 만든 인물이 무사할리가 없다. 그런데 그는 무사했다. 이 부분에 대해서는 1차 '법조프락치' 사건에 검사로 관여한 선우종원의 회고가 남아 있다.

선우종원은 1992년 출간된 자서전 『사상검사』에서 '법조프락치' 사건을 "법학자동맹(위원장 조평재)을 기점으로 하여 법조계에 침투한 남로당 조직공작"으로 정의한다. 사건은 정희택(鄭喜澤) 검사와 자신이 담당했다면서 이 사건의 피의자들은 "주로 현직 판검사들로서 합법을 가장하여 검거된 남로당원을 뒤로 빼돌리기 공작을 벌였으며 사식과 물건들을 차입해주는 등 중앙지도부의 지령을 받아 움직"였다고 회고한다.[146] 선우종원의 회고와는 달리 1차 '법조프락치' 사건에서 판검사는 김영재 차장검사 한명뿐이었다. 1차 사건은 앞서 보았듯이 오제도가 시작하고 선우종원이 공판에 관여했으며 강석복이 구형을 맡았다. 현직 판검사들이 많이 검거된 사건은 2차 '법조프락치' 사건이다. 정희택은 2차 사건에만 관여했다.

선우종원은 기존의 『사상검사』를 보완하여 1998년에 『격랑 80년』(인물연구소)을, 2010년에 『나의 조국 대한민국: 사상검사 선우종원의 격랑

90년』을 출간했다.『격랑 80년』이 나오기 한해 전인 1997년의 대통령선거에서 이홍규의 아들 이회창과 이충영의 아들 이수성은 여당의 유력한 대통령후보로 부상했다. 두사람 모두 김영삼 정부의 국무총리 출신이었다. 서울대 법대에서 형법을 가르친 이수성은 서울대 총장도 지냈다. 조평재의 조카로 역시 서울대 교수를 지낸 전직 경제부총리 조순도 이 싸움에 가세했다. 선거를 8개월 앞둔 시점에서는 '신한국당 이수성 고문의 아버지 이충영이 한국전쟁 때 월북했다'는 주장이 나왔다. '이회창 대표의 아버지 이홍규는 반공법 위반으로 구속됐다가 무죄로 풀려났고, 남로당과 관련이 있었으며 사상적으로 문제가 많았다'는 소문이 돌았다. 두 후보는 모두 사실무근이라고 해명했다.147 이런 민감한 시기에 선우종원은 이충영이 공산주의자가 아니었다고 옹호했다. 흥미롭게도 이수성에 이어 서울대 총장에 취임한 선우중호는 선우종원의 아들이다. 이충영을 옹호하는 과정에서 조평재 변호사 이야기도 나온다.

선우종원은 먼저 1947년 초반에 서울제일변호사회에 가입하면서 대선배인 이충영 변호사를 처음 만났다고 소개한다. 앞서 잠깐 설명한 것처럼 서울제일변호사회가 설립된 것은 1960년이다. 이 부분은 선우종원의 오류다. 아마도 1947년에 존재한 '법조회' 또는 '조선변호사회 서울분회'를 착각한 것 같다. 어쨌든 당시 선우종원을 만난 이충영은 민족, 국가 그리고 공산세력의 폭력활동에 대해서 걱정을 많이 했다고 한다. 1949년 '국회프락치' 사건이 터지자 선우종원은 법맹에 대해서도 조사를 벌였다. 선우종원은 그 시기를 11월로 기억한다. 그의 기억이 사실이라면 1차 '법조프락치' 사건 공판이 진행 중이던 시점이었다. 2차 '법조프락치' 사건은 이때 막 시동이 걸리고 있었다. 선우종원은 법맹 조사를 통해 후일 대법관을 지낸 유력인사 등이 가입되어 있다는 사실을 밝혀냈다고 적었다. 법맹의 부위원장인 홍순엽에 관한 이야기가 분명하다. 사실 이 부분은 대단한 수사를 필요로 하지 않았다. 법맹이 결성되던 1946년의 신문기사만 확인해도 알 수 있는 일이기 때문이다. 조사해보니 당시 홍순엽의 활동이 미미했음이 밝혀졌다. 법맹 위원장인 조평재에 대해서는 김갑수 당시 법무부차관이 신원보증을 섰다. 선우종원은 "조평재 변호사 등 전원에 대하여 남로당 탈당성명을 신문에 발표하게 하고 이 단체를 해산시킴과 동시에 전원 불기소처분으로 종결지었다"라고 회고한다.[148]

그와 별개로 "김영재 서울지검 차장검사, 오건일 판사, 백석황 변호사(김석황으로 오기), 김진홍 검사 등 30여명의 현직 판검사와 변호사가 포함된 충격적인 사건"을 수사했다고도 적었다. 실제로는 김영재·조평재·백석황이 모두 1차 '법조프락치' 사건으로 구속되었고, 오건일·김진홍(金振弘) 등은 2차 '법조프락치' 사건 관련자들이다. 선우종원의 기억에도 오제도 못지않게 오류가 많다. 그래도 관련자 중에서 조평재와 홍순엽이 기소되지 않고 풀려난 것만은 사실이다. 김갑수가 신원보증을 선 것도 아마 사실일 것이다. 선우종원은 이충영이 법맹에도 가입하지 않았고 '법조프락치' 사건과도 무관함을 보여주려고 이런 이야기를 적었다. 한국전쟁이 나고 이충영은 대학동창을 자칭하는 자와 인민군에 의해 혜화동 자택에서 납치되었다. 월북은 아니었다는 의미다.

'법조프락치' 사건 공판정에서 백석황 변호사가 1948년 12월부터 법맹의 책임자가 되었다고 시인한 걸 보면 유영윤이 북으로 간 후에는 백석황이 법맹을 이어받은 것 같다. 북으로 가면 더이상 쫓기지 않아도 된다는 점에서 백석황이 잠시 월북을 생각한 것도 충분히 이해할 수 있다. 1950년 7월 4일 서울시 임시 인민위원회에 제출된 '남조선법학자동맹'

의 등록서류에도 유영윤이 대표자로 이름을 올렸다. 이 서류의 위원명단에는 조평재와 홍순엽이 빠졌다. 조평재와 홍순엽에서 유영윤으로 법맹의 주도권이 넘어간 상태에서 이 명단이 처음 작성되었고 그후 유영윤이 북한으로 넘어가자 백석황이 법맹을 이끌게 되었다고 보면 전체흐름이 자연스럽다.

결국 조평재 변호사는 1946년 10월경부터는 적어도 법맹의 대표는 아니었던 것 같다. 1947년 6월 14일 조선인권옹호연맹 사무총장이 되었으니 두 단체의 대표를 맡기도 어려웠을 것이다. 조선인권옹호연맹은 좌우가 함께 모인 단체였으므로 이때쯤부터는 이미 조평재가 좌익활동가는 아니었다고 평가할 수 있다. 기밀비 사건으로 조선정판사 '위조지폐' 사건에서 물러난 덕분에 좌익변호사의 핵심에서 멀어진 것이 그에게는 행운이었다. 1차 '법조프락치' 사건으로 구속되었다가 선우종원 검사의 불기소처분으로 풀려난 것도 이런 흐름에서 이해할 수 있다. 조평재나 홍순엽 등 비교적 온건한 자유주의자들은 조선정판사 '위조지폐' 사건 공판의 후반부 또는 남로당의 결성시기를 전후해서는 직접적이고 적극적인 활동에서 서서히 멀어진 것 같다. 이들이 썼다는 법맹 탈퇴성명 또는 남로당 탈당성명을 직접 찾아 확인하지는 못했다. 1949년부터 신문에는 이런 성명서가 워낙 많아서 다 찾아보기도 어렵다. 문안도 대개 비슷하다.

"오등은(저희는) 빈약한 사상으로 일시 남로당에 가입하였으나 그간 실질적인 행동은 태무(殆無)하며 동당의 노선이 살인, 방화 등 파괴적 비민족적임을 지실(知悉)하여 1947년 12월 20일 동당을 정식 탈당하였으나 금반 탈당을 재차 성명함과 동시에 대한민국에 진충(盡忠)함을 맹서함."[149]

조평재·홍순엽 변호사는 빨리 전향해 살아남았다. 법맹을 직접 만들었지만 어느 시기부터 유영윤·백석황 등 더 적극적인 사람들에게 자리를 넘겨준 덕분이다. 경성제대와 경성법전이라는 최대 법률가집단의 지도자들이었던 점도 충분히 고려되었을 것이다. 조평재와 같은 경성제대와 고등시험 사법과 출신이지만 김영재와 강중인은 그런 혜택을 누리지 못했다. 강중인은 자존심을 지키려고 저항한 것이 발목을 잡았다. 김영재는 일찌감치 반성의 뜻을 보였음에도 불구하고 서울지방검찰청 차장검사라는 대표성 때문에 사건의 중대성을 부각하는 차원에서 기소되었던 것 같다.

김갑수는 김영재가 "공산당에 가입해 활동을 했다는 혐의로 구속"되었지만 "공산당 할 사람 아니었"다고 회고한다. 그러고는 어린 시절 자신의 친구였던 공산주의자 김광태의 경우로 이야기를 돌린다. 친구 김광태는 "공산당은 한번 발을 들여놓으면 뺄 수가 없는 곳"이라면서 "항상 감시를 하고 있어서 배신할 수 없고 배신이라고 인정된 때에는 목숨을 보전하기 힘들다"라고 했다. 김갑수는 "김영재가 공산당에 들어간 것도 아마 이와 비슷한 경위로 잘못 끌려 들어간 것이 아닌가" 생각했다. "당시 좌우합작이 논의되고 김구 씨 같은 분까지도 남북협상을 하겠다고 고집하는 판국에 더구나 공산당이 불법화된 것도 아닌 군정하에서 좌익에 가담하는 것이 크게 죄악시되지 않았다"는 것이다. 김갑수가 볼 때 김영재에게는 "야당에 가입하는 듯한 심정"밖에 없었다. 검찰의 요직을 맡은 것도 프락치로서보다는 "사관(仕官)" 즉 벼슬살이의 방편으로 선택했을 뿐이다. 그런데 공산당이 검찰의 요직에 앉은 김영재에게 눈독을 들였다는 이야기였다.

나중에 조봉암에게 무리한 사형선고를 내린 김갑수 대법관이다. 김영재와는 일제시대부터 평양에서 우정을 이어왔다. 월남도 함께했다. 가까이에서 오래 관찰해온 김갑수가 볼 때도 김영재는 제대로 된 공산주의자가 아니었다. 야당에 가입하는 정도의 가벼운 마음으로 남로당에 발을 들여놓았다가 인생이 망가졌을 뿐이다. 정확한 평가다. 다만 김갑수는 김영재의 월북에 대해 "열길 물속은 알아도 한치 사람 속은 알 수 없다"면서 깊은 실망을 토로한다.[150] 그러나 월북은 억울하게 감옥에 갔다 와서 졸지에 한국전쟁의 막다른 골목에 내몰린 사람의 마지막 선택이었을 수 있다. 그걸 기준으로 이전의 모든 행위를 유죄로 확증할 수는 없다.

1차 '법조프락치' 사건 공판이 거의 마무리되던 1949년 12월부터는 젊은 세대 법률가들에게 불똥이 튀기 시작했다. 사법요원양성소 출신들이 주된 목표였다. 서기 출신 중에서는 비교적 강직하다는 이홍규 검사가 걸려들었다. 2차 '법조프락치' 사건을 들여다보면 우리는 1차 '법조프락치' 사건도 더 선명하게 이해하게 된다. 2차 사건의 경우에는 관련자들 몇이 남쪽에 살아남아 자기 목소리를 남겼기 때문이다. 1차 사건은 판결결과만 남아 있고 판결문이 없어서 그나마 판결문이 남아 있는 2차 사건과 함께 검토할 수밖에 없다.

3장 /

2차 '법조프락치' 사건과
이정남·이홍규

사법요원양성소 출신의 사라진 사람들

미군정 초기 통역권력이었던 김영희 법무국장대리의 주도로 만들어
진 사법요원양성소는 1946년 봄에 잠깐 존재했다가 사라졌다. 미국식 로
스쿨을 이식하려던 계획은 실패했고 선발된 양성원들은 법원, 검찰청, 사
법부의 사법관시보가 되어 흩어졌다. 금방 사라진 까닭에 사법요원양성
소에 관해 그나마 남아 있는 기록에도 오류가 적지 않다. 초창기 법조계
역사의 가장 기본적인 자료인 『법원사』는 사법요원양성소 합격자 숫자
를 61명으로 정리한다.[151] 아마도 『미군정청관보』 1946년 4월 25일자 사
법부지령 제1호의 사법요원양성소 1회 양성원 명단에 기초한 것으로 보
인다. 그러나 이 명단에는 강봉제(康鳳濟)가 빠져 있다.* 강봉제를 포함

---

* 합격자 발표 당시 『대동신문』에 실린 필기시험 합격자명단(「사법요원 필시합격자」, 『대동신
  문』 1946년 3월 18일자 2면), 『조선일보』와 『한성일보』에 실린 최종 합격자명단(「사법요원
  양성소생 합격자 발표」, 『조선일보』 1946년 4월 6일자 2면; 「사법요원양성소 시험 합격자 발
  표」, 『한성일보』 1946년 4월 7일자 2면), 사법요원양성소 출신들을 시보로 배치한 미군정청
  1946년 7월 23일자 관보의 법률기초심사국 시보명단(『미군정청관보』 1946년 7월 23일자 사
  법부 임명사령 제7호), 그리고 『한국법관사』에서 (해당자들이 사법요원양성소 출신임을 밝
  히지 않은 채) 싣고 있는 1946년의 시보명단은 전후 맥락상 강봉제가 사법요원양성소 입소시

하면 사법요원양성소 입소시험의 전체 합격자 숫자는 61명이 아니라 62명이다.* 또한『한국법조인대관』에는 자신의 변호사자격 취득 근거를 사법요원양성소 입소시험 합격으로 기록한 법조인이 굉장히 많다. 그중 절반 정도는 1946년의 합격자명단에서 이름을 찾을 수 없다. 이들은 대부분 일제시대 서기 경력을 바탕으로 1945년과 1946년 판검사에 임용된 사람들이다. 본인들이 거짓말을 했을 수도 있고,『한국법조인대관』의 편집자들이 잘못 정리했을 수도 있다. '별이 저절로 굴러 손으로 들어오던 시대'가 남긴 흥미로운 흔적이다.

사법요원양성소 입소시험 출신들이 사법관시보 교육을 마치고 판검사로 최초 임용된 것은 1948년 4월 1일이다. 시험합격부터 2년, 시보임용부터 1년 10개월을 꼬박 채운 시점이었다. 사법요원양성소 출신 판사들의 임용일자가 대체로 통일된 데 반해, 검사 임용시기는 다소 엇갈리는 경향을 보인다.『한국검찰사』기록 자체의 불완전성에 기인한 문제 같다. 이런 한계를 염두에 두고, 전체 명단을 검토해보면 62명의 사법요원양성소 입소시험 합격자 중에서 판검사로 임용된 사람은 56명이고, 판검사 임용기록이 발견되지 않는 사람은 남상문·홍승기·서범석·이교영(李敎永)·김흥선(金興善)·안창준(安昌濬) 등 6명이다.** 남상문·홍승기·서범석은 1947년 12월에 터진 '적색 사법관' 사건으로 이미 한차례 태풍

험 출신임을 일관되게 기록하고 있다.『한국법조인대관』과 강봉제 자신의 증언도 이와 일치한다. 따라서 1946년 4월 25일자 명단은 강봉제를 단순 누락한 것으로 판단할 수 있다.

* 앞에서 언급한『자유신문』1946년 6월 25일자 2면 기사 역시 그 구성원이 62명이었음을 보도하여 이를 뒷받침한다.

** 안창준은 사법요원양성소 입소시험 합격과 시보 임명 이후의 행적이 전혀 확인되지 않는다. 1906년 12월 15일 출생하여 일제시대 경상남도 경찰부 보안과 순사부장, 진주경찰서 사법주임으로 근무했고 1945년 12월 29일 미군정하의 마포경찰서장을 사임한 안창준이 다음해 사법요원양성소 입소시험에 합격했을 가능성이 있으나 사실 여부를 확인할 수는 없었다.

을 겪은 상태였다. 이들 외에도 사법요원양성소 입소시험 출신 중에는 한국전쟁을 전후해 공식적인 기록에서 완전히 사라진 사람들이 적지 않다. 이들은 초창기 법조계의 좌우 또는 남북대립을 이해하는 중요한 열쇠가 된다.

2차 '법조프락치' 사건의 시작

1949년 12월 14일 이태희 서울지방검찰청 검사장이 발표한 2차 '법조프락치' 사건 관련자에는 서울지방법원 김진홍·김두식(金斗植)·강일구(姜日求) 판사, 서울지방검찰청 이사묵·이정남(李正男) 검사, 부산지방법원 김영하(金永夏) 판사 등이 포함되었다. 2차 '법조프락치' 사건은 그나마 1심의 판결문이 남아 있어 이들이 대개 어떤 혐의로 기소되었는지를 파악할 수 있다.

2차 '법조프락치' 사건에서 중요한 인물은 김진홍 판사와 이정남 검사다. 김진홍은 1945년 11월 19일 사법관시보로 임명되어 1947년 10월 청주지방심리원 충주지원 판사로 발령받았다. 같은 날 사법관시보로 임명되어 비슷한 시기에 판사가 된 박용원·박래홍 등이 모두 1945년 조선변호사시험 응시자인 이법회 출신인 걸로 보아 김진홍도 이법회원으로 추정된다. 1심 판결문은 김진홍 판사가 1947년 4, 5월경 남로당에 가입했다고 기록한다. 국가보안법 위반으로 기소되었기 때문에 공소사실에는 "남로당이 대한민국 정부를 전복하고 소위 인민공화국의 수립을 기도함으로써 국헌을 위배하여 정부를 참칭하고 그에 대적하여 국가를 변란할 목적을 가진 결사인 정을 알면서"도 남로당에 가입해 활동했다는 문구가 포함되었다.

남로당에 가입한 김진홍은 이교영의 지시로 1949년 4월 '국가보안법 위반 피고인들의 공판정에서의 동향' '지방의 인민군 출몰상황' 등에 관한 정보를 이교영에게 제공했다. 7월에는 상공부 연료과장 박영수를 여러번 방문하여 연료사정에 관한 정보를 수집했고, 박영수의 소개로 피고인 백상덕(白相悳)을 방문해 석탄사정도 파악했다. 9월에는 금 2000원을 남로당 기금으로 이교영에게 제공하여 남로당의 목적수행을 방조하고, 남로당과 동일목적을 가진 반일운동자구원회 중앙조직부장 황한철(黃漢喆)의 지시로 11월 초순경 자서전도 제출했다. 황한철을 이정남의 집으로 안내해 김두식·강일구 판사에게도 자서전 제출과 재활동을 요구하는 등 국가보안법이 시행된 1948년 12월 1일 이후에도 남로당원으로서 활동했다. 요컨대 국가보안법 시행 이전에 남로당원이 된 김진홍이 국가보안법 시행 이후에도 남로당을 위해 정보를 수집하고 동료 판검사에게 남로당 재활동을 권유했다는 혐의였다. 김진홍은 2차 '법조프락치' 사건으로 걸려든 판검사들 중에서 구체적 행동이 조금이라도 발견되는 유일한 인물이다.

김진홍과 관련해 등장하는 이교영 역시 사법요원양성소 출신이다. 이교영 변호사는 2차 '법조프락치' 사건 판결문에서 피고인이 아닌 공범으로만 거론되는데, 아마도 그가 '남로당 중앙청 프락치' 사건으로 따로 재판을 받고 있었던 까닭으로 보인다. 이교영은 '남로당 중앙청 프락치' 사건으로 1심에서 징역 6년의 실형을 선고받았다.[152] 이교영의 직접적인 목소리는 들을 수 없지만 그와 함께 '남로당 중앙청 프락치' 사건에 연루되었던 홍순명(洪淳明)의 흥미로운 인터뷰는 남아 있다. 평북 신의주 출신으로 만주에서 성장한 홍순명은 경성사범학교를 졸업하고 소학교 교사로 일하다가 일제시대 만주의 대표적 친일단체인 오족협화회 직원으로 취직했다. 여운형의 최측근인 최근우의 조언에 따른 취직이었다. 해방후에는 근로인민당에서 서무과장으로 일했는데 이게 1949년 '남로당 중앙청 프락치' 사건으로 연결되었다.

"그러다가 근로인민당 서무과장을 했고 어쩌다보니 (수사기관에서는) 남로당 보건사회부 책임자가 되어 있더군요. 그리고 1949년 '국회프락치 사건'과 '중앙청 프락치 사건'이 터졌지요. 그때 저도 잡혀 들어갔어요. 전기고문이며 물고문 등 고문도 많이 당하고 맞기도 많이 맞았지요. 그런데 '연결'을 대라는데 제가 알아야 말이죠."

홍순명은 '남로당 중앙청 프락치' 사건으로 징역 6년을 선고받았다. 이교영과 동일한 형량이다. 기소한 검사는 선우종원이었고, 담당판사는 1차 '법조프락치' 사건과 동일한 이봉규였다. 항소심이 남아 있었기 때문에 홍순명은 미결상태로 서울형무소에 갇혀 있다가 한국전쟁이 터지면서 인민군에 의해 풀려났다. 인민군이 서울을 점령한 기간 동안 그는 서울시 임시 인민위원회 보사부 책임자로 물자동원과 약품동원을 담당했다. 신분이 노출되었으니 일본으로 밀항하라는 상부의 지시를 받은 홍순명은 인천을 거쳐 부산으로 이동하다가 체포되었다. 그는 지극히 운이 좋은 경우였다. 홍순명을 체포한 사람이 "이전에 그의 은혜를 입은 사람"이었기 때문이다. 자세한 사연은 알 수 없지만 그를 체포한 사람은 "제발 이제 나가시면 조용하게 편안하게 사십시오"라며 풀어주었다. 이후 홍순명은 1남 2녀를 키우며 문자 그대로 40여년을 "조용히 묻혀" 살았다.[153] 『민족 21』기자가 그를 인터뷰한 2003년 무렵 홍순명은 '평화와 통일을 위한 시민연대' 이사장이었다. 홍순명의 증언은 해방공간에서 근로인민당 같은 중도좌파 정당과 남로당 사이의 경계가 상당히 모호했음을 보여준다. 적어도 '사상검사' 입장에서는 양자를 엮어 기소하는 데 별 어려움이 없었던 것이 분명하다. 조작 또는 과장된 것으로 보이는 '남로당 중앙청 프락치' 사건의 피의자 홍순명이 한국전쟁 와중에는 실제로 인민군을 위해 일한 사실은 그 경계를 더 희미하게 만든다.

1947년 3월경 서울지방심리원과 서울지방검찰청에서 사법관시보로 실무수습을 하던 김진홍·김두식·이사묵·이정남·김영하가 남상문의 권유로 독서회에 가입한 것은 일단 사실로 보인다. 앞서 '적색 사법관' 사건으로 구속되었던 그 남상문이다. 공소사실에 따르면 1947년 4, 5월경 독서회원 전원은 "진실한 이론을 파악하기 위하여서는 정치적으로 연결해야 된다는 취지에 찬동"하여 남로당에 가입했다. 남상문이 세포책을 맡고 나머지 사람들은 세포원이 되었다. 이들은 이교영·김진홍·김두식의 집을 돌아다니며 그해 10월까지 모임을 이어갔다.

강일구는 이보다 조금 늦은 1947년 7월 초순경 같은 사법관시보이던 홍승기의 권유로 남로당에 가입했다. 홍승기가 세포책을 맡은 이 조직에는 강일구, 허길진(법무부 비서실 서기), 이○○, 이 모 등이 세포원으로 참여했다. 홍승기가 중심이 된 모임은 강일구의 집에서 서너차례 이어졌다. 사법요원양성소 입소시험 출신들은 해방이후에 법률가자격을 취득한 첫번째 세대다. 일제시대 서기 경력자들이나 고등시험 합격자들도 일부 포함되어 있었지만, 그래도 이들은 친일의 굴레에서 자유로운 첫세대라는 자부심을 가질 만했다. 새롭게 세워질 나라에 대한 이들의 기대와 책임감은 여러가지 방향을 모색하게 만들었다. 그런 시도가 결국 국가보안법 위반 혐의로 귀결된 것 아닌가 싶다. 강일구에게는 그밖에도 이교영에게 남로당 자금을 제공했다는 혐의가 따로 적용되었다.

1950년 1월 9일자 『동아일보』는 2차 '법조프락치' 사건 관련자들인 김진홍·이사묵·이정남 등과 함께 추진수(秋鎭洙) 충주지원장, 양규봉·장진호·강혁선·김중정·김홍선 변호사, 이수녕(李隨寧) 시보 등도 이미 구속되었음을 뒤늦게 보도한다.[154] 다른 기사는 이 사건으로 기소된 사람에 부산지방검찰청 이재원(李載元) 검사도 포함시키고 있다.[155] 국가보안법 위반자들을 기소유예 또는 무혐의 처분하였다는 이유로 구속되어 권고사직을 당한 청주지방검찰청 박세영(朴世英) 검사도 넓은 의미에서는 '법조프락치' 사건 관련자다.*

이 구속자들 중 양규봉·장진호·강혁선은 1차 '법조프락치' 사건 관련자로 구형과 선고를 받았다. 양규봉은 서울시 임시 인민위원회에 신고한 남조선법학자동맹 위원명단의 제일 앞에 이름이 남아 있는 사람이다. 양규봉이 1차 '법조프락치' 사건 관련자로 함께 재판을 받은 사실은 마포경찰서가 확보한 '변호사 당세포' 문건의 명단이 그대로 1차 '법조프락치' 사건으로 연결되었다는 추정을 뒷받침한다. 물론 근본적으로는 1차나 2차나 사건내용이 거의 비슷했으므로 그 구분이 큰 의미를 지니지는 않는다. 추진수·김중정·김홍선·이수녕·이재원 등이 처벌받은 기록은 확인할 수 없다. 이상의 인물 중에서 추진수·김홍선·이재원·박세영 역시 사법요원양성소 출신이었다. 이수녕은 1947년에 시행된 1회 변호사시험 출신이다.

오제도 검사가 쓴『추격자의 증언』은 2차 '법조프락치' 사건에 대해서도 한마디를 보탠다. 이 부분에 붙여진 제목은 엉뚱하게도 "타공(打共)

---

* 박세영은 이 사건 후 별문제 없이 변호사를 개업하였으나 한국전쟁 중에 청주시 인민위원회 거리 인민위원장으로 일했다는 혐의로 1951년 1월 6일 청주지방검찰청에서 비상사태하의 범죄처벌에 관한 특별조치령 위반으로 징역 15년을 구형받았다(대검찰청 수사국 엮음『좌익 사건실록 9』, 대검찰청 수사국 1972, 531면). 그는 1955년 다시 변호사 개업을 했고, 1979년 김재규 사건의 변호인으로도 참여했다.

행로에 무서운 모함"이다. 거기에는 "비애! 생매장을 기도하는 붉은 동료"라는 부제가 붙어 있다. 이 부분은 제목처럼 공산당과 싸우는 과정에서 오제도가 받은 모함에 관한 이야기다. 1949년 12월 현직인 R검사가 2차 '법조프락치' 사건으로 수감되었다. 같은 감방에 수감된 "공산분자"들은 현직 검사가 수감된 것을 의아하게 느꼈지만 이야기를 나누면서 곧 그가 자신들의 조직원이 틀림없음을 확인했다. R검사는 몹시 흥분된 어조로 "동무들 염려 마시오. 삼팔선 부근에 인민군이 대량 집결되어 있습니다. 머지않아 내년 3월에는 반드시 우리 남반부 인민이 해방될 것이요"라고 말했다. 자신이 구속된 이유에 대해서 R검사는 다음과 같이 설명했다.

"글쎄 하루는 오제도 방에 들어갔더니 그 여편네(오제도의 아내)가 금팔찌를 끼고 있지 않아요. 그렇지 않아도 여러곳에서 수상한 이야기를 들은 것도 있고 해서 비밀리에 조사한 결과 아니나 다를까 80퍼센트나 증거를 얻고 수일 내에 구속 엄단하여 매장하려고 준비가 거의 되었는데 이것을 재빨리 알아차린 오제도, 글쎄 그놈이 선수를 써서 날 이렇게 만들지 않았겠어요."

마침 비밀순찰 중이던 형무관(교도관)이 우연히 그 감방에서 오가는 이야기를 듣고는 함께 있던 자들을 문초한 결과 그 전모를 파악하게 되었다. 물론 이 모든 것도 오제도의 증언에 따른 내용이다.[156] 좌익사범으로 붙잡힌 누군가를 공산당으로 몰기 위해서 형무소의 같은 방에 있던 일반 '잡범'들을 증인으로 세우는 것은 당시 매우 일반화된 수사기법이었다. 형무관이 우연히 들었다기보다는 미리 준비된 일이었을 개연성이 크다. R검사가 감방동료들에게 인민군이니 남반부 해방이니 하는 이야기를 했다는 부분은 상식적으로 믿기 어렵다. 일반 '잡범'들 입장에서는 수감된 좌익사범들에게 불리한 증언을 하고 자기 사건에서 유리한 결과를 얻는 편이 현명한 선택이었다. 지금 기준으로 보면 어차피 전문증거(傳聞證據)라서 증거능력을 얻기 어렵고 모두 정황증거일 뿐이라 증명력도 약하지만, 당시에는 거의 상습적이다 싶을 정도로 이 방법이 자주 사용되었다.

물론 이야기는 언제나처럼 훈훈하게 오제도 식으로 정리된다. 오제도는 자신의 아내가 부유한 집안에서 태어나 고등교육까지 받기는 했으나 허영을 좋아하지 않았으며 오제도 자신은 그당시까지 금팔찌가 무엇인지도 몰랐다고 기술한다. 이 사건을 맡은 정희택 검사는 R검사를 호출하여 "오검사 부인이 금팔찌 끼고 온 것을 보았느냐?"라고 심문했고 R검사는 "그건 제가 본 것이 아니라 현직인 K검사에게 들은 것"이라고 답변했다. 정희택 검사는 K검사에게 진상을 물었다. K검사는 "나는 아직 오검사 부인의 얼굴을 본 적도 없고 R검사에게 그런 말을 들었을 뿐"이라고 대답했다. 사건조사는 이걸로 대충 마무리되었다. 오제도에 따르면 R검사는 한국전쟁 중 인민군이 서울에 들어오자 "검찰청 자치위원회 부위원장을 맡아서 맹활동"을 했다. R검사가 이때 벌인 만행으로 오제도를 모함하던 자들의 잘못은 충분히 입증되었다는 취지다.

R검사는 서울지방검찰청에서 일하다가 2차 '법조프락치' 사건으로 구속된 이정남으로 추정된다. 오제도는 "주범 김○○에게 징역 7년이, R검사에게 징역 5년이 구형되었는데 나중에 무죄를 받았다"라고 적었다. 구형은 정희택 검사가 맡았다. 당시 실제 구형량은 김진홍 징역 8년, 이정남 5년, 김두식·이사묵 각 3년, 김영하·강일구 각 2년이었다. 김진홍의 구형 부분은 오제도가 잘못 기억한 것 같다. R로 추정 가능한 또다른 검사 이사묵은 3년을 구형받았고 한국전쟁 이후에도 남쪽에 남았기 때

문에 여기서 제외된다.*

이정남 검사는 1912년 12월 19일 전남 장흥에서 태어나 일본 히로시마 고료(廣陵)중학교, 보성전문 법과, 메이지대 법과를 졸업하고 해방후 사법요원양성소를 거쳐 검사에 임용된 인물이다. 보성전문 법과에 입학하고 얼마후인 1933년 5월 18일에 "여명의 종소리"라는 제목으로 교내 웅변대회에 참석한 기록이 남아 있는 걸 보면 적극적이고 활달한 성격이었던 것 같다.[157] 사법요원양성소 입소시험의 필기시험을 면제받았으니 1945년 조선변호사시험 '응시자'인 이법회 출신일 개연성도 크다. 이정남의 유족들은 그가 "땅을 제법 가진 지주 집안의 아들"로서 "어머니가 돈으로 공부시켜 법률가를 만들다시피 했"으며 "돈을 잘 쓰는" 사람이었다고 전한다. 겸양의 표현이겠으나 이법회 출신이라는 추정과도 어느정도 일치한다. 남쪽에서 완전히 사라져 흔적조차 찾기 어려운 이정남에 대해 객관적인 후일담을 전해주는 사람은 이홍규 검사다.

너 빨갱이지? 남로당원이지?

프롤로그에서 언급했듯이 이홍규는 1950년 3월 26일 '법조프락치'로 몰려 구속되었다. 최초 구속된 사유와는 달리 최종적으로 기소된 죄목은 독직상해와 범인은닉이었다. 기소를 담당한 검사는 임석무였다. 남로당 운운하던 혐의 부분은 모두 사라졌다. 그 사정에 대해서는 이홍규 검사의 상세한 회고가 남아 있다.

---

* 이 부분에 대해서는 R검사를 이사묵 검사로 지목하는 듯한 오제도의 완전히 상반된 기록도 존재한다. 이 책의 6부 '한국전쟁이라는 쓰나미'에서 다시 설명하겠다.

이홍규는 이 모든 일을 평북 출신인 윤하영 충북지사를 수사한 여파로 받아들였다. 충북지사 수사 이후 평안도 출신들은 '이검사가 이남 출신의 선발대로서 평안도 사람을 때려잡으려고 한다'고 오해했다. 10년 이상 사귀어온 지인들도 이홍규에게 등을 돌렸다. 마침 그 시기에 서울지방검찰청 최대교 검사장이 물러나고 평안도 출신 이태희가 뒤를 이었다. 평안도 출신으로 서울지방검찰청의 공안라인이 완성되던 바로 그때다. 이홍규를 기소한 임석무 검사도 역시 평남 벽동 출신으로 일본 니혼대 전문부 법과를 졸업하고 1939년 고등시험 사법과에 합격해 판사로 일한 인물이다. 앞서 살펴본 1949년 6월 20일의 백민태 사건 공판에서 노덕술과 박경림에게 무죄를, 최란수와 홍택희에게 살인예비죄로 징역 2년을 선고한 판사가 바로 그다. 임석무가 검사로 자리를 옮긴 것은 1949년 12월 12일이다. 아마도 임영신 사건과 김영재 사건으로 검찰에 자리가 많이 빈 상황에서 새롭게 부상한 평안도 동향출신들이 그를 검찰로 불러들인 것 같다.

검찰에 새롭게 라인을 구축한 평안도 출신들은 이홍규의 뒤를 캐기 시작했다. 이홍규는 훗날의 인터뷰에서 당시 누가 자기 뒤를 캤는지 분명하게 밝히지 않았다. 선우종원은 당시 이홍규를 수사한 것이 오제도 검사였다고 특정한다. 기소를 담당한 것은 임석무 검사지만 빨갱이 혐의로 이홍규를 구속한 것은 오제도 검사였다는 이야기다.[158] 그 무렵 이홍규는 "보도연맹에 줄을 대고 물자를 받아 처분"한 사람들에 대한 수사를 진행 중이었다. 보도연맹 가입자들에게 지급하던 물자를 누군가 뒤로 빼돌려 팔아먹은 사건이었다. 보도연맹은 평안도 출신 검사들의 아킬레스건이었다. 당시 보도연맹을 실질적으로 움직인 사람들이 서울지방검찰청의 공안라인이었기 때문이다. 김효석 내무부장관이 총재를, 권승렬 법무부장관, 신성모 국방부장관 등이 고문을, 내무부·법무부차관과 대검찰청 차장검사가 부총재를 맡았지만 여기까지는 구색 맞추기였다. 실무는 운영협의회의 몫이었는데 서울지방검찰청 이태희 검사장이 운영협의회 최고지도위원장을, 오제도 검사가 상임지도위원장을 맡았다. 구체적으로는 서울지방검찰청의 공안검사들과 서울시경찰국을 비롯한 각 경찰서 대공수사대원들이 업무를 분담했다. 지방에 만들어진 본부들도 비슷한 구성이었다.[159]

1950년 6월 5일에 열린 보도연맹 창립 1주년 기념식은 정희택 검사가 사회를 보고 오제도 검사가 개회사를, 최운하 서울시경찰국 부국장이 연맹약사 보고를, 서울지방검찰청 이태희 검사장이 훈시를, 장재갑 차장검사가 격려사를, 신재식(申載湜) 검사가 탈맹자* 발표를 맡았다.[160] 이 조직이 누구의 것이었는지 분명히 드러나는 장면이다. 조직 결성을 주도한 것도, 운영과 교육과 활동을 총괄한 것도, 탈맹식을 주관하면서 사상 심사를 담당한 것도 모두 오제도를 비롯한 '사상검사'들이었다.[161]

오제도는 훗날 "법적 근거 없이 결성한 연맹이라 예산의 뒷받침이 있을 리 없었"고 "어떻게 기구를 조직하고 운영하느냐도 큰 문제였다"라고 적었다. 그러다보니 1949년 6월 중순 보도연맹이 조직한 대규모 반공 시위 준비 중에는 참가자들이 돈이 없다고 길바닥에 주저앉는 상황에까지 이르렀다. 사열대에서 김효석·권승렬·신성모 세 장관이 기다리고 있는데 참가자들이 가장행렬 형태의 시위에 사용할 플래카드를 만들 광목조차 없다며 나자빠진 것이다. 당황한 오제도는 이들을 설득해 신문

---

* 일정기간 보도연맹원 활동을 마친 사람에게는 엄격한 심사를 거쳐 탈맹자격을 부여했다. 탈맹은 시민권의 회복을 의미하는 일종의 영예였다. 물론 한국전쟁 발발 후 보도연맹원을 학살할 때는 탈맹 여부가 큰 의미를 갖지 못했다.

지, 문짝, 새끼줄, 허리띠, 옷가지를 찢어 "김일성 타도" "대한민국 절대 지지"라고 적은 혈서를 준비하게 했다.[162] 모든 게 즉흥적이고 엉망이었다. 오제도의 기억과는 달리 이 행사는 1949년 6월이 아니라 11월 6일에 열린 전향자 6000명의 시위였던 것 같다. 1949년 6월에는 그런 행사가 열렸다는 신문기사를 찾을 수 없고 11월 행사에서만 김효석과 신성모가 참석한 사열식이 진행되었기 때문이다.[163] 1949년 11월 김효석 내무부장관이 20만원을, 장경근 내무부차관, 최경련(최경진의 오기로 보임) 변호사, 동립고무회사 이규영 사장이 각각 10만원을, 동방흥업사 신덕균 사장이 5만원을 보도연맹에 희사했다는 보도도 이를 뒷받침한다.[164] 보도연맹에서 돈이 떨어졌다는 소식을 들은 김효석과 장경근 등이 돈을 모아준 것이다. 그런가 하면 보도연맹원들이 항공기헌납금으로 10만원을 모아 국방에 전달했다는 기사도 존재한다.[165] 전국적으로 조직을 확산하고 국민예술제전, 프로권투전, 타공음악회, 타공웅변대회, 타공강연, 타공부녀간담회까지 개최하려다보니 돈이 계속 들어갔다. 돈이 들어가는 과정에 잡음이 없을 수 없었다. 보도연맹 수사를 시작하자마자 벌어진 일을 이홍규는 이렇게 회상한다.

"(보도연맹) 조사를 하고 있는데 나를 미워하는 쪽에서는 선수를 쳐서 나를 잡아넣어야 하겠다고 생각하고 내 밑에 있던 P씨(박형종 서기를 지칭)를 잡아다가 족치니까 '예, 나는 남로당원인데 이홍규 검사가 내 상부이고 이홍규 검사의 권유로 남로당원이 되었소'라고 고문에 못 이겨 허위자백을 했어요. 이 허위자백 사실을 검찰총장, 법무부장관한테 보고하고 나를 구속하겠다고 했던 모양이에요."[166]

이홍규 사건이 초창기에 왜 법조프락치 관련으로 보도되었는지를 잘 보여주는 회고다. 1950년 3월 26일은 일요일이자 이승만 대통령의 생일이었다. 이홍규는 그 날짜를 절대 잊지 못했다. 컴컴할 때 집에 도착해보니 대문 안에서 누군가가 "손들어" 하면서 총을 들이댔다. 이홍규는 좌익분자의 기습이라고 생각했다. 평소에 늘 좌익에게 총 맞아 죽지나 않을까 하는 불안감이 있었기 때문이다. 그러나 상대는 경찰관이었다. 경찰관은 이홍규를 집 안에 넣고는 전화선을 끊어서 손발을 묶으려 했다. 이홍규는 영장을 보자고 요구했다. 경찰이 보여준 영장에는 국가보안법 위반이라고 적혀 있었다. 이홍규는 "내 발로 갈 거니 이러지 말라"고 부탁했다. 2명의 경찰관이 이홍규의 양팔을 붙잡고 차에 태웠다. 그가 도착한 곳은 치안본부 중앙분실이었다.

중앙분실에 끌려 들어가자마자 대여섯명이 사정없이 치고 때리며 혼을 빼놓았다. 그러고는 이홍규를 의자에 앉혀 "너 빨갱이지? 남로당원이지?" 물었다. 이홍규는 자신이 남로당원도 빨갱이도 아니라고 부인했다. 경찰들은 이홍규를 목욕탕으로 끌고 가 발가벗긴 채로 물을 퍼부었다. 평소 냉수마찰로 단련해온 몸이었지만 한겨울에 물세례를 세번이나 받으니 당해내기가 쉽지 않았다. 그다음에는 네사람이 팔다리를 붙잡고 얼굴에 걸레 같은 보자기를 덮은 후 주전자로 물을 부었다. 본격적인 물고문이었다. 고문을 받던 이홍규가 기절했다 깨어나면 경찰관들은 상부를 대라고 했다. 이홍규는 독한 사람이었다. 누구든 이름을 대면 또다른 억울한 사람이 붙잡혀올 것이 분명했다. 그는 "나는 상부도 없고 아무것도 없다"라고 버텼다. 뒤이어 전깃줄을 몸에 매고 배터리를 돌리는 전기고문이 시작되었다. 고문은 나흘 동안 계속되었다. 잠도 자지 못했다. 이홍규가 꾸벅꾸벅 졸면 배터리를 돌려 충격으로 다시 잠을 깨웠다. 죽는 건 상관없지만 이러다가 정신병자가 되면 어쩌나 하는 걱정이 밀려들었다. 닷새째 되어서야 이홍규는 감방으로 들어가 잠을 잘 수 있었다.

이홍규가 끝까지 굴복하지 않자 최종적으로 적용된 죄목이 독직상해였다. 수사를 하면서 피의자를 때렸다는 내용이었다. 고문을 버티지 못했다면 이홍규도 십중팔구 '법조프락치' 사건의 한쪽 축이 되었을 게 분명했다. 이홍규 사건의 주심판사는 양회경이었다. 나중에 대법원장이 되는 조진만 변호사, 김갑수의 아버지인 김종근 변호사, 같은 충남 예산 출신으로 이홍규의 경성제일고보 동기인 이만준 변호사 등 13명이 변론을 자청했다. 다들 수임료도 받지 않았다. 이홍규는 보석으로 일단 풀려났고 1심 공판이 마무리되지 않은 상황에서 한국전쟁이 터졌다.

선우종원 검사는 이홍규가 그 정도로 풀려날 수 있었던 숨겨진 사연을 전한다. 1950년 5월경 선우종원 검사는 장면 주미대사의 전화연락을 받고 명륜동에서 그를 만났다. 장면은 부탁할 것이 있어서 일부러 한국에 들어왔다고 했다. 미국에 살고 있는 이홍규의 친형 이태규(李泰圭) 박사가 뉴욕까지 장면을 찾아와 "동생이 빨갱이로 몰려 구속되고 고문까지 받았다"며 "천주교 집안이라 절대로 빨갱이가 될 수 없다"라고 선처를 부탁했다는 이야기였다. 교토제대 화학과에서 박사학위를 취득한 이태규는 경성대 이공학부장을 지내다가 국대안(國大案) 반대사건 이후 미국에 정착한 석학이었다. 선우종원은 오제도 검사에게 장면 박사의 이야기를 그대로 전했다. 선우종원의 표현에 따르면 "이후 문제는 아주 잘 풀려 이홍규 검사는 풀려났고 곧 일선에 복귀"했다.[167]

다만 선우종원의 이야기를 그대로 받아들이기에는 좀 주저되는 면이 있다. 그가 이홍규·이태규·장면과 관련한 이야기를 털어놓은 것은 이회창이 대통령후보로 각광을 받은 이후인 2010년이다. 선우종원이 1965년 발간한 『망명의 계절』은 자신이 1951년 조병옥으로부터 "장총리 밑으로 가달라"는 부탁을 받았을 때까지만 해도 "장박사를 전혀 몰랐다"고 기술한다. "어떤 이는 장박사와 내가 같은 천주교 신자라 하여 종교관계로 맺어진 것같이 말하고 있지만 사실은 그렇지 않다"라고 초면이었음을 강조한다.[168] 장면 총리와는 이홍규 사건으로 이미 구면이었다는 2010년의 기록은 기존의 증언과 배치된다. 1965년에는 장면·이태규·이홍규 등 관련자들이 모두 살아 있었고, 2010년에는 그렇지 않았다. 어느 한쪽이 거짓이라면 아마도 2010년의 기록 쪽일 것이다.

이홍규가 남긴 증언을 통해서 우리는 당시 법조인들이 어떤 경로로 '법조프락치' 사건에 걸려들었는지를 짐작할 수 있다. 검사 경력은 길지 않았지만 당시 이홍규는 이미 45세에 이른 중년 법조인이었다. 해방전의 오랜 서기생활로 남에게 무시받지 않을 인맥도 가지고 있었다. 그런 그도 다짜고짜 물고문과 전기고문을 당할 정도로 험한 세월이었다. 이정남에 대한 오제도 자신의 서술과 이홍규 검사의 회고를 종합해보면, 이홍규뿐만 아니라 이정남도 오제도를 비롯한 공안라인의 뒤를 캐다가 궁지에 몰렸을 개연성이 크다. 이 부분에 대해서는 이정남 가족의 증언도 남아 있다. 이정남 검사의 아들인 이○○ 변호사는 아버지가 2차 '법조프락치' 사건에 연루된 이유가 "북파(北派)와 남파(南派)의 갈등" 때문이었다고 이야기한다. 검사가 된 이정남은 "주로 남파 출신들과 친교를 맺으면서 영어 학습반에 참여"했고 이것이 남로당 가입으로 이어졌다고 한다. "해방후 오제도, 선우종원 검사 등이 주도해 남파의 제거를 시도"한 결과 '법조프락치' 사건이 터졌다는 이야기다.[169] 이정남 가족의 증언은 평안도 출신 검사들이 이남 출신의 견제를 물리치고 검찰 내부의 주도권을 확보하려고 사건을 기획했다는 이홍규의 의심과 큰 흐름을 공유한다.

'법조프락치' 사건 1심 판결과 판검사 논쟁

1차 '법조프락치' 사건은 1950년 2월 28일 검사의 구형을 거쳐 3월 25일 1심 판결이 나왔다. 원래 3월 11일에 선고 예정이었으나 두차례나 연기된 끝에 나온 판결이었다. 2차 '법조프락치' 사건은 3월 14일에 구형이 이루어졌고 3월 21일에 선고가 나왔다. 주심은 1차 사건 이봉규 판사, 2차 사건 송문현(宋文炫) 판사였다. 입회검사는 1차 사건 선우종원, 2차 사건 정희택이었다. 속도를 추월한 2차 '법조프락치' 사건의 결과가 당시로서는 워낙 충격적이었기 때문에 1차 '법조프락치' 사건 판결보다 훨씬 더 주목을 받았다.

2차 '법조프락치' 사건을 담당한 송문현 판사는 서울지방법원 본원이 아니라 인천지원 소속이었다. 피고인들 중에 서울지방법원과 서울지방검찰청 소속 판검사들이 많다보니 일부러 인천지원장에게 재판을 맡긴 결과였다. 1917년 9월 19일 전남 목포에서 태어난 송문현은 광주고보를 거쳐 1938년 경성법전을 졸업하고 1941년 고등시험 사법과에 합격한 인물이다. 1943년 신의주지방법원 예비판사가 되었고, 뒤이어 경성지방법원 여주지청 판사로 근무하던 중 해방을 맞았다. 해방후에도 그대로 자리를 지켰고 1949년 11월 15일 서울지방법원 인천지원장을 맡았다. 그의 아버지 송화식도 경성전수학교 출신으로 일제시대 판사를 지냈다. 송문현 지원장과 함께 재판에 참여한 배석판사는 박주운(朴周運)과 한격목(韓格穆)이었다. 두사람은 모두 1948년 단 한차례 시행되었던 간이법원 판사시험을 거쳐서 1949년 12월 19일 서울지방법원에 판사로 발령받은 초임들이었다.

송문현 재판부는 2차 '법조프락치' 사건 관련자 중 이사묵·이정남 검사, 강일구·김두식·김영하 판사에게 무죄를 선고했다. 집행유예도 아닌 그냥 무죄였다. 김진홍 판사에 대해서만 징역 5년의 실형을 선고했다. 이들과 함께 기소된 남로당원 백상덕에게도 징역 2년을 선고했다. 2차 '법조프락치' 사건 판결문은 당시 장후영 변호사가 운영하던 『법정』에 전문이 실려 있다.[170]

송문현 판사는 판결문에서 항목별로 무죄이유를 다음과 같이 상세히 설명한다. 우선 김진홍·김두식·이사묵·이정남·김영하·강일구 등이 사법관시보로 일하면서 남상문·홍승기·이교영의 권유를 받아 독서회에 참가하고 남로당에 가입한 부분은 국가보안법 제정 이전의 행위이기 때문에 국가보안법이 적용되지 않는다. 적용 가능한 것은 미군정에서 자주 사용되던 포고 제2호 위반죄뿐이다. 그런데 포고 제2호 위반죄는 1948년 정부가 수립되면서 9월 27일 시행된 일반사면령으로 사면되었다. 따라서 이 부분은 처벌규정이 사라져 면소에 해당한다. 국가보안법 제정 이후에 김두식·이정남·강일구 등이 김진홍·황한철 등에게 자서전 제출을 독촉받거나 돈을 주고받은 부분은 이를 인정할 증거가 충분하지 않다. 자서전은 제출 요구를 받고도 수락했다는 증거가 없고, 돈을 수수한 부분은 강일구의 변명대로 민사소송사건 비용으로 지불하였다고 볼 수 있기 때문이다. 남로당원으로 행동하라는 요구를 받고 불응하거나 거절한 행위는 남로당원으로서 상식에 어긋나는 일이다. 오히려 이들이 더이상 남로당원이 아니라는 유력한 증거에 해당한다. 따라서 이 부분은 모두 무죄라는 것이 재판부의 판단이었다.

송문현 판사는 김두식·이사묵·이정남·김영하·강일구가 국가보안법 시행 이후 남로당을 탈당하지 않은 부분에 대해서도 상세한 법리를 덧붙였다. 범죄가 성립하려면 범죄 구성요건을 인식하고 그 실현을 용인하는 의지가 있어야 한다. 그런 범의에 기초해 범죄 구성요건을 실현하는 실제행위도 필요하다. 이는 오늘날의 형법교과서에도 그대로 적혀 있는 원론적인 내용이다.

국가보안법은 반국가성을 띠는 범행을 처벌해 "대한민국을 만세에 보전함을 목적으로 하는" 법률이다. 남로당은 1948년 8월 15일 정부가 수립되기 이전에는 합법적인 결사였다. 정부수립을 계기로 반국가성을 띠게 되었고 1948년 12월 1일 국가보안법 시행 이후에만 불법한 결사로 인정된다. 따라서 그 이후 누군가 남로당에 가입했다면 국가보안법 위반으로 처벌하는 것이 옳다. 만약 누군가 남로당에 가입했다가 국가보안법 시행 이전에 탈당했다면 죄형법정주의 원칙 때문에 국가보안법의 적용대상이 될 수 없다.

그런데 국가보안법 시행 이전에 남로당에 가입한 사람이 국가보안법 시행 이후에 탈당하려고 해도 격식을 갖춘 탈당이 현실적으로 불가능했다. 남로당 자체가 불법화되어 지도부가 거의 와해된 마당이라 정확히 누구에게 탈당을 이야기해야 하는지조차 불명확한 상황이었다. 물론 '탈당성명' '자수' '보도연맹 가입' 등으로 이탈의사를 표시하는 방법이 없지는 않았다. 어쩌면 그게 가장 적극적이고 적절한 방법이었는지도 모른다. 그러나 송문현 판사는 피고인들이 남로당에서 실질적으로 이탈했다는 사실 그 자체에 주목했다. 그는 피고인들이 남로당에서 이탈했음을 보여주는 "유일최대의 입증방법은 국가보안법 시행 이후 남로당원으로서의 행동을 한 일이 없다는 사실"이라고 선언했다. 남로당원으로 행동을 요구받아 이에 불응하거나 거절했으면 그걸로 이탈의사를 인정할 수 있다는 해석이다. 결국 피고인들은 이 부분에서도 무죄다.

김진홍 판사는 여전히 유죄였다. 국가보안법 시행 이후에도 다른 판검사들에게 자서전 제출을 요구한 사실이 인정되기 때문이다. 송문현은 김진홍과 남로당원 백상덕에 대해서는 당시 분위기에 맞춰 상당히 가혹한 실형을 선고했다. 동료 판검사라고 해서 무조건 봐주려 한 것이 아니었다. 송문현은 원칙에 충실하고자 했다.

정희택 검사는 『법정』에 기고한 글에서 "국가보안법 시행 전에 남로당에 가입하고 동당이 반국가성을 가지게 된 것이며 보안법 처단의 대상이 된 사실도 잘 알고 있었고, 또한 정식의 탈당을 한 사실도 없었고 피검 전 기타 방법으로 과거 입당한 사실을 고백하고 전향하였다는 일언반구의 말도 없었"으므로 피고인들은 유죄라고 단언했다.[171] 이는 그대로 항소이유가 되었을 것이다.

1심에서 무죄를 받았다고 해서 피고인들이 바로 풀려나지는 못했다. 당시는 아직 대한민국 형법과 형사소송법이 제정되기 이전이었다. 따로 규정이 없다면 일제시대 형법과 형사소송법이 그대로 적용되었다. 의용 형사소송법에 따르면 원심의 무죄, 면소, 공소기각을 받아도 검사가 항소하면 피고인의 구속이 계속되었다. 원심에서 무죄, 면소, 공소기각을 받아도 피고인이 석방되려면 보석결정이 있어야 했다.* 집행유예는 말할 것도 없었다. 피의자를 구속할 때 판사의 영장 발부는 있어야 하지만 구속 자체는 검사의 권한에 속한다는 일제시대 전통을 이어간 규정이었다. 무죄를 선고받은 2차 '법조프락치' 사건 관련자 중에서는 강일구 판사가 보석으로 석방되었다는 기사가 남아 있다. 나머지는 항소심 진행

---

* 1948년 4월 1일 군정법령 제176호로 시행된 '형사소송법의 개정'은 일제시대 형사소송법을 '의용(依用)'하되 일부분만 수정한 특이한 법령이었다. 형사소송법의 개정 제19조 바항은 "피고인이 원심에서 무죄, 면소, 또는 공소기각의 판결 또는 결정을 받아 검찰관이 상소한 경우에는 원심에서 허여한 보석의 결정은 형사소송법이 규정한 사유가 있지 아니하면 취소하지 못한다. 그러나 원심에서 보석을 허여하지 않은 경우에는 상당한 조건으로 보석을 허여하여야 한다"라고 규정했다.

중에 모두 구속 상태였다. 그래서 무죄와 집행유예를 받은 사람들도 서울형무소에서 한국전쟁을 맞이했다.

2차 '법조프락치' 사건의 무더기 무죄판결이 나오고 며칠후 1차 '법조프락치' 사건의 선고공판이 열렸다. 이봉규 판사는 양규봉에게 징역 4년을, 백석황·강중인에게 각 징역 3년을, 윤학기에게 징역 2년을, 김영재·김승필·조노현·장진호·오규석·이경호에게 각 징역 2년에 집행유예를, 강혁선에게는 무죄를 선고했다. 2차만큼의 무더기 무죄는 아니었지만, 김영재 등에게 집행유예를 선고했다는 점에서 역시 파격적인 판결이었다. 새로 수립된 남한정부에 침투한 남로당 프락치를 단죄한다는 점에서 '법조프락치' 사건은 숙군과 다를 게 없었다. 당시 군법회의로 진행되던 숙군은 열렸다 하면 사형이 선고될 정도로 사람이 줄줄이 죽어나갔다. 몇명이나 죽었는지 제대로 된 규모파악이 어려울 정도다. 그와 비교하면 '법조프락치'는 확실히 이례적인 결론이었다. 양규봉이 가장 강한 형을 받은 것은 서열 1위의 법맹 위원명단이 반영된 결론으로 보인다. 강혁선 변호사는 그 명단에서 이름이 빠져 있는 것이 무죄의 유력한 근거였을 것이다. 결국 1차 '법조프락치' 사건의 기소 자체가 순전히 법맹의 위원명단에 기초했음이 분명해진다.

1차 '법조프락치' 사건은 판결문을 찾을 수 없기 때문에 당시 판사와 검사 사이의 공방을 소개한 신문기사를 통해서 그 내용을 짐작할 수 있다. 당시 1심 법원이 김영재·오규석·이경용·김승필·조노현·장진호 등에게 집행유예를 선고하자, 선우종원·오제도 검사는 "지식층인 판검사, 변호사에게 일반 무식층보다 경한 형을 선고한 것은 언어도단"이라며 "돈 있고 권력의 빽 있는 자에 대해서 양형을 경하게 한 것"이라고 비판했다. 담당판사였던 이봉규는 "남로당이 합법 당시의 사실을 오늘날에 와서 처벌해달라고 하는 것은 부당하다. 당시의 합법행위를 오늘에 와서 불법화하여 형사처벌을 받을 하등의 이유가 없다"며 반박했다.[172] 이와 같은 보도로 미루어볼 때 1차 '법조프락치' 사건의 핵심적인 쟁점도 2차와 마찬가지로 대한민국 정부가 수립되기 이전, 즉 남로당이 국가보안법에 의해 불법화되기 이전의 입당행위를 어떻게 평가할 것이냐에 집중되었음을 알 수 있다. 이봉규 판사도 사건을 바라보는 관점이 기본적으로 송문현 판사와 같았다.

'적색 사법관' 사건으로 시작되어 1차와 2차로 확대된 일련의 '법조프락치' 사건들은 검찰의 떠들썩한 발표와는 달리, 1심 법원에 의해 대부분 집행유예 또는 무죄판결로 일단락되었다. 정부수립 이전에 불법이 아니었던 남로당에 가입하거나 독서모임을 꾸렸던 일부 법조인들을 정부수립 이후 뒤늦게 문제 삼아 기소한 것은 그 자체로 죄형법정주의 위반이었을 뿐만 아니라 사건내용 자체도 경미했기 때문이다. 법원의 일부 용감한 판사들이 이 잘못된 기소를 바로잡고자 나섰다. 항소심이나 대법원까지 이런 기조가 유지된다면 해방공간에서 벌어진 무리한 기소와 처벌들이 바로잡힐 수 있었다. 그러나 피고인과 검사 양측이 모두 1심의 결과에 불복하여 상소한 상태에서 전혀 예상치 못한 태풍이 밀려왔다. 규모 면에서 이전의 어떤 태풍과도 비교할 수 없는 쓰나미, 바로 한국전쟁의 발발이었다.

6부

한국전쟁이라는

쓰나미

1장

우왕좌왕 각자도생,
우익 법률가들

한국전쟁의 발발과 김병로 대법원장

1950년 6월 25일 새벽 4시 인민군이 삼팔선을 넘어 남침을 시작했다. 전차를 앞세워 파죽지세로 남하한 인민군은 개전 72시간을 넘기 전인 6월 28일 새벽 서울을 점령했다. 전쟁이 터지면 "아침은 개성에서 점심은 평양에서 저녁은 신의주에서 먹겠다"던 정부와 국군지도부의 호언장담은 온데간데없었다. 이승만 대통령은 6월 27일 새벽에 일찌감치 서울을 떠나 대구까지 도망쳤다가 대전으로 돌아와 충남도지사 관사에 짐을 풀었다. '수도 사수'를 결의했던 국무위원들은 대통령의 탈출 사실을 알고는 허둥지둥 서울을 빠져나갔다. 신익희 국회의장과 조봉암 부의장이 '수도 사수' 결의를 전달하러 경무대에 들렀지만, 그걸 접수할 대통령과 정부는 이미 사라진 후였다. 충남도지사 관사의 이승만 대통령은 전화로 대전방송국과 서울중앙방송국을 순차 연결해 마치 자신이 서울에 남아 있는 것처럼 국민을 기만하는 특별방송을 내보냈다. 대통령의 특별방송에는 "맥아더 장군과 트루먼 대통령에게 지원을 요청했고, 미해군과 공군의 지원이 시작된다는 맥아더 장군의 전보를 받았다"라는 내용이 담겼다. "국군이 용감히 싸워야 각국의 지원을 기대할 수 있"고, "공산주의자들은 뉘우치고 대한민국의 충실한 국민이 되어야 한다"라는 당부도 빠지지 않았다. 피란을 준비하던 많은 사람들이 미국의 지원과 대통령의 수도 사수 의지를 믿고 서울에 주저앉았다.[1]

한국전쟁 개전 당시 서울에는 약 144만 6000명의 시민이 살고 있었다. 정확한 자료는 아니지만 서울이 인민군에게 넘어가기 전에 약 40만명의 시민이 서울을 떠났다. 그 가운데 80퍼센트는 북한에서 월남한 사람들이었고, 나머지 20퍼센트가 정부인사, 우익정치인, 자유주의자, 군인 및 경찰 가족이었다고 한다.[2] 전쟁 초기의 급박한 상황에서 가족과 집을 버리고 피란하려면 ①인민군이 들어올 경우 처벌받을 개연성이 있는 사람으로서 ②정부의 말을 믿지 않고 ③정확한 전황정보에 기초해 ④마음먹는 순간 즉각 떠날 능력을 갖추어야 했다. 이 네가지 요건을 충족할 수 있는 사람은 많지 않았다. 좌익이나 중도적인 사람으로서는 피란길의 수많은 위험을 감수하느니 전황이 좀 가라앉을 때까지 기다리는 편이 상식적인 선택이었다. 확실히 피란해야 하는 우익인사 중에도 정부의 말을 너무 믿거나 적절한 피란수단을 찾지 못해 기회를 놓친 사람들이 적지 않았다.

이승만 정부와 함께 제때 서울을 떠난 법률가는 손으로 꼽을 정도였다. 패전에 몰린 무책임한 국가운영자들 입장에서 법원과 검찰은 우선적으로 챙길 대상이 아니었다. 정부의 통일된 지침은 존재하지 않았다. 운 좋게 서울을 벗어난 법률가들도 순전히 개인적 판단에 따라 움직인 결과였다. 가장 마지막 순간에 충동적으로 선택한 길이 남은 인생을 좌우했다.

김병로 대법원장은 6월 27일 아침에야 정부의 피란결정을 전해 들었

한국전쟁 발발 직후 서울 도심의 모습.
인민군이 서울을 점령하기 전에 피란한 사람들은 적을 수밖에 없었다.

다. 대법원장에게는 승용차 한대가 배정되었다. 10여명의 직계가족, 대여섯명의 비서·경호경찰까지 합치면 함께 피란할 인원만 20명이 넘었다. 이들을 모두 살릴 방법은 없었다. 김병로는 이른바 '지공무사(至公無私)'의 선택을 했다. 오전 10시경 그는 "나는 정부의 한 사람이니 정부를 따라 피란을 하는 게 도리"라면서 "가족들은 각자 알아서 하라"고 통보했다. 승용차에는 운전사와 수행비서 2명, 그리고 손자 김원보만을 태웠다. 1949년 가을에 왼쪽다리의 마비증상으로 무릎 위까지 절단한 김병로는 혼자서 걷는 것도 쉽지 않았다. 손자는 그의 움직임을 돕기 위해 필요한 사람이었다. 서울을 떠난 대법원장은 수원을 거쳐 대전지방법원장 관사에 머물다가 7월 1일 부산에 도착했다. 가족들은 뿔뿔이 흩어졌다.

김병로의 아내가 대전에서 잠깐 김병로를 만났지만 김병로는 "희생된 줄 알았는데 반갑다"고 한마디 하고는 다시 부산으로 홀로 떠났다고 한다. 남편과 떨어져 친정인 전남 담양으로 피신한 김병로의 아내는 결국 9·28서울수복 며칠후 마을을 습격한 좌익세력에게 총살당했다.[3]

내무부차관 김갑수

북한에서 월남하느라 초창기 경력에 손해를 보기는 했지만 김갑수는 기본적으로 양지에 익숙한 사람이었다. 법무부에 정착한 후에는 요직인 법무국장을 거쳐 1949년 7월 법무부차관에 임명되었고, 1950년 3월에는 내무부차관으로 자리를 옮겼다. 법조인들이 부처의 구분 없이 장차관을 맡던 시절이었다. 공인된 인재가 그만큼 부족했다. 그의 오랜 숙적이자 선임자인 장경근은 내무부차관에서 국방부차관으로 자리를 옮겼다. 김갑수와 함께 평양에 근무했던 김병완 검사는 해방후 서울형무소장, 전남 경찰국장을 거쳐 치안국장으로 일하고 있었다. 김병완은 새로 임명된 승려 출신 정치인 백성욱(白性郁) 내무부장관의 측근이었다. 김병완은 서울지방법원 수석부장이던 김윤근을 내무부차관으로 밀었지만 김윤근 본인이 고사했다. 김병완의 두번째 선택이 김갑수였다. 결국 김갑수가 내무부차관으로 가고 김윤근이 법무부차관을 맡는 것으로 정리되었다.[4] 김갑수와 장경근은 앞서 설명한 것처럼 1935년 고등시험 사법과 동기다. 김윤근은 이들보다 한해 앞서 고등시험 사법과에 합격했지만 사법관시보는 같은 시기에 마쳤다. 1950년 5월 22일에는 이우익 대구고검장이 권승렬의 후임으로 일약 법무부장관에 발탁되었다. 뒤이어 5·30총선이 치러졌고 선거에 비협조적이었던 김익진 검찰총장은 6월 22일 서울고검장으로, 이태희 서울지검장은 부산지검장으로 사실상 강등되었다. 그리고 사흘 뒤 한국전쟁이 터졌다.

6월 28일 오전 2시 30분 공병이 한강교를 절단했다. 인민군 탱크는 미아리를 넘어 서울시내에 진입했다.[5] 한강을 넘어 영등포로 일차 피신했다가 중앙청으로 돌아온 김갑수는 마포에서 배를 타고 다시 한강을 건넜다. 수원을 거쳐 6월 29일 대전에 도착한 그는 다른 차관들이 일찌감치 대전에 자리 잡고 줄곧 거기서 차관회의를 계속해온 사실을 알고 깜짝 놀랐다. 김갑수도 이미 6월 26일에 가족들을 고향으로 피신시킨 상태였다. 가족들이 조치원 근처를 헤맨다는 소식을 듣고는 차를 보내 가족들을 완벽하게 수습하기도 했다. 가족을 전혀 챙기지 않은 김병로 대법원장과는 사뭇 다른 행보였다.

대전에서 김갑수는 장경근 국방부차관과 함께 '비상사태하의 범죄처벌에 관한 특별조치령'을 만들었다.[6] 비상사태를 맞아 적에게 협력한 사람들을 사형, 무기 또는 10년 이상의 유기징역형에 처하는 대통령 긴급명령이었다. 살인, 방화, 강간, 중요시설 파괴, 중요물자 약탈 및 불법처분 등에 대해서는 사형 하나만 규정했다. 재판도 3심제가 아니라 1심 단독 종심(終審)으로 끝나도록 했다. 법령의 시행도 전쟁이 발발한 6월 25일로 소급되었다. 9·28수복 이후 내내 논란이 된 대표적인 악법이다. 혼자 살겠다고 시민을 버려두고 도망친 최고위 공직자들이 대전에 자리 잡자마자 가장 먼저 이런 악법부터 제정한 것이 놀랍다. 피란정부가 대구에 이르렀을 때 백성욱 내무부장관이 자리를 내놓았고 그뒤를 한민당 출신 조병옥이 채웠다. 법무부장관은 역시 한민당 출신인 김준연이 맡았다. 인기가 땅에 떨어진 대통령으로서는 한동안 소원했던 한민당과 손을 잡고서라도 책임을 분산할 수밖에 없었다. 당시 경북도지사는 조선정판사 사건을 수사했던 조재천이었다. 이승만 대통령은 한동안 조재천의 도지사관사에 기거했다. 얼마후 조병옥 내무부장관은 김갑수 차관의 사표를 받았다.

내무부차관에서 물러나 변호사를 개업한 김갑수는 9·28수복 후 서울로 돌아갔다. 서울에 가서 보니 자신이 대전에서 만든 특별조치령이 어느새 "무서운 위력"을 떨치고 있었다. 김갑수는 이 상황을 "제정 당시에는 괴뢰군에게 쫓기는 신세라 언제 이것이 구실을 할 수 있을까 의아했는데, 법의 위력에 새삼 놀라지 않을 수 없다"라고 회고했다. 서울 교남동에 살던 김갑수는 집으로 들어가는 골목 큰길에 커다란 변호사 간판을 달았다. 마침 그 길은 서대문로터리에서 서울형무소에 이르는 큰길이었다. 아침저녁으로 형무소를 왕래하는 부역자들이 큰길을 가득 채웠다. 9·28수복 직후라 이들을 호송할 차도 없었다. 피의자·피고인들은 한 줄에 수백명씩 묶인 채로 걸어서 법원을 왕래했다. 그 행렬에서 김갑수의 변호사 간판을 유심히 본 피고인들이 사건을 맡아달라고 부탁했다. "누구나 경제적으로 곤란하던 때"였으므로 "변호사 보수는 미미했지만" 김갑수는 상당한 숫자의 부역사건을 변호사로서 처리했다. 사광욱·김중서(金重瑞) 판사가 일부 사건에 무죄판결을 내려주었다. 군법무관들 중에도 양정수·계철순·한동섭 등 경성제대 동창들이 많았다. 덕분에 악법제정의 일등공신인 김갑수는 사형구형을 받은 피고인들에게 "생명의 은인"이 되었다.[7] 1·4후퇴 후 부산으로 옮겨 변호사 업무를 계속한 김갑수는 1953년 6월 대법관에 임명되었다.

평범한 판사 유병진

9·28수복 후 '비상사태하의 범죄처벌에 관한 특별조치령'은 엄청나게 많은 피해자를 양산했다. 이 무시무시한 법령의 위헌성을 심각하게 받아들이고 공개적으로 지적한 법률가는 유병진 판사가 거의 유일하다. 나중에야 다들 깊은 고민을 한 것처럼 회고하곤 했지만, 바로 그 시점에 현장에서 문제를 제기한 사람은 유병진뿐이었다. 함남 함주 출신으로 1939년 함흥에서 보통시험에 합격하고[8] 일본에 유학해 1943년 메이지대 법과를 졸업한 유병진은 1946년 사법요원양성소 입소시험에 합격해 1948년 4월 1일 서울지방심리원 옹진지원 판사로 법조계에 입문했다. 2차 '법조프락치' 사건에 연루된 강일구·김두식·이사묵·이정남 등과는 사법요원양성소 동기가 된다. 1949년 11월 15일 옹진에서 서울로 자리를 옮긴 유병진은 거기서 한국전쟁을 맞았다. 그가 한국전쟁 당시의 개인적 체험과 '비상사태하의 범죄처벌에 관한 특별조치령'에 대한 비판을 담아 1952년 출간한 책이 『재판관의 고민』이다.[9]

전쟁이 터진 다음날인 26일 월요일 출근한 유병진은 다른 젊은 판사들과 함께 직장 사수를 외치며 27일도 출근하기로 맹세했다. 그러나 26일 오후 3시쯤 되니 벌써 포성과 함께 기총소사 소리가 들려왔다. 막상 27일에는 제멋대로 포탄이 쏟아져 외출할 수 없을 정도였고, 피란민도 파도처럼 밀려들었다. 유병진의 아내는 초조하게 피란을 졸라댔다. 하루를 결근한 유병진은 직장 사수를 외치고도 약속을 지키지 못한 스스로를 부끄럽게 여겼다. 28일 눈을 뜨니 이미 천하는 인민군에게 넘어갔다. 눈에 보이고 귀에 들리는 현실 대신 정부의 선전과 억측을 믿은 자신의 판단력을 후회했지만 이미 늦었다. 오후에는 형무소에서 나온 죄수들이 '붉은 노래'를 부르며 오가고 있었다. 길거리에는 인민군들이 보초를 섰다.[10] 이북 출신인 유병진은 어떻게든 서울을 탈출해야 했다. 다행히 한강에는 배가 남아 있었다. 덕분에 그는 서울을 떠난 40만명, 그중에서도 80퍼센트에 이르는 월남자 출신에 포함되었다.

배를 얻어 타고 한강을 건너 도보로 이동하던 그는 길거리에서 자전거를 타고 가는 동료 '강(康)군'을 발견했다. 유병진의 저서에서 그 동료의 이름을 밝히지는 않았지만, '강군'은 앞서 언급한 적이 있는 사법요원양성소 출신 강봉제로 추정 가능하다. 1948년 4월 1일 부산지방심리원 판사로 발령받은 강봉제는 1950년 2월 27일 서울지방법원으로 자리를 옮긴 상태였다. 그도 역시 평북 운산 출신의 월남자였다. 두사람은 수원을 거쳐 천안에 도착했다. 천안에서는 '손군'이 그들을 맞이했다. '손군'은 천안지청 손완민(孫完敏) 검사다. 손완민도 역시 유병진·강봉제와 같은 사법요원양성소 출신이다. 동기생 두사람을 손님으로 맞이한 손완민은 자신도 곧장 피란민 신세가 되어 이들을 따라나섰다. 대전에서는 대법관, 법원행정처장, 서울지방법원장 등 선배들에게 합류할 수 있었다. 서울지방법원 소속 40명의 판사 중 대전에 도착한 사람은 네다섯명에 불과했다. 나머지는 모두 적지에 남았다는 의미다.

이튿날 아침 대전지방법원에 나가보니 황당하게도 정부는 새벽에 이미 대전을 떠난 상태였다. 이동장소도 비밀이라고 했다. 대전까지 따라온 몇 안 되는 판사들에게도 연락하지 않고 도망간 정부의 행태에 유병진은 분노를 느꼈다. 이 정도면 거의 습관적인 도주였다. 어디로 가야 할지 알 수 없는 상황에서 강봉제 판사가 "배라도 탈 수 있는 처소에 가는 것이 제일 상책"이라고 주장했다. 대전역에 나가니 마침 부산으로 가는 기차가 서 있었다. 기차에는 서울지방검찰청 직원 등 친지들이 대여섯명 자리 잡고 있었다. 7월 1일 부산에 도착해 하룻밤을 자고 나서야 이들 일행은 김병로 대법원장을 만날 수 있었다. 유병진은 7월 10일부터 부산 지방법원 판사 직무대리로 업무를 시작했다.[11]

9·28수복 이후 10월 말경부터 서울에서 부역자 재판이 시작되었다. 유병진은 부역자들에 대한 처벌 자체에 대해서는 분명하게 동의했다. 다만 "진짜 빨갱이로서 우리 대한민국에서는 도저히 용납할 수 없는 사람은 거개가 이미 도망"한 상태였다. 혹시 예외적으로 남아 있는 악질자들은 "우리의 원수이며 인류 공동의 적"이므로 당연히 처벌해야 한다. 그런데 그 이외의 자들은 어떻게 해야 할 것인가? 유병진은 이 장면에서 아주 간단한 질문을 던졌다. "내가 만약 서울에 남아 있었더라면 어떻게 되었을까?" 유병진은 재판관의 양심으로 그들에게 자신이 할 수 있는 것 이상을 요구할 수 없다고 생각했다.[12]

우선 유병진은 6월 28일 거리에서 목격한 탱크, 붉은 깃발, 그리고 따발총을 든 인민군을 기억해냈다. 중간파의 거두들과 정부의 차관급, 도지사, 우익요원들도 탈출하지 못한 마당에 평시민이 서울을 벗어나지 못했다고 비난할 수는 없다. 이들에게 탈출의 기회를 뺏은 것은 군부의 호언과 대통령의 특별방송이었다. 유병진이 볼 때 서울 잔류자들은 "정부만 믿고 있다가 서울에서 후퇴도 못 하고 그들 치하에 있"게 된 사람들이었다. 일단 서울에 남은 이상 "어느정도라도 그들 정치에 순종치 않을 수도 없고 그러고 보니 조국에 대한 반역이 되었"을 뿐이었다. 운 좋게 서울을 탈출할 사람들이라고 해서 진실로 "민족의식에 불타서" 서울을 벗어난 것은 아니었다. 주로 "북한 출신의 청장년, 우익단체의 간부 및 정부관리들"이 숙청대상자가 되는 것을 피하기 위해 생명을 유지하고자 남행을 선택했다. 유병진 자신이 그런 경우였다. 서울이 이렇게 빨리 수복될 줄은 누구도 알지 못했다. 적의 선전에 따르면 남한전역의 점령은 시간문제였다. 인민군이 설정한 이른바 '자수기간'에 수많은 우익인사들까지 자수하여 생명을 유지하고자 했다. "확고하고 독실한 우익인사" 중에서도 "소위 그들 법학자동맹이니 뭐니 하는 곳에 모여 있던 옛날의 동료들과 빨갱이 재야 법조인들 앞에서 해방후 월남인들의 악질성을 역설"한 사람이 있었다. 그런 사람들이 급격히 좌경화되었을 리는 없었다. 다 살기 위해서 한 일이었다. 이런 사람들에게 단심제 재판을 통해서 사형, 무기, 10년 이상의 징역을 선고하는 것은 옳지 않았다.[13]

유병진은 특별조치령이 지닌 수많은 모순을 지적했다. 원흉이자 적인 인민군은 전투 중에 붙잡히면 포로로 취급받는다. 포로수용소에 수용될 뿐 따로 처벌받지 않는다. 그 조력자인 부역자들은 사형수가 된다. 동족간의 전쟁이 낳은 모순이다. 근본적으로 온갖 고생 끝에 겨우 남쪽으로 탈출한 사람들이 남아 있는 가족에 대한 걱정 속에서 한없는 적개심을 품고 만들어낸 "감정의 입법"이 특별조치령이었다. "협력한 놈들은 덮어놓고 엄벌에 처해야 한다"라는 감정 앞에서 모든 이성이 눈을 감았다. 다른 행위의 기대가능성이 없는 강요된 행위는 형법이론상 처벌할 수 없다. 그러나 그들을 처벌해야 한다는 현실의 법이 존재한다. 아무리 봐주어도 최소한 징역 10년이다. 깊은 고민 끝에 유병진은 이런 결론을 내린다.

"부역을 하여서는 안 된다고 하기보다는 부역을 할 환경을 주지 말라. 일단 후퇴할 때라도 국민을 속이지 말고 피란할 여유를 주라."[14]

유병진은 이런 신념을 구체적 사건에도 적용해 처벌을 최소화하려고 노력했다. 어느날 그의 법정에 14세 소년이 잡혀왔다. 같은 동네 우익인사의 집을 내무서원들에게 알려주어 그 우익인사를 살해당하게 했다고 기소된 소년이었다. 소년은 "인민군이 입성한 후 내무서원의 부탁으로 심부름을 했을 뿐이고, 동네사람들의 집을 묻기에 2, 3인의 집을 가르쳐 주었을 뿐"이라고 변명했다. 사건을 심리하던 유병진은 집에 있는 아들의 모습을 떠올렸다. 14세 동갑내기인 그의 아들도 1950년 7월경 소년단원들에게 붙잡혀 소년단 가입을 강요당하다가 도망친 일이 있었다. 아버지가 홀로 남하한 상황에서 가족들은 극심한 식량난에 시달렸다. 아들은 "내무서 같은 데서 심부름을 하라면 (밥도 얻어먹을 수 있으므로) 좋아서 했겠지만" 소년단 같은 데는 들어가도 할 일이 없어서 도망쳤다고 했다. 아들도 그 14세 소년의 처지가 될 수 있었다. 유병진은 부역사건이 일반 형사사건과 다르다고 믿었다. 단순한 절도사건이라면 14세만 되어도 그런 일을 해서는 안 된다고 시비를 판단할 능력이 있다. 그러나 부역은 "민족의식을 몰각했다"라는 이유로 사람을 처벌하는 경우였다. 누군가를 처벌하려면 절도보다 훨씬 더 분명한 시비판단의 능력이 입증되어야 했다. 연령과 교육정도를 생각할 때 소년에게는 그런 시비판단의 능력이 없었다. 유병진 판사는 소년에게 무죄를 선고했다.[15]

당시에는 부역혐의로 기소된 여성들도 많았다. 도망친 남편이나 가족을 대신해 붙잡혀온 경우가 대부분이었다. 점령기간 중 인민군에게 가족과 재산을 잃은 사람들은 복수를 원했다. "그런 연놈들은 모조리 없애버려야 한다"라는 여론이 비등했다. 유병진은 사형이 구형된 이런 종류의 사건들에도 과감하게 무죄를 선고했다. 여론으로 사람을 죽이는 이런 식의 '여론재판' 앞에서 그는 과거에 비슷한 일을 당한 억울한 동료들을 떠올렸다.

"사변 전 우리는 소위 빨갱이들의 사건에 대하여 그 소신대로 처리하였을 때 어떠한 방면에 있어서는 '그 판사는 이상해. 빨갱이들을 그렇게 관대히 하는 것을 보면 당자(當者) 역시 빨갱이인 모양이지' 하여 빨갱이 판사의 낙인을 찍을 뿐만 아니라, 심한 예에 있어서는 현직에 있는 자기 동료까지 어떠한 기관에 넘겨 그 부하직원들 손에서 그러한 취조를 받게 한 과거의 사실을 상기하지 않을 수 없는 것이다."[16]

한국전쟁 전에 공산주의자에게 관대한 판결을 내렸다는 이유로 공산주의자로 몰린 판검사는 '법조프락치' 사건 관련자들밖에 없다. 유병진 판사의 사법요원양성소 동기들이 유난히 많이 연루된 사건이었다. 유병진은 그 사건을 염두에 두고 부역자 재판에 무죄판결을 내린 것 같다. 여론에 몰려 억울한 사람을 만들어서는 안 된다는 유병진의 믿음은 확고했다. 물론 세상은 바뀌지 않았다. 전쟁으로 분위기는 더 나빠졌고 그런 재판을 하다가는 자칫 유병진도 공산주의자로 몰릴 수 있었다. 그런 위험도 충분히 인식했다. 그래도 소신을 접지는 않았다. 특별조치령은 1952년 9월 9일에 이르러서야 헌법위원회 제2호 결정으로 단심제 부분만 위헌결정을 받았다.

1957년 12월 서울대 문리대 정치학과 학생 류근일(柳根一)이 서울대 교내신문에 「모색: 무산대중체로의 지향」이라는 글을 발표했다. "무산대중은 단결하라"는 식의 표현 때문에 류근일은 국가보안법 위반 혐의로 경찰에 구속되었다. 검찰은 아직 미성년이었던 류근일에게 징역 단기 2년 장기 3년을 구형했다. 유병진은 류근일에게도 무죄를 선고했다. 표현은 과격하지만 사회민주주의를 강조한 데 불과하고, 평화통일을 주장했다 하나 친구들과 토론 끝에 한 이야기일 뿐이며, 그가 소속된 신진회(新進會)도 국가반란을 꾀하는 단체가 아닌 학술모임으로 보인다는 이유를 붙였다.[17] 검찰의 항소를 기각해 류근일의 무죄를 확정한 것은 서울고등법원의 김홍섭 부장판사였다.[18] 덕분에 청년 류근일은 무사히

유병진 판사의 생전 모습.
1958년 『동아일보』에 실린 사진이다.

살아남았다. 나중에 『조선일보』의 극우논객이 되는 그 류근일이다. 얼마후인 1958년 7월 2일 유병진 판사는 진보당 사건의 조봉암과 양명산에게 각각 징역 5년을 선고하면서, 윤길중·김달호·박기출 등 나머지 피고인들 모두에게 무죄판결을 내렸다. 이 판결로 유병진도 결국 '공산 판사'로 몰렸고 뒤이어 판사 재임용에서 탈락했다.[19] 월남자 출신의 반공주의자 유병진은 스스로를 객관적으로 바라볼 줄 아는 흔치 않은 진짜 우익이었다.

'천하의 오제도'

대표적인 '사상검사'인 오제도와 선우종원도 무사히 몸을 피해 한강을 건넜다. 평소 그렇게 많은 무용담을 이야기하던 그들이지만 한국전쟁이라는 역사적 격변기에 자신들이 어떻게 몸을 피했는지에 대해서는 매우 간략한 기록만 남겼다.

한국전쟁 당일 오제도는 최운하 서울시경찰국 부국장에게 남침 소식을 전해 들었다. 최운하는 오제도에게 "보도연맹을 책임져달라"고 부탁했다. 오제도는 곧바로 보도연맹 본부로 달려가 비상소집과 경계태세를 명령했다. 6월 26일에도 보도연맹과 경찰서를 돌아다녔다. 지금 기준으로 보면 이건 모두 검사가 할 일이 아니다. 그런 의미에서 보도연맹은 확실히 오제도의 것이었다. 청량리 쪽에서는 피란민이 몰려들었다. 오제도는 서울대 문리대에 이들을 수용하기로 하고 보도연맹 의무실 소속 의사에게 환자의 치료를 맡겼다. 대공요원들과는 만일에 대비해 "지하 결사투쟁"을 하자는 논의도 했다.[20]

오제도는 6월 28일 새벽 한강교가 폭파되기 직전에 간신히 한강을 넘었다. 물론 지하 결사투쟁 따위는 없었다. 왜 지하 결사투쟁을 포기했는지, 구체적으로 어떻게 한강을 넘었는지에 관한 설명도 없다. 그러고는 바로 피란민 구제와 대공정보활동을 위해서 "모 재벌회사의 중역과 관련된 여간첩사건을 적발해 민간유지로부터 3000만원의 성금"을 받았다고 이야기한다.[21] 일단 목숨을 건진 이후의 최대 과업은 결국 돈을 마련하는 일이었다. 개인의 축재를 위한 것이었는지, 조직을 먹여 살리기 위한 것이었는지, 혹은 둘 다였는지 정확히 알 수는 없지만 어쨌든 국면마다 돈이 중요한 것은 분명했다.

9·28수복이 되어 서울로 올라오니 부역자 처리가 최대 현안이었다. 오제도가 부산에서 미리 마련한 '부역자 처리요령'은 부역자를 심사하는 매뉴얼이 되었다. 군정보기관 쪽에서는 김창룡이 오제도와 호흡을

맞춰 김갑수·장경근이 만든 법을 실행했다. 안문경·정희택 검사 등은 정보장교와 경찰관으로 심사반을 만들어 부역자들을 A, B, C급으로 분류했다. A급은 군법회의로, B급은 검찰청으로 송치하고, C급은 전원 석방했다. 잔류파 중에서 국회의원, 의사, 교수, 문화인 등을 처리하는 것도 오제도의 몫이었다. 그는 최대한 "관대한 처분"을 내렸다고 회고한다.[22] 이 시절 오제도는 그야말로 부역자들의 생살여탈권을 한손에 쥔 신적인 존재였다. 오제도도 스스로를 '천하의 오제도 검사'라고 불렀다. 그게 전혀 어색하지 않았다.

1951년 1·4후퇴로 정부는 다시 부산으로 자리를 옮겼다. 이번에는 충분한 시간 여유가 있었으므로 정부 전체가 비교적 질서 있는 퇴각을 했다. 1년이 지난 후인 1952년 1월 6일 서울지방검찰청 유재희 검사는 오제도 부장검사에 대한 구속영장을 발부받아 체포에 나섰다. 김영재의 상신서에 등장했던 그 유재희다. 사법요원양성소 출신의 부산지방검찰청 서주연(徐柱演) 검사가 유재희를 보조했다. 오제도에게는 한국전쟁 직전 외자관리청에서 면사 50고리(망)를 보도연맹용으로 배급받아 고리당 40만원씩 도합 2000여만원에 매각해 착복했다는 혐의가 적용되었다. 앞서 이홍규가 수사하다가 공산당으로 몰려 죽을 고생을 하고 중간에 포기했던 사건과는 보도연맹 관련이라는 공통점이 있다. 충남 천안 출신인 유재희 검사는 충남 예산 출신 이홍규 검사와 동향이다. 일제시대 서기 출신으로 해방후 검사에 임용되었다는 경력도 공유한다.

구속영장이 발부된 오제도는 바로 몸을 피했다. 검찰은 오제도의 호위경관 이병선을 붙잡아 오제도의 범죄를 추궁했다.[23] 이태희 변호사(전 서울지방검찰청 검사장)에게도 구속영장이 발부되었다는 소문이 돌았다. 검찰당국은 이태희에 대한 영장발부는 사실이 아니라고 부인했다. 달리 말하면 오제도에 대한 구속영장은 사실이었다는 뜻이다. 오제도가 면사를 처분한 시점은 전쟁직전인 1950년 6월 13일이었다. 간첩사건과 관련해 체포된 김종원(金鍾源) 전 보도연맹 간사장과 호위경관 이병선이 이를 입증할 증인이었다. 오제도에게는 간첩사건 혐의자인 소설가 송 모씨에게 정보를 제공해 도주하게 했다는 혐의도 적용되었다.[24] 송 모씨는 아마도 언론인이기도 한 송지영(宋志英)으로 추측된다. 오제도는 자기방어를 포기한 채 장기은신에 들어갔다.

이 상황에서 가장 먼저 오제도를 옹호하고 나선 것은 국민회를 비롯한 우익관변단체들이었다. "타공의 최선봉에서 생명을 바쳐 혁혁한 공로를 세웠고 현재도 싸우고 있는" 오제도에 대한 체포령은 "공산당으로 하여금 박수갈채로 환영"케 할 일이라는 이유였다. 사건 당시 오제도가 보도연맹위원장이었던 것은 사실이지만, 면사 관계는 보도연맹의 재정 책임자인 신재식 검사 소관이어서 오제도는 알지 못했다는 상세한 내용도 성명서에 담겼다. 신재식 검사는 전쟁 통에 행방불명되어 생사를 알수 없는 상태여서 책임을 떠넘기기에 딱 알맞은 사람이었다. 병중이던 오제도가 지프를 팔면서 청렴한 생활을 했다는 이야기까지 들어 있는 걸 보면 오제도 자신의 입김이 강하게 들어간 성명서였다.[25] 성명서에는 국민회 중앙본부, 대한청년단 총본부, 국민생활정화연맹, 한국기독교연합회, 대한노동총연맹, 대한기독교구국회 등을 대표하는 안호상·김상돈·유호진·전진한·한경직이 연명했다.[26] 이런 분위기에 힘입어 호위경관 이병선이 1월 21일 무혐의로 석방되었다.[27]

50여일을 도망 다니던 오제도는 2월 말경이 되면서 슬슬 몸을 움직이기 시작했다. 검찰이 그의 은신처를 알면서도 그냥 두고 있다는 사실은 이미 공공연한 비밀이었다. 2월 25일 오제도는 『자유신문』 기자를 만나

"억울한 한편 웃음밖에 나오는 것이 없다"면서 자기 입장을 해명했다. 도피한 까닭에 오해가 더 증폭된다는 질문에 오제도는 "죄가 있어서 피한 것이 아니라 억울하게 구금되면 판결이 날 때까지 2~3개월간 공연한 고생과 모략을 받을까 두려워서 일시 피신한 것"이라고 답변했다. 보도연맹의 재정·경리 관계는 일절 관여하지 않았다고 했다.

3월 13일에 이르면 더욱 확실한 분위기 변화가 감지되었다. 부산지방검찰청 소진섭 검사장은 "김종원 간사장이 취조를 받으며 한 말을 전적으로 믿을 수는 없고, 오제도에게는 구속영장이 발부된 적도 없다"라는 이상한 소리를 했다. 서울지방검찰청 김형근 검사장도 오제도를 옹호하는 입장이었다. 담당검사도 유재희와 서주연에서 대검찰청의 이정우로 교체되었다.[28] 당일자 『경향신문』의 가십난 「문외문」은 "오제도 씨 영장 발부는 무근지설(無根之說)이라니 다행인데, 그동안 어떻게 숨어 다녔는지가 궁금. 이제는 백일하에 활보하게 될 것이니 앞날이 기대"라는 조심스러운 논평을 실었다. 오제도는 당시 이정우 검사가 자신을 불러 "억울하게 많은 고생을 했"다면서 "오늘은 토요일인데다가 (시간이) 늦어 월요일에 사건 전모를 발표하겠다"라고 통보했다고 회고한다. 그런데 막상 월요일이 되자 사건은 다시 반전되어 오제도에게 소환장이 날아들었다. 오제도는 3월 27일부터 2차 은신에 들어갔다. 이번에는 무려 6개월 동안 지속된 은신이었다.[29]

오제도가 사라진 상태에서 한격만 검찰총장은 7월 4일 검찰관징계위원회를 열어 징계절차를 진행했다. 오제도의 조사회피와 장기은신이 검찰관의 본분을 위반하고 관직의 위신을 떨어뜨렸다는 사유였다. 7월 11일 은신 중인 오제도는 검찰총장 앞으로 돌연 사표를 제출했다. 징계를 피하기 위한 사표였다. 검찰은 사표를 들고 온 오제도의 아내에게 사표를 반려했다. 법무부장관 앞으로 내야 하는 사표를 검찰총장 앞으로 냈다는 절차상 하자 때문이었다. 새로운 사표가 접수되지 않은 상태에서 검찰관징계위원회는 7월 12일자로 오제도의 파면을 결정했다.[30] 같은 날 서울고등검찰청 김익진 검사장의 파면결의도 함께 내려졌다. 검찰총장에서 서울고검장으로 강등된 김익진은 사표를 내지 않고 버티며 피란지 부산에서 종친인 국회의원 김시현 등과 어울렸다. 이승만 대통령이 '발췌개헌안'을 강행하려고 국회의원 등을 마구 잡아넣자 김익진은 "이승만 그놈 죽일 놈이다. 닥치는 대로 죄 없는 사람까지 잡아넣다니" 하며 비분강개했다. 경북 안동 출신으로 메이지대 법과를 졸업하고 김원봉·김지섭 등과 의열단 활동을 함께했던 김시현 의원은 동료 유시태와 함께 이승만 저격에 나섰다가 실패했다. 김익진은 거기 연루되어 옥살이를 했다.[31] 오제도에 대한 검찰의 오락가락한 태도는 평안도 인맥에 대한 이승만 대통령의 시각과 관련이 있는 것 같다. 한국전쟁 직전에 이미 김익진·이태희를 좌천시킨 이승만은 김시현 사건으로 확실히 마음을 정리했다. 오제도는 그 유탄을 맞았다. 토사구팽이었다.

오제도의 그후 이야기를 좀더 하고 넘어가야 할 것 같다. 파면처분을 받은 오제도는 아무 일도 하지 못했다. 변호사 개업도 불가능했다. 그런데 1952년 8월 15일 이승만 대통령은 '공무원 징계면제의 건'이라는 대통령령(제668호)을 발포했다. 그날 이전에 징계처분을 받은 사람에 대해서는 징계를 면제하고, 아직 처분을 받지 않은 사람은 징계를 하지 않겠다는 전면적인 공무원 사면령이었다. 그런데 오제도의 징계는 1952년 8월 17일에 가서야 결재를 거쳐 확정되었기 때문에 징계면제의 대상이 되지 못했다. 1년이 지난 1953년 9월 법무부는 오제도도 징계면제의 대상이 된다고 해석하여 그의 징계처분을 면제했고, 오제도는 비로소 변호사를 개업하게 되었다.[32] 오제도는 3년 후인 1956년 7월 서울고등검찰청 검사로 복귀했고 1957년 7월에는 다시 서울지방검찰청 정보부장으로 일선에 돌아왔다. 이승만 대통령은 "간첩이 많다는데 요직을 줄 테니 모조리 잡아보라"고 오제도에게 힘을 실어주었다. 오제도는 당장 적성 영화와 불온서적 색출에 나섰고, "3개월의 여유만 주면 거물간첩을 검거하겠으며 그렇지 못할 경우 물러나겠다"라고 호언했다.[33] 여기 걸려든 것이 경성제대 출신으로 일제시대 고등시험 행정과에 합격해 군수를 지낸 김정제였다. 해방후 치안국 경무과장과 보안과장으로 일하다가 한국전쟁 발발로 납북되었던 김정제는 사선을 넘어 귀환했지만 오제도에게 간첩으로 몰려 처형당했다. 조인구 부장검사가 주도한 진보당 사건에도 오제도는 대검찰청 검사로 공판에 관여했다.

1960년 3·15부정선거 이후 마산에서 학생시위가 계속되는 상황에서 김주열 군의 시체가 떠올랐다. 마산과 부산 시민들의 저항은 더 격렬해졌다. 대검찰청 오제도 검사는 조인구 치안국장, 하갑청 육군특무부대장 등과 대공3부 합동수사위원회를 조직해 상황통제에 나섰다. 학생시위에 대공 수사기관이 나선다는 것 자체가 모순이었지만, 이들은 계속 "적색분자의 준동이 개재되었다는 혐의"니 "제오열(第五列)의 개입"이니 하는 이야기를 흘리며 사건을 한방향으로 몰아갔다. 4월 14일에는 오제도가 직접 마산과 부산을 돌며 "공산 오열이 육지를 위시한 해안 특히 인천, 군산, 부산, 마산 등지에 침투하고 있다는 과거의 수사실적으로 보아 이 사건에도 그러한 불순분자가 있을 수 있으니 관련 사실을 아는 시민들은 사찰기관에 제공하여달라"는 취지의 기자회견을 했다. 서울에 돌아와서는 "처음부터 공산간첩이 개재되었거나 배후를 조종한 것같이 보이지는 않는다"라면서도 "진행 도중에 오열들이 편승하여 이를 교묘하게 이용할 가능성이 충분히 있어 전문적인 사찰 수사진이 철저히 규명하고 있다"라고 발표했다.[34] 증거가 전혀 없는 상태에서 학생시위를 은근히 공산당의 음모로 몰아보려는 시도였다. 이승만 정부가 무너진 후 오제도의 책임을 묻자는 국회의 논의가 있었으나 무산되었고 오제도는 5월 14일 사표를 제출했다. 4·19혁명으로 새로 구성된 법무·검찰 지도부는 권승렬 법무부장관, 이태희 검찰총장, 서울고등검찰청 최대교 검사장 등으로 구성되었다. '올드보이'들의 귀환이었다.

오제도 인생 최대의 위기는 5·16 군사쿠데타 이후에 찾아왔다. 그는 엉뚱하게도 장도영 육군참모총장 등의 이른바 '반혁명' 사건에 연루되었다. 1961년 5월 16일에 실제 병력을 이끌고 쿠데타에 참여한 사람 중에는 육사 5기 출신들이 많았다. 준장 진급자도 몇명 있었지만 당시 대부분의 육사 5기는 대령급으로 실제 병력을 이끌고 있었다. 그들 중에는 유난히 이북 출신들이 많았다. 문재준·박기석·박춘식·박치옥·송찬호·이원엽·채명신·최재명 등이 모조리 평안도·함경도·황해도 출신이었다. 경기 김포 출신인 김재춘 정도만 예외였다. 쿠데타 직후 명목상의 지도자로 옹립되었던 장도영 육군참모총장도 평북 용천 출신으로 신의주고보를 나왔다. 국가재건최고회의 구성원 32명 중에서 당연직과 외부인사를 빼면 핵심주체는 25명이었다. 그런데 그중 장도영처럼 북한에 고향을 둔 사람이 무려 21명이었다.[35] 이들 중 문재준과 박치옥 등 상당수가 '장도영 일파 44명 반혁명' 사건으로 쿠데타 두달을 넘기 전에 거세되었다.[36] 김종필을 중심으로 한 육사 8기생들을 제거하려던 5기생들이 역습을 받아 반혁명세력으로 몰린 결과였다. 평안도 출신 중심의 반혁명세력은 오제도를 '법조계 총책'으로 옹립할 계획이었다고 했다.

장도영과 오제도는 평북 출신이라는 공통점 외에도 영락교회에 다니

던 독실한 기독교인이라는 정체성을 공유했다. 오제도는 1948년 영락
교회 청년면려회 지육부장을 지냈고, 평북 선천의 오래된 기독교 가문
출신인 장도영도 월남 후부터 계속 영락교회를 다녔다.[37] 평북 의주, 용
천, 선천 출신이 중심이 되어 설립한 영락교회는 1955년을 기준으로 했
을 때 교인 중 평북 출신이 3000명, 평남 출신이 1000명, 황해도 출신이
300명이었다. 서울 출신은 400명에 불과했다. 한국전쟁 중 오제도가 횡
령혐의로 위기에 처했을 때 영락교회 한경직 목사가 구명성명서에 참
여한 것도 이런 인연 때문이었다. 오제도는 그런 인연들이 엮어낸 과장
된 '반혁명' 사건의 창피스러운 조연이었다. 이번에도 오제도는 도피
를 선택했다. 그의 도피를 도운 것도 영락교회 동료들이었다. 살벌한 군
사정권 아래에서도 무려 3개월을 버티다 뒤늦게 붙잡혀 조사를 받은 그
는 '혁명과업 수행 방해자'로 이름을 올렸으나 형사처벌은 받지 않았다.
'반혁명' 관련자들도 대부분 형식적인 형만 살고 석방되는 마당에 굳이
그를 끝까지 처벌할 이유가 없었다. 박임항·박창암·김동하 등 함경도
출신들은 1963년 또다른 '반혁명' 사건으로 밀려났다. 이른바 '알래스
카 토벌작전'이었다. 박정희와 영남 출신들이 실권을 장악하는 권력투
쟁 과정의 부산물들이었다.

　　1970년대에 들어서면서 각 신문·방송이 경쟁적으로 정부수립 전후
의 비사들을 연재하기 시작했다. 오제도에게 좋은 기회였다. 여전히 극
우세력의 상징적인 인물이었던 그는 1977년의 종로·중구 보궐선거에
무소속으로 출마해 국회의원에 당선되었다. "미군철수로 6·25의 비극
이 다시 올 것 같아 대공검사로서의 오랜 경험을 살려 이를 막기 위해 나
왔다"라는 것이 출마의 변이었다. 12·12 군사쿠데타로 전두환이 집권한
후에도 국회의원을 한번 더 했다. 그러나 5·16 군사쿠데타 세력과 마찬

1977년 국회의원 보궐선거에 당선되어
기뻐하는 오제도의 모습.

가지로 이른바 '신군부' 사람들도 오제도를 썩 좋아하지 않았다.

원래 오제도는 1981년 국회의원선거를 앞두고 따로 정당을 만들겠다며 이북 출신들과 작업을 진행했다. 민주정의당 권정달 사무총장은 그를 영입하기로 마음먹었다. 이종찬을 통해 지역책 제안을 받은 오제도는 당장 승낙했다. 그런데 민주정의당에 먼저 자리 잡은 송지영이나 윤길중 같은 과거 혁신계 인사들이 오제도 영입에 반대했다. 모두 오제도 때문에 직간접적으로 고생했던 사람들이었다. 친동생 허화남(許和男)의 좌익경력 때문에 평생 고생한 육사 17기 허화평(許和平)이 총대를 멨다. 전두환의 최측근 허화평은 "구시대적 인물인 반공검사 출신 오제도"를 "낡은 인물"로 규정하고 비토했다. 종로·중구가 갖는 상징성 때문이었다. 창당작업에 정신없던 이종찬에게 허화평은 "선배님이 나가십시오"라고 권유했다. 전두환 대통령도 동의했다. 권정달과 오제도의 반발은 모두 허화평이 눌렀다. 대신 오제도에게는 전국구 후보를 약속했다. 이종찬의 표현을 빌리자면 "오제도는 끈질긴 사람"이었지만 "대통령의 엄명이라는 바람에 후퇴"하고 말았다.[38] 그의 끈질긴 권력욕을 누르기 위해서는 적어도 전국구 의원직이라는 당근이 필요했다. 그는 그런 식으로 1980년대까지 권력을 향유했다.

선우종원의 망명

한국전쟁 당시 선우종원의 행보도 오제도와 크게 다르지 않았다. 부모자식과 아내를 공주의 선우씨 집성촌으로 내려보낸 후 '수도 사수' 결의에 따라 6월 27일 밤늦게까지 담당구역을 순찰하던 선우종원은 성동경찰서가 이미 텅 비어 있는 것을 발견하고 용산으로 차를 몰아 28일 자정 넘어 한강을 건넜다. 선우종원 자신의 표현을 빌리자면 "공산당과 싸운 자부심 때문에 적에게 뒤를 보이지 않겠다는 격정이 이성을 앞섰지만" "동료들의 간곡한 만류로" 그 뜻을 이루지 못했다고 했다. 6월 29일 대전에 도착하니 이태희 검사장을 비롯해 동료검사들이 모여 있었다. 부산지방검찰청 검사장으로 좌천된 이태희는 서울에 남아 있다가 전쟁을 맞이한 것 같다. 이태희 검사장은 양식의 보장 없이 집단으로 움직일 수는 없다며 개별행동을 제안했다.[39]

홀로 경남 진해로 내려간 선우종원을 발탁한 것은 새로 내무부장관에 임명된 조병옥이었다. 8월 13일 선우종원은 내무부의 정보수사과장을 맡았고, 1951년 1월 28일 장면이 귀국해 국무총리가 되자 그 비서실장에 임명되었다. 장면 총리와 초면인지 구면인지에 관한 선우종원의 상반된 진술에 대해서는 앞서 이야기했다. 거창양민학살 사건이 일어나면서 조병옥 내무부장관과 김준연 법무부장관이 물러났다. 선우종원은 이승만 대통령을 제거하고 장면 박사를 옹립하려는 계획을 세웠다. 육군본부의 이용문(李龍文) 작전교육국장은 자신의 군사쿠데타 계획에 선우종원을 끌어들이려 했다. 이용문 장군의 사망으로 계획은 무산되었다.

1952년 5월 25일 이승만 대통령은 국회를 해산하기 위해 계엄령을 선포하고, 26일에는 반대파 국회의원 50여명을 헌병대로 연행했다. 다수의 국회의원들이 국제공산당으로 몰려 구속되었다. 이른바 '부산 정치 파동'이었다. 5월 26일 새벽 선우종원은 자신도 국제공산당으로 몰리게 되어 있다는 소식을 접하고 지하로 잠적했다. 오제도가 횡령혐의로 2차 은신하고 있던 바로 그 시기의 일이다. 이승만 대통령은 대통령직선제를 골자로 한 이른바 '발췌개헌안'을 통과시킨 후 국회의원들을 슬그머니 풀어주었다. 8월 30일 아침 선우종원은 일본으로 가는 밀항선에 올랐다.[40]

선우종원은 무려 8년의 망명생활 끝에 4·19혁명 이후에야 귀국할 수 있었다. 4·19혁명 이후 장면을 중심으로 한 민주당 신파에는 평안도 출신이 많았다. 장면 총리 자신은 서울에서 태어나 인천에서 성장했지만, 그의 아버지 장기빈이 평남 출신이라 평안도 사람으로 분류되기도 한다. 그래서 민주당 정부는 정일형 외무부장관, 오천석 문교부장관, 오정수 상공부장관, 주요한 부흥부장관, 김재순 외무부차관, 백낙준 참의원 의장, 장이욱 주미대사, 장도영 육군참모총장, 이태희 검찰총장 등 평안도 출신들로 넘쳐났다. 선우종원은 조폐공사 사장을 맡았다. 총리 비서실장을 맡은 김흥한(金興漢) 변호사는 김익진의 아들이자 정일형·이태영 부부의 사위였다. 평안도 출신들이 장악했던 검찰의 공안라인이 거의 그대로 복원된 셈이었다.[41] 오제도만 여기서 빠졌다.

5·16 군사쿠데타 후 선우종원은 '반혁명' 혐의로 징역 5년형을 선고받았다. 그를 잡아넣은 것은 장도영 국가재건최고회의 의장이었다. 한 달 후 장도영이 '반혁명' 사건으로 붙잡혀왔다. 두 사람은 20여 일 동안 같은 감방을 썼다. 선우종원은 1963년 8월 14일 광복절특사로 풀려났다. 민복기 법무부장관이 경성제대 후배들인 홍진기와 선우종원을 석방시키는 데 힘을 썼다. 석방된 선우종원은 박정희의 부름을 받아 1971년부터 5년간 국회사무총장으로 일했다. 지금의 돔형 국회의사당은 그의 재임 중에 건축되었다.[42] 전두환 정권에서는 평화통일정책자문회의 부의장을 맡았다. 이북오도민 몫의 부의장이었다.

숨어 지낸 사람들: 김홍섭·홍진기·민복기·정희택·방순원

6월 28일 이전에 서울을 떠난 이들은 행복한 사람들이었다. 서울에 남은 법률가들은 일단 목숨을 걸고 지하로 잠적하든지, 법맹 등 각종 좌익단체 행사에 얼굴을 내밀든지 둘 중 한 가지를 선택해야 했다. 한국전쟁 이전에 반공으로 이름을 날린 판검사들에게는 그런 선택의 여지도 없었다. 무조건 숨어야 했다.

조선정판사 사건을 수사한 김홍섭은 1948년 서울지방법원 소년부지원장으로 법원에 복귀한 상태였다. 『무상(無常)을 넘어서』에 "(6월) 28일 청산가리를 찾아 방황"했다는 이야기가 나오는 걸 보면 인민군이 서울을 점령한 시점에서 잠시 죽음을 고민했던 것 같다. 그는 일단 뚝섬에 몸을 숨겼다. 판검사를 그만두고 닭과 돼지를 키우던 곳이었다. 김홍섭의 큰딸인 김철효의 회고에 따르면, "아버지는 닭장 밑으로 계단을 내고 그 아래 가로세로 약 1.5미터의 방공호 같은 방을 만들어 저녁때면 거기서 주무시기"도 했다고 한다. 어느날 비가 너무 많이 와서 그 방공호에서 나와 집에서 잠을 잤는데, 마침 그날 방공호가 무너져 겨우 목숨을 구한 일도 있었다.[43]

『무상을 넘어서』에는 "(6월) 28일 그날부터 7월 한달과 8월 전반 바로 P가 취박(就縛)당하던 조금 전까지의 대부분을 군(君)의 비호 아래 은피(隱避)의 신세를 졌다"라는 이야기가 나온다.[44] P는 김홍섭과 함께 일본에 유학하고 함께 조선변호사시험에 합격한 친구 오평기다. 오평기 변호사는 해방직후 광주에서 이덕우 변호사 사건의 변론에 참여했고 조선영화주식회사, 전남 문화단체연맹 등에도 이름을 올렸다. 비교적 좌익진영과 가까운 인물이었던 셈이다. 마포에서 발견된 법맹의 위원명단에도 이름이 올랐지만 기소를 피했다. 한국전쟁이 터진 후 오평기는 법맹 구성원으로서 분위기를 살피며, 그 정보를 김홍섭에게 알릴 수 있었다. 서울서 김홍섭의 "안위를 위하여 백방으로 노심(勞心)하던" 오평기는 8월 17일 내무서에 구속되었고 결국 납북되기에 이른다.[45] 김홍섭의 인생에서 가장 비통한 일이었다. 사라진 오평기는 쉽게 '반역자'로 낙인찍혔다. 김홍섭은 "우리들을 유기하고 달아난 그이"들(이승만 정권을 지칭)이 "정복자의 기세와 자의(恣意)로서" 오평기가 한 것과 같은 일을 "반역에 대한 부화(附和)"라 지적하며 "국법의 준엄한 다스림 아래 규정"하는 현실을 한탄한다.[46] 부역자 처벌에 대한 간접적인 비판이다.

한국전쟁 당시 법무부 법무국장이던 홍진기도 한강을 넘지 못했다. 그는 경성제대 선배인 민복기와 함께 성북동 산동네에 몸을 숨겼다. 민복기는 법무부에서 경무대로 차출되어 이승만 대통령의 법률담당 비서관으로 일하고 있었다. 민복기를 비롯한 비서진은 6월 27일 새벽 이승만 대통령을 서울역까지 전송한 후 경무대로 돌아와 서류를 소각했다. 시기를 놓친 두사람이 성북동 산동네를 택한 데는 이유가 있었다. 당시 두사람은 소련에 관한 책들을 많이 읽고 있었다. 러시아혁명 당시 기록을 보면 지방에 있던 관리들은 혁명에 휩쓸려 대부분 처참하게 살해당했다. 그러나 모스크바나 레닌그라드 등 대도시에 숨었던 관리들은 "혁명의 광기가 진정된 후 재판에 회부되어 징역을 선고받거나 강제수용소로 유배"되었다. 살아남기 위해서는 대도시 지하로 들어가야 했다. 일단 숨기로 한 이상 "시골은 은신처가 될 수 없다"라는 게 똑똑한 두사람의 결론이었다. 민복기에게는 경무대에서 받은 피란자금이 있었다. 그 돈을 가지고 두사람은 민복기의 이종사촌 집에 몸을 숨겼다. 집도 좁은데다가 한여름에 이웃의 눈을 속이기가 쉽지 않았다. 이종사촌의 집에는 민복기만 숨기로 하고 홍진기는 뒷산으로 들어갔다. 민복기가 홍진기에게 식량을 공급했다.

이런 식의 도피방법은 보름을 넘기지 못했다. 과거 동료들 몇사람이 점령군에 협력하기 시작했기 때문이다. 우선 민복기의 경성제대 입학동기인 이종갑*이 며칠후 성북동으로 찾아왔다. 경성대에서 상법을 가르치던 이종갑 변호사는 좌파조직인 사회과학연구소의 과학자동맹 책임자를 맡아 적극적으로 활동하다 월북했다. 홍진기도 경성제대에서 상법을 전공했고, 해방후 경성대에 강의를 나갔기 때문에 이종갑과 홍진기는 오래전부터 잘 아는 사이였다. 한국전쟁 후 서울에 내려온 이종갑은 법조계를 비롯한 남한정부 요인들의 회유와 숙청을 담당했다. 그는 민

---

* 홍진기의 회고 부분에는 이정갑 변호사로 잘못된 이름이 적혀 있다. 구술을 기록하는 과정의 오류로 보인다.

복기에게 자수를 권했다. 홍진기와 연락이 닿으면 그도 자수시키라고 했다. 민복기나 홍진기 같은 이승만 정부 최고위 관료들을 당장 잡아들여 재판을 하거나 죽이지 않고 회유하려 한 것이 인상적이다. 파죽지세로 남한전역을 장악한 북한 지도부 입장에서는 '악질적인 반동'이 아닌 이상 당장 죽이기보다는 그들이 원하는 새로운 사회 건설에 최대한 포섭하려고 했던 것 같다.

민복기와 홍진기는 이런 회유에 넘어가지 않았다. 둘은 각자 은신처를 마련하기로 하고 성북동을 떠나 헤어졌다. 홍진기는 왕십리 친척집으로 옮겨 9·28수복까지 은신했다.[47] 4·19혁명 당시 내무부장관이었던 홍진기가 부정선거와 발포 책임으로 1심에서 사형을, 혁명재판소 상소부에서 무기징역을 선고받았을 때 민복기가 변론과 적극적인 구명에 나선 것도 이런 오랜 인연의 연장선상이었다.

이종갑 변호사에 대해서는 다른 증언도 남아 있다. 경성대로 입학해 서울대 법대를 졸업한 훗날의 대법관 김태현(金台鉉)은 한국전쟁 중에 우연히 다시 만난 대학시절 은사 G에 관한 기록을 남겼다. 대학시절 김태현은 G교수의 상법 강의를 듣던 중에 오류를 발견한 적이 있었다. 김태현이 당돌하게 문제제기를 하자 G교수는 다음 강의시간으로 대답을 미뤘다. 다음 시간이 되자 G교수는 솔직히 자신이 틀렸음을 인정했다. 김태현은 "서글서글하고 솔직한 그 교수"를 좋아했다. 이후에 G교수는 한참 연하인 김태현을 "김형!"이라고 부르며 "일본 법률책을 번역해 오면 출판을 책임지겠다"라고 격려했다. 법률학관의 강의자리도 주선해주었다. 그만큼 고마운 은사였다. 한국전쟁이 터지고 길에서 마주친 G교수는 김태현을 자신의 집으로 데리고 갔다. 그는 한쪽에 쌓인 좌익서적을 보여주며 "이제 우리 세상이 되었다"라고 했다. 월북하면서 땅속에

묻어두었다가 그때 막 꺼낸 책들이었다. G교수는 김태현에게 과학자동맹에 가입하라고 권유하면서 "과학자동맹이 법학자동맹보다 위상이 더 높다"라는 취지로 이야기했다. 김태현은 아무 이야기도 못 하고 자리를 물러나와 고향인 군산을 향해 피란을 떠났다.[48] 상법 전공으로 과학자동맹에 앞장선 G교수는 민복기의 친구이자 홍진기의 선배였던 이종갑이 맞다.

오제도, 선우종원과 함께 '사상검사'로 이름을 날리며 2차 '법조프락치' 사건을 수사했던 정희택은 어려서부터 자신을 귀여워했던 교회 장로님집 변소 옆에 땅굴을 파고 숨어 지냈다. 아침저녁으로 죽 한그릇을 받아먹었고, 마지막 한달은 그나마도 하루 한그릇으로 줄었다. 그는 거의 살아 있는 송장 상태에서 9·28수복을 맞았다.[49]

서울지방법원 판사로 일하다가 변호사를 개업한 방순원은 개업 8개월 만에 전쟁에 휩쓸렸다. 그 역시 판사시절 적지 않은 좌익사건을 취급한 처지라 무조건 숨어야 했다. 방순원은 내수동 자신의 집에 몸을 숨겼다. 언제 내무서원이 잡으러 올지 모르는 불안한 상황에서 그는 부엌 살강(선반) 밑 맨땅 위에 거적을 깔고 그 위에 몸을 누인 후 다시 가마니를 덮고 장작과 숯가마로 위장하는 방법을 고안해냈다. 내무서원들이 몇차례나 한밤중에 들이닥쳤다. 대문을 흔드는 소리에 방순원은 지붕으로 올라갔다. 내무서원들은 집안을 샅샅이 수색했다. 내무서원들이 지붕에 손전등을 비추었을 때는 이미 방순원이 지붕에 붙은 고목나무 중간의 구멍에 몸을 숨긴 뒤였다. 천신만고 끝에 방순원은 목숨을 건졌다. 그렇게 붙들려가 인민군에 협력했으면 그도 납북되거나 9·28수복 후 부역자로 몰려야 했다. 남하하지 못한 변호사들은 적 치하 3개월의 행적을 자술서로 제출해야 했다. "비도강파(非渡江波) 변호사 모두를 죄인시한"

요구였다. 방순원도 유병진·김홍섭과 마찬가지로 정부의 이런 행태에 염증을 느꼈다. 그는 당시를 이렇게 회상했다.

"9·28수복 후에 정부가 첫번째로 한 일은 적 치하 3개월 동안의 피란하지 못했던 사람들의 부역사건을 적발하여 사형 또는 기타 중형에 처하는 일이었다. 물론 악의적인 부역자를 엄벌할 필요는 있겠으나 이런 부류는 거의 모두 북으로 도주해버리고 남은 사람은 강압에 못 이겨 어쩔 수 없이 협력한, 엄격히 보면 피해자라 할 수 있는데, 이러한 사람들을 엄벌 일관주의로 다스린 이승만 정권의 과오는 크다 하겠다."⁵⁰

당시 좁은 법조계의 인연을 보여주는 일화도 있다. 1·4후퇴를 앞두고 방순원은 아내와 4남매를 이끌고 걸어서 고향인 충남 천안까지 가겠다고 길을 나섰다가 추위와 허기에 지쳐 서울로 돌아오기를 여러번 반복했다. 차를 타고 가려면 돈이 필요했다. 이웃집에서 트럭을 전세 내 온양온천까지 간다는 소식을 듣고 외상으로 태워달라고 애원했지만 거절당했다. 5만원이 있어야 했다. 이런 사정을 알게 된 방순원의 경성법전 선배 홍순엽 변호사가 사건 하나를 보내줄 테니 수임료를 받아 피란비용을 마련하라고 했다. 서울지방검찰청에서 구속수사 중인 특별조치령 위반 부역사건이었다. 트럭을 빌리는 데 필요한 딱 5만원이 수임료로 들어왔다.

독실한 기독교인인 방순원은 "하나님께서 우리 가족의 생명을 살려주시는 망극한 사랑으로 믿고 먼저 하나님께 감사하고 선배 변호사의 호의에 감사"했다. 담당검사인 유재희를 찾아가니 유검사는 "아, 그 사건 말입니까? 어제 조사해보니 질이 나쁜 사건이 아니었습니다. 어제 저녁에 형무소에 출감지휘를 하였으니 그 피의자는 오늘 밤에 출감할 겁니다"라고 했다. 이런 상황이면 변호사 누구라도 사건처리의 공을 자신에게 돌리고 싶은 유혹을 느끼기 마련이다. 하물며 가족의 운명이 걸린 돈이었다. 그러나 5만원에 양심을 팔 수 없었던 방순원은 수임료를 돌려줬다. 10여일 후 의뢰인이 다시 찾아왔다. 친척의 부역사건을 변호해달라고 부탁했다. 방순원은 다시 한번 하나님의 사랑을 뼈저리게 느꼈다. 방변호사의 노력으로 사형이 구형되었던 사건은 10년 징역으로 마무리되었다.[51] 전쟁 중의 흔치 않은 따뜻한 이야기다. 다만 이 어려운 시기에 대부분의 변호사들이 부역사건들을 변론하며 생계를 유지했다는 사실은 기억해둘 필요가 있다.

수복 이후 죄인 취급을 받으며 불쾌한 경험을 하기는 했어도 지하에 숨어 끝까지 붙들리지 않은 법률가들은 운이 좋은 편에 속했다. 인민군 점령 상황에서 일단 몸을 드러내면 협력을 피할 수 없었다. 협력하면 9·28수복 후에 곧바로 부역자로 전락해 생사가 오가는 재판을 받아야 했다. 친구들을 따라 월북하거나 억지로 납북을 당하면 영원히 돌아올 수 없었다. 납북되었다가 구사일생으로 생환해도 운이 나쁘면 김정제처럼 간첩으로 몰렸다. 방공호나 토굴생활이 힘들었어도 최악의 운명은 아니었다. 여기 등장하는 민복기·홍순엽·방순원은 모두 5·16 군사쿠데타 직후인 1961년 9월 1일 한꺼번에 대법관에 임명되었다. 서울고등법원장을 지내다가 1965년 세상을 떠난 김홍섭도 조금만 더 살았더라면 비슷한 영예를 누렸을 것이다. 정희택 검사는 5·16 군사쿠데타 이후 대검찰청 검사를 끝으로 검찰을 떠났지만, 12·12 이후 전두환의 부름을 받아 국가보위입법회의 법제사법위원장, 민주정의당 창당발기인, 11대 국회의원을 거쳐 감사원장과 언론중재위원장을 지냈다.

납북자들의 경우

　6·25전쟁 납북인사 가족협의회에서 작성한 「전시 납북 법조인의 현황」에 따르면 '납북' 법조인은 187명에 이른다.[52] 이를 정리한 논문의 경우에는 민부훈(閔孚勳) 변호사를 민부동(閔浮動)·민효훈(閔孝勳) 등으로, 소완규 변호사를 소택규(蘇宅圭)로, 오용근 판사를 오강근(吳康根)으로 중복 기록하는 등 오류가 적지 않다. 신고가 여러 경로로 이루어졌고 한자 판독을 잘못한 결과로 보인다. 따라서 집계된 숫자가 정확하지는 않다. 그러나 규모가 엄청난 것만은 분명하다. 이 명단에 포함되지 않은 법조인도 많다. 남겨진 가족들의 신고에 기초해 정리된 자료이므로 이 자료에 정리된 '납북자'가 실제로는 '월북자'일 가능성도 남아 있다. 가족을 모두 데리고 월북한 경우에는 신고할 가족이 남아 있지 않으므로 당연히 자료에서 빠진다. 월북인 게 분명해서 가족들이 신고하지 않은 경우도 있을 수 있다. '관제 빨갱이'로 언급된 '법조프락치' 관련자들 중에 누가 월북이고 누가 납북인지를 구별하기가 매우 어렵다.

　'법조프락치' 사건에 관련된 법조인들 중 이 납북자명단에 포함된 것은 강일구·김영하 판사와 김영린·김중정 변호사 4명뿐이다. 강일구 판사는 한국전쟁 직전 보석으로 풀려난 상태였다. 김영하 판사는 6월 29일 서울형무소에서 풀려나 9·28서울수복 직전에 납북된 것 같다. 1910년 4월 23일 평북 초산 태생인 김중정은 1937년 주오대 법과를 졸업하고, 1938년 고등시험 사법과에 합격해 1942년부터 경성지방법원 판사로 일했다. 원래 이름은 김창모(金昌模)인데 가네토요 나카마치(金豊中正)로 창씨개명했다가 해방후에도 창씨명에 따라 김중정으로 이름을 바꿨다. 법맹 위원 명단의 가장 마지막에 이름이 오른 인물이기도 하다. 해방후 변호사로 활동하던 그는 1949년 연말 이정남·이사묵 등과 함께 프락치 혐의로 구속되었다.[53] 나중에 판결문에서 제외된 걸 보면 기소되지는 않았던 것 같다.

한국전쟁 중 납북되어 '재북평화통일촉진협의회'에서 활동하다가 다시 남쪽으로 내려온 조철(趙澈)은 납북자들의 생활을 비교적 상세하게 기록했다. 그의 증언에는 다수의 법률가들 이야기가 등장한다.[54] 인민군은 1950년 8월부터 국립중앙도서관 지하실, 중앙청 지하실, 경찰서 유치장에 감금 중이던 유력인사들을 북쪽으로 끌고 가기 시작했다. 더운 여름이기는 했어도 초기에 끌려간 사람들 중에는 희생자가 없었다. 노일환·이문원·김옥주 등 '국회프락치' 사건 관련자들이 여기 포함되었다.

판검사, 중견관리, 청년단 간부 등은 서울시내 각 학교에 수용되어 있다가 1000명 단위로 북에 끌려갔다. 두시간 걷고 10분을 쉬는 강행군이었다. 미군의 폭격을 피해 밤에만 이동했으므로 임진강 철교를 지날 때에는 강물에 빠져 죽거나 도망자로 오인되어 총에 맞아 죽는 경우가 생겼다. 8월 17일 해주중학교에서는 50여명의 납북자가 유리창을 부수고 경비원의 입을 틀어막아 질식시킨 후 탈출을 시도하다가 그중 20명이 붙잡혔다. 붙잡힌 사람 중에는 하진문(河鎭文) 판사가 포함되었다. 하진문은 1938년 주오대 전문부 법과를 졸업하고 1945년 조선변호사시험에 응시해 이법회의 일원이 되었으며, 이를 근거로 사법요원양성소 시험에 합격해 판사로 임용된 인물이다. 한국전쟁 발발 시점에서는 서울지방법원 판사였다. 탈출을 시도한 하진문은 인민재판에서 총살형을 언도받았다.

당시 해주 일대에 분산 수용된 납북자는 4만명에 이르렀다. 인민군 경비대는 이들에게 방공호 굴착, 도로와 교량 수리, 양곡 운반, 군사훈련을 시키는 한편 신분조사와 사상검토를 진행했다. 9월 10일경 재령군에서는 경비원의 폭행에 항거하던 납북자 여러명이 영창을 살기도 했다. 여기에는 강동진 변호사, 김홍순(金弘順) 판사, 이수영(李洙永) 사법관시보 등이 포함되었다. 강동진은 강공승 변호사의 아들로 일제시대 때 판사를 지낸 그 사람이다. 이수영은 아마도 이수녕의 오기 같다. 이 시절 판검사, 변호사, 각종 시험 합격자 중에 이수영은 없기 때문이다. 세사람은 영창에 갇혀서 주먹밥 하나 제대로 먹지 못하고 죽을 고생을 했다. 영창에서 나온 이들은 동료들을 규합해 탈출계획을 꾸미다가 모두 체포되었다. 주모자 셋은 어딘가로 끌려가 이후 소식을 알 수 없다.[55] 총살된 것으로 추정된다. 만약 가담자 중의 한명이 이수녕 변호사라면 그는 사법관시보 신분으로 2차 '법조프락치' 사건에 연루되었다가 기소되지 않고 풀려난 경우다. '관제 빨갱이'가 인민군에게 붙잡혀 비극적인 최후를 맞이한 셈이다.

유엔군이 인천에 상륙한 후에는 서울을 중심으로 납북작업이 더욱 가속화되었다. 이때부터는 신병으로 걷지 못하는 사람들을 산으로 끌고 가서 그대로 사살하는 경우가 생겼다. 형무소와 여러 관공서에 분산되어 있던 사람들이 줄줄이 묶여 미아리고개와 영천고개로 끌려갔다. 당시 의정부 방면으로 끌려간 사람 중에는 박준식(朴俊植) 검사, 이우경(李愚卿) 판사, 정의화(鄭義和) 판사, 문택규(文澤圭) 변호사, 임준수(林俊洙) 판사 등이 포함되었다. 이들 중 박준식은 서울지방검찰청 정보부장이었던 이준식의 오기로 보인다. 유엔군의 공습이 밤에도 계속되면서 이들의 북행길은 아수라장이 되었다. 더이상 걷지 못하는 환자도 속출했다. 인민군은 이들을 따로 모아 따발총으로 처리했다. 정의화 판사, 신재식 검사, 김중정·박철·진인근(秦仁根) 변호사 등이 이 과정에서 희생되었다. 신재식 검사는 오제도와 함께 일하며 보도연맹 1주년 기념식의 사회를 보았던 '사상검사'이고, 김중정은 앞서 설명했듯이 2차 '법조프락치' 사건 관련자다. '관제 빨갱이'로 몰린 사람과 '관제 빨갱이'를 만든 사람이 같은 처지로 전락해 함께 목숨을 잃었다.[56]

납북되는 험로에서 김규식·정인보·이광수·구자옥 등이 질병으로 세상을 떠났다. 살아남은 사람은 사상검토를 거쳐 분리수용되었다. 해방 직후 사법부를 이끌었던 김용무 전 대법원장, 서울이 북한군에 점령된 후 이승만을 맹비난하는 방송에 이용당한 김효석 전 내무부장관, 안재홍·조소앙·윤기섭·엄항섭·최동오 등의 정치인, 항일투사 박열, '국회프락치' 사건 관련자 김약수·노일환·강욱중·김병회·이문원·최태규 등은 평북 만포 별오리의 조국전선합숙소에서 함께 지냈다. 다른 수용소보다는 훨씬 형편이 좋은 곳이었다. 대법관을 거쳐 2대 국회의원에 당선되었던 최병주는 서무를 담당했다. 별오리 수용소에서 옥수수, 쌀, 된장, 소금 등을 배급받아 썰매에 싣고 와서는 동료들이 수용된 집에 나눠주는 것이 그의 역할이었다. 계성학교 출신으로 강중인과 함께 언급되었던 권태희 의원은 북한 기독교민주동맹 김창준 위원장에게 적극적인 동조 의사를 표시함으로써 별오리 합숙소로 옮겨지기도 했다.

형덕기(邢德基)·강병순·백붕제(白鵬濟) 같은 중견법률가들은 별오리 주변의 커다란 농가에 수용되어 공산주의 강좌를 받았다. 이들은 나중에 평양으로 옮겨져 교육과 심사를 받았는데 "강사의 교양이 낮다"며 강의장에서 소란을 피우기도 했다. 이용가치가 높은 인물들이었으므로 북한 측은 이들을 죽이기보다는 잘 교육해 활용하고자 했던 것 같다. 사망한 납북자들의 관리책임이 있는 경비원들은 재판을 거쳐 처벌받기도 했다. 그후에도 현장에서는 늘 크고 작은 충돌이 있었다. 대법관과 검사총장을 지낸 이종성은 1951년 8·15해방절에 약간의 떡을 배급받아 동료들

과 즐기던 중에 등화관제 문제로 경비원과 시비가 붙어 갈비뼈가 부러질 정도로 얻어맞기도 했다.[57]

1951년 9월부터는 문성리 일대의 농가에 분산수용되어 있는 관계와 법조계 인사들에 대한 재심사가 시작되었다. 법조계 출신으로는 형덕기·김시명(金時明)·김준평·박원삼·서광설·조병래(趙炳來)·소완규 등이 그 대상이었다. 일제시대 고등시험 행정과와 사법과에 모두 합격해 군수 등을 지낸 김시명, 일제시대에 독립운동가들을 많이 재판했던 김준평, 그리고 해방후 국군준비대 사건, 조선정판사 '위조지폐' 사건 등에 직간접적으로 관여한 박원삼이 특히 가혹한 심사를 받았다. 김준평은 질문을 받을 때마다 맞서 싸웠고, 박원삼은 "무고한 공산주의자들을 수없이 괴롭히고 투옥했다"라고 추궁받으면 아예 입을 다물었다. 두사람은 정치보위부를 거쳐 평양교화소로 보내졌다. 서광설·조병래·소완규 등은 평양 감흥리에 설치된 임시 교화소로 이송되었다. 형덕기·강병순·이우경·백붕제 등도 뒤이어 광산 또는 발전소로 추방되어 중노동에 투입되었고 이우경은 각혈을 하며 쓰러져 곧 목숨을 잃었다.[58]

1956년 7월 3일에 결성된 재북평화통일촉진협의회에는 납북된 저명인사들 중 생존자들 대부분이 이름을 올렸다. 조소앙·오하영·안재홍·윤기섭·엄항섭·김효석·김의환·권태희·원세훈 등의 정치가들, 김약수·강욱중·김옥주 등의 '국회프락치' 사건 관련자들, 국군장성 출신으로 납북 후 해방사단장을 지낸 송호성, 독립운동가 박열 등이 포함되었다. '국회프락치' 사건 관련자들이 북한에서도 끝까지 '월북'이 아니라 '납북자'로 취급된 것은 상당히 흥미롭다. 황해도 농장에서 일하던 최병주, 탄광 등에서 중노동에 시달리던 형덕기·소완규·강병순 등도 평양으로 불려와 회의에 참석했다.[59] 재북평화통일촉진협의회 초창기에 김일성은 "조선에서 평화를 보장하고 평화통일을 촉진하는 정치활동을 기본으로 한다"
라는 원칙을 벗어나지 않는다면, "자기들 마음대로 하라고 간섭하지 말라"
고 지시해 이들의 독립성을 보장했다.[60] 그 기간은 길지 않았다. 1958년
9월 10일 납북인사들의 핵심 지도자였던 조소앙이 사망함으로써 재북
평화통일촉진협의회는 동력을 잃었다. 납북자들은 뿔뿔이 흩어졌다. 형
덕기·김준평·김시명·조병래 등은 규모가 가장 큰 함북 아오지 탄광으
로, 강병순·백붕제 등은 양강도 자성 벌목사업소로 배치되었다.[61]

여기까지는 그나마 유명한 인물들이라 행적이 알려진 경우다. 덜 유
명한 인물들은 그냥 조용히 역사에서 사라졌다. 이 책의 등장인물 중에
도 그런 납북자가 많다. 우선 김영재·조평재의 고등시험 사법과 동기생
중에서는 서재원·최종석 변호사가 납북되었다. 조평재·김갑수 등과 가
까웠던 이충영 변호사와 그의 처남 강정택도 납북되었다. 1945년 10월
11일 해방후 첫번째 판검사명단에 포함되었던 인물 중에서는 김용무 대
법원장을 필두로 서광설·이명섭·이정혁·양원용·김일룡·김준평·강병
순·정윤환·김태영·오규석·김용월·이종성·한영욱·윤학기 등이 사라졌
다. 오규석·한영욱·윤학기 등을 월북으로 처리해 제외한다 하더라도 최
초 발령받은 38명의 판사 중에서 12명이 납북된 셈이다. 당일 발령받은
검사들 중에서는 민병성·박승유·김용찬·최종석·백석황·홍인도·김용
암이 사라졌다. 월북 가능성이 있는 백석황·홍인도·김용암 3명을 제외
하면 25명의 검사 중에서 4명이 납북된 셈이다. 판사들보다는 한결 비율
이 낮지만 결코 무시할 숫자는 아니다.

한민당 출신 중에서는 양원용·강병순·김용월 외에도 보성전문 교수
출신으로 검사를 지낸 옥선진이 납북되었다. 대구에서 불려 올라와 대
법관에 임명된 이상기도, 특별검찰청 검사로 임명되었던 김점석도, 이

홍규를 도왔던 이만준도, 이홍규의 이중기소 논란을 정리했던 유재구도, 한때 김용무의 대항마였던 구자관도, 해방공간에서 변호사단체의 얼굴 노릇을 하던 이홍종도, 김두한 사건을 맡았던 이필빈도, '법조프락치' 사건을 담당했던 이봉규·송문현·한격목도, 경찰 출신으로 '국회프락치' 사건 변론을 맡은 최경진도 납북되었다.

『법원사』는 그밖에도 이근창(李根昌)·박용선·이회종(李晦鍾)·심동구·이영섭·신태호(申泰浩)·김상묵(金常黙)·곽순희(郭純熙)·최동욱(崔東旭)·김윤찬(金允燦)·박태준(朴泰俊)·신해갑(辛海甲)·양봉학(梁鳳鶴)·이용구(李鏞求)·오용근·신현욱(申鉉旭)·홍일하(洪一河)·정태룡(鄭泰龍)·유지학(柳志學)·유재수(柳在壽)·이상준(李相俊)·정봉모(鄭鳳模)·이관수(李寬秀)·노영득(盧永得)·양영박(梁永璞)·이성우(李成雨)·조병제(趙丙濟)·최용구·김재희(金裁熹)·김형숙(金亨淑)·장두식(張斗植) 판사 등이 납북되었다고 기록한다.[62] 엄청난 규모다. 훗날 대법원장을 지낸 이영섭이 납북자명단에 기록된 것은 매우 흥미로운 일이다. 이 문제는 뒤에서 설명하겠다.

그밖에도 검찰 출신으로는 이주신(李柱臣)·정문모(鄭文模)·황욱주(黃旭周)·박근영·윤수중(尹壽重)·조경승(趙慶昇)·조용대(趙容大)·김용선·성세호(成世鎬)·최복렬·김증봉(金曾鳳)·조경교(趙敬敎)·김진수·이종웅(李鍾雄)·이종령(李鍾齡)·한정수(韓正洙)·노동시(盧東始)·한철훈(韓喆勳)·김승조(金承朝)·김태철(金太喆)·홍대권(洪大權)·이주영 등을 납북자명단에서 확인할 수 있다. 『한국검찰사』는 납북된 검사 출신 대부분을 "본인의 이력서 또는 인사기록카드가 보존된 것이 전혀 없어 임용자격과 상세한 인사사항을 파악할 수 없는" 사람으로만 분류하고 있다.[63] 사라진 사람들이 납북되었음을 확인할 의지도 없었던 셈이다.

2장

이리 죽으나 저리 죽으나, 좌익으로 몰린 법률가들

보도연맹원으로 희생된 사람들: 이덕우와 염세열

수감 중이던 사람들은 서울을 떠나고 싶어도 떠날 수 없었다. 이들은 인민군이 들어올 때까지 형무소에 갇혀 있다가 또 한번의 '해방'을 맞았다. 목숨을 건지고 자유를 얻었으니 그래도 이들은 행운아였다. 서울을 제외한 지역의 좌익수들은 이런 행운을 누리지 못했다. 수원 이남에서는 대규모 학살이 벌어졌다. 실형을 선고받은 사람들뿐만 아니라 전쟁 발발 후 예비검속된 보도연맹 관련자들까지 처형되었다. 학계는 한국전쟁 발발 직전 33만명에 이르던 보도연맹원 중에서 최소 20만명 정도가 목숨을 잃었다고 추정한다.[64]

조선정판사 사건으로 무기징역을 받아 복역 중이던 조선공산당 재정부장 이관술과 조선정판사 사장 박낙종도 이 와중에 목숨을 잃었다. 1947년 4월 11일 대법원에서 재판이 끝난 후 이관술·송언필·박상근·정명환 등은 서울형무소에서 "스탈린 만세, 박헌영 만세"를 외치며 "급식을 늘려달라, 감방 내에서 수갑을 채우는 제도를 없애라, 신문을 읽게 하라, 작업을 시켜달라"고 요구하다가 1947년 4월 말경 대전형무소로 이감되었다.[65] 이들을 이감시킨 사람은 검사 출신의 김병완 서울형무소장이었다.[66] 송언필은 대전에 이감된 후에도 「애국가」와 「적기가」를 부르다가 징벌방에 갇혔고 징벌방에서까지 단식투쟁을 이어갔다. 좌우갈등으로 형무소는 어디든 '초만원'이던 시절이었다. 일제시대 평균 수용인원의 두배를 넘어선 형무소도 많았다. 형무소를 관장하던 법무부는 이들의 처리문제로 골머리를 앓았다.[67]

전쟁이 발발할 당시 대전형무소의 재소자 수는 약 4000명이었고 그중 절반 정도가 정치범이었다. 전쟁이 터지자 내무부 치안국은 충청남도 경찰국에 좌익과 보도연맹원을 검거 처리하라는 무선전문을 하달했다. 이에 따라 경찰은 보도연맹원들을 예비검속해 일단 경찰서 유치장에 집어넣었다. 그런데 예비검속자가 너무 많아 유치장만으로는 수용이 불가능했다. 경찰은 예비검속자들을 모두 대전형무소로 이감시켰다. 7월 1일 새벽 대전지방검찰청 정재환 검사장은 "미명을 기해 대규모 공습이 있으니 공산당 우두머리를, 좌익의 극렬분자를 처단하라"는 전문을 대전형무소 당직주임에게 전달했다. 장차관들은 이미 대전역에서 피란길에 오르고 있었다. 법무부 형정국장은 이우익 법무부장관의 재가를 얻기 위해 대전역으로 달려갔다. 장관을 만나고 온 형정국장은 "소장 직권에 맡길 테니 임의로 처리하라"고 지시했다. 황당한 지시를 받은 대전형무소장은 "지금 이런 위급한 시기에 장차관이 자기만 살겠다고 다 도망가는데 내가 왜 부하직원들을 개죽음시킬 필요가 뭐가 있느냐?"며 직원 해산명령을 내렸다. 상부의 지시 없이 임의로 내린 해산명령 때문에 대전형무소장은 곧 직위 해제되었다. 결국 실제 처형집행은 송요찬 헌병사령관의 손으로 넘어갔다.

대전형무소에 나타난 헌병들은 "좌익수들, 즉 포고령, 국방경비법 위반 등 주로 여순반란사건, 그리고 간첩죄, 보도연맹원, 그리고 10년 이상 강력범을 인도하라"고 요구했다. 다시 재가를 요청받은 이우익 법무부 장관은 "군이 달라고 하면 줄 수밖에 없다. 만약에 재소자를 인도한 게 후일 문제가 생기거든 그 문제가 정치적인 문제일 거다. 그러면 사전에 장관을 만났다는 소리는 하지 말아달라"고 답변했다. 수천명의 목숨이 무책임한 정부책임자들의 입을 따라 이리저리 탁구공처럼 옮겨다녔다. 결국 좌익수와 강력범으로 분류된 사람들은 트럭을 타고 산내 골령골로 이동해 거기서 헌병과 경찰에 의해 학살당했다.[68] 30~50미터 길이의 구덩이를 파고 그앞에 재소자들을 무릎 꿇린 후 헌병과 경찰이 재소자의 등을 발로 밟은 채로 뒷머리에 총을 쏘는 야만적인 처형방식이었다. 대전형무소에서만 최소한 1800명의 재소자와 보도연맹원이 이런 식으로 목숨을 잃었다.[69] 이관술은 7월 3일에 산내 골령골에서 처형당했다. 목포형무소에 수감되어 있던 박낙종도 비슷한 시기에 목숨을 잃은 것으로 알려져 있다.[70] 서울형무소에 남아 있었더라면 생명을 구할 수 있었던 경우였다.

광주형무소에서는 이덕우 변호사와 염세열(廉世烈) 변호사가 이런 식으로 학살되었다. 홍남순(洪南淳) 변호사는 "동향인 화순군 동면 출신의 이 모란 사람이 여운형이 이끌던 건준에 가입해서 전남 치안대장을 한동안 지낸 일이 있고, 그런 연유로 보호감찰대상에 오르게 되었는데 어느날 육군특무대에 끌려간 이후 소식이 끊겨버리고 말았다"라고 기록한다.[71] 그만큼 이덕우 변호사의 죽음은 광주지역 법률가들에게 널리 알려진 사실이었다. 광주학생항일운동 관련자로 1937년 조선변호사시험에 합격해 해방후 건준의 치안부장을 맡았던 이덕우는 앞서 설명했듯이 1949년 12월 13일 전남 보도연맹 총무국장을 맡은 상태였다. 염세열 변호사는 이덕우 밑에서 전남 보도연맹 총무부장을 맡았다.

염세열은 전남 완도 출신으로 광주공립중학교를 졸업하고 도쿄제대 법학부에 재학 중 1941년 고등시험 사법과에 합격한 인물이다. 합격 당시 만 24세에 불과했던 그는 1944년 9월 함흥지방법원 판사로 임명되어 거기서 해방을 맞았고, 월남한 후에는 서울지방법원 판사로 발령받았다. 양원일 판사, 엄상섭 검사 등과는 전남 동향으로 함흥과 서울의 근무 경력이 겹친다. 누구나 부러워할 학력·경력을 가졌다는 점에서 마음만 먹으면 언제든지 정치나 사법의 중심에 진출할 수 있는 사람이었다. 그러나 많은 동생들을 부양해야 했던 염세열은 곧 퇴직해 1947년 3월 14일 광주에서 변호사를 개업했다. 이후에도 고재호가 몇차례 대구고등법원 판사로 오라고 권유했지만 집안형편이 문제였다. 고재호와 염세열은 중학교 4년 선후배 사이로 1년 동안 같은 하숙방을 쓴 인연이 있었다.

고재호는 한국전쟁이 터지고 나서 염세열이 "좌익단체에 가입한 것으로 오해를 받아" 군경에 의해 처형되었다고 정리한다. 고재호도 그게 모두 오해의 결과라고 생각했다. 염세열을 개인적으로 잘 아는 사람이라면 누구라도 "참으로 터무니없는 일"로 여길 수밖에 없는 처형이었다. 광주지역 유지들이 염세열을 구하려고 나섰지만 이미 늦었다. 염세열의 처형 소식을 듣고 고재호는 소주 몇병을 마시고 통곡했다고 한다.[72] 전후 상황으로 미루어볼 때 염세열은 광주에서 남로당이나 법맹에 가입했다가 1949년 그 사실을 자수하고 전향한 것으로 추정된다.

진실·화해를 위한 과거사정리위원회의 조사에 따르면, 한국전쟁 발발 직후 군경은 광주지역 보도연맹원들을 광주형무소에 구금했고 1950년 7월 9~21일 이들을 속칭 불갱이고개로 끌고 가 총살했다. 총살은 헌병이 담당했고 군의관이 시신을 확인한 후 살아 있으면 다시 확인사살을

1950년 7월 공주에서 벌어진 학살의 현장사진. 진실·화해를 위한 과거사정리위원회에 따르면 당시 공주에서도 국군과 경찰에 의해 재소자와 보도연맹원 수백명이 학살되었다.

했다. 이덕우·염세열 변호사는 모두 이때 희생되었다.[73] 골수 공산주의자였던 이관술·박낙종과 비슷한 종말이었다. 우왕좌왕하면서 후퇴하던 극우정부가 유일하게 제대로 처리한 것이 재소자와 보도연맹원들의 촘촘한 학살이었다. 할 줄 아는 게 그것뿐이었다 해도 과언이 아니다.

'관제 빨갱이들': 이홍규·이정남·오평기

'법조프락치' 사건 관련자들은 전쟁발발 당시 대부분 서울형무소에 수감 중이었다. 인민군이 들어왔을 때 형무소에 갇혀 있던 이들은 피신할 방법이 없었다. 전쟁으로 항소심이 중단되었으므로 '국회프락치' 사건이든 '법조프락치' 사건이든 관련자들에 대해서는 유죄판결이 확정되지 못했다. 좌익으로 몰린 법률가들은 상급심에서 명예를 회복할 기회를 잃었다. 대신에 여론재판이라는 전혀 다른 법정에서 영원한 유죄 평결을 받았다. 이들이 실제로 프락치였는지는 더이상 중요하지 않았다. '전쟁발발 후에 인민군에 협력했거나 월북 또는 납북되었으면 그들은 과거에도 프락치가 틀림없다!'라는 논리가 공론의 장을 지배했다. 오제도와 선우종원 등이 퍼뜨린 논리였다.

'적색 사법관' 사건 때부터 꾸준히 수사기관의 주목을 받아온 홍승기는 한국전쟁 두세달 전에 다시 서울형무소에 수감되었다가 서울이 인민군에 점령된 1950년 6월 29일 형무소에서 풀려났다. 김성칠이 남긴 홍승기의 행적은 다른 '법조프락치' 사건 관련자들의 움직임을 추론케 한다. 6월 30일 친구 김성칠을 만난 홍승기는 "어제 새벽 탱크를 선두로 한 부대가 서대문에 이르자 간수들은 미리 어디론가 도망해 가버리고 옥문이 저절로 열려서 나왔다"라고 사정을 설명했다. 학교시절부터 '꼬챙이'라는 별명으로 불리던 홍승기였다. 형무소에서 나온 홍승기의 몸은 더욱 수척해지고 얼굴은 햇빛을 보지 못해 창백한 상태였다.[74] '국회프락치' 사건, '법조프락치' 사건 등으로 구속 중이던 다른 피고인들도 같은 날 풀려났다. 오랜만에 햇빛을 본 그들은 "맹렬히 활동하겠다"고 의욕에 불탔지만 홍승기는 일단 좀 쉬고 싶다고 했다. 실현 불가능한 소망이었다.

점령된 서울에는 "만고역적 이승만 도당의 괴뢰집단 전면적 궤멸" "이완용의 정신적 후예인 매국노 이승만 타도" "우리의 영명한 지도자 김일성 장군 만세" 같은 벽보들이 넘쳐났고, 문련(文聯)·교협(敎協)·과맹(科盟)·전평(全評)·인위(人委)·민청(民青)·여맹(女盟) 같은 온갖 단체들이 사람을 모으고 다녔다.[75] 직장단위의 자치위원회도 새로 조직되었다. 누군가는 벽보를 붙여야 했고 누군가는 조직을 이끌어야 했다. 평범한 사람들은 점령군에게 제출할 이력서와 자서전을 써야 했다. 갑작스러운 남침으로 서울을 벗어나지 못한 다수의 법조인들도 자의 또는 타의로 점령당국이 조직한 법원과 검찰의 자치위원회에 소속되어 활동할 수밖에 없었다.

풀려난 바로 그날 아침에 서범석이 홍승기를 데리고 나갔다. '적색 사법관' 사건 때부터 한패로 묶인 두사람은 보도연맹에서도 같이 활동했다. 보도연맹 당시 홍승기는 "서범석 같은 사람이 요새 지나치게 굴어서 기분 나쁘다"라는 이야기를 김성칠에게 한 적이 있었다. 서범석이 "강연을 하라느니 무얼 하라느니 하면서" 피곤하게 했다는 이야기였다. 보도연맹에 그렇게 적극적이었던 서범석이 이번에는 홍승기를 데리고 나가 법원자치위원회에 앞장서게 했다. 김성칠 교수는 "방약무인한 태도로 홍군과 수작하던 청년" 서범석을 탐탁지 않게 생각했다.[76] 1950년 7월 22일자 김성칠의 일기는 김영재 서울지방검찰청 차장검사가 검찰자치위원장을 맡았다는 소식을 전한다. 검찰자치위원회의 김영재와 법원자치위원회의 홍승기는 책상을 나란히 하고 일했다. 김영재는 홍승기를 통해서 김성칠에게 "한번 만나면 비루(맥주)라도 마시고 싶다"라는 인사를 전했다. 김성칠은 "홍군이 법원 일을 맡아보고 김씨가 검찰청 일을 맡아본다면… 하고 적이 마음이 놓이는 것은 이 또한 무슨 까닭일까. 나는 추호도 죄를 범한 일이 없는 몸이건만"이라고 자문한다.[77] 험한 시대에 괜찮은 사람들이 일을 맡아서 다행이라는 의미와 아는 사람들이 법원·검찰을 장악해서 개인적으로 다행이라는 의미 모두를 담은 복잡한 마음이었던 것 같다.

당시 법맹과 자치위원회에서 어떤 일이 벌어졌는지에 대해서는 이홍규 검사의 증언이 남아 있다. 좌익으로 몰렸다가 독직상해죄로 기소된 이홍규는 보석처분으로 석방된 상태에서 한국전쟁의 광풍에 휘말렸다. 그도 역시 피란을 가려고 했지만 시기를 놓쳤다. 서울에 들어온 인민군은 이홍규를 거물로 생각하고 밤마다 찾아와 잡아가려고 했다. 오제도와 선우종원 등이 사라진 상태에서 이홍규 정도만 해도 '사상검사'로 손꼽힐 만했던 것 같다. 그때마다 이홍규는 자신이 "빨갱이로 몰려 붙잡혀가서 죽을 고생을 한 것"을 보도한 『동아일보』 기사를 보여주었다. 그러면 인민군은 "동무! 참 고생했소" 하면서 물러갔다. 그 신문에도 사연이 있었다. 그가 구속되었을 때 변론을 맡아준 이만준 변호사는 "이 사람아! 자네가 빨갱이로 몰려 들어갔다가 나왔다 해서 방심하면 안 돼"라면서 "그때의 신문이 있으면 가지고 다니라"고 권유했다. 이만준은 이홍규의 경성제일고보 동기였다. 김영재·김갑수와 함께 삼팔선을 넘었던 인물이기도 하다. 그러나 감옥에 있던 이홍규에게 지난 신문이 있을 리 없었다. 이만준 변호사는 신문까지 직접 구해 "잘 간직하라"며 이홍규에게 건네주었다. 이홍규는 그 신문을 비닐봉지에 싸서 보관했다. 오평기가 김홍섭을 살렸다면 이만준은 이홍규를 살렸다.

얼마 후 이홍규는 법맹을 꾸리게 되었으니 나오라는 통지를 받았다. 나가보니 오관·백석황·김영재 등이 "왔다 갔다 하면서 활발하게 움직이고" 있었다. 모두 '국회프락치' 사건과 1차 '법조프락치' 사건 관련자들이다. 이홍규는 한쪽 구석에 서서 눈치만 보았다. "관제 빨갱이로 억울하게 들어갔던 판검사를 지낸 사람들"도 적잖이 눈에 띄었다. 그중에 이정남 검사가 있었다. 2차 '법조프락치' 사건 관련자로 오제도의 견제를 받았던 이정남이다. 최초 신문보도에 따르면 이정남은 이홍규의 상부 지도자이기도 했다. 이홍규는 이정남이 "순전히 관제 빨갱이"였다고 단언한다. 관에서 조작해서 만들어낸 공산주의자였다는 의미다. 이홍규가 그렇게 확신할 이유가 있었다. 법맹에서 만난 이정남 검사는 이홍규에게 "영감! 이 사람들이 나한테 자서전을 써내라는데, 남로당에서 일한 적이 없는데 뭐라고 쓰면 좋으냐?"라고 물었다. "거짓말로 써내면 거짓말로 써냈다고 당할 텐데 걱정"이라는 이야기였다. 뭐라고 써야 할지 알 수 없기는 이홍규도 같은 형편이었다.

이홍규는 "오평기도 관제"였는데 "법학자동맹에서 일을 한다고 왔다 갔다 하고 있었다"라고 회고한다. 오평기가 친구 김홍섭의 은신을 도왔다는 증언과도 일맥상통한다. 오평기 변호사는 좌익계통 문인들과 친분이 있었다. 그래서 한국전쟁 발발 후 자연스럽게 법맹에서 활동했다. 오평기를 본 이홍규는 "이대로 있어서는 안 되겠다"라는 생각을 하게 되었다. 그 자신도 억울하게 경찰에 끌려가 고문당하고 기소되기는 했지만 실제로 좌익에 동조한 적이 없었기 때문에 오평기와 비슷한 형편이었다. 이홍규는 오평기에게 "이 사람아 그러지 말어. 조금만 있으면 붙잡혀 들어가니까 나하고 같이 내 고향인 충남 예산으로 가자"라고 권유했다. 제대로 좌익활동을 한 적이 없으면서 그런 척해서는 안 된다는 본능적인 위기의식이었다. 오평기는 자기도 도망가고 싶지만 여든 노모가 계셔서 혼자 갈 수 없다고 했다. 할 수 없이 이홍규는 혼자 고향으로 피신했다. 억울하게 좌익사범으로 몰린 '관제 빨갱이'들 중에서도 어떤 이들은 인공치하에서 적극적인 동조자로 나섰고, 어떤 이들은 지하로 숨는 길을 택했다. 이념 때문이 아니라 그저 살아남기 위한 최선의 선택이었다. 누군가는 그게 맞아떨어졌고 누군가는 완전히 어긋났다.

1987년 당시 이홍규를 인터뷰하던 김준수 변호사는 이 장면에서 자기 기억을 보탠다. 김준수 변호사의 기억에 따르면 그후 서울의 어느 경찰서에서 좌익분자들 관계 사건기록이 발견되었다고 한다. 그 기록에 따르면 "오평기는 좌익운동을 한 사람이 아니고 다만 좌익계 문인들과 친교가 있어 그 좌익사건에 연루되었다가 무혐의로 풀려났다"라고 적혀 있었다. 그게 탄로 나면서 오평기는 나중에 내무서에 체포되어 납북을 당하게 되었다.[78] 이 부분은 아마도 한국전쟁 전의 법맹 위원에 이름을 올렸던 오평기가 한국전쟁 발발 후 내무서에 체포된 숨겨진 사연인 것 같다. 법맹 위원이었으나 '법조프락치' 사건으로 체포되거나 기소되지 않은 걸 보면 오평기도 앞서 살펴본 홍승만 변호사처럼 검경의 수사에 협조했을 가능성이 있다. 그렇게 이해한다면 조각이 딱딱 맞아떨어진다. 김홍섭의 기록에 따르면 오평기 변호사가 내무서에 구속된 것은 8월 17일 새벽이다.[79] 9·28수복 후 서울에 올라온 이홍규는 제일 먼저 오평기의 집부터 찾아갔다. 오변호사의 아내는 울면서 남편이 잡혀갔다는 소식을 전했다.

일단 살기 위해 자신의 좌익경력을 내세웠다가 낭패를 본 경우는 오평기만이 아니었다. 시인 노천명은 스스로를 '자유주의자'로 규정하고 해방공간의 좌우 양측과 모두 일정한 거리를 유지한 사람이다. 한국전쟁이 터지고 피란하지 못한 그는 돌아온 월북 문인들과 남쪽 사람들의 행태를 가까이에서 관찰했다. 북에서 내려온 이태준·안회남(安懷南) 등은 과거 노천명과 가까이 지냈던 작가들이었다. 이들에게서 노천명은 과거의 "맑고 서늘한 눈" 대신 "극도로 피로한 흐린 눈"만을 발견했다. 누구의 눈치를 보는지 뭘 물어도 제대로 답변하지 못했다.

노천명이 끌려나간 조선문학가동맹(문맹)에는 과거 좌익계열에서 일했다는 문인들이 조직부·선전부 등에서 활발하게 움직였다. 그런데 언젠가부터 그런 사람들이 하나둘 사라졌다. 주변에 물어보니 보위부에 잡혀갔다고 했다. 노천명은 어리둥절했다. 당원이었다는 사람들을 왜 잡아가는지 이해할 수 없었다. 사람들은 "당원이라도 변절한 경우"에는 그럴 수 있다고 했다. 변절의 증거는 보도연맹 가입이었다. 노천명은 "당원들도 보도연맹에 들었다고 형무소로 보내는데 생무지 우리 따위야 어림이나 있겠소. 따라다녀야 숙청 깜이겠군"이라고 한탄했다.[80] 시인 박훈산도 똑같은 장면을 목격했다. 출옥한 남로당원은 영웅이 되었지만 보도연맹 가입자들은 오도 가도 못 하는 곤란한 처지에 빠졌다.[81] 다만 소설가 박계주는 정종길·김한·윤태웅·설정식 등 수많은 보도연맹 출신들이 인민군 점령하에서 아무 문제 없이 문맹활동을 했다고 증언한다.[82] 일관된 원칙은 존재하지 않았다.

노천명은 문맹에 가담해 부역했다는 이유로 서울수복 후 군검찰에 의해 사형을 구형받았다. 전쟁직전 노천명의 가장 친한 이화여전 친구 김수임이 간첩으로 몰려 처형당했다. 이번에는 노천명 차례였다. 우습게도 또다른 친구 모윤숙의 위치를 인민군에 알려 자칫 목숨을 잃게 할 뻔했다는 혐의였다. 나중에 법무부장관이 되는 고원증이 군법무관으로 재판장을 맡았던 중앙고등군법회의는 노천명에게 무려 20년형의 실형을 선고했다. 여러 문인들의 구명운동 덕분에 다행히 노천명은 1951년에 석방되어 목숨을 건졌다.

서울수복 후에도 이홍규의 고난은 끝나지 않았다. 9·28수복 후 서울로 돌아와 법원과 검찰의 동정을 살피려고 검찰청에 나가보니 복도부터 직원들이 외면을 했다. 이홍규는 '서울에 남아 있으면서 잡혀가지 않고 있으니 경원을 당하는구나' 생각했다. 불안이 밀려왔다. 하루는 시내에 나왔다가 길에서 방순원 변호사를 만났다. 방순원은 점령기간 내내 숨어서 고생했던 경험담을 들려줬다. 담소를 마치고 집으로 가는데 예감이 이상했다. 저쪽에서 큰아들이 걸어오는데 누군가 낯선 사람이 그뒤를 따르고 있었다. 큰아들은 이홍규에게 얼른 피하라는 신호를 보냈다. 이홍규는 모르는 척 그대로 큰아들을 슬쩍 지나서 집으로 들어가지 않고 정창운 검사의 집으로 일단 몸을 피했다.

경성제대 출신으로 1939년 고등시험 사법과에 합격해 일제시대 검사로 일한 정창운은 충남 논산 출신으로 이홍규와 동향이다. 일제시대 상관의 머리를 주판으로 내려치고 고등시험 준비를 시작했던 그 사람이다. 이홍규의 해방후 첫 임지인 순천지청에서 함께 근무한 인연도 있다. 그런 정창운이지만 이홍규를 숨겨주는 데는 곤란한 기색을 보였다. 부역 혐의자를 숨겨주었다가 자기도 '빨갱이'로 몰릴 수 있던 시대였다.

이홍규는 가회동에 있는 다른 검사의 집에서 하룻밤을 지낸 뒤 군정보부 장교에게 연락해서 그의 집에 숨어 지냈다. 실제로 9·28수복 후에 형사들은 이홍규를 잡으러 다녔다. 1·4후퇴 때 대구로 피란가서도 이홍규는 계속 몸을 숨겨야 했다. 대구에는 아는 사람이 없으니 괜찮겠거니 생각하고 바람을 쐬러 나갔다가 우연히 대구고등검찰청 서기과장을 길에서 만났다. 이홍규는 다시 몸을 피해 거처를 옮겼다. 부산에 가서야 이홍규는 검찰의 공소취소처분을 받았다. 기록이 없어졌기 때문에 그도 역시 법원 재난에 기인한 민형사사건 임시조치법의 혜택을 받았다. 이홍규는 검사로 복직했다.[83] 험한 시대에 지극히 운이 좋은 경우였다.

앞서 언급한 대로 이홍규 변호사의 인터뷰는 1987년 9월과 10월 두 차례에 걸쳐서 『대한변호사협회지』에 연재되었다. 첫번째 인터뷰는 해방직후의 법원과 검찰 형편, '법조프락치' 사건, 한국전쟁에 관한 소중한 정보를, 두번째 인터뷰는 장면 부통령 저격사건과 그의 변호사시절에 관한 흥미로운 자료들을 담고 있다. 그런데 두번째 인터뷰 말미에는 앞서 실린 첫번째 인터뷰에 관한 정정기사가 실려 있다. 내용은 다음과 같다.

"대담기사 (상) 90면 좌측 상단부분 중 법학자동맹 관계 기재부분 중 이홍규 변호사가 이사묵 변호사를 거기서 본 것 같은 표현부분은 착오이고, 이사묵 변호사는 법학자동맹에 전연 무관하였고 거기서 이사묵 변호사를 본 일도 전연 없음을 이홍규 변호사가 확인하였으므로 이에 정정합니다."[84]

1987년이면 한국전쟁이 끝나고 34년이 지난 시기다. 6·10항쟁의 결과로 나라 전체는 민주주의를 향한 희망과 열정으로 넘쳐났다. 당시 '법조프락치' 당사자들은 이미 일흔을 넘어섰다. 그러나 당사자들에게 사건은 아직 끝난 일이 아니었다. 1918년 전북에서 태어나 1936년 이리농림학교를 졸업한 이사묵은 1941년 고등시험 행정과에 합격하고 평안남도 영원군수로 일하다가 해방을 맞았다. 해방후에는 다시 사법요원양성소 입소시험에 합격해 서울지방검찰청 검사로 일했고, 2차 '법조프락치' 사건으로 구속되어 1심에서 무죄판결을 받았다. 무죄판결을 받은 사람 중에서도 보석이 허가된 것은 강일구 판사뿐이었으니 이사묵 검사도 6월 29일 서울형무소에서 풀려났을 것이다. 풀려난 이사묵은 사선을 넘어 부산까지 피란을 떠났다. 억울하게 프락치로 몰렸던 '관제 빨갱이' 중에서는 가장 적극적인 선택이었다. 부산에 도착한 이사묵은 법원에 2심 재판을 열어달라고 요청했지만 기록도 없고 다른 피고인도 없는 상태에서 재판을 재개하기란 불가능했다. 이제는 정희택 검사가 사과할 차례였다. 정검사는 이사묵에게 사과하고 항소를 취하했다.[85]

'법조프락치' 사건 관련자 중에서는 이사묵 검사만 유일하게 명예를

『대한변호사협회지』 1987년 9월호에 실린 이홍규 변호사와의 대담 광경.
왼쪽은 이홍규 변호사. 오른쪽은 인터뷰어인 김준수 변호사다.
아들 이회창이 정치에 투신하기 전이라 이홍규 변호사는 비교적 솔직하게 자신의 삶을 털어놓았다.

회복했다. 이사묵은 1951년 12월 14일 서울에서 변호사를 개업했다. 이
홍규 변호사의 첫번째 인터뷰는 법맹에서 만난 억울한 '관제 빨갱이'로
이정남 검사와 함께 이사묵 검사를 거론하고 있었다. 모두 억울했다는
취지였지만 당사자인 이사묵은 그것도 참을 수 없었다. 이사묵이 『대한
변호사협회지』에 항의하자 이홍규도 바로 사실을 인정했고, 『대한변호
사협회지』는 흔치 않은 정정문을 게재했다. 수십년이 지나도 여전히 민
감한 문제였다.
  2차 '법조프락치' 사건 부분에서 오제도 아내의 '금팔찌' 일화를 적었
다. 오제도가 쓴 『추격자의 증언』은 '금팔찌' 이야기를 퍼뜨린 R검사가
한국전쟁 중 검찰자치위원회 부위원장을 맡아서 맹활동했다고 기록한
다. 이사묵 검사는 한국전쟁 중 부산으로 피란했기 때문에 R검사일 수가

없다. 이홍규 검사는 엄밀히 말하면 2차 '법조프락치' 사건 관련자가 아니다. '금팔찌' 일화는 『추격자의 증언』에 앞서서 1955년에 출간된 『사상검사의 수기』에도 등장한다. 이 책은 오제도가 오랜 도피생활 끝에 변호사를 개업하고 재기에 몸부림치던 시절에 쓴 책이다. 당시 이홍규는 현직 검사였고 이사묵은 변호사였다. 책에서 이홍규나 이사묵을 지목했을 리 만무하다. 그래서 전후 맥락상 R검사는 이정남을 지칭했다고 판단했다.

그런데 오제도의 증언을 바탕으로 기록되어 1970년대 선풍적인 인기를 끌었던 '특별수사본부' 시리즈의 『검사 푸락치 사건』편은 전혀 다른 이야기를 한다. '검사 푸락치 사건'이라는 제목을 달기는 했지만, 이 책은 여성 인민유격대원 '심봉숙'과 '정현'이 특별수사본부의 신참 수사관인 '김태윤'을 이용해 오제도와 싸우는 첩보전 이야기로 대부분의 지면을 채운다. 2차 '법조프락치' 사건은 이 여성 인민유격대원들이 "오빠"라고 부르는 '홍검사'가 정희택 검사에게 구속되었다는 양념 같은 이야기로 잠시 등장할 뿐이다. 소설 속의 홍검사는 형무소에서 "해방이 몇달 안 남았다"거나 "오제도 검사 부인이 황금팔찌를 끼고 다닌다"라는 "터무니없는 낭설"을 퍼뜨린다. 앞서 『추격자의 증언』에 나오는 R검사 이야기와 완전히 동일한 내용이다. '홍검사'의 배후로는 '법무부장관'도 등장한다. 전직 법무부장관은 자녀와 사위, 며느리가 모두 검거된 상태였다. 익명의 전직 법무부장관은 오제도의 설득으로 국가보안법 반대입장에서 찬성으로 선회한다. 오제도다운 훈훈한 마무리다. 한국전쟁이 터지고 피란지인 부산에서 오제도는 자기 눈을 의심케 하는 놀라운 사람을 만난다. 바로 홍검사였다. 홍검사는 "한밤중에 널조각을 타고 한강을 건너 부산까지 내려왔다"라고 했다. 형무소 문이 열리고 나서 가만

히 생각해보니 그 세상에서는 도저히 살 수 없어서 내려왔다는 이야기
였다. 일주일 후 홍검사는 군복을 입고 나타나 이제는 군에서 일하게 되
었다고 했다. 오제도는 마음의 병을 얻어 울부짖기 시작했다. 그리고 얼
마후 오검사는 "터무니없는 모략"을 받기 시작했다. 훗날 오제도가 그
전직 법무부장관을 다시 만났을 때 아들이 유학을 가서 세계적인 학자
가 되었다는 소식을 들었다. 이런 이야기는 『검사 푸락치 사건』의 중간
중간에 흩어져 있다.[86]

　『추격자의 증언』에서 검찰자치위원회 부위원장을 하다가 월북했다
던 R검사는 『검사 푸락치 사건』에서는 부산에 나타나 오제도에게 충격
을 주었다. 부산으로 피란한 '법조푸락치' 관련자는 이사묵 검사뿐이다.
그렇게 보면 『검사 푸락치 사건』에 나오는 홍검사는 이사묵이다. 그런데
이름을 왜 하필 '홍검사'로 붙였을까. 혹시 이홍규까지 염두에 둔 것은
아니었을까 조심스럽게 추론해본다. 이홍규가 군정보부 장교의 도움을
받아 은신하다가 부산으로 피신한 것과도 일맥상통하기 때문이다. 익명
으로 등장하는 전직 법무부장관은 이인이다. 이인은 동생 이철의 좌익
혐의 때문에 마음고생을 많이 했다. 이인 법무부장관의 자녀들이 삼촌
이철의 영향을 받았다는 이야기도 이미 적었다. 『서울신문』에 탈당서를
내도록 하고 이철을 풀어준 검사도 오제도인 것 같다. 이인의 큰아들 이
옥(李玉)은 훗날 파리대학 한국학과 교수를 지냈다.[87] 오제도 검사의 증
언은 이런 식으로 사실과 거짓이 마구 섞여 있다. 시간이 흐를수록 이야
기가 더 자세해지는 특징도 있다. 그의 증언을 중심으로 한 책들도 비슷
하다. 그런 '실록소설'들을 읽다보면 당시 대한민국의 법무부와 검찰은
푸락치로 가득 찬 상태로 보인다. 사실이 아니다.

　'국회푸락치' 사건의 서용길 의원도 이사묵 검사처럼 남쪽에 남아 자

신의 무죄를 입증했다. 한국전쟁이 터지고 형무소 문이 열렸을 때 서용길은 나갈 생각을 하지 않고 그냥 감방을 지켰다고 한다. 동료들이 왜 안 나가느냐고 묻자 서용길은 "나를 잡아넣은 사람의 허락도 없이 나가면 되겠느냐?"라고 버텼다. 동료들에게 억지로 이끌려 밖으로 나온 후에는 "몸이 약해 동지들 모임에 나갈 수 없다"라고 양해를 구하고는 아예 이름을 바꾸고 잠적했다.[88] 9·28수복 이후 서용길은 합동수사본부에 다시 구속되었지만 '국회프락치' 사건 기록이 남아 있지 않아 항소심이 진행되지는 못했고 부역혐의도 인정되지 않아 석방되었다.[89] 1952년부터 여러차례 국회의원 선거에 도전했지만 한번도 당선되지는 못했다. 말년에는 제헌의원 동료들의 도움을 받아 단칸셋방에서 어렵게 삶을 이어갔다.[90] 서용길의 후일담을 전하는 것이 국회사무총장을 지낸 선우종원인 것도 아이러니다.

월북의 딜레마

1950년 8월 인민군 주도로 이루어진 서울대 교원심사 결과 김성칠은 파면처분을 받았다. 그 사실을 알리려고 저녁 무렵 홍승기가 나올 때쯤에 맞춰 밭에 나가보니 법원자치위원장을 맡은 홍승기는 그동안 콧수염을 기른 상태였다. 그 직위와 콧수염이 모두 홍승기에게 어울리지 않아 보였다. 김성칠은 마음이 무거워졌다.[91] 감옥에서 갓 풀려났을 때는 스스로 "볼셰비키가 아니"라고 했던 홍승기였다. 그런데 어느새 가장 열성적인 사람으로 변해 있었다. 아내에게는 여맹에 나가보라고 독려하고 아이들에게도 인민가요를 가르쳤다. 홍승기의 아내는 김성칠의 아내를 만날 때마다 "세상이 또 뒤엎어진다지요" "아무렴 미국에 당해낼 수가 있을라구요" 하며 걱정을 털어놓았다. 홍승기는 그런 이야기를 듣고 싶어하지 않았다.[92]

김성칠은 홍승기와의 관계도 "전과 같지 않음"을 느꼈다. 한때 보도연맹에 가입했던 사실이 홍승기에게는 약점이었다. 그래서 더 인민공화국에 충성을 다하려 했다. 한국전쟁 전에 우익단체인 민보단 활동을 했다는 이유로 내무서에 끌려간 자신의 처남조차 도울 수 없었다. 9월 15일 유엔군이 인천에 상륙했다. 9월 20일부터는 서울에서도 대포소리가 들리기 시작했다. 9월 21일 오후에는 홍승기의 가족이 짐을 꾸려 집을 떠났다. 어디로 가는지 행선지도 밝히지 않았다. 9월 26일쯤이면 벌써 인민군에 협력했던 대부분의 사람들이 서울을 떠났다.

이 시기 서울을 떠나 북으로 향한 사람들이 납북인지 월북인지를 판단하기란 쉽지 않다. 개념적으로는 물론 자발적 북행이 월북이고, 비자발적 북행이 납북이다. 그러나 한번 생각해보자. 법이란 문명사회가 오랜 세월 쌓아온 지혜의 결정체다. 동시에 기존질서와 기득권 옹호의 가장 중요한 수단이기도 하다. 법률가에게 요구되는 핵심덕목은 양쪽 이야기를 듣는 균형성이다. 법이 갖는 그런 본질적 한계 때문에 비교적 자유로운 사고를 하는 법률가라 해도 기존질서의 테두리를 쉽게 뛰어넘지 못한다. 한쪽 입장에 몸을 던져 극단적인 투쟁에 나서기가 그만큼 어렵다.

해방 당시 법률가 중에서 스스로를 진짜 사회주의자 또는 좌익으로 규정할 수 있는 사람은 많지 않았다. 일제시대 변호사자격을 취득하기 위해서는 일단 일본어로 치러지는 고등시험 사법과 또는 조선변호사시험에 합격해야 했다. 사법관시보가 되려면 일본에 대한 확실한 충성을 보여줘야 했다. 판검사는 더 말할 것도 없다. 시험에 붙기 전에 이미 경찰 또는 서기로 식민지의 최하위관료 생활을 거친 사람도 많았다. 한때 항일운동가들을 열심히 변론한 변호사 중에도 일제시대 말에는 친일강연을 다닌 사람이 적지 않았다. 대부분 창씨개명도 했다. 일제시대 서기 경력을 기반으로 해방후 판검사에 임용된 사람들도 크게 다르지 않았다.

어느날 갑자기 해방이 찾아왔다. 연합군의 전승이 가져다준 선물이었다. 일부 법률가들은 일제에 협력한 과거를 반성하며 새로운 국가 건설에 참여할 꿈에 부풀었다. 모두가 자유와 평등을 누리며 살 수 있다는 사회주의가 매력적인 선택지로 보였다. 그게 시대의 조류였다. 참회의 마음 때문에 더 급진적인 쪽으로 마음이 기운 사람들도 많았다. 좌우의 극심한 대립으로 여기저기서 죽고 죽이는 참극이 일어났다. 정부수립을 앞둔 선거에서도 좌우입장이 갈렸다. 중립적인 입장에서 균형을 잡으려다가는 자칫 빨갱이로 몰리기 십상이었다. 정부가 수립되고 국가보안법이 제정되었다. 북한과 남로당은 각각 독자적으로 법원이나 검찰에 세포조직을 만들고 싶어했다. 해방공간에서 진보적인 사상을 함께 공부한 사람들은 당연히 우선적인 접촉대상이 되었다. 과거의 인연이 고리가 되어 한순간에 이른바 '프락치'로 엮였다. 구속되어 고문도 당했다. 어떤 사람들은 '전향'을 해 기소를 면했다. 기소당한 사람 중에도 무죄나 집행유예 판결을 받은 사람이 많았다.

재판이 확정되지 않은 상태에서 한국전쟁이 터졌다. 이른바 '인공'이 시작되고 법맹이나 자치위원회 같은 조직에서 오라 가라 했다. 미군이 참전하면서 전황이 뒤집힐 가능성이 남아 있었지만, 사흘 만에 서울이 점령당한 기막힌 상황에서 먹고살기 위해서라도 일단 협력하지 않을 수 없었다. '관제 빨갱이'들뿐만 아니라 일반적인 법조인 중에도 '나 정도면 괜찮겠지' 생각한 사람들은 얼굴을 내밀었다. 확실한 우익법률가들은 지하로 들어갔다. 여기서 삶이 갈렸다.

1950년 9월 15일 미군이 덜컥 인천에 상륙했다. 석달 만에 천지가 또 한번 바뀌었다. 인민군은 점령기간 동안 이미 여러차례에 걸쳐서 남측의 유력인사들을 북한으로 끌고 갔다. 이후 소식이 완전히 끊긴 사람들이 한둘이 아니었다. 점령기간 동안 북쪽체제가 갖는 한계도 충분히 경험했다. 지금 북쪽에 간다고 한들 잘 산다는 보장은 없었다. 그러나 남쪽에 남으려 하니 개전 초기부터 들은 끔찍한 소식이 뒷덜미를 잡았다. 수원 이남의 형무소에서 징역을 살고 있던 좌익수들과 보도연맹 관련자들을 남김없이 죽였다고 했다. 부역자를 처리하기 위한 특별명령도 만들어졌다고 했다. 전쟁발발 직전 남쪽에서 벌어진 대규모 좌익사냥을 생각해보면 별로 이상할 것도 없는 일이었다. 만약 남쪽에 남는다면 죽는 게 거의 확실하다. 자신뿐만 아니라 가족들도 죽을 수 있다. 법맹이나 자치위원회 사람들이 찾아와 북쪽으로 가자고 권유한다. 안 간다고 하면 억지로라도 끌고 갈 태세다. 오래 고민할 시간도 없다. 독자들이라면 어떤 선택을 하겠는가?

이 시기에 사라진 사람들의 사연은 대개 비슷하다. 물론 당사자의 목소리가 아닌 남쪽에 남겨진 가족들의 기록이다. 친구로 보이는 누군가가 찾아왔고 한참을 설득했다. 결국 당사자는 "금방 돌아오겠다"고 하고는 짐도 제대로 챙기지 못한 채 따라나섰다. 이게 기본 얼개다. 그 장면이 가족들에게는 끌려간 것으로 보일 수 있었다. 이정남 검사의 가족들도 그가 "피란하지 않고 장충동 집에 있다가 북에서 내려온 3명에게 끌려갔다"라고 증언한다. 아마도 사실일 것이다. 홍승기나 김영재처럼 가족 모두를 데리고 사라진 경우라면 기록도 남아 있지 않다. 이런 경우는 아무래도 자발적인 월북 쪽으로 방점을 찍을 수밖에 없다. 각종 사건에 연루되어 쫓기고 투옥되었다가 한국전쟁 중에 사라진 윤학기·강중인·강혁선·백석황도 비슷하다. 그러나 누차 강조했다시피 전가족이 사라졌다 하더라도 당사자의 '자발성'이 과연 진짜 자발성인지에 관한 의문은 남는다. 그만큼 복잡한 문제다.

관계기관들은 이런 복잡한 문제에 대해 깊이 고민하지 않았다. 너무나 쉽게 월북 또는 납북 판정을 내렸고 그에 따라 남겨진 가족의 운명이 극단적으로 달라졌다. 프롤로그에서 잠깐 언급했듯이 이정남 검사의 아들인 이○○ 변호사는 서울대 법대를 졸업하고 1960년 고등고시 사법과에 합격해 해군법무관을 거쳐 판사로 임용되었다. 월북자 가족은 연좌제 때문에 군법무관이나 판사에 임용될 수 없던 시절이다. 이변호사가 판사로 임용될 수 있었던 것은 그때까지 이정남의 행방불명이 '납북'으로 기록된 까닭이었다. 1970년 이판사가 반공법 위반 사건에 무죄를 선고하면서 모든 상황이 뒤바뀌었다. 중앙정보부는 이판사의 아버지 이정남이 월북했다고 새로운 판단을 내렸다. 이판사의 경력을 끊기 위한 뒤늦은 조치였다. 이판사는 서울고등법원에 재직 중이던 1972년 결국 판사 재임용에서 탈락했다. 이후 이변호사는 손꼽히는 인권변호사들과 함께 법률사무소를 운영하면서 각종 사건의 변론을 담당했다. 월북과 납북을 가르는 분명한 기준은 존재하지 않았다.

사법요원양성소 출신을 중심으로 검토해보면 법원의 공식적인 납북자 명단에 포함된 판사들이 김재희·유재수·이상준·이용구·하진문 등 5명이다.「전시 납북 법조인의 현황」명단에서는 김성옥·김주성·김태철·노동시·심광한(沈光漢)·이종령·정기홍·한정수·한철훈 등 9명을 확인할 수 있다. '법조프락치' 사건 등 관련자로 월북 또는 납북이 추정되는 사람은 강일구·김두식·김영하·김홍선·남상문·서범석·이교영·이정남·홍승기 등 9명이다. 이렇게 보면 62명의 사법요원양성소 입소시험 출신자 중에서 행방불명된 사람이 무려 23명에 이른다. 해방후 첫번째로 이루어진 공개경쟁시험 출신자들의 37퍼센트가 한국전쟁의 영향으로 법조계에서 완전히 사라진 것이다. 월북 또는 납북된 사람들의 이후 삶에 대해서 알려진 것은 거의 없다.[93]

남쪽에 남았던 사법요원양성소 입소시험 출신들 중에서는 대법관 3명 (강안희·이병호李丙浩·임항준任恒準), 법원장 2명(김병규·방예원), 고등법원 부장판사 5명(권오규·김정두·김택현·주홍점·홍일원), 검사장 2명(조태형·서주연) 등 법원·검찰의 고위직이 배출되었다. 4·19혁명 당시의 발포 관련자인 조인구 치안국장, 서득룡 마산지청장처럼 오랜 도피생활로 오명을 남긴 인물들도 있다. 그래도 남쪽에 남은 사람들은 최소한 오명이라도 남길 수 있었다. 북으로 떠난 사람들은 완전히 잊혔다. 사법요원양성소 입소시험 출신자들의 진로는 한국전쟁이라는 격변으로 인해 법조인들의 삶이 얼마나 극적으로 바뀌었는지를 보여주는 분명한 지표라 할 수 있다.

대규모 납북과 월북으로 인해 '법조프락치' 사건은 진실규명이 불가능한 어둠의 영역으로 넘어갔다. '관제 빨갱이'를 만들어낸 공안검사들의 입장에서는 관련자들의 납북·월북이야말로 자신들의 기소가 올바른 선택이었음을 입증하는 가장 유력한 증거가 되었다. 반면에 이○○ 변호사의 경우처럼 남겨진 가족들은 연좌제의 희생자가 되어 평생 아버지 사건을 입에 올릴 수조차 없었다.

월남의 딜레마

북에서 내려왔다고 해서 권력만 누린 것은 아니었다. 월남민들은 그 나름의 아픔이 있었다. 앞서 1948년 7월에 삼팔선을 넘은 김태청 이야기를 했다. 그런데 그보다도 더 늦게 남하한 사람들이 있었다. 북한에서 판검사로 일하다가 월남시기를 놓친 김용진과 위청룡은 한국전쟁 발발을 전후해 남쪽으로 넘어왔다. 뒤늦게 월남한 김용진은 1950년 12월 27일 서울지방법원 판사로 임명되었다. 한국전쟁 중 유엔군이 평양을 점령한 즈음에 남쪽을 선택한 것 같다. 김용진은 서울고등법원 부장판사로서 1958년 진보당 사건의 항소심을 맡았다. 조봉암·박기출·김달호·윤길중 등의 진보당 지도자들은 오제도의 지시를 받은 조인구 서울지방검찰청 부장검사에 의해 기소되었다. 진보당 강령을 작성한 이동화 교수도 구속되어 다른 사람들과 함께 "일제 이후 가장 혹심한 고문"을 당했다. 조봉암에게 일본 밀항을 권했던 이영근은 몇달 후 일본으로 밀항해 거기 정착했다.

김용진에 앞서 1심 재판을 맡은 유병진 부장판사는 조봉암에게 징역 5년을 선고하고, 다른 피고인에게는 전원 무죄판결을 내렸다. 조봉암에게 내린 징역 5년은 북측인사 접촉 및 총기휴대 부분에 대해서만 일부 유죄를 인정한 결과였다. 뒤이어 김용진 부장판사가 이 사건의 항소심을 맡았다. 변호인단은 곧장 기피신청을 냈다. 재판 초기부터 김용진 부장판사는 사안을 진지하게 심리하지 않고 줄곧 허공만 바라보고 있어서 논란이 되었다. 변호인단은 김용진 부장판사가 북한에서 판검사로 일하다가 월남해 서울지방법원 판사로 처음 임용될 당시 오제도 검사의 도움을 받았다고 주장했다. 그런 과거 때문에 권력의 회유나 협박에 약할 수밖에 없다는 논리였다.[94] 물론 변호인단 주장의 사실 여부는 알 수 없다. 오제도와 김용진은 평안도 출신이라는 점을 제외하면 학력이나 경력 면에서 겹치는 부분이 없다. 다만 한국전쟁 때 뒤늦게 남쪽으로 넘어온 김용진이 판사로 임용될 때 신원을 보증해줄 사람이 필요했으리라는 것은 쉽게 짐작할 수 있다. 아마도 오제도가 그 역할을 맡아준 것 같다. 변호인단의 기피신청은 서울고등법원 형사1부가 맡아 기각했다. 기피신청 담당재판장은 김용진의 조선변호사시험 동기인 김홍섭 부장판사였다.

진보당 사건 재판에서 김용진은 조봉암과 양명산 등에 대해 원심을 파기하고 검찰의 구형에 맞춰 사형을 선고했다. 대법원에서 상고심을 맡아 원심을 유지한 것은 김갑수 대법관이었다. 사형이 집행되고 52년이 지난 후인 2011년 1월 20일 대법원은 재심판결로 조봉암에게 무죄를 선고했다. 불법무기소지 부분만 선고유예를 받았다.[95] 판결을 내린 사람, 받은 사람 모두 세상을 뜬 뒤에 실현된 '너무 늦은 정의'였다. 김용진은 4·19혁명 후인 1960년 11월 7일 전주지방법원장이 되었고, 5·16 군사쿠데타 후인 1961년 8월 26일 퇴임했다.

위청룡의 상황이 훨씬 좋지 않았다. 1950년 5월 위청룡이 일곱살 된 큰아들만을 데리고 삼팔선을 넘어 월남하자마자 한국전쟁이 터졌다. 유엔군이 평양을 점령한 후 위청룡은 북으로 올라가 나머지 가족들을 데리고 돌아왔다.[96] 1950년 12월 28일 서울지방검찰청 인천지청 검사로 임용되었고, 대전지방검찰청 천안지청, 서울지방검찰청, 대구지방검찰청 검사를 거쳐 1958년 11월 16일 서울지방법원 판사로 전직했다. 일반 형사사건을 다룬 소소한 신문기사들만 남아 있는 걸 보면 위청룡은 검사로서나 판사로서나 대단한 업적도 없지만 특별한 과오도 없는 평범한 직장인이었던 것 같다. 그런 그가 1961년 7월 20일자로 검찰에 복귀하면서 법무부 검찰국장에 임명되었다.[97]

5·16 군사쿠데타가 일어나고 장도영이 축출된 직후에 이루어진 인사였다. 법무부 검찰국장은 예나 지금이나 검찰인사를 다루는 최고의 요직이다. 쿠데타로 졸지에 법무부장관에 임명된 군법무관 출신 고원증 준장과 위청룡 판사가 같은 평안도 출신에 경성법전 동창이라서 이루어진 인사라는 소문이 돌았다. 검찰부패를 막기 위해서 변호사들에게 설문을 받아보니 위청룡이 1위로 뽑혀서 발탁되었다는 증언도 남아 있다. 갑작스러운 발탁만큼이나 몰락도 빨랐다. 그해 12월 24일자 신문에는 검사 위청룡이 12월 23일자로 의원면직되었다는 짧은 기사가 실렸다. 5개월 만의 중도하차였다. 다른 수많은 공무원들의 인사명령 사이에 낀 단신이었다.[98]

1962년 1월 10일 국가재건최고회의 이후락 공보실장은 전 법무부 검찰국장 위청룡이 "북한괴뢰의 간첩으로 암약타가 검거되자 구치감실에서 미리 숨겨가지고 다녔던 면도날로 왼쪽 목을 잘라 자살했다"라고 발표했다. 사망날짜는 1961년 12월 24일이었다. 발표에 따르면 위청룡은 평양에서 북로당에 가입하여 "괴뢰검사"로 활동하다가 간첩교육을 받고 1950년 남파된 간첩이었다. 정치보위부는 위청룡에게 남한의 법조계에 침투하여 정보를 수집하라는 지령을 내렸다. 위청룡은 피란민으로 가장하여 남쪽으로 넘어왔다. 남파 이후 검사로 임명된 위청룡은 법무부 검찰국장이라는 요직에 임명될 때까지 북한간첩 손 모, 전 모 등과 10여차례 접선하여 많은 금덩어리와 공작금 500여만환을 받고 정치·군사에 관한 기밀을 보고했다. 검사로서 각종 부역자 및 간첩들도 관대하게 처리했고 간첩에게 시도민증을 알선하기도 했다.[99] 당국의 발표는 딱 여기까지였다. 고원증 법무부장관은 이 사건으로 경질되었으나 곧 문화방송 사장으로 복귀했다. 아무런 조사도 없이 사건은 그렇게 마무리되었다. 공산당으로 몰리면 평안도 출신도, 판검사를 모두 지낸 법무부 검찰국장도 다 소용없었다.

그해 10월의 『동아일보』 「횡설수설」은 "작년 12월의 전 검찰국장 위청룡의 간첩 죄상이 드러나자 그가 자살해버린 사건은 그당시 국민에게 큰 경종을 울린 화제였다. 해방후 미군정시대에 경무과장으로 있던 김정제의 간첩소행과도 비슷하게 무시무시한 이야기다. 이렇듯 괴뢰첩자들은 관계요직에까지 파고든다"라고 위청룡 사건을 짧게 언급했다.[100] 진상 자체가 제대로 알려진 적이 없는데 '큰 경종'이라니 무의미한 뒷북이었다.

위청룡 법무부 검찰국장 사건이 양지로 나온 것은 그의 사망 후 거의 44년이 지난 2005년 12월 12일의 일이다. 그날 박이건이라는 83세의 노신사가 진실·화해를 위한 과거사정리위원회에 위청룡 사건의 진상규명을 신청했다. 1922년 평양 출신으로 연희전문 문과를 졸업한 박이건은 월남 후 인천여고 등에서 일하다 정년퇴직한 전직 교사였다. 박이건은 자신의 부친 박영무가 일제시대 치안유지법 위반으로 재판을 받게 되었을 때 위청룡이 변론을 맡아준 인연으로 월남 후에도 1년에 두어차례 만나며 친분을 유지한 사이라고 했다. 박이건이 기억하는 위청룡은 검사 신분이었지만 장사를 하는 부인의 내조로 겨우 생계를 유지하던 청렴한 인물이었다. 박이건은 우연히 만난 동향의 지인 판사로부터 "사실은 위청룡이 당시 창설된 중앙정보부의 수사권 지휘에 승복하지 않다가 남파 간첩으로 몰려 심한 고문을 견디다 못해 자살했다"라는 이야기를 전해 들었다. 44년간 그 이야기를 홀로 가슴에 간직했던 박이건은 사건의 진

상규명과 위청룡의 명예회복을 원했다.[101]

　수많은 과거사 사건을 처리해온 조사관도 흔히 보지 못한 경우였다. 대개는 가족들이 진상규명을 요청하기 마련이었다. 수사가 중간에 종결되었고, 재판이 없었으며, 너무 오래전 일이라 증거를 확보하기도 어려웠다. 사건을 맡은 인권침해조사국 김윤경 조사관은 우선 위청룡의 가족부터 찾아내야 했다. 이산가족찾기 명단의 '위씨'를 모두 확인한 끝에 겨우 가족을 찾았지만 그들은 전면에 나서기를 원하지 않았다. 김윤경 조사관은 당시 중앙정보부의 송치의견서, 『대비정규전사(對非正規戰史)』와 같은 국가간행물, 국가기록원의 과거 문서들을 찾아내고, 위청룡 검찰국장의 형제와 자녀들, 비서를 비롯한 동료들, 원로법조인과 중앙정보부 관계자들을 폭넓게 접촉해 증언을 청취했다. 조사의 핵심은 위청룡이 고문가혹행위로 인해 사망했는지와 그가 간첩이었는지 여부였다. 조사 결과는 2007년 11월 20일 진실·화해를 위한 과거사정리위원회의 '전 법무부 검찰국장 위청룡에 대한 고문 등 의혹 사건 결정문'에 담겼다.

　위청룡의 죽음에 직접적인 원인을 제공한 것은 남파간첩 김석형(金錫亨)이다. 1961년 11월 15일 중앙정보부에 체포되어 무기징역형을 선고받고 1991년 12월 24일 형집행정지로 석방된 전설적인 비전향 장기수, 바로 그 사람이다. 『나는 조선노동당원이오』라는 구술자료집을 남긴 김석형은 2000년 9월 2일 북한으로 송환되어 2006년 8월 14일 사망했다. 무기징역형을 받기는 했지만 실제로 그가 저지른 '범죄'는 매우 경미했다. 1961년 7월 15일 임진강을 넘어 남파된 그는 7월 31일 서울에 도착해 11월 15일까지 낙원동 소재 낙원여관 등을 전전하다가 붙잡혔다. 간첩 혐의는 입증할 보강증거가 전혀 없어서 반공법 제6조 제3항의 잠입죄만이 적용되었다.[102] 남파되어 휴전선을 넘은 것 빼고는 막상 죄랄 것이 없었던 '간첩'이었다.

　당시 중앙정보부의 송치의견서에 따르면 김석형이 받은 핵심지령은 위청룡을 만나 공작의 토대를 구축하는 것이었다. 위청룡은 "6·25사변 직전인 1950년 5월경 밀파된 대남공작원"으로서 "비밀연락처인 개성을 내왕하면서 자기 과업 실천사항을 보고"한 바 있었고, "6·25사변 당시 서울시 정치정보부에 임하여 (자신의 지도원인) 임효순의 접선을 기도하였으나 동인의 미착(未着)으로 부산 방면으로 남하"한 인물이었다. "9·28 당시에는 월북하여 자기 가족을 동반하여 재월남한 투쟁경력이 있는 자"이기도 했다. 위청룡과 접선하기 위해서 김석형은 임효순의 사진과 위청룡이 남파 당시 작성한 서약서 사본 및 이력서 사본을 지참했다고 한다. 모두 다 김석형과 위청룡의 진술을 기초로 한 내용이었다.

　위청룡 이외에도 장기려를 비롯한 6명이 포섭 가능한 인물로 언급되었다. 1911년 평북 용천 출생으로 개성 송도고보와 경성의학전문학교를 졸업한 장기려 박사는 이광수의 소설 『사랑』의 모델로 널리 알려진 기독교인이다. 김일성종합대 의대교수로 일하다가 한국전쟁 때 월남해 부산복음병원장, 부산대·서울대 의대교수를 지냈다. 월남할 때 둘째아들만 동행했기 때문에 아내와 다른 가족은 북한에 남았다. 비슷한 처지의 북한 출신 남성들과 달리 장기려 박사는 재혼하지 않고 평생 아내와 가족을 그리며 홀로 살았다.[103] 장기려를 포섭하기 위해서 김석형은 장기려의 가족사진과 처자의 편지, 그리고 장기려가 소련 고문과 촬영한 사진을 들고 왔다. 나머지 접촉대상인 박건수·송정원·이준철 등도 월남한 의사들이었다.

　김석형은 위청룡·장기려를 포함해 누구도 직접 만나지 못했다. 김석형이 조사를 받으며 한 진술이 모두 사실이라 하더라도 그의 활동내역은 위청룡의 집에 전화를 걸어 몇차례 통화한 것이 전부다. 위청룡의 아내와 이루어진 첫 통화에서 김석형이 얻은 정보는 위청룡이 매일 밤늦게 귀가한다는 사실뿐이었다. 두번째 통화는 위청룡과 직접 했다. 이번에 김석형은 자신이 "임효일" 또는 "원일"이라고 밝혔다. 원일은 임효순이 쓰던 이름이다. 위청룡은 누군지 모르겠다고 했다. 김석형은 "장기간 만나지 못하여 기억이 나지 않는 모양인데 한번 직접 만나러 가겠다"며 전화를 끊었다. 뒤이어 김석형은 "전화했던 임효일이다. 전화로는 잘 알아보지 못하는 모양이므로 사진을 동봉하여 편지한다"라고 써서 임효순의 사진과 함께 위청룡에게 우송했다. 그후에 편지를 받았느냐고 다시 전화하니 위청룡은 "지금은 위험하니 당분간 기다리라"고만 말했다.[104]

위청룡에게는 임효순이 남파한 여간첩 김경숙에게 각종 기밀을 제공하고 경기도민증을 만들어주었다는 혐의도 적용되었다. 1955년경 천안경찰서에 붙잡힌 김경숙에 대해 "내가 잘 아는 여자이며 사상적으로 의심할 여지가 없으므로 석방하라"는 부당한 지시를 내려 도망가게 했다는 이야기도 의견서에 남아 있다.

검거되기 전 김석형은 박정희에게 "우리 민족이 자주적으로 통일할 때는 바로 이 시기이니 이 시기를 놓쳐서는 안 된다"라는 익명의 편지를 썼다. 김석형은 자신이 간첩이 아니라 밀사라고 주장했다. 그러나 중앙정보부 서울분실로 쓰이던 을지로6가 소재 옛 고양군청 건물에서 물고문과 전기고문을 받는 내내 그런 주장은 전혀 받아들여지지 않았다. 검찰에 가서는 중앙정보부에서 한 자신의 진술이 고문에 의해 조작된 것이라고 이야기했지만 그것도 소용없었다.[105]

흥미롭게도 김석형의 책에는 가장 중요한 접선대상자였던 위청룡의 이름조차 나오지 않는다. 위청룡은 김석형이 체포되고 얼마후인 1961년

11월 말에 구속되어 한달쯤 조사를 받다가 사망했다. 법원의 영장도 받지 않은 구속이었다. 쿠데타로 권력을 장악한 군부세력은 중앙정보부법 (1962년 4월 16일 법률 제1051호로 개정되기 전의 것)에 따라서 소관업무에 관하여 검사의 수사지휘를 받지 않는 수사권을 가지게 되었다. 인신구속 등에 관한 임시특례법(1963년 9월 30일 법률 제1410호로 폐지되기 전의 것) 제2조 제1항에 따라서 체포·구속영장을 받지 않은 채로 위청룡을 구속할 수도 있었다. 영장주의 위반으로 2012년 헌법재판소에 의해 위헌결정을 받게 되는 조문이다.[106] 김석형의 공작스타일은 김일성의 밀사 황태성과 매우 비슷하고, 위청룡의 죽음은 중앙정보부에서 조사를 받던 중 사망한 서울대 법대 최종길 교수 사건과 유사하다. 위청룡에 대한 구속은 위헌 법률에 근거한 위법한 수사였다.

위청룡의 가족들은 북에서 온 편지를 받은 위청룡이 그 사실을 고원증 법무부장관에게 보고했다고 증언한다. 고원증은 "그런 문제로 누가 당신을 의심하겠느냐. 괜히 문제를 만들지 말고 편지를 없애라"고 말했다고 한다. 위청룡은 그 편지를 가지고 집에 돌아와 아내에게 주면서 "장관이 나를 믿어줘서 고맙다"라고 이야기했다. 위청룡 검찰국장의 당시 비서도 이상한 편지를 받은 위청룡이 법무부장관과 상의했던 사실을 기억한다. 장관이 "별일 있겠느냐. 그냥 두라"고 해서 그대로 했는데 그게 화근이 되었다는 이야기다. 가족들에 따르면 나중에 고원증은 이 사실을 전면 부인했고, 그게 위청룡에게 불리하게 작용했다.[107]

위청룡을 아는 모든 사람은 그가 공산주의자도 아니고 간첩도 아니었다고 증언한다. 앞서 살펴본 김태청 준장의 경우 북한에 있을 때 위청룡의 도움으로 목숨을 건졌다. 위청룡이 체포되고 나서 김태청도 중앙정보부에서 조사를 받았다. 그는 과거 인연을 그대로 밝히고 "위청룡이 무엇을 했는지는 알 수 없으나 공산당은 아니"라고 단언했다. 수사관은 김태청에게 "공산당은 아니더라도 공산당의 일은 할 수 있다"라고 말했다.[108] 위청룡의 시신은 외사촌동생이 인수했다. 그는 훗날 과거사정리위원회 조사관에게 "빨갱이라면 가족이라 하더라도 용서하지 못하는데 위청룡이 간첩이라고 생각한다면 시신을 인수하러 가지도 않았을 것이고 그 가족이 난관에 처했을 때 결코 도와주지 않았을 것"이라고 진술했다. 외사촌동생은 서북청년단 출신이었다. 김석형을 기소한 군검찰관도 위청룡에 대해서 "굳이 자살까지 할 사안이 아닌데 참 아쉽다는 생각이 들었던 기억이 있다"라고 했다. 훗날 위청룡의 큰아들의 여권발급과 둘째아들의 군의관 임용 당시 군장성 출신의 정치인이 나서서 적극적으로 도와주기도 했다.[109] 위청룡이 진짜 간첩이었다면 주변에서 그렇게 나설 리 없었다.

중앙정보부가 위청룡에게 덧씌우려 했던 혐의 중 북한의 서약서 부분과 한국전쟁 당시의 행적은 이제 와서 완벽한 진실을 복원하기 불가능하다. 상식적으로 위청룡의 행적이 간첩의 동선이 아닌 것만은 분명하다. 서약서는 어떻게든 월남할 길을 찾기 위해서 북한의 정보기관에 주고 왔다가 나중에 굴레가 되었을 수 있다. 남쪽에 와서 북한의 검사 경력을 모두 밝혔기 때문에 본인은 문제될 리 없다고 생각했을 것이다. 갑자기 한국전쟁이 터지자 월남자 신분으로 살아남기 위해서 서울을 점령한 북한군에게 자신의 경력을 밝혔을 수 있다. 9·28 이후 평양으로 가서 가족들을 데리고 내려온 것은 그가 간첩이 아니라는 유력한 증거다. 금덩어리니 500만환이니 하는 이야기는 증거가 전혀 없는 억지다. 부역자와 간첩들을 관대하게 대하고 도민증을 발급했다는 것도 터무니없다. 그가 처리했던 국가보안법 사건을 검토한 과거사정리위원회는 "다른 검사들의 기소사건과 별다른 특이점을 발견할 수 없다"라고 결론내렸다.

도민증 부분에 대해서는 위청룡의 비서가 남긴 증언이 있다. 위청룡은 북에서 월남해온 사람들의 도민증 발급을 많이 도와주었다. 비서 자신의 집안도 월남후 바로 그런 도움을 받아 남쪽에 자리 잡았다. 이북에서 내려온 사람들은 당장 머물 곳도 없고 자기가 누구인지를 증명해줄 사람도 없었다. 살아남으려면 도와줄 동향사람이 필요했다. 검사와 판사를 오가던 위청룡만 한 보증인이 없었다. 이런저런 사람들이 위청룡의 집을 거쳐갔고 그의 소개로 직장을 얻었으며 심지어 혼인도 했다.[110] 한마디로 위청룡은 이웃을 열심히 도운, 성공한 평안도 아저씨였다.

과거사정리위원회가 수많은 사람들을 만나 조사를 벌였지만 위청룡을 직접 담당한 중앙정보부 사람들의 진술은 듣지 못했다. 김석형을 고문한 수사관은 1980년대 은퇴해 미국으로 이민을 갔다. 일제시대 "혜산경찰서 고등계 형사로 있었다"면서 "공산주의자들을 많이 취급했다"는 사람이다. 그는 김석형을 '소좆 몽둥이'로 때리고 물을 먹였다. 그래도 말을 듣지 않자 씨를 말리겠다며 생식기에 전기고문을 했다.[111] 그가 위청룡도 담당했다. 과거사정리위원회는 수사관의 미국 주소지로 진술서 제출요구서를 보냈다. 그러나 요구서는 봉투도 뜯기지 않은 채 반송되었다. 그의 상급자들은 대부분 사망했다. 당시 중앙정보부장이었던 김종필은 보좌역을 통해 "사건 자체에 대해 아는 바 없다"라고 회신했다. 이 부분이 조사되지 못했기 때문에 과거사정리위원회도 위청룡이 어떤 고문을 받았는지는 확인할 수 없었다. 자살이 맞는지도 알 수 없다.

위청룡의 처제는 "몸져 누운 언니를 대신해 두차례 면회를 간 적이 있으며 수염이 길게 자란 형부를 보고 『수호지』와 함께 면도기를 차입해주었다"라는 진술을 남겼다. 과거사정리위원회는 "고문가혹행위를 인정할 증거가 없어 이를 확인하지 못"했지만, "면도칼의 반입과 그 사용에 철저한 주의를 기울였어야 함에도 불구하고 이를 소홀히 한 결과 피해자의 사망을 초래하였으므로 국가는 구금 중인 위청룡을 보호하지 못한 책임이 있다"라는 결론을 내렸다.[112]

위청룡의 유가족은 과거사정리위원회의 결정에 기초해 국가배상을 청구했다. 이명박 정부하의 법무부는 "과거사정리위원회의 진실규명 결정만으로 국가의 불법행위를 인정할 수는 없고 이미 소멸시효가 완성되었다"라고 항변했다. 항소심 법원은 진상규명 결정이 유족이나 친지들의 진술뿐만 아니라 당시 법무부 검찰국 근무자, 사건에 관여한 원로법조인, 중앙정보부 근무자 등 '중립적인 위치에 있거나 오히려 원고 측에 우호적이지 않다고 볼 수 있는 자'들의 진술을 종합하여 이루어졌다는 데 주목했다. 법원은 그 정도 증언이면 충분히 불법행위를 인정할 수 있다고 보았다. 국가의 소멸시효 주장에 대해서는 "신의성실원칙에 반하는 권리남용에 해당한다"라고 판단했다. 결국 법원은 위헌법률에 의해 위청룡을 연행해 불법구금한 상태에서 면도칼과 같은 위험한 물건의 반입과 그 사용에 대해 철저한 주의를 기울이지 않아 위청룡을 죽음에 이르게 한 국가의 책임을 인정했다. 명확한 증거가 없음에도 위청룡을 간첩이라고 단정적으로 발표하고 이를 국가기록에 게재하여 위청룡과 그 유족의 명예를 훼손한 불법행위도 인정했다. 항소심 판결은 대법원까지 그대로 유지되었다.[113]

위청룡의 죽음에 대해 완벽한 진실을 알 수는 없다. 그래도 그의 마음은 어느정도 이해할 수 있다. 위청룡의 인생은 크게 보면 두가지 이유로 망가졌다. 첫째는 삼팔선 이북지역에서 태어났다는 것이고, 둘째는 해방후에 너무 늦게 남으로 내려왔다는 것이다. 그는 평남 평원에서 태어나 평양지방법원에서 서기로 일했고 거기서 변호사를 개업했다. 조만식 선생을 흠모해 북한 검사가 되었고 오래되지 않아 밀려났다. 남쪽 사람들은 겪지 않았을 일이었다.

　나름대로 최선의 길을 찾아 아들 하나만 데리고 월남했는데 곧 한국 전쟁이 났고 도강파에 속하지 못했다. 다행히 죽지 않았고 잘 피해 있다가 9·28 때 가족을 데리고 돌아왔다. 검사로 임용되어 고향사람들을 도왔다. 5·16 군사쿠데타가 터졌고 갑자기 요직에 기용되었다. 북한에서는 스스로를 '밀사'라고 생각한 황태성이나 김석형 같은 공작원들이 남파되었고 이들이 온갖 편지를 뿌려댔다. 바로 신고하면 살고 아니면 '불고지죄'로 처벌받았다. 너무 요직에 있었기 때문에 마땅히 보고할 곳이 없어 자신을 발탁한 법무부장관에게만 살짝 귀띔했다. 편지를 준 '밀사'가 붙잡혔고, 그에 따라 함께 붙들려가 조사를 받게 되었다. 자신의 일생이 모두 북의 지령을 받은 것으로 각색되기 시작했다. 검사로 일했기 때문에 간첩이 어떻게 '만들어지는지' 누구보다 잘 아는 위청룡이었다. 막다른 골목에서 다른 선택을 찾기 어려웠다. 위청룡은 북한의 무모한 대남공작과 그에 맞서는 남한의 무리한 수사 사이에 끼어 비참하게 삶을 마감한 억울한 법률가였다. 별이 저절로 굴러 손에 들어오던 시대였으나 동시에 누구도 안전하지 못한 시대였다.

7부

1980년대까지 이어지는

'이법회'의 문제

법조계 역사의 유령,
이법회

유태흥의 '열패고'

1981년 9월 25일자 『동아일보』는 유태흥 대법원장의 인터뷰를 사회
면 톱으로 올렸다. 이미 5개월 전에 임기를 시작한 대법원장의 "인품과
법률관을 알고 싶어" 이루어진 다소 철 지난 인터뷰였다. 질문과 정리는
김재곤(金在坤) 사회부차장이 맡았다.

김재곤 기자는 1980년 5월 광주민주화운동이 군사쿠데타 세력에 의
해 잔혹하게 진압되는 현장을 직접 목격한 취재반장 출신이었다. 그의
막내동생 김태훈은 서울대 경제학과 4학년에 재학 중이던 1981년 5월
27일 서울대 도서관 6층에서 투신해 생을 마감했다. 김태훈이 사망한 다
음날 중앙 일간지들은 김군이 도서관 창문을 열고 학생들을 향해 "선동
적인 구호"를 외치다가 아래로 떨어져 병원으로 긴급이송되던 중 숨졌
다고 단신으로 보도했다. 친형 김재곤이 근무했던 『동아일보』도 마찬가
지였다.[1] 전두환 정권의 철저한 언론통제 때문에 달리 보도할 방법도 없
었다. 언론이 내용을 전하지 못한 "선동적인 구호"는 "광주학살 진상규
명과 군사정권 퇴진"이었다. 김재곤의 인터뷰는 광주민주화운동이 진압

된 지 1년 4개월, 사랑하는 막내동생이 사망한 지 4개월이 지난 시점에 이루어졌다. 김재곤 기자에게 전두환 시대는 하루하루가 악몽이었다. 그의 입장이 되어 유태홍 대법원장 인터뷰를 다시 읽어보면 이런 기괴한 대화가 없다.

먼저 김기자는 "새로 출범하는 공화국의 새 대법원장으로 취임해 고달픈 일도 많으셨겠"다고 말문을 연다. 가벼운 질문처럼 보이지만, 전두환 정권하에서 도대체 대법원장이라는 직위가 무슨 의미가 있느냐는 힐문이었다. 유태홍은 이렇게 답한다.

"인생이란 고생스럽게 살다 가는 존재란 생각이 듭니다. 양(洋)의 동서(東西), 때의 고금(古今), 나이의 노소나 남녀를 가릴 것 없이 다 고생스럽게 살다 가는 것이지요. 지금 부귀영화를 마음껏 누리고 있다 해도 인생고(人生苦)를 겪어가고 있기는 마찬가지입니다. 병고(病苦), 빈고(貧苦), 열패고(劣敗苦), 기타 잡고(雜苦) 등의 모든 고통은 전지전능하신 조물주가 마련한 것입니다. 지구 같은 별 2000억개에 8000만번을 곱하는 대우주를 구성하고 존속시키는 데 4대고가 필요한 특수사정이 있었기 때문이라고 봐요. 그러므로 별짓을 다해봐야 근절시킬 수는 없는 것입니다. 다만 어느정도라도 감소시키기 위해 애쓰는 것이지요. 정부다 국회다 법원이다 언론이다 하지만 따지고 보면 국민이 지니고 있는 4대고를 조금이라도 덜어주기 위해 전심전력 노력하자는 점에서는 마찬가지입니다. 재판에 있어서 신체의 자유, 사회질서 유지, 민사분쟁의 공평공정 해결이란 이념도 이 고통을 덜어주자는 것입니다."2

사법부의 수장이라기보다는 계룡산에서 갓 내려온 도사나 할 법한 이야기였다. '열패고'에 대한 독자들의 생소함을 배려한 것이었을까? 유태홍은 "이것은 내 독특한 용어입니다마는, 경쟁에서 탈락하고 실패할 때

당한 고통을 말하는 것입니다"라는 친절한 설명까지 곁들인다. 1919년에 태어나 1944년 일본 간사이대 전문부 법과를 졸업한 유태흥은 미군정시기에 치러진 1948년 2회 변호사시험에 합격한 후 군법무관을 거쳐 1957년 대전지방법원 홍성지원 판사로 임용되었다. 서울형사지방법원 수석부장판사로 재직 중이던 1971년에 이른바 '1차 사법파동'이 터졌다. 유태흥은 구속될 위기에 몰린 판사들에 대한 영장을 기각하여 법원 안팎의 신망을 얻었다. 서울형사지방법원장을 거쳐 1975년 대법관에 임명되었고, 10·26사건 후에는 김재규 사건의 주심을 맡았다. 대법관들의 의견이 첨예하게 갈렸던 이 재판에서 유태흥은 내란목적살인죄를 적용하자는 다수의견의 편에 섰다. 유태흥과 달리 "내란목적살인죄가 성립되지 않는다"라는 소수의견을 내놓았던 양병호·민문기·임항준·서윤홍·김윤행·정태원 등 6명의 대법관들은 국군보안사령부 서빙고분실에 끌려가는 등 온갖 고초를 겪었다. 타협을 거부한 그들은 대법원에서 쫓겨난 반면, 신군부의 입맛에 딱 맞춘 판결을 내린 유태흥은 1981년 5공화국의 첫번째 대법원장에 임명되었다.

　유태흥의 아버지 유낙진(兪雒鎭)은 1920~34년 사이 일본인들 아래에서 공주지방법원 홍성지청 서기 겸 통역생으로 일했다. 형 유태영은 1932년 보성전문 법과를 졸업하고 1933년부터 광주지방법원 등에서 서기 겸 통역생으로 일하다가 해방직후인 1945년 12월 5일 경성소년재판소 판사로 임용되었고, 1946년 11월 13일 검사로 전직하여 부산지방검찰청 검사장을 지냈다. 김영재·강석복과 함께 근무했던 검사 T가 유태영이라는 이야기는 이미 했다. 흔치 않은 법조인 가문에서 태어나 28세 때 고시에 합격하고 평생 판사로 승승장구하다가 대법원장에 이른 유태흥이었다. 어느 모로 보나 '열패고'라는 단어를 새로 만들어야 할 정도로 고된 인생은 아니었다. 적어도 표면적으로는 그랬다.

뜬구름 잡는 유태흥의 답변에 김재곤은 "사법부의 독립을 지키기 위한 노력이나 용기가 부족하지 않았느냐"라는 공격적인 질문을 던졌다. 유태흥의 답이다.

"꼭 그렇지만은 않습니다. 사법파동이나 몇건의 위헌판결은 스스로 노력하려는 사법부의 몸부림이었습니다. 물론 희미한 것이지만 아주 없었던 것은 아니라고 말하고 싶습니다. 뚜렷한 투쟁업적이 없다고 나무랄 수도 있겠지만 우리나라의 특수사정도 생각해야 합니다. 인민군과의 대치가 그것입니다. 나는 우리나라의 특수상황을 말할 때 '김일성'이나 '공산당'보다는 '인민군'(이라는), 거대한 군대조직이 적대세력으로 있다고 말하고 싶습니다. 사법의 배후세력이 없다고 하지만 없는 것이 아닙니다. 바로 국민이지요. 우리 국민은 결코 허약하지 않습니다. 인민군과의 대치라는 특수상황이 없었다면 미국이나 일본에 못지않은 민주주의의 개화를 우리도 이룩할 수 있었지요. 우리 사법부, 나아가서는 우리 국민보고 용기없다고 힐난해서는 안 됩니다. 용기도 있지만 또 지혜도 갖추었다고 생각해야 됩니다."

유태흥은 취임기자회견에서 이미 "한국의 법관은 미국이나 일본의 법관과 같아서는 안 된다. 휴전선을 격하여 북괴와 대치하고 있는 상황 아래서 국법질서 수호에 맞추어 법의 해석과 운용이 이루어져야만 하며 사법권의 독립도 이 범주를 벗어날 수는 없는 것"이라고 밝혔다.[3] 인민군과 대치하고 있는 특수상황은 오랜 세월 이 땅에서 벌어지는 모든 폭력과 부조리를 합리화하는 핵심논거였다. 해방후 모든 분야에서 남용되었던 이 녹슨 칼을 휘두르면서 사법부의 수장은 조금도 주저하지 않았다.

김재곤 기자와의 인터뷰 기사에
함께 실린 유태흥의 사진.

　대법원장 임명 직전에 박철언 대통령 정무비서관을 만난 자리에서 유
태흥은 "분단국의 현실에 비추어 사법부의 수장은 정치적·공안적 사건
에서는 정부에 협력해야 하고, 일반 사건에서는 양심적으로 소신껏 독
립해 심판해야 한다"라고 이야기했다.[4] 그런 유태흥이었기에 유신헌법
제정 이후 단 한건의 위헌법률심판이 없었던 처참한 대법원의 현실도
그저 "위헌 여부를 따질 만한 사례가 등장하지 않았을 뿐" "말하자면 우
연"에 불과했다, "퇴관한 전직 대법관들에게 물어"봐도 "내 말이 진실이
라는 것을 알게 될 것"이라는 구차한 변명까지 덧붙였다.
　"파안대소로 회견이 끝났다"라는 그날 『동아일보』 인터뷰의 중앙에
는 실제로 파안대소하는 유대법원장의 사진이 실렸다. 1981년 여름과
가을, 남영동 대공분실에서는 전국민주학생연맹과 전국민주노동자연

맹 사건을 조작하려는 불법체포감금과 고문이 진행 중이었다. 부산에서는 공안검찰의 주도로 '부림사건'이 문자 그대로 '만들어지고' 있었다. 훗날 영화「변호인」의 소재가 된 바로 그 사건이다. 서울지방법원에서는 박동운(朴東運) 씨 등이 이른바 '진도 거점 가족간첩단'으로 재판을 받는 중이었다. 박씨는 곧 사형을 선고받아 형장의 이슬로 사라질 운명이었다. 교도소는 광주민주화운동을 비롯한 각종 시국사건 관련자들로 넘쳐났다. 이런 비극에 다른 누구보다 더 큰 책임이 있는 판검사들이었다. 전두환의 5공화국은 어느 모로 보나 대법원장이 인권을 이야기하며 파안대소할 수 있는 시절은 아니었다.

전두환 정권은 유태흥 대법원이 '건국 후 법관'만으로 구성되었다는 사실을 강조함으로써 "혁명적" 이미지를 생산하고자 했다. 일제시대에 법률가자격을 취득한 사람들을 배제하고 정부수립 후에 치러진 시험의 합격자들만으로 대법원을 채움으로써 우리 사법역사에 한획을 그었다는 프로파간다였다. 새로운 대법원에는 해방후인 1947~49년에 실시된 변호사시험 출신이 유태흥·서일교·이일규·김중서·김용철 등 5명이었고, 1950년부터 시행된 고등고시 사법과 출신이 정태균·강우영·이성렬·전상석·이정우(李正雨)·윤일영·김덕주·신정철·이회창 등 9명이었다. 만 45세로 고시 8회 선두였던 이회창이 언론의 주목을 받았다. 박철언은 법원 인사에 손진곤(孫晉坤) 민정비서관의 의견을 많이 참고했다. 박철언의 경북중학교 동창인 손진곤은 이회창의 경기고와 서울법대 후배다. 박철언은 "일선 정보기관과 법조 중진들의 부정적 의견을 아랑곳하지 않고" 이회창을 대법관으로 밀었다고 회고한다.[5] 대법원장이나 대법관 인사가 검사 출신 일개 비서관의 손에서 놀아나던 시절이었다.

1961년 5·16 군사쿠데타로 집권한 박정희는 주로 일제시대 말기 고

〈표3〉 해방전후의 주요 고시 일람표

연도	고시 성격의 시험	필기시험 면제자	기타 법조인력 충원시험	역사적 사건
1942	일본 고등시험 사법과 조선변호사시험		만주 고등문관 채용고시	
1943	일본 고등시험 사법과 조선변호사시험		만주 고등문관 채용고시	
1944	조선변호사시험			
1945	조선변호사시험 (필기시험 도중 해방으로 중단)		서기 출신의 무시험 임용 시작	8·15해방
1946	사법요원양성소 입소시험	고등시험 사법과, 조선변호사시험 출신 (45년 조선변호사시험 포함)	판검사 특별임용시험 (1회로 부르지 않음)	
1947	1회 변호사시험	45년 조선변호사시험 응시자, 사법요원양성소 필기시험 합격자		
1948	2회 변호사시험	45년 조선변호사시험 응시자, 1회 변호사시험 필기시험 합격자	간이법원 판사시험	8·15 정부수립
1949	3회 변호사시험	2회 변호사시험 필기시험 합격자	간이검찰청 검사보시험	
1950	1회 고등고시 사법과			6·25 한국전쟁
1951	2회 고등고시 사법과			
1952	3회 고등고시 사법과		1회 판검사 특별임용시험 / 군법무관 임용시험	
1953	4회 고등고시 사법과			
1954	5회 고등고시 사법과			
1955	6회 고등고시 사법과			
1956	7회 고등고시 사법과		2회 판검사 특별임용시험	
1957	8회 고등고시 사법과			
1958	9회 고등고시 사법과			

등시험 사법과에 합격한 판사들을 중용했다. 만주군관학교를 거쳐서 일본 정규 육군사관학교를 졸업한 박정희 자신과 '일제시대 엘리트'라는

정체성을 공유한 사람들이었다. 해방이후 첫번째 정규 육사 출신이라는 자부심을 가졌던 전두환은 대법원 구성에서 '건국 후 법관'의 정체성을 강조했다. 신군부의 "혁명적" 성격과 대법원 구성의 동질성을 보여주고 싶었던 것 같다. 언론도 이에 동조해 "혁명적" 성격을 강조한 판박이 기사를 찍어냈다. 신군부가 만들어낸 과장된 이미지였다.

물러난 대법관 중에서 일제시대 고등시험 사법과 출신은 이영섭 대법원장과 주재황 대법관 둘뿐이었다. 태평양전쟁이 한창이던 1942년에 고등시험 사법과에 합격한 이 2명을 제외하면 전국 법원에 남아 있는 일제시대 시험 출신은 아무도 없었다. 전두환 집권 이전에 이미 법원은 '해방 후 법관'으로 세대교체를 사실상 완료한 상태였다. 또한 서일교 대법관이 합격한 1회 변호사시험은 1947년 미군정기에 치러졌고, 유태흥 대법원장과 이일규·김중서 대법관이 합격한 2회 변호사시험은 미군정에서 정부수립으로 연결되는 시기에 치러졌으므로 엄밀히 말하자면 '건국 후'도 아니다. 일제시대 시험에 붙은 사람들을 법원에서 내쫓는다고 해서 일제유산이 깨끗하게 정리되는 것도 아니었다. 근본적으로는 법조계만큼 해방전후 구분이 의미없는 분야도 없다. 이 문제를 이해하기 위해서 우리는 1945년 8월 15일 해방 당일의 경성으로 되돌아갈 필요가 있다. 이미 몇차례 운을 띄운 이법회 문제다. 이법회는 유태흥 대법원장이 말하는 '열패고'를 이해하는 열쇠이기도 하다.

1945년 8월 15일 그날, 조선변호사시험

일본 천황의 항복방송이 나오던 1945년 8월 15일 경성에서는 조선변호사시험의 필기시험이 진행 중이었다. 총 나흘 동안 치러지는 시험의 이틀째였다. 8월 14일 오전 민법, 오후 형법시험을 마치고 둘째날인 8월 15일 오전 상법시험까지 마친 수험생들은 오후로 예정된 경제학시험을 치르지 못했다. 시험지를 나눠주고 시험을 감독해야 할 일본인들이 사라졌기 때문이다. 8월 16일 형사소송법과 국제사법, 8월 17일 민사소송법과 헌법시험도 자동으로 중단되었다. 전쟁이 끝나고 나라를 되찾은 마당에 변호사시험 따위가 뭐가 중요하냐고 생각할 수도 있겠으나, 수험생들의 입장은 그리 간단치 않았다.

1945년 조선변호사시험의 예비시험 합격자는 68명이었다. 이들은 아마도 빠짐없이 1945년 8월 15일의 필기시험에 참여했을 것이다. 여기에 예비시험을 면제받은 수험생이 추가되어 전체 필기시험 응시자는 200여 명이었다. 나름의 사연을 안고 1945년 8월 15일의 시험장을 지켰던 수험생 입장에서는 일본의 항복이든 해방이든 눈앞의 시험합격보다 더 중요한 과업은 없었다. 그런데 해방 당일 필기시험이 중단되었고, 수험생들은 귀중한 1년을 날릴 위기에 처했다. 변호사시험을 주관할 국가는 사라져버렸다. 새로운 국가는 도대체 언제 생길지 알 수 없었다. 1945년의 필기시험 응시자들은 조직을 만들어 이 위기에 대응하기로 결정했다. 교섭을 담당할 조직의 이름은 이법회 또는 의법회로 정해졌다. 이법(以法)은 문자 그대로 '법대로' 하자는 의미였고, 의법(懿法)은 법을 기리고 존중한다는 의미였다. 자신들의 문제를 법으로 풀겠다는 의지를 보인 작명이었다. 이법회 회원들의 요구사항에 관한 공식적인 기록은 이렇다.

"이법회원들은 변호사시험 중단의 책임은 일본국 정부나 조선총독부나 시험위원회에 있다는 것이고, 만일 끝까지 시행하였더라면 응시자 전원이 합격했을지도 모를 것이라고 하여, 조건 불성취의 책임을 수험생 측에 전가시킨다는 것은 부당한 처사라고 고집하며, 응시자 전원에게 변호사시험 합격증서를 교부하라고 요구하였다 한다."

시험위원회 측은 세과목밖에 응시하지 못한 수험생들에게 합격증서를 교부할 수 없다고 버텼다. 시간은 수험생의 편이었다. 생명과 재산을 보존해 본국으로 귀환하겠다는 오직 한가지 목표에 사로잡힌 일본인들에게 조선변호사시험 따위는 어찌되든 상관없었다. 결국 시험위원회는 이법회에 굴복했다. 다만 소련군 점령지역이 된 북한에 거주하는 사람들에게 합격을 확인해줄 방법은 없었다. 그들을 제외한 106명이 시험위원회로부터 합격증을 교부받았다.[6] 이법회에 대해서 우리가 알고 있는 사실은 딱 여기까지다.

해방후 첫출발부터 아예 시험에 합격한 적이 없는 다수의 법조인들이 존재했다는 사실은 법조계의 오랜 가십이자 스캔들이었다. 1976년 법원행정처가 출간한 『한국법관사』가 처음으로 이 사실을 기록했다. 김섭 변호사가 사법연수생들에게 행한 특강 강의안이 그 출처였다. 김섭 변호사는 미군정청 법무국에서 초창기 법조인력 충원업무에 종사했다. 직접 경험자이므로 그의 기록은 신뢰할 만했다. 그러나 이법회 구성원이 정확히 어떤 사람들이었는지는 제대로 규명된 적이 없었다. 1945년도 조선변호사시험 합격을 자신의 이력으로 내세우고 있는 사람은 1982년에 발행된 『한국법조인대관』 수록자 중 불과 27명뿐이다. 합격증을 받았다고 공식적으로 기록된 106명 중 79명이 사라진 것이다. 어떤 이는 조선변호사시험 경력을 자랑스럽게 드러냈고, 어떤 이는 이법회 출신임을 감추고 싶어했다.

이들의 실체가 중요한 이유는 그 숫자 때문이다. 1922~44년 조선변호사시험의 전체 합격자는 164명이다. 여기에는 적지 않은 일본인이 포함되어 있었다. 고등시험 사법과나 행정과에도 합격해 변호사가 아닌 다른 길을 걸은 사람들도 많다. 1945년도에 합격증을 받았다고 알려진 106명은 22년 동안 시행된 이전의 전체 조선변호사시험 합격자 총수에 육박하는 엄청난 규모다. 그런 의미에서 이법회 회원들은 해방직후 법조계 인력을 충원하는 가장 중요한 자원인 동시에 해결해야 할 부담이었다. 시험에 응시했을 뿐 채점도 이루어지지 않은 상태로 합격증을 받아낸 사람들이었기 때문에 이들의 위상도 애매했다. 이들은 과연 1945년도 조선변호사시험의 합격자인가? 이 간단한 질문에 답할 수 있는 사람은 아무도 없었다. 기이할 정도로 다양한 이법회원의 진로는 문제를 더욱 어렵게 만든다. 퀴즈를 풀듯 문제를 하나씩 더듬어 가다보면 의외의 실체에도 맞닥뜨리게 된다.

이법회의 구성원들

퀴즈를 풀기 위해 가장 먼저 참고해야 할 자료는 『조선총독부관보』에 실린 1945년 예비시험 합격자명단이다. 그러나 유감스럽게도 이 명단은 우리에게 큰 도움을 주지 못한다. 68명 중에서 조선인의 이름을 가진 사람은 김홍선·남택선(南澤善)·한병엽(韓秉燁) 3명뿐이다. 나머지 65명은 일본인이거나 창씨개명을 한 조선인들이다. 법조지망생들에 한정된 자료이기는 하지만 이 명단에서 창씨개명한 조선인의 비율은 95퍼센트에 육박한다. 창씨개명을 '친일파'의 상징처럼 여기는 오늘날 일반인의 인식과는 많이 다른 통계다. 예비시험 합격자들은 일제하에서 법률가가 되겠다는 욕망을 가진 사람들이었으므로 이들의 창씨개명은 당연한 선택이었을 수도 있다. 1940년부터 진행된 창씨개명 때문에 그 이후 치러진 고등시험 사법과와 조선변호사시험 합격자들의 실명을 확인하기란 매우 어렵다.

1910년생인 김홍선은 1937~45년 사이 빠짐없이 예비시험에 합격했다. 예비시험에 응시한 걸로 보아 대단한 학력을 갖춘 인물은 아니었을 것이다. 김홍선은 1946년도 사법요원양성소 입소시험에 합격하여 1948년 8월 4일 변호사로 개업했지만, 1950년 1월 9일 무렵 '법조프락치' 사건으로 구속되면서 남쪽 기록에서 완전히 사라졌다. 같은 사건에 연루된 동료들의 경우처럼 한국전쟁 중 서울형무소에서 풀려나 월북했으리라 추정할 수 있을 뿐이다. 남택선은 1921년에 경성전수학교를 졸업하고, 1922년 경성지방법원 수원지청 서기, 1923~25년 경성지방법원 서기로 일했다. 1925년부터 예비시험에 합격한 걸로 보아 남택선 역시 강공승처럼 노장 수험생이었으리라 짐작할 수 있다. 그 이후의 기록은 찾아볼 수 없다. 한병엽은 아예 아무런 기록이 없다.

법원의 허가를 받아 뒷부분의 이름까지 모두 바꾼 적극적인 '개명'파들의 경우에는 아무런 흔적이 남지 않아 조선인 이름을 찾기가 힘든 반면, 문중단위로 이루어졌던 대규모 '창씨'의 결과로 성만 바꾼 사람들은 남아 있는 조선이름[名] 부분을 통해 비교적 쉽게 실명을 짐작할 수 있다. 최상진[高山尚珍], 김종순[金本宗順], 권오규[權藤奎五], 정기홍[鄭本 璣洪], 강안희[松岡顔熙], 강준호[鳩山駿鎬], 서재남[大丘載南], 윤홍만[坡平紅萬] 등이 그런 경우다.[7]

이처럼 간접적으로 예비시험 합격사실을 확인할 수 있는 사람들의 진로는 ①1945년에 거머쥔 합격증만으로 바로 사법관시보에 임용되어 판검사가 되거나, ②1946년 사법요원양성소 입소시험에서 필기시험을 면제받고 구술시험에 합격하여 사법관시보를 마친 후 판검사가 되거나, ③1947년과 1948년의 1회, 2회 변호사시험에서 필기시험을 면제받고 구술시험에 합격하여 사법관시보를 마친 후 판검사가 되는 것이었다. 1945년부터 1948년까지 해마다 한차례씩 최대한 네번, 필기시험 없이 판검사가 될 수 있는 기회가 주어진 셈이다. 판검사 경력 없이 바로 변호사가 된 사람들의 경로는 더 다양하다. 이와 같은 사실에 기초해서 숨겨진 이법회 회원들을 역으로 하나씩 확인하는 것도 가능하다. 특히 두번째와 세번째 범주는 기존의 어떤 자료에서도 확인된 적이 없는 이법회 사람들을 찾아내는 중요한 열쇠가 된다.

응시 경력만으로 판검사가 된 사람들

앞에서 열거한 이름들을 하나씩 정리해보자. 1910년생인 최상진(崔尙珍)은 전남도립사범학교를 졸업하고 1933년부터 전남지역에서 초등학교 교사로 일했다. 1938~45년 조선변호사시험에 응시해 일곱차례 예비시험에 합격했다. 한번만 빼고 모두 합격한 것이다. 1941년부터는 창씨명으로 예비시험 합격자명단에 올랐다. 강공승에 필적할 만한 대단한 투지다. 1945년 해방 당일 필기시험에 응시했던 그는 그해 11월 19일 서울지방법원 사법관시보에 임명되었다. 11월 19일은 해방이후 처음으로 일제시대 서기 출신 미자격자들이 대규모로 판검사에 임명된 날이다.

최상진을 통해서 우리는 이법회원 중 일부가 아무런 추가적 조치 없이 오직 일본인들로부터 억지로 얻어낸 합격증만으로 1945년 조선변호사시험 합격자로 인정받아 곧바로 사법관시보에 임명되었음을 알 수 있

다. 1945년 12월 4일 법무국령 제5호에 의해 해방후 최초로 사법관시보
시험위원회가 설치되었음을 고려하면, 그 이전 날짜에 발령받은 이법회
출신들은 제대로 된 선발과정을 거쳤다고 보기 어렵다.[8] 즉 11월 19일자
로 발령받은 사법관시보들은 필기시험에 응시한 사실만 가지고 합격자
의 모든 혜택을 누린 것이다. 예비시험까지 면제받은 경우라면 아예 어
떤 시험도 통과한 적이 없는 수험생이 된다. 최상진은 1949년 11월 14일
춘천지방검찰청 검사로 임명되어 1950년 2월 27일까지 짧은 기간 근무
했고, 그해 3월 23일 서울에서 변호사로 개업했다. 변호사 등록 당시의
자격취득 사유도 '조변시' 즉 조선변호사시험으로 적혀 있다.

1981년 4월 유태홍을 대법원장으로 한 새로운 대법원이 출범하고 나
서, 『경향신문』은 김영세 전 대법관, 박래홍 전 법원행정처 총무국장, 정
인상 전 춘천지방법원장, 박용원 전 서울고등법원 부장판사 등 이법회
출신으로 알려진 일부 전직 법관들의 이력을 공개했다.[9] 김영세와 박래
홍은 니혼대 전문부 법과, 정인상은 도시샤대 법과, 박용원은 주오대 법
과 출신이다. 박용원과 정인상은 앞에서 살펴보았듯이 '국회프락치' 사
건의 배석판사들이었다. 이들은 최상진과 같은 날짜에 사법관시보로 임
명받았다.

같은 날 사법관시보로 임명된 옥황남·최돈연·유득규(柳得珪)·사준
(史埈, 사이창史二昌에서 개명)·김진수·주도윤(朱燾允)·차용술 등은 『한국
법조인대관』『한국법관사』 등을 통해서 이법회 출신임을 확인할 수 있
다. 차용술은 1925년에 예비시험에 합격한 기록이 남아 있다. 한국전쟁
중 월북하거나 납북되어 학력과 경력 확인이 어려운 인물 중에서는 김
진홍·박태준·양봉학·신해갑 등이 이법회 출신으로 추정된다. 김진홍은
2차 '법조프락치' 사건의 주범으로 취급받았던 이다. 이들은 시보교육

을 마친 후 1947년 10월부터 판검사로 임명되기 시작했다. 1945년 조선변호사시험 응시만으로 합격증을 받아내고 판검사까지 연결되는 파격적 혜택을 받은 사람들은 최대치로 잡아도 16명 내외다. 초창기 법조계의 대표적 스캔들치고는 그리 많지 않다.

『한국법조인대관』『한국검찰사』 등에 1945년도 조선변호사시험 출신으로 기록된 법률가 중에는 김의준·이은식(李殷植)·신봉주(辛鳳周)·김영환(金英煥)·김영호(金榮鎬)·조경승 등 사법관시보로 교육받은 사실 없이 바로 판검사로 임명된 사람들이 꽤 많다. 『한국법조인대관』『한국법관사』, 경성법전 졸업생 명부, 『조선총독부 직원록』 등을 확인해보면 김의준은 1935년 메이지대 법과를 졸업하고 1939년부터* 경성지방법원에서, 이은식은 1931년 경성법전을 졸업하고 1933년부터 공주지방법원에서, 신봉주는 1932년 메이지대 법과를 졸업하고 1938년부터 평양지방법원에서, 김영환은 홍성보통학교를 졸업하고 1936년부터 홍성지청에서, 김영호는 1925년 메이지대 법과를 졸업하고 1927년부터 제주지방법원에서, 조경승은 1931년 경성법전을 졸업하고 그해부터 함흥지방법원에서 서기 겸 통역생으로 일한 경력을 확인할 수 있다. 이들은 1945년의 조선변호사시험 응시 경력과 상관없이, 일제시대 7년 이상의 서기 경력을 인정받아 해방후 판검사로 임용된 것으로 보인다.**

『한국법조인대관』『한국검찰사』의 기록이 사실이라면 이들은 일제시대 서기 겸 통역생으로 일하면서 조선변호사시험에 응시한 사람들이다.

---

* 김의준은 1939년 『조선총독부 직원록』에 판임관견습으로 이름을 올렸다. 1945년 11월 19일에 '7년' 경력자로 판사에 임명된 것을 생각하면 아마도 1938년 후반에 임용되어 1939년 직원록에 처음 등재된 것으로 보인다.
** 이태형은 『한국법조인대관』에 1945년도 조선변호사시험 경력을 적고 있으나 『한국검찰사』에서는 그냥 '특임 45'라고만 기록되어 있다.

1945년 이법회를 통해서 합격증을 취득한 다음에는 아마도 서기 출신으로 판검사에 바로 임용되었을 것이다. 1945년도 조선변호사시험이 그동안 워낙 실체를 증명할 수 없는 회색지대였으므로 이들 중 일부가 일제시대 서기 경력을 감추기 위해서 아무 근거 없이 조선변호사시험 경력을 끌어다 썼을 가능성도 없지는 않다. 『한국법조인대관』에서 예과·본과 등의 세부적인 사항이 빠진 것으로 볼 때 김의준·신봉주·김영호의 메이지대 학력도 '전문부'가 생략되었을 개연성이 크다.

사법요원양성소 입소시험을 경유한 사람들

예비시험 합격자명단에서 창씨명이 확인되는 김종순(金宗順)·권오규(權五奎)·정기홍(鄭璣洪)·강안희(姜顔熙)의 공식이력에서는 1945년 조선변호사시험의 흔적을 찾을 수 없다. 이들의 공식적인 변호사자격 취득사유는 1946년의 사법요원양성소 입소시험이다. 사법요원양성소 입소시험에서는 고등시험 사법과나 조선변호사시험 합격자에게 필기시험을 면제했다. 사법요원양성소 입소시험이 시행될 즈음에는 이법회 사람들이 조선변호사시험의 진짜 합격자가 아닌 응시자에 불과하다는 인식이 법조계에 빠르게 공유되기 시작한 것 같다. 그렇다고 해서 이법회 사람들이 형식적으로나마 조선변호사시험의 합격증을 손에 쥐고 있다는 사실을 무시할 수는 없었다. 미군정하에서 사법 운영을 담당한 사람들은 이 난제를 풀기 위해서 기존의 합격자들에게 필기시험을 면제하는 방법을 택했다. 결국 사법요원양성소 입소시험은 ①1943년까지의 고등시험 사법과나 1944년까지의 조선변호사시험에 합격했지만 사법관시보 과정을 마치지는 못한 판검사 지망생들, ②1945년 조선변호사시험에 응시했다는 사실만으로 합격증을 거머쥔 이법회원, ③완전히 새로 사법요원양성소 입소시험에 응시한 사람들 등이 엉망으로 엉킨 상태에서 시행될 수밖에 없었다.

사법요원양성소 입소시험의 단계별 합격자명단을 비교해보면, 김종순·권오규·정기홍은 필기시험 합격자명단에 이름이 없고, 최종 합격자명단에만 이름이 있다. 이법회 출신으로 필기시험을 면제받은 것이 틀림없다. 1907년 전남 나주에서 태어나 광주사범학교를 졸업한 김종순은 1926년부터 상주보통학교와 세지심상소학교 등에서 교사로 일하면서 조선변호사시험에 응시했다. 그는 1937~45년 한번도 빠짐없이 예비시험에 합격했다. 그 이전 몇년의 예비시험 합격자명단을 확인할 수 없음을 고려하면 아마도 실제 준비기간은 훨씬 더 길었을 것이다. 그는 이법회 기득권으로 사법요원양성소 입소시험에 합격하여 1946년 6월 18일 사법관시보에 임명되었고, 1948년 4월 1일 광주지방심리원 판사로 임명되어 1950년 2월 4일까지 근무했다. 판사를 그만둔 뒤에는 자유당으로 입후보하여 2대 국회의원을 지냈다.

1908년생으로 일본 메이지대를 수료한 권오규는 사법요원양성소 입소시험에 합격하여 1946년 6월 6일 법무국 시보, 1948년 춘천지방심리원 원주지원 판사로 임명되었다. 1960년 11월 29일 광주고등법원 부장판사로 퇴임할 때까지 판사로 일했다. 권오규는 『한국법조인대관』에도 1945년 조선변호사시험과 1946년 사법요원양성소 입소시험에 모두 합격했다고 병기하고 있다.

1912년생인 정기홍은 사법요원양성소 입소시험에 합격하여 1946년 6월 18일 전주지방법원 시보로 임명되었고, 1948년 4월 1일 부산지방심리원

통영지원 판사로 임명되었다가 1949년 11월 15일 전주지방법원으로 자리를 옮겨 1950년 5월 18일 퇴임했다. 한국전쟁 중에 납북되어 이후의 삶은 알 수 없다.

1945년 조선변호사시험 예비시험 합격자 중에서 강안희는 유일하게 사법요원양성소 필기시험에도 합격한 경우다. 1935년 개성에서 상업학교를 졸업하고 철도국에 근무하며 법률공부를 시작한 그는 1945년 조선변호사시험 예비시험에 처음 합격했다. 이법회 회원이라면 필기시험을 면제받을 수 있는데도 굳이 사법요원양성소 입소시험의 필기시험에 응시해 합격한 이유는 무엇일까. ①예비시험에 합격한 그가 필기시험에는 응시하지 않아서 합격증을 받지 못했거나, ②월남이 늦어 이법회로 합격증을 받지 못했거나, ③사법요원양성소 입소시험의 필기시험 면제조건인 '조선변호사시험 합격자'에 1945년 응시자도 포함된다는 사실을 몰랐거나, ④자기 실력을 인정받기 위해서 일부러 필기시험에 다시 응시했거나, 네가지 중 하나다. 강안희는 1948년 4월 1일 부산지방심리원에서 판사생활을 시작해서 대구지방법원장, 서울고등법원장을 거쳐 1975년 10월 1일 대법관에 임명되었다. 1915년 4월 30일생이었던 그는 1980년 4월 29일 만 65세로 정년퇴임했다. 그해 5월 광주의 비극이 터졌고 김재규에 대한 대법원의 사형선고가 내려졌다. 대법원에 남아 있었다면 유태흥처럼 신군부의 편에 서거나, 아니면 양병호처럼 소수의견을 냈다가 서빙고분실로 끌려가는 고초를 겪어야 했을 것이다. 그 선택을 피했으니 운도 좋았다.

김종순·권오규·정기홍 말고도 1946년의 사법요원양성소 입소시험의 필기시험 명단에 이름이 없는 사람들은 매우 많다. 이들은 대체로 이법회 출신으로 추정할 수 있다. 이 세사람에다가 김명윤(金命潤)·김영하·

김채용(金采庸)·김홍선·남상문·문광일(文光一)·심광한·유재수·이광석·이상준·이정남·이종령·정태섭·주홍점·하진문·홍일원(洪一源)을 추가한 총 19명이 그들이다. 이들 중 남상문은 1942년에, 이광석·정태섭·주홍점은 1943년에 각각 고등시험 사법과에 합격한 사실을 확인할 수 있다.[10] 김채용의 창씨명을 확인할 수는 없으나, 그는 『한국법조인대관』에 자신이 1944년의 조선변호사시험 출신이라고 적고 있다. 이들 5명을 뺀 나머지 14명은 1945년 조선변호사시험 출신으로 추정할 수 있다. 이들 중에는 『한국법조인대관』에서 자신의 약력에 사법요원양성소를 적지 않고 1945년 조선변호사시험 합격만을 기록한 김명윤 같은 특이한 경우도 있다. 1924년생으로 일본 주오대 예과를 수료하고 1945년 조선변호사시험 예비시험에 합격한 김명윤은 1948년 강릉지청 검사로 임용되어 1958년까지 검찰에서 일했다. 노년에는 김영삼의 최측근으로 박정희·전두환과 맞서 싸우며 국회의원, 민주산악회장, 야당 총재권한대행 등을 지냈다. 김홍선은 앞서 살펴보았듯이 창씨하지 않은 본명으로 예비시험 합격자명단에 이름을 올렸다.

사법요원양성소 필기시험 면제자 중에는 우리가 모르는 1944년이나 그 이전 조선변호사시험 합격자가 있을 수 있다. 다만 1944년 조선변호사시험의 최종 합격자는 11명뿐이고 강공승·강대홍(姜大洪)·윤두식(尹斗植)·손두한(孫斗漢)·안일용(安一龍)·이준식·장준택(張俊澤) 등 상당수가 특정 가능하여 그 확률은 매우 낮다. 사법요원양성소 입소시험 합격자 중에는 정부수립 직후 '법조프락치' 사건으로 몰린 사람이 많고, 앞에 언급된 19명 중에도 김영하·김홍선·남상문·심광한·이상준·이정남·이종령·정기홍·하진문 등이 납북 또는 월북으로 사라져 학력·경력 확인이 어렵다. 이법회원일 개연성이 크지만 100퍼센트는 아니다.

사법요원양성소 출신으로 해방전 고등시험 사법과나 조선변호사시험에 실제로 합격한 경력자의 경우 당사자들은 『한국법조인대관』 등에 반드시 그 사실을 밝히는 경향이 있다. 반대로 『한국법조인대관』에 사법요원양성소 경력만 적고 그 필기시험 합격사실이 확인되지 않는 경우는 거의 확실하게 이법회 출신이다. 예컨대 1914년생으로 일본 주오대를 졸업하고 1949년 4월 1일 서울지방법원에서 판사생활을 시작한 홍일원은 사법요원양성소 입소시험의 필기시험에 합격한 적이 없다. 그러나 최종 합격자에는 이름이 올라 있다. 그는 『한국법조인대관』에 사법요원양성소 출신이라는 사실만 밝혔다. 홍일원은 서울고등법원 부장판사 시절이던 1959년 '『경향신문』 폐간 사건'을 맡아 이승만 정권의 언론탄압조치를 뒤집는 용기있는 판결을 내렸다. 당시의 신문기사는 홍일원이 1945년 조선변호사시험에 합격하고, 1946년 사법요원양성소를 거쳐서 판사로 임용되었다고 보도한다.[11] 적어도 이 기사가 나오던 1959년까지는 1945년 조선변호사시험 출신이라는 것이 특별히 감출 이력은 아니었던 셈이다.

변호사시험을 경유한 사람들

창씨명으로 1945년도 조선변호사시험 출신임이 확인되는 사람 중 강준호(姜駿鎬)는 1947년 시행된 1회 변호사시험에, 서재남(徐載南)·윤홍만(尹紅萬)은 1948년 시행된 2회 변호사시험에 각각 합격했다. 미군정하인 1947년부터 새로 시행된 변호사시험은 1949년 3회를 마지막으로 막을 내렸다. 1947년 3월 미군정청 부령 제3호 조선변호사시험령 제8조는

"1945년 8월에 시행한 변호사시험 또는 1946년에 시행한 사법요원양성소 입소시험의 필기시험에 합격한 자"에 대해서는 변호사시험의 예비시험과 필기시험을 면제했다.[12] 이로써 이법회원에 대한 처리방침이 분명해졌다. 이들은 더이상 일제시대 조선변호사시험 '최종 합격자'가 아니었다. 필기시험에 한해서만 기득권을 인정받을 뿐이었다. 이와 같은 필기시험 면제혜택은 1회와 2회 변호사시험에서만 주어졌다. 강준호·서재남·윤홍만은 바로 이 면제혜택을 받아 변호사시험에 합격했다.

강준호는 1930년 안악보통학교에서 훈도생활을 시작한 교사 출신으로 1937년·1939년·1943년·1945년에 조선변호사시험 예비시험에 합격했다. 1941년에도 창씨명으로 황해도에서 교사생활을 한 기록이 발견되는 것으로 보아 교직에 있으면서 조선변호사시험에 계속 응시한 것 같다. 이법회 경력을 바탕으로 1947년 마침내 1회 변호사시험에 합격했지만 이후 모든 기록에서 완전히 사라졌다. 그도 역시 납북자로 확인된다. 1921년생으로 경성법정학교(경성법전과는 다른 학교)를 졸업한 서재남은 사법관시보를 마친 후 1950년 12월 2일 인천지청 검사로 임용되었고 1961년 10월 31일 대전지방검찰청 부장검사로 퇴임했다. 그는 1945년 조선변호사시험 응시 덕분에 비교적 젊은 나이에 해방후 변호사시험의 필기시험을 면제받은 운 좋은 경우였다. 1908년생인 윤홍만은 1940년과 1945년에 예비시험에 합격했고 1951년 서울지방법원 판사로 임용되어 1960년 8월 4일 대전지방법원 서산지원장으로 퇴임했다.

1947년과 1948년에 치러진 1회와 2회 변호사시험 합격자 중에서 1945년도 조선변호사시험 출신을 가려내는 일은 비교적 쉽고 결과도 정확하다. 1946년 사법요원양성소 입소시험의 필기시험, 1947년 1회 변호사시험의 필기시험, 1948년 2회 변호사시험의 필기시험 중 어디에도 합격한 사실이 없는 최종 합격자는 100퍼센트 이법회 출신으로 확정할 수 있기 때문이다. 이를 통해서 우리는 비로소 다른 시험에 녹아 들어간 이법회 원의 실체를 만나게 된다. 그 숫자는 생각보다 훨씬 많다.

해방후 처음으로 실시된 1947년의 1회 변호사시험에는 모두 805명이 응시하여 30명이 필기시험에 합격했다. 응시자 중에서 3.7퍼센트만이 합격한 바늘구멍이었다. 구술시험을 마치고 최종 합격한 사람은 54명이 었다.[13] 일반적인 시험은 한단계씩 진행될 때마다 탈락자가 늘고 합격자 가 줄어든다. 단계별 시험을 통해 사람을 걸러내는 것이 시험의 목적이 기 때문이다. 그러나 1회 변호사시험은 2차에 해당하는 필기시험보다 3차를 통과한 최종 합격자 수가 더 많은 기형적인 구조였다. 필기시험에 합격하고 구술시험에 탈락한 수험생도 3명이 있었다. 그래서 최종 합격 자 54명 중 필기시험 미응시자가 27명이다. 그중에서 전년도에 실시된 사법요원양성소 입소시험 필기에만 합격하고 구술시험에 낙방해 1회 변호사시험의 필기를 면제받은 사람은 10명이다. 그렇다면 1회 변호사 시험에서 이법회 출신은 17명이라는 계산이 나온다.

강준호·김기옥(金基玉)·김선(金璿)·김해생(金海生)·선동환(宣東桓)·오용근·윤명수(尹命守)·이강순(李康淳)·이창락(李漲洛)·이중기(李仲基)·임준수·정순백(鄭淳伯)·지문식(池文植)·채희일(蔡熙日)·최찬식(崔燦植)·편영완(片永完)·허수철(許壽哲)이 그들이다. 이들 중에서 오용근은 서울 지방법원 판사로 일하다 한국전쟁 중 납북되었고, 김해생·편영완은 부장판사를 지내고 퇴직했다. 윤명수는 1949년 5월 4일부터 부산지방검찰청 검사로 일하다 1956년 판사로 전관해 1957년 4월 30일 전주지방법원에서 퇴직했고, 임준수는 1949년 2월 4일부터 강경지청 검사로 일하다 퇴직한 직후 납북되었다. 김선은 1950년 3월 22일 청주지방검찰청에서 검사생활을 시작했고, 1974년 7월 8일 법무부차관으로 퇴직했다. 최찬식은 1950년 12월 28일 대구에서 검사생활을 시작해 1972년 6월 19일 대검찰청 검사로 퇴직했다. 나머지 사람들은 판검사 경력 없이 변호사로 일했다.

이강순 변호사에 대해서는 홍남순 변호사의 회고가 남아 있다.* 홍남순은 전남 곡성 출신의 이강순이 자신보다 1년 먼저 변호사시험에 합격했다고 적었다. 1904년 7월 9일 태어난 이강순은 1937년과 1938년에 예비시험에 합격한 기록이 남아 있다. 꽤 오랜 기간 수험생활을 하다가 1945년에도 예비시험에 합격해 필기시험장에 들어갔고, 이를 기반으로 1947년 변호사시험의 필기시험을 면제받아 최종 합격한 것으로 추정할 수 있다. 변호사 등록은 1949년 3월 2일 광주에서 했다. 한국전쟁이 터지고 광주에서 은거하던 홍남순은 이강순과 연락이 닿았다. 이강순은 "홍변호사, 인민변호사회가 구성되었습니다. 지금 가입을 안 하시면 아마 다시는 변호사 노릇을 할 수 없을 겁니다"라고 권유했다. 홍남순은 "저들이 절대 오래가지 않으니 한시바삐 고향으로 내려가라"고 오히려 이강순을 설득했다. 홍남순은 인민변호사회에 가담하지 않고 외롭게 불안한 나날을 홀로 버텼다.[14] 이후 이강순에 관한 기록은 찾아볼 수 없다.

1948년에 치러진 2회 변호사시험은 이법회원에게 마지막 기회였다. 1945년 가을 일본인 시험위원회에서 합격증을 받아내면서 활짝 열린 것처럼 보였던 문이었다. 먼저 달려간 사람들은 곧바로 문 안에 들어가 사법관시보에 임용되었다. 다음해부터는 문이 계속 좁아졌다. 이제 2회 변호사시험까지 떨어지면 변호사자격 취득 자체가 불투명해진다. 필기시

---

* 홍남순의 전기는 이강순을 '이광순'으로 잘못 표기하고 있다. 구술과정의 오기로 보인다.

험이 면제되어 구술시험만 치면 되니 상대적으로 쉬운 시험이었지만 당사자들 입장에서는 이미 사법관시보가 된 동료들과의 불평등이 부당하게 느껴졌을 것이다.

그해 2회 변호사시험의 필기시험과 구술시험에 합격한 김두현은 합격 당시 작성한 생생한 '합격기'를 훗날 자신의 자서전에 포함시켰다.[15] 70년 전의 합격기를 읽다보면 변호사시험의 문제, 시험방식, 시간 등이 오늘날과 동일해서 깜짝 놀라게 된다. 내용도 다르지 않다. 예컨대 형법 구술문제는 "갑(甲)이 병(丙)을 죽이려고 독약을 타놓은 것을 잘못 알아 동행의 을(乙)에게 주어서 을이 먹고 죽은 경우 갑의 형사책임"을 묻는다. 요즘 수험생에게도 익숙한 전형적인 '교과서 범죄' 문제다. 자신이 본 수험서를 쭉 나열하는 방식으로 마무리되는 합격기의 형식과 내용도 1980년대와 대동소이하다. 김두현이 구술시험의 구체적인 문제까지 기억하고 있는 걸로 미루어볼 때 구술시험이 당락을 좌우할 수 있었던 것도 분명하다.

1925년생으로 고려대 법대 2학년 재학 중 2회 변호사시험에 합격한 김두현은 합격자 중 가장 어린 축에 속했다. 변호사시험 동기인 유태흥 대법원장과는 군법무관 임용, 판사 임명 시기까지 비슷했다. 6년의 나이 차이에도 평생 서로를 의식할 수밖에 없었다. 1965년 4월 30일자로 김두현이 먼저 고등법원 부장판사로 승진하여 대구로 발령이 났다. 일단 유태흥이 경쟁에 밀린 것처럼 보였다. 그러나 김두현은 공화당의 출마 권유를 받고 국회의원선거 준비를 위해서 바로 다음날인 5월 1일자로 법원을 떠났다. 서울지방법원 부장판사 시절 미국무성의 초청으로 미대륙 곳곳을 돌아본 김두현은 귀국 후 고향인 충남 당진에서 슬라이드를 돌려가면서 강연회를 여러차례 개최했다. 덕분에 얻게 된 지명도를 바탕으로 정치참여를 권유받았던 것이다. 대구에 1년만 있으면 서울고등법원 부장판사로 불러주겠다는 법원지도부의 설득에도 마음을 바꾸지 않았다. 서울에서 개업한 김두현은 1967년 국회의원에 당선될 때까지 "상상할 수 없을 만큼의 수입"을 올리며 선거자금을 마련했다.[16] 한번의 국회의원 임기를 마치고 정계를 떠난 김두현은 대한변호사협회장, 한국법학원장, 언론중재위원장, 세계법률가대회 조직위원장, 고려대 교우회장 등을 역임하며 비교적 평안한 삶을 누렸다.

김두현이 떠난 대구고등법원 부장판사 자리를 이어받은 것이 유태흥이었다. 김두현이 약속받은 그대로 유태흥은 1년 후 서울고등법원 부장판사로 자리를 옮겼고 대법관을 거쳐 대법원장이 됐다. 김두현 입장에서 유태흥의 삶은 '가지 않은 길'(the road not taken)이었다. 김두현은 필자와의 인터뷰에서 "(유태흥처럼 법원에) 그대로 있어서 시키는 대로 했으면 그게 낫지 않았을까 싶기도 하고 인생만사가 새옹지마고 뭐가 좋은지 모르겠다"라는 솔직한 아쉬움을 토로했다.

2회 변호사시험에 최종 합격한 사람은 김두현과 유태흥을 포함해 73명이었고, 필기시험 합격자는 그보다 적은 39명이었다. 필기시험 합격자 중에서 2명이 구술시험에서 탈락했다. 73명에서 필기시험을 거친 37명을 빼면, 필기시험 면제자는 무려 36명에 이른다. 그중에 사법요원양성소 필기시험 출신이 12명, 1회 변호사시험의 필기시험 출신이 3명이었다. 나머지 21명은 이법회 출신으로 특정할 수 있다. 강봉근(姜鳳根)·강욱중·김병기(金秉基)·김한영(金翰泳)·박무홍(朴武洪)·서재남·심영순(沈英舜)·안종식(安鍾植)·유백(劉白)·유태흥·윤창(尹昶)·윤홍만·이윤근(李潤根)·장상진(張相鎭)·장생룡(張生龍)·전일준(全一濬)·조기항(曺基沆)·조삼제(趙三濟)·권재찬(權載贊)·한정각(韓正珏)·홍남순 등이 그들이다.

서재남과 윤홍만에 대해서는 이미 이야기했다. 강봉근·안종식·유백은 법원의 부장판사로 퇴직했고, 이윤근·윤창은 검찰에서 지청장 또는 부장검사로 퇴직했다. 김병기는 광주지검장을 지냈다. '조선법학회' 창립에 참여한 강욱중은 제헌의원에 당선되었으나 '국회프락치' 사건으로 몰락했다. 나머지 사람들은 판검사 경력 없이 변호사로 일했다.

뒤늦게 변호사가 된 사람들

이법회 출신들의 변호사자격 취득 경로는 이게 전부가 아니다. 개별적으로 길을 개척한 사람도 많다. 『한국법조인대관』에 의하면 1918년생인 김재(金栽)는 1943년 주오대 법과를 졸업하고 만주 고등문관 채용고시에 합격한 후 1945년 조선변호사시험에도 응시했다. 1949년 서울지방검찰청 검사보로 임명되었고 1950년 검사생활을 시작해 1975년 금산지청장으로 퇴임한 후 1976년 변호사를 개업했다. 1943년에 일본 도후쿠제대를, 1958년에 런던대 대학원을 각각 수료했다는 내용도 함께 적혀 있다. 공식기록상 그의 임용 근거는 1949년에 시행된 간이검찰청 검사보시험이다. 간이법원과 간이검찰청은 간략한 사건을 처리하는 사법기구를 만들자는 즉흥적인 발상으로 1948년과 1949년에 잠시 논의되다가 곧 폐지된 제도였다. 주로 법원과 검찰청의 서기들이 시험에 응시했고, 간이법원이 설치되지 못함에 따라서 합격자들은 판검사로 바로 임용되었다.

김재는 도후쿠제대, 런던대, 만주 고등문관 채용고시, 1945년의 조선변호사시험까지 사실 확인이 어려운 경력이 첩첩이 쌓여 있는 인물이다. 법조계에는 이런 인물이 꽤 많다. 엄밀하게 말하자면 김재는 이법회 경력과 상관없이 검사보시험에 합격했으므로 1945년 조선변호사시험의 수혜자가 아니다. 그런데도 간이검찰청 검사보시험 대신 조선변호사시험을 자신의 자격 근거로 삼고 있다. 서기들을 대상으로 단 한차례 시행되고 폐지된 검사보시험보다는 불완전하나마 일제시대 조선변호사시험의 전통을 잇는 마지막 시험이 자격 근거로 더 그럴듯했는지도 모르겠다. 1975년 4월 1일자 신문기사는 대검찰청이 자체 기강확립에 나서 "담당사건과 관련, 모종 거래를 했거나 평소 과음추태를 부린 등의 이유로 인사조치"한 검사들 4명 중의 하나로 김재 지청장을 거론한다.[17] 전주지방검찰청의 평검사 직무대리로 강등된 그는 곧 사표를 냈고 1년 후 변호사를 개업했다.

1945년의 조선변호사시험 예비시험 합격자명단에 '후미이와'라는 창씨명[文岩鶴松]으로 이름을 올린 문학송은 1910년생으로 오산고보와 일본 고베의 미카게(御影)사범학교를 졸업하고 소학교 교사로 일했다. 1945년에 처음으로 조선변호사시험 예비시험에 합격해 이법회 회원이 된 그는 1948년 육군사관학교에 설치된 법무관 교육과정을 수료하고 법무관으로 일하다 1956년 변호사를 개업했다. 문학송은 1953년에 정신없이 치러진 군법무관 시험의 수혜자다. 앞서 잠시 언급했듯이 5월 23일에 치러진 두번째 시험에 합격했다.[18] 과정이야 어찌됐든 별도의 군법무관 시험에 합격했으므로 엄밀하게 말하면 이법회 수혜자가 아니지만, 문학송도 역시 자신의 이력에 1945년 조선변호사시험 합격을 명시했다.

1907년생인 배종건(裵宗建)은 『한국법조인대관』에 따르면 1926년 일본 와세다대 전문부 법과를 졸업하고 1928년 보통학교 교원시험에 합격해 교사로 일했다. 19세에 대학 전문부를 졸업했다는 기록이 좀 이상하기는 하지만 사실을 확인할 길은 없다. 『한국법조인대관』에는 그가 1940년에 울산 두북국민학교장을 지냈다는 기록이 나오는데, 『조선총독부 직원록』을 찾아보면 1941년 두북국민학교 교사 중에 다케모토 다쓰오(武本建雄)라는 사람이 있다. 똑같은 이름이 1945년 조선변호사시험 예비시험 합격자명단에 올라 있다. 배종건은 1957년에 변호사실무고시를 합격하고 1958년 9월 18일 부산에서 변호사로 등록했다. 변호사시험 합격자들을 대상으로 형식적으로 이루어진 변호사실무고시 합격만으로 변호사 등록을 한 배종건의 경우를 보면, 1948년의 2회 변호사시험 이후에도 이법회원에게 변호사가 되는 길이 열려 있었던 셈이 된다.

1917년생인 이건호(李建鎬)는 초창기 한국 형법학계의 손꼽히는 연구자로서 고려대, 서울대, 이화여대, 성균관대 등 서울시내 주요대학을 돌아가면서 교수생활을 했다. 그가 쓴 형법교과서는 수험서로도 유명했다. 1943년 일본 도후쿠제대 법문학부를 졸업한 그 역시 이법회 출신이다. 이건호는 고시공부를 계속해 판검사가 되는 대신 학자의 길을 선택했다. 고려대 법대교수로 재직 중이던 1961년에는 5·16 군사쿠데타 세력에 의해 『민족일보』 사건에 연루되기도 했다. 진보적 신문의 비상임 논설위원으로 평화통일과 남북협상을 주장하고 반공법에 반대했다는 죄목에다 일본서 좌익계열인 동창생 이영근을 만났다는 혐의가 덧붙여졌다. 이 책에 자주 등장하는 재일동포 '간첩' 그 이영근이다.

이건호 재판에는 유진오 총장 등 고려대 교수들이 총동원됐고, 법정대학장이던 이항녕(李恒寧) 교수는 특별변론을 맡았다. "고대는 생리적으로 용공을 싫어한다. 4·19의 선봉에 섰고 반공을 위해 싸워온 경력이 있다. 이건호 교수는 우리 고대가 신임하는 탁월한 법학자이며 인간성이 풍부한 지식인이다. 반공론자를 용공분자로 만든다면 이보다 더 큰 비극은 없을 것이다."[19] 고려대의 성향을 강조한 이항녕 교수의 변론 덕이었을까. 『민족일보』 조용수 사장이 억울하게 세상을 떠나는 와중에 이건호 교수는 징역 5년을 선고받고 목숨만은 건질 수 있었다. 이건호는 윤길중 등 한때 혁신세력의 기수였던 동료들과 함께 1981년 전두환이 창당한 민주정의당의 발기인이 되어 11대 국회의원을 지냈다. 이건호의 변호사 등록시기는 정확하지 않지만 『한국변호사사』가 수록한 변호사명부의 앞뒤 등록자를 기준으로 추론하면 대략 1959년 말에서 1960년 초로 보인다. 배종건과 비슷한 경로의 등록으로 생각할 수 있다.

1945년 조선변호사시험 예비시험에 '가토'(또는 '가와히가시')라는 창씨명〔河東明釆〕으로 이름을 올린 정명채는 1916년생으로 해방후 미군정청 회계감사관으로 일했다. 이만종이 수사해 1947년을 떠들썩하게 했던 '탐관오리 정명채 사건'의 주인공이기도 하다. 미군정청 상무국 배급계장이던 정명채는 피혁업자 등에게 무려 619만원의 뇌물을 받은 혐의로 구속되어[20] 징역 5년형을 선고받았다.[21] 대법원에서 징역형이 확정된 그는 1949년 주한미경제원조처 회계검사관, 1951년 주한미헌병사령부 법률고문으로 일했다. 유죄판결을 받고도 현직을 유지한 경위는 분명치 않다. 미군이 그의 방패막이 노릇을 했으리라 짐작할 뿐이다. 정명채의 변호사 개업일자는 1961년 2월 24일이다. 이법회 경력만으로 변호사를 개업한 마지막 사례다.

이법회와 관련해서는 1975년, 1983년, 1988년 세차례에 걸쳐서 재미있는 대법원 판례가 남아 있다. 소송을 제기한 사람은 김용래라는 인물이다. 자세한 전력은 알 수 없지만 1945년 조선변호사시험 응시자였던 그는 뒤늦게 변호사 등록을 시도했다가 거절당하자, 1975년 법무부 장관을 상대로 행정처분의 취소를 구하는 소송을 제기했다. 대법원은

"1945년 조선변호사시험 합격자에 대해서는 미군정청 부령 제3호에 의해서 1947년과 1948년에 실시된 조선변호사시험에 한해서 필기시험만 면제하기로 하였을 뿐 그후 고등고시령 또는 사법시험령 등에 아무런 규정도 두지 않은" 사실에 주목했다. 1947년과 1948년의 구술시험에 통과하지 못했다면 변호사가 아니라는 결론이었다. 단순히 1945년 조선변호사시험에 응시했다는 이유만으로 1949년 또는 1962년의 변호사법 부칙에서 말하는 '수습변호사와 동등 이상의 자격이 있는 자'에 해당하지 않는다는 논리였다. 이 대법원 판결에는 양병호·이영섭·이일규·강안희 대법관이 참여했다.[22] 1945년도 조선변호사시험 응시자로서 사법요원 양성소 필기시험 면제의 기득권을 포기한 강안희는 누구보다 사정을 잘 알고 있었을 것이다.

패소한 김용래는 새로운 논리로 두번째 소송에 도전했다. 1955년 2월 18일자로 법무부장관이 내린 변호사자격 부활명령에 근거하여 자신에게 변호사자격이 있다는 논리였다. 김용래가 주장하는 변호사자격 부활명령은 그 실체가 분명치 않으나, 배종건·정명채·이건호 등이 뒤늦게 자격을 취득한 근거조항으로 추정된다. 이번에도 대법원은 1955년 법무부장관의 자격부활 행정명령이 변호사자격을 인정한다는 취지였다 하더라도 이는 그때까지 법률이 정한 변호사의 자격요건을 갖춘 자에 한해서 인정한다는 것에 불과하다고 선을 그었다. 변호사시험을 관장한 법무부장관이라 하더라도 존재하지 않는 변호사자격을 인정할 권한은 없다고 해석한 것이다.[23] 김용래는 마지막으로 대한변호사협회를 피고로 새로운 소송을 제기했지만 대법원은 이전과 똑같은 논리를 들어 원고의 상고를 기각했다.[24]

김용래의 소송을 통해서 우리는 1945년도 조선변호사시험 응시자들의 정확한 위상을 다시 확인할 수 있다. 이법회활동으로 합격증을 받기는 했으나 그들은 엄밀히 말하면 어떤 시험에도 합격한 것이 아니었다. 공식적으로는 이후 몇번의 시험에서 필기시험을 면제받는 기득권을 누렸을 뿐이다. 다만 어떤 경로로든 이미 판검사 또는 변호사의 지위를 획득한 사람은 그 자격이 그대로 인정되었다. 그리고 모든 기득권은 1962년 4월 3일 공포되고 시행된 변호사법 부칙으로 인해 사라졌다. 개정된 변호사법 시행 당시 변호사의 자격이 있는 사람 또는 수습변호사로 있는 사람에 대해서만 변호사자격이 인정되었기 때문이다. 그날을 놓친 이법회원은 다시는 변호사가 될 수 없었다.

2장

유태홍과 홍남순,
같은 뿌리 다른 인생

유태홍의 '열패고'를 다시 생각하다

확인된 이법회원 중에서 가장 의외의 인물은 역시 유태홍이다. 기존의 모든 기록에 유태홍은 2회 변호사시험 출신으로 기록되어 있다. 오류는 아니다. 다만 그는 이법회 출신으로 필기시험을 면제받은 특이한 경우였다. 이법회 출신으로 유태홍이 겪은 나름의 고생을 생각하면, 김재곤 기자와의 인터뷰에서 그가 거론한 '열패고'의 의미를 비로소 이해할수 있다. "경쟁에서 탈락하고 실패할 때 당한 고통"이라는 설명처럼 '열패고'는 아마도 그의 인생에서 가장 큰 고통이었을 것이다.

아버지도 형도 식민지 법원에서 서기로 일했고, 자신도 일본 유학을했으니, 당시 기준으로는 상당히 유복한 형편이었다. 그러나 시험운은썩 좋지 못했다. 학교를 졸업하던 1944년에는 태평양전쟁으로 인해 고등시험 사법과가 실시되지 않았다. 조선으로 돌아와 응시한 조선변호사시험은 해방 당일에 중단되었다. 이법회를 통해 어렵게 합격증을 얻었고 동료들 중 일부는 그 합격증만으로 사법관시보를 거쳐 운 좋게 판검사가 되었다. 유태홍은 거기에 끼지 못했다. 첫번째 기회를 놓친 이법회원들은 당연히 1946년의 사법요원양성소 입소시험과 1947년의 1회 변호사시험에 응시했다. 필기시험 면제라는 기득권을 포기할 수 없었기 때문이다. 사법요원양성소 입소시험도, 1회 변호사시험도 응시 당시에는 마지막 기회로 보였을 것이다. 이후의 시험이 다시 기득권을 인정해주리란 보장은 없었다. 구술시험만 합격하면 되는 두번의 기회를 연달아 놓쳤으니 유태홍에게 뼈아픈 실패다. 그가 통과한 2회 변호사시험은 이법회 출신에게 사실상 마지막으로 주어진 법률가자격 취득의 기회였다. 유태홍은 막차 중의 막차를 탔다.

그런데 그게 끝이 아니었다. 기록을 살펴보면 1, 2회 변호사시험 출신들은 판검사 임용과정에서도 고생을 많이 했다. 한쪽에서는 판검사 숫자가 모자라 일제시대 서기 겸 통역생 출신들이 마구잡이로 임용되던 시절이었다. 1950년 이후 시행된 고등고시 사법과 출신들은 합격만으로 판검사 임용이 보장되었다. 그러나 변호사시험 출신들에게는 유독 가혹한 사법관시보 제도가 적용되었고, 대부분은 변호사시보를 거쳐서 먼저 개업부터 해야 했다. 일제시대 고등시험 사법과에서 신생 대한민국의 고등고시 사법과로 넘어오는 과도기에 생긴 일시적 현상이었다. 2회 변호사시험 출신들 중에서 사법관시보를 거친 선두그룹은 1950년 한국전쟁 발발을 전후해 판검사로 임용되었다. 유태홍은 여기에도 끼지 못했다. 그는 1949년 8월 17일 서울에서 변호사를 개업했고, 한국전쟁이 터지자 군법무관에 임용되어, 1957년 11월 6일이 되어서야 고향인 홍성지원의 판사가 될 수 있었다. 38세에 판사가 된 것이니 지금 기준으로 봐도 상당히 늦은 나이였다. 판사로서의 삶은 순탄했다. 경쟁자로 고등법원 부장판사에 먼저 승진한 김두현은 일찌감치 정치로 방향을 돌렸다. 김두현의 빈자리를 채우며 대구고등법원 부장판사를 거쳐 서울고등법원으로 올라왔다. 1966년부터는 서울형사지방법원의 수석부장판사를 겸직했다. 고등법원 부장판사가 지방법원에 파견되어 수석부장판사를 맡는 편법의 시작이었다.

1971년 7월 28일 서울지방검찰청 공안부가 서울형사지방법원의 이범렬(李範烈) 부장판사, 최공웅(崔公雄) 판사, 이남영(李南永) 서기 등에 대해 구속영장을 청구하면서 1차 사법파동이 터졌다. 이범렬 부장판사 등은 국가보안법 위반으로 1심에서 징역 3년을 선고받은 이방택 피고인 사건의 항소심 재판부였다. 이 사건의 증인신문을 하러 내려간 제주도에서 하경철(河炅喆) 변호사로부터 왕복 항공기표 등의 향응을 제공받았다. 그게 구속영장의 혐의사실이었다.[25] 영장 당직이었던 손진곤 판사는 선배에 대한 영장을 심사할 수 없다며 재배당을 요청했다. 수석부장판사로서 사건을 넘겨받은 유태흥은 영장을 기각했다. 판사들은 검찰의 무리한 뒷조사에 강력히 반발했다. 당일로 서울형사지방법원의 판사 42명 중 37명이 사표를 제출했다. 당사자인 판사 2명, 즉결담당판사 2명, 서울형사지방법원장 등 5명을 제외한 판사 전원이었다. 즉결담당판사 2명은 다음날 합류했다. 유태흥도 당연히 참여했다.[26] 당시 저항의 실질적 주도자는 훗날 인권변호사로 명성을 날리게 된 홍성우(洪性宇)·최영도(崔永道)·목요상(睦堯相) 등의 단독판사들이었다.[27]

영장이 기각되자 서울지방검찰청 공안부 최대현(崔大賢) 부장검사, 문제의 국가보안법 사건을 맡았던 김종건(金鍾健) 검사, 영장을 청구한 이규명(李揆明) 검사는 간부회의를 열어 "범죄사실을 구체화"한 구속영장을 새로 청구했다.[28] 2차 구속영장 청구에는 호스티스, 동침, 화투놀이 등의 자극적인 내용이 잔뜩 담겨 있었다.[29] 낯 뜨거운 내용은 여과 없이 신문지상을 탔다. 재청구된 영장을 심사한 백종무(白種畝) 부장판사도 이를 기각했다. 7월 30일 유태흥과 백종무는 홍성우·김인중(金仁中)·최영도·금병훈(琴秉勳)·목요상·김공식(金公植) 등 소장판사와 함께 민복기 대법원장을 만나 사법권 침해 상황을 털어놓고 사법권 독립을 위한 투쟁에 앞장서달라고 요청했다.³⁰ 다음날 유태흥은 기자들을 만나 "판사는 판결로만 말한다고 배워왔지만 오늘은 나도 말을 해야겠다. 100의 부패가 1의 부패를 규탄할 자격이 있느냐. 자기의 비위에 안 맞는다고 담당판사를 용공판사시 한다든지 예금을 뒤지고 사생활과 관례 따위를 들춰내는 분위기에서 어떻게 소신 있는 재판을 하겠는가"라고 직격탄을 날렸다.³¹ 후배들의 굳건한 지지를 바탕으로 사법권 독립에 앞장선 1차 사법파동 시기는 유태흥의 인생에서 가장 빛나는 시절이었다.

그러나 딱 거기까지였다. 1차 사법파동은 떠들썩한 시작에 비해 별다른 성과 없이 마무리되었다. 판사들의 저항에 밀린 박정희 정권과 검찰은 사건을 백지화했다. 저항의 의미로 제출된 판사들의 사표는 반려되었다. 이범렬 부장판사와 최공웅 판사는 8월 27일 사표를 제출했고, 대법원은 이범렬의 사표만을 수리했다. 소장판사들 중 홍성우와 김공식은 그해 10월 다시 사표를 제출하고 법원을 떠났다. 김인중·최영도·금병훈·목요상은 1973년 재임용 탈락 통보를 받고 변호사를 개업했다. 최공웅은 1999년 특허법원장을 지내고 퇴임한다.

1차 사법파동은 사법부가 독재정권에 저항한 대표적인 사건으로 꼽힌다. 당시 서울지방법원 판사들은 "반공법 국가보안법 위반 사건의 영장발부로부터 선고에 이르는 과정까지 검찰과 견해를 달리할 때 담당법관을 용공분자로 취급, 공공연히 압력을 가하고 신원조사를 하는 등 심리적 압박작용을 조성한 사례" 등 일곱가지를 사법권 독립을 위태롭게 한 경우로 열거했다. 공식적으로 발표된 문건만을 기준으로 판단하면 1차 사법파동은 사법권의 독립을 수호하기 위한 판사들의 정의로운 행동이 맞다. 그렇다면 1차 사법파동에서 소장판사들의 큰형님 노릇을 자임하며 법원 안팎의 신망을 얻었던 유태흥은 도대체 왜 전두환 정권에서 갑자기 사법권을 망치는 대법원장으로 변하게 되었을까?

1차 사법파동의 출발은 변호사가 판사에게 제공한 향응이었다. 향응을 받아 문제가 된 판사들도 서울형사지방법원 소속이었고 가장 먼저 격렬하게 저항한 것도 서울형사지방법원 판사들이었다. 검찰의 수사에 맞선 법원의 일사불란한 대응은 놀라울 정도였다. 전관 출신 변호사가 판검사들에게 휴가비, 실비, 회식비, 찻값 등 각종 명목으로 제공하는 '용돈'이 관행적으로 용인되던 시절이었다. 선배 변호사들에게 용돈은 받아도 재판만 똑바로 하면 된다는 생각이 팽배했다. 홍성우 변호사의 회고에 따르면 이범렬은 "집안도 좋고 경제적으로도 부족한 점이 없었고 잘나가는 엘리트"였다. "법조인으로서의 자존심이나 품위를 따지는 사람"이기도 했다. 그런 일이 아니었다면 "변호사 개업을 할 사람이 아니"었고, "대법관을 지내고도 남을 분"이었다. 다른 판사보다 무죄판결도 많이 내렸다.[32] 그만큼 자기 재판에 대한 자부심이 강한 사람이었다. 그러나 법조계의 기존관행에서 자유롭지는 못했다. 법원과 검찰 사이의 삐거덕거림이 상존하는 상황에서 이범렬 부장판사 사건이 터지자 판사들은 격분했다. 홍성우 변호사의 표현을 빌리자면 "의외로 당했다 싶었기" 때문이었다.

돈이 오가는 당시의 관행을 중심에 놓고 보면, 판사들의 사표제출을 사법의 독립성 수호를 위한 순수한 저항으로만 해석하기 어렵다. 유신을 앞두고 서서히 옥죄어오던 검찰과 정보기관의 감시와 통제에 신물을 느낀 젊은 판사들의 공분이 작동한 것은 분명하다. 그러나 관행화된 비리의 노출로 위기에 처한 법원조직의 이익을 수호하려는 구성원의 의지도 무시할 수 없다. 어쩌면 다소 상반된 두가지 동기가 있었기에 전체 법관들이 그처럼 일사불란하게 저항에 참여할 수 있었는지도 모른다.

유태흥은 서울형사지방법원 수석부장판사로서 수사기관의 비밀구속영장 심사업무를 담당하는 동안 영장을 기각한 일이 거의 없는 것으로 유명했다.[33] 비밀구속영장은 검사가 구속영장청구서를 법원 접수창구에 정식으로 접수시키지 않고 직접 형사수석부장판사에게 제출하여 발부받는 영장이었다. 언론에 알려지면 곤란한 정치적인 사건, 시국사건들이 많았다. 가끔은 소명자료가 부족하여 정식으로 청구하면 기각당할 것 같은 사건에 악용되기도 했다. 변정수(卞禎洙) 전 헌법재판관의 표현을 빌리자면, 비밀구속영장을 그대로 내준 행위는 검찰이나 중앙정보부의 '앞잡이' 노릇을 한 것이나 다를 바 없었다.[34] 그런 점에서 유태흥은 독립성을 강조한 소장판사들과 기본입장이 다른 사람이었다. 이 부분을 포함시켜 전체를 조망하면 1차 사법파동 이후 유태흥이 보인 독특한 변화도 이해할 수 있다. 박정희의 입장에서 봤을 때, 독재에 저항한 소장판사는 당장 잘라내야 할 위험요소였지만, 자기 조직만 지키려는 판사는 잘 구슬려 함께 가야 할 동반자였기 때문이다.

장애인 판사 임용탈락과 강건용 사건

정권에 밉보이기 딱 좋은 1차 사법파동의 선두에 서고도 유태흥은 아무런 불이익을 당하지 않았다. 유신정권 아래에서 그는 서울형사지방법원장으로 영전했고, 뒤이어 대법관에 임명됐다. 전두환은 그를 '새 시대' 대법원의 얼굴로 선택했다. 전두환 시대의 법원은 어디 가서 정의를 이야기할 수 없을 정도로 망가진 조직이었다. 그 안팎에서 벌어진 온갖 어두운 행태의 중심에 유태홍이 있었다. 유태홍 대법원장의 재임기간에 일어난 어두침침한 사건들을 여기서 모두 거론할 수는 없다. 그래도 1982년의 장애인 법관 임용탈락 사건만은 그냥 지나칠 수 없다.

1982년 8월 대법원은 지체장애가 있는 지원자 4명을 법관 임용에서 탈락시켰다. 조병훈(趙炳勳)·김신(金伸)·박찬(朴燦)·박은수(朴殷秀) 4명의 탈락자는 모두 소아마비가 있는 몸으로 1980년의 22회 사법시험에 합격해 1982년 사법연수원을 수료한 사람들이었다. 그해 판사지원자는 사법연수원을 갓 수료한 12기와 군법무관을 제대한 9기를 포함해 모두 70명이었다. 법원은 그중 '신원특이자' 1명과 장애인 4명을 탈락시켜 65명만을 임용했다. 장애인으로 판사에 지원한 5명 중 1명은 장애가 경미하다고 해서 군산지원 판사로 임명되었다. 장애인이라는 이유로 탈락한 4명은 모두 성적이 중상위권이어서 평소라면 임용에 문제가 없었을 사람들이었다. 장애를 지닌 고시합격자의 판사 임용이 처음도 아니었다. 1958년 9회 고등고시 사법과에 합격한 김용준(金容俊)은 1960년에 판사로 임용되어 1982년에는 이미 서울고등법원 부장판사로 재직 중이었다. 만약 지원자 숫자가 법원의 애초 임용계획보다 많았다면 평소처럼 성적순서대로 발령하면 될 일이었다.

이 사건이 문제되자 대법원장이 직접 나섰다. 유태홍 대법원장은 "채용인원이 65명인데 지원자는 70명이었으므로 선별이 불가피하고 선별을 하려면 신체가 비정상적인 사람보다는 정상인 사람을 택하는 것이 합당하다"라는 이유를 댔다. 당시는 장애가 있으면 아예 검사 지원도 못하던 시절이었다. 익명의 법원관계자는 유태홍의 설명에 한마디를 보탰다. "이젠 판사도 검사에 못지않는 활동성을 요구하는 시대가 됐고 판사의 업무도 점점 격무화되는 추세인 만큼 판사 선발기준에도 신체조건을 강조해야 될 때가 됐다."[35] 누가 봐도 대법원장의 뜻이 담긴 인사였다. 대법원장이 멀쩡한 법관후보자들을 '열패고'로 몰아넣은 것이다.

말도 안 되는 법원의 설명에 여론이 들끓었다. 김용준 부장판사는 박은수 연수생과 함께 대법원을 찾아가 "나보고도 사표를 내라는 취지냐?"며 임용탈락한 지원자들의 편을 들었다.[36] 보건사회부 대변인도 "복지사회 건설이라는 제5공화국의 국정지표 정신에 비추어볼 때 전국적으로 100만에 달하는 심신장애자들은 능력과 적성에 따라 정상인과 다름없는 사회적 대우를 받아야 한다"라고 유감을 표명했다.[37] 졸지에 국정지표에 반하는 인물이 된 유태흥 대법원장은 8월 27일 입장을 선회해 긴 설명을 내놓았다.

"이들을 임용대상에서 제외한 것은 법관보다는 변호사를 지망하는 것이 낫겠다는 판단에서였다. 이 조치에 대한 당사자들과 유관단체, 학계, 정치인 등 많은 사람들의 의견을 들어본 결과 이를 재고키로 했다. 이들을 적당한 시기에 구제할 수 있을지는 의문이나 적어도 일부는 추가임용할 용의를 갖고 있다. 추가임용의 구체적 시기는 당장은 말할 수 없으나 현재 4명의 판사가 사표를 냈고 앞으로도 사표가 계속 들어올 것으로 보여 이를 관망, 수급계획을 다시 세워 가까운 장래에 이들 4명을 임용토록 하겠다."[38]

전북 내장산에서 의원세미나를 진행 중이던 집권 민주정의당의 김용태 대변인은 이 문제에 유감을 표시했다가, 대법원장의 재고소식을 뒤늦게 전해 듣고 성명을 취소하기도 했다.[39] 권력의 눈치를 보는 대법원장의 빠른 대응에 집권당조차 따라갈 수 없었던 것이다.

4명의 지원자들은 다음해인 1983년 1월 31일자로 모두 판사에 임명되었다. 어렵게 임용된 김신은 2018년 8월 대법관으로 퇴임하며 35년의 판사생활을 마무리했다. 해피엔딩이었지만 이들 4명의 판사는 동기들보다 5개월 늦은 손해를 감수해야 했다. 통상 3월로 예정되었던 인사가 한 달 앞당겨진 것이 그나마 다행이었다. 여기에는 다른 사연이 있었다. 김신 등이 뒤늦게 판사로 발령을 받은 바로 그날 서울형사지방법원 박준용(朴俊庸) 부장판사와 서울지방법원 남부지원 정명택(鄭命澤) 부장판사가 각각 강경과 장흥으로 좌천됐다. 이들을 빨리 좌천시키기 위해 전체 법원의 인사가 한달 앞당겨진 게 분명했다. 이들은 당시 손꼽히는 요정 대원각과 삼청각의 주인인 이경자·이정자 자매의 외화 밀반출 사건을 담당했던 판사들이었다.

이 사건은 1982년 6월 10일 김포공항 검색대에서 미화 27만 달러가 든 가방이 적발되면서 시작되었다. 미화의 주인인 이경자는 구속 기소되었다가 8월 16일 서울지방법원 남부지원 박준용 부장판사의 보석결정으로 풀려났다. 10월 18일에는 박준용의 후임인 정명택 부장판사가 피고인 이경자에게 징역 1년에 집행유예 3년을 선고했다. 구속되었던 피고인이 이런 식으로 풀려나면 검찰은 일반적으로 항소를 한다. 그러나 서울지방검찰청 남부지청은 항소를 포기했고, 1심의 집행유예 판결은 그대로 확정되었다. 법원과 검찰에 누군가 작업을 한 것으로 보기 딱 좋은 상황이었다. 이 내용은 청와대 사정팀에 알려졌고, 청와대의 통보를 받은 안기부는 1983년 1월 5일 수사를 시작했다. 작업을 한 사람은 곧 드러났다. 유태흥 대법원장의 비서관이었던 강건용(姜鍵用)이었다. 강건용은 이경자·이정자 자매가 보석을 받도록 도와주는 대가로 3000만원을 챙겼다.[40] '법조브로커' 노릇을 한 것이다. 강건용은 안기부의 수사과정에서 "얼굴을 알아볼 수 없을 정도로" 가혹행위를 당했다. 그는 징역 7년의 구형에 이어 징역 3년 6개월의 실형을 선고받았다.[41] 법조계에는 온갖 흉흉한 소문이 돌았지만 사건의 정확한 실체는 알려지지 않았다.

'국가정보원 과거사건 진실규명을 통한 발전위원회'에 참여해 과거 비밀기록을 열람한 역사학자 한홍구 교수는 정보기관에 의해 법원과 검찰이 초토화된 계기로 강건용 사건을 지목한다. 홍영기 변호사의 사무원이던 강건용은 1957년 군법회의 사건과 관련해 유태흥과 처음 인연을 맺었다. 군법무관 출신으로 1954년 개업한 홍영기 변호사는 아무래도 군대사건을 많이 담당했다. 1957년은 유태흥이 군법무관에서 법관으로 전직을 앞둔 시기였다. 유태흥과 강건용의 관계는 아마도 접대와 관련해서 시작되었을 가능성이 크다. 사교춤 실력이 탁월했던 강건용이 유태흥에게 춤을 가르쳐주면서 두사람은 급속히 가까워졌다. 유태흥이 1961년 상처하자 강건용은 유태흥의 집안일까지 돌보아주면서 개인비서 역할을 하게 되었다. 1973년 유태흥이 서울형사지방법원장에 임명된 후에는 비서관으로 특채되어 유태흥이 서울고등법원장, 대법관, 대법원장으로 승진을 거듭하는 내내 그와 동행했다. 한홍구 교수가 찾아낸 당시 안기부 보고서에 따르면, 강건용은 유태흥 등 대법관 2명, 고등법원장 1명, 지방법원장 3명, 지방법원 부장판사 2명 등에게 사건이나 인사를 청탁해 대부분 원하는 것을 이루었다고 한다.[42]

강건용 사건이 터지자 유태흥은 신병을 핑계로 며칠 동안 출근도 하지 않았다. 박준용과 정명택은 사건과 관련해 돈을 받은 적도 없고 보석 요건이 갖추어져 석방했을 뿐이라고 버텼다. 박준용 부장판사는 유태흥 대법원장이 대법관으로 일할 때 그 밑에서 재판연구관을 했던 가까운 사이였다. 그는 억울함을 호소했다. 유태흥은 정기인사를 한달 앞당겨

두사람을 강경과 장흥으로 좌천시켰다. 노골적인 사퇴 압박이었다. 인사의 의미를 깨닫고 2월 1일 사표를 쓴 박준용은 곧바로 안기부로 끌려갔다. 정명택은 한달 반을 장흥지원장으로 버티다가 3월 18일 사표를 썼다. 항소를 포기했던 검찰 쪽에서는 이진록(李進綠) 검사와 박혜건(朴惠建) 부장검사가 파면, 서울지방검찰청 이창우(李彰雨) 검사장과 조용락(趙鏞樂) 남부지청장이 의원면직되는 것으로 일단락되었다.[43]

소신 판사들에 대한 보복과 대법원장 탄핵

이 난리를 겪고도 유태흥은 건재했다. 그러나 그의 재임기간 내내 법원은 청와대, 안기부, 검찰의 요구에서 자유로울 수 없었다. 약점이 있는 판검사처럼 정보기관에 만만한 먹이가 없다. 일상적으로 법원을 드나들던 안기부 조정관들은 판사 개개인에게 압력을 가하기보다는 법원장이나 수석부장판사를 통해 간접적으로 영향력을 행사하는 길을 선택했다. 그게 훨씬 잘 먹혔다. 지극히 일부 판사들만이 이런 흐름에 역행했고, 그들에게는 가혹한 보복이 뒤따랐다.

1985년 1월 21일 전국기독교농민총연합회 나상기(羅相基) 사무국장은 총선을 거부하자는 내용의 「전국기독자민주쟁취선언」과 "언 땅에 봄을, 조국에 민주화를"이라는 스티커를 전국기독자민주쟁취대회 운영위원회에 배포했다. 한국기독학생총연맹(KSCF) 회장 출신인 나상기는 1973년 부활절 연합예배에서 유신반대 유인물을 뿌린 이후 각종 민주화운동에 주도적으로 참여해온 기독교 운동가였다. 그의 즉심을 담당한 서울형사지방법원 조수현(趙秀賢) 판사는 "국민에게는 비판의 자유가

있으며 허위사실유포에 해당하는지 여부를 확인하기 힘들다"라는 이유로 무죄를 선고했다.44

1985년 6월 3일 인천에서는 서울대, 중앙대, 인하대, 숙명여대, 상명여대의 대학생 150여명이 "노동운동 탄압하는 군사독재 박살내자"라는 플래카드를 들고 화염병을 던지며 시위를 벌였다. 경찰은 현장에서 연행된 25명 중 14명에게 집회 및 시위에 관한 법률 대신 도로교통법 및 경범죄처벌법을 적용해 즉심에 회부했다. 즉심담당 박시환(朴時煥) 판사는 피의자 3명에게만 구류 3~4일을 선고하고, 나머지 11명에 대해서는 "범행을 입증한 증거가 불충분하고 학생들의 추상적인 구호를 유언비어로 단정할 수 없다"라며 무죄를 선고했다.

용기의 대가는 당장 지불해야 했다. 그해 9월 1일자 인사에서 조수현 판사는 대전지방법원 강경지원으로, 박시환 판사는 춘천지방법원 영월지원으로 좌천되었다. 서울에서 4년 이상 근무한 조판사에 대해서는 법원이 정기인사라고 우길 수 있었으나, 박판사는 인천에 발령받은 지 6개월 만에 이루어진 비정상적인 인사였다. 두 인사 모두 명백한 보복이었다.45

서울민사지방법원의 서태영(徐泰榮) 판사는 『법률신문』에 이와 같은 인사를 비판하는 글을 실었다. 인사가 법관에 대한 처벌의 도구로 쓰여서는 안 되고, 소신있는 판결을 내린 법관을 문책하는 인사는 사법부의 자상행위라는 내용이었다. 서판사는 조수현과 박시환이 좌천된 것과 같은 9월 1일자 인사로 서울지방법원 동부지원에서 서울민사지방법원으로 자리를 옮긴 상태였다. 대법원은 하루 만인 9월 2일자로 서판사를 부산지방법원 울산지원으로 발령낸다. 역시 보복인사였다.

이 모든 결정을 내린 인사권자가 유태흥 대법원장이었다. 9월 3일 서울지방변호사회(회장 박승서)는 "법관의 재판상 신분상 독립성을 저해하는 사태가 재발하지 않도록 관계당국에 강력히 건의해주기 바란다"라는 내용의 의견서를 대한변호사협회에 보냈고, 법원행정처의 부지런한 로비에도 불구하고 대한변호사협회 이사회는 12 대 8로 대법원장의 사퇴 권고를 포함한 건의문을 의결했다. 9월 18일 당시 야당이던 신민당은 소속의원 102명의 이름으로 대법원장 탄핵소추 결의안을 국회에 접수했다. 소수야당의 상징적인 탄핵소추안 발의였다. 탄핵소추안은 찬성 95표, 반대 146표로 간단히 부결되었다.[46]

그해 12월 9일 전국법원장회의에서 유태흥 대법원장은 세달 동안의 침묵을 깼다. 미리 준비한 무려 24페이지짜리 훈시문을 낭독한 그는 "세칭 인사파동 사건에 관해 한마디 언급하겠다"라고 입을 열었다. 그는 격앙된 어조로 "99퍼센트에 해당하는 훌륭한 법관의 명예와 위신을 보호하기 위해 1퍼센트에도 미달되는 극소수의 훌륭하지 못한 법관을 징계 또는 전보조치로 반성의 기회를 갖게 하는 것은 인사권자의 권한행사라기보다는 오히려 직책상의 의무이행"이고, "이는 소위 법관 신분보장의 원칙과는 그 각도와 평면을 달리하는 것으로서 서로 상충되는 것이 아니"라고 주장했다. 모든 책임은 언론과 정치권에 돌렸다.

"지난 9월 초순 어느날 갑자기 일부 신문이 인사배경을 알지도 못한 채 인사가 마치 법관 신분보장의 원칙에 위배라도 되는 듯이 과장 보도했다. 이 보도는 불에 기름을 끼얹은 만큼이나 위력을 발휘해 독자를 현혹시키기에 충분하였고 드디어 일부 재야법조인과 정치인의 오해까지 낳게 돼 마침내 세계역사상 전무후무한 대법원장 탄핵사태까지 빚어지게 했다."

유태흥은 자기 처지를 오얏나무 아래에서 갓을 고쳐 쓰다가 도둑으로

1985년 12월 9일의 전국법원장회의에서 훈시하는 유태흥.

몰린 것에 비유했다. 자신의 행동은 사법부의 기강을 바로잡기 위한 책무로서 결코 후회하지 않지만 법관과 직원들에게는 미안하다는 이야기였다. 다음날의 『조선일보』 기사는 "그동안 하고 싶은 말을 꾹꾹 참아왔던 대법원장이 언론을 상대로 참으로 용기있는 발언을 했다"라는 법원 관계자의 긍정적인 평가로 마무리됐다.[47] 유태흥은 5년의 임기를 무사히 마치고 다음해인 1986년 4월 15일 퇴임했다.

'열패고'와 함께 유태흥의 삶을 설명하는 또다른 열쇠는 한국전쟁 중의 납북경험이다. 유태흥이 서울에서 변호사 개업을 하고 1년이 되기 전에 한국전쟁이 터졌다. 유태흥은 평양 근처 탄광에 끌려가 지하 600미터 막장에서 세달 동안 강제노동을 하다가 감시가 소홀한 틈을 타서 단신으로 탈출했다. 천신만고 끝에 충남 홍성 집에 도착한 유태흥은 아버지

가 이미 인민군에게 학살되었음을 알게 되었다. 유태흥이 군법무관으로 입대한 것은 그후의 일이다.[48]

한국전쟁 때는 납북·월북자가 워낙 많았기 때문에 일단 끌려갔다가 탈출해 돌아온 사람들도 적지 않았다. 유태흥의 직전 대법원장이었던 이영섭 역시 북한에 납북되었다가 돌아온 전력이 있다. 법원의 공식기록에 이영섭은 아직까지도 납북자로 이름이 올라 있다.[49] 헌법재판관을 역임한 원로법학자 이시윤은 "(이영섭 대법원장이) 6·25사변 때 좌익활동을 했다는 이유로 법관직을 그만두었"고 덕분에 "바로 학계에 투신하며 소송법학자로 대성할 수 있는 계기가 되었다"라고 술회한다.[50] 이영섭이든 유태흥이든 북한에서 어렵게 탈출한 사람들은 그 사실을 밝히고 싶어하지 않았다. 북한에 끌려갔다 돌아온 것은 자랑스러운 전력이 아니라 위험한 전력이었다. 자칫하면 위청룡처럼 간첩으로 몰려 한순간에 인생이 끝날 수 있었다. 현체제에 끝없는 충성을 바치는 것만이 살길이었다. 한번이라도 북쪽과 얽힌 사람들이 평생 안고 가야 할 무거운 짐이었다. 납북경험이 유태흥의 모든 걸 정당화할 수는 없지만 박정희·전두환으로 이어지는 군부독재 세력과의 이상한 연대를 이해하는 데는 확실히 도움이 된다.

같은 약점, 다른 인생

이법회 출신이라고 모두 유태흥과 같은 삶을 살았던 것은 아니다. 1945년도 조선변호사시험 예비시험 합격자 중에는 '도요야마'로 창씨개명〔豊山南淳〕한 홍남순이 있다. 풍산 홍씨들이 본(本)을 따서 일괄적으

로 창씨를 했기 때문에 그의 본명을 찾는 것은 어렵지 않다. 1912년 전
남 화순에서 태어난 홍남순은 1933년 와카야마(和歌山) 시립상공학교를
졸업한 후 일본에 머물며 수년간 고등시험 사법과에 도전했지만 실패했
다. 귀국해서는 무작정 광주지방법원의 일본인 법원장에게 이력서를 들
이밀고 전남 해남군 등기소 서기로 발령받았다. 그게 가능하던 시절이었
다. 서기로 일하면서 조선변호사시험에 도전해 1941년, 1942년, 1945년
예비시험에 세차례 합격했다. 그의 평전은 "예비시험 과목은 내용이 무
척 어렵고 난해해서 두번이나 예비시험에서 좌절을 맛보았다"라는 기록
을 남기고 있다.[51] 1943년과 1944년의 실패를 솔직하게 기술한 흔치 않
은 경우다.

1945년의 예비시험에 합격한 덕분에 그는 이법회원이 될 수 있었고,
이를 바탕으로 1948년 2회 변호사시험에 합격했다. 유태홍과 마찬가지
로 2회 변호사시험의 필기시험 합격자명단에는 홍남순의 이름이 없다.
홍남순의 평전은 그가 주경야독의 고달픔을 이겨내고 "2회 광복 조국
의 변호사시험에 당당히 합격"했다고만 적는다.[52] 전쟁이 터지고 1952년
3월 14일 뒤늦게 변호사로 등록한 홍남순은 군법회의 사건들을 처리하
면서 경제적으로 자리를 잡았다. 그런데 하필 그때 입영영장이 나왔다.
1912년생이었지만 2년 늦게 호적에 올린 까닭에 엉뚱하게 군입대 대상
이 된 까닭이었다. 1953년 실제로는 41세의 나이로 군법무관이 된 그는
4년 이상을 군에 머물며 벌었던 돈을 다 "까먹고" 나서야 1957년 11월
6일 광주지방법원에서 판사생활을 시작했다. 제대할 수 있는 유일한 방
편이 판검사가 되는 거라서 달리 선택의 여지도 없었다.

1963년 9월 26일 홍남순은 광주고등법원에서 퇴직하며 궁동의 자택
에서 다시 변호사를 개업했다. '소년등과'하여 높은 자리에 빨리 올라가

는 것이 최고의 가치였던 법조계에서 크게 내세울 것 없는 평범한 삶이
었다. 변호사로 개업한 후에는 가시밭길의 연속이었다. 한일협정 반대투
쟁을 시작으로 박정희 대통령의 통치기간 내내 그는 광주지역에서 이
루어진 거의 모든 민주화운동의 선두에 섰다. 김대중·문익환·윤보선·
함석헌·정일형·박석무·정동년·양성우·송기숙·성래운·손주항·서경
원·윤한봉·문동환·서경석·이문영·고은·명노근·이우재·한명숙 등이
1960~70년대 그의 변호를 받았다.

1979년 10월 26일 박정희의 죽음으로 시작된 서울의 봄은 1980년 5월
18일 비상계엄의 전국 확대로 막을 내렸다. 광주에는 공수부대가 투입
되어 무자비한 폭력을 휘둘렀다. 시위학생들의 머리를 곤봉으로 때려 쓰
러뜨리고는 서너명이 함께 달려들어 군홧발로 으깨버리고 피곤죽을 만
들었다. 피투성이가 된 피해학생들은 트럭에 실려 사라졌다.[53] 5월 19일
홍남순 내외는 아들들이 있는 서울로 일단 몸을 피했다. 그의 나이 68세.
몸을 피한다고 누가 욕할 상황도 아니었다. 이날 계엄군의 발포로 광주
에서는 무수한 시민이 목숨을 잃었다. 다음날인 5월 20일 서울의 홍남순
은 가족회의를 소집했다.

"여기에서 편안히 살아남는다 해서 어찌 너희들 아버지 홍남순의 삶
이라고 말할 수 있겠느냐. 죽더라도 광주에 가서 죽고, 살더라도 광주에
가서 살겠다."[54]

대중교통이 끊기고 민간인 진입이 통제됐기 때문에 광주로 돌아가는
길을 찾기도 쉽지 않아 홍남순은 5월 21일 아침에야 가까스로 광주로 들
어갔다. 그날 계엄군은 시민군에 밀려 광주에서 철수했다.

5월 22일 홍남순은 남동성당 김성용 주임신부, 조아라 YWCA 회장,
이애신 YWCA 총무, 이성학 장로, 이기홍 변호사, 명노근·송기숙 전남대

교수 등으로 구성된 수습대책위원회에 참여했다. 5월 23일에는 도청 부지사가 주관한 수습대책위원회, 중앙교회 정기호 목사가 조직한 수습대책위원회, 김성용 주임신부가 조직한 수습대책위원회 등 각각 다른 세 개의 위원회가 전남도청에 함께 모였다. 시민군의 무기 회수와 관련해 격론이 벌어졌다. 5월 25일에는 홍남순·이기홍 변호사, 이성학 장로, 송기숙·명노근 교수, 장두석 광주양서조합 이사장, 박석무 광주 엠네스티 총무, 윤영규 교사, 조아라 회장, 이애신 총무, 청년대표 정상용, 윤상원 대변인 등으로 구성된 통합 수습대책위원회가 조직되었다. 도청 지하에는 최악의 경우 자폭하려는 시민군의 다이너마이트가 설치되어 있었고, 계엄군의 재진입은 시간문제였다.

　5월 26일 새벽 5시 30분 계엄군이 곧 시내로 진입할 것이라는 소식이 전해졌다. 도청의 시민군은 공포에 휩싸였다. 김성용 신부를 필두로 수습대책위원들이 무릎을 꿇고 기도하기 시작했다. 살길이 보이지 않았다. 김신부는 "어른들이 총알받이로 나서자"고 제안했다. 계엄군에게 당장 본래의 위치로 물러날 것을 요구하고 받아들여지지 않을 경우 전시민이 나서서 게릴라전에 나설 것임을 통보하기로 했다. 홍남순을 포함한 17명의 대표들이 동의했다. 행진 도중 계엄군의 총에 맞아 죽을 수도 있는 상황이었다. 이들이 도청을 벗어나 행진을 시작하자 외신기자들이 따라나섰다. 문자 그대로 '죽음의 행진'이었다. 그날 상무대 계엄사령부에 도착한 수습대책위원들은 오전 10시부터 오후 2시 30분까지 계엄당국과 협상을 벌였다. 소득은 없었다.[55] 그날 오후 6시 홍남순은 계엄군에 체포되었다. 국군보안사령부에서는 극심한 매질과 고문이 기다리고 있었다. 노인에게는 무리였던 80여일의 구금기간 내내 홍남순은 끊임없는 농담으로 동료들을 위로했다.

10월 25일 전남북 계엄군법회의는 홍남순에게 무기징역을 선고했다. 육군 고등군법회의와 대법원을 거쳐서 국방부장관의 확인으로 최종 확정된 형은 징역 7년이었다. 동기생인 유태흥이 대법원장이 되고 파안대소의 인터뷰를 하는 동안에도 홍남순은 교도소를 벗어나지 못했다. 그는 1981년 12월 25일 성탄절에야 형 집행정지로 석방되었다. 1983년 광복절 사면복권으로 변호사자격을 회복한 뒤에는 전남민주회복국민협의회 의장 등으로 활발하게 활동했다.

유태흥과 홍남순은 약점을 지닌 채 법조인생활을 시작했다. 1945년에 중단된 조선변호사시험 출신이라는 사실은 자랑거리가 될 수 없었다. 두사람은 전혀 다른 방식으로 그 약점을 해결했다. 한사람은 권력을 추구하면서 한시대를 사법부의 암흑기로 만들었다. 다른 한사람은 소박한 품성으로 이웃에게 자신을 내어주는 삶을 살았다. 출발은 같았지만 삶의 여정과 종착역은 많이 달랐다.

유태흥 대법원장은 2005년 1월 17일 서울 마포대교에서 한강으로 투신했다. 목격자의 신고를 받은 영등포소방서 수난구조대가 현장에서 그를 구조했지만, 86세의 고령인데다가 심장정지 시간이 길어 회생하지 못했다. 그는 자살 2주 전부터 "허리가 아프다, 죽고 싶다"라고 말한 것으로 알려졌다.[56] 지병에 시달리며 우울감을 느끼는 노인들의 자살문제로 신문이 한동안 떠들썩했다. 2006년 10월 14일 홍남순 변호사가 94세로 세상을 떠났다. 대선을 앞둔 시기라서 이명박·박근혜·고건·손학규·정동영 등 대권주자들이 줄지어 빈소를 찾았다. '조문정치'라 불릴 정도로 화제가 된 장례식이었다. 신문은 그를 '민주화운동의 대부' 또는 '광주의 빛'으로 지칭했다.

1945년 조선변호사시험 응시자들은 일제시대가 남긴 마지막 법률가

1986년 가톨릭대상을 받은 홍남순 변호사의 모습.
그는 '광주의 큰 어른'으로서 많은 존경을 받았다.

들이었다. 그들의 삶은 일본의 영향에서 결코 벗어날 수 없었다. 유태흥과 홍남순 두사람의 죽음으로 비로소 법조계의 한시대가 마무리되었다. 법조인으로서 많은 것을 누렸지만 마냥 마음이 편할 수만은 없었던 불행한 세대였다.

에필로그

그 시대에 훌륭한 판검사가
존재할 수 있었을까

'법에 사는 사람들'이 만든 신화

우리 현대사에 존재하는 '훌륭한 법률가 신화(myth)'의 기본틀은 '법에 사는 사람들'이 만들었다. 1984년 2월 27일부터 10월 12일까지 93회에 걸쳐 『동아일보』에 연재된 '법에 사는 사람들' 기획의 첫번째 주인공은 김홍섭 판사였고 마지막은 김병로 대법원장이었다. 두사람 사이를 최대교·정구영·이병린·유병진·조진만·김달호·김익진·김세완(金世玩)·이인·효봉스님·고재호·김용식(金龍式)·홍남순·방순원·안병찬 등이 채웠다. 우리 신문 역사상 가장 성공한 기획 중의 하나다. 이후 법조계 역사는 이 책이 선정한 '위인'의 범위를 한치도 벗어나지 못했다. 50대 이상의 법률가 대부분은 이 기획의 직간접적인 영향을 받았다.

취재를 담당한 『동아일보』의 이영근(李英根)·김충식(金忠植)·황호택(黃鎬澤) 세 법조출입기자는 나름대로 엄격한 기준을 적용했다. "수많은 동료들의 추천과 찬사"가 있다 해도 그 인물이 "한두차례의 판단을 그르친 일, 순간의 오류가 너무도 크게 그에 대한 평판을 지배하는 등의 이유"가 있으면 기획에서 배제했다.[1] 엄격한 기준에 따라 '법에 사는 사람들'에 뽑힌 생존 법률가는 자동으로 법조계 최고의 영예를 누렸다. 다만 기획을 총괄한 이채주(李采柱) 당시 『동아일보』 편집국장은 "더러 미화 된 측면"이 있고 "개인적인 오점을 객관적으로 뚜렷이 하지 못한 점을 부인할 수 없다"면서 일정한 한계를 인정하기도 했다.[2] 전두환 정권, 유 태흥 대법원장 체제하에서 이 정도 인물들을 발굴해낸 것만 해도 대단 한 용기였다. 기자들은 5공화국의 한복판에서 한창 엉터리 재판을 하고 있던 법률가들에게 '제발 이 선배들만큼이라도 똑바로 하라'는 메시지 를 던지고 싶었던 것 같다.

심혈을 기울인 만큼 반응도 좋아서 연재 도중이던 8월 17일 세 기자는 한국기자상 취재보도부문상을 수상했다. 11월 15일에는 같은 제목의 단 행본이 출간되었다. 출판사는 삼민사였고, 펴낸이는 김송자였다. 김송자 여사는 한승헌(韓勝憲) 변호사의 아내다. 반공법 필화사건으로 변호사 자격을 상실한 한승헌 변호사는 1인 출판사나 마찬가지인 삼민사를 꾸 리면서 어려운 시절을 견뎌냈다. 만약 지금 누군가 '법에 사는 사람들' 을 새로 기획한다면 첫번째에 들어갈 인물이 한승헌 변호사다. '법에 사 는 사람들'은 신문사의 첫 연재부터 단행본 출간까지 그만큼 촘촘하게 잘 짜인 기획이었다.

그러나 '법에 사는 사람들'이 간과한 부분이 있다. 주인공의 반대편 에 섰던 사람들이다. 시기의 장단, 지위의 고저는 있으나 최대교·김달 호·김익진·이인은 해방, 미군정, 정부수립, 한국전쟁, 이승만 독재, 군사 독재로 이어지는 엄혹한 시절의 어느 한시점에 검찰 고위직을 역임했 다. 김병로·고재호·방순원·김홍섭·김세완은 같은 시기에 대법원장, 대 법관, 법원장, 부장판사를 비롯한 법원의 최고위직을 두루 거쳤다. 훗날 진보당에 참여한 김달호 변호사 정도를 제외하면 모두 확고한 반공주의

자였다. 훌륭한 분들이었지만 어디까지나 보수진영 안의 상호인정이었
다. 중도와 좌파를 배제한 법원과 검찰, 즉 '그들만의 법조계' 안에서 찾
아낸 그나마 괜찮은 사람들이었다. '법에 사는 사람들'은 거대한 폭력의
물결 속에서 주인공이 한두번이라도 용기를 보여준 빛나는 순간에 렌즈
를 들이댔다. 덕분에 빛만 있고 그림자는 없는 법률가상(像)이 만들어졌
다. 일제시대 판사로 일하다가 독립군에게 사형선고를 내리고 번뇌 끝
에 출가했다는[3] 효봉스님의 경우에는 아예 그의 본명인 '이찬형(李燦
亨)'을 판검사명단에서 찾을 수 없다. 신화가 확대 재생산되다보니 전북
출신 법조인 김병로·김홍섭·최대교 3인을 '법조 3성(聖)'이라 명명한
책도 발간되었다. 이 새로운 저작에 참여한 학자들은 '법에 사는 사람
들'보다 훨씬 객관적인 태도를 유지했고 새로운 자료도 많이 발굴했다.
그러나 '3명의 성자'라는 의미의 '3성'은 아무래도 무리였다.

이 책 『법률가들: 선출되지 않은 권력의 탄생』은 '법에 사는 사람들'
기획이 애써 비껴간 어두운 그림자를 출발점으로 삼았다. 사라진 사람,
잊힌 이야기를 찾아 화각을 조금 넓히고 앵글을 살짝 바꾸니 새로운 사
실이 눈에 들어오기 시작했다. 해방공간의 자료들을 읽으면 읽을수록
'법에 사는 사람들'의 그늘도 깊어졌다. 그늘은 한마디 질문으로 요약되
었다. "과연 그 시대에 훌륭한 판검사가 존재할 수 있었을까?" '법에 사
는 사람들'의 주인공들은 경찰·헌병·정보기관의 불법체포, 고문, 조작,
과장이 일상화된 시기에 법조계의 중심을 지켰다. 공식적인 수사기관뿐
만 아니라 각종 극우청년단체들이 준군사조직(militia)을 운영하며 어마
어마한 폭력을 행사하던 시절이었다. 한국전쟁 초기에는 전국적으로 대
규모 학살이 진행됐다. 서울수복 이후에는 부역자를 무자비하게 처벌했
다. 좌익사범을 기소한 검사, 공판을 진행한 판사는 눈앞에서 벌어지는

고문과 학살을 몰랐을까? 그럴 리 없다. 피고인들은 목숨을 걸고 고문당한 사실을 알렸다. 판검사가 눈만 크게 뜨면 어디에나 진실이 널려 있었다. 그런데도 아무 일 없다는 듯이 공소제기와 유죄판결이 이어졌다. 그시절 판검사가 정의롭다면 얼마나 정의로울 수 있었을까? 책을 쓰는 내내 이 질문이 필자를 붙잡았다. 3년의 질문 끝에 얻어낸 평이한 결론은 다음과 같다.

일제식민지의 흔적: 고문, 조작, 과장 그리고 브로커

우리나라 법조계의 제도적·물적·인적 토대는 모두 일제시대에 마련되었다. 이 간단한 사실이 모든 문제의 출발점이다. 메이지유신 이후 프랑스와 독일의 법제를 받아들인 일본은 이를 그대로 식민지 조선에 이식했다. 조선시대까지 유지되었던 전통적인 법과 제도는 대한민국의 형성에 아무런 영향을 끼치지 못했다. 판결문, 공소장, 소장, 피의자신문조서, 심지어 호적등본 양식 하나도 우리 손으로 만든 것이 없다. 자유(freedom), 권리(right), 사회(society), 개인(individual) 같은 핵심개념도 모두 일본인의 손을 거친 번역어였다.[4] 일본도 충분히 소화하지 못한 제도와 개념이 식민지에 제대로 정착할 리 없었다. 개념과 현실의 틈새에서 고문, 조작, 과장, 각종 뒷거래가 독버섯처럼 자라나 일상으로 자리잡았다. 그만큼 모든 기반이 허약했다.

일제시대 초창기에는 주로 일본인 판검사와 변호사가 재판을 담당했다. 재판정의 공식언어는 일본어였다. 형사든 민사든 재판을 받는 대부분의 조선인은 통역이 필요했다. 법원의 조선인 서기가 통역 역할을 맡았다. 그래서 직함 자체도 그냥 '서기'가 아니라 '서기 겸 통역생'이었다. 서기의 엉터리 통역과 전횡은 일제시대 내내 법원과 검찰의 골칫거리였다. 충성심과 실력을 보여준 조선인 서기는 판검사로 발탁되었다. 이런 시스템하에서 조선인은 인생이 걸린 법적 분쟁이 있을 때마다 마치 '이상한 나라의 앨리스'처럼 남의 세계에 끌려 들어가야 했고 그중 일부는 영원히 돌아오지 못했다. 신적 권위를 가진 판검사에게 접근하기 위해서는 통역이라는 일종의 브로커가 필요했다. 다소 비약하자면 큰 사건이 터질 때마다 '용한' 변호사를 찾고자 브로커의 조언을 구하는 우리 법조계 주변의 이상한 행태도 일제시대의 재판구조와 무관하지 않다. 통감부 설치부터 무려 37년 이상 계속된 이런 시스템은 우리 법조계에 지울 수 없는 상흔을 남겼다.

일제시대 후반으로 갈수록 조선인 법률가의 비율이 조금씩 높아지지만 판검사의 경우에는 해방 당일까지도 조선인이 전체의 4분의 1 수준을 넘지 못했다. 당시 판검사가 되려면 도쿄로 건너가 최소한 한달 이상을 머물며 고등시험 사법과에 응시해야 했고, 합격 후에는 사법관시보가 되기 위해 천황에 대한 절대적인 충성심을 보여야 했다. 고등시험 사법과든 조선변호사시험이든 대부분의 합격자는 손꼽히는 명문학교를 졸업하고 법원의 서기나 행정관청의 하급관료로 일하며 시험을 준비한 사람들이었다. 순사나 고등경찰 출신도 적지 않다. 시험 준비, 응시, 합격 모두가 돈 없이는 불가능한 지난한 과정이었다. 상당한 재력이 뒷받침되어야 공부를 시작할 수 있었고, 학벌이 있어야 예비시험 면제 등 유리한 고지를 점할 수 있었다. 흔히 생각하듯 '흙수저'가 시험에 붙고 개천에서 용이 나는 시대가 아니었다. 오랜 세월 우리나라 법률가들은 권력·명예·부가 오직 능력에 의해 배분되는 '메리토크라시'(meritocracy)

의 상징처럼 행세했지만, 그런 세계는 어디에도 존재하지 않는다.

이 책의 등장인물 대부분은 『친일인명사전』에 등재되었다. 법조계에서는 누가 친일파인지 따져봐야 큰 의미가 없다. 고등관 이상을 기준으로 삼으면 판검사는 모두 친일파에 해당한다. 조선변호사시험 출신 순수 변호사라고 해도 일제시대 말기의 친일강연에 동원된 경우가 많았다. 서기 겸 통역생으로 해방을 맞이한 사람은 『친일인명사전』 등재를 피할 수 있었지만, 어쩌면 그가 더 악랄한 일제 협력자였을 수도 있다. 해방후 사회주의 계열에서 활동한 법률가들도 대부분 친일논란에서 자유롭지 못하다. 일제시대 말기 대동콘체른의 그늘 아래로 몸을 피한 허헌 변호사부터 고등경찰 전력이 추정되는 윤학기 변호사에 이르기까지, 정도의 차이가 있을 뿐이다. 현실적으로 존재하는 법과 제도를 인정하지 않고는 활동이 불가능한 법률 직역의 근원적 한계일 수도 있다.

일제시대부터 해방을 거쳐 한국전쟁으로 이어지는 역사적 격변기에도 시험합격을 통해 법률가가 되려는 개인의 삶은 크게 달라지지 않았다. 목표로 하는 시험의 이름이 달라졌을 뿐이다. 이법회원들의 수험인생이 이를 잘 보여준다. 수험생의 인생에서 가장 중요한 순간은 해방전후의 시대 구분과 아무 상관없이 자신이 고시에 합격한 그날이었다. 고시합격의 기쁨은 해방의 감격보다도 컸다. 바늘구멍의 시험제도는 우수한 인력을 길들이는 유용한 방편이었다. 판검사나 변호사 업무가 갖는 공적인 성격에도 불구하고, 이들의 출세는 철저히 개인적인 것이었다. '출세의 개인성'은 고시와 연결된 한국 법조계 문화의 가장 큰 특징이다.

해방공간의 흔적
: 진영논리, 전관예우, 관제 빨갱이, 그리고 기울어진 운동장

해방은 벼락처럼 찾아왔다. 시스템을 만들어 운용하던 일본인 판검사가 사라지고 빈자리가 넘쳐났다. 해방 당일부터 좋은 자리를 선점하려는 치열한 경쟁이 시작되었다. 미군정과 즉시 협력이 가능했던 한민당 세력이 먼저 주도권을 장악했다. 친일의 오점은 있으나 학력·경력·재력 면에서 조선을 대표하는 세력이었다. 법원·검찰·경찰은 곧바로 한민당의 직접적인 통제범위에 들어갔다. 조봉암의 표현을 빌리자면 "한민당이 아니면 모든 큰 벼슬자리는 물론이고 촌 경찰관지서의 주임 한자리 얻어 할 길이 없었고, 천하의 모든 이권은 한민당의 장중에 좌우되"는 시대였다. 법원과 검찰마저도 중립적인 소추와 판결기관이 아니라 일종의 정치세력에 가까웠다. 여기에 김두한 같은 정치깡패까지 가세해 "우리 모두 한짝"이라는 이상한 진영논리를 만들어냈다. 이런 흐름에 동의하지 않는 법률가들은 판검사 임용을 거부하거나 경쟁에서 밀려났다. 빈자리를 채울 인력풀은 더 좁아졌다.

미군정은 일단 모자라는 판검사를 일제시대 서기 경력자로 충원했다. 고등시험 행정과 출신도 변호사자격을 얻었다. 해방으로 중단된 조선변호사시험 응시자는 응시사실만으로도 합격증을 거머쥐었다. 변호사자격자가 판검사로 임명되는 것이 아니라 판검사 경력자가 나중에 변호사자격을 취득했다. 시기에 따라서는 이런 미자격자가 판검사의 절반을 차지했다. 조직을 운영할 돈이 없어서 떡값 명목의 뇌물이 오가기도 했다. 믿을 만한 전관 출신 변호사가 판검사의 술과 용돈을 대는 법조계의 잘못된 관행도 여기에서 비롯되었다.

졸지에 판검사로 임용된 미자격 후발주자들은 자신의 존재를 인정받으려고 누구보다 열심히 일했다. 검사들이 실력을 보여주기에는 공산당 사냥만큼 좋은 방법이 없었다. 월남한 '사상검사'들이 친일경찰과 손잡고 사냥을 주도했다. 무리한 수사가 줄을 이었다. 조선정판사 사건은 위조지폐를 만들려는 직공들이 실재했다. 남로당과 북로당은 남쪽에 교두보를 구축하고자 총력을 기울였다. 중도나 좌익 입장에 섰던 정치가나 법률가 중에는 이런 노선에 동조하는 사람이 없지 않았다. 범죄혐의를 특정하고 최소한의 범위에서 가담자를 색출해 처벌하면 족한 사건들이었다. 문제는 수사와 처벌이 늘 적정선을 넘어섰다는 데 있다. 강중인의 지적대로 경찰이나 검찰은 "일단 사건에 착수한 이상 어떤 무리를 하여서라도 사건을 성립시켜야만 경찰 또는 검찰의 체면이 선다"는 "일제시대 관료근성"을 버리지 못했다. 경찰의 고문과 조작, 검찰의 동조, 법원의 묵인을 거쳐 원래 10으로 충분한 사건이 100으로 뻥튀기되었다. 해방후 모든 공안사건이 보여주는 특징이다. 1960년대 통일혁명당처럼 관련자 일부가 북한을 오간 명백한 증거가 있는 경우에도 경찰과 정보기관은 늘 무리한 수사를 통해 무고한 가담자를 만들어냈다. 경찰이나 정보기관의 무리한 수사를 '무죄추정의 원칙' 아래 통제해야 할 검찰은 오히려 "한짝"으로 조작과 과장에 참여했다. 이런 전통에서 무수한 '관제 빨갱이'가 양산되었다.

'법조프락치' 사건은 양상이 조금 다르다. 해방직후 일부 법률가들이 새로운 국가 건설을 꿈꾸며 시도한 다양한 모색들이 정부수립 이후에는 좌익으로 몰리는 유력한 단서로 변했다. 법조계 내부의 주도권 싸움이 벌어지면서 이 단서는 전국적인 좌익사건으로 조작 또는 과장되었다. 판사들의 용기있는 무죄 또는 집행유예 판결 덕분에 관련자의 명예회복이 가능해졌으나 한국전쟁의 발발과 이승만 정부의 무책임한 후퇴로 인해 사건은 최종적인 결론을 맺지 못했다. 적 치하에 놓인 관련자들은 점령군에 자의반 타의반으로 협력할 수밖에 없었고 인천상륙작전 이후에는 인민군을 따라가는 것 이외에 다른 생존의 길을 찾지 못했다. 이들의 납북 또는 월북은 사건을 조작 또는 과장한 '사상검사'들에게 완벽한 면죄부를 제공했다. 관련자들은 좌익의 멍에를 벗지 못했고 이들이 비극적으로 사라진 결과 우리 법조계는 중도세력을 상실했다. 그나마 목숨을 부지한 자유주의자들은 애초의 이념적 위치보다 훨씬 오른쪽으로 이동해 나중에는 대부분 박정희와 손을 잡았다. 반공 이데올로기의 광풍으로부터 최소한의 합리성을 지켜낼 이른바 진보세력이 법조계에 복원되는 데는 생각보다 훨씬 오랜 시간이 걸렸다. 한국전쟁 당시 사라진 사람과 남은 사람에 대한 김성칠 교수의 뼈아픈 평가는 따로 기록해둘 만하다.

"글줄이나 쓰고 그림폭이나 그리던 사람들, 심지어 음악가, 영화인에 이르기까지 쓸 만한 사람이 많이 북으로 가버렸다. 학계로 말하여도 신진발랄한 사람들이 많이 가고 우리같이 무기력한 축들이 지천으로 남아 있다. 간 그들이 모두 다 볼셰비끼였다면 또 모를 일이지만 중립적인 입장을 지키던 사람들 또는 양심적인 이상주의자들이 죄다 가버렸음을 생각하면 우리는 깊이 반성하는 바 있어야 할 것이다."[5]

사족: 학벌, 지역감정 그리고 이 책의 한계

몇가지 변명을 덧붙인다. 개인을 소개할 때마다 거의 빠짐없이 출신학교와 출신지역을 언급했다. 일제시대와 해방공간에서 출신학교는 개인의 사회적 위치를 알려주는 가장 정확한 지표였다. 출신학교에 따라서 졸업 후의 취업 가능성, 급여, 사회적 평가, 심지어 예비시험 면제 여부까지 달라졌다. 학벌은 가문과 재력의 반영이기도 했다. 출신학교를 빼놓고는 개인의 성취를 논할 수 없었던 현실이야말로 그 시기의 놓칠 수 없는 특징이었다. 일제시대 학벌의 묘한 왜곡과 과장도 짚고 넘어가야 했다. 달리 방법이 없었다.

출신지역의 문제도 비슷하다. 책을 처음 쓰기 시작했을 때는 법률가들의 출신지역을 전혀 고려하지 않았다. 그러다가 우연히 대전대 국어국문창작학과 김건우 교수의 역작 『대한민국의 설계자들: 학병세대와 한국 우익의 기원』을 읽게 되었다. 이 책은 극우 이데올로그였던 『조선일보』 논객 선우휘가 보수·진보를 가리지 않고 동향 평안도 사람이라면 무조건 도와주고 보호한 일화를 소개한다. 반공법 혐의로 구속된 후배 리영희를 구하고자 자신의 편집국장 자리를 내놓는가 하면, 민주화투쟁에 헌신한 함석헌과 지명관 등이 위기에 처할 때마다 빠짐없이 구원의 손길을 내밀었다. 지명관의 회고에 따르면 선우휘는 "자기가 내 형이다, 동생을 돌본다, 하는 생각이 철저한" 인물이었다. 그런 뭉클한 우정의 기반은 오직 출신지역이었다. 『조선일보』에 대한 선우휘의 애정도 설립자인 방응모가 "동향의 어른"이라는 단순한 사실에서 출발했다.[6]

서울에서 나고 자라 특별히 지역색이랄 게 없는 필자에게 이 일화는 적지 않은 충격이었다. 그제야 몇몇 등장인물의 출신지역을 확인했다. 더 큰 충격이 밀려왔다. 그전에는 도대체 왜 같은 편이 되었는지 알 수 없는 관계들이 많았다. 출신지역을 집어넣으니 마치 안개가 걷히듯 모든 게 선명해졌다. 우선 허헌과 그 주변의 법률가들 문제가 깔끔하게 해결되었다. 거칠게 설명하자면 해방공간을 주도한 보수적인 법률가들은 호남과 평안도를 중심으로 한반도의 서쪽지역 출신이 많았다. 중도와 좌익 법률가들은 영남, 강원, 함경도를 중심으로 한반도의 동쪽지역 출신이 많았다. 적어도 큰 흐름은 그랬다. 재미있는 발견이었다. 2차 '법조 프락치' 사건과 이홍규 검사 사건에 대해서는 월남한 세력(이른바 북파)이 남쪽의 경쟁자(이른바 남파)를 제거하려 했다는 증언이 남아 있다. 이승만 대통령은 처음에 호남 중심의 한민당과 손잡았고, 집권 이후에는 잠시 평안도 출신들의 힘을 빌렸다가 후반부에는 이들 모두를 내치고 철저하게 직계세력 중심으로 국정을 운영했다. 밀려난 이들은 우리나라의 전통적인 야당세력을 형성했다. 법률가들의 움직임도 이런 흐름과 다르지 않다. 지역을 빼놓고는 설명이 불가능한 부분이다. 학벌 못지않게 출신 지역이 중요한 시대였다.

이 책의 주요 등장인물에는 여성이 없다. 이태영 변호사가 잠시 언급되는 게 전부다. 이유는 간단하다. 한국전쟁 이전에는 여성법률가가 전혀 없었기 때문이다. 여성법률가들이 등장해 법조계의 문화를 바꾸는 데는 30여년의 세월이 더 필요했다. 그럼에도 표지 디자인에는 여성법률가의 실루엣을 추가했다. 미래와 소통하려는 다소 어색한 시도로 너그럽게 이해해주셨으면 한다.

시대 분위기를 들려주신 몇분의 법률가, 역사학자, 김홍섭 판사 유가족을 제외하고는 인터뷰를 하지 않았다. 당사자 대부분이 사망했으므로 인터뷰가 불가능했던 것도 사실이다. 그러나 후손들의 인터뷰는 얼마든지 가능했다. 이 책에 소개된 후손 말고도 워낙 유명한 분이 많아 굳이 찾아서 인터뷰하려면 어려운 일이 아니었다. 그래도 하지 않았다. 후손들을 인터뷰할 경우 그들의 요구와 기대를 충족시킬 자신이 없었다.

약간의 정보를 얻는 대신 나만의 시각을 잃게 될 위험이 너무 컸다. 법조계에서도 학계에서도 늘 혼자였던 까닭에 남의 눈치를 볼 필요가 없었던 장점을 이번에도 잘 활용하기로 마음먹었다. 후손들 입장의 보충이나 반론은 다음 기회로 미뤘다. 북쪽으로 사라진 법률가들의 후일담을 정리할 수 없다는 면에서 어차피 처음부터 미완성이 예견된 프로젝트였다. 선행연구의 적지 않은 오류를 잡아냈지만 이 책도 역시 오류를 피할 수 없다. 최선을 다했다는 말로 변명이 될 수 있는지 모르겠다. 내가 할 수 있는 일은 여기까지였다.

1

 이 책은 원래 '김홍섭과 그의 시대'라는 평전 프로젝트로 시작되었다. 여전히 그 시대를 다루면서도 김홍섭을 전면에 내세우지 못한 이유는 따로 설명이 필요하다.

 2015년 3월 서울고등법원은 '어느 법관의 삶'이라는 제목으로 김홍섭 서울고등법원장의 50주기 추모행사를 거행했다. 사법발전재단은 『법관 김홍섭 자료집』을 발간했다. 김홍섭 판사가 사형수들과 주고받은 편지 전문과 함께 그의 약력, 각종 기고문, 관련자 인터뷰, 사진, 그림 등을 담아낸 무려 894쪽 분량의 귀중한 자료집이었다. 발행주체는 사법발전재단이었지만 판검사나 역사학자가 아니라 김홍섭 판사의 아들딸, 손자손녀 등 일가족이 꼼꼼하게 정리한 오랜 수고의 결과물이었다. 추가된 자료를 기초로 아버지의 새로운 평전이 발간되기를 희망한 가족들은 출판사 창비와 접촉했다.

 당시 나는 약 1년 5개월 동안 진행을 맡았던 '창비 라디오 책다방' 팟캐스트의 마지막 녹음을 막 마친 상태였다. 자주 만나던 창비의 편집자 친구들과 김홍섭 판사 이야기를 나누게 되었다. 김홍섭 판사에 대해서 나는 할 말이 많았다. 김홍섭은 나를 법률가로 만든 사람이기 때문이다. 고등학교 시절 나는 그의 책 『무상을 넘어서』를 수없이 읽고 되씹었다. 나만 그랬던 것이 아니다. 법률가를 꿈꾸던 수많은 가톨릭과 개신교 청년들이 김홍섭 판사를 큰 바위 얼굴로 삼았다. 뒤따를 만한 법조인이자 신앙인이 그만큼 적은 까닭이었다. 김홍섭의 삶에 관한 한 나는 더 공부할 게 없었다. 다만 새로운 평전이 나오려면 새로운 자료가 필요했다. 가족들은 아버지에 대해 많은 정보를 가지고 있지 못했다. 빈약한 자료를 기초로 새로 내는 '위인전'이라면 쓸 수도 없고 쓸 필요도 없었다. 김홍섭의 궤적을 따라 초창기 법조계 전체를 조망하는 책이라면 이야기가 될 것 같았다. 가족들에게도 양해를 구했다. 기획이 진행되다보면 '김홍섭과 그의 시대'에서 '김홍섭'이 아예 빠질 수도 있다고 말씀드렸다. 가족들은 기꺼이 동의했다. 좋은 분들이었다.

2015년 여름부터 기본적인 자료를 읽기 시작했다. 책의 진도는 생각보다 더뎠다. 지식이 쌓일수록 질문이 줄어들기는커녕 기하급수적으로 늘어났다. 가장 먼저 부딪힌 난관은 1946년 조선정판사 '위조지폐' 사건의 변호인으로 김홍섭 검사의 반대편에 섰던 사람들이었다. 조평재·윤학기·강중인·김용암·한영욱·이경용·강혁선·오승근·백석황 등 9명의 변호사 중에 한국전쟁 후 남쪽에 남은 사람은 조평재와 오승근 두사람뿐이었다. 해방전에 검사를 지낸 강중인에 대해서는 여기저기 흩어진 조각을 맞춰 어느정도 캐릭터를 복원할 수 있었다. 나머지 사람들은 문자 그대로 백지였다. 아무것도 남아 있지 않았다. 그렇게 사라진 법조인이 너무 많았다. 공식적인 기록도 부정확하기는 마찬가지였다. 우선 1945년 10월 11일의 해방후 첫번째 판검사 임명부터 오류가 넘쳐났다.

해방공간의 3년은 모든 기록이 엉망진창이었다. 당시 법조인의 자서전들에 남아 있는 이야기를 정리하는 것도 쉽지 않았다. 실제 분량은 많지 않은데도 조각조각 분절되어 있어서 이미 오십대에 들어선 내 머리에 체계적으로 담아낼 방법이 없었다.

자신없을 때는 기본부터 다시 시작해 멀리 돌아가는 것이 가장 빠른 길이다. 우선 해방후 판검사, 변호사로 일한 사람 전체를 엑셀로 정리하기 시작했다. 이름, 창씨명, 생년월일, 출신학교, 해방후 최초 임용된 지위와 임용일자, 퇴임 당시 지위와 퇴임일자, 일제시대 경력, 각종 기록에 남아 있는 관련내용을 간략히 정리했다. 판검사의 명단은 기존의 공식기록인 『한국법관사』와 『한국검찰사』를 중심으로 1차 정리한 후 『한국법조인대관』『법조명감』『조선총독부 조선인 사법관』『친일인명사전』의 자료로 수정 보완했다. 가장 큰 도움을 받은 것은 『친일인명사전』이었다. 해방후 법원과 검찰의 고위직을 역임한 분들은 대부분 이 사전에 정확한 일제시대 경력이 적혀 있었다.

가장 큰 난관은 창씨개명이었다. 1940년부터는 창씨개명 때문에 합격자 확인이 쉽지 않았다. 변호사 한사람의 창씨명을 찾기 위해서 그의 변호사 등록일자와 일제시대 관보를 확인해 그 날짜에 등록한 일본식 이름과 본적을 역추적하는 복잡한 과정을 거쳤다. 미군정시기는 관보에도 오류가 많아서 오히려 혼선을 초래했다. 다행히도 데이터베이스를 만들다보니 모순된 기록 중에 어느 쪽이 잘못인지는 대부분 자연스럽게 확인되었다. 조사대상자들의 해방전후 경력을 확인하기 위해서 대한제국 시절인 1906년부터 1961년 5월까지 등록을 마친 변호사 전체와 조선변호사시험 예비시험 및 본시험 합격자명단도 함께 정리하여 참고했다. 일제시대 사법관시보로 임용될 당시에 제출한 지원서류와 변호사 등록서류도 대부분 확인했다. 국사편찬위원회 한국사데이터베이스의『조선총독부 직원록』을 통해 일제시대 서기 겸 통역생을 지낸 사람들을 확인함으로써 사망, 납북, 월북, 행방불명으로 판검사 임명의 근거를 알 수 없었던 인물들의 과거도 복원했다.

데이터베이스의 기준이 되는 기간은 일단 1945년 해방 당일부터 1961년 5·16 군사쿠데타까지로 잡았다. 뒤늦게 대법관에 임용된 분들은 1975년까지 포함시켰다. 검사는 5·16 군사쿠데타 후 임용된 군법무관 출신 등 특이 경력자를 1968년까지 일부 포함시켰다. 정리하다보니 대략 8회 고등고시 사법과 합격자들의 등장이 새로운 시대를 가르는 기준임을 알게 되었다. 최후의 '특별' 임용제도였던 2회 판검사 특별임용시험(1956) 합격자들이 마지막으로 판검사로 임용된 것이 1958년 11월이었다. 1958년 12월부터는 8회 고등고시 사법과(1957년 1월 22일 발표) 출신들이 판검사로 임용되기 시작했다. 군법무관을 마친 고시 8회 출신들의 판검사 임용이 마무리된 시기는 5·16 군사쿠데타와 일치한다. 무려 108명이 합격한 고시 8회는 판검사 임용과 승진 때마다 그 엄청난 규모로 화제가 되었다. 숫자로 보나 이후 진로로 보나 세대교체의 상징으로 손색이 없었다.

이런 식으로 대략 정리를 마치니 판사 596명, 검사 505명, 변호사 1904명이 데이터베이스에 포함되었다. 이후에는 신상이 궁금하거나 새로운 사실을 확인할 때마다 엑셀 검색 한번으로 기본적인 사항을 확인하고 내용을 보충할 수 있었다. 이런 식으로 기본틀을 잡는 작업에 2015년 여름과 가을을 온전히 투자했다. 그 결과로「해방후 판검사 임용에서 '해방전 자격 취득'의 근거와 실제」라는 논문을『법과사회』에 게재했다. 책의 출간이 늦어지더라도 논문은 착실히 쌓겠다는 기대가 생겼다. 오산이었다.

작업은 느리고 시간은 빨리 흘러갔다. 책 쓰는 것 이외의 주변 일은 모두 접었다. 신문 기고, 인터뷰, 방송 출연, 강연을 비롯한 모든 요청을 거절했다. 가끔 하던 페이스북과 트위터도 중단했다. 아침부터 저녁까지 하루 종일 조선총독부와 미군정시대의 옛 자료들을 검색하다가 퇴근길에는 헌책방이나 도서관을 찾았다. 이전에는 나 스스로를 '제대로 된 학자'로 생각한 적이 없었다. 그런데 과거에 파묻히는 이 공부에는 이상한 중독성이 있었다. 며칠 동안 사람을 만나지 않아도 외롭지 않았다. 대학교수 직업이 갖는 장점을 처음 누리는 느낌이었다. 경북대 중앙도서관과 법학도서관의 보존자료실에는 오래된 책들이 정말 많았다. 자꾸 나타나서 이런저런 요구를 하는 법대교수에게 의혹의 눈초리를 보내던 사서 선생님들도 일단 얼굴을 익히고 나니 이보다 더 협조적일 수 없었다. 어렵게 찾은 자료를 PDF 파일로 전환하려고 학교 앞 복사가게인 대경기획을 찾으면 사장님은 단 한번도 귀찮다 하지 않고 복잡한 작업을 맡아주셨다. 가끔 사람들을 만나면 요즘 도대체 뭘 하기에 이렇게 얼굴 보기 어렵냐고 물었다. "안 팔릴 역사책을 쓴다"라는 것이 나의 대답이었다.

어느날 정신을 차리니 광화문에서 촛불집회가 진행 중이었다. 박근혜 대통령의 끝없는 무능과 비리가 드러나는데도 야당과 여론 주도층은 탄핵이 불가능하다는 소리를 하고 있었다. 2016년 11월 14일 페이스북에 "바로 이런 때 쓰라는 헌법상의 절차가 탄핵"이라는 취지의 글을 올렸다. 이런저런 질문이 많아 "국민의 뜻을 믿고 헌법과 법률에 따라 한발 내딛는 것이 정치"라고 답했다. 3년 동안 유일한 대외적 발언이었다. 선거를 통해 정부가 바뀌었다. 소소한 제안들이 있었지만 모두 거절했다. 피치 못할 인연 때문에 법무검찰개혁위원회에만 이름을 올렸다. 법무부와 검찰의 나아갈 방향을 정하는 중요한 회의에 참석하면서도 '책 쓸 시간을 뺏긴다' 싶어 속이 쓰릴 때가 많았다.

긴 집필기간 내내 마음을 무겁게 한 것은 김홍섭 판사 가족에 대한 부담이었다. 집필의 계기를 마련해준 고마운 분들이었다. 그분들은 필자에게 아무것도 요구하지 않았다. 집필을 재촉하지도 않았다. 그런데도 갈수록 연락을 드리기가 어려워졌다. 김홍섭 판사의 비중이 줄어드는 것도 문제였지만 더 근본적인 고민이 있었다. 앞서 적었던 바로 그 질문, '과연 그 시대에 훌륭한 판검사가 존재할 수 있었을까?' 때문이었다. 공부를 하면 할수록 고민의 그림자가 더 무겁게 나를 짓눌렀다.

그즈음부터 나는 아무도 쫓지 않는데 홀로 쫓기는 도망자 신세가 되었다. 2017년 여름 법무검찰개혁위원회에 참여한 며칠후 휴대전화가 울렸다. 김홍섭 판사의 큰따님이었다. 프로젝트가 시작되고 2년 만에 처음이자 마지막으로 받은 상황점검 전화였다. 전화를 받을지 말지 한참 망설였고 결국 휴대전화 진동이 스스로 멈췄다. 일단 숨을 고르고 내가 다시 전화를 드렸다. 정직이 최선이라고 생각했다. 무례할 수도 있지만 나의 의문을 솔직하게 설명드리고 이해를 구했다.

"지난 2년 동안 한순간도 이 책에서 마음이 떠난 적이 없다. 아버지에 관한 책은 아니더라도 과거에 나온 어떤 책보다 아버지를 이해하는 데 도움이 될 수 있을 거다. 여러모로 죄송하다."

'김홍섭과 그의 시대'가 아니면서 동시에 '김홍섭과 그의 시대'인 이 책이 완성되는 데는 그후로도 1년이 더 걸렸다. 3개월로 계획하고 시작했던 책인데 꼬박 3년을 잡아먹었다. 논문이 우르르 쏟아지리라는 기대는 일찌감치 접었다. 『인권과정의』에 사법요원양성소와 2차 '법조프락치' 사건을 다룬 논문 한편을 겨우 추가했다.

2

역사학자가 아닌 사람이 역사책을 썼다. 무리한 일이었다. 그만큼 많은 분의 도움을 받았다. 우선 '김홍섭과 그의 시대'를 기획하는 계기를 마련해주신 김홍섭 판사의 큰딸 김철효, 둘째아들 김계훈, 막내딸 김정효 선생님께 감사드린다. 3년 전 김철효 선생님께 이런 질문을 한 적이 있다.

"『산 바람 하느님 그리고 나』에 실린 김정훈*의 일기를 보면 유학 전에 J라는 여학생을 사귀며 사제서품과 사랑 사이에 고민하는 이야기가 나온다. 당사자가 사망한 후 출간된 책에 굳이 그런 이야기까지 포함시킨 이유가 무엇인지 늘 궁금했었다. 가족들 입장에서는 불편할 수도 있었을 텐데."

김철효 선생님의 답은 분명했다. "동생이 사망하고 나서 출판사에서 책을 출간하겠다고 일기와 편지를 가지고 갔다. 아버지의 책을 출간한 출판사였다. 나중에 편집해온 것을 보니 부담스러운 내용은 모두 뺐더라. 그래서 내가 '그럴 거면 책을 내지 말라'고 했다. 일단 책을 내기로 했으면 그 사람의 밝고 어두운 면을 모두 담아내는 게 당연하다. 뭔가를 뺄 거면 책을 왜 내나."

'밝고 어두운 면을 모두 담아낸다'는 김철효 선생님의 말씀은 이 책의 집필기간 내내 나의 등불이었다. 법조계에서 이미 '성인' 반열에 오른 분들을 거론할 때도 예외를 두지 않았다. 그런 의미에서 이 책 전체는 김철효 선생님께 드리는 나의 감사인사다.

---

* 김홍섭 판사의 큰아들. 사제가 되기 위해 오스트리아에 유학하던 중 등반사고로 일찍 사망했다.

해방후 우리 법조계의 전반적인 분위기를 들려주신 김이조·김두현·변무관·이건호 변호사님, 당시의 교도소 상황을 알려주신 고중렬 전 교도관님, 김홍섭 판사의 가족 이야기를 증언해주신 그의 처제 김자향 선생님, 위청룡 사건의 전모를 들려주신 김윤경 전 진실·화해를 위한 과거사정리위원회 조사팀장님께 감사드린다. 김이조·김두현·변무관 변호사님의 인터뷰에 동행해주신 박형연 변호사님(『대한변협신문』 전 편집인), 이건호 변호사님을 연결해주신 차병직 변호사님(법무법인 한결)께도 큰 도움을 받았다.

수많은 책과 논문이 이 책의 밑거름이 되었다. 『친일인명사전』이 절약해준 시간의 양은 도저히 측정할 수 없다. 따로 인용표시를 하지 않은 일제시대 판검사의 기본경력은 대부분 『친일인명사전』에 기반했다. 이 거대한 사전을 만들어낸 고 임종국 선생님과 민족문제연구소의 노고에 감사드린다. 해방전후 법조계 역사에 관한 귀중한 선행연구를 남겨주신 『법원과 검찰의 탄생: 사법의 역사로 읽는 대한민국』의 저자 문준영 부산대 법학전문대학원 교수님, 『조선총독부 조선인 사법관』의 저자 전병무 강릉원주대 인문학연구소 교수님, 『미군정과 한국의 민주주의』의 저자 안진 전남대 법학전문대학원 교수님, 『역사 앞에서』의 해제를 담당한 정병준 이화여대 사학과 교수님, 『가인 김병로』의 저자 한인섭 서울대 법학전문대학원 교수님, 『국회프락치 사건의 재발견』의 저자 김정기 한국외국어대 신문방송학과 명예교수님, 『한국현대민족운동연구』의 저자 서중석 성균관대 사학과 명예교수님, 『사법부: 법을 지배하는 자들의 역사』의 저자 한홍구 성공회대 교양학부 교수님께 개인적인 감사를 전한다. 초학자로서 방향을 잡지 못해 헤맬 때마다 이분들의 저작이 귀중한 길잡이가 되었다.

　전반적인 시대의 흐름과 관련해서는 경북대 법학전문대학원 김창록 교수님, 서강대 사학과 최기영 교수님, 한국외국어대 한국학과 김태우 교수님, 푸른역사 박혜숙 대표님, 소설가 조선희 선생님의 따뜻한 조언에 큰 힘을 얻었다. 일본어 번역은 경북대 일문학과 이자호 교수님, 임경선 작가님, 박원식 선생님의 도움을 받았다. 경북대 중앙도서관과 법학전문대학원 도서관의 배영활·서영희·박찬식·장선주·김철우 선생님, 국방부 노수철 전 법무관리관님, 대경기획 김영모 선생님은 자료를 구하고 정리하는 데 큰 도움을 주셨다. 오랜 친구 김연우 부산고등법원 부장판사, 친절한 누나 우라옥 서울서부지방법원 부장판사님 덕분에 젊은 판사님들과 이 책의 내용을 나눌 기회를 얻은 것은 큰 기쁨이었다. 창비의 강일우 사장님, 염종선 이사님, 황혜숙 부장님, 윤동희·김효근 팀장님, 편집을 담당해 죽을 고생을 한 배영하 선생님이 없었으면 이 책은 빛을 볼 수 없었다. 정말 감사드린다. 강의 중간에 뜬금없이 튀어나오는 옛날이야기를 참고 들어준 경북대 법학전문대학원의 제자들에게도 감사드린다. 신문을 읽겠다는 초등학생 아들에게 천자문을 가르쳐주신 아버지, 평생 재미있는 이야기꾼이셨던 어머니, 초고를 읽고 조언을 아끼지 않은 아내, 데이터베이스를 만드는 데 손발 노릇을 해준 딸에게 사랑의 인사를 보낸다. 긴 여정이 끝났다. 모든 게 감사하다.

2018년 11월
김두식

주

프롤로그

1 서중석『한국현대민족운동연구: 1948~1950 민주주의·민족주의 그리고 반공주의
   2』, 역사비평사 1996, 203면.
2 오제도『추격자의 증언』반공지식총서 1, 희망출판사 1969, 5면.
3 같은 책, 135면.
4 같은 책, 136~37면.
5 같은 책, 138~39면.
6 「법조프락치 사건 제2회 공판이 개정되어 김영재·백석황 등에 대한 사실심문이 진
   행」,『서울신문』1949년 11월 26일자;「남로 법조푸락치, 작일 제2회 공판개정」,『자
   유신문』1949년 11월 26일자 2면.
7 「김영재 사건 확대, 조·백변호사 등 문초」,『동아일보』1949년 7월 27일자 2면.
8 「법조계 검거 날로 확대, 윤학기 등 7변호사 구금」,『동아일보』1949년 7월 30일자 2면.
9 「변호사 세포를 통하여 법정서 좌익옹호, 윤학기 등 취조로 흑막이 탄로」,『조선일
   보』1949년 8월 10일자 2면.
10 역사비평 편집부「책머리에」,『역사비평』통권 60호, 역사비평사 2002년 8월, 15면.
11 「지검 이검사 등 구속, 26일 보안법 위반 혐의로」,『동아일보』1950년 3월 29일자 2면.
12 「동정적 태도, 보안법 위반 피의자에」,『동아일보』1950년 3월 30일자 2면.

1부/ 모든 것을 가진 사람들: 고등시험 사법과 합격자들

1 앤드루 고든『현대일본의 역사: 도쿠가와 시대에서 2001년까지』, 김우영 옮김, 이산 2005, 353면, 393면.
2 전병무『조선총독부 조선인 사법관』, 역사공간 2012, 75면.
3 인정식「아등의 정치적 노선에 관해서 동지 제군에게 보내는 공개장」,『삼천리』10권 11호, 1938년 11월.
4 윤치호『물 수 없다면 짖지도 마라: 윤치호 일기로 보는 식민지 시기 역사』, 김상태 편역, 산처럼 2013, 38~40면, 425~27면.
5 이향철「근대 일본에 있어서의 '교양'의 존재형태에 관한 고찰: 교양주의의 성립, 전개, 해체를 중심으로」,『일본역사연구』13집, 일본사학회 2001년 4월, 81면; 김학준『두산 이동화 평전』(수정증보판), 단국대학교출판부 2012, 94면.
6 정종현「동경제국대학의 조선인 유학생 연구」,『한국학연구』42집, 인하대학교 한국학연구소 2016년 8월, 455~62면.
7 정준영「식민지 제국대학의 존재방식: 경성제대와 식민지의 '대학자치론'」,『역사문제연구』26호, 역사문제연구소 2011년 10월, 28~29면.
8 허영란「일제시기 읍면협의회와 지역정치」,『역사문제연구』31호, 역사문제연구소 2014년 4월, 134~36면.
9 이충우『경성제국대학』, 다락원 1980, 159면.
10 김갑수『법창 30년』, 법정출판사 1970, 30면.
11 문준영『법원과 검찰의 탄생: 사법의 역사로 읽는 대한민국』, 역사비평사 2010, 588면.
12 경성 동대문경찰서장「성대생도의 연구회 조직에 관한 건」1931년 9월 18일자.
13 김학준『가인 김병로 평전: 민족주의적 법률가, 정치가의 생애』(개정판), 민음사 2001, 215면.
14 이충우, 앞의 책, 184~96면.
15 김준엽·김창순『한국공산주의 운동사 5』, 청계연구소 1986, 331면.
16 한인섭「1930년대 김병로의 항일변론의 전개」,『법사학연구』51호, 민속원 2015년 4월, 150면; 한인섭『가인 김병로』, 박영사 2017, 356~59면.
17 낭산김준연선생 기념사업회『낭산 김준연: 건국의 원훈』, 허도산 편저, 자유지성사 1998, 91면.
18 박이택「조선총독부의 인사관리제도」,『정신문화연구』29권 2호, 한국학중앙연구원 2006년 6월, 303면.
19 이충우, 앞의 책, 152면.

20 김영희『이 사람아, 공부해: 유민 홍진기 이야기』, 민음사 2011, 81면.

21 김병화『한국사법사: 근세편』, 일조각 1979, 95면.

22 전병무, 앞의 책, 69면.

23 1918년 1월 17일 칙령 제7호 고등시험령, 『조선총독부관보』 1918년 1월 22일자; 1929년 3월 28일 내각고시 제1호 고등시험시행요강, 『조선총독부관보』 1929년 4월 2일자.

24 김영재의 성적은 조선총독부「사법관시보채용자」,『사법관시보 진퇴서류』(법무국 인사계 1939.4, 국가기록원관리번호 CJA0004134)에서, 다른 사람의 성적은 조선총 독부「신원조사조회에 관한 건」,『사법관시보 진퇴관계서류』(법무부 인사계 1938, 국가기록원관리번호 CJA0004117)에서 확인할 수 있다.

25 김종수「양회경 변호사와의 대담」,『대한변호사협회지』통권148호, 대한변호사협회 1988년 12월, 112면.

26 김효전『법관양성소와 근대한국』, 소명출판 2014, 207면.

27 이황직『군자들의 행진: 유교인의 건국운동과 민주화운동』, 아카넷 2017, 198면.

28 같은책, 423~24면; 김준엽·김창순『한국공산주의운동사 4』, 청계연구소 1986, 236~40면; 김용달「한족노동당의 조직과 활동」,『한국독립운동사연구』 17집, 독립 기념관 한국독립운동사연구소 2001년 12월, 309~11면; 한시준「민족유일당 운동 과 홍진」,『한국독립운동사연구』 20집, 2003년 8월, 283면; 김희곤「풍산 김씨 내력 과 독립운동: 오미마을을 중심으로」, 한국국학진흥원 엮음『민심을 보듬고 나라를 생각하며: 제10회 기탁문중 특별전, 풍산김씨 허백당 문중』, 한국국학진흥원 2013, 178~79면.

29 「길림령경에 체포됐던 김응섭 씨 귀국」,『동아일보』 1931년 5월 28일자 2면; 김희 곤, 같은 글, 181면.

30 『조선총독부관보』 1931년 8월 27일자.

31 「50년 만에 빛본 독립운동가 김응섭 선생 회고록」,『한겨레』 2007년 8월 14일자.

32 박태원『약산과 의열단: 김원봉의 항일 투쟁 암살 보고서』(개정판), 깊은샘 2015, 188면.

33 박걸순「일완 홍범식의 자결 순국과 그 유훈」,『군사』 79호, 국방부 군사편찬연구소 2011년 6월, 322~27면.

34 김주현「신채호 집필 추정 작품에 대한 저자 논증」,『한국독립운동사연구』 53집, 2016년 2월, 46~53면.

35 김지섭『추강일고』, 김재휴 엮음, 출판사불명 1984, 25면.

36 『승정원일기』 순종 3년(1909) 9월 16일자.

37 「김지섭의 운명?」, 『동아일보』 1924년 10월 18일자 2면.

38 김희곤, 앞의 글, 181~84면; 김용달 「한국독립운동사에서 의열단과 의열투쟁의 의의」, 『한국독립운동사연구』 49집, 2014년 12월, 246~49면.

39 「백골만 관문에 문진, 김지섭 반생 이력」, 『동아일보』 1928년 3월 2일자 2면.

40 「언문신문 불온기사 개요, 동아일보 광고란, 고 추강 김지섭 씨 별세부고」, 경성지방법원 검사국 문서, 1928년 2월 29일자; 당시 김지섭의 편지들은 대구에 있는 '변호사 김완섭 법률사무소 내 실제(實弟) 김희선' 앞으로 배달되었다. 김지섭, 앞의 책, 141면.

41 김덕형 『한국의 명가: 대한민국을 만든 165인의 인생 이야기 근대편 2』, 21세기북스 2013, 201면.

42 「김재철 사법연수원장 재산공개 앞두고 사표」, 『경향신문』 1993년 3월 28일자 23면.

43 김희곤, 앞의 글, 184면; 심상훈 「1920년대 안동과 휘주지역 초기 사회주의 운동가의 항일운동: 유학적 지식인의 사회주의 운동을 중심으로」, 『안동학』 5집, 한국국학진흥원 2006년 11월, 344면.

44 김준엽·김창순 『한국공산주의운동사 2』, 청계연구소 1986, 321~29면.

45 심상훈 「1920년대 경북 북부지역 유학적 지식인들의 사회주의 운동과 성격」, 『국학연구』 4호, 한국국학진흥원 2004년 6월, 223면.

46 한인섭, 앞의 책, 209~49면; 다테노 아키라 편저 『그때 그 일본인들: 한국 현대사에 그들은 무엇이었나』, 오정환·이정환 옮김, 한길사 2006, 292면.

47 김희곤 「안동 가일마을 사람들의 항일투쟁」, 『지방사와 지방문화』 15권 1호, 역사문화학회 2012년 5월, 483면.

48 같은 글, 471면.

49 김희곤, 앞의 글, 173면.

50 같은 글, 177면.

51 윤치호, 앞의 책, 159면.

52 같은 책, 161면.

53 풍산경찰관주재소수석 「신원조사와 조회에 관한 건」, 『사법관시보 진퇴서류』 1939년 2월 24일자, 국가기록원관리번호 CJA0004134.

54 이황직, 앞의 책, 663면.

55 김창숙 『심산유고』, 국사편찬위원회 1973, 335면.

56 「관계자 씨명」, 『동아일보』 1931년 11월 4일자 2면.

57 이충우, 앞의 책, 168~69면; 김갑수, 앞의 책, 24면.

58 계철순 『사주: 내가 지낸 이야기』, 중외출판사 1987, 63~68면.

59 이충우, 앞의 책, 195면.

60 「운로붕정을 향하야, 교문 나서는 수재들」,『중외일보』1929년 3월 6일자 2면.

61 김일수「1920년대 대구지역 학생운동의 전개와 성격: 대구고보를 중심으로」,『한국
근현대사연구』21집, 한국근현대사학회 2002년 6월, 151~55면.

62 김성칠『역사 앞에서: 한 사학자의 6·25일기』(개정판), 정병준 해제, 창비 2009,
405면; 김상숙『10월 항쟁: 1946년 10월 대구 봉인된 시간 속으로』, 돌베개 2016,
85~86면.

63 「대구계성학교 2학년생 맹휴」,『동아일보』1928년 10월 30일자 2면; 계성80년사 편
찬위원회『계성 80년사』, 계성중고등학교 1989, 145면.

64 같은 책, 122~23면.

65 같은 책, 146~48면.

66 황종건 엮음『동산 신태식: 자유와 신념의 교육자』, 계명대학교출판부 2001, 39면.

67 계성80년사 편찬위원회, 앞의 책, 146~48면.

68 1950년 9월 서울시임시인민위원회 문화선전부『정당사회단체등록철』, 사단법인
한국안보교육협회 1990, 440면; 박명림『한국 1950: 전쟁과 평화』, 나남출판 2002,
241면.

69 영덕경찰서장「신원조사의 건 회답」,『사법관시보임명의 건』1938년 1월 14일자, 국
가기록원관리번호 CJA0004118. 유학시기 등으로 미루어볼 때 이 기록에 전일식(全
一植)으로 기록된 인물은 김일식(金一植)이 확실하다.

70 강중인「최근의 반도의 경제사범, 국민의 신경제윤리의 파악을 위하여」,『삼천리』
14권 1호, 1942년 1월, 98면.

71 「전시범죄는 더 가중, 총후치안은 우리 손으로 직히자」,『매일신보』1942년 11월 7일
자 2면.

72 계철순, 앞의 책, 134~36면.

73 「법조프락치 사건 제3회 공판이 개정되어 김영재·강중인에 대한 사실심문이 진행」,
『서울신문』1949년 11월 27일자.

74 박갑동『통곡의 언덕에서』, 서당 1991, 221면.

75 김준엽·김창순『한국공산주의운동사 5』, 370면.

76 같은 책, 383~86면.

77 박갑동, 앞의 책, 222면.

78 「설창형광, 공로를 자랑하는 졸업생 소식」,『동아일보』1927년 3월 4일자 5면.

79 이충우, 앞의 책, 156~57면.

80 같은 책, 223면.

81 조평재「참외행상만문」,『중외일보』1930년 8월 19~22일자 1면.

82 김갑수, 앞의 책, 45면.

83 같은 책, 42면.

84 같은 책, 47면; 김준수「김갑수 변호사와의 대담」,『대한변호사협회지』통권138호, 대한변호사협회 1988년 2월, 127면.

85 「내가 겪은 20세기 65: 김갑수 씨」,『경향신문』1973년 12월 17일자 4면.

86 「최근에 배출한 명사들」,『경향신문』1996년 3월 13일자 25면.

87 김갑수, 앞의 책, 56면; 이충영이 동아특종광업주식회사와 의림광업주식회사의 취체역으로 취임한 기록은『조선총독부관보』1943년 6월 1일과 8월 31일자로도 확인 가능하다. 동아특종광업주식회사에서 물러난 기록은『조선총독부관보』1944년 12월 4일자에 실려 있다.

88 유민홍진기전기 간행위원회『유민 홍진기 전기』, 중앙일보사 1993, 33면.

89 김영희, 앞의 책, 98면.

90 「조순 한은총재, 인기 영합 않는 안정 기조 파수꾼」,『매일경제』1992년 4월 20일자 9면.

91 앞의 글 65, 김갑수 씨, 1973년 12월 17일자 4면.

92 『승정원일기』순종 3년(1909) 9월 16일자.

93 「1차 공산당 김○야와 구래하야 근교생활」,『중외일보』1930년 3월 26일자 3면.

94 유진오『양호기: 보전, 고대 35년의 회고』, 고려대학교출판부 1977, 170면.

95 김두현『법 따라 걸어왔네: 격동의 역사 그 한가운데에서, 가송 김두현 변호사 회고록』, 도서출판 토토 2006, 60면.

96 「변호사 한복 씨, 야단스런 칠순잔치 대신 해외여행이나」,『경향신문』1983년 9월 16일자 2면.

97 한말숙「나의 삶 나의 생각: 사람 해치는 '일회용 문학' 안타까워」,『경향신문』1994년 10월 21일자 13면.

98 「경 경시의 신문에 대한 안응칠의 공술」,『한국독립운동사자료 7권 안중근편 II』;『한국근대사자료집성 3』「요시찰한국인거동 3」'80. 한인한길명자살의 건'(국사편찬위원회 한국사데이터베이스 http://db.history.go.kr/id/hk_003_0080_0800).

99 박해남「졸업생들의 구술을 통해 본 식민지 말기 미션스쿨의 사회적 역할」,『한국사회학회 사회학대회 논문집』, 한국사회학회 2009년 12월, 1043~44면.

100 한운사「자전 에세이 나의 길 43: 이제 손모아 빈들에 서보라」,『동아일보』1991년 2월 10일자 8면; 한운사「나의 유학시절 260: 의지로 현해탄 건너」,『매일경제』1983년 11월 4일자 9면.

101 「배재학생회 정총」,『동아일보』1931년 2월 13일자 7면.

102 권일『권일회고록』, 강혜민 옮김, 한민족 1989, 33면.

103 같은 책, 40면.

104 한석정『만주 모던: 60년대 한국 개발 체제의 기원』, 문학과지성사 2016, 150면.

105 권일, 앞의 책, 54면.

106 김효순『조국이 버린 사람들: 재일동포 유학생 간첩 사건의 기록』, 서해문집 2015, 213~14면.

107 같은 책, 92~94면; 윤길중『이 시대를 앓고 있는 사람들을 위하여: 청곡 윤길중 회고록』, 호암출판사 1991, 205면; 김자동『영원한 임시정부 소년: 김자동 회고록』, 푸른역사 2018, 378면, 388면. 재일역사학자 윤건차 교수는 이영근의 삶을 "이승만과 박정희 같은 한국의 독재자와 대치하면서 공화국(북한)과 연대해 조국의 통일을 주장하지만 마지막에는 결국 박정희의 무력에 항복하게 되는 궤적"이라고 정리한다. 윤건차『자이니치의 정신사: 남·북·일 세 개의 국가 사이에서』, 박진우 외 옮김, 한겨레출판 2016, 436면.

108 권혁조·문한우「하늘과 땅 그리고 산도 울었다」,『1·20 학병사기 2: 저항과 투쟁』, 1·20동지회 1988, 281~369면.

109 권중혁「대구 24부대에서 학도병들과 함께 탈출하다」,『소년, 구국의 길을 찾다』독립유공자 구술자료집 1, 국가보훈처 2015, 31면.

110 권일, 앞의 책, 67면.

111 고재호『법조 반백년: 고재호 회고록』, 박영사 1985, 161면.

112 「전 대법원 판사 손동욱 씨」,『경향신문』1976년 11월 10일자 7면.

113 「송정 청년간부 6인 체포호송」,『동아일보』1928년 4월 21일자 2면;「광주적문사건 6명은 예심에」,『동아일보』1928년 5월 7일자 3면.

114 「송정공보 학부형의 열성」,『시대일보』1925년 12월 8일자 3면.

115 허일태「위대한 법조인 효당 엄상섭의 형법사상」,『동아법학』34호, 동아대학교 법학연구소 2004년 6월, 194~95면.

116 한인섭, 앞의 책, 454~55면.

117 「김영준 감사원장, 대인관계 원만… 13대 이어 연임」,『경향신문』1992년 8월 13일자 20면.

2부/ 이류에서 일류로 편입된 사람들: 변호사시험 출신들

1 조선총독부 법무「변호사 자격별 현원표」, 1935년 2월 9일자, 국가기록원관리번호 CJA0004101.
2 배항섭「한말 일제하 이종호의 교육활동과 항일운동」,『한국인물사연구』9호, 한국인물사연구회 2008년 3월, 258면; 조익순·이원창『고종황제의 충신, 이용익의 재평가』, 해남 2002, 62면.
3 서영희「광무정권의 형성과 개혁정책 추진」,『역사와 현실』26호, 한국역사연구회 1997년 12월, 33면.
4 같은 글, 38~50면.
5 윤치호『물 수 없다면 짖지도 마라: 윤치호 일기로 보는 식민지 시기 역사』, 김상태 편역, 산처럼 2013, 157면.
6 배항섭, 앞의 글, 263면.
7 한국변호사사 간행위원회『한국변호사사』, 대한변호사협회 1979, 33~34면.
8 김효전『법관양성소와 근대한국』, 소명출판 2014, 184면.
9 허헌「교유록」,『삼천리』7권 7호, 1935년 8월, 71~72면.
10 김철수『지운 김철수』, 한국정신문화연구원 현대사연구소 엮음, 한국정신문화연구원 1999, 8면; 김철수「자료 김철수 친필유고」,『역사비평』계간5호, 역사문제연구소 1989년 5월, 350면; 반병률「김립과 항일민족운동」,『한국근현대사연구』32집, 한국근현대사학회 2005년 3월, 66면.
11 한인섭『식민지 법정에서 독립을 변론하다: 허헌, 김병로, 이인과 항일재판투쟁』, 경인문화사 2012, 32~36면; 허근욱『민족변호사 허헌』, 지혜네 2001, 103~5면.
12 허헌, 앞의 글, 73~74면.
13 「허헌 씨 개인 좌담회」,『동광』39호, 1932년 11월, 32~33면.
14 한인섭, 앞의 책, 73~101면.
15 반병률, 앞의 글, 69면.
16 같은 글, 73~74면.
17 김철수, 앞의 책, 8면; 김철수, 앞의 글, 350면; 이현주「사회혁명당과 '상해파 내지부'에 관한 연구(1920~1922)」,『한국학연구』11집, 인하대학교 한국학연구소, 2000년 9월, 174면.
18 반병률, 앞의 글, 97면.
19 김철수, 앞의 책, 11면; 김철수, 앞의 글, 352면.
20 김홍일「자유시참변 전후」,『사상계』, 사상계사 1965년 2월호, 220면; 김준엽·김창

주 631

순『한국공산주의운동사 1』, 청계연구소 1986, 193면.

21 「허헌 씨 구미 만유」,『동아일보』 1926년 5월 30일자 5면.

22 허영욱『나의 아버지 허헌』, 평양출판사 2015, 27~32면.

23 조선총독부 경무국 「일제하 조선의 치안상황(1933년)」,『1930년대 민족해방운동: 일제파쇼하의 투쟁사례연구』, 거름 1984, 28면.

24 「민중대회사건에 변호계 살도, 전조선 각지에서 제출돼」,『동아일보』 1931년 4월 3일자 2면. 신문기사의 '진직석(晉直錫)'은 '진직현(晉直鉉)'의 오기다.

25 윤치호, 앞의 책, 103면, 444면.

26 「성황의 학생강연회」,『동아일보』 1922년 11월 1일자 3면.

27 「학생집행위원, 전부 27명 선거」,『동아일보』 1923년 2월 13일자 3면.

28 「학생의 깃분날」,『동아일보』 1924년 3월 23일자 2면.

29 한국변호사사 간행위원회, 앞의 책, 215면, 218면.

30 같은 책, 220면의 '김영택'은 '전영택'의 오기다.

31 「변호사 증거제출로 법정 일시 대긴장, 경찰조서만 들 수 업다고」,『조선중앙일보』 1935년 3월 20일자 2면.

32 「경찰의 ○○지적, 피고의 무죄주장」,『동아일보』 1935년 5월 6일자 2면.

33 「중앙고보생도사건 제1회 공판 개정, 적색독서회 조직한 사건 혐의」,『매일신보』 1936년 9월 19일자 7면.

34 『조선총독부관보』 1931년 5월 28일자.

35 「전 보전교주 이종호 씨 별세」,『동아일보』 1932년 3월 30일자 2면; 배항섭, 앞의 글, 274면.

36 「보성전문교의 서광」,『동아일보』 1932년 3월 29일자 1면.

37 조익순·이원창, 앞의 책, 31면.

38 심지연『송남헌 회고록, 김규식과 함께한 길: 민족의 자주와 통일을 위하여』, 한울 2000, 79면.

39 심지연『허헌 연구』, 역사비평사 1994, 86~87면; 허영욱, 앞의 책, 48면.

40 「삼천리 인생 안내」,『삼천리』 6권 5호, 1934년 5월, 102~4면.

41 전봉관『럭키경성: 근대 조선을 들썩인 투기 열풍과 노블레스 오블리주』, 살림출판사 2007, 163면.

42 이준열 글·이달호 편저『선각자 송강 이준열의 삶: 3·1운동, 고학당 교육, 광주학생운동, 대동사업의 증언』, 혜안 2012, 120면.

43 전봉관, 앞의 책, 162면.

44 이달호 편저, 앞의 책, 181면.

45 「무산교육 9개 성상, 고학당 해체선언」, 『동아일보』 1931년 7월 9일자 2면.

46 「비전향 장기수 문제 해결로 죽기 전 가족 꼭 봤으면」, 『세계일보』 2000년 6월 16일자.

47 김준엽·김창순 『한국공산주의운동사 3』, 청계연구소 1986, 312면.

48 김성민 「광주학생운동의 확산과 서울지역 시위의 성격」, 『한국독립운동사연구』 20집, 독립기념관 한국독립운동사연구소 2003년 8월, 212면.

49 같은 글, 232면; 서형실 「정열의 여성운동가 허정숙」, 『여성과 사회』 3호, 한국여성연구소 1992년 4월, 211면.

50 한인섭, 앞의 책, 312면.

51 이달호 편저, 앞의 책, 161면.

52 전봉관, 앞의 책, 149~54면; 같은 책, 182~207면.

53 「세계적 이채! 자영광과 자영농 창정, 금광왕 이종만 씨의 양대사업 전모」, 『동아일보』 1937년 6월 17일자 4면, 5면; 「신흥사업체계의 '샄레인트러스트' 중요인물들의 횡안」, 『매일신보』 1937년 6월 19일자 7면.

54 허영욱, 앞의 책, 48면.

55 이달호 편저, 앞의 책, 222~26면.

56 같은 책, 228면.

57 방기중 「일제말기 대동사업체의 경제자립운동과 이념」, 『한국사연구』 95호, 한국사연구회 1996년 12월, 140면.

58 같은 글, 146면.

59 같은 글, 149~50면.

60 조선공산당 중앙위원회 「현정세와 우리의 임무」 1945년 9월 25일, 김남식 『남로당 연구 2: 자료편』, 돌베개 1988, 24면.

61 정병준 『우남 이승만 연구』, 역사비평사 2005, 412~13면; 심지연, 『송남헌 회고록』, 38면.

62 허영욱, 앞의 책, 75면.

63 유병은 「일제말 단파도청사건의 전모」, 『신동아』 1988년 3월호, 588~95면; 유병은 『초창기 방송시대의 방송야사』, KBS문화사업단 1998, 102~9면.

64 허영욱, 앞의 책, 78면.

65 정병준, 앞의 책, 408~9면.

66 「부고」, 『매일신보』 1944년 1월 23일자 3면.

67 『조선총독부관보』 1940년 7월 25일자 9면.

68 「경성고보생 32명 송국」, 『동아일보』 1930년 2월 10일자 2면; 「학생 11명 공판으로 회부」, 『동아일보』 1930년 2월 25일자 2면.

69 「금춘동경유학졸업생, 58전문대학에 남여 363명」, 『동아일보』 1934년 3월 20일자 2면; 「형설의 공을 이루고 현해탄 건너오는 지식군 529명」, 『매일신보』 1937년 3월 3일자 3면.

70 「동경 기타 각지 유학생 금춘졸업생 씨명 1」, 『동아일보』 1935년 1월 20일자 2면.

71 「내지 각대학 전문교 금춘졸업조선학생」, 『매일신보』 1938년 3월 10일자 4면.

72 김병화 『한국사법사: 근세편』, 일조각 1979, 129면.

73 김경일 『이재유 연구: 1930년대 서울의 혁명적 노동운동』, 창작과비평사 1993, 17~18면; 김경일 『이재유, 나의 시대 나의 혁명: 1930년대 서울의 혁명운동』(개정판), 푸른역사 2007, 48면.

74 「진정도 금년 내에!」, 『동아일보』 1938년 12월 27일자 2면.

75 「조선변호사령 개정규칙 전문 하」, 『동아일보』 1936년 4월 19일자 3면.

76 「출세에 기회균등을…!」, 『동아일보』 1939년 12월 16일자 2면.

77 「전남변호사회 회장에 신순언 씨 당선, 토의사항에 부서장 최영실과 친일판사 강동진의 처치안 결정」, 『광주민보』 1945년 12월 16일자 1면.

78 「반도 재산가 총람」, 『삼천리』 5권 2호 별책부록, 1933년 1월, 3면.

79 「학비 청구소송 준비공판 개정」, 『동아일보』 1932년 7월 5일자 2면.

80 「유학비 청구소송 1천원으로 화해」, 『동아일보』 1932년 10월 27일자 2면.

81 고재호 『법조 반백년: 고재호 회고록』, 박영사 1985, 38면.

82 김이조 『법조약전: 인물로 본 근현대사의 법조인들』, 한일합동법률사무소 2005, 184면.

83 한인섭 『가인 김병로』, 박영사 2017, 393면; 오동춘 「한결 선생의 한결같은 나라 사랑」, 『나라사랑』 통권91호, 외솔회 1995년 9월, 180면.

84 같은 책, 400면.

85 김차웅 「명대결, 화제의 논쟁·갈채의 승부 뒤안길 4: 자유부인 파동 1, 2」, 『동아일보』 1982년 1월 6~7일자 7면.

86 같은 글 6, 1982년 1월 12일자 7면.

87 같은 글 9, 1982년 1월 16일자 11면.

88 「독학으로 법무차관·헌법위원까지, 33년 공직 물러나는 김영천 씨」, 『경향신문』 1979년 3월 22일 6면.

89 「개성 홍인도 군 변호사 합격」, 『동아일보』 1937년 9월 12일자 4면.

90 「예심결정서에 노현된 광주학생의 결사」, 『매일신보』 1930년 7월 22일자 7면.

91 「광주독서회 사건 최고 4년을 언도」, 『매일신보』 1930년 10월 19일자 7면.

92 「사식 차입 거절」, 『중외일보』 1930년 5월 18일자 3면.

93 「무명 독학청년으로 변호사시험 합격」,『동아일보』1937년 8월 28일자 4면.

94 「호떡장사가 독학으로 변호사 첫 시험에 무난히 합격된 광주 이덕우 군」,『조선일보』1937년 8월 28일자 2면.

95 김창진 「8·15 직후 광주지방에서의 정치투쟁: 1945~1946년 인민위원회운동과 미군정의 성격」,『역사비평』1집, 역사문제연구소 1987년 9월, 110~20면; 안진『미군정과 한국의 민주주의』, 한울 2005, 335~48면.

96 이덕우 「군정재판을 밧고서 2」,『광주민보』1945년 12월 1일자 1면.

97 같은 글 4, 1945년 12월 4일자 1면.

98 제민일보 4·3 취재반『4·3은 말한다: 대하실록 제주민중운동사 4』, 전예원 1997, 46~47면.

99 조정래『태백산맥 8: 4부 전쟁과 분단』(3판), 해냄 2002, 270면.

100 「자수자들 포섭선도, 보련주비위 결성」,『호남신문』1949년 12월 15일자.

101 청농 80년사 편찬위원회『청농 80년사: 1911~1991』, 청주농업고등학교동문회 1991, 154~59면.

102 「문관보통시험 합격자 53명」,『매일신보』1932년 8월 14일자 1면.

103 구광모 「창씨개명정책과 조선인의 대응」,『국제정치논총』45집 4호, 한국국제정치학회 2005년 12월, 32면.

104 평양고보동문회 엮음『평고인의 발자취』, 평양고보동문회 1999, 84면.

105 최인호『나는 나를 기억한다』, 여백 2015, 26~38면.

106 김갑수『법창 30년』, 법정출판사 1970, 78면.

107 박목월『육영수 여사』, 삼중당 1976, 111면.

108 김수자『이승만의 집권초기 권력기반 연구』, 경인문화사 2005, 208~14면.

109 「녹지대: 일운 조재천」,『경향신문』1970년 7월 7일자 7면.

110 김홍섭의 삶에 대한 가장 기본적인 자료인 최종고 교수의『사도법관 김홍섭』은 1976년 처음 출간되었으며, 2015년 새로운 자료를 보완한 개정판이 출간되었다. 최종고『사도법관 김홍섭 평전』, 나비꿈 2015.

111 『조선총독부관보』1938년 9월 8일자 11면.

112 법관김홍섭자료집 편찬위원회『법관 김홍섭 자료집: 사법의 혼, 진리의 구도자』, 사법발전재단 2015, 28면.

113 최종고, 앞의 책, 58면.

114 『조선총독부관보』1943년 5월 7일자 4면; 한국변호사사 간행위원회, 앞의 책, 228면.

115 최종고, 앞의 책, 59면; 김학준『가인 김병로 평전: 민족주의적 법률가, 정치가의 생애』(개정판), 민음사 2001, 266면; 한인섭 「1930년대 김병로의 항일변론의 전개」,

『법사학연구』 51호, 민속원 2015년 4월, 145면.

116 김준연 『나의 길』, 동아출판사 1966, 20면.

117 이기형 『여운형 평전: 현대사인물찾기 5』(3판), 실천문학사 2004, 315면.

118 강영주 『벽초 홍명희 연구』, 창작과비평사 1999, 352~53면.

119 이기형, 앞의 책, 380면; 박갑동, 『박헌영: 그 일대기를 통한 현대사의 재조명』, 인 간사 2004, 94면.

120 「총진격에 설전의 진, 소장연사 전조선을 유세」, 『매일신보』 1945년 5월 8일자 2면.

121 『미군정청관보』 1945년 10월 11일자 임명사령 제12호; 법원행정처 엮음 『한국법 관사』, 육법사 1976, 238면; 김두식 「해방후 판검사 임용에서 "해방전 자격 취득" 의 근거와 실제」, 『법과사회』 통권 50호, 법과사회이론학회 2015년 12월, 265면.

122 최종고, 앞의 책, 79~83면; 법관김홍섭자료집 편찬위원회, 앞의 책, 235면.

123 최종고, 같은 책, 88면.

124 장면 「사도법관 김바오로 씨의 서거」, 『가톨릭시보』 1965년 3월 28일자(김홍섭 『무상을 넘어서』, 성바오로출판사 1971, 523면에서 재인용).

3부/ 벼락처럼 찾아온 해방, 새로운 기회의 시대

1 존 다우어 『패배를 껴안고: 제2차 세계 대전 후의 일본과 일본인』, 최은석 옮김, 민음 사 2009, 29~37면.

2 법원행정처 엮음 『법원사』, 법원행정처 1995, 168면. 이 자료는 백윤화를 검사로 잘 못 기록하고 있다.

3 고재호 『법조 반백년: 고재호 회고록』, 박영사 1985, 183면.

4 「각계의 지도자 11씨 군정장관 고문관 피임」, 『자유신문』 1945년 10월 7일자 1면; 진덕규 「미군정의 정치사적 인식」, 송건호 외 『해방전후사의 인식 1』(개정 3판), 한 길사 2004, 62면.

5 박명수 「평안남도 건국준비위원회와 조만식」, 『한국기독교와 역사』 41호, 한국기독 교역사연구소 2014년 9월, 41면.

6 「고학 14년에 영예의 법학박사」, 『동아일보』 1936년 1월 28일자 2면.

7 『미군정청관보』 1945년 10월 11일자 임명사령 제12호; 법원행정처 엮음, 앞의 책, 170면.

8 「청년운동 반세기 10: 서북청년회 10, "남로당 기세 꺾자, 부산에 평정단"」, 『경향신 문』 1987년 1월 14일자 9면.

9 법원행정처 엮음, 앞의 책, 170~71면

10 강정인·서희경 「김성수와 한국민주당 연구: 한국 보수주의 정치이념의 기원과 연속
   성을 중심으로」, 『한국정치학회보』 47집 1호, 2013년 3월, 116면.

11 진덕규, 앞의 글, 69면.

12 강정인·서희경, 앞의 글, 117면.

13 윤덕영 「주한 미군정의 초기 과도정부 구상과 송진우, 한국민주당의 대응」, 『한국사
   연구』 154호, 한국사연구회 2011년 9월, 195면.

14 김갑수 『법창 30년』, 법정출판사 1970, 84면.

15 안진 「미군정 사법체제의 재편에 관한 연구: 법률가 집단의 충원을 중심으로」, 『민
   주법학』 통권25호, 민주주의법학연구회 2004년 2월, 470면; 윤덕영 「1945년 한민당
   초기 조직의 성격과 주한미군정 활용」, 『역사와 현실』 80호, 한국역사연구회 2011년
   6월, 275~76면. 김용월, 옥선진, 권승렬, 김섭, 배정현, 홍순엽, 윤학기 등의 이름은
   1945년 9월 8일에 전단으로 뿌려진 발기인명단에서 확인할 수 있다.

16 이경남 『설산 장덕수』, 동아일보사 1981, 337~38면.

17 조병옥 『조병옥 나의 회고록: 개인보다는 당, 당보다는 국가』, 선진 2003, 146면; 심
   지연 「보수야당의 뿌리, 한민당의 공과」, 이기하 외 『한국의 정당 1: 8·15에서 자유
   당 붕괴까지』, 한국일보사출판국 1987, 169면.

18 서중석 『한국현대민족운동연구: 해방후 민족국가 건설운동과 통일전선』, 역사비평
   사 1996, 266~67면.

19 민주주의민족전선 엮음 『해방조선 1: 자주적 통일민족국가 수립 투쟁사』, 과학과 사
   상 1988, 138면.

20 법원행정처 엮음, 앞의 책, 176면.

21 같은 곳.

22 동허자 「변호사 평판기 1」, 『동광』 31호, 1932년 3월, 66면; 김효전 『법관양성소와
   근대한국』, 소명출판 2014, 215면.

23 이인 『반세기의 증언』, 명지대학교출판부 1974, 155면.

24 김종수 『법창만보』, 법전출판사 1978, 200면.

25 고재호, 앞의 책, 182~83면.

26 한국변호사사 간행위원회 『한국변호사사』, 대한변호사협회 1979, 232면.

27 이화100년사 편찬위원회 엮음 『이화100년사』, 이화여자대학교출판부 1994, 275면.

28 「중구난방의 사법계, 명령계통이 혼란무쌍」, 『자유신문』 1945년 12월 1일자 2면.

29 「군정당국의 사법권 운영 조선 실정에 부적합, 서울변호사회서 중대 건의」, 『자유신
   문』 1945년 12월 15일자 1면.

30 「경성변호사회, 사법기관의 합리적 운영에 관한 건의서 제출」, 『중앙신문』 1945년 12월 16일자.

31 이국운 「해방공간에서 사법기구의 재편과정에 관한 연구」, 『법과사회』 29호, 법과사회이론학회 2005년 12월, 150면.

32 김갑수, 앞의 책, 64면, 67면.

33 박명수, 앞의 글, 56면.

34 김갑수, 앞의 책, 64면.

35 같은 책, 65면.

36 같은 책, 71면.

37 같은 책, 77~82면.

38 같은 책, 84면.

39 같은 책, 84~86면.

40 같은 책, 83~86면.

41 김동현 「안윤출 변호사와의 대담 상」, 『대한변호사협회지』 통권135호, 대한변호사협회 1987년 11월, 89면.

42 같은 글 하, 통권136호, 1987년 12월, 116면.

43 이현주 「해방 직후 적산 처리 논쟁과 대일배상요구의 출발」, 『한국근현대사연구』 72집, 2015년 3월, 212~15면.

44 김동현 「안윤출 변호사와의 대담 하」, 116면.

45 재조선미육군사령부군정청 임명사령 제40호, 1945년 11월 24일. 이 임명사령에는 전규홍의 특별검찰청 장관 유효일자는 1945년 9월 16일로, 김병완 등의 유효일자는 11월 5일로 기록되어 있다.

46 대검찰청 엮음 『한국검찰사』, 대검찰청 1976, 217~18면.

47 「공위에 참가할 법조인들」, 『동아일보』 1947년 6월 20일자 2면.

48 「조재천 검찰관 운경청장 취임」, 『동아일보』 1948년 2월 4일자 2면.

49 「검찰관 이동 예상」, 『자유신문』 1948년 2월 3일자 2면.

50 전병무 『조선총독부 조선인 사법관』, 역사공간 2013, 42면, 58면; 법원행정처 엮음 『한국법관사』, 육법사 1976, 53면, 54면.

51 법원행정처 엮음, 같은 책, 84~85면.

52 김종수, 앞의 책, 200면.

53 「미곡수집만 되면 자유처분할 수 잇다, 프지사와 기자단 회견담」, 『광주민보』 1946년 4월 11일자 2면.

54 김창진 「8·15 직후 광주지방에서의 정치투쟁: 1945~1946년 인민위원회운동과 미

군정의 성격」, 『역사비평』 1집, 역사문제연구소 1987년 9월, 114면, 132면.

55 「박준규 씨 사건으로 사법계에 대파동, 여검사장 돌연 피검」, 『광주민보』 1946년 4월 24일자 2면.

56 「광주 여검사장 사건은 전국 사법계의 문제」, 『광주민보』 1946년 4월 26일자 2면.

57 「여검사장 기소취소로 무죄석방」, 『광주민보』 1946년 5월 7일자 2면.

58 「여검사장 석방에 대한 프지사의 담화발표」, 『광주민보』 1946년 5월 8일자 2면.

59 짐 하우스만·정일화 『한국 대통령을 움직인 미군 대위: 하우스만 증언』, 한국문원 1995, 124면, 130면.

60 김창진, 앞의 글, 110면.

61 「광주 부패면 노정」, 『한성일보』 1946년 12월 17일자 2면; 「뇌물 먹고 감세라니」, 『동아일보』 1946년 12월 13일자 2면. 『동아일보』는 권중형의 구속일자를 11월 29일로, 구속한 검사를 이홍주(李洪主)로 오기하고 있다.

62 「광주검사국 서기 등 사직, 대구검사장 조치에 불만 품고」, 『경향신문』 1946년 12월 18일자 2면; 「대구검사장 조치에 불만, 광주검사 서기 등 사직」, 『대한독립신문』 1946년 12월 17일자 2면.

63 「광주세무서 간부들의 수뢰사건, 사기죄로서 기소」, 『영남일보』 1946년 12월 20일자 1면.

64 대법원 1948.1.6. 선고 1947형상137 판결(서울대학교판례연구회 엮음 『주석 한국판례집: 형사법 1, 1945~1950』, 서울대학교판례연구회 1968, 303~5면에서 재인용).

65 「광주세무서 사건 최고 8개월 언도」, 『영남일보』 1947년 3월 30일자 1면.

66 「윤충북지사 구금, 후생물자 착복 혐의」, 『한성일보』 1948년 12월 11일자 2면.

67 「정부인사발령」, 『경향신문』 1949년 6월 25일자 1면.

68 「윤하영에 1년 집유」, 『동아일보』 1949년 11월 30일자 2면.

69 오제도 「오제도회고록 중」, 『북한』 3권 8호, 북한연구소 1974년 8월, 159면.

70 같은 글 상, 3권 7호, 1974년 7월, 160면.

71 법원행정처 엮음, 앞의 책, 87면; 김준수 「김치걸 변호사와의 대담」, 『대한변호사협회지』 통권140호, 대한변호사협회 1988년 4월, 92면.

72 오제도, 앞의 글 중, 156면.

73 전병무, 앞의 책, 72면.

74 김준수, 앞의 글, 91~92면.

75 『미군정청관보』 1948년 7월 1일자.

76 「변호사법 207호 제2조 나, 판검사 사법부장에 반대건의」, 『동아일보』 1948년 7월

17일자 2면; 「변호사법에 이의, 판검사들 건의서 제출」, 『한성일보』 1948년 7월 17일자 2면.

77 「우리도 변호사자격 있다, 33판검사 법령 207호에 항의」, 『경향신문』 1948년 7월 17일자 2면.

78 「6장관도 항의, 변호사법 나항 반대로」, 『동아일보』 1948년 7월 18일자 2면.

79 「대법원장 김용무, 변호사법 개정 관련 담화」, 『서울신문』 1948년 7월 17일자.

80 조선총독부 사법관시보제도는 1913년 4월 5일자 제령 제5호로 창설되었다. 김병화 『한국사법사: 근세편』, 일조각 1979, 97면.

81 같은 책, 130면.

82 선우종원『나의 조국 대한민국: 사상검사 선우종원의 격랑 90년』, B.G.I 2010, 67면.

83 김태청『법복과 군복의 사이』, 원경 2001, 129~30면. 일제시대 법원의 서기 겸 통역생을 지낸 사람들은 자신의 경력에서 이를 숨기거나 생략하는 것이 보통이어서 김태청의 회고는 그 시대를 복원하는 매우 값진 자료다.

84 「노교수와 캠퍼스와 학생 35: 윤태림 2」, 『경향신문』 1973년 10월 16일자 4면; 윤태림『하얀 얼굴의 두 여인』, 수상사출판부 1978, 240면.

85 같은 책, 95면. 고등시험 행정과는 사법과와 과목이 크게 다르지 않았으므로 두가지를 모두 응시하여 함께 합격한 사람들이 많으나 이 책에서는 그런 경우를 고등시험 사법과 출신으로 정리했다.

86 「자수자 1800명, 중국 밀무역 철저 단속」, 『동아일보』 1949년 11월 2일자 2면.

87 이진구「한국 개신교 수용의 사회문화적 토대에 관한 연구: 평안도 지역을 중심으로」, 『종교와 문화』 2호, 서울대학교 종교문제연구소 1996년 12월, 164~74면.

88 김상태「평안도 기독교 세력과 친미엘리트의 형성」, 『역사비평』 통권45호, 1998년 11월, 179면.

89 김태청, 앞의 책, 137면.

90 같은 책, 137~38면.

91 같은 책, 138~46면.

92 같은 책, 168~74면.

93 유진오『양호기: 보전·고대 35년의 회고』, 고려대학교출판부 1977, 244면.

94 김태청, 앞의 책, 190면.

95 같은 책, 195면.

96 같은 책, 196면.

97 법무50년사 편찬위원회『법무 50년사』, 육군본부 1996, 96~97면. 1948년에 선발된 법무 1기와 2기는 1968년부터 시험을 통해 임관을 시작한 군법무관 기수와 구별된다.

98 김태청, 앞의 책, 216면.

99 김두현『법 따라 걸어왔네: 격동의 역사 그 한가운데에서, 가송 김두현 변호사 회고록』, 도서출판 토토 2006, 66면; 2015년 9월 11일과 23일에 이루어진 김두현 변호사와의 인터뷰.

100 법무50년사 편찬위원회, 앞의 책, 163~65면.

4부/ 조선정판사 '위조지폐' 사건

1 이연식『조선을 떠나며: 1945년 패전을 맞은 일본인들의 최후』, 역사비평사 2012, 16면.

2 정병욱「해방 직후 일본인 잔류자들: 식민 지배의 연속과 단절」,『역사비평』통권64호, 역사문제연구소 2003년 8월, 133면; 정병욱「8·15 이후 읍자명령의 실시와 무책임의 체계」,『한국민족운동사연구』33집, 2002, 233면; 조재천「정치자금 조달이 목적」,『해방 30년사』, 공동문화사 1975, 161면.

3 「비화 한 세대 343: 하지군정 34, 조은권 남발」,『경향신문』1978년 3월 23일자 5면.

4 정병준「패전후 조선총독부의 전후 공작과 김계조 사건」,『이화사학연구』36집, 이화사학연구소 2008년 6월, 37~39면.

5 김동인「적막한 예원, 조선예술단에 생각나는 사람들 11: 배귀자」,『매일신보』1932년 10월 5일자 5면.

6 류수연「신문, 도시, 그리고 탐정소설: 김내성의『마인』연구」,『상허학보』40집, 상허학회 2014년 2월, 87면.

7 같은 글, 100면.

8 이봉구「김계조와 국제문화사」,『신천지』1권 4호, 1946년 5월, 140면.

9 「증인은 죄상시인, 김계조 사건 제2공판」,『조선일보』1946년 1월 25일자 2면.

10 정병준, 앞의 글, 42~44면.

11 김성호『1930년대 연변 민생단사건 연구』, 백산자료원 1999, 453면.

12 정병준, 앞의 글, 56~57면.

13 같은 글, 57면.

14 임종명「초기 대한민국제 간첩 이야기의 서사와 흥미성: 한국에서 최초로 발생한 국제간첩사건을 중심으로」,『역사연구』22호, 역사학연구소 2012년 6월, 22~23면.

15 「왜구와 결탁, 한미 이간을 음모」,『동아일보』1946년 1월 17일자 2면.

16 이봉구, 앞의 글, 144~45면.

17 「주목되는 증언, 김계조 5일 공판」,『자유신문』 1946년 3월 1일자 3면.

18 「김정목 6일 체형 언도」,『자유신문』 1946년 4월 5일자 2면.

19 이봉구, 앞의 글, 144면.

20 「경성재판소 판·검사 40여명, 대법원장 불신임안 관철 결의」,『서울신문』 1946년 3월 24일자.

21 「법은 신성, 대법원장에 불신임안 3법원 판사진이 제출」,『한성일보』 1946년 3월 1일자 2면.

22 「대법원장 불신사건 장택상 씨는 무관」,『한성일보』 1946년 3월 4일자 2면.

23 「법의 심판을 받는 박흥식」,『자유신문』 1946년 3월 20일자 2면.

24 「법무국 활동으로 재수감」,『자유신문』 1946년 2월 19일자 2면.

25 「명랑한 사법부 되라, 오판사 전임이유 표명」,『중앙신문』 1946년 3월 28일자 2면; 「민사 전임한 김계조 사건 담당판사 오승근의 담화발표」,『서울신문』 1946년 3월 28일자.

26 안진 「미군정 사법체제의 재편에 관한 연구: 법률가 집단의 충원을 중심으로」,『민주법학』 통권25호, 민주주의법학연구회 2004년 2월, 464면; 서윤호 「미군정 사법제도의 구성」,『안암법학』, 안암법학회 2008, 435면.

27 법원행정처 엮음『법원사』, 법원행정처 1995, 181~82면.

28 「대법원장 사임」,『자유신문』 1946년 4월 4일자 1면. 우돌 중령의 사법부장 임명일자는 관보상으로는 4월 2일이다.

29 「대법원장 후임 심상직 씨 유력, 김용무 씨는 사임」,『현대일보』 1946년 4월 5일자 2면; 「대법원장 후임을 투표로 선정 추천」,『자유신문』 1946년 4월 5일자 2면.

30 「사법부 인사 대이동 예상」,『자유신문』 1946년 5월 3일자 1면.

31 「사법부 내 공기 험악, 대법원장 불신임 문제 여파로」,『중앙신문』 1946년 5월 5일자 2면.

32 「사법부 총무국장 강중인, 부내 인사문제에 대해 소견 피력 회견」,『서울신문』 1946년 5월 7일자; 「편당적 운운은 모략, 인사이동도 공명정대히」,『동아일보』 1946년 5월 8일자 2면.

33 「정당탈퇴는 형식뿐, 사법부 인사에 여전 말성」,『중외신보』 1946년 5월 8일자 2면.

34 「세인 주시 중의 사법부 이동 발령」,『자유신문』 1946년 5월 18일자 1면.

35 「사법부 동요, 판검사 다수 사표」,『부산신문』 1946년 5월 27일자 2면.

36 「사법부 이동 파문, 백·오 양씨 전임 이유 구명」,『부산신문』 1946년 5월 20일자 2면; 「부임 안 하면 처벌, 좌천문제로 여전 암암」,『중외일보』 1946년 5월 18일자 2면.

37 「민간의 물의를 일소, 대법원장 김용무 씨 유임」,『한성일보』 1946년 5월 19일자 2면.

38 「말성만흔 사법부인사, 유능한 관검사 다수사직」, 『현대일보』 1946년 5월 25일자 1면.

39 『미군정청관보』 1946년 7월 15일자, 7월 23일자.

40 법원행정처 엮음, 앞의 책, 181면.

41 유진오 『양호기: 보전·고대 35년의 회고』, 고려대학교출판부 1977, 51면.

42 같은 책, 71면.

43 이국운 「해방공간에서 사법기구의 재편과정에 관한 연구」, 『법과사회』 29호, 법과사회이론학회 2005년 12월, 151~52면.

44 김갑수 『법창 30년』, 법정출판사 1970, 99면.

45 법원행정처 엮음, 앞의 책, 182면.

46 김학준 『가인 김병로 평전: 민족주의적 법률가, 정치가의 생애』(개정판), 민음사 2001, 314~15면.

47 장후영 「변동기의 사법제도」, 『법정』 1권 2호, 법정사 1946, 21면.

48 문준영 『법원과 검찰의 탄생: 사법의 역사로 읽는 대한민국』, 역사비평사 2010, 622면.

49 법원행정처 엮음, 앞의 책, 179면.

50 「대법원장의 훈화 진상」, 『대동신문』 1946년 6월 30일자 1면; 「괴훈화 중심으로 기자단 대법원장과 문답」, 『현대일보』 1946년 6월 18일자 1면.

51 동허자 「변호사 평판기 1」, 『동광』 31호, 1932년 3월, 66~67면.

52 이인 『반세기의 증언』, 명지대학교출판부 1974, 123~42면.

53 같은 책, 150면.

54 같은 책, 340면.

55 같은 책, 152면.

56 같은 책, 161~64면; 서중석 『한국현대민족운동연구: 해방후 민족국가 건설운동과 통일전선』, 역사비평사 1996, 441면.

57 문준영, 앞의 책, 648~49면.

58 정태영·오유석·권대복 엮음 『죽산 조봉암 전집 1: 죽산 조봉암 선생 개인문집』, 세명서관 1999, 263면.

59 전용헌 「해방이후 한국 좌파세력의 정치조직과 정치노선 연구」, 『한국사회과학연구』 8호, 1989년 12월, 23면.

60 박갑동 『통곡의 언덕에서』, 서당 1991, 114면.

61 李榮根 「8·15 解放前後のソウル 5 統一戰線 中」, 『統一朝鮮新聞』 1970년 9월 30일자 4면.

62 이병주 『산하 1』, 동아일보사 1985, 102면.

63 남재희 『진보열전: 남재희의 진보인사 교유록 50년』, 메디치미디어 2016, 50면.

64 전용헌, 앞의 글, 36면; 송남헌 『한국현대정치사 1, 건국전야』, 성문각 1986, 159면.

65 김남식『남로당연구』, 돌베개 1984, 191~92면.

66 같은 책, 199~202면.

67 정용욱「1945년 말 1946년 초 신탁통치 파동과 미군정: 미군정의 여론공작을 중심으로」,『역사비평』통권62호, 역사문제연구소 2003년 2월, 317면.

68 심지연『송남헌 회고록, 김규식과 함께한 길: 민족의 자주와 통일을 위하여』, 한울 2000, 78면.

69「법학자동맹 결성」,『자유신문』1946년 2월 17일자 1면.

70 서중석, 앞의 책, 262~63면.

71「남원사건 진상 상, 하」,『자유신문』1945년 12월 3~4일자 2면.

72 김갑수, 앞의 책, 86면.

73 서중석, 앞의 책, 353면.

74 김남식, 앞의 책, 198면.

75「민전 헌법기초위원」,『자유신문』1946년 3월 6일자 1면.

76「민전, 각 전문위원회 설치」,『조선일보』1946년 3월 5일자.

77 같은 글.

78「전평 고문변호사단」,『자유신문』1946년 7월 13일자 2면.

79 임영태「북한의 권력과 역사학: 북으로 간 맑스주의 역사학자와 사회경제학자들」,『역사비평』8호, 1989년 8월, 312~14면.

80 김영희『이 사람아, 공부해: 유민 홍진기 이야기』, 민음사 2011, 138면.

81 김준수「민동식 변호사와의 대담」,『대한변호사협회지』통권132호, 대한변호사협회 1987년 8월, 69면.

82「토요회 부서 결정」,『자유신문』1946년 2월 14일자 2면.

83 심지연, 앞의 책, 128~30면.

84 정병욱「해방 직후 일본인 잔류자들」, 133면; 정병욱「8·15 이후 융자명령의 실시와 무책임의 체계」, 233면; 조재천, 앞의 글, 161면.

85 한국정신문화연구원 엮음『지운 김철수』, 한국정신문화연구원 1999, 147~48면. 신용욱에 대해서는 다음을 참조했다. 길진현『역사에 다시 묻는다: 반민특위와 친일파』, 삼민사 1984, 149면.

86 강만길·성대경 엮음『한국사회주의운동 인명사전』, 창작과비평사 1996, 183면.

87 조선산업노동조사소에 대해서는 이 조직을 직접 만든 고준석의 기록이 남아 있다. 고준석『해방 1945~1950: 공산주의 운동사의 증언』, 정범구 옮김, 한겨레 1989, 72면 이하.

88 박갑동『통곡의 언덕에서』, 서당 1991, 126면.

89 「지폐위조사건 진상전모, 공보도서 정식발표」, 『동아일보』 1946년 5월 16일자 2면; 「광복 10주년의 발자취 6: 정판사의 위조지폐 사건」, 『경향신문』 1955년 8월 6일자 2면.

90 이관술의 삶에 대해서는 안재성 『이관술: 1902~1950』(사회평론 2006)을 참조했다.

91 박갑동, 앞의 책, 144면; 이병주 『남로당: 이병주장편소설 상』, 청계 1987, 56면.

92 조재천, 앞의 글, 161면.

93 「편파된 재판의 우려 농후하다, 위폐사건에 재판장 기피 이유」, 『자유신문』 1946년 7월 31일자 2면.

94 「위폐사건의 담당변호사」, 『중앙신문』 1946년 7월 26일자 2면; 「위폐공판 변호인 결정」, 『현대일보』 1946년 7월 27일자 1면.

95 「정판사 위폐범 변호인단, 항고서 제출」, 『조선일보』 1946년 8월 11일자.

96 「양재판장 기피는 각하? 채결?」, 『동아일보』 1946년 8월 6일자 2면.

97 「위폐사건 기피 항고, 공소원서도 또 기각판결」, 『동아일보』 1946년 8월 15일자 4면.

98 「개정벽두·피고회의 개최코, 고문없는 재취조 요구결의」, 『현대일보』 1946년 8월 23일자 2면.

99 「당의 정당원이였소, 규약은 모른다는 김창선」, 『동아일보』 1946년 8월 24일자 2면.

100 「위폐공판 함구부답의 피고들, 공판은 오히려 일사천리로 진행」, 『자유신문』 1946년 8월 29일자 2면.

101 「후세 역사가가 증명할 뿐, 위폐 변호사단 성명」, 『동아일보』 1946년 10월 26일자 2면.

102 서울지방심리원 『위폐사건 공판기록』, 대건인쇄소 1947, 112면.

103 대법원 1947.4.11. 선고 1947형상14 판결(서울대학교판례연구회 엮음 『주석 한국 판례집: 형사법 1, 1945~1950』, 서울대학교판례연구회 1968, 337~92면에서 재인 용).

104 임성욱 『미군정기 조선정판사 '위조지폐' 사건 연구』, 한국외국어대학교 국제지역 대학원 한국학과 박사학위논문 2015, 10면 이하.

105 RG 554, Records of General Headquarters, Far East Command, Supreme Commander Allied Powers and United Nations Command, United States Army in Korea, Adjutant General, General Correspondence (Decimal Files), 1945~1949, Entry 1370, Box 50. 이 문서를 '정판사 사건 재심청구를 위한 석명서'로 번역한 논 문도 있으나, 상급심에 상소하는 이유를 설명한 문건이라는 점에서 '상고이유서' 를 번역한 것이 분명하다. 고지훈 「정판사 사건 재심청구를 위한 석명서」, 『역사문 제연구』 20호, 역사문제연구소 2008년 10월, 349면 이하.

106 '소위 정판사 위폐사건의 진상을 천하에 폭로함'이라는 제목의 『조선주보』 기사와

이를 그대로 전재한 유인물들은 북조선인민위원회 외무국 정보부에서 정리한 것을 미군이 노획한 것이다. RG 242 National Archives Collection of Foreign Records Seized Record Group, Entry 299, Box 259.

107 박수환『소위 '정판사 위폐사건'의 해부: 반동파 모략의 진상을 폭로함』, 아세아서점 1947, 1~6면.

108 서울대학교판례연구회, 앞의 책, 339~47면; 같은책, 9~16면.

109 같은 책, 366~68면; 같은 책, 22~24면.

110 같은 책, 370면; 같은 책, 16~18면.

111 같은 책, 372~77면; 같은 책, 24~28면.

112 같은 책, 377~79면; 같은 책, 29~30면.

113 같은 책, 379~80면; 같은 책, 18~21면.

114 같은 책, 390면; 같은 책, 47면.

115 국정원 과거사건진실규명을 통한 발전위원회 엮음『과거와 대화 미래의 성찰 6: 학원, 간첩편』, 국가정보원 2007, 277면.

116 박병엽『김일성과 박헌영 그리고 여운형: 전 노동당 고위간부가 본 비밀회동』, 유영구·정창현 엮음, 선인 2010, 67면; 중앙일보 특별취재반『비록 조선민주주의 인민공화국』, 중앙일보사 1992, 230면.

117 박병엽, 같은책, 74면.

118 박갑동「남기고 싶은 이야기들 31: 내가 아는 박헌영 79, 정판사 위폐사건」,『중앙일보』1973년 5월 29일자.

119 같은 글 83, 수사여화, 1973년 6월 2일자.

120 예컨대 오재호『실록소설 표적 3: 조선정판사 대위조지폐사건』, 법전출판사 1981, 54면 이하.

121 이병주『남로당: 이병주장편소설 중』, 청계 1987, 97면.

122 박갑동, 앞의 책, 150면.

123「안해의 고마운 선생을 단죄 않을 수 없는 검사의 심정」,『동아일보』1946년 11월 8일자 2면.

124 박갑동, 앞의 책, 220면.

125 김준연『나의 길』, 동아출판사 1966, 23면.

126 김준연「창랑선생 추모」,『세대』1969년 9월호(장택상『대한민국 건국과 나』, 장병혜·장병초 엮음, 창랑장택상기념사업회 1992, 313면에서 재인용).

127 이영록「제헌국회의 '헌법 및 정부조직법 기초위원회'에 관한 사실적 연구」,『법사학연구』25권, 2002년 4월, 91면.

128 「기자석, 같지 않은 이야기에 웃음」, 『경향신문』 1958년 11월 27일자 1면.

129 김홍섭 『무상을 넘어서』, 성바오로출판사 1971, 438면, 454면.

130 김기협 『해방일기 4: 반공의 포로가 된 이남의 해방』, 너머북스 2012, 495면.

131 「무기 등 중형을 구형, 위폐 공판 검사 논고」, 『자유신문』 1946년 10월 23일자 2면.

132 서울지방심리원, 앞의 책, 20~24면.

133 「관용 기밀비 받고 해괴! 피의자 석방, 사법부 내의 불상사건」, 『중앙신문』 1946년 7월 28일자 2면; 「기밀비로 78만원 피검자에서 받고 무죄석방」, 『현대일보』 1946년 7월 28일자 2면.

134 「검사국 기밀비 사건, 최종석에 체형 언도」, 『동아일보』 1946년 10월 31일자 2면.

135 「사법부 기밀비 사건 상고 언도」, 『민보』 1947년 4월 23일자 2면.

136 대법원 1947.3.11. 선고 1946형상110 결정; 대법원 1947.4.22. 선고 1946형상110 판결(서울대판례연구회, 앞의 책, 104~13에서 재인용).

137 김갑수, 앞의 책, 42면.

138 「검거는 광범위」, 『자유신문』 1947년 3월 25일자 2면.

139 「조평재 씨 등 석방」, 『자유신문』 1947년 4월 3일자 2면.

140 염인호 『김원봉 연구: 의열단, 민족혁명당 40년사』, 창작과비평사 1993, 358~59면.

141 「수도경찰청, 좌익계 인물 일대검거 시작」, 『서울신문』 1947년 8월 13일자; 「작효 경찰관이 총동원, 좌익요인을 검거」, 『동아일보』 1947년 8월 13일자 2면.

142 「조평재 씨 석방」, 『중앙신문』 1947년 8월 30일자 2면.

143 「조선인권의 국제적 옹호, 뽈드윈 씨 내조한 목적을 천명」, 『경향신문』 1947년 5월 14일자 1면.

144 「조선인권옹호연맹을 결성」, 『경향신문』 1947년 5월 25일자 3면.

145 「인권옹호에 이상 있다, 테로·경찰폭력·일제잔재 등」, 『동아일보』 1947년 5월 24일자 2면; 「중간노선 발전에 지장, 뽈드윈 인권옹호회장 시찰담」, 『한성일보』 1947년 5월 24일자 2면.

146 「인권옹호연맹 위원 50명 결정」, 『동아일보』 1947년 6월 15일자 2면.

147 「공판정 소연! 윤변호인의 실언에」, 『동아일보』 1946년 8월 29일자 2면; 「윤변호인에 함구령, 양재판장 징계재판에 보고」, 『동아일보』 1946년 8월 31일자 2면.

148 「8개월 정직을 처분, 재판모독 윤변호사에」, 『동아일보』 1946년 9월 11일자 2면.

149 「윤변호사 정직 해제」, 『자유신문』 1947년 5월 15일자 2면.

150 제민일보 4·3 취재반 『4·3은 말한다 1: 해방의 환희와 좌절, 3·1절 발포와 4·3의 길목』, 전예원 1994, 268면.

151 「민전조사단 제주도 파견」, 『경향신문』 1947년 3월 19일자 2면; 「제주도 총파, 민

전서 조사단」,『자유신문』 1947년 3월 19일자 2면.

152 제민일보 4·3 취재반, 앞의 책, 386면.

153 「민전의 테러조사단, 전주에서 테러단에게 피습」,『자유신문』 1947년 6월 12일자 2면;「군산서 또 '테로'로 민전조사단원 중상」,『경향신문』 1947년 6월 12일자 3면.

154 「윤변호사도 피체」,『동아일보』 1947년 8월 13일자 2면.

155 「김광수·윤학기 양씨 송청, 포고령 제2호 위반으로」,『독립신보』 1947년 8월 28일자 2면.

156 「윤학기 변호사 석방」,『독립신보』 1947년 9월 7일자 2면.

157 「윤변호사 사취사건으로 취조」,『독립신보』 1947년 10월 19일자 2면.

158 「윤변호사 1년 집유」,『동아일보』 1948년 6월 10일자 2면.

159 「변호사의 사기기」,『한성일보』 1947년 10월 18일자 2면.

160 「윤변호사 불복 상고」,『자유신문』 1948년 8월 26일자 2면.

161 「윤학기 씨 언도 불복」,『조선일보』 1948년 8월 26일자 2면.

162 「변호사에 징계, 정직과 과료로」,『자유신문』 1948년 7월 28일자 2면.

163 「윤변호사 공판 말성, 판사는 증거품 신청까지 각하」,『조선중앙일보』 1948년 9월 2일자 2면.

164 「수도에 검거풍, 한독·사민계 요인 체포」,『자유신문』 1948년 11월 6일자 3면;「여운홍, 엄항섭, 윤학기 씨 등 각계인 대량검거, 중부 종로서 관내만 300여명」,『조선일보』 1948년 11월 5일자 2면.

165 「윤변호사 기소유예」,『조선중앙일보』 1949년 3월 18일자 2면.

166 「무기 등 중형을 구형, 위폐 공판 검사 논고」,『자유신문』 1946년 10월 23일자 2면.

167 강중인 「6개월 정직처분 받고 상」,『독립신보』 1946년 11월 9일자 2면.

168 같은 글 중, 1946년 11월 10일자 2면.

169 같은 글 하, 1946년 11월 12일자 2면.

170 「강변호사 형제 피검」,『경향신문』 1949년 2월 12일자 4면;「강종구 6명 등 불일 중에 송청」,『동아일보』 1949년 2월 25일자 2면.

171 박갑동, 앞의 책, 142면.

172 정진석 「해방공간의 좌익언론과 언론인들: 조선인민보, 해방일보, 건국, 노력인민의 출현과 쇠퇴」,『관훈저널』 77호, 2000년 12월, 296~97면.

173 「피고들의 무죄주장, 위폐사건 역사적인 대변론」,『자유신문』 1946년 10월 25일자 2면.

174 「허헌 씨가 출마, 정판사위폐사건 특별변호인으로」,『중앙신문』 1946년 8월 21일자 2면.

175 「위폐공판 특별변호 허헌 씨만 허가」, 『동아일보』 1946년 8월 27일자 2면.

176 「압수된 장부는 전부 이중, 증거신청에 조검사가 지적」, 『동아일보』 1946년 9월 14일자 2면.

177 「허헌 씨 특별변호 취소」, 『동아일보』 1946년 10월 5일자 2면.

178 전용헌, 앞의 글, 34면.

179 「위폐사건의 변론을 개시」, 『경향신문』 1946년 10월 25일자 2면.

180 「무죄주장의 열변으로」, 『경향신문』 1946년 10월 26일자 2면; 「위폐 공판 변론도 종료」, 『자유신문』 1946년 10월 26일자 2면; 「공명정대한 판결요망, 위폐 변호인의 최후변론」, 『동아일보』 1946년 11월 1일자 2면.

181 송남헌, 앞의 책, 460면.

182 허영욱 『나의 아버지 허헌』, 평양출판사 2015, 160면.

183 같은 책, 274~76면.

184 「전평 고문변호사단」, 『자유신문』 1946년 7월 13일자 2면.

185 송남헌, 앞의 책, 155면.

186 박갑동, 앞의 책, 264면.

187 「무기사용을 신중히, 흉흉한 밤거리의 통행」, 『동아일보』 1949년 3월 5일자 2면; 「고등법원 양원일 판사 피살」, 『경향신문』 1949년 3월 5일자 4면; 「고심 양원일 판사, 3일 밤 국군 총탄에 절명」, 『자유신문』 1949년 3월 5일자 2면.

188 김두한 『피로 물들인 건국전야: 김두한 회고기』, 연우사 1963, 157~60면.

189 「청년운동반세기 23: 대한민청·청총 4, 박헌영 파업지령 철도·통신 마비」, 『경향신문』 1987년 4월 15일자 9면.

190 김두한, 앞의 책, 184~85면.

191 앞의 글 대한민청·청총 6, 좌익 폭력단 두목 치사 파동, 1987년 4월 29일자 9면.

192 같은 글 7, 김두한 등 미군사재판 회부, 1987년 5월 6일자 9면.

193 법원행정처 엮음, 앞의 책, 186~87면.

194 이인, 앞의 책, 196면.

195 유세열·김태호 『옥계 유진산: 생애와 사상과 정치 상』, 사초 1984, 347면.

196 박용만 『경무대비화』, 한국정경사 1975, 88~89면.

197 「비화 한 세대 136: 군정경찰 67, 고양이와 소년들」, 『경향신문』 1977년 5월 27일자 5면.

198 장택상, 앞의 책, 80~81면.

199 앞의 글 군정경찰 68, 저격범 고문치사, 『경향신문』 1977년 5월 30일자 5면.

200 같은 글 69, 허위발표, 1977년 5월 31일자 5면.

201 「정판사 사건 관계자들이 본정서원 등을 걸어 고소」, 『경향신문』 1947년 1월 28일자 2면; 「"허위자백을 강요햇소", 정판사 피고 고문리 거려 고소」, 『대한독립신문』 1947년 1월 28일자 2면.

202 박갑동 「남기고 싶은 이야기들 31: 내가 아는 박헌영 83, 수사여화」, 『중앙일보』 1973년 6월 2일자.

203 「서울시내 경찰 서장회의, 탁치배격을 결의」, 『자유신문』 1945년 12월 30일자; 앞의 글 군정경찰 37, 반탁의 소용돌이, 『경향신문』 1977년 4월 11일자 5면.

204 같은 글 41, 고문경찰의 발탁, 1977년 4월 15일자 5면.

205 같은 글 28, 월남행 대열, 1977년 3월 28일자 5면.

206 제민일보 4·3 취재반 『4·3은 말한다 4: 대하실록 제주민중운동사』, 전예원, 1997, 222면.

207 같은 책, 386면.

208 이택선 『취약국가 대한민국의 형성과정(1945~50)』, 서울대학교대학원 외교학과 박사학위논문, 2012, 30~31면.

209 조병옥 『조병옥 나의 회고록: 개인보다는 당, 당보다는 국가』, 선진 2003, 164~65면.

210 같은 책, 208면.

211 앞의 글 군정경찰 21, 가짜 장군 조개옥, 『경향신문』 1977년 3월 17일자 5면; 장택상, 앞의 책, 68면.

212 같은 책, 75면.

213 「그때 그일들 239: 김종삼 6, 가슴아팠던 은인취조」, 『동아일보』 1976년 10월 15일자 5면.

214 앞의 글 군정경찰 72, 수사간부의 구속, 『경향신문』 1977년 6월 3일자 5면; 「중부서 사건 불기소, 기소유예」, 『경향신문』 1948년 8월 11일자 2면.

215 앞의 글 김종삼 2, 다난했던 취조주임시절, 『동아일보』 1976년 10월 11일자 5면.

216 「취조 중 도주했다, 수도청사건에 김부청장 담」, 『자유신문』 1948년 7월 28일자 2면.

217 「비화 한 세대 154: 반민특위 8, 노덕술 체포」, 『경향신문』 1977년 6월 22일자 5면.

218 서중석 『한국현대민족운동연구 2: 1948~1950 민주주의·민족주의 그리고 반공주의』, 역사비평사 1996, 132면.

219 박태균·정창현 『암살: 왜곡된 현대사의 서막』, 역사인 2016, 106~7면.

220 「정창화 증거불명으로 석방」, 『동아일보』 1947년 4월 27일자 2면.

221 앞의 글 반민특위 28, 암살대상, 『경향신문』 1977년 7월 20일자 5면.

222 같은 글 9, 밀선을 막아라, 1977년 6월 23일자 5면; 「백안을 회피하든 악질경관, 군인도 해당」, 『경향신문』 1949년 1월 30일자 4면; 「'이구범' 도피지 일본이 유력시」,

『경향신문』 1949년 3월 13일자 4면. 이구범의 체포에 대해서는 그가 1949년 3월까지도 여전히 체포되지 않았다는 엇갈리는 기사도 있어서 진실 여부를 확신하기 어렵다.

223 같은 글 반민특위 31, 증인 백민태, 1977년 7월 25일자 5면.

224 오익환 「반민특위의 활동과 와해」, 송건호 외 『해방전후사의 인식 1』(개정 3판), 한길사 2004, 155~59면.

225 「또 반특에 시위, 계속되는 국계원들 자행」, 『경향신문』 1949년 6월 4일자 2면.

226 "와세다대 교외생으로 졸업"이라고 그의 학력을 기재한 『대한연감』 4288년판도 이를 뒷받침한다.

227 「독학도의 수범」, 『법정』, 법정사 1949년 3월, 46면.

228 앞의 글 반민특위 61, 6·6사태, 『경향신문』 1977년 9월 5일자 5면; 오익환, 앞의 글, 159~67면.

229 같은 글 32, 음모의 결말, 1977년 7월 26일자 5면; 「노덕술 무죄언도」, 『경향신문』 1949년 6월 22일자 2면.

230 「백민태를 구속, 모종증수회 혐의로」, 『동아일보』 1949년 12월 29일자 2면.

231 「노덕술, 박경림 씨 2심서 무죄언도」, 『경향신문』 1950년 1월 1일자 3면.

232 대법원 1950.4.18. 선고 1950형상10 판결(서울대학교판례연구회, 앞의 책, 56~62면에서 재인용).

233 서울고등법원 1951.12.31. 선고 4283형공602 판결(서울대학교판례연구회, 앞의 책, 62면에서 재인용).

234 앞의 글 군정경찰 72, 수사간부의 구속, 『경향신문』 1977년 6월 3일자 5면; 「전피고에 무죄, 고문치사 사건 항소공판 결심」, 『동아일보』 1949년 11월 27일자 2면.

5부/ '법조프락치' 사건

1 이덕인 「1950년대의 사형제도에 대한 실증적 분석과 비판」, 『형사정책연구』 26권 2호, 한국형사정책연구원, 2015년 6월, 8면.

2 「군경의 존귀한 피로 광명을 찾은 순천」, 『자유신문』 1948년 10월 29일자 3면.

3 김득중 『'빨갱이'의 탄생: 여순사건과 반공국가의 형성』, 선인 2009, 324면.

4 1대 국회 92차 국회본회의 회의록(1948년 10월 30일).

5 「황씨 자택에 인공기, 순천 사회단체서 보고」, 『평화일보』 1948년 11월 9일자 2면.

6 1대 국회 5회 14차 국회본회의 회의록(1949년 10월 5일); 김계유 「1948년 여순봉

기: 당시 일기를 토대로 재구성한 여수인민위원회 활동상과 '좌익협력자'에 대한 대량학살의 진상」, 『역사비평』 통권49호, 역사문제연구소 1991년 11월, 284면; 김득중, 앞의 책, 325면.

7   1대 국회 5회 14차 국회본회의 회의록.

8   「박검사 총살사건, 검찰총장 지휘로 조사 중」, 『호남신문』 1949년 9월 20일자 2면.

9   서중석 「정부수립 후 반공체제 확립과정에 대한 연구」, 『한국사연구』 90호, 1995년 9월, 440~41면; 1949년 10월 5일 5회 국회 임시회의 14차 회의 속기록.

10   1대 국회 5회 14차 국회본회의 회의록.

11   이덕인, 앞의 글, 9면.

12   국방부 군사편찬연구소 엮음 『6·25전쟁사 1: 전쟁의 배경과 원인』, 국방부 군사편찬연구소 2004, 485면; 장창국 『육사졸업생』, 중앙일보사 1984, 219~20면.

13   짐 하우스만·정일화 『한국 대통령을 움직인 미군 대위: 하우스만 증언』, 한국문원 1995, 191~92면.

14   「반공 구국 총궐기대회, 작일 서울운동장에서 성대 거행」, 『자유신문』 1948년 9월 24일자 2면.

15   「반공국민대회, 반민법 반대가 목적?」「민중 강제동원 반민법 반대 등, 국회서 중대 문제화」, 『동아일보』 1948년 9월 24일자 2면.

16   강성현 「내가 진짜 애국자다: 1948년 반공국민대회와 이종형」, 『역사비평』, 통권113호, 역사문제연구소 2015년 11월, 56~67면.

17   박원순 『국가보안법 연구 1, 국가보안법 변천사』(증보판), 역사비평사 1997, 89면.

18   변동명 「제1공화국 초기의 국가보안법 제정과 개정」, 『민주주의와 인권』 7권 1호, 2007년 4월, 97~98면

19   같은 글, 78~81면.

20   백운선 「제헌국회 소장파의 활동과 역사적 재평가」, 『역사비평』 통권24호, 역사문제연구소 1993년 9월, 236~42면.

21   김정기 『국회프락치 사건의 재발견 2: 중간 지대의 정치 합작』 그레고리 헨더슨의 한국정치담론 2, 한울 2008, 29~31면.

22   김준연 「의정단상의 1년 회고」, 『동아일보』 1949년 5월 9일자 1면.

23   송남헌 「정치암살」, 조선일보사 출판국 엮음 『전환기의 내막』, 조선일보사 1982, 281~83면.

24   도진순 「백범 김구 시해사건과 관련된 안두희 증언에 대한 분석」, 『성곡논총』 27권 4호, 1996년 8월, 33~34면; 서중석 『한국현대민족운동연구 2: 1948~1950 민주주의·민족주의 그리고 반공주의』, 역사비평사 1996, 237면.

25 이황직『군자들의 행진: 유교인의 건국운동과 민주화운동』, 아카넷 2017, 366~67면.

26 「정당프락치 활동강화, 국회의원을 조종」,『동아일보』1949년 5월 9일자 2면.

27 서중석, 앞의 책, 201~4면.

28 박순재「비화 제1공화국 72: 제5화 국회프락치 사건 2」,『동아일보』1973년 8월 29일 자 4면.

29 「석방결의는 부결, 의원체포사건 일단락」,『동아일보』1949년 5월 25일자 1면.

30 「서상사 등 무훈, 토치카를 육탄격파」,『동아일보』1949년 5월 8일자 2면.

31 이종판 엮음『6·25전쟁 참전자 증언록 1: 북한의 남침과 서전기』, 국방부 군사편찬 연구소 2003, 69~70면.

32 「국방부, 국회에서 국회프락치 사건 전모를 발표」,『조선중앙일보』1949년 7월 5일 자 2면.

33 김세배 엮음「국회 내 남로당 푸락치 사건」,『좌익사건실록 상: 1945.8.15.~ 1950.6.24.』, 대검찰청 수사국 1964, 626~28면(김정기, 앞의 책 144~45면에서 재인 용). 같은 이야기가 수없이 반복되어 비슷한 내용을 어느 책에서나 발견할 수 있다. 예컨대『해방 30년사』(공동문화사 1975, 321~22면) 등에도 비슷한 내용이 나온다.

34 박원순「국회프락치 사건 사실인가」,『역사비평』계간6호, 역사문제연구소 1989년 9월, 229~30면.

35 김정기, 앞의 책, 145~48면; 김호익『한국에서 최초로 발생한 국제간첩사건』(일명 『김호익 수사일기』), 삼팔사 1950, 148~49면.

36 김정기, 같은 책, 149면.

37 김호익, 앞의 책, 159면.

38 임종명「초기 대한민국제 간첩 이야기의 서사와 흥미성:『한국에서 최초로 발생한 국제간첩사건』을 중심으로」,『역사연구』22호, 역사학연구소 2012년 6월, 16면.

39 「국제스파이 사건 진상 1」,『동아일보』1949년 7월 23일자 2면.

40 김정기, 앞의 책, 158~59면.

41 「오변호사 등의 검속, 법조회서 문제화」,『독립신보』1948년 3월 25일자 2면.

42 오재호『국회 푸락치 사건: 실록소설 특별수사본부 3』, 창원사 1972, 256면.

43 이 명단은 김정기 교수의 책에 기반한 것이다(김정기, 앞의 책, 202면; 김정기 엮음 『국회프락치사건 재판 기록(영문): 미 국무부 외교 문서』, 한울 2008, 109~15면). 다 만 김정기 교수의 정리는 영문이름을 옮기다보니 오류가 적지 않다. 오견인은 오건 일의, 강봉숭은 강병순의, 최경신은 최경진의, 박병준은 박병균의, 김석봉은 김섭의, 서완휴는 소완규의, 이범성은 이범승의, 임원병은 임헌평의, 박원성은 박원삼의, 최 용묵은 채용묵의, 최대영은 최대용의 오기로 보인다. 김정기 교수 책에 나오는 최용

식과 김용인이 누구인지는 확인하지 못했다.

44 김정기, 같은 책, 53~54면.

45 같은 책, 170면.

46 같은 책, 180~81면.

47 「회장에 이범승 씨, 법학회 진용 결정」, 『동아일보』 1946년 12월 3일자 2면.

48 「국회푸락치 사건 논고 2」, 『경향신문』 1950년 2월 16일자 1면.

49 「민족진 변호사, 법조회 탈퇴」, 『강원일보』 1948년 4월 27일자 1면.

50 「강욱중 씨 등 5의원, 이문원 씨 변호담당」, 『동아일보』 1949년 6월 14일자 2면.

51 「김경감 사건 소영사관과 관련」, 『경향신문』 1949년 8월 17일자 2면.

52 「김호익 총경 살해범 공판, 이용운에 총살 구형」, 『경향신문』 1949년 9월 29일자 2면.

53 「피고는 군재 기피 태도, 어제 고 김총경 살해범 공판」, 『동아일보』 1949년 9월 28일자 2면.

54 「김태준·이용운 총살형 확정」, 『자유신문』 1949년 11월 8일자 2면.

55 김정기 엮음, 앞의 책, 110~11면.

56 김정기, 앞의 책, 226면.

57 Ernst Fränkel, *Legal Analysis of the Case Against Thirteen Memebers of the National Assembly* (Drumright to State, 795.00 file, box 4299, March 22, 1950, 외교공문의 동봉문 1), 김정기 엮음, 앞의 책, 125~42면.

58 한국변호사사 간행위원회 『한국변호사사』, 대한변호사협회 1979, 245면.

59 유영구 「거물간첩 성시백 프로젝트 하」, 『월간중앙』 1992년 7월호, 507면.

60 김정기, 앞의 책, 121~37면.

61 이호진·강인섭 「국회 남로당 프락치 사건」, 월간조선 엮음 『한국현대사 119대 사건: 체험기와 특종사진』, 월간조선 1993, 85면.

62 「김영재 차석검사 피검, 좌익 혐의로 청내에서」, 『조선일보』 1949년 7월 26일자 2면.

63 「적색사법관 중부서에 검거」, 『동아일보』 1947년 12월 17일자 2면; 「사법관 시보 등을 좌익관계로 취조」, 『자유신문』 1947년 12월 18일자 2면.

64 「사법시보 등 모종혐의로 검거」, 『한성일보』 1947년 12월 18일자 2면.

65 「검찰청에 괴사건」, 『자유신문』 1947년 12월 20일자 2면; 「강검찰관 가방 절취는 계획적인가」, 『한성일보』 1947년 12월 20일자 2면.

66 「사법관 시보 등 11명을 송청」, 『자유신문』 1947년 12월 31일자 2면.

67 「사법부사건 다시 확대되나?」, 『자유신문』 1948년 1월 6일자 2면.

68 김준수 「강석복 변호사와의 대담」, 『대한변호사협회지』 1987년 7월호, 81면.

69 「법원세포사건 구형」, 『경향신문』 1948년 2월 15일자 3면.

70 「새 변호사의 인정서 수여식이 거행」, 『자유신문』 1945년 12월 27일자; 한국변호사사 간행위원회, 앞의 책, 240면, 257면.

71 「사법요원 양성」, 『동아일보』 1946년 1월 30일자 2면; 「사법요원양성소, 법무국에서 신설」, 『자유신문』 1946년 1월 30일자 2면.

72 「사법요원 시험」, 『동아일보』 1946년 2월 21일자 2면; 「사법요원 상비시험」, 『중앙신문』 1946년 2월 24일자 2면.

73 「구두시험표를 청구, 사법시험 합격자는」, 『동아일보』 1946년 3월 18일자 2면.

74 김동현 「안윤출 변호사와의 대담 하」, 『대한변호사협회지』 통권136호, 대한변호사협회 1987년 12월, 115면.

75 이태영 「나의 교유록, 원로여류가 엮는 회고 230: 이태영 17, 서울법대 친구들」, 『동아일보』 1981년 12월 7일자 7면.

76 『한성일보』 1946년 4월 19일자 광고.

77 「사법요원 입소식」, 『자유신문』 1946년 4월 16일자 2면.

78 김준수 「계창업 변호사와의 대담」, 『대한변호사협회지』 1989년 8월호, 112면.

79 김종수 『법창만보』, 법전출판사 1978, 208면.

80 김성칠 『역사 앞에서: 한 사학자의 6·25일기』(개정판), 정병준 해제, 창비 2009, 82~83면.

81 한국변호사사 간행위원회, 앞의 책, 260면.

82 김성칠, 앞의 책, 83~84면.

83 같은 책, 410면.

84 같은 책, 129~31면.

85 같은 책, 132~35면.

86 같은 책, 136면.

87 박갑동 『통곡의 언덕에서』, 서당 1991, 312면.

88 대검찰청 수사국 엮음 『좌익사건실록 9』, 대검찰청 수사국 1972, 391면.

89 선우종원 『나의 조국 대한민국: 사상검사 선우종원의 격랑 90년』, B.G.I 2010, 298~303면.

90 박갑동 『박헌영: 그 일대기를 통한 현대사의 재조명』, 인간사 1983, 217면.

91 이황직, 앞의 책, 424~28면.

92 같은 책, 446면.

93 「민중의 사표될 국립경찰 부정분자는 과감히 숙청요망」, 『경향신문』 1948년 6월 24일자 2면; 「비화 한 세대 140: 군정경찰 71, 잇단 독직사건」, 『경향신문』 1977년 6월 2일자 5면.

94 「최과장·박서장 기소」,『자유신문』1948년 7월 4일자 2면.

95 「전 수도청 사찰과장 최운하, 갑작스럽게 보석으로 출감」,『서울신문』1948년 9월 11일자.

96 「최운하 씨는 무죄, 박서장은 집유로」,『자유신문』1948년 9월 23일자 2면.

97 「엄상섭 대검찰청 차장 등 8명의 검사, 민족정기 앙양을 위해 사임한다고 성명」,『민주일보』1948년 8월 24일자;「민족의 양심을 표백, 일제 때 검사 8명 사의」,『경향신문』1948년 8월 24일자 2면.

98 오제도『추격자의 증언』반공지식총서 1, 희망출판사 1969, 140면.

99 같은 책, 140~41면.

100 「8·15폭동 피의자 석방」,『자유신문』1947년 11월 22일자 2면.

101 최대교「내가 보고 들은 일들: 사건의 회고」,『사법행정』1984년 1월호, 71~73면.

102 「검사진 대량사직 후에 오는 것은? 대부분 권고사직, 사표수리는 이미 7건」,『경향신문』1949년 8월 30일자 2면;「권고사직으로 동요하는 검찰조직과 이에 대한 김익진 검찰총장의 담화」,『국도신문』1949년 8월 30일자.

103 「검사들의 사직은 모다 일신상의 형편인 듯」,『동아일보』1949년 9월 6일자 2면.

104 최대교, 앞의 글, 75면.

105 김준수「강석복 변호사와의 대담」,『대한변호사협회지』1987년 7월호, 88면.

106 이영근·김충식·황호택『법에 사는 사람들』, 삼민사 1984, 161~62면.

107 「총지원을 목표로 학도선배단 격려대 발정」,『매일신보』1943년 11월 15일자 2면.

108 「문총 각 단체대표들 러취 장관 방문 간담」,『경향신문』1946년 10월 31일자 3면.

109 「공위협의에 참가할 대표 남북 각 정당과 단체멤버」,『경향신문』1947년 6월 22일자 1면.

110 김남식『남로당연구』, 돌베개 1984, 351면.

111 오제도, 앞의 책, 53면.

112 「총진격에 설전의 진, 소장연사 전조선을 유세」,『매일신보』1945년 5월 8일자 2면.

113 「중앙학우회 주최 학생모의재판」,『동아일보』1936년 7월 29일자 5면.

114 「차의원 사임은 강요 아니다, 양 변호인 공동성명」,『동아일보』1949년 10월 13일자 2면.

115 제성호「6·25전쟁 납북과 법조인: 전시 납북 진상규명의 필요성 환기 차원에서」,『저스티스』통권107호, 한국법학원 2008년 10월, 244면.

116 「사기한 변호사」,『자유신문』1948년 7월 11일자 2면.

117 「현직 변호사까지 주구노릇, 간첩과 접선행동」,『경향신문』1957년 9월 5일자 3면.

118 「공소기각 판결, 은성룡 변호사 보안법위반건」,『경향신문』1958년 2월 14일자 3면.

119 「법원 브로커 6명을 구속」, 『중앙일보』 1981년 3월 4일자 7면.

120 「송남헌」, 한국정신문화연구원 한민족문화연구소 엮음 『내가 겪은 해방과 분단』, 선인 2001, 109면.

121 전갑생 「신문기자가 낀 모호한 국제스파이 이야기」, 『민족 21』 138호, 민족이십일 2012년 9월, 121면.

122 같은 글, 116~17면.

123 대검찰청 수사국 엮음 『좌익사건실록 2』, 539~43면.

124 김성칠, 앞의 책, 173면.

125 유진오 『양호기: 보전·고대 35년의 회고』, 고려대학교출판부 1977, 112면; 이철승 『대한민국과 나: 이철승의 현대사 증언 1』, 시그마북스 2011, 47~52면.

126 「군정포고위반으로 체포된 전 국군준비대 이혁기 등 6명 실형언도」, 『서울신문』 1946년 1월 26일자; 「전 국군준비대 사령 이혁기 씨 외 14명 출감」, 『독립신보』 1947년 6월 18일자 2면; 유진오 「청년사령관 이혁기 동무」, 『문화일보』 1947년 6월 29일자 2면.

127 대검찰청 수사국, 『좌익사건실록 1』, 353면.

128 같은 책 3, 353면.

129 김남식, 앞의 책, 106면.

130 정경모 『시대의 불침번: 정경모 자서전』, 한겨레출판 2010, 68~72면.

131 「북한에 정보제공 튼 전율할 대간첩망」, 『동광신문』 1949년 5월 29일자 4면; 「이북 정보대 송청」, 『동아일보』 1949년 5월 27일자 2면.

132 「초조한 표정들, 김영재는 추가기소」, 『동아일보』 1949년 11월 26일자 2면.

133 「법조프락치 사건 제2회 공판이 개정되어 김영재·백석황 등에 대한 사실심문이 진행」, 『서울신문』 1949년 11월 26일자; 「남로 법조푸락치, 작일 제2회 공판개정」, 『자유신문』 1949년 11월 26일자 2면.

134 「신법률학이 필요, 궤변 농하는 강중인」, 『한성일보』 1949년 11월 27일자 2면; 「법조계 푸락치 사건 공판속행」, 『영남일보』 1949년 11월 28일자 1면.

135 「법조프락치 사건 제3회 공판이 개정되어 김영재·강중인에 대한 사실심문이 진행」, 『서울신문』 1949년 11월 27일자.

136 「자수자는 불구속 그러나 가면 쓰면 엄단」, 『경향신문』 1949년 11월 27일자 2면.

137 「법조푸락치 사건공판, 남로 가입 시인 윤학기를 심리」, 『동아일보』 1949년 12월 3일자 2면; 「남로계 폭동 부인, 법조푸락치 4회 공판」, 『한성일보』 1949년 12월 3일자 2면.

138 「법조푸랏치 공판, 뻔뻔스런 윤학기」, 『경향신문』 1949년 12월 3일자 2면.

139 「국가보안법 위반혐의로 3개월간 61명에 영장이 발부」, 『조선중앙일보』 1949년 8월 24일자.

140 박갑동 『통곡의 언덕에서』, 188면.

141 「학병동맹사건 2회 공판」, 『서울신문』 1946년 4월 21일자; 「민 숙명고녀 교유」, 『동아일보』 1946년 8월 1일자 2면; 「변론 잘못하다 조변호사 피검」, 『동아일보』 1946년 9월 5일자 2면; 「숙명 민교유 공판, 공포심에서 민청원 감금」, 『독립신보』 1946년 8월 10일자 2면; 「전 숙명 민교유 3년 집행유예」, 『현대일보』 1946년 8월 30일자 2면.

142 「법조프락치 사건 제5회 공판, 조노현에 대한 사실심문」, 『서울신문』 1949년 12월 10일자.

143 「김영재 보충심문, 법조푸락치 공판」, 『동아일보』 1949년 12월 22일자 2면; 「법조 푸락치 사건 증인을 심문」, 『경향신문』 1949년 12월 22일자 2면.

144 「강욱중 씨 등 5의원, 이문원 씨 변호담당」, 『동아일보』 1949년 6월 14일자 2면.

145 김이조 『법조약전―인물로 본 근현대사의 법조인들』, 한일합동법률사무소 2005, 614면.

146 선우종원 『사상검사』, 계명사 1992, 113면.

147 「여 내부서 '색깔론' 공방」, 『동아일보』 1997년 4월 29일자 4면.

148 선우종원 『나의 조국 대한민국』, 423면.

149 「탈당성명서」, 『영남일보』 1949년 5월 1일자 1면 광고.

150 김갑수 『법창 30년』, 법정출판사 1970, 155~57면.

151 법원행정처 엮음 『법원사』, 420면.

152 「남로중앙청 푸락치 홍순명 등에 언도」, 『동아일보』 1950년 5월 19일자 2면.

153 강은지 「1940년대 만주. 낮에는 관동군 선무일꾼, 밤에는 항일독립운동」, 『민족 21』 26호, 민족이십일 2003년 5월, 105면.

154 「6변호사 검거, 법조푸락치 사건 확대」, 『동아일보』 1950년 1월 9일자 2면. 판검사의 현직을 제대로 파악하지 못하고 성명도 한글을 섞어 보도한 것으로 보아 이 기사는 매우 급하게 작성되었음을 알 수 있다. 구속자들의 현직은 『한국법관사』 『한국검찰사』 『한국변호사사』 명단으로 확인했다.

155 「장진호 등 기소」, 『경향신문』 1950년 2월 8일자 2면. 당시 삼공환(三共丸) 사건의 수사검사였던 이재원이 선우종원 검사에 의해 구속되었음은 삼공환 사건을 다룬 다른 기사에서도 확인할 수 있다. 「자취 감춘 삼공환, 외총직원의 조난경 완」, 『동아일보』 1950년 6월 20일자 2면.

156 오제도, 앞의 책, 184~89면.

157 보성전문학교 교우회 「교내 웅변대회」, 『보전 교우회보』 2호, 1934년 5월, 40면.

158 선우종원, 앞의 책, 237면.

159 김기진『끝나지 않은 전쟁 국민보도연맹: 부산, 경남지역』, 역사비평사 2002, 22~23면.

160 「타공의기는 충천, 보련 1주기념 탈맹식 성대 거행」,『경향신문』1950년 6월 6일자 2면;「보련 창립기념」,『상공일보』1950년 6월 6일자 2면.

161 한성훈『가면권력: 한국전쟁과 학살』, 후마니타스 2014, 107면.

162 오제도「그때 그일들 142: 오제도 8, 최초의 반공시위」,『동아일보』1976년 6월 21일자 5면.

163 「6천 전향자 시위, 남로북로 격멸을 절규」,『자유신문』1949년 11월 8일자 2면.

164 「보련에 20만원, 김내무장관이 기부」,『충청매일신문』1949년 11월 8일자 2면;「보련에 희사, 신덕균 씨의 미거」,『자유민보』1949년 11월 20일자 2면.

165 「항공기 구입기금, 보련원이 10만원!」,『한성일보』1949년 11월 6일자 2면.

166 김준수「이홍규 변호사와의 대담 상」, 앞의 책 1987년 9월호, 88면.

167 선우종원, 앞의 책, 236~37면, 437면.

168 선우종원『망명의 계절』, 신구문화사 1965, 19~20면.

169 2016년 7월 21일에 이루어진 이○○ 변호사와의 면담; 국정원 과거사건진실규명을 통한 발전위원회 엮음『과거와 대화 미래의 성찰』, 국가정보원 2007, 354면 이하.

170 「판결례: 세칭 법조 푸락치 사건」,『법정』, 법정사 1950년 5월, 42면 이하.

171 정희택「세칭 제2차 법조푸락치사건 판결에 대한 검찰관의 견해」, 같은 책, 10~11면.

172 「보안법 '집유'에 말썽」,『경향신문』1950년 3월 26일자 2면;「판검사간 또 대립」,『동아일보』1950년 3월 27일자 2면.

6부/ 한국전쟁이라는 쓰나미

1 장영민「한국전쟁 발발 직후 이승만 대통령의 라디오 특별방송 관련자료」,『한국근현대사연구』, 2013년 12월, 983면.

2 김동춘「서울시민과 한국전쟁: 잔류, 도강, 피란」,『역사비평』통권51호, 역사문제연구소 2000년 5월, 45면; 김동춘『전쟁과 사회: 우리에게 한국전쟁은 무엇이었나?』, 돌베개 2000, 98면.

3 한인섭『가인 김병로』, 박영사 2017, 517~20면.

4 김갑수『법창 30년』, 법정출판사 1970, 162면; 김준수「김갑수 변호사와의 대담」,『대한변호사협회지』통권138호, 대한변호사협회 1988년 2월, 128면.

5 국방부 군사편찬연구소 엮음 『6·25 전쟁사 2: 북한의 전면남침과 초기 방어전투』, 국방부 군사편찬연구소 2005, 661~62면.

6 김갑수, 앞의 책, 123~37면.

7 같은 책, 162~63면.

8 「보통시험의 학술합격자」, 『매일신보』 1939년 8월 29일자 3면.

9 허일태 「유병진 판사와 그의 법사상」, 『동아법학』 46호, 동아대학교 법학연구소 2010년 2월, 6~12면; 유병진 『재판관의 고민―유병진 법률논집』, 신동운 편저, 법문사 2008, 130~36면.

10 같은 책, 35~44면.

11 같은 책, 44~57면.

12 같은 책, 32~33면.

13 같은 책, 78~94면.

14 같은 책, 120~21면.

15 같은 책, 134~36면.

16 같은 책, 140~41면.

17 「논문은 학구적 견지서 집필, 평화통일론은 방담일 뿐」, 『경향신문』 1958년 2월 28일자 2면; 「류근일 군 무죄언도」, 『경향신문』 1958년 4월 4일자 3면.

18 「류근일에 무죄, 문리대 사건」, 『경향신문』 1959년 1월 8일자 3면.

19 이영근·김충식·황호택 『법에 사는 사람들』, 삼민사 1984, 43~45면.

20 오제도 「그때 그일들 146: 오제도 12, 예견했던 북괴남침」, 『동아일보』 1976년 6월 25일자 5면.

21 같은 글 13, 부산피란시절, 1976년 6월 26일자 5면.

22 같은 글 14, 부역자 처리, 1976년 6월 28일자 5면.

23 「오검사에 체포령」, 『경향신문』 1952년 1월 12일자 2면.

24 「2천만원 업무 횡령 혐의, 천하의 오제도에 구속영장」, 『자유신문』 1952년 1월 10일자 2면.

25 「베일에 싸인 사건, 오씨 선처에 진정서」, 『자유신문』 1952년 1월 27일자 2면.

26 「오제도 검사 체포상에 국민회 등 각 단체에서 진정」, 『경향신문』 1952년 1월 28일자 2면.

27 「오씨 호위경관 무혐의로 21일 석방」, 『자유신문』 1952년 1월 25일자 2면.

28 「오제도 씨 무관? 영장 발부한 일도 없다」, 『경향신문』 1952년 3월 17일자 2면.

29 앞의 글 오제도 16, 체포령과 은신생활 하, 1976년 6월 30일자 5면.

30 「오제도 검사 사표, 징계위회의 처리가 주목」, 『경향신문』 1952년 7월 14일자 2면;

「오제도 검사 면관」,『경향신문』1952년 7월 18일자 2면.

31 이영근·김충식·황호택, 앞의 책, 162~63면.

32 「오제도 전 검사 징계처분 면제」,『동아일보』1953년 9월 15일자 2면.

33 앞의 글 오제도 17, 다시 멸공전선에…, 1976년 7월 1일자 5면.

34 「사찰면 수사에 착수, 3부합동위 이진을 파견」,『동아일보』1960년 4월 14일자 3면; 「사찰적인 면서 수사, 오검사 현지 돌아보고 언급」,『동아일보』1960년 4월 15일자 3면;「우발적으로 보나 오열 편승 여부는 수사」,『동아일보』1960년 4월 17일자 3면.

35 김종필『김종필 증언록 1: JP가 말하는 대한민국 현대사』, 중앙일보 김종필증언록 팀 엮음, 와이즈베리 2016, 142면.

36 장창국『육사졸업생』, 중앙일보사 1984, 139~44면.

37 최태육「6·25전쟁 개전 초기(1950. 6.~9.) 민간인 집단희생과 한국기독교의 관계」, 『한국기독교와 역사』44호, 한국기독교역사연구소 2016년 3월, 249면, 267면.

38 이종찬『숲은 고요하지 않다: 이종찬 회고록 1』, 한울 2015, 404~6면.

39 선우종원『망명의 계절』, 신구문화사 1965, 9~11면.

40 같은 책, 19~40면.

41 김상태「평안도 기독교 세력과 친미엘리트의 형성」,『역사비평』통권45호, 역사문제연구소 1998년 11월, 201면.

42 선우종원『나의 조국 대한민국: 사상검사 선우종원의 격랑 90년』, B.G.I 2010, 353~405면.

43 2015년 8월 14일 김홍섭의 큰딸인 김철효 전 삼성미술관 수석연구원과의 면담; 법관김홍섭자료집 편찬위원회『법관 김홍섭 자료집: 사법의 혼, 진리의 구도자』, 사법발전재단 2015, 223면.

44 김홍섭『무상을 넘어서』, 성바오로출판사 1971, 74면.

45 같은 책, 391면.

46 같은 책, 75면.

47 유민홍진기전기 간행위원회『유민 홍진기 전기』, 중앙일보사 1993, 47~49면; 김영희『이 사람아, 공부해: 유민 홍진기 이야기』, 민음사 2011, 135~42면.

48 김태현『생사: 전 대법원 판사 김태현의 법과 생활 이야기』, 서울출판사 1998, 78면.

49 선우종원, 앞의 책, 209면.

50 방순원『나의 길 나의 선택 법조 반백년』, 한국사법행정학회 1994, 84면.

51 같은 책, 86~88면.

52 제성호, 「6·25전쟁 납북과 법조인: 전시 납북 진상규명의 필요성 환기 차원에서」, 『저스티스』통권107호, 한국법학원 2008년 10월, 244면 이하.

53 「6변호사 검거, 법조푸락치 사건 확대」, 『동아일보』 1950년 1월 9일자 2면.

54 조철(내외문제연구소 제공) 「죽음의 세월 1: 납북인사북한생활기, 속았던 적도 관광길」, 『동아일보』 1962년 3월 29일자 3면.

55 같은 글 4 번번이 실패한 탈출, 1962년 4월 2일자 2면.

56 같은 글 5 줄줄이 묶여 북행, 1962년 4월 3일자 3면; 같은 글 6 자칫하다 파리목숨, 1962년 4월 4일자 3면.

57 같은 글 13 김규식 옹 아내 부르며 운명, 1962년 4월 12일자 3면; 같은 글 15 단식 설교로 항거, 1962년 4월 14일자 3면; 같은 글 17 단벌옷으로 월동, 1962년 4월 16일자 2면; 같은 글 24 소란 겪은 강의장, 1962년 4월 23일자 2면; 같은 글 27 병마 덮쳐 더 고생, 1962년 4월 26일자 3면.

58 같은 글 31 정보계통은 투옥, 1962년 5월 4일자 3면.

59 같은 글 44 판에 박은 듯한 형식, 1962년 5월 23일자 3면.

60 이태호 글·신경완 증언 『압록강변의 겨울: 납북요인들의 삶과 통일의 한』, 다섯수레 1991, 369~70면.

61 앞의 글 49 노동수용소로, 1962년 5월 29일자 3면.

62 법원행정처 엮음 『법원사』, 법원행정처 1995, 254면.

63 대검찰청 엮음 『한국검찰사』, 대검찰청 1976, 424~25면.

64 김기진 『끝나지 않은 전쟁 국민보도연맹: 부산, 경남지역』, 역사비평사 2002, 85면, 89면.

65 「이관술 등 대전에 이감」, 『민중일보』 1947년 5월 18일자 3면. 『민중일보』 기사는 이들의 이감날짜를 5월 17일로 기록하고 있으나, 『경향신문』 1947년 5월 1일자 기사에 이미 이관술과 송언필의 대전형무소 이감소식이 있는 걸로 보아 이들의 이감시기는 4월 말로 보아야 할 것 같다.

66 「옥중에 만세소동, 급식개선요구 불응으로」, 『경향신문』 1947년 5월 1일자 3면.

67 「지방형무소 시찰기 상」, 『경향신문』 1947년 5월 20일자 2면.

68 진실·화해를 위한 과거사정리위원회 「대전·충청지역 형무소재소자 희생 사건」, 『2010년 상반기 조사보고서 5』, 2010, 213~18면.

69 같은 글, 319면.

70 강만길·성대경 엮음 『한국사회주의운동 인명사전』, 창작과비평사 1996, 183면.

71 홍남순평전 간행위원회 엮음 『영원한 재야, 대인 홍남순』, 양진형 정리, 나남출판 2004, 69면.

72 고재호 『법조 반백년: 고재호 회고록』, 박영사 1985, 162면.

73 진실·화해를 위한 과거사정리위원회 「전남 국민보도연맹 사건 1」, 『2009년 하반기

조사보고서 4』, 2009, 92면.

74 김성칠『역사 앞에서: 한 사학자의 6·25일기』(개정판), 정병준 해제, 창비 2009, 86면.

75 같은 책, 101면.

76 같은 책, 106면.

77 같은 책, 137면.

78 김준수「이홍규 변호사와의 대담 상」, 앞의 책, 1987년 9월호, 90면.

79 김홍섭, 앞의 책, 74면.

80 노천명「문화인 우대로 헛선전」,『자유를 위하여』, 문예서림 1951, 124~26면.

81 박훈산「언어가 절(絶)한 시간 위에서」, 같은 책, 108면.

82 박계주「공산주의적 인간」, 같은 책, 141~42면.

83 김준수, 앞의 글, 88~90면, 98면.

84 같은 글 하, 1987년 10월호, 109면.

85 법률신문사 엮음『법조 50년 야사 상』, 법률신문사 2002, 136면.

86 오재호『검사 푸락치 사건: 실록소설 특별수사본부 16』, 창원사 1974, 43~48면, 79~86면, 149~50면, 308~12면, 315~18면, 364~72면.

87 김덕형『한국의 명가: 대한민국을 만든 165인의 인생 이야기 현대편』, 21세기북스 2013, 92면;「법조·정계 원로 이인 옹 별세」,『동아일보』1979년 4월 6일자 7면.

88 선우종원, 앞의 책, 136~37면.

89 「국회푸락치 서용길」,『동아일보』1950년 11월 22일자 2면.

90 「산파의 긍지 속에 제헌의원들은 어떻게 지내고 있는가」,『경향신문』1968년 7월 17일자 3면.

91 김성칠, 앞의 책, 176면.

92 같은 책, 185면.

93 북한총람 중 납북인사 명단. 6·25전쟁 납북인사가족협의회 홈페이지에서 재인용 (http://www.kwafu.org/korean/bbs/board_view.php?bbs_code=bbsIdx10&num=942 &page=41&keycode=&keyword=&c1=&c2=&sub_code=).

94 김학준『두산 이동화 평전』(수정증보판), 단국대학교출판부 2012, 384면.

95 대법원 2011.1.20. 선고 2008재도11 전원합의체 판결.

96 진실·화해를 위한 과거사정리위원회『2007년 하반기 조사보고서』, 2007, 1304면.

97 「정부인사」,『경향신문』1961년 7월 21일자 1면; 같은 책, 1303면.

98 「정부인사」,『동아일보』1961년 12월 24일자 2면.

99 「공보실서 발표, 위청룡 전 검찰국장 자살, 북괴 간첩으로 암약」,『조선일보』1962년 1월 10일자 3면.

100 「횡설수설」,『동아일보』1962년 10월 12일자 1면.

101 진실·화해를 위한 과거사정리위원회, 앞의 책, 1293면.

102 육군보통군법회의 1962.10.13.선고 62보군 형공(간) 21호 판결.

103 장기려 박사의 생애에 대해서는 지강유철의『장기려, 그 사람』(홍성사 2007)을 참조했다.

104 진실·화해를 위한 과거사정리위원회, 앞의 책, 1298면.

105 김석형『나는 조선노동당원이오: 김석형 구술자료집』, 이향규 녹취정리, 선인 2001, 487~503면.

106 헌법재판소 2012.12.27. 2011헌가5 결정.

107 진실·화해를 위한 과거사정리위원회, 앞의 책, 1296~97면.

108 김태청『법복과 군복의 사이』, 원경 2001, 190면.

109 진실·화해를 위한 과거사정리위원회, 앞의 책, 1305면.

110 같은 곳.

111 김석형, 앞의 책, 493~94면.

112 진실·화해를 위한 과거사정리위원회, 앞의 책, 1301면.

113 서울중앙지방법원 2013.2.21. 선고 2010가합2249 판결; 서울고등법원 2013.11.7. 선고 2013나21408 판결; 대법원 2014.6.26. 선고 2013다95896 판결 등 참조.

7부/ 1980년대까지 이어지는 '이법회'의 문제

1 「서울대생 추락 사망, 구호 외치다」,『동아일보』1981년 5월 28일자 11면.

2 김재곤「동아인터뷰 "공정한 재판은 고통 덜어주는 것" 유태흥 대법원장」,『동아일보』1981년 9월 25일자 9면.

3 김재곤「새 얼굴 10명… 동기적 개혁」,『동아일보』1981년 4월 18일자 6면.

4 박철언『바른 역사를 위한 증언: 5공, 6공, 3김 시대의 정치 비사 1』, 랜덤하우스중앙 2005, 56면.

5 같은 곳.

6 법원행정처 엮음『한국법관사』, 육법사 1976, 85면.

7 『조선총독부관보』1945년 8월 13일자.

8 법원행정처 엮음, 앞의 책, 82면.

9 「법관 2, 머나먼 영예의 계단」,『경향신문』1981년 4월 20일자 3면.

10 전병무『조선총독부 조선인 사법관』, 역사공간 2013, 358~60면.

11 「서울고법 홍일원 판사, 사법부 건재를 입증」, 『동아일보』 1959년 7월 5일자 5면.

12 『미군정청관보』 1947년 3월 29일자; 법원행정처 엮음, 앞의 책, 80면.

13 「변호사 필기시험 합격자」, 『경향신문』 1947년 10월 4일자 2면.

14 홍남순평전 간행위원회 엮음 『영원한 재야, 대인 홍남순』, 양진형 정리, 나남출판 2004, 67~68면.

15 김두현 『법 따라 걸어왔네: 격동의 역사 그 한가운데에서, 가송 김두현 변호사 회고록』, 도서출판 토토 2006, 57면.

16 같은 책, 144면.

17 「검사 2명 사표 받아, 지청장 2명 전보도」, 『동아일보』 1975년 4월 1일자 7면.

18 법무50년사 편찬위원회 『법무 50년사』, 육군본부 1996, 164~65면.

19 「투철한 반공론자를 용공분자시함은 부당」, 『경향신문』 1961년 8월 11일자 3면.

20 「모리배의 산파역, 600만원 수회한 군정관사」, 『동아일보』 1947년 1월 14일자 2면; 「대표적인 탐관오리 정명채 사건의 진상」, 『중외경제신보』 1947년 1월 21일자 2면.

21 「정명채 사건 상고기각」, 『동아일보』 1947년 6월 27일자 2면.

22 대법원 1975.11.25. 선고 73누25 판결.

23 대법원 1983.2.22. 선고 82누26 판결.

24 대법원 1988.10.11. 선고 87누173 판결.

25 「서울형사지법 이범렬·최공웅 현직 두 판사에 영장신청」, 『경향신문』 1971년 7월 28일자 1면.

26 「서울형사지법 판사 39명 사표」, 『동아일보』 1971년 7월 29일자 1면.

27 한홍구 『사법부: 법을 지배하는 자들의 역사』, 돌베개 2016, 69면.

28 「검찰, 영장 재신청」, 『경향신문』 1971년 7월 29일자 1면.

29 「이범렬 부장판사 영장 내용 재청구분」, 『경향신문』 1971년 7월 29일 7면.

30 「사법침해 사례 보고, 형사지법 판사대표 민대법원장 만나」, 『경향신문』 1971년 7월 31일자 7면.

31 「누적된 핍박에 폭발한 울분 "이때야말로 사법부 명운 걸고 독립권을 쟁취할 시기"」, 『동아일보』 1971년 7월 31일자 7면.

32 홍성우·한인섭 『인권변론 한 시대: 홍성우 변호사의 증언』, 경인문화사 2011, 48면.

33 「"소신껏 재판" 용기있는 법관, 유태흥 대법원장」, 『조선일보』 1981년 4월 11일자 2면.

34 변정수 『법조여정』, 관악사 1997, 78면.

35 「장애자 설땅 앗은 '법복에의 길', 사법연수원생 4명 법관 임명제외 파문」, 『동아일보』 1982년 8월 26일자 10면.

36 박은수 「법조수상: 끝없는 도전」, 『대구지방변호사회보』 2005년 1월호.

37 「장애자 법관 탈락 적절한 대책 강구, 보사부서 유감 표명」,『경향신문』1982년 8월 26일자 7면.

38 「법관임용 탈락 장애자 곧 구제키로, 유대법원장 추가 임용 밝혀」,『경향신문』1982년 8월 27일자 11면.

39 「민정 2박 3일 의원세미나 끝내」,『동아일보』1982년 8월 28일자 2면.

40 한홍구, 앞의 책, 160면.

41 한홍구, 앞의 책, 162면;「27만 달러 사건 관련 대법 전 비서관 강건용 피고인에 7년 구형」,『동아일보』1983년 3월 28일자 11면;「대법원장 전 비서관 강건용 피고인 3년 6월 선고」,『동아일보』1983년 4월 8일자 11면.

42 같은 책, 161면.

43 같은 책, 170면.

44 「"국민에게는 비판의 자유있다", 유인물배포 즉심자 무죄선고」,『동아일보』1985년 2월 4일자 11면.

45 한홍구, 앞의 책, 200~3면;「두 판사 지방전보에 눈길」,『동아일보』1985년 8월 30일자 10면.

46 「격동 '85, 9. 사법부 '인사파동' 회오리」,『동아일보』1985년 12월 21일자 9면.

47 「색연필: 유태흥 대법원장 '인사파동' 이후 참아왔던 "한마디"」,『조선일보』1985년 12월 10일자 10면.

48 「퇴임하는 유태흥 대법원장, 국가안보 철두철미…"법조외길 40년"」,『경향신문』1986년 4월 15일자 5면.

49 법원행정처 엮음『법원사』, 법원행정처 1995, 255면.

50 이시윤「원로법학자 이시윤의 소송야사 7: 이영섭 선생—모범 법학자, 법관, 그리고 오욕과 회한의 대법원장」,『법률저널』2017년 10월 11일자.

51 홍남순평전 간행위원회, 앞의 책, 58면.

52 같은 책, 64면.

53 황석영 기록『죽음을 넘어 시대의 어둠을 넘어: 광주5월 민중항쟁의 기록』, 풀빛 1985, 47면.

54 홍남순평전 간행위원회, 앞의 책, 191면.

55 같은 책, 208~15면.

56 「한강투신 유태흥 전 대법원장 사망」,『한겨레』2005년 1월 18일자.

에필로그

1 이영근·김충식·황호택『법에 사는 사람들』, 삼민사 1984, 349면.

2 같은 책, 5면.

3 같은 책, 29~30면.

4 야나부 아키라『번역어의 성립』, 김옥희 옮김, 마음산책 2011, 10면.

5 김성칠『역사 앞에서: 한 사학자의 6·25일기』(개정판), 정병준 해제, 창비 2009, 246면.

6 김건우『대한민국의 설계자들: 학병세대와 한국 우익의 기원』, 느티나무책방 2017, 100~4면.

기타

민중당 171

ㅂ

반민족행위 특별조사위원회(반민특위)
86, 264, 365~68, 381, 382, 384, 385,
416

반민족행위처벌법(반민법) 365, 378~80,
416

반제동맹 사건 45~48, 62, 67, 68, 76, 172,
303

법관양성소 39, 54, 139, 187, 188, 197,
223

『법률신문』 591

『법원사』 183, 185, 199, 284, 406, 407,
451, 512

『법조명감』 155, 433

'법조프락치' 사건
1차 38, 77, 137, 171, 198, 233, 283,
335, 336, 338, 340, 335~45, 376,
395, 400~3, 417~19, 421, 427~32,
434~50, 455, 457, 467, 468, 470~72,
506, 512, 517, 518, 520, 533, 534
2차 404, 445~47, 453~59, 465~68,
470~72, 481, 486, 503, 508, 509,
512, 520, 524~27, 560, 562, 567

법조회 277, 394, 429, 446

법학교 139

법학전문대학원 109

변호사시험(해방후) 86, 109, 224, 236,
247, 252, 367, 393, 403, 457, 551,
554~57, 561, 568~73, 576, 580, 581,
595

변호사실무고시 576

보통시험 50, 146, 155, 156, 165, 172,
220, 332, 403, 481

본정경찰서(중부경찰서) 308, 313, 317,
326, 347, 348, 351, 352, 355~59,
363, 367, 370, 389, 401

『북한』 234

비상사태하의 범죄처벌에 관한 특별조
치령(특별조치령) 457, 479~81, 484,
486, 504

ㅅ

사법요원양성소 204, 224, 235, 236,
239, 244, 245, 247, 278, 282, 404~9,
450~54, 456, 457, 460, 481, 482,
486, 489, 507, 525, 533, 534, 555,
560, 564~70, 573, 578, 581

사회대중당 293

사회혁명당 117

『산하』 289, 318

『삼천리』 75, 125, 132

상하이 국민대표회의 55, 119

서북청년단 187, 348, 382, 543

서북학회 114, 115

서북협성학교 112, 114

서울변호사회 189, 256, 257, 406

『서울신문』 131, 151, 152, 271, 412, 528

서울제일변호사회 211, 257, 297, 403,
444, 446

서울지방변호사회 257, 425

소련군 204, 238, 251, 263, 359, 392, 558

숭실전문학교 71~73, 130, 361, 374

신간회 97, 99, 121, 128

신민당 171, 354, 592

도판 출처